公法与政治理论译丛

公法的基础

Foundations of Public Law

[英] 马丁·洛克林（Martin Loughlin） 著

张晓燕 译

復旦大學 出版社

本书系上海市曙光计划项目"现代公法的立法精神与价值研究：

概念史的视角"（项目号：20SG07）的阶段性成果

"公法与政治理论"译丛总序

现代社会不可回避但同时也是最为根本的议题在于，如何在一个存在权威的共同体中安放并实现个体基于其自治需求的权利诉求。政治与法律的存在就是人类为回应和解答这一无尽的事业所进行的艰难探索，这也是两者在经验层面产生千丝万缕的联系的根本原因所在。然而，当试图从学术的视角去解释、反思乃至重构政治与法律的关系时，我们总是呈现出某种担忧和纠结。苏格兰启蒙的科学精神点燃了学科划分的火种，同时伴随着学科范式的不断强化，法学与政治学、伦理学、历史学的对话渐行渐远。此外，由现实经验所引发的前见和警惕，即"政治是一种天生不洁和非善的行当，法律不能沦为政治的工具"，使得我们刻意回避着法律与政治之间的联系，尤其是伴随着专注法律体系自洽性和法解释学的实证主义法学的崛起，在法学、政治学、历史学以及伦理学等多学科的对话中去讨论和构建国家科学的学术路径逐渐势弱。但是，不同于私法可以在实证法体系中得以自洽地发展和繁荣，与国家行动紧密相关的公法体系的研究如果缺乏政治理论和其他学科的视野，就无法获得通透的理解和发展。

尽管罗马时期就存在公私法的划分，然而，现代意义上的公法体系是伴随着启蒙运动之后的国家哲学的转型出现的。从霍布斯开始，国家秩序从一种"朕即国家"的主观秩序转变为一种统治者有义务去维护的客观秩序，尽管契约论的出现使得美德与政治之间日渐疏离，产生了很多现代政治所无法承受其重的弊病，但是却使得政治独立于宗教等传统上依附的领域，成为一个自治的领域。建立在这一现代国家观念之上，公法作为调整公共领域的法典体系得以形成。现代公法由两个层面的体系构成：一个是由获得合法授权的国家立法机构所制定的实在法体系，另外一个则是构成政府建基之首要原则的法体系。前者法律是作为政府的统治工具存在的（拉丁语为 *lex*，法语为 *la loi*，德语为 *das Gesetz*）；后者则是公法的基础所在（拉丁语为 *ius*，法语为 *le droit*，德语为 *das Recht*），彰显的是正义的秩序，既对政府构成根本性制约，同时也是其权威和合法性的根本来源。后一种"法"就是黑格尔在《法哲学原理》中试图理解和刻画的"有关国家作为一个自在的理性存在的科学"。这种决定国家理性的宪法原则，不仅仅与权利相关、与实在法相关，还与道德相关、与历史相关、与人类的伦理生活相关。正是在这个意义上，对于公法的理解和构建，离不开政治哲学深邃的目光，离不开伦理学的温情和史学的冷峻。

走出私人领域，迈向公共领域，进入特定的政治共同体，这是人类的宿命所在。这个共同体将塑造每一个成员的正义感，影响他们对于善恶的理解，从根本上决定他们对于自由理解和践行的深度和广度，一切关切好的生活的探索都必然要回到以公法为核心的"国家科学"当中——什么样的制度能够确保国家对资源的汲取和再分配能力最大化地成就每一个人对于自由的渴望;什么样的政府建基之首要原则能够在对国家构成有效约束的同时,成为国家权力的权威性和合法性之来源。正是在这个意义上,从伯丁、孟德斯鸠、霍布斯、卢梭、伯克、托克维尔到 20 世纪的施米特以及现今的马丁·洛克林等一系列欧洲法学家和哲学家试图从"政治法"这一视角,借助政治学、伦理学、历史学等的理论成果,解读和重构公法。他们的思想著作成了在实证法学之外透视公法不可或缺的视野,尤其是在当下的中国语境之下,这种政治的视野对于公法的研习尤为关键,这也是我想要做一套"公法与政治理论"译丛的根本动机。

学艺不精和学术能力、资源的有限,以及性格的散漫,注定了这套译丛的出版必然是一个漫长和艰辛的过程。我想这是译丛的责任编辑孙程姣女士"逼迫"我在仅仅完成一本译著时就必须要完成丛书序的原因。始终愿意倾其全力支持我的她,一定是担心我在困境和懒惰面前,会逐渐放弃和忘记自己的"所爱"。感谢她的支持和敦促,这份温情让我清楚地察觉到,自己心中无论是对于译丛本身,还是对于中国公法的期待,始终都保有一份"虽不能至,心向往之"的执着与热情。

是为序。

张晓燕

2019 年 2 月 12 日

中 文 版 序

　　《公法的基础》是关于由现代政府权力构成的欧洲话语的兴起的研究。不同于目前占据主导的法律实证主义学派的研究立场,本书的基本立场和基本主张在于,如果不设法理解相关的政治、道德和社会学因素,是无法有效解释和理解政府权力的构成及其权威的形成的。尽管在法律实证主义看来,这些要素都超越了法律科学的边界。从研究的方法来看,本书采纳了一种被称为"政治法理学"(political jurisprudence)的思想学派推崇的研究方法。这一学派是伴随着自然法世俗化的发展和道德神学问题退回私人领域而出现的。基于此,基本法(fundamental law)的概念得以在"政治"这一自主的领域中获得了新的内涵。普遍认为,从形式上来看,主权者制定法律的权力是无限的,但是政治法理学却将我们的注意力引向了那些促成这一形式上无限的实证法的制定权的形成,同时也构成对实证法的制定权限制的"法"(laws)。这就是对"政治法科学"(the science of political right)的探索。因此,本书认为,公法只有从政治法理学的角度才能获得充分的阐释和理解。

　　在我 2003 年完成的一部著作——《公法的理念》(*The Idea of Public Law*)中,我就初步呈现了构成这一研究主题

001

基本要素的概念框架。这些概念要素包括：统治行动，它是这一主题独特的研究对象；政治，它是应对统治行动的独特实践；代表制，即公法的象征性基础；主权，它是对政治领域的自主性的现代性表达；制宪权，它是现代公法中对集体性自主的法理表述；权利，这是现代公法中对个体自主原则的法理表述。这些要素的最终有效结合，呈现了公法作为一种政治理性的独特方法。在《公法的理念》对相关基础概念进行刻画和描述的基础上，本书对这些公法理念的兴起进行了更为细节化的考证和论述，这项考证工作主要通过呈现这一观念形态的历史性重构的历程来实现。

本书的研究思路和逻辑大致如下。第一部分主要概述这一主题在中世纪和现代早期法理学中的起源。第二部分考察现代对"政治法科学"的探索和研究。余下三个部分主要试图通过回溯现代政治现实中的基本法的演变历程，从而解释现代基本法如何塑造了对公法的三个基本特质的理解，这三个基本特质包括：政治联合模式的本质（国家的本质的探讨，这是第三部分的主要内容）；权力机构的职权范围（宪法的探讨，这是第四部分的主要内容）；独特的行动组织（政府的探讨，这是第五部分的主要内容）。

本书的基本观点主要如下。现代国家与生俱来的、固有的内在紧张关系，使得对政治法科学的探索始终是一项未竟的事业，永远也无法被充分地理解和实现。其中一个原因就在于，国家这一概念本身包含了两种从根本上不可调和的倾向之间未决的紧张关系，即国家作为一个规则系统和国家作为旨在促进特定目标的法人组织两种倾向之间的紧张关系。国家具有的这一双重倾向中的任何一方都不可能被消除，彼此之间的紧张关系也无法被彻底地解决。事实上，鉴于这种紧张关系只能通过协商调和从而获得一定程度的缓解，公法就只能被视为处于不断发展之中的、基于审慎思考和对话而产生的一套话语体系。卢梭认为，试图将法律置于人之上，就像试图将圆变成方一样，是一个政治中棘手的问题。如果这个问题解决了，一个良善的政府就产生了。如果没有解决好，那么无论人们如何相信法治在社会中占据了主导位置，其实他们不过是自欺欺人，因为"本质上还是人在统治"。如果只是形而上地诉诸自由、平等和团结这些抽象的规范价值，那么这些困境依然无法真正获得有效的解决。这些抽象的价值只有在现实政治中获得切实的落实和实践，才能真正转化为"法"。这就意味着，公法事实上代表了这样一个领域——在这个领域中，相互竞争的、存在紧张关系的有关"政治法"的表达不断地协商对话，从而使得这种紧张关系获得一定的缓解，进而确保政治共同体得以维系并向着良善的方向发展。

这就是本书的大体框架和基本论点。至于这种观念在多大程度上能够引发中国思想的共鸣、与中国学术思想具有共通性，我必须留给读者去判断。然而，鉴于本书中文版为这种对话创造了可能性，我要对复旦大学的张晓燕老师表示诚挚的感谢。在我们的交谈中，她对本书将带给中国读者的价值的坚持和确信，使我备受鼓舞。我很感谢她为了确保中文版传递内容的信达雅付出的一丝不苟的努力和用心。

马丁·洛克林

伦敦政治经济学院

2022 年 3 月

译者前言

以成文法为主导的大陆法系国家继受了罗马法传统，从而将公法与私法的区分一直保留下来。尽管如美浓部达吉所指出的，公法与私法的区分标准具有多元性，需要考虑法律调整主体、保护法益和法律关系的性质等多重因素，但是，在这个意义上讨论的公法其实就是实证法的一个子集。然而，当把"公法"这个概念放置回其得以产生的欧洲背景，尤其是将其放置到现代国家的产生和发展历程中去理解时，可能会释放出从实证法体系界定公法和私法概念所没有得以完全展露的概念内涵。复原这些被遮蔽的概念内涵，不仅能够让我们更好地理解公法发展的历程和把握公法本质，对我们置身于其中的政治共同体的存在有更为通透的理解和把握，更为重要的是，概念拓展所带来的观念转变将促成新的社会政治实践，从而使"人在历史进程中的主体性"得到更好的表达和实现，这也是马丁·洛克林这部《公法的基础》的最根本和终极的价值所在。

公法以"国家权力"作为基本的调整对象，而对国家权力的讨论可能都无法绕过对"神学"基本问题的了解。"君权神授"是最早为政治提供正当性基础的观念渊源，也正是因为这一理念,世俗的王权本身很难主张其最高性,从而为现代公法的产生奠定了观念前提。现代官僚体系对层级制的强调、公职人员自然人格与职位身份的区分等这些重要的公法观念都源自神权政治传统。虽然宗教今天已经基本隐退到私人领域中,但是,与宗教观念紧密关联的政治隐喻、政治想象和象征依旧是社会和政治权力最有力量的渊源之一。离开了对宗教的理解,就忽略了人类除却理性之外更为复杂的意义世界,也就很难通透地把握人类的一切历史行动。当然,尽管公法的发展受到宗教神学非常大的影响,然而只有在满足下述条件时,现代意义上的公法才真正得以产生。这一条件是:国家与宗教相互分立,政治领域能够将自身定义为一个自主的领域,从而使得"主权"能够在公共领域中作为一个独立的概念出现。

以实证法学为代表的现代法学,坚持法律科学的独立性,为了确保自身能够区别于政治学、哲学、社会学、历史学等学科,其学科范式将所有讨论都建立在承认"国家已经具有立法权威"这一前提下,认为"权威如何形成并得以维系"这一问题并不在法学的讨论范围之内,是属于政治学、哲学和历史学讨论的内容。基于这一范式前提,作为研究对象的"法"主要就是指代国家立法——实证法。一旦"法"本身被等同于实证法,法与正义就变成了两个独立的概念。与主权相伴生的绝对主义(absolutism)确认了国家的统治权(*potestas*),但是,这种统治权必须以一般意义上的立法权威的存在为前提,这种权威使国家真正能够获得人民认同,以及不依靠强力就能够调动资源和让人民服从。因此,要理解国家享有的立法绝对权力及作为其产物的实证法,就要把对公法的理解做前置化的探索——把握促成立法权威的正义秩序,这就是传统意义上的基本法,这同时也是超越实证法意义的公法内涵所在。现代公法需要解释和回应"当政治权威的神学渊源被解构,新型的民族国家的政治权威从哪而来,如何能够产生并维系这种权威"这一问题。这不仅是把握一个国家公法秩序的根本所在,也有助于克服自由主义对公法的实证解读所面临的"无法回应常规政治之外的例外状态"的短板和不足,这还构成了洛克林写作本书的直接动机,洛克林指出:"(本书讨论的)公法的概念在过去250年的英国法律实践中依旧被过度地压制,这是因为英国试图去呈现它的治理秩序和安排是极其稳固的,因此避免去面对和提及任何对其统治基础进行法理探索的必要性。但是,鉴于当下英国宪制面临的挑战,似乎越来越难避免和这一概念的直接接触。"

在公共生活、政治生活完全向世俗化转变后,如何直面人性中两种一样强大却完全冲突的力量——自主的需求和归属于共同体的需求,成为现代国家需要直面的基本矛盾。受到自由主义社会契约论的影响,国家很多时候被认为仅是社会的工具,权力和权利在这里成为一组对立的概念,似乎通过限制公共权力就能解决这一基本矛盾。但是,洛克林的讨论显然超越了这种单向度的对国家形象以及权利-权力关系的理解,正如洛克林指出的,"国家不同,它同时兼顾了共同体和社会的诉求……但是它也尽量避免排他地接受它们任何一方的许多具体真理主张的必然性。与共同体主张整体的优先性而社会主张个体的优先性不同,国家更强调这二者之间的本质的内在联系"。从这个角度来理解公法,公法就代表一套独特的逻辑,这套逻辑无法仅仅从公民和社会的私人理性中获得,也无法从统治者那里单独获得,这套逻辑是试图平衡统治者与公民两者理性的一种努力——国家理性的呈现。公法建构其实就是对如何直面人性中两种固有的冲突力量的国家理性的探索。鉴于人类至今没有发现能够完全消除这种冲突的方案,公法就只能在承认这些相互冲突的人性主张所释放出来的力量的前提下,通过机制的设立去调和,而非彻底消除或者完整弥合这种冲突。在这个意义上,以公法为代表的探索本身并不意味着对"绝对真理"的揭示,并非对正义图景的最终阐明,而是代表了一个持续的理性探索过程。公法试图揭示和促成的国家理性就因此成为一个伴随历史语境变化而不断得以发展的存在。这就要求历史主义的研究视角必然被纳入公法的研究和探索当中。

与民族国家产生后从普遍主义向民族主义转变的历史趋势同步,对国家理性、对权威的探索也开始了历史主义的转向。弗朗索瓦·霍特曼(François Hotman)、弗朗索瓦·博杜安(François Baudouin)和让·博丹(Jean Bodin)等法国思想家引领了这一非常重要的公法方法论转型。他们认为,考虑到国家之间在本质、历史、文化和现实境况上存在巨大的差异,国家理性代表的政治法的本质只有通过比较和历史地研究特定政权领域内的法律和习惯,考察不同国家的不同政治实践,才有可能获得揭示。公法研究的历史主义转向,使得公法研究与经院哲学彻底区分开来,也使得公法研究开始真正融入和服务于世俗的公共生活和政治生活。这一批具有启蒙性的思想家认为,历史是理解国家理性的钥匙和关键,需要通过历史研究揭示治理艺术的主要规则。尽管正义秩序具有多元性,但是集体性人类组织必须满足一些一般的原则,才能够存在和维系。这些原则本身需要借助于历史的视野才能显现,而也是因为这些原则的存在,使得公法可以以统一的面貌呈现。

历史主义所揭示的关于正义秩序的一般性原则与多元性差异并存的特征,事实上揭示出公法研究中要审慎处理的一组关系——经验和规范的关系。统一性探索成了公法探究的初衷,但是,每个国家的正义秩序发展必须尊重其独特的土壤,从而使得规范和经验本身成为一切围绕正义的探索要直面的一对基本范畴。当霍布斯把现代国家的起源设定在人的激情而非理性基础上时,自然法似乎就与传统上所强调的规范宇宙秩序和道德秩序彻底告别了,变成了一种针对人的激情而进行秩序建构的世俗哲学,是完全经验性的。但是,如果完全将对正义秩序的理解诉诸经验主义,人在历史中的主体性将如何呈现?围绕如何处理好经验与规范这对基本范畴的关系,公法研究中的理性主义和经验主义之间的紧张促成了一些非常重要的公法理论的产生,这些理论的差异体现了法律科学研究中的哲学维度和经验维度的方法论区分,这些理论包括:德国国家法中的国家两面性原则(*Zwei-Seiten Lehre*),英国公法中的规范主义和功能主义区分,哈耶克对现代宪法国家秩序所做的法治秩序(*nomocratic*)和依据特定目标建构的秩序(*teleocratic*)的划分，以及哈贝马斯所提出的宪法性法律所呈现的建构理想主义与行政法所呈现出来的现实主义的区分等。

事实上，现代公共领域最为主要的功能在于，在这个空间中，当我们围绕对共同存在而言非常重要的众多议题进行沟通，从而产生了一套在表达尊严、尊重和相互认可的问题时，不断进化和发展的话语体系，借助于这套话语体系，正义秩序得以形成。而如前文所述，鉴于国家需要直面的基本矛盾的无法消解性，这套话语体系不是永恒不变的，它处在永续发展当中，这种发展动力很大程度上就表现为实证法（经验的产物）和正义诉求（规范的产物）之间永远无法彻底克服的、持续的冲突和矛盾。这一矛盾背后所揭示的是人类对一个根本问题的追问和探索：在直面集体性组织的建构和维系这个问题时，面对不断奔涌向前的历史洪流，人类应该如何选择，从而做到在尊重历史规律的同时，彰显人类主体性的伟大和耀眼。经验与规范探究对于公法研究的同等重要性，决定了公法研究不可能仅仅在实证法学的话语中展开，而需要借助于历史学、政治学、伦理学的视野，在这个综合性的视野中，经验与规范才有可能良性对话，关于正义秩序的探索才能够有所发现。正是在这一意义上，黑格尔所推崇的理想的法律科学家的形象得以产生——一个适格的法律科学家既能够进行有关权利、正义的哲学思考，又能够在展开这些思考以前首先认真学习实证法和历史，在此基础上能够识别那些历史学家所收集的事实的内涵，并在这些事实呈现的偶然性的核心部分发现必然性。

历史主义转向是现代公法发展的一个重要的转折点，契约论的出现本身是公法发展的另一个重要转折点——一种以人类为中心的人本主义的自然法思想代替了神权中心的自然法思想,这使得政治权力的合法性和权威开始建立在主观权利的基础上,国家秩序从一种"朕即天下"的主观秩序向统治者有义务维护的客观秩序转变,从而使得"权利"和"权力"这两个概念及其相互关系构成了公法的基本要素和范畴。公共领域和私人领域的区分也因此具有了根本意义:前者是权力占据主导的、有关伦理和政治的领域,世俗政府在这里主要追求的目标就是确保社会和平;后者涉及救赎的、以个人宗教信仰和个性张扬为核心的私人权利世界。契约理论以"权利保护"为核心的主张,使得对国家合法性的论证完全脱离了与历史的关联,转向只关注当下和未来。不处理任何历史的正统自由主义的主张成为纯粹从实证法意义上理解公法的观念基础。

毫无疑问,契约论对公法发展的影响是根本性的,然而,不同于正统自由主义认为的那样,即法律的功能在于通过对无限扩张的权力进行制约来实现对权利的保护,本书借助于对公法概念的历史考察,揭示了一种权利与权力之间更为积极和辩证的关系。事实上,在以博丹为代表的那一批早期探索国家理性的哲学家那里,权利与权力之间并不被认为仅仅是简单的对立关系。在这些思想家眼中,(无论是对权利还是对权力)限制最终是为了赋权。权力和自由不是对立的而是相伴而生的概念,建立在这一前提基础上,对权力的表面限制其实最终可以服务于更多的权力生产。博丹非常重要的理论贡献在于,他看到了权力限制和权威增强之间的辩证关系："当权力的疆域被限缩到恰当的范围时,恰恰使得其权威得以增强。"博丹同时指出,权利的实现本身是离不开权力的支持的,而权力的实现状况也倚赖作为权利主体的人民的状况,他在《易于认识历史的方法》中反复强调的一个主题就是,权利的实现离不开国家权力,而国家的命运是由其人民的品格决定的。

从这些在一定程度上被忽视的历史智慧中受到启发,洛克林指出,公法中(有关权利和权力关系)的判断本质上应该是关系性的和自反性的,而非单向性的,因此,有关共同体秩序的决策应该通过感知公共权力结构中相关角色的关系而做出。通过公法所构建的精密制度框架,终极目的并不在于仅仅要为公共权力的行使实施相关的限制,而是通过相关制度设计使得权威本身能够借助这些机制得以产生,形成权利与权力之间的良性互动关系。鉴于此,通过诉诸某种前政治性的条件来理解权力和自由是完全错误的,权力和自由都是在公法实践的运行过程中被创造出来的。当带着这样的视角去解读现代国家的发展史时,一些在过去被遮蔽的政治理性会被看到和重新理解,例如,洛克林对英国议会发展史的解读就完全不同于戴雪视野中的议会形象。在洛克林看来,英国议会不是简单的权力控制机制,其发展的历史是权利与权力互动的历史,是促成政治共同体得以形成的历史,"(议会)最大的贡献不是将英国变成了一个(控权的)宪制国家,而是通过威斯敏斯特-英国议会去启发共同的政治意识,超越王室的集权目标,将英国培育成为一个有共同体意识的民族国家。这种民族统一感是一种公民性特征,不是文化族群特征"。更重要的是,作为现代公法的核心范畴的"主权"概念,从这个视角获得了更好的理解。正如托马斯学派所认为的,正是权利和权力的这种互相促进的关系,催生了一个主权得以形成的公共领域,主权并不单纯地代表社会,也不单纯地代表行使权力的统治者,是两者在公共领域中良性互动的产物,两者的互动使正义秩序得以形成、权威得以产生、主权得以呈现。"主权是一个法律概念,彰显的是国家作为一种客观、独立的法律政治秩序所享有的自主权。"

将主权概念建立在国家与政府两个主体概念基础上,进一步影响了公法领域内相关范畴的进一步划分。一方面,公法内部出现了宪法和行政法的区分。公共领域同时存在国家政治行为和政府治理行为,一般认为,政府的治理行为多多益善。相较而言,一个国家的政治行为越少,也就意味着国家状况越好,国家也越稳定。鉴于这一区分,公法的讨论就包括了两个部分:一个部分是与政治相关,既涉及对权力现状的理解,也涉及权力运行的理想状况,即规范状况的讨论,这一部分基本上是在宪法中完成的;另一个部分是与政府日常治理相关,涉及现实中常规性权力运行的经验状态的实现,这一部分很多时候是在行政法中展开讨论的。宪法部分的讨论更多地受理性主义和价值考量的影响,而行政法部分的讨论更多地受经验主义和效率考量的影响。另一方面,除了宪法与行政法的区分,宪法概念内部产生了政府宪法和国家宪法的区分。这个区分建立在对"宪法本身是主权的呈现还是主权的创造物"这一问题的讨论和回答的基础上。自由主义对宪法的理解是较为现代的,认为宪法本身是主权的创造物,将其拟制为由人民所缔结的契约,这一契约主要服务于建立和限制统治机构的权力。保守主义的代表对宪法的理解则更偏传统,通过借用政治体的隐喻,认为宪法不是主权的创造物,而是主权的呈现,与一个民族的健康和力量紧密相关,宪法伴随着民族生命力的成长不断地得到发展,是(政治意义而非文化意义上的)民族作为统一体意识和行动能力的表达。埃德蒙·伯克(Edmund Burke)就认为,宪法不是一种暂时的、易逝的、粗糙的动物本能的显现,不是一种世俗的合作关系,与此相反,宪法是伴随着民族和国家的生命不断发展的,它彰显的不仅仅是当下人与人之间的合作关系,还是与那些逝去的人以及未来的后代之间的联系与合作。事实上,自由主义和保守主义关于宪法的界定并不矛盾,自由主义视野中的宪法制订其实是一个实证法的制订过程,是构建政府宪法的过程。与这个过程不同,传统宪法观念中的政治统一体的产生是另外一个过程,即通过政治法运行的方式构建国家宪法的过程。政府宪法关切政府是否能够正常运行,而国家宪法则影响整个政治共同体的存立和维系。

有了政府宪法和国家宪法的区分,洛克林将公法概念与传统基本法概念联系起来的意义得以彰显。很显然,如果将宪法完全等同于实证法,等同于政府宪法,将其与传统基本法的联系完全切断,那么就相当于将所有政治共同体中的问题都做了实证法律化处理,而将政治化问题搁置。事实上,实证法产生之前的政治统一体和立法权威的形成和维系过程是讨论一切公法问题都必须关照的,而只有在国家宪法层面,法律才会与政治法问题、与政治统一体的形成和维系过程联系起来。洛克林借助于本书呈现的公法研究事实上是对一种方法论的倡导,是提醒我们将视野从对实证法的专注中拓展开来,扩展到对自己身置于其中的政治统一体所代表的整体性的正义秩序(国家理性)的关注和探索中。如果缺乏对体现政治统一体本质的正义秩序的理解和探索,那么对实证法意义上的任何公法研究都注定了是充满歧义的和不具有根本性的。没有对国家宪法的把握,就没有对政府宪法及其在此基础上形成的对行政法、刑法等公法构成的准确理解,实证法秩序建构中出现的相关问题也就无法得到有效理解和解决。国家宪法和政府宪法的区分还使得前文提到的规范与经验、理性主义与经验主义、普遍主义与民族主义之间的张力在这一对概念范畴的区别与联系中获得了一定程度的缓解。正如洛克林所指出的,基于国家形成的特殊历史,可能我们都会怀疑,是否有可能在国家的形成历程中识别出任何具有一般性的体制。尽管每个国家的政府宪法,即基于宪法性契约所构建的政府形式,是完全不同的,但是在国家宪法这个层面,我们还是有可能找到一些共通的逻辑。

历史主义、契约论基本奠定了现代公法的基本概念、理念和原则,如果说还存在现代公法发展的新的转折点,那么这个转折点在一定程度上可以描述为行政权在现代的全面扩张。现代行政权扩展主要涉及两个领域:为了社会福利的提升而对自由裁量权的运用;为处理国家安全所面临的威胁而设定的紧急权力。正如马克·图什内特(Mark Tushnet)所指出的,"面对这两个状态的时候,法律(Gesetz)不存在了,但是法（Recht）依旧存在"。尤其是当涉及紧急状态措施的采纳时，这个"法的黑洞"可能是一个没有实证法的区域，但是一定不是一个法治真空，因为这个区域部分地会由道德化的政治所创造和保存。当施米特主张"例外状态之下，国家依旧存在，法律却退却了"的时候，他其实指的是，紧急状态是这样一个时刻，在这个时刻公法（政治法）的运行要求悬置实证法的规则，实证法规则将被修改或者中止适用。然而，"尽管实证法退却了，但是，政治法依旧存在"。当风险社会对形式法治的确定性和预测性构成了根本性的挑战之后，面对不断扩大的行政裁量权，公法的概念和研究被拓展到"政治法"范畴的价值和意义就得以凸显，这些价值和意义在公法对"法治"概念的探讨中得以呈现。

行政权的扩展使得"法治"成为公法的核心概念。面对福利国家兴起后行政权不断扩张的现实，为了确保法律规则获得普遍的服从，不断扩张的权力向良善的方向发展，"法治"概念及其原则被提出。很显然，仅仅与民主相联系的法律的形式正义性是无法确保这一目标的实现的。如果对法治的讨论维度集中在"满足什么样的条件可以被认为是法律"这一问题上，法治最终可能蜕变为一个纯粹的形式理念。为此，洛克林认为，应当诉诸法治当中隐含的正义条件，对"法治"的讨论应该转化为"什么样的条件可以使得被认为是法律规则的规范获得服从"。尽管朗·富勒（Lon Fuller）和约瑟夫·拉兹（Joseph Raz）都试图对此做出回答，但是，在洛克林看来，他们的回答都有局限性，还是需要对这一问题进行深入的澄清和探索。洛克林认为，与其说这是在讨论法的属性，不如说是在讨论法的效力得以实现的社会条件，它们不是规则的固有性质，而是规则秩序在特定社会背景下获得权威、得以实现所必须满足的条件。如前文所述，这种权威的产生是建立在权力与权利的良性互动基础上的。鉴于此，真正对法治的恰当定义应该是建立在对现实中权利与权力关系的理解的基础上，建立在与历史语境相连接和与现行秩序相对话的基础上，这事实上需要借助洛克林所主张的集历史、政治、哲学和法学于一体的公法研究视野，对政治统一体所呈现的正义秩序进行全面的探索和理解。

与此同时，由于公共行政越来越复杂和专业化，对"法治"的实现而言，确保公民能够有效地理解、参与以及监督公共行政事务的民主胜任问题，变得尤为重要，这就使得大量有助于提升公共服务和公民民主胜任能力的社会组织、中介组织进入公共治理范围，成为一种必然。这种治理的多中心化发展趋势使得民主授权链断裂了，传统上的公私划分界限也逐渐变得模糊，因此，传统以权利-权力为核心概念构建的公法体系在新的语境之下需要被调试。正如马丁·洛克林所言，这些变化标志着之前构建的现代公法大厦面临瓦解的风险。现代公共领域似乎更多是围绕如下议题来展开讨论和实践的：如何通过促成不同的社会力量与国家权力的合作，从而确保以公共服务为核心的共同善的实现。面对这一新的话语体系，公法应该如何做出回应，这是洛克林给自己也是给所有关注公法发展的人提出的、有待探索和回答的问题。

距离马丁·洛克林在公法领域引起广泛关注的《公法与

政治理论》一书的出版已经过去整整 30 年,20 年前该书中文译本出版时,对当时的中国公法学界而言,书中关于公法研究方法论的阐述既是陌生的,又是具有冲击力的。陌生源于洛克林将 19—20 世纪英国公法的发展放置到其具体的政治、社会、经济和历史这些本土语境中去展开分析,这对中国读者而言还是比较陌生的语境和实践。而冲击力源于洛克林提出的一系列主张:"公法是一种复杂的政治话语形态","公法领域内的争论只是政治争论的衍生",因此要跨越法律与政治之间设立的传统界限,用政治理论经典著作中的方法和洞见来理解公法的方法论主张;"公法的研究方法应该是阐释性、经验性、批判性和历史性的"。这些主张对从 20 世纪 80 年代末才逐渐从管理法体系向权利保护法体系转变,从而逐渐建立自己作为独立的法律科学地位的中国公法学界而言,冲击力是巨大的。然而,受制于学科划分所带来的研究屏障和现实语境的差异,无论是质疑者还是支持者,其实都还在努力探索将洛克林这一具有冲击力的方法论真正运用于中国公法的研究中,以此来检验该方法论的正确性,从而拓宽公法研究的视野,揭示更多理解公法的可能。

本书是洛克林再次带着对自己所生活土地的深刻关怀所展开的研究。借助于这一研究,我们不仅可以深入公法的欧洲起源,跟随洛克林所提供的每一帧彰显公法发展变革时刻的幻灯片,畅游于由精细的概念演变和观念变迁所构建的公法的海洋,从而对人类的集体性组织——政治统一体的产生和运行有更为通透的理解和把握,也因此能够让公法研究者在这一历史行程中复原和重拾一些被遮蔽的意义和思考、寻找社会转型时期政治法的新方向和公法发展的新可能。更为重要的是,希望今天出版的这部《公法的基础》能够重拾20年前的薪火,点燃对中国公法发展更为热烈却更具包容性和广阔视野的讨论。

引介这一著作的动机源自 2017—2018 年牛津法学院的访学之旅,因此,我的合作导师蒂莫西·恩迪科特(Timothy Endicott)成为我在序言即将结束时首先要感谢的人,他极其慷慨地赋予了我泰晤士河畔一年学习的机会,让我透过那些古老的街道、建筑、伯德雷恩(Bodleian)的每一本藏书和法学院(St Cross Building)的每一堂课,触碰到欧洲公法发展的历史脉络和呈现的最新智慧。每个周三下午在教授位于贝利奥尔学院(Balliol College)的很像邓波利多校长办公室的工作室的研读时间,成为我最为幸福的回归学生身份的时光。2017 年的圣诞夜,在为我们准备了丰盛的圣诞晚餐后,蒂莫西用法语朗诵的诗歌一定会成为我生命中最受触动的画面之一。更为难得的是,蒂莫西宽容了我在面对法解释学时的无感与无能,而且积极地鼓励我坚持自己关注公法的独特兴趣和视角,从而有了我隔三差五就奔赴伦敦政治经济学院(LSE)向洛克林教授请教的经历。毫无疑问,我最应该感谢的人除了蒂莫西,还有洛克林教授。除了上文提到的他对公法研究者的启蒙和影响,面对一次次“冒失”地闯进他办公室的我,他从来都会毫不迟疑地从专注的思考和写作中抽身出来,回答我那些幼稚甚至莫名的问题。面对我翻译过程中一次次的打搅和不情之请,他总是赋予我最大程度的支持和信任。牛津与 LSE 所在区域风格迥异,穿梭于两个校区常常让我有种时空交错的感觉,而穿插于其中的思想碰撞让我深切感受到穿梭于传统与现代、保守与变革之间所带来的自由和快乐。我敬爱的导师张树义教授在我研究生阶段带我们走进了洛克林教授的《公法与政治理论》,现在想来,那个时候的自己其实没有读懂太多。数年之后,当我在复旦任重书院带着一群可爱的孩子再次阅读该书时,发现当年自己遗失了太多洛克林的思想线索,也许也未曾读懂导师当年的用意。今天,将洛克林教授的这本著作引介进来,希望能够在一定程度上回应导师当年的良苦用心,希望在另外一个世界的他能因为这种传承而感受到欣慰。最后要感谢我最好的合作伙伴,本书的编辑孙程姣女士,很快我们就相识合作快十年了,这十年是她努力支持我的学术理想的十年,而她在专业和生活上的成长,也让我实在感佩,书稿边角那些她让我惊叹的专业修改和批注,以及我们偶尔有"火药味"却不失彼此信任和尊重的对话,成为我学术道路上最美的风景之一。

张晓燕

2022 年 11 月 20 日

目　录

引　言　再发现公法／001

第一部分　起　　源

第一章　中世纪的渊源／023

第一节　神学-政治问题／024

第二节　教皇君主制／026

第三节　帝国和教皇制／030

第四节　君权神授／034

第五节　君主之职与教士神职／039

第六节　教会会议至上主义／046

第七节　政府的世俗化／052

第八节　中世纪和现代的宪制主义／066

第二章　公法的诞生／071

第一节　方法论的转变／072

第二节　博丹的方法／079

第三节　绝对主义／089

第四节　主权宪法／099

公法的基础

第五节　现代自然法：主观权利、安全与社会性／105

第六节　转型中的悖论／120

第二部分　构　　成

第三章　公法的大厦／131

第一节　正义秩序／131

第二节　现代早期的构成／135

第三节　建筑的隐喻／142

第四节　权力结构／148

第五节　宪法性建筑／154

第四章　政治法科学之一／157

第一节　政治法／157

第二节　卢梭的政治法科学／163

第三节　社会契约中的主权和政府／171

第四节　现代性和德国的唯心主义：康德的法权论／175

第五节　政治法的形式科学／185

第五章　政治法科学之二／192

第一节　卢梭的悲观主义／192

第二节　历史实践中的政治契约／196

第三节　卢梭有关政治法的社会学思考／200

第四节　费希特的自然权利基础／204

第五节　黑格尔法哲学中的政治法概念／213

第六节　争取相互承认的斗争／224

第六章　政治法理学／230

第一节　作为政治法理学的公法／232

第二节　权力／241

第三节　自由／251

第四节　公法的语法／260

第三部分　国　　家

第七章　国家概念／267

第一节　主权：概念素描／268

第二节　状态、社会等级和国家／272

第三节　国家学／277

第四节　共同体、社会和国家／287

第五节　作为提供可理解性体系的国家／299

第八章　国家宪法／306

第一节　宪法的概念／307

第二节　事实的规范效力／317

第三节　制宪权／324

第四节　公共领域／333

第五节　作为国家宪法的政治法／338

第九章　国家的形成／348

第一节　欧洲国家建构的实践／350

第二节　英国议会的形成／356

第三节　议会和现代国家的形成／365

第四节　为责任政府而斗争／373

公法的基础

第五节　议会国家的形成／379

第六节　代议政府与责任政府／383

第七节　国家、法律和宪法／391

第四部分　宪　　法

第十章　宪法性契约／399

第一节　现代宪法／400

第二节　作为契约的宪法／403

第三节　革命与宪法／408

第四节　作为基本法的宪法／416

第五节　宪法维护／429

第六节　宪法爱国主义／441

第七节　反身性宪制主义／447

第十一章　法治／450

第一节　法治的模糊性／450

第二节　起源／453

第三节　联合的方式／467

第四节　作为自由主义图景的法治／479

第五节　法治国还是国家法？／487

第十二章　宪法性权利／493

第一节　自然权利、公民权利和宪法权利／494

第二节　市民社会／499

第三节　权利法案／504

第四节　宪法司法化／513

第五节　主观权利和客观法/527

第五部分　政　　府

第十三章　政府的特权/537

第一节　特权/539

第二节　洛克论特权/548

第三节　现代共和政府中的行政权/554

第四节　政府扩张、行政权力和现代宪法/559

第五节　变革后的特权/565

第六节　被摒弃的特权/574

第十四章　治理权/580

第一节　规训革命/582

第二节　官房学派/594

第三节　治安权/601

第四节　合法性和治安/610

第五节　行政权的扩张/615

第十五章　公法新架构/618

第一节　行政法的出现/619

第二节　英国围绕行政法的争论/624

第三节　行政机构与权力分立/631

第四节　委员会的崛起/635

第五节　全新的权力分立/641

第六节　公法的变迁/646

第七节　社会性的胜利?/654

引　言
再发现公法

本书旨在勾画出一种特定法理的基本轮廓,尽管在我看来,对当代世界的运行而言,这一法理具有根本性,并展示了相关领域存在的本质性问题,但是这一法理却有被忽略甚至遗忘的危险。我所指的这一法理领域就是公法领域。这一领域的相关问题需要得到进一步的澄清。

在中世纪,与公法相关的法律知识被称为"基本法"(fundamental law)。[1] 基本法不同于一般法(ordinary law),后者是由统治权威———一般主要是指国王在行政官僚、议会以及法院的协助下,宣布并保证实施的,用来调整公民行为的规则。两者最重要也是最根本的区别在于:一般法主要用来调整臣民之间的行为,而基本法主要用来调整国王和他的行政官僚、议会及法院的行为。一般法约束个体,而基本法约束统治机构。

---

[1] 参见 JW Gough, *Fundamental Law in English Constitutional History* (Oxford: Clarendon Press, 1955); André Lemaire, *Les lois fondamentales de la monarchie française d'après les théoreticiens de l'ancien régime* (Paris: Faculté de Droit, Université de Paris, 1907); G Kleinheyer, 'Grundrechte' in Otto Brunner, Werner Conze, and Reinhardt Koselleck (eds), *Geschichtliche Grundbegriffe: Historisches Lexicon zur Politisch-Sozialen Sprache in Deutschland* (Stuttgart: Klett-Cotta, 1972–1997), vol 2, 1042–1087, 1054–1057; Helmut Quaritsch, *Staat und Souveränität: I Die Grundlagen* (Frankfurt am Main: Athenäum Verlag, 1970), 347–368 (*leges imperii*).

公法的基础

这一有关一般法与基本法的区别对中世纪的法学家而言,是众所周知的,即使没有明确地予以承认。比如,13 世纪中期,亨利·布莱克顿(Henry Bracton)发表著名演讲,他在演讲中主张:"国王高居万人之上,但却在上帝与法律之下。"[2] 这里首先要回应的质疑是,最高的法律创制者怎么会受到法律的约束? 事实上,布莱克顿在这里同时融合了两种不同的法律概念。他在这里使用了两种不同的法律概念——尽管他没有清楚地表达出来,一种是作为统治机构的统治工具的法律(这种法律的立法权是授予国王的),另外一种法律是构建统治权威的法律(创制国王,确立其合法性的法律)。前者是一般法,或者是被称为成文法或者实证法,是由统治者制定的法律。后者是基本法,是创制统治者的法律。

被中世纪的法学家称为基本法的体系就是我们今天的公法体系。本书旨在解析"基本法"是如何在现代世界运作的。基本的观点并不是要主张基本法在当代的复活,而是认为,基本法在当代发生了彻底的改变。中世纪观念中基本法所发挥的作用和承担的角色,现在是由公法来承担的。但是,公法是不同于基本法的。严格说来,现代公法是伴随着现代国家观念的出现而出现的。现代国家观念相较于传统国家观念的变化也带来了基本法特征的根本改变。公法作为一种独特的法理体系出现,这个话语体系是完全按照自身独立的逻辑运行的,公法成为一个自洽的体系。

在这个意义上的公法概念显然要比很多当代的法学家所秉持的公法概念内涵要更为广泛。今天的法学家常常会做公法和私法(private law)的区分,公法主要就是用于调整个体与政府关系的法律,私法就是用来调整平等主体之间的法律。在这个意义上,公法就是被视为一般实证法的一个子集。与此不同,本书所定义的

---

2 Henry de Bracton, *De Legibus et Consuetudinibus Angliae* (*On the Laws and Customs of England*) [c1258] George E Woodbine (ed) Samuel E Thorne (trans) (Cambridge, MA: Belknap Press, 1968), ii. 33.

002

引　言　再发现公法

公法概念要广泛得多。整个一般实证法的体系都预设了一个法律权威得以产生的渊源的存在,即基本法的存在,也就是本书所称的"公法"。这一围绕"作为实证法的公法体系得以存在的基础"的探索将使我们面对更为基本的概念:这是对"权利/正义/法"(right)这一问题的探索,恰恰是正义赋予了现代政府秩序一种权威(authority)和合法性(legitimacy)。

* * *

本书阐释的公法概念在今天是一个非常普遍的现象,因为整个世界都被划分为不同的主权国家,而这些主权国家的所有治理安排都是通过法律获得授权的。但是,从本质上,公法这个概念,从其起源上还是一个欧洲概念。[3] 它源起于早期现代欧洲的话语体系中,伴随着那些使得现代国家得以形成的变化而发展。经济的、社会的、政治的和技术的变革导致中世纪形成的基本法观念特征的不断变化,不同于中世纪将基本法视为自然法的表达,这些变革使得公法概念逐渐成为一个自主的(autonomous)概念,是一个伴随世俗化、理性化和基本法的实证化出现的结果。

本书致力于探索在欧洲讨论中普遍出现的、与政府权威相关的一系列观念和实践。在这些相关论述、讨论和话语体系形成和发展的阶段,英语世界(后来的英格兰区域)的观念和实践所发挥的作用是极为重要的。我之所以强调这一点是因为:一些英国的法学家拒绝与这一特征相关的描述,他们宣称,公法本质上就是一个欧洲概念。在此基础上,通过援引英国宪法实践中的法治传统,这些法学家为英国的例外论辩护,这是不合时宜的。英国试图去呈现它的治理秩序和安排是极其稳固的,这使公法的概念在过去250年的英国

3　"相互的依存在文化、相互的效仿、形象描绘中得以展现……完全可以在一些现代国家的自我塑造的西方模式所体现的普遍宣言中找到那种具有主导性的文化。"参见 Bertrand Badie, *The Imported State: The Westernization of the Political Order* Claudia Royal (trans) (Stanford: Stanford University Press, 2000), 233-234。

公法的基础

法律实践中依旧被过度地压制,因此,任何对英国的统治基础进行法理探索的需要总是避免被提及。但是,鉴于当下英国的宪制越来越多地受到质疑,研究者似乎越来越难以避免直接接触这一概念。

    鉴于这一主张不可避免地会面临各种反对和抵制的不可避免性,不如直面这些挑战。我们也许可以从"17 世纪英国的宪法争论中,基本法的概念是如何被显著地提及"的这一点来开始回应相关的反对声和质疑声。事实上,我们甚至可以主张所有在那个动荡的时代展开的争议,事实上都是由于对基本法的不同阐释所引发的。[4] 例如,1649 年 1 月,在内战即将结束前,下议院控告查理一世的罪名就是国王"怀有邪恶的计划,企图颠覆、推翻传统的基本法和民族的自由"[5]。40 年之后,在詹姆士二世被剥夺王位之后,在 1689 年 1 月为颁布和实施的《权利法案》(the Bill of Rights)所做的一个序言中,下议院宣称,国王不仅仅"致力于颠覆王国的宪法",而且还"违反了基本法"。[6] 显而易见,基本法的概念——尽管存在各种形式的变体[7]——在 17 世纪的基本宪法争

---

    4   伴随着印刷业的发展,这些政治争议在不同派别的政治家、法学家、牧师和政府发言人之间展开,主要是在宣传册和政治檄文中展开相关的讨论。要研究这些对基本法的概念进行基础性研究的有影响力的文献,参见 SR Gardiner (ed), *The Constitutional Documents of the Puritan Revolution*, *1625 - 1660* (Oxford: Clarendon Press, 1906); Joyce Lee Malcolm (ed), *The Struggle for Sovereignty: Seventeenth Century English Political Tracts* (Indianapolis: Liberty Fund, 1999), 2 vols; Don M Wolfe (ed), *Leveller Manifestoes of the Puritan Revolution* [1944] (New York: Humanities Press, 1967)。

    5   引自 Gough, above n 1, 1.

    6   Ibid.

    7   参见 George Lawson, *Politica Sacra et Civilis* [1660] Conal Condren (ed) (Cambridge: Cambridge University Press, 1992)。乔治·罗森(George Lawson)主张,必须要在一般法律和宪法性法律之间做区分,或者说在"人格化"(personal)主权和"真正"(real)主权之间做区分。在罗森看来,人格化主权就意味着一个已经完成宪法建制的共同体制定法律的权利,这和真正的主权不同,真正的主权是可以建构、废除、转变和改革政府形式的权利。后一种概念就是宪法性权力,这一权力是在议会的权力之上的,因为议会的存在本身就意味着政府形式已经敲定。从罗森的观点中我们认为,议会是不能介入具有宪法建构性质的基本法问题中的。参见 Lawson, ibid, 47-48。

004

论中被显著地提及。那么,在那之后又发生了什么?

标准的回答应该是,从此之后,基本法的概念就从英国的政治和法律话语中消失了。在 1689 年革命之后的那段英国宪法被塑造的重要时期,基本法的概念被彻底摈弃了,代之以另外一种主张:英国只有一种真正的法律概念,即由议会的法案所确立的一般法,这是全体公民和权力机构唯一需要服从的法律。伴随着霍布斯将法律定义为一种主权命令,所有更为广泛意义上对法律的定义——无论是习俗,还是"生而自由的英国人所享有的基本自由",或者是从自然权利话语中产生的更为根本的观念——全部都被否定了。[8] "基本法"这个概念几乎完全从人们的视野中消失了。正如哈利法克斯侯爵(Marquess of Halifax)在其于 1750 年出版的《政治思想》(*Political Thought*)中主张的:"没有什么是基本的,不可违背的,所有的最高权力都必然是专断的。"他同时解释:"就像教士们使用'神圣的'这个词一样,'基本的'这个词只不过是普通人用来指代一切他们自己相信并坚持的事物,没有人知道他们具体指代的到底是什么。"[9]

这一主张获得了如此广泛的接受,直到现在,它的特殊之处几乎没有被认识到。在以霍布斯、边沁、奥斯汀和戴雪的法学著作为基础构建的法律思想传统中,"法律"这个词被视为统治者的命令。在戴雪的理论框架中,"法律之下的政府"这一原则直接被其转化为"法治"(the rule of law),即对普通法院所适用的一般法律的普遍服从。通过这样的方式,"法治"的概念就进一步强化了"议会主

8　这方面的发展参见 Martin Loughlin, 'Constituent Power Subverted: From English Constitutional Argument to British Constitutional Discourse' in Martin Loughlin and Neil Walker (eds), *The Paradox of Constitutionalism: Constituent Power and Constitutional Form* (Oxford: Oxford University Press, 2007), 27-48; Martin Loughlin, 'The Constitutional Thought of the Levellers' (2007) *Current Legal Problems*, 1-39, esp 29-37。

9　Marquess of Halifax, 'Political Thoughts and Reflections' [1750] in his *Complete Works* JP Kenyon (ed) (Harmondsworth: Penguin, 1969), 192-212, 198.

权"这一重要原则，进而宣称，对于法律的最权威的表达就应该是"由议会法案所确立的一般法"。

很多英国宪法学家将一般实证法的胜利和随之而来的基本法的消失，视为一种进步的表现，这种进步性在越来越清晰的政府分工和越来越精准的专业化过程中得以体现。法律这个概念就被立基于一个更为狭窄，但是更为稳定、科学和专业的基点上。这一发展的一个必然后果就是大家普遍接受了这样一个观念：在英国传统中存在对法律与正义的明确划分，或者说法律与政治之间存在明确的划分。似乎大多数的英国人依旧是忠诚的霍布斯主义者。[10]

应该认识到，这一将法律的含义局限于由议会制定或者是由法院宣布的一般实证法的实践，是要建立在对政府机构享有制定法律的权威的普遍接受基础上的。但是，这种权威是如何产生的？现代法律实证主义者宣称，这个问题本身超出了法律知识的疆域。

但是，一些英国的法理学家还是坚持要追问这一问题。比如，18世纪后半期时任格拉斯哥大学国王钦定讲座教授的约翰·米勒（John Millar）在研究英国宪法时，就坚持要对公法概念做更为宽泛的理解。比如，在其《有关英国政府的历史透析》（*Historical View of the English Government*）一书中，他就认为，每一个国家的法律体系都应该划分为两个部分：一部分是用来规范国家权力的，国家在这里被视为一个法团（corporation）或者一个政治体（body politic）；另外一部分则是用来调整构成这一法团的不同成员之间的行动的。前者是用来处理政府行动的，是构成性法律

10　第一个认为法律与权利之间是相互对立的概念的是霍布斯，因为权利的本质在于行动的自由，而法律却是决断性的，是一种限制。参见 Thomas Hobbes, *Leviathan* [1651] Richard Tuck (ed) (Cambridge: Cambridge University Press, 1996), 91。

(the law which constitutes)，后者是宪定性法律(the law which is constituted)。他详细阐述道：前者尽管未必获得广泛的接受，但可以被称为公法；后者则被称为私法。[11]

米勒的"科学的辉格党式"的分析并没有与当下占据主导的政治趋向保持一致。[12] 甚至有人认为，考虑到国家理性，他的宽泛的公法概念在一定程度上即使不被积极地压制，也应该被边缘化。[13] 这一主张并不总是能够获得认同，而是充满争议的，其中一个重要的原因就是，如果不承认公法的这一相对宽泛的概念，国家理性的理念是无法获得充分的认知的。[14] 我的目标并不是要提供一些现代英国宪法实践的修正看法，我只是想主张，即使公法的概念被掩盖了，也不可能被彻底消除。对于一般实证法在英国体系中所享有地位的强调，是建立在有关正义的基础上的。只有在英国宪制的权威没有受到质疑时，这些有关正义的基础的存在才会被视而不见。但是，在20世纪后半期，这些宪制安排受到越来越多的质

11　John Millar, *An Historical View of the English Government* [1803] Mark Salber Phillips and R Dale (eds) (Indianapolis: Liberty Fund, 2006), 796 (emphasis in original).

12　参见 Duncan Forbes, '"Scientific Whiggism": Adam Smith and John Millar' (1953–1954) 7 *Cambridge Journal*, 643-670; Michael Ignatieff, 'John Millar and Individualism' in Istvan Hont and Michael Ignatieff (eds), *Wealth and Virtue: The Shaping of Political Economy in the Scottish Enlightenment* (Cambridge: Cambridge University Press, 1983), 317-343; Knud Haakonssen,'John Millar and the Science of a Legislator' (1985) 30 *Juridical Review*, 41-68。

13　参见 Loughlin, 'Constituent Power Subverted', above n 8。

14　参见 Halifax, 'The Character of a Trimmer' (c1685) in his *Complete Works*, above n 9, 49-102。哈利法克斯不仅含蓄地接受了这一有关公法的观念：法律就是一把修剪刀，在没有受到充分限制的权力的滥用和没有受到规训的权利的泛滥之间寻求平衡(at 102)。他同时也毫不掩饰地接受了国家理性的概念：存在一种自然的国家理性，一种基于人类共同善所产生的无法定义的存在，这是永恒的存在，在所有的变革和革命中，这种国家理性依旧保持了最初始的拯救整个民族的正义，也许书面的法律会对它构成损害，但是它可以突出重围地发展，它有一种获得自然支持的权力，这种权力足以帮助它克服一切障碍(at 60)。

公法的基础

询和追问。[15]

在这样的背景之下,公法的概念获得越来越多的考量和关注。尤其是伴随着英国宪制从传统承袭中获得的权威的逐渐削弱,我们看到很多法理学家试图在英国体系中重拾基本法的概念。但是由于失去了指引我们穿越现代历史迷宫的线索,许多相关分析都让我们误解了相关的努力和尝试。由于没有和旧有的传统很好地沟通和联系,这些分析趋向于将基本法的概念等同于(一般的)普通法[the (ordinary) common law],[16]这就使得对公法的独特本质的考量完全被绕过和回避了。将公法简单化约为一般法的组成部分,使得公法的本质、运行方法和功能完全被误读了。这种误读的极端表现将导致我们走上"司法至上"(judicial supremacism)的道路——这将导致我们确信,由于司法机构是一般法的权威解释者,因此司法机构必须扮演基本法的护卫者的角色。

我认为,最近英国法律体系的发展使得"公法的基础"再次进入我们思考的视野,这是我们传统上一直试图避免的。我们之所以不愿意思考这一问题的原因之一就在于,如果要追问和解决有关基础的问题,英国人就必须和欧洲公法传统的主流再次建立联系,这就是本书的主题所在。因此,尽管这一有关公法基础的探索

15　参见 Nevil Johnson, *In Search of the Constitution: Reflections of State and Society in Britain* (Oxford: Pergamon Press, 1977); Lord Hailsham, *The Dilemma of Democracy: Diagnosis and Prescription* (Glasgow: Collins, 1978); David Marquand, *The Unprincipled Society: New Demands and Old Politics* (London: Fontana, 1988)。

16　参见 *R (Jackson) v Attorney-General* [2005] UKHL 56 at [102] (per Lord Steyn)一案的判词:"戴雪的经典理论在现代英国在一定程度上可以认为已经显得格格不入了。'议会至上'依旧是我们宪法的一般原则,同时也是普通法的一个构成部分,是法官创造了这一原则。如果确实如此,那么在另外一个语境下法院可以基于不同的宪制假设创设出不同的原则,这一情况也就没有什么不可想象的。"斯泰恩大法官(Lord Steyn)在这里宣称,"议会至上"原则是一个普通法的构成部分,但是不是基本法的内容。宣称这一原则是由法官所创造的,因此可以进一步地假设,这也就是可以由法官来变更的,尽管这一问题不是可以通过假设来回答的。

引　言　再发现公法

将对特定领域的英国问题的讨论提供支持,但这并不是本书的首要目标。鉴于本书的研究方法,可以将本书视为试图对现代公法概念的一般特征进行探索和解释之作。

* * *

这里所探究的公法的概念起源于欧洲,是一个典型的西方产物。它的起源能够追溯到中世纪的法理学家试图解决政府权力的权威问题。这是一个巨大的、内涵极为丰富的问题:我在本书的第一部分梳理了相关的讨论,希望能够找到公法现代概念的相关起源。中世纪时期流行的"基本法"概念同时融合了政治和宗教的观念,并且被视为自然法的表达。公法作为现代欧洲思想的一个独特特征出现需要特定的条件,这个条件就是作为政治体的法律要独立于它的传统宗教基础。这是如何发生的?

我认为,法国思想家马塞尔·戈谢(Marcel Gauchet)发现了重要的影响因素。他认为,宗教思想的本质就在于将某种外在的事物视为产生渊源,将某种永恒不变的存在视为法律。[17] 所以,仅当法律被视为由人类根据自身追寻的目标所设计的人为的建构物时,宗教时代就结束了。只有在世俗化和实证化的条件之下,中世纪基本法的观念才转型为现代界定的公法。公法也只有在法律被视为自我管理的工具(instrument of self-government)时,才能够成为构建政府权威的法律。而这一转型只有在政治领域(the political realm)能够独立于宗教等其他领域,将自身定义为一个自主的领域(autonomous sphere)时,才能够得以实现。

想要准确定义这一时刻及其特征是一件极其艰难而且从本质

17　参见 Marcel Gauchet, *The Disenchantment of the World: A Political History of Religion* Oscar Burge (trans) (Princeton, NJ: Princeton University Press, 1997), 28。

上充满争议的行为。[18] 对戈谢而言,这一时刻发生在 18 世纪初期。他主张,从那一时刻,欧洲的历史从一个以等级制组织的、以宗教为基础构建的世界向一个建立在专业领域划分基础上的世界转变:"无论考虑到集体性存在(collective reality)的相关原则、对世界的理解,或者与自然的关系,我们从此以后都将面对的是一个完全基于自身的需要和动力构建的自治域。"[19] 只有伴随着与历史产生了最为深刻的裂痕的现代世界的出现,[20] 我们才看到人类行动开始分化为完全不同的领域——经济的、科学的、技术的、思想的和政治的。只有经过这一分化的过程,这些不同的领域才能将宗教抛在脑后,发展其自主的运行模式。但是,需要强调的是,这一转型的具体时间会存在具体的国别差异,因为不同的国家的信仰、传统和治理实践需要更多地适应一些更为基础的力量——特定的社会、经济和政治变化。

这就意味着如果要解释清楚公法是如何形成一个令人瞩目的独立领域的,就需要对现代化的复杂性进行探究。这事实上提出了一个过于庞大的问题,这里面涉及的很多问题超出了本书试图涉足的范围。但是,正是因为意识到了这一潜在问题的重要性,本书第一部分还是试图对相关问题进行了回应。简单地讲,16 和 17 世纪,在越来越激烈的宗教冲突和政府权力不断扩张的背景下,集体性人类组织的特征被越来越多地关注和讨论。这一巨变是由现代早期三个相互联系的、较有革命性的运动引发的:技术革命、市民社会的兴起和加尔文教的规训革命的出现。这些革命性的运动结合在一起开始改变和塑造我们对于

18　参见 Charles Taylor, *A Secular Age* (Cambridge, MA: Belknap Press, 2007), esp ch 2。

19　参见 Gauchet, above n 17 162; Taylor, above n 18 222。他们将这个时期称为"人类中心的转变",认为这一转变大概发生在 17 世纪向 18 世纪过渡之时,大概持续了 40 年。

20　参见 Gauchet, above n 17。

国家本质、国家组织形式和理想国家行动的思考。这些在思想和行动上的发展带来了我们对于政府权力理解的变革:不再是统治者考虑"如何保存他的国家",而是从一种主观的国家秩序转向了一种客观的国家秩序——国家是一个统治者有义务去维持的存在。[21] 这种有关现代国家固有的观念的形成,为公法作为一个自主的概念出现奠定了基础。但是,这里要主张的并不是现代世界是一个"去宗教化"(irreligious)的世界。对于现代社会而言,宗教依旧具有强势的影响力,宗教在现代社会作为一种文化继续存在于我们的生活中,只是不再是塑造我们集体性组织的根本力量。

公法在现代世界得以形成,被视为新出现的自主的政治领域所要遵循的法典。这就是作为"政治法"(political right)的公法。很多主要的现代早期思想家的著作都可以被理解为在试图解释这种新兴出现的政治法科学的本质。最主要的一批相关学者都是法学家,但是即使不是法学家的托马斯·霍布斯(Thomas Hobbes),也认为他的政治分析主要是对统治者享有的权利和臣民要承担的义务的探索,[22]这就催生了一个有待法理学积极探索的概念领域,这一概念领域涉及的内容远比传统上盎格鲁-撒克逊国家所接受的要宽泛,这一概念领域也使得哲学、政治理论、历史和法律的关系更为密切。这一宽泛的概念也许可以被称为政治法理学(political jurisprudence)——它的核心特征将在本书第二部分得到集中讨论——这就是本书研究的核心问题所在。

* * *

这一有关公法的较为广泛的定义呈现了一些根本的困难,其

---

21 参见 Quentin Skinner, *The Foundations of Modern Political Thought* (Cambridge: Cambridge University Press, 1978), vol I, Preface。

22 参见 Thomas Hobbes, *On the Citizen* [1647] Richard Tuck and Michael Silverthorne (eds) (Cambridge: Cambridge University Press, 1998), ch 8。

公法的基础

中之一就是,在主流的欧洲语言中,当提到"法"(law)这个词时,它几乎可以涵盖所有自然的、道德的和法律的知识。[23] 对英语而言,还存在一个更为特殊的语言困难,当其他的欧洲语言中会区分法律和正义时,我们在任何情况下使用的都是"law"这个词,结果导致在英语表达中,"公法"术语中的每一个词的内涵之间要不断地被澄清,反复被阐释。例如:"public"到底是区别于私法意义上的概念,还是与政治相关的概念;"law"到底是指实体法,还是在讨论正义秩序。

正如上文所提到的,有必要区分两种有关法律的概念:实体法或者说由国家有权制定法律的机关所制定的成文法;用来约束政府的基本法或者说公法。之所以后者在英语世界的法理学家那几乎被忽略,一个重要的原因在于我们缺乏相关的特定词汇来区分作为政府工具的法律(拉丁语是 *lex*,法语是 *la loi*,德语是 *das Gesetz*)和作为宪法的正义秩序原则表达的法律(拉丁语是 *ius*,法语是 *le droit*,德语是 *das Recht*)。在本书中,我们要考察国家的正义秩序,在拉丁语中翻译为 *ius publicum*,在法语中表达为 *droit politique*,在德语中表述为 *allgemeines Staatsrecht*。对于英语世界而言,如果我们不想使用那些辞义含混、模棱两可的表达,如"政治法"(political right),或者是极为直白但是也容易混淆的"政治法律"(political law),最好还是使用"公法"(public law)这个概念。

公法的这一特征——即公法作为政治法理学——在黑格尔的《法哲学原理》(*Philosophy of Right*)中就非常明确地得以阐述。《法哲学原理》的目标就在于设计一种"国家科学"(the science of

---

23 乔治·阿姆斯特朗·凯利(George Armstrong Kelly)指出,自然与强制的结合(实证法),自然与非强制的结合(道德法),以及人为和强制的结合(法官法),这三种结合为理解西方的思想提供了非常重要的线索。参见 George Armstrong Kelly,'A General Overview' in Patrick Riley (ed), *The Cambridge Companion to Rousseau* (Cambridge: Cambridge University Press, 2001), 8–56, 40。

引　言　再发现公法

the state),这一科学的目的就是致力于将国家作为一种天生的理性存在来理解和描绘。[24] 黑格尔进一步解释,当讨论法(Right, *Recht*, *jus*)时,我们不仅仅从字面上理解它,将它仅仅视为国家制定的成文法,我们也在讨论道德、伦理生活和世界历史。[25] 这一宽泛的概念涵盖了从 16 世纪后期到 19 世纪初期得以繁荣发展的一系列法理思想,这些思想蕴含在让·博丹、阿尔图修斯、利普秀斯、格劳秀斯、霍布斯、斯宾诺莎、洛克和普芬道夫的著作中,同时也存在于孟德斯鸠、卢梭、康德、费希特、斯密和黑格尔的作品中。我们所致力于从事的研究,在德语中称为国家法的基础(*Grundlagen des Staatsrechts*),法语中称之为政治法原则(*Principes du droit politique*),英语中,就简单称为"公法的基础"(foundations of public law)。

即使不存在语言的翻译问题,要对这个问题进行研究还存在其他困难。一个非常重要的原因就在于,现代的公法概念无法被视为构成了一个统一的知识领域。这之所以会成为一个问题,是因为伴随着现代化的进程,人类行动领域的划分和分工越来越被强调。经济学、社会学、政治学这些学科都非常强调自身的独立学科地位,历史学和哲学都有自身极其严格的方法论基础。这就导致被黑格尔称为"国家科学"的问题被分解,让其分属于完全不同的人类行动领域,进而被归入不同的学科之中,无法形成统一的知识领域。[26]

如果这一宽泛的公法概念的基础要被认真地研究,那么当代

24　GWF Hegel, *Philosophy of Right* [1821] TM Knox (trans) (Oxford: Oxford University Press, 1952), 11, Preface.

25　Ibid, §33A.

26　参见 Stefan Collini, Donald Winch, and John Burrow, *That Noble Science of Politics: A Study in Nineteenth Century Intellectual History* (Cambridge: Cambridge University Press, 1983);关于欧洲的这一发展参见 Peter Wagner, *A History and Theory of the Social Sciences* (London: Sage, 2001)。

公法的基础

的学科发展及其潜在的问题就要受到质疑。本书的研究建立在这样一个基本前提基础上：无论现代的学科划分带来了什么样的进步和优势，还是导致了我们对人类社会理解上的一系列损失，特别是我们丧失了用法律语言来表达政府机构对权威的诉求的独特能力。这很大程度上是由当下社会科学的构建基础和学科划分方式导致的。社会科学的不同学科总是无差异地依照自然科学的模式构建自身，这就导致对"我们的思维能够针对一切确立清楚且确定的因果关系"产生盲目的自信，错误地将理性选择理论适用到了伦理问题上，以及在此基础上所带来的计算机思维模式的盛行。[27] 法律科学也没有逃出这一影响，尤其是 19 世纪末、20 世纪初的法律实证主义使得这一趋势极为突出。通过突出法律的有效性（the question of validity）问题（不断追问当下是不是处于现存法律秩序的有效统治中），现代法理学将权威问题完全转向了一个次要的、边缘化的问题。

本书的研究可以视为一种依旧属于探索阶段的尝试。目标主要是要重新发现"政治法"的话语和讨论，以及评估它对当下世界的影响。有一些学者认为，后现代社会产生的学科技术使得这样的法学讨论已经完全过时了；还有一些学者主张，鉴于在现代宪法框架内非常明显的基本法的实证化趋势，这些问题完全可以在实证法的一般方法中获得解决和回应。本书的基本立场在于，尽管这些主张都值得被认真对待，但是并不是不证自明的。它们所引发的一系列问题将在本书的最后三部分得到回应，第三部分将对有关国家的法学观念进行梳理，第四部分和第五部分将对现代宪制主义和行政国家的崛起对于政治法观念的概念化影响进行探索。

---

[27] Charles Taylor, 'Overcoming Epistemology' in his *Philosophical Arguments* (Cambridge, MA: Harvard University Press, 1995), 1–19, 6.

引　言　再发现公法

* * *

本书试图去思考和呈现公法的基础。在这个意义上，可以将本书视为是对那些塑造了法律与政府关系的观念和行动进行一种历史考察，但是也不止步于此：在进行相关历史考察的同时，希望能够呈现公法作为政治法的现代重要性所在。因此，本身将尝试去发展一种在我另外一本书[《公法的观念》(*The Idea of Public Law*)]中就呈现了基本轮廓的有关公法的"纯粹理论"。[28] 这一纯粹理论将为公法提供实证和实践的理论，不涉及意识形态的问题。尽管现在我并不试图去呈现本书的基本轮廓或者总结本书的核心主张，但是我认为，对纯粹理论的最为基本的特征做一些介绍还是很有必要、很有帮助的。

首先就要明确我们讨论和研究的范畴。公法被理解为围绕政治法所展开的讨论，那么公法就包括了一系列作为前提条件的、维持和规范治理国家行动的规则(rules)、原则(principles)、教规(canons)、箴言(maxims)、习俗(customs)、习惯法(usages)和惯例(manners)等。这一体系确保了公共领域(the public sphere)作为一个自主的领域存在，这一领域之所以具有独特的地位，是因为其通过相关的设计和安排试图去调和个体的自治诉求和公共权威存立之间的关系。

当意识到了现代生活的这一基本冲突，很多理论家都试图构建有效的理论去调和这种冲突和紧张。这一冲突之所以会存在，是建立在这样的前提之下的：人类被视为生而自由和平等的，通过集体决策的方式决定了其政治共同体的本质，因此，个体也成为政治权威最终的来源，被视为他们所生活的政治体的创造者。鉴于这一自我实现的原则(principle of self-actualization)是通过法律机制运作和实现的，这些法律制度的目标就可以理解为力图建

28　Martin Loughlin, *The Idea of Public Law* (Oxford: Oxford University Press, 2003), ch 9.

立一种政治法的科学。这就带来了需要强调的第二特征：政治法的本质(the nature of political right)。

严格地讲,政治法科学的目标是很难实现的,这个世界充满了各种各样建立在现代政治现实基础上的规范性方案,但是这些方案都并不完全具备说服力。因为没有一个方案能够真正有效地缓解、消除这两种一样强大却完全冲突的人性：自治的欲望和参与政治共同体的欲望。鉴于无法完全消除这种冲突,公法的实证理论要达到的目标就是尽量去构建最为有效的机构和制度,从而能够有效承认和面对这些相互冲突的人性主张所释放出来的力量。鉴于人性中这种寻求自由和对归属感的诉求之间无法消除也无法彻底弥合的分裂,这种诉求上的冲突只能通过协商来和解。在一定程度上,这种协商的结果并不能被视为是对正义本身的阐明,只是一种审慎判断(prudential judgement)。因此,我们只能将公法视为一种政治法理学的探索,而不能将其视为对政治法科学的揭示。或者是将有关政治法的话语视为对一种理性语言的具体描述和展示,通过这种语言,人性中两种完全相悖的诉求之间的协商得以有效推进和实现。[29]

这就将我们带到纯粹理论的第三个特征,这个特征构成作为本书灵魂的那根"红线",当我们将视野从实证法扩展到政治法时,我们对于法律的理解将发生根本性的改变。不同于按照正统自由主义的观念对于法律的理解,认为法律本身是一种对于无限扩张的权力的制约,纯粹理论认为,公法的根本价值在于能够帮助权力的产生,是一种权力生产和促进机制。为了准确把握这一转型的重要性,我们首先要认识到政治权力的独特本质。政治权力是一

29　在政治理论家中,致力于发展这一审慎对话理论的主要是约翰・邓恩(John Donne)。参见 John Dunn, 'Reconceiving the Content and Character of Modern Political Community' in his *Interpreting Political Responsibility: Essays 1981 - 1989* (Cambridge: Polity Press, 1990), ch 12; John Dunn, *The Cunning of Unreason: Making Sense of Politics* (London: HarperCollins, 2000)。

种特殊的权力,这种特殊性源自政治权力是通过将人们团结在一起从事一项共同的事业产生的。这种权力建立在人民同意的基础上,源自人民的信任,通过对享有权力者的制约而不断地产生、发展。在这个意义上,政治权力的生成机制与(以制约为核心的)政府权力的组织机制是一致的。这个观点本身就具有一定的自相矛盾性:在这个领域中,对于权力的限制本身恰恰催生了权力,是权力得以产生的源头。如果这样理解的话,现代宪法结构不应该被视为对先在的权力(pre-existing power)的运行的制约,恰恰是通过这些宪法结构,政治权力才得以产生。因此,在纯粹理论的逻辑中,政治法是确保自主的公共领域得以存续并产生权力的根本力量所在。

将公法理解为能够促进权力生成的政治法的概念,在理解政府与法律的关系上催生了一种全新的,但是也是极其复杂的,甚至有些模棱两可的视角。对于这一问题的自主理解同时让我们认识到,自由,和权力一样,不能被理解为任何先在的状态(pre-existing condition),自由是一种只有在国家中才能被实现的状态。因此,统治者的命令(即实体法)不能被视为是对一些先在的自由施加的限制,这些命令恰恰是自由得以平等实现的条件所在。所以,对于政治法的讨论,不仅仅能够催生公共领域的权力并使其越来越强大,而且也能够通过相关的制度安排努力促进自由的平等实现,虽然这些制度安排本身所构建的体系对个体形成了制约和训诫。这些构成自治政权(a regime of self-government)的"自主的"个体("autonomous" individuals)本身,同时受到政府机制的制约和塑造。因此,政治法的话语同时具备限制和成就的力量。

关于公法具有"权力促进"功能的理解让我们注意到另外一个值得关注的特征——这一主题存在一个关系性的(relational)/自反性的(reflexive)维度,即公法中的判断本质上应该是关系性的:

决策应该根据公共权力结构中相关角色的认知做出。鉴于权力是通过权威的制度安排而产生的,政治法的功能主要是用来保存系统的权力,因此权力就不能被视为排他地存立于特定的机构中:权力是通过关系产生的。正是这个关系维度本身使得系统本身具有了动态的特征。这也同时意味着并不存在永恒不变的宪法方案。基于政治现实需求,宪法会不断地进化、发展,作为这一进化动力的结果,法律概念和原则的内涵和影响也将随之发生变化。

这一对公法所具有的关系性特征的理解带来的一个更为复杂的问题,即在公共领域的现实运作中,存在两种不同概念的权力,即分别塑造国家结构的统治权(*potestas*)和塑造基础结构的治理权(*potentia*)。政治法可以说就取决于这两种权力的辩证关系,前者指制度化的统治权,因此也有人将 *potestas* 翻译为狭义的“权力”,而后者就是指政府对资源的实际配置的控制,从而被翻译为“力量”。这一点在现代政府的法律体系的二分意识中得以展现,这就是要做宪法性法律所代表的理想主义(the idealism of constitutional law)和行政法所代表的唯实主义(the materialism of administrative law)区分的原因。本书的第四和第五部分会涉及相关的内容。这一自反性使得所有程序和决策过程都变得极为矛盾,最为主要的原因就是我们当下做的决定将必然会影响和塑造我们的将来。卢梭简明扼要地表达了这种矛盾:“没有自由,国家就无法存续;没有美德,何来自由;没有公民,就无所谓美德。因此,培养公民,我们才能实现自由;没有公民,则自国家的元首开始,除了令人厌恶的奴隶之外,国家,你一无所有。”[30]这一特定的矛盾依旧存在,我们去协商解决这些问题的能力依旧存在难以克

30　Jean-Jacques Rousseau, *Discourse on Political Economy* [1756] in *The Social Contract and other later political writings* Victor Gourevitch (ed) (Cambridge: Cambridge University Press, 1997), vol 2, 3-38, 20.

服的问题,这一点必须被正视。[31] 但是依旧有一点价值判断支撑
了纯粹伦理——保持对政治法的理性讨论和对话是增强我们协商
和平衡能力、使上文提到的两种人性冲突能够共存的必要前提
条件。

---

31 Dunn, 'Reconceiving the Content and Character of Modern Political Community', above n 29, 215.

第一部分

起　　源

第一章
中世纪的渊源

公法是伴随着现代国家的出现而形成的一块独立的知识领域。但是由于现代国家的形成过程不是非常清晰,因此,想要追溯公法作为一个自主的概念的出现和发展历程,同样充满了各种模糊和含混不清的问题。此外,中世纪思想和现代思想之间事实上没有非常清晰的分界线,思想家耗费了大量的时间和精力探索有关中世纪王国的构成要素,而关于国家的现代观念事实上是通过对这些构成要素的重组得以生成的。可以说,现代公法概念的形成也是这样一个过程。似乎所有有关公法的观念(与中世纪相比)都似曾相识,但是却又不一样,很难找到完全相似之处,但是又存在各种关联。[1]

现代国家的观念是在 12—17 世纪西欧一系列持续的思想和行动的创新过程中形成的。在这一时期,政府被认为是与传统的共同体运作方式相分离的,需要依靠常设的机制来帮助它实现它所承诺的任务。[2] 当我们试图追溯这一国家形成的法理历程时,我们需要追溯到更遥远的起源,尤其需要追溯的是这一合法权威的统治行为是如何与神学问题联系在一起的。

1　Michael Oakeshott, *On Human Conduct* (Oxford: Clarendon Press, 1975), 198.

2　参见 Joseph R Strayer, *On the Medieval Origins of the Modern State* (Princeton, NJ: Princeton University Press, 1970); Alan Harding, *Medieval Law and the Foundations of the State* (Oxford: Oxford University Press, 2002)。

公法的基础

本章我们将集中考察神学和政治问题在中世纪是如何被交错在一起讨论的。萦绕着这些讨论的和在这些讨论中若隐若现的,是由教会法学家发展的一套有关于罗马教会,尤其是有关其统治结构的精致的法理系统。受到罗马法的影响,教会法学家对教皇作为帝国构成的法理特征进行了精细的论述。在他们的著作中,很多现代公法的最为基础的概念得以形成,比如机构、管辖权、社团的法人性质等。这一精致的法律大厦成为教皇、皇帝和国王之间政治斗争的媒介。这些各式各样的政治斗争引发了竞争性的主张:自上而下的和自下而上的政府理论,以及权威的神圣和世俗渊源。这些斗争在神圣法(divine law)、罗马法(Roman law)、教会法(canon law)、自然法(natural law)和普通法(common law)中得以呈现和表达。而现代公法概念则从这场激烈、丰富的意识形态斗争的战场废墟上获得了自己最为基本的表达词汇和语法。如果跳过这些早期的斗争,我们是无法充分地理解公法的。

第一节　神学-政治问题

"最初始的权力是上帝所有的,不过是其将这一权力授予了世俗的代言人"这一观念对政府的历史产生了主要的、深刻的影响。这一神权政治基础,被沃尔特·厄尔曼(Walter Ullmann)称为自上而下的政府理论(the descending theme of government),[3]在罗马教会的教义中获得了最为权威和教条的表达。考虑到罗马教会在世俗政府进化发展过程中的影响,它的教义本身构成了一条理解公法起源的重要生命线。皮埃尔·马内特(Pierre Manent)认为,"神学-政治问题"(theological-political question)提供了理解

　　3　Walter Ullmann, *Principles of Government and Politics in the Middle Ages* (London: Methuen, 1961), Introduction.

024

欧洲政治史最为关键的钥匙。对于马内特而言,"要充分地理解欧洲政治发展,只能将其视为本质是一段对教廷提出的诸多问题进行回应的历史才具有可行性"[4]。如果说对一般的政治史而言这是事实的话,那么当我们试图去解释政府权力的法理基础时,这也是一样的情况。

这样一来,起源的时刻就变得易于识别:"神学-政治问题"在欧洲政治史中起源于公元 380 年,那一年按照敕令,基督教获得了罗马帝国官方宗教的地位。[5] 这一敕令还确保教会获得一种复合型的功能,包括宗教和世俗的权力。由于教会肩负了监督和指导包括统治者在内的所有人类行动的责任,教会被视为最高的权力享有者。由于中世纪所有公共问题都是以法律作为媒介进行审议的,[6]我们就不必惊奇于如下发现:初生的公法总是不可避免地充满了各种各样的基督教议题和表达。

之所以要追溯这段历史,不仅仅是为了揭示公法的起源,同时也是力图回应公法的特征这个问题。在现代语境中,宗教信仰问题完全坠入私人领域,而政治、国家和法律问题则构成了另外一个完全自治的领域——公共生活。这一在中世纪和现代社会之间所做的区分需要进一步地被反思。事实上,对于政府权威基础的探索会不可避免地把我们带到信仰的基本问题上。它不断地在提示我们,政治隐喻、政治想象和象征依旧是社会和政治权力最有力量的渊源之一。神学问题——受到诉诸唯一的和最高的权力这一本能的驱使,需要在可见与不可见之间、在现世与永恒之间不断地对

4　Pierre Manent, *An Intellectual History of Liberalism* Rebecca Balinski (trans) (Princeton, NJ: Princeton University Press, 1995), 4.

5　这主要是由瓦伦提尼安二世(Valentinian Ⅱ)和狄奥多西一世(Theodosius Ⅰ)颁布的敕令决定的。

6　"在中世纪……法律就是生活与逻辑相遇的地方。"参见 FW Maitland, *Collected Papers* HAL Fisher (ed) (Cambridge: Cambridge University Press, 1911), vol 3, xxxvii。

公法的基础

话、沟通与平衡——贯穿了中世纪世界所有有关合法政府权威的讨论。尽管现代世界的信仰发生了根本的变化，但是这些驱动力在新的信仰和代表机制之下在多大程度上发挥作用，依旧是今天需要认真对待的问题。因此，这一有关公法的中世纪起源的探究并不仅仅是对过去历史的探究。这里真正值得关注的问题是：在多大程度上，宗教和象征性的驱动力——通常是与对超越实证法律的，但是需要被实证法律遵守的原则[或者说法的正义(the *jus* of *lex*)]的探究联系在一起的——依旧贯穿于有关公法的讨论中。

第二节　教皇君主制

基督教教义主要由两大基本神学公理构成。第一就是"人的堕落"：亚当和夏娃被驱逐出伊甸园。这是由原罪导致的，从而使得人类丧失了上帝的友善，导致在一个充满罪恶的世界中，生存成为一种必然。第二个公理就是基督耶稣降世。为了帮助人类赎罪，基督被钉在十字架上处死，并为此建立了教会体系，为人类获得救赎提供了可能。[7] 这两大基督教的公理分别在旧约和新约中得到了阐述，构成了教会的核心教义。但是，事实上教会除了提供广泛的信仰和精神上的指引，还在人们的世俗生活中扮演了极其重要的角色，因此，作为一个信仰共同体(*congregatio fidelium*)，要完成众多的信仰和世俗事务，教会是需要政府形式的。

早期教会的统治形式主要是受到罗马帝国的意识形态和权力结构的影响。在罗马帝国，法律是形塑帝国权力结构的主要方式，因此，当基督教获得了帝国的国教地位之后，教义开始采纳法律语言进行表达也就不足为奇了。一个特殊的影响因素在于，在 4 世

7　参见 Karl Löwith, *Meaning in History* (Chicago: University of Chicago Press, 1949), ch 9。

纪晚期,自基督教成为罗马帝国的国教开始,圣·杰罗姆(St Jerome)正在完成 the Vulgate,即希伯来和希腊《圣经》的拉丁文译本。杰罗姆的译本不仅展现了 4 世纪时罗马受教育阶层的语言表达模式,译本中使用的术语和定义与罗马法学家使用的专业术语也非常地一致。[8] 对于这些决定基督教教义的拉丁表达的极富影响力的人而言,"上帝与人之间的关系就是法律关系,这个关系在一个权利与义务的框架中展开,这个框架和罗马法律体系基本一致"[9]。教会作为一个信仰机构也是依据法人建制的,它的统治模式和皇权结构非常地相似。

教皇的权力以法理的方式得以阐述,教会统治借助于法律的工具得以实施。教皇开始以模仿世俗皇帝发布诏书的方式发布教令集。[10] 这一权力的《圣经》渊源在马太福音第十六章第 18—19 节得到了阐释:

> 我还告诉你:"你是彼得,我要把我的教会(church)建造在这磐石上……我要把天国的钥匙给你;凡你在地上捆绑的,在天上也要捆绑;凡你在地上释放的,在天上也要释放。"

马太的表达其实是有些模棱两可的,这块磐石是圣·彼得吗?这块磐石预示着彼得的信仰还是耶稣基督的真理? 这一表达是有精神上的还是有现实的管辖意义? 但是在教皇利奥一世(Pope

---

8　Walter Ullmann, *Medieval Political Thought* (Harmondsworth: Penguin, 1975), 21.

9　Ibid.

10　参见 Joseph Canning, *A History of Medieval Political Thought 300 - 1450* (London: Routledge, 1996), 30; Colin Morris, *The Papal Monarchy: The Western Church from 1050 to 1250* (Oxford: Clarendon Press, 1989), 212-213.【教皇的权威的《圣经》来源是马太福音第 16 章第 18—19 节。在第 18 节中,罗马天主教指出,教会是建造在"彼得"这块磐石上的且以彼得为首任教皇,进而倡议"教皇无误论",教会必须遵守教皇的谕旨,否则即是拆毁教会的建造。在第 19 节中,教皇执行和传达福音的权柄和能力得到进一步肯定。——译者注】

公法的基础

Leo Ⅰ)那里,他作为一个受过良好训练的罗马法学家,就将这一表达赋予了具有确立权威的含义。利奥一世(440—461 年)裁定,马太的文本确认教会为由基督教徒共同构成的社群(用罗马法的表达就是,一个法人),同时为授权教会构建一种独特的统治结构。

自此之后,教会统治就以君主制的体系开始构建。既然圣·彼得被赋予了统治的权力,那么教皇尽管身份完全无法与圣·彼得相匹配,但是依旧是作为其不配者、不荣誉的继承人(*indignus haeres beati Petri*)存在。后面的这一部分阐释完全受到罗马法的继承制度的影响,尤其受到普遍继承原则的影响,即继承人获得被继承人全面的法律地位和身份。利奥一世试图表明,每一位教皇都完整地继承了圣·彼得的权力和管辖权:无论教皇个人品质如何,他都获得了圣·彼得的权威和立场。正是基于利奥一世的阐述,个人人格与公务身份之间的区别——在公法的发展过程中最为基础的观念——得以产生和确立。特定教皇个人的品质并不重要:一旦获得了教皇的身份,一旦被任命,他的敕令就因为他所占据的公职具有了约束的权威效力。作为公职的继承,利奥一世进一步指出,圣·彼得拥有的权力范畴无论如何都不能被特定的教皇修改或者削减,因为每一个教皇都是直接从圣·彼得那里继位的,没有经过任何中介。教皇在任职期间,他拥有的不仅仅是一种从他的前任处获得的统治权,同时也是一种完满的权力,即权能完整和自洽的权力(*plenitudo potestatis*)。[11]

11　参见 Walter Ullmann, 'Leo I and the theme of papal primacy' (1960) 11(ns) *Journal of Theological Studies*, 25. 厄尔曼再次重申:"在教皇至上这个主题的范畴内,利奥一世的神学理论完全借助了罗马法理的外套:这就是典型的法理神学理论。"(ibid, 33)更多现代学者倾向于主张,利奥一世使用的"自洽的权力"这个概念,主要用来区分教廷使节具有的有限权威和教皇自身拥有的完整权威,直到 13 世纪,这个概念也没有获得更广阔的司法内涵。参见 JA Watt, *The Theory of Papal Monarchy in the Thirteenth Century: The Contribution of the Canonists* (London: Burns & Oates, 1965), Pt II; Kenneth Pennington, *Pope and Bishops: The Papal Monarchy in the Twelfth and Thirteenth Centuries* (Philadelphia: University of Pennsylvania Press, 1984), 59; Canning, above n 10, 32。

第一章　中世纪的渊源

　　利奥一世的这一观点得以成立的前提在于,教会权力的统治部分来源于其"建造者"(builder),作为一个信仰的机构,教会缺乏原生性的权力。因此,教会的权力只属于教皇这个职位,教会的其他人员所行使和享有的权力都是从教皇那获得授权的。教皇的敕令不得被挑战或者被申诉。敕令的有效性被客观地决定了:教皇个人的品质,无论是善还是恶,都不会影响其发布敕令的效力和统治的权威。这也就意味着,教会无权限制教皇的权力或者弹劾教皇,教会法中有一条重要的原则——"教皇不受任何人评判"(*papa a nemine judicatur*)——反映了这一点。[12] 这里我们发现了一条非常重要原则的起源:统治者(教皇)的最高权力不是授予其个人的,而是授予那个职位,其权威源自那个职位本身。

　　教会统治的结构在 5 世纪末期基本就确定了。这一结构彰显了一种神权政治的观念。上帝,作为宇宙的中心和一切权力的渊源,将现世的权力(天国的钥匙)授予教皇,教皇作为上帝的代理人是其在俗世的工具,是上帝的教会的建造者。所有的权力都是自上而下被授权的。[13] 教皇行使的是一个君主的权力,他在教会之外并且高于教会,教会的所有成员都必须服膺于他的权威。[14] 所有教会机构都深怀对上帝的感激,[15] 并通过遵循对上帝的绝对服从原则运作。[16] 在为统治系统提供神学上的正当性支持的时候,

---

　　12　这一原则是通过 1075 年的《教宗训令》(*Dictatus Papae*)的第 18—21 条的规定获得权威效力的。"他的决定不能被任何人审核,但是他可以审核任何人的决定;他无需被任何人评价。"参见 Ewart Lewis, *Medieval Political Ideas* (New York: Knopf, 1954), ii, 38。

　　13　《新约》罗马书第 13 章第 1—2 节:"在上有权柄的,人人当顺服他。因为没有权柄不是出于神的,凡掌权的都是神所命的。所以抗拒掌权的,就是抗拒神的命。"同时参见《新约》约翰福音第 19 章第 11 节:"耶稣回答彼拉多说,若不是从上头赐给你的,你就毫无权柄辨我。"

　　14　《旧约》耶利米书第 1 章第 10 节:"看哪,我今日立你在列邦列国之上。"

　　15　《新约》哥林多前书第 15 章第 10 节:"不,不是我,是上帝的恩宠与我同在。"

　　16　《新约》约翰福音第 3 章第 27 节:"约翰回答:人什么也不能受领,除非那赏赐来自天上。"

亚略巴古人丹尼斯（狄奥尼修斯）[Denis（Dionysius）the Areopagite]创造了"等级制"（hierarchy）这个词,等级制就是指这样一个系统,所有下一层级的秩序都有赖于上一层级的给定和维持,所有的秩序渊源都最终汇集到最高的上帝那里。上帝是宇宙必须遵循的统一原则,是世界秩序的维护者。[17]

第三节　帝国和教皇制

《民法大全》（the *Corpus Juris Civilis*）对罗马统治者地位进行了最为经典的系统阐释。《民法大全》是查士丁尼大帝（Justinian Ⅰ）对罗马法的法典化编纂,这项工作始于 527 年,完成于 534 年。[18]《民法大全》反映了罗马法中对于公法和私法的基本划分。尽管罗马法主要是由私法构成的,但是还是对统治权的神权政治观念进行了系统的阐述。[19] 依据《民法大全》,皇帝作为"世

17　丹尼斯是一个希腊匿名作家的名字,他自称是圣保罗的门徒,因此也被称为伪丹尼斯（Pseudo-Denis）。参见 Ullmann, above n 3, 46-47; Canning, above n 10, 32。

18　《民法大全》有三个主要部分:《学说汇纂》（the *Digest*）,或者称为总论（*Pandects*）,这一部分由 50 本书构成,包括基本原则和一个有关私法的基本宣言,主要是从经典的罗马法学家的著作中摘取的相关内容;《法典》（the *Code*）,这部分包括 12 本书中的帝国宪法;《法学阶梯》（the *Institutes*）,这是一本导论性质的教科书。查士丁尼在位期间直至其 565 年去世制定的法律（*novae leges* / new laws）统称为新律（*Novellae*）。12 世纪,《新律》（the *Novellae*）被视为《民法大全》的第四个组成部分。参见 PG Stein, 'Roman Law' in JH Burns（ed）, *The Cambridge History of Medieval Political Thought*, *c. 350-c. 1450*（Cambridge: Cambridge University Press, 1988）, ch 3。【在以下注释中,马丁·洛克林把《学说汇纂》《法典》《法学阶梯》《新律》分别简写为"D. ""Cod. ""Inst. ""Nov. "。——译者注】

19　珍妮特·科尔曼（Janet Coleman）注意到,作为一个君士坦丁堡的君主,查士丁尼的汇编体现了典型的东方君主的特征,因此,我们应该丝毫不感到意外,专制主义、神权主义、皇权统治的原则与古老的共和及其经典做法能够毫不违和地融合为一体。参见 Janet Coleman, *A History of Political Thought from the Middle Ages to the Renaissance*（Oxford: Blackwell, 2000）, 34。

界之主"(*dominus mundi*)[20],被视为一个神圣而普遍的职位。[21]
国王享有高于法律的地位,[22]同时被描述为"活的法"(living law)
的代言人。[23] 他的意志本身就构成了法律的有效表达,正如当时
的法律所描述的:能够取悦国王的,就具有法律的效力(*quod
principi placuit legis habet vigorem*)。[24]

由于一神论的特征,基督教极大地增强了罗马皇帝的权威。[25]
对罗马统治者而言,对多神主义的拒绝具有非常清楚的现世意义,
最为明显的就是罗马统治者对一句彰显帝国神学特征的行为准则
的采纳:一个上帝(God),一个帝国(Empire),一个教会
(Church)。[26]《民法大全》中的皇帝形象就是一个政教合一主义者
(Caesaropapist),即皇帝在一个教会和帝国融合为一体的共同体
中具有神圣的最高权力。[27]

但是,如果说基督教的神学理论有效地增强了帝国的统治,那

---

20 参见 D. 14. 2. 9。

21 在查士丁尼为编辑《学说汇纂》颁布的编纂令(*Constitutio Deo Auctore*)中,查
士丁尼是这样介绍他自己的:"以上帝之名统治天上君王赐与朕之帝国。"参见
Justinian, *Digest*, Charles Henry Monro (trans) (London: Steens, 1904), vol 1, xiii。

22 参见 D. 1. 3. 31:王子不受法律的约束(*Princeps legibus solutus est*)。同时参
见 D. 32. [1]. 23;Cod. 6. 23. 3;Inst. 2. 17. 8。

23 参见 Nov. 105. 2. 4。

24 参见 D. 1. 4. 1;Inst. 1. 2. 6。

25 这一点可以在《法典》第一章的题目——"三位一体和天主教信仰"中得以凸
显,这就示意和指引所有人都要践行圣·彼得传给罗马人的信仰。参见 Cod. 1. 1. 1。

26 "一种信仰,一部法律,一位君王"(*un roi*, *une foi*, *une loi*)成为一个在中世纪
的思想中反复出现的议题。参见 William Farr Church, *Constitutional Thought in
Sixteenth-Century France* (Cambridge, MA: Harvard University Press, 1941), 79。
纳粹曾利用这一点喊出了臭名昭著的口号:"一个民族,一个帝国,一个元首。"(*Ein
Volk*, *ein Reich*, *ein Führer*)但是即使是到了 20 世纪,这里所蕴含的权威走向到底如
何,事实上还是说不清楚的。

27 约瑟夫·坎宁(Joseph Canning)承认,很多现代的学者都质疑,在拜占庭的背
景下,这一表达是否准确和恰当。参见 Canning, above n 10, 14。自承认基督教的国
教地位开始,罗马皇帝就放弃了自己作为帝王的神圣地位,而是承认其统治源自上帝的
恩典:"皇帝放弃了自身作为世俗世界的神性存在的主张,转而认定权力的源头在上帝
那里。"详见 Ullmann, above n 3, 57。

031

么也可以认为，罗马法的权威也有效地增强了教皇统治的意识形态。罗马法提供了当时一套最为发达的法律技术，这套法律技术能够确保中央主权之下的统一能够充分地实现。教皇是第一个利用罗马法为自己服务的，正是在罗马法的指引下，教皇统辖下的法学家们发展了他们自己的法理学说。[28] 这一联系就显示出这两者的相得益彰：罗马皇帝同时具有世俗国王和宗教教士的身份，而在基督教内部，教皇君主制的概念得以充分地发展并逐渐具有不可撼动的位置。[29]

但是这种互惠互利的相互关系中也暗藏危机，因为这套理论在逻辑的终点上是不自洽的，无法有效地调和教皇和皇帝的权力地位。从基督教的视角出发，统治者之所以出现并且被赋予权力，是因为在这个世界上存在罪恶。用保罗的话说就是："因为他并非无来由地佩剑，而是服侍上帝，对造孽的人，执行圣怒。"[30]但是，"皇帝的统治是神圣恩典的产物"这一信条为教皇通过斡旋争取权力空间，开辟了道路。因此，从教会的角度，他们认为皇帝是内在于教会当中的，而不是在教会之上的，至少在宗教事务上，皇帝必须服从基督教的权威。中世纪的教会法学家用一个隐喻表达了这种张力：基于自古以来世俗事务和精神事务之间的划分和对立，他们宣布，由于心灵是高于人的肉体的，因此，教皇在皇帝之上。[31]

虽然以上观点从未被世俗的帝国权威所接受，[32]教皇格拉修

28　参见 Watt, above n 11, 79。还可参见 Morris, above n 10, 403："在教廷中几乎重复复制了世俗政府的统治形式……这展示了罗马法的强势影响。"

29　除了对罗马法的借鉴，还必须注意到，中世纪的教皇的衣着基本上也仿照了拜占庭皇帝的着装，因此，红衣模式以及罗马的元老院模式构成了红衣主教团的学习范本。参见 Ullmann, above n 3, 109。

30　《新约》罗马书第 13 章第 4 节。

31　参见 Walter Ullmann, *Medieval Papalism: The Political Theories of the Medieval Canonists* (London: Methuen, 1949), 81—82。

32　比如教皇马丁一世(Pope Martin Ⅰ, 649—655)的命运：因为他试图反对皇帝君士坦二世(Emperor Constans Ⅱ)想要推广基督一志说的主张，导致他最终被逮捕、迫害和放逐。参见 Canning, above n 10, 39。

一世(Pope Gelasius Ⅰ,492—496 年)对世俗和精神世界的权力做了细致的划分。[33] 格拉修一世指出："世界主要由两种力量主导,主教的神圣权威(*auctoritas sacrata pontificum*)和世俗的皇权(*regalis potestas*)。"[34]他进一步补充道,这两项权力之间具有相互匹配的权能,因此,应该各自严格遵照各自的管辖界限。由于皇帝是上帝之子,而不是教会的负责人,因此,在涉及信仰的问题上,皇帝应该谦逊地学习,而不是试图施教。[35] 格拉修一世的这一观点在中世纪的政治世界中引起了强烈共鸣。[36] 当法学家试图借助于罗马的宪法性法律的权威来诠释格拉修一世的观点时,他们同时注意到,权威(*auctoritas*)原则上是不可分割的,基于此,他是高于纯粹的统治权(*potestas*)的,因为后者本身是可以被分割的。[37]

但是事实上,教皇的这些主张获得认同的程度依旧是有限的,教皇依旧不能拒绝自己作为帝国臣民的身份。君士坦丁堡与罗马之间的冲突暗流涌动。厄尔曼指出,直到 7 世纪教皇格里高利一世(Pope Gregory Ⅰ)开始向西欧扩张势力,教会的这种岌岌可危的地位才得以改善。教会权威的拓展的影响力在西欧日耳曼民

33　参见 JA Watt,'Spiritual and Temporal Powers' in JH Burns(ed), *The Cambridge History of Medieval Political Thought c. 350 – c. 1450* (Cambridge: Cambridge University Press, 1988), ch 14。

34　公元 494 年写给皇帝阿纳斯塔修斯一世(Emperor Anatasius)的信,引自 Canning, above n 10, 35。

35　引自 Canning, above n 10, 36。

36　参见 Strayer, above n 2, 102。这里可以考虑爱德华·柯克大法官(Sir Edward Coke)的表述与格拉修一世的教义的相似之处,柯克认为,尽管詹姆士一世是作为主权者的国王,但是他依旧无权决定什么是法律。参见 *Prohibitions del Roy* (1607) 12 Co Rep 63。

37　参见 JB Morrall, *Political Thought in Medieval Times* (London: Hutchinson, 3rd edn, 1971),10;Walter Ullmann, *A Short History of the Papacy in the Middle Ages* (London: Methuen, 1974),54–57。还可比较 RL Benson, 'The Gelasian doctrine: uses and transformations' in George Makdisi, Dominique Sourdel, and Janine Sourdel-Thomine(eds), *La notion d'autorité au Moyen Age: Islam, Byzance, Occident* (Paris: Presses universitaires de France, 1982), 13–44。

公法的基础

族那些欠发达的统治系统中得以彰显。在此后的几个世纪中，拉丁语变成西欧的通用语（*lingua franca*），《圣经》变成有教养的人人手一册的必学读物。拉丁文《圣经》对西欧肥沃而未开垦的土壤的文明开化起到最为重要的、不可替代的作用，从而让罗马的思想在西欧获得广泛的接受，也使得西欧成为"政府的神权下降论"（the theocratic-descending thesis of government）的最主要接受者。[38]

到了 8 世纪，君士坦丁堡的皇帝所拥有的权力已经无法与教皇相匹敌。"君士坦丁赠礼"（Donation of Constantine），这一后来被认为是伪造的文件，在 8 世纪中期到 9 世纪极大地增强了教会对抗拜占庭的实力，后来也被用来协助教皇在西欧增强权威。[39]这一过程极大地影响和塑造了后来西欧的格局和政治。[40]

第四节　君权神授

我们首先从王权的概念说起。国王的地位和权威在罗马世界逐渐呈现消极发展的趋势，很大程度上是因为长久以来王位的产生都是与民众的代表机构的选举联系在一起的。7—8 世纪，神权统治的观念开始在西欧出现：国王是基于上帝的恩典获得王位的。这一从 7 世纪晚期开始被盎格鲁-撒克逊的国王们普遍秉持的王室起源主张，[41]标志着对王权本质认知的根本改变。这一对

38　Ullmann, above n 8, 52.

39　根据这一文件，在向拜占庭东迁时，君士坦丁大帝把象征帝国权力的徽章授予教皇西尔维斯特一世（Pope Silvester Ⅰ）及其继承者。参见 Ullmann, above n 8, 59-63；Canning, above n 10, 73-74。

40　参见 Jacques Le Goff, *The Birth of Europe* Janet Lloyd（trans）（Oxford：Blackwell, 2005）, ch 2。

41　比较明显的例子就是，国王奥法（King Offa）称自己为"承蒙上帝恩典的仁慈国王"。参见 Ullmann, above 3, 118。

034

王权神圣起源的认知主要受到教会法学家教义的深刻影响。"王权是一种从上帝那里获得的神圣裁判权"主要在教会人员的著作中得到集中阐述,这也在一定程度上彰显了教会对政治事务的深度介入。基督教世界对神权统治观念的普遍采纳,被弗雷德里克·威廉·梅特兰(Frederic William Maitland)称为一种向心主义的(centripetal)或者罗马中心的(Romipetal)权力观的表达。[42]

居于神权等级下的王权统治的正当性建立在王权是自上而下地获得权力的主张基础上,权力的源头是上帝,国王作为上帝在俗世的代理人,被赋予确保王国和平、秩序和好的统治的责任。作为王国的保护人,维持秩序的任务排他地属于国王。[43] 任何对和平的挑衅和侵犯都被看作对国王个人的冒犯,国王也因此承担了采取行动以驱逐、惩戒入侵者的排他责任。国王同时还承担了维持正义体系的责任。作为正义的源泉,裁判是一个最终归属于国王的事项,国王按照其自行设计的正义标准做出终极裁决。

这一有关统治权的概念将国王与民众彻底地区分开,"陛下"(Your Highness)[44]这一称呼使得民众必须服从国王的意志。由于权力是自上帝那里获取的,民众不具有赋予权力的统治者地位,

---

42 FW Maitland,'William of Drogheda and the Universal Ordinary' in his *Roman Canon Law in the Church of England: Six Essays* (London: Methuen, 1898), ch 3, 105.

43 "'损害女王陛下的和平、王冠和尊严'这一表达曾经是在大法官面前提出的每一项刑事犯罪起诉的必要结论,现在仍然是惯常使用的结论。"参见 Sir Frederick Pollock,'The King's Peace' in his *Oxford Lectures and Other Discourses* (London: Macmillan, 1890), ch 3, 65。

44 还要注意的是,"叛国罪"(high treason)的概念只能严格适用于对站在民众之外和民众之上的君主陛下的罪行,这在英国的犯罪史的反映。参见 WS Holdsworth, *A History of English Law* (London: Methuen, 1925), vol 8, 307–333, esp 322:"在爱德华三世的立法通过时,叛国罪被视为是对国王个人的犯罪,而不是对国家的犯罪。这个罪名之后的认定就始终与对国王个人的犯罪行为相关。事实上,自 1848 年以来,只有针对国家的犯罪才必须将其视为叛国罪,尽管这一犯罪是以对国王个人的侵犯为表现形式的。"

035

王权是高高在上的、不受民众控制的,民众变为了臣民。尽管国王会赋予臣民一部分的权利,但是这完全是出于国王的恩典,而非其义务。民众可以恳求国王采取特定的措施,但是法律本质上是国王基于其自身权威制定的、赋予民众的,国王才是法律的渊源,人民不是。臣民获得了国王的保护,但是鉴于国王是那个最知晓其臣民最佳利益的人,臣民无权抵制国王的命令,必须无条件服从,臣民必须效忠国王。然而,君权的这种神圣性主要是通过"王在法之上"的主张呈现的。无论是"国王不受不当命令的约束"(no writ runs against the king)还是"国王不会犯错"(the king can do no wrong)都是源自这样的统治观念。

虽然这一有关统治职位的本质认知的变革对于整个统治体系产生了广泛的影响,但是其中最为重要的影响还是将"职位"(office)这个概念的重要性凸显了出来。最初,这个概念是可以和尊严(*dignitas*)、部门(*ministerium*)这些词汇交叉使用的,但是在中世纪,职位(*officium*)这个词主要用来表彰权力的本质和公职人员的职责所在。[45] 职位从此之后就用来指称一个具有一定永恒性的位置,它具有机构的地位。[46] 职位本身也使得职位的持有者获得了某种荣誉和独特性,这里面传递了一种有些自相矛盾的观

45　例如,有研究指出,"教会机构传递的'职位'一词的内涵是指向官员交代具体行政任务,同时借鉴了罗马和教会的双重传统,指代的是一种无私地为公共领域和公共利益的服务",参见 Hélène Millet and Peter Moraw, 'Clerics in the State' in Wolgang Reinhard (ed), *Power Elites and State Building* (Oxford: Clarendon Press, 1996), ch 9, 179。关于罗马的影响,参见 Myron Piper Gilmore, *Argument from Roman Law in Political Thought*, *1200-1600* (Cambridge, MA: Harvard University Press, 1941), ch 3。关于中世纪有关推介"职位"这个概念的著作,参见 Peter N Riesenberg, *Inalienability of Sovereignty in Medieval Political Thought* (New York: Columbia University Press, 1956), ch 2。关于"职位"这个概念在现代早期英国思想中的重要性,参见 Conal Condren, *Argument and Authority in Early-Modern England: The Presupposition of Oaths and Offices* (Cambridge: Cambridge University Press, 2006)。

46　参见 Udo Wolter, 'The *officium* in Medieval Ecclesiastical Law as a Prototype of Modern Administration' in Antonio Padoa-Schioppa (ed), *Legislation and Justice* (Oxford: Clarendon Press, 1997), ch 2, 23。

念,作为职位的获得者本身是具有荣誉的,但是他个人的品质却很有可能和这种荣誉不相匹配。通过这样的方式,职位系统就建立了一个精致的层次制度,不同的层级反映了不同官员的不同资质。[47] 职位这个概念同时也包含了这样的理念,职位持有者本身对于职位是不享有任何权利的,获得这个职位本身是因为国王的恩典。[48]

统治职位的神圣特征在加冕仪式上得到了最为具体的表达。公元 800 年圣诞节那天,教皇利奥三世(Pope Leo Ⅲ)把一顶皇冠戴在查理曼(Charlemagne)大帝的头上,宣布他为罗马人的皇帝,这对于王权权威而言具有决定性的转变。[49] 在这个仪式中,表面上是从君士坦丁赠礼[50]中获取权威,但事实上将王权从拜占庭那里最终转移到罗马。在这一仪式中,一个特殊的过程具有非同寻常的重要性:首次把“将圣油倒在国王的头上”纳入圣礼。[51] 遵循既定的《圣经》仪式,基督的膏油使作为受膏者的国王获得了高于

---

47 关于职位的介绍,参见 Charles Loyseau, *A Treatise of Orders and Plain Dignities* [1610] Howell A Lloyd(trans)(Cambridge:Cambridge University Press, 1994)。

48 参见 Ullmann, above n 3, 136。

49 François Louis Ganshof, *The Imperial Coronation of Charlemagne: Theories and Facts* (Glasgow:Jackson, 1948)。

50 参见 above, n 39。

51 关于受膏礼的宗教内涵和本质,参见 Fritz Kern, Kingship and Law in the Middle Ages[1914] SB Chrimes(trans)(Oxford:Blackwell, 1948), 36:“教皇大贵格利(Pope Gregory the Great)宣称,授予世俗权威的圣化是一种‘圣礼’。在中世纪早期,圣礼教义仍然很不确定,处在不断的变化当中。奥古斯丁的圣礼思想允许,甚至坚持,所有向信徒展示超自然恩赐的仪式和用法,都应被视为圣礼。从 12 世纪开始,当教会的圣礼教义获得准确的定义,圣礼的数量受到限制时,授予世俗权威的圣礼不再被包括在内。但中世纪教义赋予所有圣礼的三个显著特征在某种程度上仍然为王室的圣化程序所保留;自中世纪早期以来,王室的圣化被视为一种独特的圣礼,即使在中世纪严格定义的教条中,它继续被视为一种准圣礼。它的外在象征可以在加冕和施膏的祭司的供职中看到;它的内在效力体现在国王的灵魂里;它的外在效力体现在它赋予王储和受膏国王的‘性格’上。”

公法的基础

他的百姓的权威。[52] 这一受膏礼象征着上帝向国王赐予了福报和恩赐，从而为国王的统治权背书。

皇室的受膏礼迅速地在西欧成为王权加冕、造王程序中必不可少的环节。[53] 这是国王加冕必备的程序，表达了王权的神圣来源。[54] 尽管中世纪的信仰认为皇室拥有治愈疾病的神奇力量，[55]这一仪式并不是要把国王本身变成教士，只是为了让国王获得挥剑的权威。[56] 尽管查理曼大帝拒绝了很多来自罗马(教廷)的主张，

52　参见《旧约》撒母耳记(上)第 10 章第 1 节："撒母耳拿瓶膏油倒在扫罗的头上，与他亲吻说：'这不是耶和华膏你，作他产业的君吗？'"《旧约》撒母耳记(下)第 2 章第 4 节："犹大人来到希伯仑，膏立大卫作犹大家的王。"《旧约》撒母耳记(下)第 5 章第 3 节："所有以色列的长老都到希伯仑见大卫王，大卫跟他们立盟约，他们就膏立他作为以色列的王。"

53　珍妮特·纳尔逊(Janet Nelson)指出，"我试图精确地确定[王室受膏礼]在各个地方开始的时间，西班牙应该是从 672 年开始，西法兰西是 848 年，东法兰西应该是 911 年，英格兰是 973 年"。纳尔逊还指出，"盎格鲁-撒克逊的阿尔弗雷德，在 10 世纪末写道：'国王在完成受膏礼后，对他的人民拥有统治权'"。参见 Janet L Nelson, 'National Synods, Kingship as Office and Royal Anointing: an Early Medieval Syndrome' in her *Politics and Ritual in Early Medieval Europe* (London: Hambledon Press, 1986), ch 10, 247-248。

54　正如莎士比亚描述的："不是所有水都能洗去一位受膏国王身上的香膏/世俗人的气息不能废黜[上帝选出的副手]。"参见 William Shakespeare, *Richard II*, Act Ⅲ, scene 2。

55　参见 Marc Bloch, *The Royal Touch: Sacred Monarchy and Scrofula in England and France* [1924] JE Anderson (trans) (New York: Dorset Press, 1973)。马克·布洛赫(Marc Bloch)精辟的叙述表明，从 11 世纪和 12 世纪开始，法国和英国国王采用的皇室抚摸疗法是如何将这种治愈淋巴结核的力量具体化为一种精确而稳定的制度的。其根本原因是"对皇室超自然特性的信仰"(at 90)，直到 1688 年革命将一位加尔文主义者的国王置于王位后，这种信仰才在英国消失，并因此将这种做法简单地视为迷信，认为国王的地位不归功于任何神圣的血统，而仅仅归功于议会的选择。

56　这里涉及"两把剑的理论"，该理论据说来源于《新约》路加福音第 22 章第 38 节。该理论认为，教皇有两把剑，精神的和世俗的，一个象征着教皇的祭司权力，另一个象征着强制权力。据说教皇让世俗统治者使用世俗之剑来代表教皇行事。参见 John of Salisbury, *Policraticus* [c1154-1156] Cary Nederman (ed) (Cambridge: Cambridge University Press, 1990), iv. 3："剑是国王从教会手中接受的，因此，国王其实也是牧师，他行使神圣职责，而这些职责在牧师手中似乎是一种有辱其名誉的。"

但是他的继任者就没有他那样的强势。[57] 因此，当他的孙子洛泰尔一世(Lothar Ⅰ)在公元823年受加冕时，也从教皇的手中接过了一把剑，但是这个动作不仅仅象征着从教皇手中获得力量，获得权威，而且意味着国王必须承担起保护教皇的义务。[58] 但是，这样的加冕仪式本身也带来了问题：如果圣礼本身成为王权职位的构成部分，这一使国王获得高于其人民的权威的行为本身，也会使国王面临来自主教制度的挑战，因为主教制度是国王获得上帝恩宠的中介。王室的圣化(Royal consecration)进一步强化了统治权的客观职位特征，[59]但是在作为中世纪基督教世界更高秩序的护卫者的主教眼中，国王的职位就不过是一个执行职位，他们自己才是真正的共同体秩序的指挥者和决策者。[60] 因此，也许国王是在法律之上，但是必须要服从神圣法。

第五节　君主之职与教士神职

从现代的视角来看，神圣罗马帝国是一个非常奇怪的实体，[61]既不是神圣的，也非罗马的，也不是一个纯粹的帝国。它的不同寻

57　参见 RW Southern, *Western Society and the Church in the Middle Ages* (London：Penguin, 1970), 99。

58　参见 Nelson, above n 53, 251："国王埃德加(King Edgar)本人在967年的盎格鲁-撒克逊教会会议上发表讲话，表示他准备拿起'君士坦丁之剑'，并服从主教的命令。"

59　参见 Meyer Fortes, 'Ritual and Office in Tribal Society' in Max Gluckman (ed), *Essays on the Ritual of Social Relations* (Manchester：Manchester University Press, 1962), 53-70; Jack Goody, 'Introduction' in Goody (ed), *Succession to High Office* (Cambridge：Cambridge University Press, 1966), 21-23。

60　Nelson, above n 53, 251.

61　参见 Peter H Wilson, *The Holy Roman Empire, 1495-1806* (London：Macmillan, 1999); Dietmar Willoweit, 'The Holy Roman Empire as a Legal System' in Padoa-Schioppa (ed), above n 46, 123-130。

公法的基础

常之处在于,它成为一直持续到 17 世纪末的政治思想最为重要的特征的见证——这一政治思想始终确信政治与宗教之间的紧密关联。[62] 只有将帝国视为一个神权政治体,才能够理解这么一个看似明显无可行性的体制是如何运转的。整个政权建立在一种教皇和皇帝的理论上的平等之上:基督是帝国真正的首领,教皇和皇帝都是被赋予行政权的执行者,他们并不构成最终的权威。[63] 这一区分的本质只有将君主之职(regnum)与教士神职(sacerdotium)共同视为是一个有机体的构成部分才能够理解。这一有机体——基督教共和体(respublica christiana)本质上被视为一个教会实体(ecclesiological entity)。[64]

这一等级制的政权的权力建立在这样一个基本的信仰基础上:所有的基督徒作为一个信仰共同体归属于统一的组织,即教会(the Ecclesia)。他们最为重要的职责就是保存教会,因为教会作为抵挡者(a katechon)能够防止罪恶以及反基督恶魔的到来。[65] 因此,中世纪时期的教会不能仅仅被视为一个区别于统治机构的信仰组织。主教们和国王们共同构成了一个政治体的必要组成部分,索尔兹伯里的约翰(John of Salisbury)写道:"上级与下级之间保持协调统一,""所有的成员都服从于领袖,这样,宗教就能保存完好。"[66] 从这个意义上看,这就不仅仅是一个由个体所构建的整体问题,因为教会在这里要比他的每一位成员都要重要得多。

62　John Neville Figgis, *The Theory of the Divine Right of Kings* (Cambridge: Cambridge University Press, 1896), 39.

63　Ibid.

64　John Neville Figgis, *Political Thought from Gerson to Grotius*, *1414 – 1625* (Cambridge: Cambridge University Press, 2nd edn, 1931), 4:"在中世纪,教会不是一个国家,而是国家本身,或者说真正的国家,今天意义上的国家或更确切地说是世俗政权(那个时候一个独立的社会领域还没有得到承认)只是教会的治安部门。"

65　参见 Carl Schmitt, *The Nomos of the Earth in the International Law of the Jus Publicum Europaeum* [1950] GL Ulmen (trans) (New York: Telos, 2003), 59 – 62。

66　John of Salisbury, *Policraticus*, above n 56, vi. 25.

第一章　中世纪的渊源

　　这一观念由迈克尔·维尔克斯(Michael Wilks)进行了系统的阐述。维尔克斯主要围绕信徒著作中的如下问题展开论述,即"作为罗马共和国的法律意义上的个体是如何转变为基督教世界的神秘个体的"。这一神秘的个体就等同于法律上虚构的个体,这一虚构的个体是教会形式的神秘体。因此,法学家的法律事实就等同于哲学家的形而上的事实,形而上的事实就等同于神学家的神圣事实。[67] 通过将个体与世俗社会的关系转变为人与上帝的关系,共同体不仅在规模上大于个体,而且还具有优先于其部分的特权。

　　这一有关法人组织的观念同时在政治体的有机逻辑隐喻的表达中得以展现,这一隐喻源自索尔兹伯里的约翰。在他的著作《论政府原理》(Policraticus)中,他将国王比喻为大脑,议会比喻为心脏,法官和地方的官员比喻为感官,财务大臣比喻为胃,农民则被视为双脚。[68] 这一隐喻同时也涉及神职,将他们视为人的心灵,在此基础上进一步地如神权等级制的主张者所强调的,主张心灵必须统治身体。[69]

　　当给教会下定义时,作为这个整体的头部本身被赋予了特殊的角色。正如前面所提到的,教皇就是教会组织的头,所有的权力都赋予了教皇本人,他是源头(the fons et origio),所有的权力分支都必须从他那里流出来。但是在更高等级的教会官员的更为高深的作品中,一旦整个法人组织能够被一个人所代表,那个人本身

67　Michael Wilks, *The Problem of Sovereignty in the Later Middle Ages: The Papal Monarchy with Augustinus Triumphus and the Publicists* (Cambridge: Cambridge University Press, 1963), 25.

68　John of Salisbury, *Policraticus*, above n 56, v.6,9,11,15.

69　参见 Ullmann, above n 31。在《论政府原理》的编者卡里·内德曼(Cary Nederman)看来,约翰并不是严格意义上的僧侣统治制度的思想家,"相反,他允许世俗政府在没有教会直接干预的情况下被组建。他断言,就像身体中的灵魂一样,祭司身份确定了健康政治有机体的总体目标(拯救所需的条件)。但身体的头部负责确保和监督生物体在其生命道路上的实际身体福利。因此,共同体内存在一种共同善,这种共同善有助于但又区别于和独立于最终的精神拯救目的",详见 above n 56, xxii-xxiii。

041

就等于这个法人。[70] 因此，教会的头就构成了一个微型宇宙，反映了整个世界的秩序，因此教皇不仅是教会的头，而且也是教会整体本身，就像基督不仅是教会的领袖（the *caput Ecclesiae*），同时也构成教会本身（the *corpus Ecclesiae*）。[71] 这种整体能够为"一"所包含的关系，就使得这个"一"本身具有了超越整体的最高权威。

厄尔曼用来表达这一法律神学的术语是"彼得论"（petrinology）。[72] 整个基督教共和国的基石是建立在教皇制基础上的。厄尔曼认为，这一以教皇为中心的等级统治制度，不仅仅在逻辑上是无懈可击的，而且也应了中世纪基督中心时期的景，非常贴合当时的现实。那个时候支撑以神权为基础的相关政权的法律概念的精准度和合逻辑性高超到无懈可击。[73] 厄尔曼还认为，"任何研究中世纪教皇制的学者都会对教皇制下的统治原则的说服力、一致性和逻辑性印象深刻，并被其所折服。这些原则展示了一个有关统治原则的名副其实的体系……一个真正的国家体系（*Staatsrechtssystem*）"[74]。

---

70 这一教会法的基本原则可以在格拉提安（Gratian）于 1140 年出版的《教会法整理汇编》（*Concordance of Discordant Canons*）中被找到，它成为关于教会法的标准手册，也是一种"为教会的古代神学教义提供适当的司法表述"的尝试，这一教义被表述为："主教即教会，教会借助于主教得以呈现。"参见 Brian Tierney, *Religion*, *Law*, *and the Growth of Constitutional Thought*, 1150－1650（Cambridge：Cambridge University Press, 1982）, 13。该教义的《圣经》渊源是《新约》约翰福音第 14 章第 10 节："难道你不信，我在父中，父在我内。"

71 Wilks, above n 67, 31.

72 相关细节参见 Walter Ullmann, *The Growth of Papal Government in the Middle Ages: A Study in the Ideological Relation of Clerical to Lay Power*（London：Methuen, 3rd edn, 1970）, ch 1。

73 Ullmann, above n 3, 94.

74 Ibid, 108. 另有学者指出："教皇格里高利七世对此有非常精锐的陈述，没有任何文字能比他的相关书信更为出色地传达中世纪教皇的精神。在这些陈述中，我们发现以下几点：教皇不能由任何人来评判；罗马教会从来没有犯过错误，直到时间的尽头，也永远不会犯错误；只有教皇才能罢免和恢复主教；只有他才能制定新的法律；只有他自己才能改变自己的判断；他可以罢免皇帝。总的来说，这些声明构成了一个完整的行动纲领，它们意味着教皇对基督教社会的所有事务拥有完全的主权。当我 **（转下页）**

第一章　中世纪的渊源

尽管君权神授的观念已经产生,但是没有一个欧洲的政府体系可以和教皇的统治体系相匹敌。虽然国王可以诉诸《圣经》来增强其统治的权威,但是没有一个国王可以宣称自己拥有和教皇一样的权威。国王若要将其统治建立在一个基督教共同体内,就必须服从上帝律法,而且不能像教皇一样,宣称自己拥有完整的权利。教皇领导下的库里亚大会(The papal curia)成为全基督教的全能初审法院。[75] 事实上,教皇不仅仅因为具有一套精细的宇宙论而获得其权威:11—12世纪,如果没有高级神职人员的广泛参与,没有一个国王可以有效地统治其帝国。这些神职人员作为帝国内唯一受过良好教育的阶层,是欧洲王室官员的主要来源。[76] 这些神职人员不仅仅是法官、行政长官和法律文书的专家,[77] 而且还是国王值得信赖的谏言者。[78] 如果失去了他们的支持,无异于现代

(接上页)们将这些声明与《大宪章》《权利法案》《美国宪法》《共产党宣言》等其他伟大的行动纲领相比较时,我们可能会认为,这些文件一直到了最近,才对许多国家的实际事务产生了如此深远的影响。"参见 Southern, above n 57, 102-103。

75　Maitland, above n 42, 104. 对此,科尔曼也阐述道:"罗马教会的法律和司法机构变得越来越复杂,以应对日益沉重的工作量。罗马教会的官员处理欧洲各地的教会组织。到了13世纪,罗马在实践中通过法律手段、教皇的普遍管辖权以及从教皇管辖权发展而来的教皇立法实现了至高无上的地位。"参见 Coleman, above n 19, 32-33。

76　参见 Millet and Moraw, above n 45。他们指出,"在13世纪中叶的法国和英国,出现了明显矛盾的表达方式:拥有'Clerics regis'这个头衔的人确实是神职人员,但他们不是为教会服务,而是为世俗权力机构工作的"(at 173)。特别值得一提的是托马斯·贝克特(Thomas Becket)的职业生涯,他在为教会服务和为国王服务之间游刃有余,在被任命为坎特伯雷大主教之前就已经成为亨利二世的议长。布莱恩·蒂尔尼(Brian Tierney)指出,贝克特的职业生涯"只有在其结束时才不同寻常",参见 Tierney, above n 70, 10。

77　Millet and Moraw, above n 45, 178:"英国13世纪很多法官其实都是神职人员。"

78　在中世纪的大部分时间里,财政大臣(the chancellor)一直是国王主要的执行官和顾问:"在英国,他(财政大臣)在很长一段时间里一直是一个关键人物:红衣主教沃尔西(Cardinal Wolsey)的角色是亨利八世的首席大臣,只要他能够保持国王对他的信心,他的世俗大臣的地位就会因他在教会中的卓越地位被巩固……沃尔西之后,英格兰国王不再要求神职人员担任财政大臣或掌玺大臣的职位,只有两个例外:斯蒂芬·加德纳(Stephen Gardiner, 1553—1555)和约翰·威廉姆斯(John Williams, 1621—1625)。"参见 Millet and Moraw, above n 45, 176, 177。

公法的基础

政府失去了对军队和公共收入的控制。[79] 因受过教会法精细方法论的训练,这些神职人员成为等级统治帝国中的专家,[80]他们同时借助于拉丁语通用语的力量,成为帝国一体化和统一的代理人。[81]

只要皇帝在其权力论述上依旧停留在教会思想的框架中,他想要与教皇对抗就是极端困难的。这种不可避免的冲突起初发生在一些附属事项中:国王是否有权向作为臣民的神职人员征税,世俗法庭和教会法庭的管辖权之争,以及主教的任命权等。最后一项,即对主教制(episcopacy)的控制,是教皇权力结构最本质的主张,但是有效的王权统治本身同样需要主教作为国王的公务人员对国王效忠。这一冲突最终演变为授职权之争(the *Investiture Contest*),这是一场教皇和国王争夺对主教的控制权的斗争。这场斗争从 1075 年一直持续到 1122 年,经历了不同的发展阶段。最初,主教被要求宣誓效忠教皇,这种管辖控制通过要求主教定期访问罗马得以实现,这场斗争最终还是聚焦在了主教的授职权之争上,导致在 1076 年,教皇格里高利七世(Pope Gregory Ⅶ)宣布废黜德王亨利四世(Henry Ⅳ)。迫于形势,亨利四世在 1077 年 1 月前往意大利卡诺沙城堡(Canossa)向罗马教皇悔罪求恕。在获得赦免、恢复教籍之后,亨利四世于

79　Walter Ullmann, *Medieval Foundations of Renaissance Humanism* (London: Elek, 1977), 34.

80　Strayer, above n 2, 16:"教会人员深度参与世俗政治,即统治者在没有教会人员的建议和辅助情况下就无法实现有效统治这一事实,意味着教会的政治理论和行政管理技术将对世俗政府产生直接的、深刻的影响。"

81　参见 Françoise Waquet, *Latin or the Empire of a Sign: From the Sixteenth to the Twentieth Centuries* John Howe (trans) (London: Verso, 2001), esp ch 2。还可参见 Chateaubriand, *Génie du christianisme* [1802]:"我们相信一种古老而神秘的语言,一种几百年来一直没有改变的语言,这种语言非常适合用来表达对永恒的、无需理解的和不变的存在的崇拜。既然我们意识到我们的苦难迫使我们向万王之王发出恳求的声音,那么我们用地球上最好的语言对他说话,这种语言是那些卑躬屈膝的国家向凯撒祈祷时使用的语言,这难道不是很自然吗?"(引自 Waquet, ibid, 63~64。)

1084 年率军进占罗马,以武力将格里高利七世逐出罗马,另立克莱门特三世(Clement Ⅲ)为教皇。[82]

授职权之争充分地暴露了国王(rex)和神职人员(sacerdotus)之间存续已久的诸多冲突。由于亨利最终还是将其主张诉诸神权统治的观念——我,作为主的受膏者,你怎么敢对抗我的权威——显然他没有意识到,他这样的主张将使自己面临这样的挑战:只有借助于神职人员作为中介,他才能受惠于上帝的恩典。基于教皇享有的完整权能,格里高利获得了神圣律法的护佑,[83] 当亨利主张他一切的行动都是遵照既有的习惯时,格里高利的回复是:耶和华从来没有说过"我是习惯",但是耶和华说过,"我是真理"。

然而,授职权之争不能被视为教会和国家之间的冲突,这是君主之职与教士神职之间的管辖权冲突,这一冲突完全是在基督教共和体框架内部发生的。所有的争论也都是在神学理论的框架内展开的。因此,尽管君主之职与教士神职之间的冲突依旧,但是作为世俗的统治者很难再主张其权力的最高性。当然,如果没有这一点,公法的概念也不会出现。

---

[82] 参见 Canning, above n 10, 89-94; James Viscount Bryce, *The Holy Roman Empire* (London: Macmillan, rev edn, 1928), ch10。关于英语世界对这一事件的理解,参见 Norman F Cantor, *Church, Kingship, and Lay Investiture in England, 1089-1135* (Princeton, NJ: Princeton University Press, 1958)。【在这个事件中,起初,亨利四世在沃尔姆斯召开由德意志主教和一部分高级世俗贵族参加的宗教会议,发布对格里高利七世的檄文,致书罗马教廷,要求格里高利七世退位。教皇格里高利七世对此予以报复,一个月后在拉特兰召开宗教会议,宣布破门律,革除亨利四世的教籍,废其帝位并解除臣民对皇帝的效忠誓约。——译者注】

[83] 《旧约》耶利米书第 1 章第 10 节:"我今日立你在列邦列国之上,你要为万国之民施行根除、拆毁、毁坏、倾覆,又要承担重建和树立。"

045

第六节 教会会议至上主义

中世纪后期，因为教皇、皇帝、主教和国王都在争夺更大的统治份额，因此这个阶段充满了各种各样无休止的冲突。在这些关于权威到底应该归属谁的政治斗争之下，隐藏了一个更为基本的问题，秩序的本质到底是什么？14世纪，有两种有关秩序的观念是显而易见的：一种在教皇和帝国领导之下的普遍秩序，另外一种是后来新出现的统治者之上没有更高权威的欧洲王国秩序。教皇和皇帝之间的斗争依旧是非常重要的，但是，只要基督教共同体中的等级统治概念依旧具有正当性并为大家所广泛接受，世俗统治者，无论是皇帝还是国王，他们主张自己具有最高权威的诉求都很难实现。

有关秩序的本质问题最早在经院哲学的思想框架中就存在争议。自13世纪开始，一种不同于神学等级统治的对于社会的理解出现了。这种不同的理解主要是由对亚里士多德著作的再发现和再阅读所引发的。奥康的威廉（William of Ockham）和帕多瓦的马西利乌斯（Marsiglio of Padua）基于归纳而非演绎的原则，基于自然主义而非神学主义的前提，构建了一套全新的哲学体系。亚里士多德学说的原则提供了一种有关社会的人类中心理论。依据这一理论，人天生就是一种社会动物，社会是由人所构建的共同体，生命的价值是完全由现世的价值所决定的，不存在来世或者是死后世界的问题，是一种彻底的俗世论。这一理论的出现对于建立在神学基础上的等级统治论的影响是巨大的。最为重要的一点就在于，世俗和精神不再被视为同时存在于一个等级统治关系中，表达一种单一的宇宙秩序，而是形成两个独立且独特的平行空间。这些学者——同时作为中世纪的政论家——并不否认上帝的存

第一章　中世纪的渊源

在,但是基于亚里士多德的理论,他们可以主张,现世和天堂的事务——政治和精神的领域——应该基于不同的标准被评判。由于借助于自然理性无法为上帝的存在提供任何正当性支持,因此,上帝只能被作为一个信仰的对象来对待。

这一运动的政治意涵是具有革命性的。尽管教会依旧被承认为一个信仰的共同体,但是被认为是一种纯粹的精神存在体,而非政治社会的表现。巴黎的约翰(John of Paris),当时最为著名的政论家之一,他指出,如果将基督教的统治权视为一个俗世和政治性的结构,那么就犯了希律王的错误(the error Herodis):这恰恰就是希律王错误地恐惧的问题。[84] 基督只是在信仰的层面统治世界,除此之外他的教区牧师不再享有任何额外的权力。

这种新的观念主张,教会并不是一个高于现实的存在,教会更多的是一个抽象的存在——一个名称(a *nomen*),或者说一个没有太多实质性意义的语词——被叠加在个体存在的物质现实之上。[85] 正如维尔克斯所强调的,恰恰是这种唯名论(nominalism)哲学的世俗特征,而非提出这些哲学观念的政论家思想中的任何细节主张,对教皇-等级统治秩序本身构成了威胁。[86] 这些政论家的主张中隐含了这样的观点:宇宙的中心是人本身,而非上帝,政治权威存在于共同体当中,政府存在的目的是满足人类的需求而非仅仅是作为上帝的代言人,实现上帝的理想。至少在帕多瓦的马西利乌斯的著作中是这样的,他认为,宗教之所以被创造出来,是因为它承担了维护共同体和平的必要的政治功能。[87]

84　John of Paris, *On Royal and Papal Power* (*Tractatus de potestate regia et papali* [1302]), Arthur P Monahan (trans) (New York: Columbia University Press, 1974), ch 9, 36.

85　关于奥康的威廉的唯名论的简介,参见 Coleman, above n 19, 172-175。

86　Wilks, above n 67, 95-96.

87　Marsilius of Padua, *The Defender of Peace* (*Defensor pacis* [1324]), Alan Gewirth (trans) (Toronto: University of Toronto Press, 1980), Ⅰ.v.11.

公法的基础

在这样的背景之下,如何能够消解亚里士多德学派的原则与教会的教义之间的冲突,使两者具有一致性的责任就被寄托在了杰出的多明我会的(Dominican)学者阿奎那(Aquinas)身上。阿奎那试图调和理性与信仰之间、人造法与神圣法之间的矛盾。对过去的神权等级统治而言,他们面临的最大的挑战和困难就是,亚里士多德的思想带来了自然法的复兴。建立在"正义的行为的基本标准是完全可以被识别的"前提下,自然法天然地带来了"统治权的有限性"的观念。[88] 基于无论是统治权自上而下还是自下而上地获得的理论所主张的"政治社会只应该有一个首领"这一前提,阿奎那认为,教会标志着教皇和信仰共同体的结合,教会是一个区别于它的成员的组织。作为教会的首领,教皇代表了教会,但是,教皇意志却可以采取不同的表达形式。对托马斯学派的学者(Thomists)而言,意志的最高表达形式应该是教皇依据教会的意志进行表达,而教会的意志主要是通过一个协商会议表达出来的。自此,托马斯主义的原则就为教会统治的会议至上主义理论(conciliarist theories)的出现提供了契机。

这些理论伴随 14 世纪晚期教会的分裂变得日渐显赫,[89]但是

---

[88] Aquinas, *De Regimine Principum* (On Princely Government) in *his Selected Political Writing*s AP D'Entrèves (intro) JG Dawson (trans) (Oxford: Blackwell, 1948), 1, 7:"在每个人身上,灵魂控制着身体,而在灵魂内部,理性控制着激情和欲望的力量。在有机体的构成部分中,有一个是主要的、支配所有其他构成部分的,有人说是心脏,但也有人说是头部。因此,在所有的多样性中,必须有某种支配性原则。"对阿奎那来说,这一控制原则就是君主制:"蜜蜂有一个国王,在整个宇宙中有一个上帝,造物主和万物之主。这是完全合乎理性的:因为所有的多元性都源于统一。"(at 13)

[89] 1378 年,红衣主教团决定在距离乌尔班六世(Urban Ⅵ)任期满还有四个月时举行选举,选举克莱门特七世(Clement Ⅶ)代替乌尔班六世,由此引发了大分裂。两位教皇都未能获得普遍效忠,乌尔班在罗马很难维持自己的地位,克莱门则在阿维尼翁的元老院树敌,由此产生的混乱为解决有关教会权威的性质和结构的一些基本问题提供了较好的现实环境。参见 Walter Ullmann, *Origins of the Great Schism: a study in fourteenth-century ecclesiastical history* (London: Burns, Oates & Washburn, 1948); JB Morrall, *Gerson and the Great Schism* (Manchester: Manchester University Press, 1960); Canning, above n 10, 174-184; Le Goff, above n 40, 169-171。

第一章　中世纪的渊源

这些理论的真正起源是 12—13 世纪教会法学家围绕教会法发表的评注集。他们探讨的远不只涉及具体的危机，而是将讨论延伸到教会权威的基本原理。[90] 教会会议至上理论(conciliar theory)的核心部分认为，教皇并不是专制的统治者，但是这一点并没有得到非常明确的表述。正如红衣主教扎巴雷拉(Cardinal Zabarella)所言："教皇所拥有的全面的权力并不是因为他本人，而是作为一个法人组织的负责人，法人的权力构成了教皇权力的基础，教皇作为主要的负责人，使法人的权力得以现实地行使。"[91] 在进一步发展阿奎那思想的基础上，卢卡的托勒密(Ptolemy of Lucca)比较了三种统治理论：专制理论(despotic theory)，在这样的体制之下，国王不受法律的约束(*legibus solutus*)，由他来为他的臣民制定法律；共和君主制(politic kingship)，这里统治者从民众那里获得统治的权威，并且必须服从民众授权制定的法律；最后一种是混合政体，即王权加共和的体制(*dominium regale et politicum*)，同时具备前两种政体的特征。[92] 红衣主教扎巴雷拉描述的就是第三种政体，正是这一统治理论催生了教会会议至上主义的主张。

　　教会会议至上主义者承认，教皇的权威在教会中是超越其他

90　参见 Brian Tierney, *Foundations of the Conciliar Theory: The Contribution of the Medieval Canonists from Gratian to the Great Schism* (Cambridge: Cambridge University Press, 1955)。

91　Franciscus Zabarella, *Tractatus de schismate* [1408]；引自 Tierney, above n 70, 58–59。还可参见 Tierney, above n 90, Ⅲ.iv。

92　Ptolemy of Lucca, *On the Government of Rulers: De regimine principum* James M Blythe (trans) (Philadelphia: University of Pennsylvania Press, 1997), Bk 3, 20：'A comparison of imperial lordship to regal and political lordship and how it accords with both'. 参见 books ii–iv of Acquinas' *De regimine principum* which Ptolemy completed in c1301–1303。对比于 Giles of Rome, *De regimine principum* [c1285], Ⅱ.1.14，作者区分了 a *regimen regale* 和 a *regimen politicum*。关于按照自己意志统治的统治者与依据公民制定的法律及其传统统治的统治者之间的区分，参见 Coleman, above n 19, 70；James M Blythe, *Ideal Government and the Mixed Constitution in the Middle Ages* (Princeton, NJ: Princeton University Press, 1992), ch 4。

049

任何教会人员的。但是,他们并不认为教皇的权威超越了教会作为一个整体的权力。[93] 他们在普遍教会(the universal church),即信众构建的信仰共同体(the *congregatio fidelium*),和罗马教会,即由教皇人格化代表的组织之间做了区分,同时主张,最终的权威归属于作为整体的教会。他们同时通过构建复杂但是周延的代表制度,对原有的教皇等级统治结构提出了挑战。他们主张,代表制不仅仅意味着在教皇身上实现权威的人格化,同时也意味着权威是由信仰共同体授予教皇的,如果教皇滥用这一权威,授权可以被收回。[94]

虽然教会会议至上理论受到了被定罪的异教徒——奥康的威廉和帕多瓦的马西利乌斯的影响,但是不能因此就认为,这一理论标志着与教会神学传统的彻底决裂。[95] 布莱恩·蒂尔尼充分地展示了教会会议至上主义是如何从教会法理论的丰富和多元的渊源

---

93 约翰内斯·阿尔图修斯(Johannes Althusius)认为,统治者在个人关系层面是高于个体的,但是在与公民整体的关系中,他不是最高的。参见 Johannes Althusius, *Politica: Politics Methodically Set Forth and Illustrated with Sacred and Profane Examples* [1603] Frederick S Carney (trans and ed) (Indianapolis: Liberty Fund, 1995),120。

94 参见 Nicolas of Cusa, *The Catholic Concordance* [1433 - 1434] Paul E Sigmund (ed) (Cambridge: Cambridge University Press, 1991)。这一论点以奥康的威廉的著作为基础,奥康的威廉在 14 世纪 40 年代试图证明教皇的教权制度建立在异端权力理论的基础上。参见 William of Ockham, *A Short Discourse on Tyrannical Government* [c1340s] John Kilcullen (trans), Arthur Stephen McGrade (ed) (Cambridge: Cambridge University Press, 1992)。奥康的威廉试图证明:"基督设立教皇的统治不是为了教皇自己的利益,而是为了信徒设立的"(at ii. 5);"教皇只是一个管家","除了在公平的事情上没有其他权力"(at ii. 6);"参与世俗事务不属于教皇的责任"(at ii. 7)。《圣经》在这方面提供了文本支持:基督在对彼得说"我要把天国的钥匙给你"之后,向所有使徒重复了这些话,参见《新约》马太福音第 18 章第 18 节。还可参见路加福音第 9 章第 1 节:"于是,他叫了十二个门徒来,授予了他们制伏一切邪灵并治病的奇能和权柄。"

95 这并不是要否认这场运动有激进的一面。例如,约翰·菲吉斯(John Figgis)提到了 1415 年康斯坦斯议会颁布的法令,该法令宣布总议会代表了教会并拥有最终权威,这可能是"世界历史上最具革命性的官方文件"。参见 Figgis, above n 64, 31。

和表述中汲取了大量的资源和养分的。[96] 无论教会法的学者在多大程度上承认教皇被赋予了广泛的权力,他们从来都没有忽略的一个理念就是,权力是为了教会的善而被授予的。教会法学家非常清楚普遍教会(信徒们构成的信仰共同体)和本土教会(罗马教会)之间的区分。因此,他们也认识到,不仅仅需要发展一套用于处理教皇和红衣主教之间关系的理论,还需要一套用于处理主教、教皇和普遍教会之间关系的理论。[97] 蒂尔尼进一步指出,教会法学家在教会分裂的大辩论中,最主要的行动动机就是思考如何确保教会的统一。因此,那些激进的教会会议至上主义者之所以会对教皇中心体系发起挑战的根本在于,他们认为这一套体系是无法为教会永恒的统一提供有效的保障的。[98]

教会会议至上主义者相信,所有权力都源自上帝。他们的主张的特别之处在于,在世俗世界中,这种权力是通过统治者和人民来共同表达的。因此,这一权力不是个人化的,教皇所享有的是一个代表性职位。教皇依旧享有广泛的权力,一般不受法律管辖,但是罗马法谚所提到的"国王不受法律的约束"(*princeps legibus solutus est*)更多只适用于特殊赦免权,或者紧急状态之下的必要权力行使。相反,教会中的大公会议(the general council)由代表教会不同等级的不同成员构成,因此,这个机构就成为融合了教会所有合法权力的机构。在这个意义上,大公会议作为一个信仰代表的集合机构,构成教会权威的最终渊源。

教会会议至上主义者的主张中隐含了这样的观点:如果教皇想要制定任何与教会成员身份地位相关的立法,他首先需要召集

96　参见 Tierney, above n 90。还可参见 Tierney, above n 70, Introduction,蒂尔尼认为,菲吉斯强调教会会议至上主义者的著作对世俗宪法理论的影响(above n 95),这一点是对的,但是他认为教会会议至上主义仅仅起源于反对教会法所主张的教皇的绝对主权的观点,这是错误的。

97　Tierney, above n 90, 68.

98　Ibid, 240.

公法的基础

一个新的大公会议。事实上,他们是通过创造性地发展了罗马法的法谚来阐述这一原则要求的,按照罗马法的法谚,"涉及所有人利益的决定就必须由所有人来决定"(*quod omnes tangit*, *ab omnibus comprobetur*)。[99] 教会会议至上主义者同时也主张,在教皇滥用其权力的极端情境下,如果他的行为已经完全违背了他的职位的初衷,那么常务理事会完全可以将他驱逐。因此,教会会议至上主义理论,尤其隐含在其主张中的"权力是自下而上产生的"理论,对传统上被拥戴的神学政治系统构成了根本的挑战。

作为一项教会统治改革的运动,教会会议至上主义并非无条件地获得了成功。伴随着教皇马丁五世(Pope Martin V)的当选结束了教会的分裂状况,这一思潮的势头也随之消退。尤其是当世俗统治者意识到教会会议至上主义理论对君主制的潜在影响时,他们也站到了和教皇同样的立场上,对教会会议至上主义进行排挤和打压。[100] 但是,尽管如此,教会会议至上主义观念后来还是得以复兴,并且在世俗宪法思想的发展中产生了深刻的影响。

第七节　政府的世俗化

中世纪社会这种不断出现的张力不仅仅体现在政府结构的二

99　Cod. 5.59.5. 查士丁尼宪法中关于监护人和被监护人关系的原则是:如果一个被监护人有几个监护人,当他需要从事特定行为时,他需要所有人的同意。这一原则出现在 12 世纪最伟大的废奴主义者胡古乔(Huguccio)的充满影响力的主张中,被吉列莫斯·杜兰蒂斯(Gulielmus Durantis)积极地应用于教会会议至上主义的思想中。参见 Tierney, above n 90, 49, 190-195.

100　Antony Black, *Monarchy and Community: Political Ideas in the Later Conciliar Controversy*, *1430-1450* (Cambridge: Cambridge University Press, 1970), 85-129.

第一章　中世纪的渊源

元体系中,同时也体现在王位和圣职的等级结构中。这些张力带来的理论反思最终孕育了现代民族国家得以出现的条件。

这些冲突在不断反复的授职权争议中得以体现。卡诺莎事件(The episode at Canossa)[101]展现了现代王室体系在面对教皇精心策划的袭击时,其传统的、基于神权构建的等级统治的极度脆弱性。[102] 这一体系的弱点主要是因为“缺乏一个独立于罗马教会血统的法律体系”[103]。但是在 12 世纪之后,这一状况开始改变。在博洛尼亚及其以外的地区开始了罗马法研究的复兴,一个完全不依赖于基督中心原则的王权法(lex regia)体系得以建立。这一法律体系在面对教皇和帝国权威的诉求时,能够更为平等地对待两者。在复兴罗马法的法学家中,萨素弗拉多的巴尔多鲁斯(Bartolus of Sassoferrato)是最为杰出的。他承认,皇帝在法律上是世界之王,但是,他同时也注意到,尽管如此,世界上还是有很多人事实上并不服从他的统治。巴尔多鲁斯较为具有革命性的行动就是主张,法理系统必须要有能力去包容和处理现实的境况。[104] 这一与(专注于形而上的)经院哲学相区别的(现实主义的)方法论上的转变,正如昆廷·斯金纳(Quentin Skinner)所言,这标志着对“国家作为一个现代法律概念的阐释迈出了决定性的一步”[105]。

101　参见 above n 82。

102　Ullmann, above n 79, 35.

103　Ibid.

104　有研究评论道:“巴尔多鲁斯超越注释法学派的地方在于,他的目标是创造一种在实践中可接受的法律概念,而不是在科学上正确的法律概念。”参见 Cecil N Sidney Woolf, *Bartolus of Sassoferato: His Position in the History of Medieval Political Thought* (Cambridge:Cambridge University Press, 1913), 387。厄尔曼认为,通过运用公民身份、习惯法和王权法这些概念,巴尔多鲁斯勾画出来的法律教义与帕多瓦的马西利乌斯(above n 87)在哲学层面上得出的教义是差不多的,详见 Ullmann, above n 8, 214。

105　Quentin Skinner, *The Foundations of Modern Political Thought* (Cambridge:Cambridge University Press,1978), i. 11.

公法的基础

罗马法的复兴所产生的影响充分地展现在其对英国治国术（statecraft）的塑造上。事实上，"神圣罗马帝国不再作为一个具有权威的政府结构"这样的观念在 15 世纪就产生了。[106] 与这一发展同步，一条法谚，即"国王是其王国内的唯一帝王（*Rex in regno suo est imperator*）"[107]，复兴了。这一法谚的影响直到 1533 年之后才充分展现出来，正如《上诉限制条例》(the Act in Restraint of Appeals)颁布时宣布的：

> 英格兰领土范围内是一个帝国，因此全世界都接受这一主张，整个英格兰受到一个最高首领的统治，国王凭借其享有的尊严和王室的皇家财产，成为政治体的承载者，这个政治体是由领土范围内各种不同类型的人所构建的契约构成的，因此，无论是以上帝之名还是以俗世之名，所有人对于国王都有义不容辞的、仅次于对上帝的自然而谦卑的服从义务。[108]

通过这一响亮的主权主张，亨利八世有效地否定了向教皇或者是王国之外任何法庭提起上诉的权利，垄断了王国内部的司法管辖权。

"英格兰是一个帝国"的主张并不是象征着英国称霸欧洲的野

106　这一关键事件发生在 14 世纪初，当时亨利七世（Henry Ⅶ）皇帝指控那不勒斯国王罗伯特叛国，因为他反对皇帝的意大利战役。将此事提交教皇后，克莱门特五世（Clement Ⅴ）于 1314 年颁布法令，禁止国王在任何其他国王的法庭上被传唤。这意味着公共权力的行使受到领土限制，皇帝统治的普遍性被否定。参见 Walter Ullmann, 'The Development of the Medieval Idea of Sovereignty' (1949) 63 *English Historical Review*, 1 - 33; Kenneth Pennington, *The Prince and the Law, 1200 - 1600: Sovereignty and Rights in the Western Legal Tradition* (Berkeley: University of California Press, 1993), ch 5。

107　这条由萨素弗拉多的巴尔多鲁斯分析、最初被视为由亚佐（Azo）创造的法谚，现在被当作 12 世纪后期教会法学家的作品。参见 Riesenberg, above n 45, 82-83。

108　24 Henry Ⅷ c12.

心,只不过是要表达英国国王想要履行在罗马法框架中所设定的君主角色和帝王功能。[109] 在罗马法的框架中,最为值得注意的就是乌尔比安(Ulpian)在《学说汇纂》中给出的公法的定义:公法与神圣事务,教士和罗马执政官有关。[110] 基于这个定义,"王位"作为政治体的"最高首脑"必须控制公法,因此也必然控制宗教事务。[111] 自此,世俗统治者也开始主张主权,同时也开始诉诸一种新的等级统治原则(hierocratic principle)。戈谢极其敏锐和准确地指出,这种新的统治者的出现,并不代表权力的世俗化,而是将圣礼融入了政治。[112] 但是,这本身就是一种变革:尽管上帝恩典巩固了国王的地位,但是他并没有创造国王,国王宣称自己是一个自治的统治者,权力不是来源于上帝。[113]

这一罗马法上的最高统治权观念是受到中世纪"国王是封建最高领主"的思想影响,两者必须联系起来理解。国王与男爵之间根据忠诚契约所建立的封建联系强调,国王的角色是共同体的成员,而不是一个高于共同体的存在。鉴于此,在封建观念之下,公法是被视为一个经过协商、咨询并最终取得同意的产物,而不是一种命令。因此,成功的国家治理需要建立在有效地融合这些存在巨大差异的观念基础上。但在要求国王约翰服从

---

109   参见 above n 22。

110   D. 1. 1. 1. 这一定义同时被格拉提安融入了教会法,参见 Gratian, above n 70, 1. 11。

111   厄尔曼指出,亨利从统治一开始就吸收了君主政府的这些原则,即位时即下令颁布新版本的加冕承诺,在传统"维护教会的合法权利和自由"的承诺中增加了"不损害其管辖权和尊严"。参见 Walter Ullmann, 'This Realm of England is an Empire' (1979) 30 *Journal of Ecclesiastical History*, 175, 183-184。

112   Marcel Gauchet, *The Disenchantment of the World: A Political History of Religion Oscar Burge* (trans) (Princeton, NJ: Princeton University Press, 1997), 158.

113   这一过程的开始可以追溯到这样一个事实:在爱德华一世(Edward I)之前,国王的统治时期是从登基和加冕开始的。尽管爱德华直到 1274 年 8 月 19 日才被受膏和加冕,但爱德华的统治时期是从他父亲的葬礼那天(1272 年 11 月 20 日)开始的。参见 Ullmann, above n 79, 48-49。

055

公法的基础

1215 年《大宪章》(the Magna Carta)的戒律时,这项工作却做得不怎么样。《大宪章》事实上就是一个提醒国王注意其封建义务的法令,最终却获得了比这一点更为深远的影响:《大宪章》的最初目标是要求所有的惩戒都必须服从国法(the *lex terrae*),[114]但《大宪章》在这里描述的法的概念就与过去强调的王法(the *lex regis*)形成了非常明显的对比。国法后来作为普通法的基础只能被议会的立法修改,并与罗马法和教会法一起构成欧洲法第三大重要的来源。[115]

英国的国家历史是一段始终在两种不同的公法概念之间挣扎的历史——罗马法与普通法、神权政治与封建政治、王权与领主权之间,后来是统治权与自由之间。正是因为这样的斗争和挣扎,也许一点也不奇怪,一种融合了自上而下和自下而上的政治观因素的托马斯主义得以达成:国王代表的是融合了王权加共和的混合政体。也许这并不是一个让人满意的答案,但是整个英国政治历史的环境却是紧紧围绕这一观念展开的。在进一步展开英国的宪法研究之前,我们需要对托马斯调和主义理论的基础进行深入的了解。为此,我们必须对神权政治与封建制度之间是如何调和的有所了解。要了解这一点,我们必须要首先借鉴精细的、受到神学启发的教会法理学。[116]

---

114 《大宪章》第 39 条:"如未经其同级贵族之依法裁判,或经国法宣判,任何自由人皆不得被逮捕或监禁……"

115 尽管评论家对此鲜有评论,但值得注意的是,在约翰向教皇英诺森三世抱怨《大宪章》是强加给他的之后,教皇宣布《大宪章》是非法的,理由是它损害了国王不可剥夺的权利(而且,作为对国王产生支配性作用的根本法,它的运作对教皇不利)。参见 Riesenberg, above n 45, 100-102。

116 参见 Brian Tierney, 'The Canonists and the Mediaeval State' (1953) 15 *Review of Politics*, 378-388。蒂尔尼解释说,一般倾向于将教会法写作与严格的绝对主义相联系,部分原因是中世纪教会法学家"很少就任何可能引起现代政治理论学生兴趣的主题撰写紧凑的论文",因此他们的观点"必须从分散的写作中被重建",这些写作通常是广泛分散的,却是充满了思想光辉的(at 385)。他还认为,如果获得正确的解释,"教会法学家的经典著作作为理解中世纪宪制背后隐含的整个复杂思想和制度提供了宝贵的、也许不可或缺的资源"(at 381)。

第一章 中世纪的渊源

首先我们可以通过布莱克顿对王权的描述来理解这些理论。13世纪中期,布莱克顿在其著作中主张,没有人享有与国王平等或者是高于国王的权力,国王应该是高高在上的,[117]但是,如果他按照专断的意志统治,他就不是真正的国王。[118] 正如基督要求自己服从人类的法律,国王也不例外。[119] 在这个意义上,国王在万民之上,但是却在上帝和法律之下。[120] 但是有一个关键的问题依旧没有解决:如果国王拒绝实现正义,什么是有效的救济路径? 布莱克顿自己也接受这样的观念:没有人可以质疑国王的行为,因此国王的法庭不能提供任何有效的救济。在这一问题上,他跟随了罗马法的法谚:国王不受法律的约束(*Princeps legibus solutus est*)。[121] 那么问题来了,国王怎么可以既不受法律的约束(*legibus solutus*),又在法律之下(*sub lege*)?

面对这一悖论,布莱克顿的解决方案一方面倚赖于国王对神的报复的恐惧,即一旦神的律法被违背,国王就担心神会因此对他进行惩戒、报复,[122]另一方面则倚赖于国王在加冕礼上的誓言,国王在加冕礼上都宣誓要"伸张正义,遵守王国的法律"[123],这就能够迫使国王将自己放置在一种道德和理性责任义务之下,要求自己

---

117 Bracton, *De Legibus et Consuetudinibus Angliae* (*On the Laws and Customs of England*) [c1258] George E Woodbine (ed), Samuel E Thorne (trans) (Cambridge, MA: Belknap Press, 1968), ii. 33.

118 Ibid.

119 Ibid.

120 Ibid.

121 Ibid.

122 Gaines Post, 'Bracton on Kingship' (1968) 42 *Tulane Law Review* 519-554; Brian Tierney, 'Bracton on Government' (1963) 38 *Speculum*, 295-317.

123 Kern, above n 57, 75-77:"中世纪的国王经常承认他们受到法律的约束。由于中世纪以来,伦理、习俗和法律之间没有根本区别,所以这一约束不仅是道德的、自然的,而且涉及实体法的限制⋯⋯加冕誓词中没有涉及国王不受约束的内容,它们只是重申了国王所有其他职责包含的基本皇家职责:捍卫法律的职责。尽管如此,它们的价值是不可被低估的,因为作为具体而庄严的证据,这些誓言证明国王已屈服于法律的约束。"进一步可以参见 Percy Ernst Schramm, *A History of the English Coronation* Leopold G Wickham Legg (trans) (Oxford: Clarendon Press, 1937), ch 7。

057

公法的基础

遵守法律。[124] 布莱克顿的观点中的神学部分由盖恩斯·波斯特(Gaines Post)进一步阐述,波斯特指出,布莱克顿通过宣称国王是基督的代理人,事实上是想做这样一个类比:"正如基督作为天堂之主并不需要受到人间法律的约束(legibus humanis solutus),但是他自愿选择遵守人类的法律那样。因此,作为英格兰国土之上的王,虽然也不受法律的约束,但是也应该自愿地(而不是通过人为或者是法律的强制)依照王国的法律生活和统治。"[125]波斯特还注意到,布莱克顿还将这种类比用到圣母玛利亚身上,他主张,虽然玛利亚由于奇异的特权也应该是在法律之上的,但是她却以自我的谦卑自愿服从既定的法律和习俗。[126] 尽管布莱克顿的这一基督主义的主张没有引起足够的重视,但是却在分析国王的法律地位上提供了一个中心观点:正如基督和圣母玛利亚都不受法律的约束,国王也是一样,但是也正如基督和圣母玛利亚自觉地服从法律,国王也一样应该自觉自愿地服从王国的法律。

---

124 这里布莱克顿借鉴了罗马法的规定,Cod. 1. 14. 4:"对君主来说,这是一种不愧为统治者威严的声明,表明自己受法律约束:我们的权威在很大程度上取决于法律的权威。的确,比帝国更伟大的是君主对法律的服从。"

125 Gaines Post, 'Bracton as Jurist and Theologian on Kingship' in Stephan Kuttner (ed), *Proceedings of the Third International Conference of Medieval Canon Law*, *Strasbourg*, *3–6 September 1968* (Rome: Biblioteca Apostolica Vaticana, 1971), 113-130, 122-123. 埃瓦特·刘易斯(Ewart Lewis)认为:"事实上,将国王作为基督在地上的代表不符合布莱克顿的观点。"参见 Ewart Lewis, 'King above Law?' (1964) 39 *Speculum*, 240-269。除此之外,这个主题也是索尔兹伯里的约翰在其著作中着重讨论的问题,参见 John of Salisbury, above n 56, iv. 1。索尔兹伯里的约翰在这个方面的神学参考主要是罗马法(Cod. 1. 14. 4)。

126 Bracton, *De Legibus et Consuetudinibus Angliae* (*On the Laws and Customs of England*) [c1258] George E Woodbine (ed), Samuel E Thorne (trans) (Cambridge, MA: Belknap Press, 1968), ii. 33:"同样地,上帝的圣母,我们主的圣母玛利亚,以一种非凡的特权凌驾于法律之上,然而,为了显示谦逊的榜样,她并没有拒绝服从既定的法律。"波斯特注意到,布莱克顿使用的"非凡的特权"(*singulare privilegium*)这一表达,在 1854 官方发布的《圣灵感孕法令》(the Immaculate Conception)中被使用过。参见 Post, above n 125, 123-129。

第一章 中世纪的渊源

布莱克顿这样的观点事实上是以"诺曼的匿名者"(the Norman Anonymous)的思想为蓝本逐渐发展出来的。诺曼的匿名者在其于 12 世纪完成的著作中主张,国王存在混合人格(a persona mixta),这一双生人格使得国王同时具备了精神和世俗的能力。一方面,基于自然的力量,他和普通人无异,另外一方面,通过神化和神圣的圣礼的力量,他超越了普通人。所以他是一个自然人,同时也因为上帝的恩典,是一个具有基督神性的人(a Christus),一个由神授权的人(a God-man)。[127] 但是,这仅仅是一种神权政治观念的回声,诺曼的匿名者的观点只是代表了一个神权统治的旧时代。正如厄恩斯特·康托洛维茨(Ernst Kantorowicz)评论的:"12 世纪所逐渐发展起来的新的欧洲大陆国家事实上呈现了一种公然的世俗化的发展方向,尽管大量地借鉴了教会和等级的理论模式,但是事实上是世俗法,包括世俗化了的教会法,而不是受膏礼,从此开始为统治者的圣洁和神圣性辩护。"[128]国王存在双生人格,自然意义上的人格和基于神圣恩典所享有的神圣人格,这样的认知预示着另外一个更有影响力、更具神学意义的隐喻的出现,即国王的两个身体。

"国王的两个身体"这一原则最直接的思想来源是"教会是基督的神秘圣体"(the *corpus mysticum Christi*)这一理念。教皇庞尼菲斯八世(Pope Boniface Ⅷ)在 1302 年发布的教皇诏书《一圣教谕》(*Unam Sanctam*)中指出:"我们都必须信仰神圣的教会……神圣教会代表了一个神秘的圣体,这个圣体的头就是基督,基督的

---

127 Norman Anonymous, *De consecratione pontifi cum et regum*;引自 Ernst H Kantorowicz, *The King's Two Bodies: A Study in Mediaeval Political Theology* (Princeton, NJ: Princeton University Press, 1957), 46。

128 Kantorowicz, ibid, 60.

公法的基础

头就是上帝。"[129]这一有关教会的有机体观念标志着传统上对基督的人格的两分法,即自然人格和神圣人格,转向了基督两个圣体的划分,即自然圣体和神秘圣体。从 13 世纪中期开始,这一意象理论就转向了对国家观念的影响,将国家视为一个神秘的机体。[130] 这一对国家的有机体隐喻并不是首次被提出,[131]但是在这个阶段获得更为精准的法理意义。这在英国 15 世纪著名的国王法庭的首席大法官约翰·福特斯丘(Sir John Fortescue)的著作中表达得极为明显,他主张:"生物机体是从胚胎中生长出来的,必须要有一个头,同时由这个头支配整个身体。因此,如同生物有机体一样,王国是从人民当中产生的,并作为一个神秘机体(*corpus mysticum*)存在,它必须受到一个头脑的统治,即受到一个人的统治。"[132]

这一观点的重要性在于,在法人思想的影响之下,作为神秘机体的国家不仅仅获得了法人(*universitas*)身份,同时被当作无限永恒的存在。这一"政治体永远不死"的观念提供了国家不朽(*saecula saecolorum*)的基础。[133] 这一观念一旦建立,关于国家元首的永恒性的问题也就迎刃而解了。正如康托洛维茨所言,这个

129　参见 Brian Tierney, *The Crisis of Church and State*, 1050－1300 (Englewood Cliffs, NJ: Prentice Hall, 1964), 188。《圣经》中有关这一意象的描述参见《新约》哥林多前书第 12 章 12 节:"就像身子为一,却有好多肢体,但身上肢体再多,齐全了也只是一个身子,基督亦是如此。"

130　Vincent of Beauvais, *Speculum doctrinale*, vii. 8; 引自 Otto Gierke, *Political Theories of the Middle Age* FW Maitland (trans) (Cambridge: Cambridge University Press, 1900), 131。

131　参见 John of Salisbury, above n 56, v. 6, 9, 11, 15。

132　Sir John Fortescue, *De Laudibus Legum Anglie* (*In Praise of the Laws of England*) [1468-1471] SB Chrimes (trans) (Cambridge: Cambridge University Press, 1942), ch 13.

133　康托洛维茨强调了这种连续性意识对维护国家的重要性,参见 Kantorowicz, above n 127, ch 6。他评论道:"王室领土的不可剥夺性的格言以及'永不消亡'的非个人化的财政理念,似乎代表了一个新的具有制度连续性的概念,这一概念的灵感主要来自罗马法和教会法。"(at 284)

第一章 中世纪的渊源

问题的解决依赖三个互相作用的因素：王朝的永恒性、王位的法人特征，以及皇室尊严的不朽。[134]

这些因素所具有的法理意义在柯克大法官（Coke CJ）于1608年对加尔文案件的判决中得到了简明扼要的阐释。[135] 在该案中，柯克大法官是这样陈述"国王的位置和立场就是王朝的位置和立场"这一观点的："伊丽莎白女王去世的那一刻，王位和英格兰王国就被交到了她的继承者手中，作为继承者，现任国王享有全面和绝对的王权，这点并不需要任何有溯及力的典礼来予以彰显：加冕典礼仅仅是作为王室的装饰品，同时也能够彰显王位继承人的庄严感，除此之外，和王位的任何实质内涵无关。"[136]王朝的延续需要立刻产生有效的继承，这一有效的继承是由继承法自主决定和确认的，不需要任何人民选举或者教会授权礼的支持。

通过第二个要素，即王位的法人特征，使得"国王的两个身体"的观念真正开始起作用。柯克大法官解释道：

> 确实如此，国王具有两种能力：一个是自然的身体，作为王室血统的后裔，这一身体是全能的上帝的创造物，因此要面对死亡、虚弱等诸多世人要面对的问题；除此之外，国王还有一个作为政治体的身体或者说能力，之所以这么讲，是因为这个身体是完全由人为的制度构成的（同时也可以称为神秘机体），在这个机体下，国王是不朽的、无形的，无须面对死亡、虚弱这些问题，相反，他是青春永驻的。[137]

134　Kantorowicz, above n 127, 316.

135　(1608) 7 Co Rep 1.

136　Ibid, 10b.

137　Ibid, 10a.

061

柯克认识到，王位代表了政治体，在这个意义上，它是法律的象形体，同时也意味着，王位的功能就是"维护正义和做出判断、维护国土和平，以及明辨是非和惩恶扬善"。[138]柯克大法官指出，国王所具有的这一种能力，不仅有效增强了王室的延续性，同时确保了从王室特权中（in *jure Coronae*）获得的地位和财富的永恒性和不可剥夺性。[139]

康托洛维茨指出，这种"人为的非现实存在"（man-made irreality）更容易在宗教领域被接触到，而不是像现在，出现在平时被宣称为理性和现实的法律、政治和宪法领域中。[140]梅特兰指出，这是一个王室的信条，即使与亚他那（Athanasian）所描述的象征相比，这一信条也毫不逊色。[141]但是，这一政治体的观念——王位作为一个职位有别于君主的个人人格的存在——是否能够作为国家的同义词？这个回答就取决于我们对国王的政治身体的法人特征的理解。

这个地方就使问题变得复杂起来。16世纪，普通法将由国王、贵族和平民组成的议会视为一个法团组织。[142]但是，正如我们所看到的，依据《上诉限制条例》，这一政治体的法团组织事实上被王室首领的人格吸收了，政治体应该天然地、谦逊地服从国家的最高首领。[143]亨利八世的行为打破了中世纪的教会-国家二元论，成为标志着现代国家主权的出现的关键一步。但是在这个过程中，英国人同时吸收了教皇等级统治的法律框架，将国家的首领视为

138　(1608) 7 Co Rep 1, 11b.

139　Ibid, 12a–b.

140　Kantorowicz, above n 127, 5.

141　Sir Frederick Pollock and FW Maitland, *The History of English Law Before the Time of Edward I* (Cambridge: Cambridge University Press, 2nd edn, 1898), i. 511.

142　参见 FW Maitland, 'The corporation sole' in his *Selected Essays* HD Hazeltine, G Lapsley, and PH Winfield (eds) (Cambridge: Cambridge University Press, 1936), ch 1, 79–80。

143　参见本书第 54 页。

第一章 中世纪的渊源

国家的人格化表征。[144]

从此以后,关于头部(首脑)与身体(政治体)关系的本质成为现代英语国家形成过程中各种争论的核心主题。在这场意识形态斗争中,教会理论提供了充裕和多元的政治隐喻资源。其中,在一套很有影响力的、反映罗马王权观和封建王权观之间的细微差别的理论中,大法官约翰·福特斯丘主张,英国国家是融合了王权加共和的混合政体,即国王虽然拥有统治的绝对权力,但是只能在获得议会同意时,国王才能变更法律。[145] 我们应该可以注意到,福特斯丘的观点几乎完全借鉴了阿奎那、卢卡的托勒密和罗马的贾尔斯(Giles of Rome)的思想。[146] 另外一个教会理论产生普遍影响的例子就是,在所有影响共同体的法律(普通法)事项中,人民的代表必须参与它的制定和颁布。这在后来被教会会议至上主义者转化为公法原则的一条罗马法谚中有最为权威的表达:涉及所有人利益的决定就必须要由所有人来决定。[147] 除此之外,那个时候的大

144　参见本书第 41—42 页。

145　Sir John Fortescue, *The Governance of England* [c1471] in his *On the Laws and Governance of England* Shelley Lockwood (ed) (Cambridge: Cambridge University Press, 1997), 81-123.

146　参见本书第 50 页;Fortescue, ibid, 83-84；Felix Gilbert, 'Sir John Fortecue's *Dominium Regale et Politicum*' (1943) 2 *Mediaevalia et Humanistica*, 88 - 97；Blythe, above n 92, 260-266。福特斯丘大法官的观点的神学渊源在伯恩斯(J. H. Burns)的著作中得以阐释。伯恩斯指出:"王权加共和的混合政体理论有赖于两个构成要素的性质和功能的确立。福特斯丘也非常清楚地将作为人类社会和政府中的'政治'因素的尊严和价值予以澄清。福特斯丘认为,如果将最纯粹形式的帝王权威与上帝的权威相比较,如果其最初的纯真状态得以保留,王权加共和的混合政体将适用于整个人类。福特斯丘一度甚至暗示(尽管有点令人费解)上帝自己曾'从政治上和国王的视角'统治过以色列人民,直到他们顽固地坚持要'一个国王,一个整个国家都在其王室统治之下的国王'。"详见 JH Burns, *Lordship*, *Kingship*, *and Empire: The Idea of Monarchy*, *1400-1525* (Oxford: Clarendon Press, 1992), 66。

147　参见本书第 52 页。关于这一罗马私法上的原则是如何转化为中世纪的公法法谚的, 参见 Gaines Post, 'A Romano-Canonical Maxim, *Quod Omnes Tangit*, in Bracton and in Early Parliaments' in his *Studies in Medieval Legal Thought: Public Law and the State*, *1100-1322* (Princeton, NJ: Princeton University Press, 1964), ch 4。

量讨论都试图去调和罗马法谚("能够取悦国王的就是法律"和"国王不受法律的约束")与另外一个主张("国王必须在国法的范围之内进行统治")之间的冲突。最终大家似乎都诉诸托马斯学派自然法的观念来解决这一冲突。[148] 托马斯学派认为,最终的权威既不在统治者那,也不在人民那,这样的观点构成了中世纪现代主权观念的主要思想来源。

非常重要的一点在于,主权的现代观念的出现在英语世界中首先是一个政治上的成就,这一观念并没有在法律思想中得到充分反映。最根本的原因在于,英语世界的法律体系事实上承袭了教皇的等级统治原则,[149]法律眼中的王位——国王政治之体——是一个独立的法人。[150]

为什么法律上的转变如此难迈出,为什么要将王位视为是一个可以作为国家法律象征的社团法人,这一点可以通过康托洛维茨谈及的第三个因素(皇室的尊严)获得解释。这是王位唯一需要

148　维尔克斯将托马斯主义者的立场总结为:"正如自然法是所有法律的起源一样,能够确保自然法得以在现实中实现的统治者也是共同体权威的最初来源。一切都在他的控制之下,他的意志具有法律的力量,但他不被视为以这种身份发挥任何独立的个人作用,他只是寻求自然法并将其转化为实在法:他是执行者,是法官,而不是立法者。因此,他必须始终按照自然法的戒律行事:只有在统治者的意志是为了公共利益而行使的情况下,'能够取悦国王的,就具有法律效力'才适用。只有在他发布正义的命令的情况下,他才有发布命令的权力。"参见 Wilks, above n 67, 213-214。关于教会法学家对"国王在法律之上"(Princeps legibus solutus)的注释的影响,可以参见:Adhémar Esmein, 'La maxime Princeps legibus solutus est dans l'ancien droit public français' in Paul Vinogradoff (ed), Essays in Legal History (Oxford: Oxford University Press, 1913), 201-214 (作者认为,注释法学派歪曲了古典罗马法的含义,将其变成了一项绝对主义原则,英国人设法抵制了教会法学家的有害影响);Brian Tierney, '"The Prince is not bound by the Laws": Accursius and the Origins of the Modern State' (1963) 5 Comparative Studies in Society and History, 378-400 [作者认为,最为杰出的注释法学家之一阿库修斯(Accursius)坚持主张,法律先于主权,因为主权是法律的产物,而宪制主义的出现是古典、基督教和封建观念独特融合的产物]。

149　关于教皇的立场,维尔克斯解释道:"当整个共同体的法人性质由一个人代表时,这个人就成为一个法人,紧接着,罗马法中的唯一法人理论出现了:教皇代表了全部,他一个人概括了信仰世界的统一性,并包含了宇宙机构运作所必需的一切。"参见 Wilks, above n 67, 32。

150　Sutton's Hospital Case (1612) 10 Co Rep, 29b; Maitland, above n 142.

第一章 中世纪的渊源

与个人联系起来的特权。例如,在加尔文的案件中,柯克大法官认识到,效忠如果更多地要归功于王位(即国王的政治人格),而不是国王本身,这将导致恶劣和可憎的后果。[151] 简而言之,国王的两个身体是永远也不能分开的。[152]

所以,尽管国家主权的建立标志着对政府权力的理解开始成为一个自治的领域,但是新兴出现的英语国家的世俗政权依旧受到神学观念的很大影响。国王的法律地位是通过对头部(首脑)-身体(政治体)关系的教皇等级统治解释而获得的,[153]英国议会程序的结构也充斥着神学参照物的影响,[154]国王和议会之间关系的

---

151 *Calvin's case* (1608) 7 Co Rep 1, 11a-b.

152 这正是议员们用来反对查理一世的主要依据,参见 Edward Bagshaw, *The Rights of the Crown of England, As It Is Established by Law* (London: Simon Miller, 1660), 29-30:"根据法律,国王是由两个身体组成的,一个自然的身体,受弱小、虚弱、疾病和死亡的影响,一个政治的身体,完美、强大和永恒,这两个身体是不可分割地结合在一起的,并相互巩固。这种结合就像灵魂和身体之间的结合;灵魂确保身体生气勃勃、迅速运作和美化身体;因此,这个政治性的身体通过三重优势(完美、权力和威严)来提升国王的自然身体。"约翰·布拉戴尔(John Brydall)对这一观点评论道:"作者展示了一个'如此可怕的观点':'国王的王冠(他的政治能力)是与他这个人分开的。'"参见 John Brydall, *Jura Coronae: His Majesties Royal Rights and Prerogatives Asserted Against Papal Usurpations and of other Anti-Monarchial Attempts and Practices* (London: George Dawes, 1680), 40-41。

153 除了借鉴教会法学家认为的国王作为领袖代表整体的观点之外,法学家还将教皇比喻为"圣·彼得的不配继承人",参见本书第 28 页。在 *Bagot's case*(1469)一案中,国王的法官认为,"王国有必要有一位国王,在他的权威之下,法律应该被持有和维护。尽管亨利六世通过篡夺而掌权,但是他所做的任何涉及王室管辖权的司法行为都是有效的,并对后来通过合法手段取得权力的国王产生约束力"。转引自 Jeffrey Goldworthy, *The Sovereignty of Parliament: History and Philosophy* (Oxford: Clarendon Press, 1999), 36。

154 康托洛维茨提供了一个特别贴切的例子:"在 1401 年议会结束之前,下议院议长认为将政治体与三位一体相比较是合适的:国王、上议院以及下议院共同形成了在统一体中的三位一体和三位一体所构成的统一体。同样,议长将议会的程序与弥撒的庆祝活动进行了比较:在议会开幕式上宣读使徒书信和解释《圣经》类似于宗教行动之前的最初祈祷和仪式;国王保护教会和遵守法律的承诺类似于弥撒的献祭;最后,议会的休会类似于结尾的祈愿发誓。"参见 Kantorowicz, above n 127, 227。相关实践要素依据保留了下来,参见 John Griffith and Michael Ryle, *Parliament: Functions, Practices and Procedures* Robert Blackburn, Andrew Kenyon, and Sir Michael Wheeler-Booth (eds) (London: Sweet & Maxwell, 2nd edn, 2003), 6-046, 6-065。

公法的基础

调和很大程度上也是借鉴了托马斯主义的"共享"主权理念,虽然这些问题很大程度上是在政治意义上被意识到的,而在法律层面并没有获得充分的重视。毫无疑问,有关现代英语国家的起源的叙事充满各种独特的因素,但是,这一叙事确实提供了一个具体的例子,说明了西欧国家在奋力主张其对一个自治国家的主权方面所经历的一般过程。

第八节　中世纪和现代的宪制主义

围绕神学思想对于中世纪政治思想的影响的研究,揭示了中世纪和现代世界之间的边界事实上非常模糊。克里斯托弗·希尔(Christopher Hill)秉持了对这两者进行区分的传统观点,他认为:"17 世纪是英国历史上具有决定性的时期,中世纪在这个时候彻底结束了。"[155]布莱恩·蒂尔尼并不认同这样的观点,他指出,这里问题是,这样的分水岭并没有在宪法理论这个领域出现。[156] 在这里,中世纪和现代的界限依旧是不清晰的。教会法学家试图对教会权威体系进行概念化的努力,促成了中世纪宪法思想的独特模式。这一思想体系中涉及的中心议题——无论是权威、同意、代表制、抵抗权,还是合议制主权结构——都是中世纪法律、15 世纪的教会会议至上主义,以及 17 世纪的宪法理论中极其常见的议题。[157] 考虑到这

155　Christopher Hill, *God's Englishman: Oliver Cromwell and the English Revolution* (London: Weidenfeld & Nicolson, 1970), 13.

156　Tierney, above n 70, 103.

157　Ibid. 此外,还可参见: Pennington, above n 106; Skinner, above n 105; Francis Oakley, 'On the Road from Constance to 1688: The Political Thought of John Major and George Buchanan' (1962) 1 *Journal of British Studies*, 1-31。这一研究思路在很大程度上归功于菲吉斯早期的研究(参见 Figgis, above n 64)。蒂尔尼认为,菲吉斯的研究范围是"从格尔森(Gerson)到格劳秀斯(Grotius)",事实上,相关研究应该拓展到"从格拉提安到麦迪逊"的范围,详见 Tierney, above n 70, xi。

066

第一章　中世纪的渊源

个过程的复杂性,伯恩斯在给《剑桥政治思想史 1450—1700》(*The Cambridge History of Political Thought*, *1450－1700*)写的评论中指出,在那个所谓的中世纪结束的时期,我们看到了那些占据了中世纪后期经院哲学的神学议题的顽固性。[158]

也有学者将现代与中世纪的划分建立在主观权利出现的基础上:中世纪的国家思想是建立在有机体和法人思想基础上的,[159]现代宪法思想的根本变革则体现在它建立在主观权利基础上。[160] 这也许是正确的,尽管我们会注意到,现代宪法虽然是建立在主观权利的原则基础上,但是同时也无法割裂它与神学基础的联系。宗教改革(The Reformation)带来了对《圣经》学习的新的热情,同时《圣经》也成为政府权威的重要来源,在对政治义务进行概念化处理的过程中,《圣经》主题提供了非常丰富和有效的理论工具。[161]

---

[158] JH Burns and Mark Goldie (eds), *The Cambridge History of Political Thought*, *1450－1700* (Cambridge: Cambridge University Press, 1991), 3. 还可参见 Gauchet, above n 112, 162:"我们现在已经到了大约 1700 年,这个时候基督教历史停止了。我所指的基督教历史是指,存在于这段历史中的相关活动与基督的创始行动带来的结构可能性的核心部署是无法区分的。"

[159] 参见 Anton-Hermann Chroust, 'The Corporate Idea and the Body Politic in the Middle Ages' (1947) 9 *Review of Politics*, 423－452。还可比较 Ewart Lewis, 'Organic Tendencies in Medieval Political Thought' (1938) 32 *American Political Science Review*, 849－876。

[160] 参见 Richard Tuck, *Natural Rights Theories: Their Origin and Development* (Cambridge: Cambridge University Press, 1979); Richard Tuck, 'The "Modern" School of Natural Law' in Anthony Pagden (ed), *The Languages of Political Theory in Early-Modern Europe* (Cambridge: Cambridge University Press, 1987), 99－122。还可比较 Brian Tierney, 'Tuck on Rights: Some Medieval Problems' (1983) 4 *History of Political Thought*, 429－441; Brian Tierney, 'Origins of Natural Rights Language: Texts and Contexts, 1150－1250' (1989) 10 *History of Political Thought*, 615－646。更进一步的研究,可参见 Cary J Nederman, 'Conciliarism and Constitutionalism: Jean Gerson and Medieval Political Thought' (1990) 12 *History of European Ideas*, 189－209; Cary J Nederman, 'Constitutionalism—Medieval and Modern: Against Neo-Figgisite Orthodoxy (Again)' (1996) 17 *History of Political Thought*, 179－194。

[161] 参见 Michael Walzer, *The Revolution of the Saints: A Study in the Origins of Radical Politics* (London: Weidenfeld & Nicolson, 1966), ch 5。

约翰·洛克的著作——尤其是他的《政府论》(Second Treatise of Government)，"作为激进加尔文政治的经典文本"[162]——为很多革命提供了思想动力，这些革命构成了美国《独立宣言》和法国《人权宣言》的实践基础，同时也形塑了很多新兴共和国的宪法结构。[163]在洛克思想的核心部分展现了一个神学基本理论：所谓个性(individualilty)就是每一个个体作为上帝平等和独立的仆人所展现出来的性格特征。[164] 迈克尔·奥克肖特(Michael Oakeshott)就认为，将清教教义融入其中，是洛克著作一个显著的特征："正是每个人在上帝面前自我救赎的责任最终决定了他的个性。"[165]

尽管为了彰显相关思想的连续性，现代思想的宗教基础一直被强调。但是，似乎毫无争议的地方在于，现代自然法的观念与之前的理解有完全不同的特征。[166] 正如下一章要聚焦和解释的，现代自然法的概念在政府秩序的基础上提出了完全不同于传统的问题。正是这一段观念变革期，思想的连续性和断裂性重合在一起，共同见证了现代公法的理念的产生。

戈谢认为，1700 年之后，宗教时代作为一种具有建构性的力

---

162 Skinner, above n 105, ii. 239.

163 参见 Carl Becker, *The Declaration of Independence: A Study in the History of Political Ideas* (New York: Harcourt, Brace & Co, 1922); Bernard Bailyn, *The Ideological Origins of the American Revolution* (Cambridge, MA: Belknap Press, 1967), 27: "在一本又一本的小册子中，美国作家引用了洛克关于自然权利以及社会和政府契约的论述。"

164 Michael Oakeshott, *Morality and Politics in Modern Europe: the Harvard Lectures* Shirley Robin Letwin (ed) (New Haven, CT: Yale University Press, 1993), 58.

165 Ibid. 还请注意约翰·邓恩(John Dunn)的评价："洛克的整个思想是一幅关于人类生活的世俗图景，这是一个创造的秩序，一个由全能的、全知的、仁慈的神——基督徒的神设计和控制的秩序。"参见 John Dunn, 'What is Living and What is Dead in the Political Theory of John Locke?' in his *Interpreting Political Responsibility: Essays 1981–1989* (Cambridge: Polity, 1990), 9–25, 11。

166 Francis Oakley, 'Nederman, Gerson, Conciliar Theory and Constitutionalism: *Sed Contra*' (1995) 16 *History of Political Thought*, 1–19.

量彻底地结束了。[167] 但是,这一主张不应该被误解,这并不是说宗教问题和政治问题彻底地分离了。宗教也许不再为政府秩序提供直接的基础,但是它依旧作为一种文化在发挥重要的影响。[168] 鉴于宗教为我们提供了信仰的方向,为我们提供了确定性和永恒性的保障,我们并不惊讶于发现,即使在一个更为理性和世俗的现代社会,宗教从来也没有被忽略过。与此同时,我们一点也不能低估寻求将政府建立在人民之上的现代宪法话语所要面临的挑战。这一现代话语必须调动一切可能调动的资源,包括把宗教和哲学思想结合在一起的悠久历史,才有可能真的具有说服力和正当性。克劳德·勒福尔(Claude Lefort)曾经提出这样的质疑:"尽管发生了很多变化,但是我们难道可以否认宗教在新的信仰形式、新的代言人的幌子之下再次复活了吗? 难道我们可以否认,当冲突是如此剧烈,从而导致国家大厦出现裂痕的时候,宗教就以传统或者是全新的形式再次浮出水面了吗?"[169]

当勒福尔将现代民主的基础描绘为"悬空状"时,这是极其真实和准确的,因为现在已经不再存在外在的权威能够承保现有的政治实体。如果其他所有因素都被排除在外,纯粹的民主是一个很难实现的目标。尽管现代宪制主义影响着时代的变化,戈谢同时也认为,"削减其他因素的影响,并不意味着以纯粹存在的名义消除他者的维度,只是意味着将他者移入内在的影响当中"[170]。一

167　Gauchet, above n 112, 164.

168　卡尔·施米特(Carl Schmitt)认为:"所有现代的国家理论在一定程度上都是世俗化的神权理论。"参见 Carl Schmitt, *Political Theology: Four Chapters on the Concept of Sovereignty* [1922] George Schwab (trans) (Cambridge, MA: MIT Press, 1988), 36。他还认为,"事实上,国家全能的法学公式只是上帝全能的神学公式的表面世俗化",详见 Carl Schmitt, *The Concept of the Political G Schwab* (trans) (Chicago: University of Chicago Press, 1996), 42。

169　Claude Lefort, 'The Permanence of the Theological-Political?' in his *Democracy and Political Theory* David Macey (trans) (Cambridge: Polity Press, 1988), 213-255, 215.

170　Gauchet, above n 112, 166.

公法的基础

旦我们失去了外在的权威支持,我们就必须要面对自我,寻找一些
替代的象征性代表(人民、民族、国家)或者隐匿于我们当中的他者
作为一种组织原则。[171] 伴随着主观权利的出现,我们进入了现代
公法的时代,但是与此同时,也要面临在没有任何外部支持的条件
下寻求一种身份认同所带来的危险。

171　因此,有一种比喻是:"宪法是清醒的彼得,而选民是作为醉汉的彼得。"参见
Stephen Holmes, 'Precommitment and the Paradox of Democracy' in his *Passions and
Constraint: On the Theory of Liberal Democracy* (Chicago: University of Chicago
Press, 1995), 134-177, 135。

第二章
公法的诞生

从 16 世纪中期到 17 世纪晚期,公法开始作为一个自主的知识体系出现。在这一阶段,宗教冲突尤为激烈,从而使得集体性人类联合的特征陷入争议。这一阶段是以政治思想的历史化、理性化和世俗化为标志的,产生了对现代公法概念形成具有决定性的两大转变。第一个转变是政治秩序的形成与它的宗教起源相分离:政治秩序的世俗化象征就是否定政治与宗教的表面同质性,以寻求其自身的目标和身份,这个目标和身份是完全世俗化的。[1] 第二个具有决定性的转变是:"对政治权威的理解从'统治者保存他自己国家'的理念(也同时意味着保存他的政治地位)转向独立的法律和宪法秩序的理念(这个国家秩序是独立于统治者的意志的,是统治者有义务去保存的秩序)。"[2] 国家作为一个法人存在的理念是自主的公法概念得以构建的基石。

---

[1] Ernst-Wolfgang Böckenförde, 'The Rise of the State as a Process of Secularisation' in his *State*, *Society and Liberty: Studies in Political Theory and Constitutional Law* (New York: Berg, 1991), 26-64, 47. 关于世俗化的意识形态问题的论述,参见 Hermann Lubbe, *Säkularisierung: Geschichte eines ideenpolitischen Begriffs* (Freiburg im Breisgau: Alber, 1965)。赫尔曼·吕贝(Hermann Lubbe)将世俗化定义为"从教会和精神的遵循和控制中撤回或释放一个对象、领土或机构的过程",转引自 Böckenförde, above, 27。

[2] Quentin Skinner, *The Foundations of Modern Political Thought* (Cambridge: Cambridge University Press, 1978), vol 1, x.

如果不回到中世纪世界观的延续性和断裂性,这一成果的重要性是无法被准确把握的。对现代国家观念的出现而言,与神权政体的彻底决裂是一个必要前提。但是现代公法的话语体系又必须借助于中世纪的法理来增强其权威性。为了清晰地说明这些变化,我认为应该重点关注思想史在这个阶段的三个非常重要的发展,尤其是在法国、荷兰、英国和德国法学家当中呈现的这种发展和变化。

第一个重要变化涉及法学研究的方法论:法学的研究方法开始转向历史化和比较的方向。这一历史化的转向对中世纪的经院哲学的普遍形而上学提出了挑战,试图将对法律的理解转变为一个用来回应世俗政府关注的问题的实践知识体系(法解释学)。对很多人而言,历史化的方法论转向有助于修复中世纪的宪制理论;这一方法论转向同时也激励了让·博丹(Jean Bodin),博丹认识到宗教冲突会威胁政府的权威,因此倡导应该加强统治者的绝对权威。尽管存在内在矛盾,但是,博丹的方法论被认为是在政府机构概念化发展过程中实现的重大突破。第二个变化是绝对主义(absolutism)的转向,这意味着现代化的开端。第三个也是最后一个重要的变化主要是:在17世纪,现代自然法理论形成了。这一现代观念建立在主观权利的基石上,从而与中世纪世界观彻底地决裂了,通过对"法"(*ius*)概念的变革,为现代公法作为政治法理学的形成提供了理论基础。

第一节 方法论的转变

罗马法的复兴发生在11世纪晚期,主要是通过注释发展《查士丁尼法典》(Justinian's Code)这一伟大任务实现的,从而点亮了席卷整个欧洲的科学法理发展的新时期。这一任务主要是由博洛尼亚一个学派的法学家承担的,他们被称为注释法学派(Glossators)。他们的方法是注解式的、去历史语境化的,他们将《民法大全》视为综合性的、具有内在约束力的法典。由注释法学派倡导的法律科学的方法建立在对法律本身的权威性毫无置疑的基础上,采用严密的文本分析技术。这一经院哲学式的方法迅速地奠定了自身在中世纪晚期法理学领域的主导性地位。

注释法学派最主要的目标是使《民法大全》对所有被纳入罗马帝国的欧洲区域都是适用的,成为具有权威性的普通法(ius commune)。在欧洲大陆的很多地区,这一目标在如下情形下得以实现:当本土法律缺位时,罗马法就被作为预置的规则在法庭上适用。注释法学派的方法主要是由其背后极富野心的任务决定的,注释法学派想要将《民法大全》众多的规范转化为普遍适用的规则,这就要将文本本身视为综合性的、完美的,其内涵只能通过逻辑分析予以确定的法典。任何创新也只能借助文本分析的功能来实现。[3]

虽然罗马法主要是私法,但是,很多法学家——这些法学家主要是从教会法学家有关中世纪教廷的权威著作中获取的知识——还是借此主张一种自上而下的政府权威,从而有效地增强神圣罗马帝国的权威。14世纪,当伦巴第城(Lombardy)和托斯卡纳城(Tuscany)因为对抗帝国的主张而发起斗争时,这一有关政府权威的理论在法学家中间也引发了广泛的讨论。在此基础上诞生了一个伟大的学派——由巴尔多鲁斯和他的学生巴尔德斯(Baldus)领

3　参见 Donald Kelley, 'Civil science in the Renaissance: the problem of interpretation' in Anthony Pagden (ed), *The Languages of Political Theory in Early-Modern Europe* (Cambridge: Cambridge University Press, 1987), 57–78。唐纳德·凯利(Donald Kelley)在书中创造了这一拉丁语的表达:谁解释,谁立法(*cuius interpretatio, eius legislatio*)(at 57)。

导的后注释法学派(post-Glossators)。[4] 这一学派最为主要的贡献就是在方法论上带来的变革。巴尔多鲁斯抛弃了注释法学派最为核心的主张——当法律与法律事实之间相互冲突时,事实必须以和法律的字面解释相一致的方式被解读。巴尔多鲁斯认为,当法律与事实相冲突时,应该是法律根据事实进行解释,而不是事实将就法律。[5] 尽管巴尔多鲁斯认同罗马帝国的皇帝是世界之主,行使绝对权力,但是他依旧主张城市享有类似传统城邦的独立地位,皇帝对城市不享有直接的统治权。皇帝,只是在整体意义上具有统治者的地位,但是对其帝国的每一个具体的构成部分不享有直接的统治权。利用这一诡辩和辩证的方法,后注释法学派挑战了罗马法学派中的文本主义(literalism),从而开启了对政府权威的来源的讨论和探索。[6]

后注释法学派的法学家的著作得以广泛传播主要是受益于印刷技术的发展。印刷技术的发展有效地促进了文艺复兴价值的传播。16 世纪初,印刷技术的发展也使"一种自信的人文主义文化在法国、英国和德国出现了"[7]。

北部人文主义者的方法对我们的研究而言是非常重要的。为了完善经典的注释法学派存在的问题,他们运用文献学和历史主义的批判理论对《民法大全》的权威性提出了挑战。他们给经院哲学派的法理以致命一击,指出查士丁尼在制定法典时根本就没有考虑法典的综合完整性的问题,只是做了一种零碎的拼凑工作,而

4　参见 CNS Woolf, *Bartolus of Sassoferato: His Position in the History of Medieval Political Thought* (Cambridge: Cambridge University Press, 1913); Joseph Canning, *The Political Thought of Baldus de Ubaldis* (Cambridge: Cambridge University Press, 1987)。

5　Skinner, above n 2, vol 1, 9.

6　参见 JA Wahl, 'Baldus de Ubaldis and the Foundations of the Nation-State' (1977) 21 *Manuscripta*, 80-96。

7　Skinner, above n 2, vol 1, 198.

那些用来注释它以增强其权威的方法是高度不可信赖的、经不起挑战的,他们忽略了很多重要的经典解释渊源。[8] 这一对罗马法权威的挑战的影响一直延伸到巴尔多鲁斯和后注释法学派对方法的思考,并逐渐影响了当时的政治-法律思想。如果公法的重要规范不能从对罗马法的原则的注释中获得,那么公法应该建立在什么基础上呢?

在北部人文主义者中间,首先提出极富影响力的观点的是法国的法学家。16 世纪,昂热、布尔日和图卢兹的法学院被视为欧洲法理学发展的中心。法国的法学家几乎自成一派,成为当时欧洲最为杰出的理论创造者。[9] 这些学者非常敏锐地感受到政府权威这个问题在当时是最为重要的,因为政治观念已经丧失了其神学的面相,而罗马法的权威本身又受到了极大的挑战,尤其重要的是,现代民族国家开始作为欧洲当时最为主要的地缘单位出现了。

这些学者试图在法律的视野中来解决他们那个时代的政治问题,他们创造了一种新框架中的政府秩序,这种秩序呼唤一种新的法律分析方法。他们的研究不仅实现了与罗马的权威观念的决裂,同时也实现了与中世纪的宪制主义的决裂。这一方法论的转型——某一方面被称为"法律民族主义"(juridical nationalism)[10]——对现代公法概念的出现而言是极为重要的,这一转型使现代公法的出现迈出了关键的一步。

这些法国的法学家提供的答案认为,公法的原则不是来源于

8　参见 Donald R Kelley, *Foundations of Modern Historical Scholarship: Language, Law, and History in the French Renaissance* (New York: Columbia University Press, 1970), ch 2。同时注意,15 世纪,洛伦佐·瓦拉(Lorenzo Valla)经过考证主张,君士坦丁赠礼系伪造的。参见 Kelley, ibid, 38。

9　William Farr Church, *Constitutional Thought in Sixteenth-Century France: A Study in the Evolution of Ideas* (Cambridge, MA: Harvard University Press, 1941), 4.

10　参见 Kelley, above n 3, 71。

《查士丁尼法典》，而是来自对欧洲民族国家的法律和政治实践的历史性考察，科学法典的建构主要依赖运用比较的方法对政府构建秩序的经验进行分析。这一历史性的主张表征了一个大的根本性转变，在罗马法和教会法之外，国法成了法律权威的渊源。[11] 威廉·法尔·丘齐（William Farr Church）的权威研究展示了法国法学家的学术论文如何逐渐褪去神学的色彩，以及如何通过历史主义的方法的运用来论证"所有的臣民都直接归属和服从国王的统治"，从而使得教会逐渐丧失了"神学主权"，以及中世纪的国家-宗教一体化的法人观念几乎完全被否定。[12]

这些思想在法国 16 世纪 60 年代的宗教战争的前十年间达到了一个发展关键期。面对那些对法国国家的存亡构成威胁的危机，三个重要的学者——弗朗索瓦·霍特曼（François Hotman）、弗朗索瓦·博杜安（François Baudouin）和让·博丹——引领了非常重要的方法论转型，从而对公法的研究作出了重大贡献。这些研究的本质及它们产生的广泛的政治和法律影响值得我们认真对待。

最为激进的反罗马法的代表作是霍特曼在 1567 年出版的《反特里波尼安》(Anti-Tribonian)。霍特曼指出，《民法大全》首先是由希腊人和拜占庭人于 5 世纪开始起草的，伴随着罗马帝国的衰亡，那些从民族、地域和时空上都已经疏离罗马精神的人进一步地撰写和完善了《民法大全》。[13] 这些新的立法者改变了很多法典原有的内容，即使没有改变，他们也对内容进行了拆分和重新编排，

11　参见本书第一章，第 56 页。

12　Church, above n 9, esp chs 3 and 4.

13　朱利安·富兰克林（Julian Franklin）解释了霍特曼在《反特里波尼安》中的观点。参见 Julian H Franklin, *Jean Bodin and the Sixteenth-Century Revolution in the Methodology of Law and History* (New York: Columbia University Press, 1963), 54. 特里波尼安(Tribonian)是一名法学家，受命于查士丁尼，负责监督《民法大全》的编纂。

他们并没有保留法典的原有面貌，而是完全损害了法典。[14] 他进一步指出，其中，《学说汇纂》和《法典》对法学家而言是完全没用的，因为这些规定和现代社会毫无关联；对历史学家而言，它们也同样没用，因为他们根本不是罗马时期适用的法律。[15] 与博杜安之间形成呼应，霍特曼在《反特里波尼安》开篇就指出："每一个时代的有学识和智慧之人都应该认同一个原则，这个原则就是，法律应该与共同体的形式和现实情况相适应，而不是共同体需要去适应特定的法律。"[16]除此之外，霍特曼传递了一个更为激进的信息：不同的国家应该建构不同的法律体系，尤其应考虑到国家之间在本质、历史、文化和现实情况等方面存在巨大的差异。对霍特曼而言，研究宪法性法律需要借助于对不同国家的不同政治实践进行历史考察。

霍特曼认为，对罗马法的考察与寻求理解法国宪法这一任务毫无关联。通过他的调查研究，他指出，最早的法国高卢人（*francsgaulois*）发明了最初的宪法，宪法的价值在于保护人民不受专制暴政的压迫，保留他们的自由。这些研究结论有非常明确的现代指向：霍特曼认为，传统的宪法通过使法国国王遵守法律的限制、尊重通过三级会议（the Estates General）表达出来的人民的意愿，调和了权威与自由之间的冲突和矛盾。[17]

霍特曼对习惯法（customary law）的历史研究引发了一场运动，这一运动试图通过彰显国别特质的国法来替代罗马法的权威。

14　JGA Pocock, *The Ancient Constitution and the Feudal Law: A Study of English Historical Thought in the Seventeenth Century* (Cambridge: Cambridge University Press, rev edn, 1987), 12; 也可以参见 Skinner, above n 2, vol 2, 270。

15　Pocock, above n 14.

16　Hotman, *Anti-Tribonian*; 引自 Franklin, above n 13, 46。

17　*François Hotman, Francogallia* [1573] Ralph E Giesey and JHM Salmon (eds) (Cambridge: Cambridge University Press, 1972); 参见 Church, above n 9, 87-88, 157 - 158; Donald R Kelley, *François Hotman: A Revolutionary's Ordeal* (Princeton, NJ: Princeton University Press, 1973)。

077

公法的基础

这对法学研究方法产生了特别的影响。由于罗马法是确定的、成文的,这就使得翻译罗马法有非常正规的学术方法。但是习惯法是不成文的,因此,就更为倚赖法官具备更有创造性的解释技能。由于罗马法是普遍适用的、确定的和正式的,而习惯法的适用是有国别性和地域性的,其本身是流动变化的和非正式的,特别是由于其不断变化的特征,习惯法能够不断地适应现实的需求。用一个与时代相呼应的比喻来表达,习惯法是一国最为古老但又最为弥新(*tam antique et tam nova*)的记忆和存在。

霍特曼的著作标志着政治法理学研究的根本转型。这个转型就是从对确定权威的注释转向更具有明确历史主义和社会学指向的法律和立法理论。这一转型的教育学意义在博杜安那里得到了发展,对此,他在于 1561 年出版的著作《普遍历史的教授及其与法理学的联系的绪论》(*De institutione historiae universae et ejus cum jurisprudential conjunctione prolegomena*)中进行了系统的论述。[18] 博杜安最为重要的观点是:目前普遍的法学必修课基本上都聚焦在私法上,这对法律顾问的训练而言是完全不够的。一个需要对国家事务给出法律建议的法律顾问,需要获得有关治理艺术的训练。博杜安主张,如果我们想要训练出"对共同体和帝国治理而言适格的"学生,公法的教育是必需的,这也意味着"历史(研究和教育)的急迫性"。[19] 仅仅依靠法律是无法完成有关治国术的训练的:只有通过教授历史,学生才能明白国家是如何建立并被摧毁的,只有在这些历史经验中,学生才真正能够获得与政治理性艺术相关的教育。

这一法学观念在博丹那里发展到了顶峰,不同于 16 世纪早期法国法学家的主张,在博丹看来,在王室的绝对主权与传统的民族

---

18   参见 Kelley, above n 3, 116-136。

19   参见 Franklin, above n 13, 42-46(出自 the *Prolegomenon*, n 17)。

自由之间并不存在不可克服的冲突和矛盾。[20] 相反,博丹认为,自由需要王室权威的保护。正如富兰克林所言:"这一有关温和的君主制的观念,即同时集绝对主权和权力的有限性于一身的观念,是很难融入罗马公法的,对罗马公法而言,罗马皇帝,作为第一公民,是专制君主的典范,他的意志是绝对的、不受法律限制的。"[21] 与此构成鲜明的对比,从克劳德·德·塞瑟尔(Claude de Seyssel)到博丹的法国法学家都认为,法国君主制是一个独特的本土创造物,君主的权威源自现行法律的实践。[22] 博丹通过发展这一思想,并使其获得广泛的传播,重新建构了公法的基础。

第二节　博　丹　的　方　法

博丹的研究方法和观点最早是在他于 1566 年出版的《易于认识历史的方法》(*Methodus ad facilem historiarum cognitionem*)一书中呈现的。从书的标题可以看出,他似乎更关注历史,同时在书中他也主张,历史研究的目标必须要消除价值判断。[23] 但是,博丹对单纯地研究历史并不感兴趣。他的主要目标还是通过历史研

20　参见 Claude de Seyssel, *La Monarchie de France* [1519] Jacques Poujol (ed) (Paris: Librairie d'Argences, 1961); Nannerl O Keohane, 'Claude de Seyssel and Sixteenth-Century Constitutionalism in France' in J Roland Pennock and John W Chapman (eds), *Constitutionalism: Nomos XX* (New York: New York University Press, 1979), 47–83。

21　Franklin, above n 13, 41–42. 关于温和的君主制的理念,参见 Seyssel, above n 2, esp vol 2, ch 15:"正义是皇室权威的真正支柱。因为正是通过正义,国王在任何地方都同样被服从。如果他只使用武力,他需要在整个王国驻扎军队。即使暴力可以和正义一样强大,但人民的本性是抵制暴力的,同时自愿遵守正义原则。"(at 150)

22　Franklin, above n 13, 42.

23　博丹指出:"如果在历史的写作过程中能摆脱所有情感,就能成为最好的作家。"参见 Jean Bodin, *Method for the Easy Comprehension of History* [1566] Beatrice Reynolds (trans)(New York: Columbia University Press, 1945), 43。

079

公法的基础

究揭示治理艺术的主要规则。在他看来,历史是理解政治法的钥匙和关键。政治法的本质只有通过对特定政权领域内的法律、习惯和实践的比较和历史的研究,才有可能获得揭示。

这一法理目标在博丹给法国巴黎议会的调查法庭的主席的致辞中毫不掩饰地得以表达。在这篇致辞中,博丹公开地、毫不掩饰地批判了"罗马法就是一般规律得以呈现的成文理性(*ratio scripta*)"的观点。博丹认为,在一个世间万物都受到酷刑折磨的时代,《民法大全》是由法学家玩弄权术、为达到干涉立法资源的目的而制定的规范,那时的一切立法都是深陷污秽和泥泞之中的,毫无纯洁、真诚可言。[24] 在此基础上,博丹认为,《民法大全》的当代注释者根本没有真正的学问可言,顶着虚假的学术名声,却没有承担任何平等正义的责任。博丹指出,在这群注释者看来,"国家治术、司法判决、纠纷解决似乎都是可以通过字节的数量来解决的"[25]。他们"以为将破旧笔记中的污渍、污点去掉,过去的治理智慧就能够得以重现,事实上,他们不过是在用一支钢笔在所有的书上涂满毫无价值的甚至是误导性的注释,根本没有重现任何传统的智慧形象"[26]。博丹和霍特曼都认为,这些所谓的杰出的法国法理学家并没有担当起国家法律顾问的职责,把他们称为语法学家似乎更为恰当。[27]

博丹要传达的观点非常清晰:进步的轨迹需要通过历史研究被发现,在历史研究中,隐藏的一般规律的精华才能被发现。[28] 博

24　Bodin, above n 23, 4.

25　Ibid, 7-8.

26　Ibid, 8.

27　参见 Beatrice Reynolds, *Proponents of Limited Monarchy in Sixteenth Century France: François Hotman and Jean Bodin* (New York: Columbia University Press, 1931), 108:"在《易于认识历史的方法》的序言部分澄清的研究兴趣和目标,在《反特里波尼安》一书中也获得了同样的表达。两本书的写作时间基本一致,而且在智识上都受到同一个人的启发,这个人就是法国著名的政治家——法国总理米歇尔·德·罗斯皮达尔(Michel de l'Hospital)。"

28　Bodin, above n 23, 8.

丹认为,历史最主要的部分都是与政治相关的,因此,一个好的历史学家应该熟悉国家的治理艺术。这类相关的知识应该从经验中获得,从参与公共咨询、行使行政权力以及做出法律决定的过程中获得。[29] 但是,除此之外,我们还是需要借助于书籍,从阅读书籍的过程中获得治理国家的复杂知识,如果一个人能够在认真学习公法和一些重要信件的基础上,再去参与相关公共实践,那么他将具备更好的公共参与的能力。[30] 治理国家所需的知识源自对法律与人民的习惯(*ius gentium*)的比较研究的学习。

事实上,《易于认识历史的方法》并不应该被视为一种历史研究的指南,而是旨在为构建一种新的法理提供章程式的指导。博丹拒绝了从罗马法令中构建普遍法理原则的企图,他认为这是极为荒谬的,他主张应该采取一种比较研究的方法,所有智慧之人都应该汇集在一起,对所有国家的法律体系展开系统的比较研究,从中发现精髓,将其汇编为一部最为杰出的法律。[31] 因此,对于历史的研究有一个特殊的目的:博丹的历史研究主要关切应该如何从历史中选择花朵,从而确保最为甜美的果实能够从中产出。[32] 这种新形式的政治法理就需要全新的法学教育。不同于过去专注于对法庭细节的指导,一种旨在培育掌握治理艺术的国家法律顾问的广泛的人文课程的设定,变得尤为必要和迫切。

在《易于认识历史的方法》中反复出现的一个主题在于,国家的命运是由其人民的品格决定的。因此,对博丹的比较研究方法而言,最大的驱动力就在于寻找那些有助于塑造人民品格的因素。在博丹看来,这些因素中最主要的就是天气和地理环境。博丹对天气理论的论述在一定程度上是一些非常复杂的论点汇集在一起

29　Bodin, above n 23, 43.

30　Ibid.

31　Ibid, 2.

32　Ibid, 1.

081

公法的基础

的、令人困惑的混合主张,其中有轻信的、未经科学论述的主张,充
满批判精神的敏锐观点,以及充满陈词滥调的空话和占星术的发
人深省的想法。[33] 尽管博丹表达了对占星术的怀疑,但是博丹相
信,上帝依据数字安排世间万物。人口可以分为三个维度(南部、
温部和北部),它们分别代表三种基本美德(真理、智慧和体力),这
就体现了世界的三重维度(心灵的知识世界、星辰的天体世界以及
生与死的元素世界)。尽管他有很多令人费解的主张和怪癖,从
"黑胆汁影响力"[34]的主张到"左右力量对比"[35]的主张,但是,不能
因此就否定他在方法论上取得的巨大成就。博丹首创了一种比较
的研究方法,这种研究方法为从社会学的视角理解法律奠定了基
础,它在 18 世纪得以广泛地运用,孟德斯鸠的著作就是最为突出
的代表。

在《易于认识历史的方法》的主体部分,博丹研究了主要的政
府形式,其中包括对主要国家的宪法历史的研究。这就确定了他
比较法理研究的核心,并且提供了有关民族国家普遍使用的普遍
法(the *jus gentium*)的阐释理论。在这里值得注意的是,博丹的
君主理论不同于"不受法律约束"的统治者理论,他的君主观念更
接近中世纪受到法律、习惯以及庄园主意志约束的国王形象。

在《易于认识历史的方法》的核心章节中,博丹已经展示了其
后来在《国家六论》(*République*)中的一些初步观点。《国家六论》
被视为现代主权概念的起源,而博丹后来的著作主要是依据其继
承者的理论框架被阐释的,因此,对他的著作的分析很有可能并没

---

[33] John L Brown, *The Methodus ad Facilem Historiarum Cognitionem of Jean Bodin: A Critical Study* (Washington, DC: Catholic University of America Press, 1939), 90.

[34] Bodin, above n 23, 106–107:"在所有兽类中,除了野兔之外,没有一种会练习雄性的爱。我相信野兔有这个特点,是因为它比任何其他动物都有更多的黑胆汁。因此,据说盛产这种胆汁的南方人更倾向于富有激情,这也就不足以为奇了⋯⋯但是,同样是由于黑胆汁,南方人患上了麻风病。"

[35] Bodin, above n 23, 117–123.

有完全按照其原意展开。这就导致了法国法学家的观念的连续性被低估和削弱了,更为重要的是,博丹早在十年前的著作《易于认识历史的方法》中就奠定的《国家六论》的基本框架也完全被忽略了。事实上,《国家六论》的成就只有将其与相关著作的结构作为一个整体联系起来,才能够真正被理解和发现。

众所周知,很多评论家都专注于《国家六论》第一卷。在该书的开篇,博丹就清楚地界定和陈述了他的研究范畴:"共和国(commonwealth)代表了一个合法的政府(law government,法文是 *droit gouvernement*),这个合法政府的存在使得国家内部的人民共同归属于一个最高统治权。"[36]博丹进一步地分析与之相关的要素,在正统的政府与无序的政府、公与私之间做了区分,将最高统治权定义为最高命令权,强调所有公民都需要共同服从主权行使者。《国家六论》第一卷的目的主要是勾勒出公法的基本要素及其范围。

尽管《国家六论》第一卷具有开创意义,但是剩下五卷的重要性也不能被忽略,否则将有碍于我们正确地理解博丹的思想。这些书的主要写作目标包括:通过比较研究的方法提供一种历史分析,介绍不同的政府形态及其管辖权(第二卷和第三卷),以及对国家的形成、繁荣和衰落构成影响的不同因素,从而总结出那些有助于统治者维系其国家的理性准则(第四卷、第五卷和第六卷)。作为一个整体,《国家六论》提供了有关共和国基本法的综合和系统的梳理和思考。通过大量历史事例的引用,博丹试图解释政府发展的社会学视角的规律,并进一步解释这一规律是如何形塑治理

36　Jean Bodin, *Les six livres de la république* (Paris: Jacques du Puis, 1576), 1. 本书使用的版本是 Jean Bodin, *The Six Bookes of a Commonweale* [1606]Richard Knolles (trans) Kenneth Douglas McRae (ed) (Cambridge, MA: Harvard University Press, 1962)。在该译本中,洛克林认为"*puissance souveraine*"被译为"puissant sovereignty"(at 1)是不准确的,尽管博丹的表述也不是那么清楚,但是应该在概念层面上严格区分"sovereign"和"sovereignty"。

公法的基础

艺术的。鉴于此,博丹的《国家六论》堪称系统性阐述政治法(*droit politique*)的第一著作。

《国家六论》中最重要的部分就是博丹在第二卷中对主权和政府所做的区分。博丹主张:"在国家和国家的政府之间存在巨大的差异,在我之前,并没有人认识到这一规则。"[37] 因此,在古罗马时期,对罗马共和国而言,在主权意义上它是民主的,但是在政府形式上,它是贵族制的。同样的道理,国家可以是君主制的,但是政府却有可能是大众民主制的——如果国王无差异地向所有人开放获取指挥权、裁判权、行政权和特权的机会,而不考虑他们的贵族地位、财富状况或者美德状况。[38] 这一区分正是卢梭后来在论述政治法时重点强调的核心。[39] 这同时也构成了公法的基础要素之一。[40]

在后续的著作中,博丹循序渐进地从普遍历史提供的物质材料中提炼出治理艺术中蕴含的准则,以此勾画出社会学视角的公法发展理论的基本原理。同时,他也描述了他的气候理论[41],占星术理论和数字理论[42]。除了这些围绕治理艺术的讨论,书中充斥着大量后来演变为重要现代政治思想的格言,内容包括但是不限

37　Bodin, above n 36, 199.

38　Ibid.

39　参见本书第四章,第157—171页;还可参见格劳秀斯(本书第110页)和普芬道夫(本书第116页)的观点。

40　Bodin, above n 36, Ⅱ.7, 249-250:"在我看来,如果一个人不想让自己一头栽进错误的无限迷宫中,那么这种区别对很好地理解每一个国家的状况而言似乎是非常必要的。"

41　Ibid, Bk 5, ch 1.博丹认为,北方国家倾向于极端民主或软弱的君主制,因为它们本质上是感性的;由于他们的智识本性,南方国家更容易被神权专制主义吸引;中部地区的人(罗马人和法国人)则因其温和与谨慎的性格而倾向于依靠法律来治国:"因此,中部地区的人民比南方的人民力量更大,适用政策更少;比北方的人民智慧更多,力量更少;他们更适合指挥和管理国家,行动也更公正。"(at 550)

42　Ibid, Bk 4, ch 2.博丹认为,数字6和女性有特殊的关联,而数字7和男性有特殊关联(at 460);完全数496对帝国而言无比重要(at 464-465)。

于：权力的腐败性；[43]确保划分立法权与行政权的必要性；[44]确保财富分配的相对平等有助于维系国家稳定；[45]战争有助于民主制的维系；[46]很多自命为民主体制的国家事实上是经过伪装的贵族制；[47]主权彰显的权力行为越少（只要其威严的象征依旧保留），其权威

———————————

43　Bodin, above n 36, 414:"主权中的命令权通常会造就这样一种恶作剧,它常常使好人作恶、谦逊的人骄傲、仁慈的人变成暴君、聪明人成为傻瓜、勇敢的人成为懦夫。"同时可以参考阿克顿勋爵(Lord Acton)的格言:"权力总是趋向于腐败的,绝对的权力导致绝对的腐败。"引自 Anthony Jay (ed), *Oxford Dictionary of Political Quotations* (Oxford: Oxford University Press, 1996), 1.

44　Bodin, above n 36, 277:"如果将命令权赋予元老院,那么就会毁灭共和国,最终推翻国家。"同时可以参考 Montesquieu, *The Spirit of the Laws* [1748] Anne Cohler, Basia Miller, and Harold Stone (trans and eds) (Cambridge: Cambridge University Press, 1989)。孟德斯鸠在书中指出:"当立法权比行政权更为腐败时,国家就会毁灭。"(at 166)进一步可以参考 William Blackstone, *Commentaries on the Laws of England* (Oxford: Clarendon Press, 1776), i. 160-161; AV Dicey, *Introduction to the Study of the Law of the Constitution* (London: Macmillan, 8th edn, 1915), 39-40.

45　Bodin, above n 36, 569:"在煽动叛乱和改变共和国的所有原因中,没有什么比少数几个人的过度富裕和大部分人的极端贫困是更主要的原因了。"同时可以参考 Adam Przeworski, 'Why do political parties obey election results?' in José María Maravall and Adam Przeworski (eds), *Democracy and the Rule of Law* (Cambridge: Cambridge University Press, 2003), 114-144, 115:"一个国家的年人均收入如果高于1975 年阿根廷所显示的 6 055美元,其民主运行就是顺畅的,民主就没有崩塌,这是一个令人震惊的事实。因为就在 1951—1990 年,39 个国家的民主由于进一步的贫穷而告败,而 31 个国家的民主在较富裕的状态下维系了 762 年。富裕的民主国家在战争、暴乱、丑闻、经济和政府危机、地狱般的灾难或洪水中都能够幸存下来。"

46　Bodin, above n 36, 422:"在人们看来,没有什么比发动战争更有益于维护一个大众国家了。"同时可以参考 Charles Tilly, *Coercion, Capital and European States, AD 990-1990* (Oxford: Blackwell, 1990)。查尔斯·蒂利(Charles Tilly)在书中描述了"战争推动国家的形成和转变"(at 26),以及他所谓的"欧洲国家形成的中心悖论":"对战争和军事能力的追求,不仅产生了创建民族国家这样的副产品,而且在这之后还导致政府和国内政治的文明化发展。"(at 206)

47　Bodin, above n 36, 705:"如果我们彻底撕毁所有大众国家的伪装,我们会发现,它们表面上是被人民统治的,但实际上是由一些公民,或其中最聪明的人,即担任国王和君主的职位的人统治的。"同时可以参考 Jean-Jacques Rousseau, *The Social Contract* [1762], Bk 3, chs 4 and 7。进一步参考 Bernard Manin, *The Principles of Representative Government* (Cambridge: Cambridge University Press, 1997), 236:"代议制政府……是一个令人困惑的现象。明明被认为是对民主的反对,今天它却被视为民主的一种形式。"

公法的基础

性越能得以呈现。[48] 博丹在《国家六论》中以三种数学式总结了自己的分析：算术、几何和调和比。算术象征平等，代表秩序，与民主体制的利益相符合；几何代表正义，是贵族政府的表现；调和比主要用来描述统治者与被统治者之间的关系，代表和平，与君主制相协调。[49]

《国家六论》被视为 16 世纪最具开创意义、最具影响力的政治哲学著作。[50] 它代表了法国法学家试图通过一套公法体系和理论来替代罗马法权威的最高成就。这一公法体系和理论建立在世俗智慧的基础上，产生于对欧洲国家治理实践的比较和历史研究。该书所指称的公法就是用来创建、维持和规范国家治理行为的一系列基本规则、原则和实践。

这一有关公法的理解源自法律研究方法的转变。公法的实践被视为建立在国法基础上。国法作为一种法律类型，不是通过学者的训诂方法，而是通过历史调查来得以揭示的。公法代表了一种历史-政治话语。这一研究公法的方法论转型产生了一系列重要影响，以下三点尤为关键。

首先，这一话语转型使得对公法的理解需要建立在更为广博的知识渊源之上，而不是仅仅局限于罗马法注释技术；对于政治法的探索也不局限于官方颁布的正式法律文件，而是需要深入大量的非正式知识和规范，这些知识和规范切实地影响和塑造了权力的运行方式。法学家的法必须符合民间法的理解，这就使得确定法律内涵的工作变得更有创造性，当然也更具争议性。

48　Bodin, above n 36, 517. 同时可参考 Jon Elster, *Ulysses Unbound: Studies in Rationality, Precommitment, and Constraint* (Cambridge: Cambridge University Press, 2000)。乔恩·埃尔斯特(Jon Elster) 在书中探索了约束理论(constraint theory)，这一理论是以博丹的"*less is more*"的主张为支撑的(at 1)。

49　Bodin, above n 36, Bk 6, ch 6；还可参考 Bodin, above n 23, 287-288。

50　Skinner, above n 2, vol I, 208.

第二章　公法的诞生

其次,由于这种历史-政治话语模式本身是被包裹在权力话语中的,我们需要从意识形态的角度来理解和对待历史。我们无法否认和避免,在法国法学家反对罗马法学家的话语中,存在一种代表反对绝对主义王权(天主教会)的新教史学流派的强烈主张。与此同时,英国的法学家也开始运用同样的话语模式展开有关统治者权力的讨论。[51] 在英国,这一历史-政治话语模式在有关古代宪法的神话中到达了发展的顶峰,这一观念主张:存在一部原初的盎格鲁-撒克逊人的宪法,在这一宪法之下,国王被选任出来享有有限的权威,宪法保护那些自古流传下来的自由。[52] 17 世纪早期,这一有关古代宪法的原则被普通法的法官不断地提及、引用,用来对抗斯图亚特王朝的特权对英国自由的侵害,[53] 其中,柯克大法官

———————

[51]　如,Adam Blackwood, *Adversus Georgii Buchanani dialogum*, *de jure regni apud Scotus*, *pro regibus apologia*, *Pictavis*, *apud Pagaeum* (1581),作者用历史论据来支持君主的权利,从而对乔治·布坎南(George Buchanan)的抽象理论进行了挑战。还可参见 Church, above n 9, 243-271; Howell A Lloyd, 'The Political Thought of Adam Blackwood' (2000) 43 *Historical Journal*, 915-935, 924-925。关于布坎南的观点,参见 below n 74。

[52]　参见 Pocock, above n 14; Corinne C Weston, 'England: ancient constitution and common law' in JH Burns (ed), *The Cambridge History of Political Thought*, *1450-1700* (Cambridge: Cambridge University Press, 1991), 374-411。这是这一时期欧洲政治思想更为普遍的一部分。格劳秀斯同样通过诉诸一部古老的巴塔维宪法(Batavian constitution),证明荷兰反抗西班牙军队的合理性。参见 Annabel S Brett, 'The development of the idea of citizen's rights' in Quentin Skinner and Bo Stråth (eds), *States and Citizens: History*, *Theory*, *Prospects* (Cambridge: Cambridge University Press, 2003), 97-112, 109。雅各布·卡尔·斯佩纳(Jacob Karl Spener)在 18 世纪初试图摆脱所有德国帝国公法研究的外来影响,并试图恢复植根于德国法律史上的日耳曼原则大厦时,提出了一个相关的论点,参见 Jacob Karl Spener, *Teutsches Ius Publicum*, *oder des Heilige Römisch-teutschen Reichs* (Frankfurt am Main: George Marcus Knocke, 7 vols, 1723-1733)。

[53]　波考克(Pocock)指出:"在新世纪的第一个十年里……英国法学家试图将普通法定义为习惯法,并在面对成文法时,为习惯法辩护,因为在他们看来,成文法使用的语言使人想起了早一代法国人的某些思想。"参见 Pocock, above n 14, 32。更为深入细致的讨论,参见 Hans S Pawlisch, 'Sir John Davies, the Ancient Constitution and Civil Law' (1980) 23 *Historical Journal*, 689-702; Johann P Sommerville, 'History and Theory: the Norman Conquest in Early Stuart Political Thought' (1986) 34 *Political Studies*, 249-261; Alan Cromartie, *Sir Matthew Hale*, *1609-1676: Law*, *Religion and Natural Philosophy* (Cambridge: Cambridge University Press, 1995), chs 1 (转下页)

087

公法的基础

引用得最频繁。这一话语结构——撒克逊权利话语与诺曼治国术[（Norman Statecraft），也被称为诺曼桎梏（the Norman yoke）]话语之间的冲突和平衡——构成了一种持续的动力，从而演变为一种持续的对权力的批评和抑制，[54]这成为后来辉格党宪法历史的主要叙事。[55]

最后，博丹带来的方法论变革最为复杂也是最为重要的意义在于，博丹开始写作《国家六论》时并没有聚焦于主权行使者（the sovereign），而是聚焦于共和国（the commonwealth），这标志着他将一个完全不同的对象作为其研究的目标。正如福柯所言："这一话语体系不再是国家（统治者）在讨论自己，而是另外一个主体从历史的角度，展开与自我有关的历史叙事，这个新的主体就被称为民族（nation）。"[56]博丹围绕公民性格展开的专题研究，展现了统治者应该了解其人民性格的迫切性。通过展现人民与其政府机构之间关系的本质，博丹将我们对权力的关注从一个最高命令权（博丹，《国家六论》第一卷），转向了一种基于场域产生的力量，这一场域中不同力量同时存在，彼此冲突、调和、平衡（博丹，《国家六论》

（接上页） and 7；Alan Cromartie, *The Constitutionalist Revolution: An Essay on the History of England*, *1450-1642* (Cambridge：Cambridge University Press, 2006)，ch 7。

54　参见 JGA Pocock, 'Burke and the Ancient Constitution — A Problem in the History of Ideas' (1960) 3 *Historical Journal*, 125-143；Christopher Hill, 'The Norman Yoke' in his *Puritanism and Revolution* (London：Secker & Warburg, 1958), 50-122；RB Seaborg, 'The Norman Conquest and the Common Law：The Levellers and the Argument from Continuity' (1981) 24 *The Historical Journal*, 791-806。

55　参见 JW Burrow, *A Liberal Descent: Victorian Historians and the English Past* (Cambridge：Cambridge University Press, 1981)；PBM Blaas, *Continuity and Anachronism: Parliamentary and Constitutional Development in Whig Historiography and in the Anti-Whig Reaction between 1890 and 1930* (The Hague：Martinus Nijhoff, 1978), ch 2。

56　Michel Foucault, *Society must be defended: Lectures at the Collège de France*, *1975-76* David Macey (trans) (London：Penguin, 2003), 142.

第六卷,调和比)。[57] 这里,博丹确定了现代公法得以构建的关键概念——"权力"概念。

第三节 绝 对 主 义

16—18世纪,围绕"什么样的政府形式是好的"争论事实上是围绕绝对主义(absolutism)和宪制主义(constitutionalism)之间的差异展开的。但是,这样的类型化划分其实是我们把现代的术语强加到了那场争论之上,[58] 争论的核心问题其实是君主的权力是否应该受到法律的限制。统治权力在当时语境下的不断扩张和强化,成为争议最为激烈的政治问题。正如约瑟夫·R. 斯特雷耶(Joseph R. Strayer)指出的:"16世纪和17世纪的政治危机不是由立法权引发的争议,而是由行政权的范围以及应该由谁来行使行政权引发的争议。统治者认为,他们应该享有一项显而易见的权力,这项权力就是为了保存国家,使国家更富强,他们应该享有对此而言必要的做出任何决定的权力,他们反对任何试图对这一权力进行控制的意图。"[59]

---

57 参见 Michel Villey, 'La justice harmonique selon Bodin' in Horst Denzer (ed), *Bodin: Verhandlungen der internationalen Bodin Tagung in München* (Munich: CH Beck, 1973), 69-86。

58 "绝对主义"(absolutism)一词仅在18世纪90年代,即法国大革命后的十年内,才在政治话语中被采用,尽管"该词所指的制度或概念当然要古老得多"。参见 JH Burns, 'The Idea of Absolutism' in John Miller (ed), *Absolutism in Seventeenth-Century Europe* (London: Macmillan, 1990), 21-42, 21。同样地,"宪制主义的"(constitutional)一词也一直是到17世纪晚期才在法国被赋予政治意义和价值,但是,君主制政体与基本法的问题在此之前已经主导了法国政治话语很长时间。参见 Nannerl O Keohane, *Philosophy and the State in France: The Renaissance to the Enlightenment* (Princeton, NJ: Princeton University Press, 1980), 25。

59 Joseph R Strayer, *On the Medieval Origins of the Modern State* (Princeton, NJ: Princeton University Press, 1970), 102.

公法的基础

伴随着政府承担的社会生活责任与日俱增,这一争议变得非常突出。政府权力不断地扩展而且越来越趋近专业化,政府官员被赋予促进人民福祉(*salus populi*)的越来越多的权责。任务的分化进一步地强化了对代表原则的讨论,提出了"什么是被代表"的问题。统治者可能会宣称,统治权力天生就应该是个人所有的:国家的政府官员有建议的权利,但是统治者有决定权。更为复杂的因素在于,统治者越是延伸其公共责任,传统君王那种超脱性的形象就越会受到更大的损害。

在这个意义上,绝对主义不是一种旨在对传统权威进行强化的保守主义的观点,而是一种在不断变革的世界中对维持秩序而言必需的创新观点。享有绝对权力的主权行使者不同于任意行使不受限制的权力的暴君或者独裁者的形象。绝对主义是一个与现代主权概念的出现相联系的理性主张,在一个由主权行使者完全切断上帝与现世之间联系的世俗化的世界中,绝对主义的争议性显得更为突出。正如戈谢指出的,尽管主权行使者依旧会诉诸"神圣权利"(divine right),这在一定程度上保持了使用术语的联系性,但是,他的角色依旧完全变化了。主权行使者不再以肉身显现,甚至在一定程度上强调它的消失,不再强调将此世焊接到另外一个彼岸世界中,而是强调它们的分离。[60] 因为"上帝的消失",从而使得世界从一个确定的、永恒不变的存在转变为需要被不断地建构、不断地论证其合法性的存在。戈谢进一步指出,这就展示了一个主权行使者权力获得的过程,在这个过程中,政治体获得了一种本体论上的独立性,它获得了为自己立法的能力。[61] 正是在绝对主义这个大熔炉中,现代主权概念得以形成。尽管这一概念最终是与国家这个概念联系在一起的,而不是与统治者的形象联系

---

[60] Marcel Gauchet, *The Disenchantment of the World: A Political History of Religion* Oscar Burge (trans) (Princeton, NJ: Princeton University Press, 1997), 57.

[61] Ibid.

在一起的,但是,"国家是主权的最终享有者"这一观念事实上是参照君主权力形象得以诞生的。[62]

为了有效解释这一概念的变迁,我们必须回到博丹。16 世纪,法国的法学家发展了较为系统、精细的宪法理论,从而将国家与法律几乎完全等同起来,那些有关政治问题最具洞察力和影响力的评估和判断几乎都是通过法律分析来实现的。[63] 其中,宪制主义的方法成为最为主流的方法之一,[64]博丹在《易于认识历史的方法》中就主要采取了这一解释路径。[65] 但是,十年之后,博丹放弃了这一方向,在《国家六论》极富创造性的第一卷中系统地阐释了主权的理论,从而奠定了绝对主义的基础。

在《国家六论》中,博丹主张,每一个独立的国家都必须存在一个独立的、最高的权力中心,这个最高的权力中心享有最高的权威,享有所有的政府权力,这也成为"理解共和国的本质最为重要的地方"[66]。这一被博丹称为"主权"的现象,被他定义为"在共和国中对公民和臣民享有的最高的、绝对的和永恒的权力"[67]。这一权力"作为权力本身不受到限制,不受到任何指控,也不受到时限的制约"[68]。这一被博丹视为"主权的真正标志"[69]的最高权力是被赋予一个国家的统治者享有的。

博丹的思考标志着与他自己早期思想的决裂,当然这也表征了一种与欧洲公法思想的一般性思潮之间的骤然断裂。之所

62　Gauchet, above n 60, 58.

63　Church, above n 9, 6.

64　参见 Church, above n 9, esp chs 1 and 3; Keohane, above n 58, esp ch 1.

65　参见 Brown, above n 33, 131:"《易于认识历史的方法》中的证据表明,博丹并不认同国王'不受法律约束'的观点,他对亚里士多德的观点进行了批判,因为亚里士多德认为,被法律限制的国王完全不能称为国王。在博丹看来,与亚里士多德比起来,罗马皇帝所持的教义更为恶劣。"

66　Bodin, above n 36, 84.

67　Ibid.

68　Ibid, 84, 85.

69　Ibid, Bk 1, ch 10.

公法的基础

以会发生这一观念上、意识形态上的转变,唯一的解释就是,这是对那场威胁到法国国家统治的动乱的反馈,即 1572 年的圣巴托罗缪日惨案(the St Bartholomew's Day Massacre of 1572)。16世纪 60 年代,胡格诺派作为加尔文派改革者,呈现了极其强大的政治力量,从而导致政府如果想要实施宗教统一政策的话,很有可能就会引发内战。在这样的情况之下,较为理性的政府策略就是采取宗教宽容政策。但是,这里存在的困难在于,鉴于天主教极其反对这样的宗教宽容政策,主张宗教统一,只有存在一个强势的国王才有可能实施宗教宽容政策,而这在当时的情况下恰恰是无法满足的。所以在尝试了各种各样的妥协,但是依旧无法解决这些宗教矛盾之后,统治集团采取了一个极端错误的解决方案——通过暗杀胡格诺派的领导层来摧毁这个派别的力量。[70]

当这一屠杀行动获得查理九世(Charles Ⅸ)的公开支持后,胡格诺派控诉国王就是一个暴君,并最终诉诸暴力行动来予以对抗。他们的支持者们也主张,人民天生享有抵御暴君权威的合法权利。霍特曼成稿于 16 世纪 60 年代但一直到 1573 年才出版的著作《法国高卢》(*Francogallia*)就是这一主张最主要的阐释者之一。在这一著作中,霍特曼重新发掘了古老的法国宪法,指出在那一宪法所构建的政府框架中,国王是由选举产生的,是受到法律约束的,其权威来自王国的一个公共委员会中的人民的授权。霍特曼的观点传递了一个非常明确的信息:"写作的目的在于从祖先的智慧中寻求构建共和国的原则,这将为我们揭示应该如何组织当下的共同体。"[71] 在霍特曼的分析之后,这一对暴君的抵御权又在巴扎(Beza)、莫奈(Mornay)和其他胡格诺派的作家的著作中

70　参见 Skinner, above n 2, vol 2, ch 8, esp 241–254。

71　Ibid, vol 2, 310.

092

得到了系统的阐述。[72] 在 1574 年的《公职文官法》(*Du droit des magistrats*)一书中,巴扎进一步强调了政府官员的本职在于为国王提供有关治国的建议并确保他始终在法律允许的范围内行动。他指出,如果国王不接受他们的合法建议,公职文官就拥有弹劾他的权利。尽管这一主张在当时遭到各种反对,[73] 但是很显然,其发展出了一套整全的革命政治理论,这一理论建立在一个现代公认的、世俗化的议题上,这个议题是:人民享有自然权利并且是主权的最终享有者。[74]

博丹向绝对主义主权观的转变可以被归因为:其对胡格诺派提出的合法抵抗权的回应。[75] 这在《国家六论》第一卷的序言中展现得非常清楚,博丹提到之所以想要写与共和国有关的著作,是因为"国家这艘大船,遭遇了猛烈风暴的冲击,正处于即将沉没的迫在眉睫的危险之中"[76]。博丹指出,应该将对国家的研究作为政治

---

72 参见 JH Franklin (ed), *Constitutionalism and Resistance in the Sixteenth Century: Three Treatises by Hotman, Beza and Mornay* (New York: Pegasus, 1969)。相关分析可参见 Robert M Kingdon, 'Calvinism and resistance theory, 1550–1580' in Burns (ed), above n 52, 193–218。

73 参见 Skinner, above n 2, vol 2, 320:"这一解决方案……非常明确,但本质上是自相矛盾的:他们转向了激进宪制主义的学术性传统和罗马法传统。他们拒绝接受新教徒特有的一种倾向,即认为上帝将所有人置于政治服从的状态,以此来弥补他们的罪恶。相反,他们开始争辩,人民的原始和基本条件必须是'自然自由'。"

74 Ibid, vol 2, 338.进一步可参考乔治·布坎南的著作,他是具有法式风格的苏格兰人,也是巴扎和莫奈的追随者,但是他的作品只谈到了政治权利和义务,对胡格诺派的如下观点则保持沉默:"宗教契约是在共和国成立时由人民签订的"。参见 George Buchanan, *De Jure Regni apud Scotos* [1579]; *The Art and Science of Government Among the Scots* DH MacNeill (trans) (Glasgow: MacLellan, 1964)。

75 关于这一主题最具权威性的研究,参见 Julian H Franklin, *Jean Bodin and the Rise of Absolutist Theory* (Cambridge: Cambridge University Press, 1973)。同时,皮埃尔·布尔迪厄(Pierre Bourdieu)的演讲也值得关注,参见 Pierre Bourdieu, 'From the King's House to the Reason of State: A Model of the Genesis of the Bureaucratic Field' (2004) 11 *Constellations*, 16–36, 31:"仔细阅读威廉·法尔·丘齐的书(above n 9)……表明,根据与宫廷的距离不同,法学者的理论研究也有所不同:'绝对主义'的论述往往来自最接近中央权力的法学家,他们在国王与臣民之间建立了明确的划分,并几乎不提及任何中介性权力。"

76 Bodin, above n 36, A69.

公法的基础

学的核心,作为"科学之王"来对待,在他看来,很多学者展示出对建立和保持国家而言非常重要的法律和政治法问题的忽视。[77] 他提到,主要有两类学者亵渎了政治哲学的神圣奥秘。[78] 第一类就是马基雅维利的追随者,马基雅维利是有史以来最背信弃义的神父之子,他教导国王们遵循不正义的规则,通过暴政来巩固他们的权力。[79] 博丹指出,这简直是一种具有毁灭性的立国基础,这将导致对国王和国家的根本摧毁。此外,第二类学者尽管采取了和这一派完全对立的观点,但是所带来的危险丝毫不逊色于第一派。这一类学者以免除指控、免除义务为借口,从而诱导臣民反抗他们的亲王,为肆无忌惮的无政府状态敞开大门,事实上,这比世界上最严厉的暴政还要糟糕。[80] 在暴政和无政府状态这两种极端的危险之间犹豫、挣扎之后,博丹构建了他关于政治法(*droit public*)的现代理解的基础。

博丹在这里对马基雅维利的态度有一个非常大的转变。他在《易于认识历史的方法》中大概援引了 20 次马基雅维利,称颂他为"在野蛮主义统治一切的近 1200 年间,第一位试图复兴传统治国科学的第一人"[81]。但是,在《国家六论》中,马基雅维利则被斥责为"为暴政辩护的第一人"[82]。这一转变显然是由当时的环境变化导致的:1572 年圣巴托罗缪惨案被广泛谴责为是马基雅维利式的。与此同时,很多人也认为这场大屠杀是由当时的影子执政者——皇太后凯瑟琳·德·美第奇(Catherine de Medici)策

77　Bodin, above n 36, A69.

78　Ibid.

79　Ibid, A70.

80　Ibid.

81　Bodin, above n 23, 153.

82　也可参考博丹在《易于认识历史的方法》中对此做的评估,详见 Bodin, above n 23, 267-268。

094

划的。[83] 自此，博丹作为马基雅维利的追随者，成为马基雅维利主义的坚决反对者。[84]

在《国家六论》第三卷中，博丹进一步解释了公职文官的义务和责任，以此反对巴扎的主张。在涉及文官是否要服从国王不正义的命令这个问题时，博丹指出："这有什么好讨论的，如果国王发布命令的信件中既没有要求官员对事实进行审查，也没有对事实进行听证或作出裁决，或对诉讼的正确性或真实性作出裁决，而仅仅要求他执行国王的命令，那么文官就无权对事实进行审查或者听证。除非这一命令所立基的事实明显虚假，这个决定明显错误，或者完全违背了上帝律法和自然法则。"[85]在此基础上，博丹也明确反对臣民享有任何合法的抵抗其主权行使者的权利。[86]

博丹关于反对合法抵抗权的主张并不是为了确保臣民对国王统治的服从，而是从他"绝对权威"理论中自然产生的结论，属于与其主权理论相关联的主张。尽管他的主权理论在逻辑基础上是可以被证实的，但是关于历史实践的主张则没有获得充分

83　可以参考 Innocent Gentillet, *Antimachiavel* [1576] C Edward Rathé (ed) (Geneva: Droz, 1968)。对该著作的讨论，参见 Martyn P Thompson, 'The History of Fundamental Law in Political Thought from the French Wars of Religion to the American Revolution' (1986) 91 *American Historical Review*, 1103–1128, 1106–1109。还可参见 Stephanus Junius Brutus, the Celt, *Vindiciae, Contra Tyrannos, or, concerning the legitimate power of a prince over the people, and of the people over a prince* [1579] George Garnett (trans) (Cambridge: Cambridge University Press, 1994), 8。

84　特别是可以参考 Friedrich Meinecke, *Machiavellism: The Doctrine of Raison d'État and its Place in Modern History* Douglas Scott (trans) (New Haven, CT: Yale University Press, 1957), ch 2。

85　Bodin, above n 36, 312.

86　Ibid, 222-224. 关于博丹如何用迂回的方式处理这些主张抵抗权的论点，参见 JHM Salmon, 'Bodin and the Monarchomachs' in Denzer (ed), above n 57, 359–378。

公法的基础

的重视。[87] 主权(sovereignty)必然是绝对的和不可分割的,但是博丹也同时指出主权行使者(sovereign)的绝对权威本身也是需要受到相关限制的。限制主要来自两个方面:一方面源自"基本法",因为基本法构建了主权权力体系并确保这一体系得以维系;另一方面源自"自然法",因为自然法明确了主权行使者对待其臣民的基本方式。这一表述似乎是令人费解的,要进一步把握博丹有关绝对权威的观念的重要性,需要进一步澄清这两个方面的限制。

中世纪在使用"基本法"这个概念时,主要用来指称被视为古老宪法的习惯法。[88] 但是,博丹在使用这个概念时,其内涵更为特定。他认为基本法或者说帝国之法(*leges imperii*)主要有两个方面的内容:决定王室继承权的《萨利克法典》(the Salic law);禁止对王室领土进行分割的法律。基本法服务于一个特殊的目的:它们构建并且保存了主权行使者的基本权力架构。博丹认为:"因为涉及王国建立及其维持状况的法律是与王权紧密相关、融合为一体的,任何国王都无权修改它或者诋毁它。"[89]这些基本法并没有对主权行使者施加任何限制:它们是定义主权权力架构的规则。

博丹致力于构建一个永恒的、持续的权力机制。主权行使者当然不能像世袭王权一样任意地将王位授予、传递给任何他中意的人选,但是国王本身也不是由加冕仪式创造的,或者是基于大众

87　Franklin, above n 75, 54:"博丹对王室绝对主义的辩护并不是一个将支持的证据集中在一起,而对相反的解释采取——陈述和反驳的系统论证的过程。在这个论证过程中,辩护的反论点到处被触及,但几乎总是在外围语境中展开。在《国家六论》第一卷第八章中,博丹在处理主权的含义时,简单假定了法国国王的绝对地位,运用了一些令人尴尬的证据进行巧辩。"

88　Otto von Gierke, *The Development of Political Theory* Bernard Freyd (trans) (New York: Norton, 1939), 299 - 361; JW Gough, *Fundamental Law in English Constitutional History* (Oxford: Clarendon Press, 1955), ch 2.

89　Bodin, above n 36, 95.

第二章 公法的诞生

选举而产生的。根据确定的规则构建的继承秩序使得权力架构的永续性得以加强。[90] 与此同时,权力体系的永续性和一贯性也因为防止主权行使者售卖任何皇家地产得以进一步加强。[91] 这些王室享有的权利——公共土地的所有权、租金、罚款、通行费等是为了支付治理成本而存在的,如果这些资金被耗尽,主权权威将在这个过程中被削弱。因此,博丹主张,这些确保王室的持续存在及其资源需求的规则并不触及主权行使者统治的绝对权威问题,基本法是权力构成的一个组成部分,其存在的价值在于确保绝对权威被持续地、永恒地确立。

在此基础上应该如何理解自然法?博丹认为自然法——作为正义行为的基本规范——是作为社会生活的一个特征而出现的。他极其坚定地主张,自然法并没有要求主权行使者承担可以由人民来直接强制其实施的义务。但是,他认可自然法确实对主权行使者施加了某种限制。其中,最为重要的限制源自私有财产权:尽管主权行使者的权力是绝对的,但是专横地、任意地占有私有财产是不允许的。对博丹而言,认识到并承认这一权利是隐含于主权行使者的职责当中的。尽管主权行使者拥有绝对的统治权,但是这种统治权也存在内在的限制。回想一下博丹在《国家六论》中的开场白:"共和国是一个具有共同归属感的合法政府。"[92]政府存在的价值就在于构建公共秩序,这就需要在公共的和私人的之间

90　Bodin, above n 36, 112-113:"我们有一句古老的谚语,国王永远不会死,但他一死,他家族中的下一个男性在加冕之前就开始统治王国,这不是由他父亲的继承权授予他的,而是根据国家的法律授予他的,这样能够防止王国的继承权处于不确定的状态,在一个共和国中,没有什么比无法确定继承人更危险的事情了。"

91　Ibid, 651:"所有君主和国家都认为,这是一条普遍的、不容置疑的法律,即公共财产和收入应该是神圣的、不可剥夺的,无论是通过合同还是法令……这并不仅仅是这个王国所特有的,而是英格兰、西班牙、波兰和匈牙利国王所共有的,这些王国的习俗要求国王发誓不让渡任何王室的财产和收入。"

92　Ibid, Bk 1, ch 1;参见本书第83页。

097

公法的基础

做一个区分。[93] 合法政府的运行是需要"一种统治权"的,但是这种绝对的权力只能是为治理公共生活的目的而存在的。博丹认为,主权行使者当然可以征收、征用私人财产服务于公用,但是公共的需求必须是明显的,而且还必须给予被征收方、被征用方应有的补偿。[94]

来自自然法的另外一个对主权行使者而言构成约束的义务是,对契约及其自身做出的承诺的尊重。[95] 在自然法中,国王是有义务从事正义的行为的,尽管博丹再次强调,这一义务仅仅构成对良知的约束:主权行使者怠于履行这一义务并不因此引发人民享有反抗他的权利。法律与承诺之间存在根本性的区别,承诺是个人性的,法律是超个人的命令。[96] 国王可能具有从事正义的与生俱来的责任,但是在法律上,国王是不可能为非的。国王在多大程度上愿意接受法庭的审判,不是源自法律义务,而是取决于国王决定在多大程度上施展其仁慈。[97]

博丹对主权行使者权威的内涵的系统性阐释是较为激进的。通过剥离和否定那些在中世纪的宪制实践中发展、衍生出来的具有约束特征的对权力的限制,他将公共权力行使的领域完全视为一个行动的自主领域。这一被称为主权的领域,是基于一个享有最高命令权的中心权威所形成和建构的。主权对当时引发宗教内

93　Bodin, above n 36, 110:"当普通人说一切都是国王的,这里的一切要理解为涉及权力和主权,每个人的财产和所有物还是由他自己保留的。塞涅卡(Seneca)也说过同样的话,'*Ad reges potestas omnium pertinet, ad singulos proprietas*'(万物的权力属于国王,财产属于特定的人)。不久之后,他又说,'*Omnia rex imperio possidet singuli dominio*'(掌权的国王拥有一切,但是作为私人的个体,依旧是自己所有物的主人)。"

94　Ibid, 109-110. 博丹将这一论点(有争议地)扩展到税收问题;尽管新征税应该获得同意似乎与他所主张的绝对主义不符,但他认为这类似于没收财产或批准一项公约,参见 ibid, 96-97。进一步研究可参见 Martin Wolfe, 'Jean Bodin on Taxes: The Sovereignty-Tax Paradox' (1968) 83 *Political Science Quarterly*, 268-284。

95　Bodin, above n 36, 106-107.

96　Ibid, 91-92.

97　Ibid, 90.

098

战的真理之争完全不感兴趣。基于主权理念,统治者的作用就是促进国家统一、保持国内和平。要实现这一目标,就必须区分私人和公共事务,同时要将统治者的地位上升到凌驾于一切相互竞争的真理主张之上,并宣布统治者在公共权力空间中享有绝对的权威。[98] 立基于主权观念上的现代国家就在法国宗教内战所提供的各种条件之下得以形成和建立。[99] 在这一过程中,以基本法或者自然法语言所表达出来的对最高统治权行使的限制,就被博丹严格地再定义为构建一个自主的公共行动领域的必备条件。

第四节 主 权 宪 法

在具有开创性的《国家六论》第一卷中,博丹首次尝试去对共和国的国家构成规则进行细化规定,这些规则反映和确定了国家事业的本质:国家事业就是通过实证法对公共领域进行统治,而制定法律的权力被赋予了绝对的权威。这一尝试在当时来讲是一个非常重要的成就,因为它首次勾勒出了主权宪法的基本框架。

博丹非常清楚,这些构成性规则(constitutive rules)仅仅是确立了国家权力结构的基本形态,政权如果要在实践中有效运行,这些构成性规则还应该获得对政治行为构成规范的规范性规则(regulative rules)的补给。因此,在《国家六论》第一卷之外的后续五卷中,博丹详细地论述了国家建设实践的规范性规则。博丹指

---

[98] 参见 Roman Schnur, *Die französsichen Juristen im konfessionellen Bürgerkrieg des 16. Jahrhunderts: Ein Beitrag zur Entstehungsgeschichte des modernen Staates* (Berlin: Dunkler & Humblot, 1962), 16-25.

[99] Ibid, 9:"因此,值得注意的是,最早起源于法国的现代国家诞生于内战。对法律理解而言,非常重要的一点就是,现代公法思想的创造者必须处理内战问题。"

出,尽管主权权威被赋予王位,但是议会和其他公众组织本身构成对主权权威不可或缺的支持和辅助:正义的君主政体必须依靠人民、社群、法人和学术机构来构建其稳固的政权基础。[100] 博丹对主权概念的界定,其重要性并不在于博丹表达了对政府运行的理想状态的期待,他对主权的界定更多地建立在对政府实践的现实状态的总结基础上,在这个意义上,博丹是非常传统和守旧的,[101]他对概念界定的最大贡献或者说其重要性主要体现在他对影响主权的法律规范的处理方式上。

自此,我们可以认为博丹不仅论述了主权的形式逻辑(影响主权的不同法律规范之间的关系),也论述了通过规范框架促进权力生成的条件(强调规范性规则及其实践的重要性)。这两部分都是公法不可或缺的构成要素。博丹是第一个试图将逻辑与实践——理性与历史——统一到一个普遍法理体系中的研究者,这个法理体系试图将国家构建的形式与维系国家运行的现实条件联系起来。博丹不仅关注一种有关统治的正义秩序应该如何建立,也关注和论述那些使主权行使者的统治能力不断增强的实践。

博丹这一方面的论述在美国政治学家斯蒂芬·霍姆斯(Stephen Holmes)那里得到了进一步阐述。霍姆斯指出:"博丹不同寻常的贡献在于,他打破常规地认为,对权力的限制规则能够使权力权威得到增强、权力意志获得授权,以及权力实现的可能性得以扩展。"[102]由于博丹同等地重视对法律理论和政治实践的思考,所以他既能够将传统上对皇室权力的约束再定义为对皇室权力的成功行使必不可少的条件,又能够说明统治者如何同时在实践和

100　Bodin, above n 36, 384.

101　Franklin, above n 75, 102-103.

102　Stephen Holmes, '*The Constitution of Sovereignty in Jean Bodin*' in his *Passions and Constraints: On the Theory of Liberal Democracy* (Chicago: University of Chicago Press, 1995), 100, 110.

第二章 公法的诞生

法律层面上都满足主权行使者的条件。[103] 霍姆斯尤其注意到,博丹由于认识到"当权力的疆域被限缩到恰当的范围时,其权威恰恰得以增强"[104],所以他用一种更为智慧的策略代替了残忍的马基雅维利主义,从而将"自然法"定义为"一切可以有效避免革命的审慎行动原则和箴言"。在 1562—1598 年对法国造成极大破坏的宗教战争背景下,博丹的理念传递了一个尽管看来有些自相矛盾但极其准确的信息:为了确保绝对权威,主权行使者应该在公共与私人之间、国家事务与宗教事务之间进行区分,而且应该积极地推行宗教宽容政策。[105]

在博丹对主权的阐述中,最具争议性的观点就是"主权的不可分割性"。博丹在主权和政府之间做了区分,他指出,主权是权威中心所在地,而政府是主权行使者借以实现其有效统治的机制和制度形式。[106] 主权和权力不能混为一谈:对权力的限制反而会有助于增强主权的权威,绝对权威并不意味着无所不能和不受限制。他的观点被那些没有过多涉足 16 世纪后期法国宗教和政治冲突的法学家进行了系统的阐述。相较博丹和他的胡格诺派对手,这些法学家能够更为清晰地阐述博丹和他的对手对政治法(*droit politique*)的共同理解。在这些法学家中最为重要的就是德裔荷兰法学家约翰内斯·阿尔图修斯。

阿尔图修斯在其于 1603 年出版的著作《政治方法汇纂》

103　Holmes, above n 102, 100, 110.

104　Ibid, 112, 113.

105　参见 Böckenförde, above n 1, 36-37:"当亨利四世依据《萨利克法典》做出承诺并皈依天主教时(1589 年),这并不像表面上看起来的那样——是'真正的宗教'的胜利,而是政治的胜利。亨利的行动是出于国家理性和纯粹的政治常识。正是为了给国家带来最终的和平,一种以其他任何方式都无法实现的和平,并确保君主制的权威,国王改变了他的信仰。在给这个国家带来外部和平后,他做的第一件事是根据 1598 年《南特敕令》(the Edict of Nantes, 1598)为胡格诺派建立合法地位……《南特敕令》是第一次允许一个国家同时存在两种宗教的尝试。"

106　参见本书第 84 页。

101

公法的基础

（*Politica*）中尽管完全认同博丹的"不可分割的主权"的说法，但是却从这一原则中得出了不同的结论。阿尔图修斯指出，博丹在《国家六论》第一卷中事实上区分了王国的主权（第七章）和统治者的主权（第八章），但是这两者谁更为强大？阿尔图修斯指出，答案是显而易见的："更为强大的那一部分应该可以决定其他部分的组成，并且构成其他部分的基础，应该是不朽的，所以更为强大的部分应该是人民。"[107]统治者的正当性其实是比较弱的，其原因是显而易见的：因为这种正当性只有一人享有而且会伴随着其生理死亡而消亡，尤其当我们引用代表性人格的理念时，国王不过是人民的代表，而不是反过来理解——人民代表了国王。阿尔图修斯进一步主张，博丹所称的主权的正当性（*jus majestatis*）也就是王国的正当性（*jus regni*）："这一王国的正当性或者说主权的正当性并不属于某一单独的社会成员，应该归属于社会成员整体，归属于作为一个联合体存在的王国。"[108]主权应该授予和归属于一个"普遍的联合体"（universal association），而不能仅仅由某个特定的成员构成，应该由所有成员共同构成而不是各自构成。总而言之，主权应该授予"人民"（the people）或者作为整体的民族（the nation）。

阿尔图修斯认同博丹提出的"主权是不可分割的、永久性的、绝对的和整体性的"这一观点，在此基础上他进一步主张，主权应

107　Johannes Althusius, *Politica: Politics Methodically Set Forth and Illustrated with Sacred and Profane Examples* [1603] Frederick S Carney (trans and ed) (Indianapolis: Liberty Fund, 1995), 73.

108　Ibid, 70. 值得注意的是，尽管博丹认识到"一位真正的君主的伟大和威严，要在全体人民的财产聚集在一起时才能被人所知"，但他拒绝了"人民的权力高于国王"的论点。尽管如此，他还是做出了不寻常的让步："在一些例外情况下，如国王被俘虏、陷入愤怒、失去理智或处于婴儿期，就需要由人民行使选举权任命一位保护者或助理。"详见 Bodin, above n 36, 95。此外，也可参见 JHM Salmon, *The French Religious Wars in English Political Thought* (Oxford: Clarendon Press, 1959), 47："博丹是将这一条款作为一种例外情况插入的，这显然是事后才想到的，因为它首次出现应该是在 1586 年，包含在后期版本的《国家六论》中，但不包含在早期版本中。"

第二章 公法的诞生

该是被作为整体的共同体所拥有的,因此,主权必须区别于政府。[109] 主权包含的诸多权利可以授权主权拥有者之外的特定主体去行使,这个被授权的主体就因此享有了行使最高的治安管理权的责任。[110] 但是,如果将这种主权的绝对权利授予国王,即使是作为代理人的国王,事实上就是将这种属于共同体整体的权利与个人权利混淆起来。[111]

关于主权的特征及其享有者的争论构成了 17 世纪欧洲宪法话语的主导性内容。但是伴随着法国绝对君主制的出现,那些在16 世纪对国家的理解具有先锋作用的法学家失去了其在政治思想上的引领地位,[112] 这种情况一直到 1789 年大革命旧制度被废除才逐渐地得到改善。[113] 神圣王权支持者和大众主权倡导者之间的冲突和矛盾在一定程度上构成了英国当时宪法危机的导火素。[114]

109　Althusius, above n 107, 71:"这一权力的管理者可以是许多人,因此每个人都可以承担一部分管理职能,但不能承担充分的全部权力。"

110　Ibid.

111　关于这一观点的评价,参见 Gierke, above n 88,其中涉及"阿尔图修斯的一生及其思想研究"部分。

112　丘齐指出:"路易十四统治时期就是公法概念形成的时期,法学家放弃了对所有政治和政府事务的分析,在他们看来,这些分析应该是以对公法领域的把握为基础的。因此,公法在这个阶段持续不断地发展,但受到法学家的直接影响非常小,法学家反而越来越关注庞大而复杂的私法体系。"参见 William F Church, 'The Decline of the French Jurists as Political Theorists, 1660–1789' (1967) 5 *French Historical Studies*, 1–40, esp 5。

113　要了解对包括法国在内的一系列现代早期欧洲政权中绝对主义思想的影响的分析,参见 Miller (ed), above n 58; Perry Anderson, *Lineages of the Absolutist State* (London: Verso, 1985), Pt Ⅰ。

114　关于斯图亚特王朝的主张,参见 James VI and I, *Political Writings* Johann P Somerville (ed) (Cambridge: Cambridge University Press, 1994); Francis Oakley, 'Jacobean Political Theology: The Absolute and Ordinary Powers of the King' (1968) 29 *Journal of the History of Ideas*, 323–346; JP Somerville, 'James I and the Divine Right of Kings: English Politics and Continental Theory' in Linda Levy Peck (ed), *The Mental World of the Jacobean Court* (Cambridge: Cambridge University Press, 1991), ch 4; Glenn Burgess, *Absolute Monarchy and the Stuart Constitution* (New Haven, CT: Yale University Press, 1996)。相关神学基础,参见 Francis Oakley, （转下页）

103

公法的基础

德国学者围绕博丹在使用最高权力(*majestas*)[115] 这个概念上的模糊性展开了全面讨论,在此基础上提出了存在"双重主权"(double sovereignty)的主张,双重主权包括赋予统治者的个人化最高权力(*majestas personalis*)和由人民所享有的真正最高权力(*majestas realis*)。[116] 他们想要通过这一区分能够有效地将对立的法国学派的主张融合起来。[117] 现实中特定政权的变革过程更为复杂,但是恰恰是通过这些变革,现代宪法话语的基础概念,即在"制宪权"(constituent power)和"宪定性权力"(constituted power)之间的重要区分得以出现了。[118]

(接上页) 'The Absolute and Ordained Power of God and King in the Sixteenth and Seventeenth Centuries: Philosophy, Science, Politics, and Law' (1998) 59 *Journal of the History of Ideas*, 669 - 690。关于大众主权概念的出现,参见 ES Morgan, *Inventing the People: The Rise of Popular Sovereignty in England and America* (New York: Norton, 1989)。对概况的了解,参见 Martin Loughlin, 'Constituent Power Subverted: From English Constitutional Argument to British Constitutional Practice' in Martin Loughlin and Neil Walker (eds), *The Paradox of Constitutionalism: Constituent Power and Constitutional Form* (Oxford: Oxford University Press, 2007), 27-48, esp 28-38。

115 虽然博丹通常使用"*majestas*"作为主权的同义词,但他也使用它来表示行使主权的人所拥有的君权。博丹说:"用 *Majesty* 这个词来指代共和国的主权掌舵者,是非常恰当的。"详见 Bodin, above n 36, 157-158。

116 参见 Otto von Gierke, *Natural Law and the Theory of Society*, *1500 to 1800* Ernest Barker (trans) (Cambridge: Cambridge University Press, 1934), vol 1, 54-58; Salmon, above n 108, 50 - 54。萨尔蒙(JHM Salmon)在书中分析了以下著作: Christopher Besold, *Dissertatio politico-juridica de majestate in genere* (1625); Henning Arnisaeus, *De Jure Majestatis* (1635); Johannes Limnaeus, *Notitiae Regni Franciae* (1655)。

117 这里与中世纪宣称的王权加共和的混合政体(参见本书第一章,第49、63页)的主张的相似之处是显而易见的。参见 Francis D Wormuth, *The Origins of Modern Constitutionalism* (New York: Harpers, 1949), ch 5。

118 George Lawson, *Politica Sacra et Civilis* [1660] Conal Condren (ed) (Cambridge: Cambridge University Press, 1992); Emmanuel-Joseph Sieyès, 'What is the third estate?' [1789] in his *Political Writings* Michael Sonenscher (ed) (Indianapolis: Hackett, 2003), 92-140. 进一步了解,参见 Loughlin and Walker (eds), above n 144。还可比较富兰克林对巴扎的研究,参见 Franklin (ed), above n 72, 97-135。

104

我们的目的不是要具体地描述这个转型的过程,而是要强调这里发生的根本变化。(主权)绝对主义是欧洲思想的现代化运动的核心特征,是一种具有创造性的意识形态。绝对主义构建了公共领域尤其是主权领域得以产生的基础,从而为思考人类世界提供了一种独特的和自主的方式。[119] 绝对主义是现代公法概念得以锻造的熔炉,博丹在其中发挥了极其关键的作用。正如富兰克林认识到的:"博丹提供的关于最高权力的准确定义、对其范围的划定,以及对其在逻辑上所享有的功能的分析,使得公法成为一门科学的学科。"[120] 尽管博丹描述的绝对权力常常由一个单独的角色——主权行使者所表征和行使,但是他所享有的责任和权利却构建了一个精致的统治机制。这一主权行使者享有不可分割的、永恒的和绝对的权力,他个人的性格特征会完全隐匿在其作为人民代表者、主权代表者的背后。伴随着这一作为绝对主权行使者的代表机制的出现,中世纪的秩序转向了现代国家的抽象体系。

第五节　现代自然法:主观权利、安全与社会性

17 世纪,公法形成需具备的最后一个要素是在格劳秀斯、霍布斯和普芬道夫试图对博丹的思想进行合理化论述的过程中产生的。这些思想家写作的核心目的是阐述绝对权威是如何与自然法

119　JN Figgis, *The Divine Right of Kings* (Cambridge: Cambridge University Press, 2nd edn, 1922), 237: "神圣权利其实就是主权理论的一种大众流行的表达方式。"

120　Jean Bodin, *On Sovereignty: Four Chapters from the Six Books of the Commonwealth* Julian H Franklin (ed and trans) (Cambridge: Cambridge University Press, 1992), xii.

公法的基础

之间相互兼容的。他们从胡格诺派那里采纳了初始社会契约(an original contract)的观念,以此来说明人民主动赋予统治者一种不受限制的权力。但是,与此同时,他们也主张,这使得国家必然会意识到其存立的主要目的就是保护人民的安全和健康,必须承认臣民的个人权利。

这些法学家力图与中世纪的世界观之间划清界限,因此,他们发展了一种关于自然法的现代理论。[121] 以"人生而平等"的原则作为开端,他们彻底摧毁了残留的等级原则。他们将权利视为个体主观拥有的产物,而不是事物的客观状态,从而彻底地改变了罗马法和托马斯主义中的权利(*jus*)概念。为了重构权威与权利之间的关系,他们全面发展了个人主义和契约主义基础上的主权理论,承认主权行使者享有绝对的权威。他们进一步指出,由于创世者是理性的上帝,他受到理性的支配和制约,因此,自然法就不是上帝神圣意志的体现,而是正当理性的指令(*dictatum rectae rationis*)。这些法学家通过将上帝的个人意志和感受从世界的运行中排除出去,用一种以人类为中心的人本主义的自然法思想代替了以神权为中心的自然法思想。

这一转变彻底改变了对政治法的现代理解:关于政府的合法形式问题不再是仅仅依靠继承逻辑就可以解决的问题,而是彻底地依靠科学回答的问题;政治权力被揭示为建立在主观权利(subjective right)基础上,以及是从主权概念中产生的;政治义务是作为人民同意的结果产生的。

这一世俗化、理性化的自然法观念主要由荷兰法学家胡果·格劳秀斯系统阐述。格劳秀斯在《战争与和平法》(*The Rights of War and Peace*)中系统阐述了相关的观点,他在书的导言部分刻

121　Richard Tuck, 'The "Modern" School of Natural Law' in Pagden (ed), above n 3, 99–122; Knud Haakonssen, *Natural Law and Moral Philosophy from Grotius to the Scottish Enlightenment* (Cambridge: Cambridge University Press, 1996).

106

画了关于自然法观念的核心要素。他通过批判罗马法的追随者，认同法国法学家的历史主义取向，[122] 首先承认人类都受到自利性（self-interest）的驱使。正如人类有能力评估其快乐与痛苦，无论是眼前的还是未来的，他们也有能力评估自己的特定利益，但是由于人类都是社会动物，这一问题就变得复杂起来，尽管如此，自然法的内涵还是可以从人类的基本品质中总结出来。自然法是有助于我们利益的实现的，人生而具有自然权利，享有自然权利赋予个体的特权。但是基于人的社会性（sociability）考虑，自然法要求人们在享有权利的同时，必须履行保持社会和平的义务。尽管只要我们尊重其他人的权利，这一社会和平的条件就因此而具备了，但是这并不意味着权利是绝对的、完全不受限制的：无论是正当理性还是社会本质都不意味着禁止所有类型的人类暴力，除非是那些为社会所厌恶、被定为反常的暴力才会被禁止。[123] 只有那些与公共利益相悖的暴力，才被视为对他人权利的不当侵害。

格劳秀斯对自然法有些激进的定位，彻底地摒弃了上帝在自然法中的中介地位。鉴于自然法必须通过对人类本性的科学知晓才有可能被揭示，自然法成为一种逻辑推理的产物。当时，格劳秀斯甚至有些冒天下之大不韪地宣称："即使上帝不存在（似乎只有足够邪恶，我们才可以做这样的假设），或者说人类事务与上帝无关，这些自然法依旧存在。"[124] 为了更好地把握格劳秀斯这一创举的重要性，必须要进一步地理解格劳秀斯是如何定义权利、法律、权威（权力）和主权的。

122　Hugo Grotius, *The Rights of War and Peace* [1625] Richard Tuck（ed）(Indianapolis：Liberty Fund, 2005), vol 3, 1760-1761："法国人试图在法律研究中融入历史的视角，这里取得最为突出成就的是波狄诺斯（Bodinus）和霍托马努斯（Hottomanus）……他们的主张和观点被证明对这一探索是非常有益的。"

123　Ibid, vol 1, 184.

124　Ibid, vol 3, 1748.

公法的基础

对格劳秀斯而言,自然权利是人与生俱来的。正如努德·哈康森(Knud Haakonssen)指出的,这一有关于权利(*ius*)概念的变革是现代政治理论中个人主义得以产生的重要基石,自此,权利不再是一个由法律来决定的客观状况,而是每一个人天生就拥有的。这就使"人类生活其实就是各种相互竞争的权利的行使状况"的观念呼之欲出。[125] 由于权利是人天生就拥有的,法律的任务就在于规范和限制这些权利能够被恰当行使的方式。政治法就意味着禁止人与人之间的相互觊觎和剥夺,确保彼此之间的相互尊重和义务的履行。[126] 既然如此,国家就有权力限制权利的滥用,确保公共和平和良善秩序。[127] 尽管理查德·塔克(Richard Tuck)不无正确地指出:"《战争与和平法》事实上是第一本围绕权利展开的再建构法律体系的著作,并没有涉及太多与法律本身有关的内容。"[128] 但是,还是应该注意到,对格劳秀斯而言,国家所享有的限制权利的权力应该是绝对的,"否则的话,它根本无法实现设定的目标(比如社会和平)"。尤其重要的是,臣民不享有任何(针对国家的)抵抗权,因为"一旦赋予公民这一会引发混乱的抵抗权,国家就不复存在,只剩下一群毫无凝聚力的乌合之众"。[129]

格劳秀斯描述了一种关于绝对主权的契约理论。政府的权威可能是通过多种方式获取的,但是,最为基本的渊源是臣民的广泛同意。这是因为,世俗权力就是一种"统治国家的……道德权力",以及本质上是一种公共权力。[130] 主权权利只有在实现了社会和平

125　Knud Haakonssen, 'Hugo Grotius and the History of Political Thought' (1985) 13 *Political Theory*, 239–265, 240.

126　Grotius, above n 122, vol 3, 1748.

127　Ibid, vol 1, 138.

128　Richard Tuck, *Natural Rights Theories: Their Origin and Development* (Cambridge: Cambridge University Press, 1979), 66.

129　Grotius, above n 122, vol 1, 138–139.

130　Ibid, 257, 259.

第二章　公法的诞生

的最终目的时才得以出现,主权行使者的权威是无限的、最高的,
主权行使者之外不存在其他权力来源。[131]

随后,格劳秀斯抛出了一个更为根本的问题:"作为主权行使
者,他对其臣民而言意味着什么。"[132] 他并不同意"主权在民"的说
法。[133] 但是他也不认为主权掌握在统治者手中。在他看来,只有
在人民和统治者融合在一起,作为一个独立的政治实体存在时,主
权才会显现。格劳秀斯用一个关于视觉的类比来解释这一错综复
杂的主权观念:"视觉一般被认为是依附身体而存在的,但事实上,
视觉是基于身体上的一个部位——眼睛而存在的。"同样,一般认
为,"最高权力是依附国家而存在的",但事实上,这一权力是由统
治者掌控的,"依据每个民族的法律和习俗的差异,统治者可能是
一个人或多个人"。[134] 博丹对主权的定义似乎更为模糊——主权
就是对公民享有的绝对的和永恒的权力。[135] 格劳秀斯对主权的定
义似乎更为平实,主权就是一个政治共同体中制度化权力的总
称。[136] 概念的人为转化意味着主权不再是外在的,而是内在于国
家这一政治实体内部的,通过法律和习惯被赋予某一组织中心。
但是,这一概念本身代表了将政治体团结在一起的内在必要性。

对格劳秀斯而言,主权是绝对的和不可分割的。但是和博
丹一样,他在主权宪法(the constitution of sovereignty)与政府
宪法(the constitution of government)之间做了区分。虽然主权
是不可分割的,但是它可以与任何类型的政府形式相兼容,无

131　Grotius, above n 122, vol 1, 259.

132　Ibid.

133　Ibid, vol 1, 260:"在这里,我们必须首先拒绝他们的意见,他们认为,最高权
力将毫无例外地保留在人民手中。"

134　Ibid, 259-260.

135　Bodin, above n 36, 84;还可参见本书第 91 页。

136　同时可以参考本书第四章第四节中斯宾诺莎对 *potestas* 和 *potentia* 所做的
区分。

109

公法的基础

论是君主制、贵族制还是民主制。[137] 政府的宪法形式这一问题应该与主权之间存在清楚的概念区分。主权是一个法律概念，彰显的是国家作为一种客观、独立的法律-政治秩序所享有的自主权。

格劳秀斯的著作可以被视为博丹著作的一种延续和扩展，尤其是从对公共权力领域的基本法所做的历史性和经验性的阐释角度来看。尽管与博丹之间存在一些差异，格劳秀斯将一切论述都建立在主张自然权利的基础上，他的经验主义方法还是使他更认同一种趋势，将道德世界视为根据个体对自然权利的追求展开的一种持续的、开放性的调试。[138] 与此相匹配，自然权利被视为基于特定历史阶段的产物，它不是永恒不变的、完全由上帝给定的。此外，由于吸收了胡格诺派的契约观念，格劳秀斯得以在一个更为宽泛和深入的基础上主张主权的绝对主义。格劳秀斯认为，主权并不是归属于某一个特定的主体，而是在构建政治世界过程中产生的权力的呈现。在借助于经验主义的方法发掘自然法的过程中，他将神学问题彻底地从实践中排除了，完全采用法律的视角解释和描述政府秩序。

尽管《战争与和平法》包含了随后出现的政治理论的雏形，但是，正如理查德·塔克所表明的："在现实世界中，人类文明的进一步发展使社会性原则受到激烈的批判，尽管这一原则对格劳秀斯而言是如此重要。"[139] 这些批判在托马斯·霍布斯和萨缪尔·普芬道夫（Samuel Pufendorf）的著作中得到了非常清晰的表达。

霍布斯对格劳秀斯的分析做了一种激进的转变，他提供了一种替代性的关于战争与和平原因的思考和解释。霍布斯一切讨论

137　Grotius, above n 122, vol 1, 260–285.

138　Haakonssen, above n 125, 251.

139　Tuck, above n 128, 80.

110

的前提在于主张,人在自然状态下的生活是受到激情的主导的,在此基础上,霍布斯直接挑战了格劳秀斯主张的"人天然具有社会性"的观点。对霍布斯而言,由于人生而自由和平等,这就导致自然状态的生活始终是充满了各种各样冲突的,是一种不折不扣的"一切人反对一切人"的战争状态。由于在对权力的追求以及对和平的渴望之间摇摆不定,自然状态下的人类处于一种"持续的恐惧和随时可能因为暴力冲突而死亡的危险之中"[140]。他最著名的对自然状态下的人类境况的描述就是:"孤独的、贫困的、龌龊的、粗野残忍的和生命短暂的。"[141]

在《利维坦》(Leviathan)中,霍布斯主张,唯一能够确保和平、安全和秩序的方法就是每一个人通过一份盟约,放弃他们的一部分自然权利,将其上交给一个拥有强制性权力的权威,通过这个权威垄断性地行使暴力,以惩罚为威胁,才能够确保人们遵守承诺并且服从统治。这就是一个国家建立的过程,国家的建立要求将制定法律的绝对权力赋予主权行使者这个职位。霍布斯认为:"所谓法律,其实就是共和国中人为造就的主权行使者的理性的体现,正是这个主权行使者的命令本身,使法律得以产生。"[142] 作为最高的法律制定者,主权行使者有权决定什么是对与错,什么是正义与非正义,而且由于人自身是不能约束自我的,因为这样约束权和释放权都在同一个人手中,[143] 因此,主权行使者本身也不能受到法律的约束,因为其就是法律的制定者。主权行使者就是"世俗世界的上帝"(Mortal God),由于其本身就是"人为"(by Art)创造的,因此在任何意义上,神圣上帝的权威都不构成主权行使者的权力来

140　Thomas Hobbes, *Leviathan* ［1651］ Richard Tuck （ed） （Cambridge: Cambridge University Press, 1996）, 88.

141　Ibid, 89.

142　Ibid, 187.

143　Ibid, 184.

源。[144] 在这里,霍布斯与传统社会强调的美德和邪恶之间做了一个告别——将正确与错误的道德主张完全转化为和平与战争的政治诉求。[145]

霍布斯的观点毫无疑问受到其所生活的政治环境的影响。他写作的背景就是英国自 1640 年开始的内战。[146] 他充分注意到清教徒和独立派(Independents)受到圣恩(divine grace)鼓励所表达的有关诉求具有的潜在破坏力。被霍布斯称为非宗教性概念的"观念"(opinion)指的就是这些清教徒和独立派所主张的信仰,这些信仰将"良知"(conscience)仅仅视为私人的、主观的认知。[147] 在《论公民》(De Cive)中,霍布斯将损害国家权威的原因更多地聚焦于那些"对和平不利的教义和激情",尤其是那些灌输给人们"有关善与恶的知识完全是个人选择"的教义和激情。[148] 在霍布斯看来,这是极其危险的教义,因为公共领域的对错应该是由统治者决定的:"统治者制定的成文法应该是决定善与恶、正义与非正义、值得尊重与应该被唾弃的基本规则。"[149] 他指出,当个体主张自己是有关善恶常识的决定者时,这个个体其实彰显了自己想要做国王的野心,在这样的状况下,国家的稳定就受到了威胁。[150] 当这些人试图通过神圣的恩典从神学视角为自己辩护时,霍布斯认为,这只是他们激情的一种表达。德国概念史大家莱茵哈特·科塞勒克指

---

144 Hobbes, above n 140, 120, 9.

145 莱茵哈德·科塞勒克(Reinhart Koselleck)指出:"建立一个国家的需要将善与恶的道德选择转变为和平与战争的政治选择。"详见 Reinhart Koselleck, *Critique and Crisis: Enlightenment and the Pathogenesis of Modern Society* (Cambridge, MA: MIT Press, 1988), 25。

146 参见 Richard Tuck, *Philosophy and Government*, *1572–1651* (Cambridge: Cambridge University Press, 1993), chs 6 and 7。

147 Hobbes, above n 140, ch 7.

148 Thomas Hobbes, *On the Citizen* [1647] Richard Tuck and Michael Silverthorne (eds) (Cambridge: Cambridge University Press, 1993), 131.

149 Ibid, 132.

150 Ibid.

出,通过对比,霍布斯展现了一种超宗教的、超党派的立场。[151]

理查德·塔克认为,在 17 世纪的学者当中,尽管格劳秀斯是最具原创性的学者,但是霍布斯比他那个时代任何一位哲学家都更深刻地认识到相对主义(relativism)引发的议题,这种深刻甚至可以超越任何一个时代的哲学家。因此,霍布斯依旧是对现代政治体制具有奠基意义的哲学家。[152] 霍布斯展现了一个国家的威权形象,将法律定义为主权行使者的命令:是权威,而非真理,决定法律是什么样的(*Auctoritas*, *non veritas facit legem*)。[153] 同时,他的理论呈现了一个矛盾的问题:国家是作为契约的结果出现的,但是一旦建立后,国家又将自己作为一个自主的形式来对待。在霍布斯看来,国家建立在契约基础上,这是源自道德命令,但是国家一旦建立,任何人的个人道德主张就可以被任意的公共理由(比如政治的理由)推翻。专制国家的形式既被视为一个理性的必然产物,又被视为经验现实的必然结果。

霍布斯笔下的统治者享有的绝对权威并不属于主权行使者个人,主权行使者只是因为占据一个维护公共秩序、推进共同善(the common good)的公职而享有这一权威。尽管并不存在不正义的法律(unjust law),但是,霍布斯承认,"非必要的法律就不是好的法律"。[154] 主权行使者只应该颁布那些对维护和平,以及确保公民在不受主权行使者命令支配的领域内自由选择其所期待的生活而言必要的规则。这一对立法的限制在涉及宗教问题时,显得非常重要和特殊,因此,霍布斯在《利维坦》中用了几乎一半篇幅在讨论这个问题。霍布斯主张,只有教会被放置在国家的控制之下时,宗

151　Koselleck, above n 145, 27.

152　Tuck, above n 146, xvii.

153　Thomas Hobbes, *A Dialogue between a Philosopher and a Student of the Common Laws of England* [1681] Joseph Cropsey (ed) (Chicago: University of Chicago Press, 1971), 55.

154　Hobbes, above n 140, 240.

教宽容——尤其是私人信仰层面——才真正可能获得实现。过去基于某些谬误,天主教会获得了很多世俗的权力。[155] 尽管经过宗教改革,"特定的教会已经放弃了这种由教皇享有的普遍权力",但是,这在霍布斯看来还是不够的,他认为宗教改革还需要进入下一个阶段即"英格兰所有具有世俗权力的政治性教会应该被解散"。[156]只有我们回归到像原始基督教徒一样,根据自己的喜好追随保罗(Paul)、矶法(Cephas)、阿波罗(Apollos),才能清楚地区分个人的良知(private conscience)与他们的公共责任(public obligation)。[157]霍布斯认为:"不可能存在凌驾于人类良知之上的权力。"[158] 而这一目标必须要在宗教信仰问题完全被排除在世俗权力之外的前提下,才有可能实现。

塔克在总结霍布斯的现代自然法研究时指出,这种自然法的研究方法首先在荷兰和英国出现,而不是法国,绝对不是偶然,因为恰恰是在17世纪的前50年,荷兰和英国的国家权力受到了宗教教条主义的威胁和损害。他进一步指出,这也就能解释,为什么这两国的学者会通过寻求强权的(我们一般称之为非自由主义的)国家来保护人们的思想自由,防止人们受到教会错误的或者教条主义的哲学家的侵害。[159] 塔克还进一步解释了为什么现代自然法的观念会在17世纪的后半期风靡德国。1618—1648年的三十年战争使德意志帝国四分五裂:神圣罗马帝国作为一个统一的政治实体变得四分五裂,"德意志的"(Germany)仅仅用来指称一个由

155　Hobbes, above n 140, 480:"从罗马主教以继承圣·彼得的名义获得全体主教承认那一刻起,他们的整个等级制度,或者说黑暗王国,几乎可以与精灵王国相比较……教皇职位正是已故罗马帝国的幽灵,坐在其坟墓上加冕:在这个意义上,教皇职位是从那异教势力的废墟中突然出现的。"

156　Ibid, 475, 479.

157　Ibid, 479. 霍布斯还警示:"不仅仅是罗马神职人员自称上帝的王国属于这个世界,从而主张在这个世界上拥有一种不同于世俗国家的权力。"(at 482)

158　Ibid, 480.

159　Tuck, above n 121, 118.

114

分裂的 360 多个公国构成的地理概念,所谓的帝国也不过是一种法律拟制的身份。在这样的环境之下,传统帝国的宪制理念受到两条战线的挑战:一条战线是完全直面现实,主要关注在这块领土上每一个公国的主权行使者的权力;[160] 另外一条战线由著名的学者萨缪尔·普芬道夫和德国"启蒙运动之父"克里斯蒂安·托马修斯(Christian Thomasius)引领,他们将现代自然法观念塑造为建立在国家主权基础上的世俗的、有关公民的哲学。在这些世俗哲学的核心观念中,现代公法的基本要素得以形成。公法——作为彰显国家正义秩序的国家法(*Staatsrecht*)就在德意志帝国解体的重要时刻形成了。

在公法形成的过程中,继格劳秀斯和霍布斯之后,最为核心的学者角色就是普芬道夫。基于宗教战争所带来的破坏性,普芬道夫就德国宪法发展出一种新的分析。在他的著作《论德意志帝国的宪法》(*Die Verfassung des deutschen Reiches*, 1667)一书中,普芬道夫激烈地批判了德国宪法学者秉持的经院哲学。普芬道夫指出,由于他们忽略了对现实中政治基本关系的分析,因此,他们没有意识到,自 1648 年《威斯特伐利亚和约》(the Peace of Westphalia of 1648)签订以来,德意志帝国变成了一个"非常规性的政治体,更像一

---

160 在这一群体中最突出的是亨宁·阿尼塞乌斯(Henning Arnisaeus)和赫尔曼·康林(Hermann Conring),他们发展了一种"政治亚里士多德主义",参见 Horst Drietzel, *Protestantischer Aristotelismus und absoluter Staat: Die 'Politica' der Henning Arnisaeus (ca. 1575–1636)* (Wiesbaden: Franz Steiner, 1970)。康林是一位杰出的德国宪法历史学家,他指出,罗马法直到 15 世纪才传入德国,但他的成名主要是因为促进了基于经验主义和历史主义导向的公法和政治科学概念。康林认为自然法和实证法之间必须保持明确的分离,并称:"任何国家的所有公法都只是实证法。公共效用是公法的本质,私人效用是私法的本质。"[转引自 TJ Hochstrasser, *Natural Law Theories in the Early Enlightenment* (Cambridge: Cambridge University Press, 2000), 48。]对康林来说,所有人类行为的一般原则都必须"从对所考虑国家的历史和当代政治的详细观察中产生"(转引自 Hochtrasser, ibid, 49)。进一步可参见 Michael Stolleis (ed), *Hermann Conring (1606–1681): Beiträge zu Leben und Werk* (Berlin: Historische Forschungen, 1983)。

115

头野兽"。[161] 依据君主制、贵族制或民主制的宪法形式标准,帝国的结构无法归入某一类,而相较由领土国家(the territorial states)构成的、作为主权国家联合的邦联(a confederation of sovereign states)而言,其权力又是很广泛的。到底应该如何去对待这一权力模式,是不存在显而易见的答案的。尽管现在大家都接受了邦联的形式,但是,事实上,哈布斯堡家族(Habsburg)所享有的权力范围使得这一邦联形式所欲达成的权力平衡方案是根本不可行的。

普芬道夫的著作主要专注于倡导承认领土国家的最高权威。在他的主要著作《论自然法和万民法》(*De jure naturae et gentium*)中,普芬道夫首先继承了格劳秀斯提出的强调人的社会交往本能的社会性原则,但是他主要是通过霍布斯提出的"人在自然状态下主要是受到其激情的支配"的观点来映射这一主张的。普芬道夫认为,对所有人的理性利益最大化而言,最有效的方法就是认可社会性原则。[162] 与此同时,他进一步指出,霍布斯提出的社会原始契约的理论具有不完整性。他认为,国家所享有的绝对主权和作为统治者(政府)所享有的受到相关条件约束的权力之间,是完全可以兼容的。他还认为,国家的奠基并不仅仅是一个独立的契约(a single pact),而应该由两个合约(two covenants)和一个敕令(a decree)决定:第一个合约建立了国家或者民族这一政治联合(这个合约被视为国家的宪法),第二个合约确立了政府形式的权威(这个合约视为政府的宪法),敕令的功能在于宣布宪法是作为一种特殊形式的实证法存在的。[163]

---

161 Samuel Pufendorf [Severinus de Monzambano], *Die Verfassung des deutschen Reiches* [1667] Horst Denzer (ed) (Frankfurt am Main: Insel, 1994), 198–199.

162 关于普芬道夫的研究方法,参见 Istvan Hont, 'The languages of sociability and commerce: Samuel Pufendorf and the theoretical foundations of the "four-stages" theory' in Pagden (ed), above n 3, 253–276.

163 Samuel Pufendorf, *De jure naturae et gentium* [1672] *On the Law of Nature and Nations* CH and WA Oldfather (trans) (Oxford: Clarendon Press, 1934), vol II, 2–3.

第二章 公法的诞生

这一论点所产生的影响在于：虽然人民组成了政治联合体，但是他们从来都不因此享有最高的权威、最终的权力。通过这一巧妙的论述技巧，普芬道夫否认了"人民享有主权，并最终将主权委托给统治者行使"的主张。世俗的权力因此可以宣称自己享有绝对的最高权威。但是，普芬道夫也承认，这一主权会基于其权力本质受到相关条件的约束："他所享有的最高主权不能被理解为能够将一切事务都转变为意志的主观产物，而是那些能够被清醒的理性识别出的、对最终目的有效的和有意义的行为。"[164] 在这里，普芬道夫继承了格劳秀斯的基本观点，即，主权是基于制度性统治的建立的产物。尽管他也认可霍布斯在谈到人天生的自利时所主张的唯意志论（voluntarism），但是他比霍布斯更为清晰地阐释了国家存立的目的，即保护个体的自然权利。权威（权力）和权利成为主权这一概念的两个有机组成部分。

鉴于自然状态下的人的激情会损害其社会参与的能力，普芬道夫给出的解决方案就是确立一种主权行使者的权力，这种权力使社会性的规则以实证法的形式被采用。他的分析法就在有关自然法的新经院哲学派理论之外，为我们理解国家提供了一种新的理论、一种新的选择。在新经院哲学派看来，政府代表的是一种道德秩序。[165] 普芬道夫的观点完全是去神圣化的：它将自然法与形而上学的正义观、善的观念割裂开来，从不断演变的世俗民事关系

164　Samuel Pufendorf, *De jure naturae et gentium* [1672] *On the Law of Nature and Nations* CH and WA Oldfather (trans) (Oxford: Clarendon Press, 1934), vol II, 1012.

165　参见 Thomas Behme, 'Pufendorf's doctrine of sovereignty and its natural law foundations' in Ian Hunter and David Saunders (eds), *Natural Law and Civil Sovereignty* (London: Palgrave Macmillan, 2002), 43-58。

117

公法的基础

中内在地衍生出自然法的规则。[166] 在他的经验体系中,自然法被限制在"此生的轨道中",[167]自然法构成了公法基本观念的主要来源。在伊恩·亨特(Ian Hunter)看来,"通过将亚里士多德式的关于人的理性和社会存在的人类学替换为一个伊壁鸠鲁式的关于人是一个由激情驱动的自我毁灭的存在的概念,并通过使用一个唯意志论的信仰将关于正义的神学理性概念排除在世俗领域之外,世俗哲学家无论是从字面上(霍布斯)还是实际上(普芬道夫)都将自然法与世俗主权行使者的命令之间联系了起来"[168]。

普芬道夫最为重要的目标是在现实中区分公共领域和私人领域。他指出,前者是有关伦理和政治的领域,世俗政府在这里主要追求的目标的是确保社会和平;后者则是超验真理的领域,追求救赎的宗教信仰世界。面对国家之间、宗教团体之间的战争,普芬道夫认为,能够确保国家主权的唯一方式就是使终极真理的问题回归私人领域。[169] 在一项关于宗教与世俗领域关系的权威性研究

---

166 里奥纳德·克律格(Leonard Krieger)指出:"[对普芬道夫来说]合法性(*ius*),即权威和服从的标准,是由政治关系的功能决定的,这个功能指代的就是相互安全,这是'制度化建构起来的市民社会的最终目标'。"参见 Leonard Krieger, *The Politics of Discretion: Pufendorf and the Acceptance of Natural Law* (Chicago: University of Chicago Press, 1965), 135。

167 Samuel Pufendorf, *On the Duty of Man and Citizen According to Natural Law* [1673] Michael Silverthorne (trans) James Tully (ed) (Cambridge: Cambridge University Press, 1991), Preface. 参见 David Saunders, '"Within the orbit of this life": Samuel Pufendorf and the Autonomy of Law' (2002) 23 *Cardozo Law Review*, 2173-2198。

168 Ian Hunter, *Rival Enlightenments: Civil and Metaphysical Philosophy in Early Modern Germany* (Cambridge: Cambridge University Press, 2001), 27.

169 可以参见 1648 年《威斯特伐利亚和约》的相关条款,这些条款进一步确认了 1555 年《奥格斯堡和约》确立的中心原则,即宗教事项依旧在统治者的管辖权范围内,同时确保统治者有权建立一种宗教信仰的形式(《威斯特伐利亚和约》的原文是 "*nullique statui ius, quod ipsi ratione territrii et superioritatis in negotio religionis competit, impediri oportere*",见 *Instrumenta Pacis Westphalicae*, V-30)。这些条款从而引发了德国特殊的国教立法(*Staatskirchenrechts*)实践,参见 Martin Heckel, 'Zur Entwicklung des deutschen Staatskirchenrechts von der Reformation bis zur Schwelle der Weimarer Verfassung' in Heckel, *Gesammelte Schriften: Staat, Kirche, Recht, Geschichte* (Tübingen: JCB Mohr, 1989), 366-401。

118

中,普芬道夫表明,宗教体现的是个人与上帝之间的联系,个体并没有将这项自然的自由授权给主权行使者,"世俗政府的出现也与宗教之间没有直接的关联",世俗政府存立的正当性仅仅在于维持"共同体的安全",因此,主权行使者有义务尊重个体的宗教自由。[170]

　　这一有关公私领域的划分理论以及有关宗教自由的主题被普芬道夫的信徒克里斯蒂安·托马修斯所继承。他进一步强调了普芬道夫和霍布斯主张的,宗教宽容的原则与绝对主权行使者权力原则相伴生。[171] 在确定自身主张之前,托马修斯尝试了许多在这一时期的法学发展中诸多被检视的理念,从批判罗马法的不当影响[172]到将自然状态视为构建统治者权力的正当性基础[173]。在进一

170　Samuel Pufendorf, *On the Nature and Qualification of Religion in Reference to Civil Society* [1687] Jodocus Crull (trans) Simone Zurbuchen (ed) (Indianapolis: Liberty Fund, 2002), §§2-7.

171　参见 Christian Thomasius, *Essays on Church, State, and Politics* [c1695-1725] Ian Hunter, Thomas Ahnert, and Frank Grunert (trans and eds) (Indianapolis: Liberty Fund, 2007); Peter Schröder, 'Thomas Hobbes, Christian Thomasius and the Seventeenth Century Debate on the Church and State' (1997) 23 *History of European Ideas*, 59-79。同时可参见 Ian Hunter, *The Secularisation of the Confessional State: The Political Thought of Christian Thomasius* (Cambridge: Cambridge University Press, 2007), ch 4。这本书解释了托马修斯的"不可能存在宗教自由的主观权利"的论点:"托马修斯认为,权利只属于君主和臣民的政治人格,即国家和公民,这些权利作为严格的法律分类出现在君主颁布的法律中,以维护国家的国内和平和外部安全。个人在其宗教人格中不是权利的主体,因为权利只涉及外部行为的法律规范。"(at 136)

172　Christian Thomasius, 'On the History of Natural Law until Grotius' in Thomasius, above n 171, 1, esp 29-31 (这一部分讨论了霍特曼和博丹对罗马法的处理)。

173　参见 Christian Thomasius, *Institutiones jurisprudentiae divinae* [1688] (Aalen: Scientia Verlag, 1963), lib. Ⅲ, cap. 6, para 12。弗雷德里克·M. 伯纳德 (Frederick M Barnard)提供了托马修斯观点的梗概:"在对自然状态下的人的描述中,托马修斯几乎描绘了一个与霍布斯完全相反的人的形象,他的描述与格劳秀斯提出的人具有本能的社会欲望的假设也不一致。托马修斯认为,处于自然状态的人既不是群居动物,也不是狂暴的狼(*lupus*)。他是一个软弱、孤僻、孤独的人,总是害怕灾难,出于邪恶的意志,他倾向于从生活中得到的稀缺的东西中分得更多。虽然他意识到一条内在的法律,要求他尊重他人的权利,但他同时也意识到它的权威和强制力不足。他是矛盾冲动的受害者,对自己和他人都是一种危险,因此,相互的恐惧和不信任是 (**转下页**)

公法的基础

步主张普芬道夫的政府权力与个人权利的关系理念时,托马修斯在个人主义和绝对主义之间做了区分,他指出,个人主义在道德领域占据主导,绝对主义在政治和法律领域占据主导。在追求世俗化的问题上,托马修斯走得更远,他指出,作为国家科学的经济和政治应该具备在大学中被教授的正当性,以及独特的正当性基础和逻辑。而作为消除中世纪经院哲学影响的法学教育,应该完全借助世俗化的语言被教授和书写。[174]

托马修斯的主张为公共领域的自主观念提供了制度基础,公共领域建立在绝对国家主权基础上,依据治理之术和政治法理的固有规则运行。尽管不断地强调公共领域的自主性,托马修斯还是清楚地认识到自然法规则和公共领域的规则(实证法)之间的区别所在。在格劳秀斯和普芬道夫的著作中,自然法不断地促成普遍法(*jus gentium*),但是,托马修斯人为地割裂了这种潜在的统一性和联系。[175] 他首先承认,自然法是在影响实证法,但是在根本上,这两者是两个独立的体系。这一点构成了现代公法得以形成的最后一步观念共识。现代公法的诞生意味着要清楚地界分政治法与实证法、审议的规则与发布命令的权威,以及政治艺术与统治权力。

第六节　转型中的悖论

17 世纪,一些学者在法国法学家之前对方法论和具体内容创

(接上页) 不可避免的结果,从而导致社会交往即使不是不可能,也是非常地不稳定的。"详见 Frederick M Barnard, 'Christian Thomasius: Enlightenment and Bureaucracy' (1965) 59 *American Political Science Review* 430–438, 436。

174　Barnard, ibid, 432. 托马修斯是第一个用德语举办讲座的大学法学家,而且在 1688 年组织出版了第一份德语月刊——*Monatsgespräche*。相关介绍参见本书第十四章,第 601 页。

175　关于这一问题的精辟分析,参见 Hochstrasser, above n 160, 133。

新的基础上,阐述了有关主权的新概念,这个新概念支撑了现代公法的概念。主权不再被视为或者不再被等同于代表统治政权外部的某种超然形象,主权代表了通过一系列制度安排得以形成的政治实体本身。[176] 这一政治实体以一种自主的方式存在———一种最高的权威和有条件限制的权力的融合,这一融合是有其自身的正当行为的标准的。[177]

这一法理革命的火焰首先是由法国法学家点燃的。这些法学家对天主教的神权等级制度和帝国假设提出了质疑和挑战,主张宪法性法律(政府法)应该被理解为一系列规则、习惯和实践的总和,众多领土国家的统治制度就是从这些规范中演变而来的。他们的主张呈现了这一叙事的第一个悖论。这一主张将法律的起源追溯到人们的历史经验,从而更少地受到教条式的法律方法论的限制,法律话语因此能够更好地服务于现实的需要。在公法中,历史的方法总是不变地服务于当下的目标。在当时法国宗教战争的背景下,正是博丹和霍特曼对那些政治争议和分歧的不同判断,导致这两个在方法论的转型中同样重要的先锋学者,对主权行使者的权力和权威采取了完全不同的立场。政治成为法律和历史相遇的领域。

在这些法国法学家中,博丹是最具现代性视野的。博丹的绝对主义转向把我们带到第二个悖论中:为了向现代国家主权概念转型,法学家首先需要提升统治者这一公职的地位。只有通过主张主权行使者享有制定法律的绝对权力,代表制原则才能完成其目标——将中世纪统治的等级观念转变为现代国家统治制度的内在逻辑。只有通过提升统治者这一公职的地位,旧政权才能被彻

---

176 正如前文解释的那样,主权的观念主要由格劳秀斯和普芬道夫提出,但在 17世纪,斯宾诺莎也发展了这一观念。参见 Benedict de Spinoza, *Tractatus Theologico-Politicus* [1670] RHM Elwes (trans) (London: Routledge, c1951), 200-213. 还可参见本书第三章,第 148—154 页。

177 霍布斯在《利维坦》中系统地表达了主权方面的内容。

121

公法的基础

底摧毁。

必须强调的是,现代主权的逻辑和中世纪的统治观念是完全不同的。中世纪的政权是建立在等级制度的基础上的,而现代的主权概念是建立在自然权利的基础上,在本质上是强调平等的。中世纪的政权从某种超验的渊源中获得其权力和权威,现代的政府权威则来自一种内在必要性,即维持国家的政治统一性。在这里,超验受到了内在必要性的挑战,神圣正义被公意替代。

这种基本方法的转变主要是通过法学家援引一个观点实现的,但是这个观点本身在其实现的过程中最终被彻底破坏了。事实上,现代主权概念的转型首先是由那些专注历史视角的法学家倡导的,他们试图将现代宪法秩序立基于古代宪法的"基本法"基础上。但是,正如上文所述,关于现代主权的内在必然性的逻辑并没有给基本法概念留下任何存立空间。基本法的理念只有在承认"政权是由某种外在的更高权力/权威决定"时,才是合理的。只有在这种情况下,我们才能诉诸某种具有权威性的过去。当政权不再是基于任何源于外部的授权时,我们只会转向将未来作为合法性的渊源。面对这种矛盾,现代主权国家的政权不得不以"公民宗教"(civil religion)的名义寻求传统的宗教热忱(religiosity)。[178] 现代公法在一个重视意识形态的时代背景下运作,在这个时代中,人们非常看重未来的救赎,这种未来的救赎通过隐含在建国基础中的理想和理念的实现来达成,这种对未来救赎的看重就为当下的

---

[178] 例如,Hobbes, above n 140, 233-237。霍布斯认为"普通人的思想就像干净的纸一样,适合接收任何公共权威试图印在上面的东西"。所以,人民需要接受"主权的基本权利(自然和基本法律)"的教育,特别是要接受"他们不应该更爱他们在邻国看到的任何形式的政府,而应该更爱他们自己的政府"的教育。为此,有必要"确定一些这样的时间,让他们聚集在一起,(在向上帝这一主权行使者的主权者进行祈祷和赞美之后)聆听他们的职责和义务",并且"人民的教育完全取决于大学对青年的正确教育"。可进一步参见 Jean-Jacques Rousseau, 'The Social Contract' in his *The Social Contract and other later political writings* Victor Gourevitch (ed)(Cambridge: Cambridge University Press, 1997), 39-152, 142-151。

牺牲提供了正当性基础。[179]

法学家试图通过利用自然法的理念来实现向现代的转型,但是这也催生了一系列悖论。自然法意味着与基本法保持一致的形而上的原则:所有自然事物都受制于潜在的宇宙逻辑和理性,这种宇宙理性为世界提供了基本秩序。在这一形而上的理念中,人类通过理性这一能力,被上帝赋予了自然中的道德法则知识。这一自然法的原则一旦被经院哲学家所阐释,就进一步强化了中世纪政权的基本逻辑——等级制的神权-政治体系。与此不同,现代自然法的原则是完全去神权化的:人类不是受到理性的驱使,而是受到具有破坏性的激情的驱使,因此他们必须要建立一种政府秩序,这种政府秩序的目的是实现能够确保他们自我保存的基本自然法。

现代自然法的原则不仅仅从世界的运作中彻底地移除了"神性",也不认为世俗统治的理念是自然或者道德秩序的表达。以格劳秀斯、霍布斯和普芬道夫为代表的法学家通过援引现代个体的天然自由和人人平等的理念,彻底从内部变革了自然法。此时的自然法成为一个"智识对话中心",使历史、政治、法律和哲学领域中的最新学术著作能够展开充分对话,并在此基础上形成一种新形式的世俗哲学。[180] 这个时候,自然法已经变成一个重要的媒介,通过它,等级秩序被彻底地抛弃了,而现代政治统治的观点和手段获得了充分的认同。

相关研究中不清楚的、模糊的部分事实上在自然法的传统中也有所涉及。这些模糊的问题的存在使得自然法理论同时向完全不同的方向发展。正如美国史学家里奥纳德·克律格所解释的,

---

179　参见 Gauchet, above n 60, 179:"我相信,我们可以将不同历史形式的意识形态视为一种与宗教解释相分离的话语形态,这种新的话语形态将其解释诉诸未来,将人类行动的可理解性建立在未来的基础之上。"

180　Hunter, above n 168, 66.

自然法"设定了不因时间的流转而被废弃、不因地域的转变而被改变的行动规则,同时它还赋予了人类理性和意志,这些理性和意志能够使人类识别这些规则并在特定的时空语境下去适用它们"[181]。尽管这里处理法律与历史之间张力的问题已经被觉察,即如何从比较的历史研究中发掘普遍法,但是,真正对现代公法构成困扰的是普遍性与特殊性之间的紧张关系,这种紧张是历史和理性之间的紧张,是如何从概念上整合理性与经验、规范与事实的问题。

格劳秀斯和普芬道夫通过主张"自然法的理性规则直接塑造了普遍法的形成",巧妙地解决了这些困难。正如克律格主张的:"将传统的实证法和自然法原则之间融合起来,是普芬道夫思想体系中最为突出的特征。"[182] 但是普芬道夫的信徒托马修斯看到唯意志论被接受,即现代自然法的共同特征,这迫使他们认识到,尽管自然法会对实证法构成影响,但是这两者从根本上还是不一样的。而且如果一旦两者之间这种本质统一性被破坏,自然法理论的解释权将受到很大限制。正如霍赫斯特拉瑟(T J Hochstrasser)注意到的:"作为行为规范,法律和伦理之间还是应该被区分开的。"[183] 因此,托马修斯事实上直面了自博丹以来就不断被提出的议题,博丹指出:"法(*droit*)和法律(*loy*)之间还是应该不同的,法没有任何命令性,代表一种对善(good)和正直(upright)的终极尊重,但是法律不同,法律代表一种必须获得服从的命令性。"[184]

这一观点本身是具有一定煽动性和影响力的,因此很多现代的法律学者都非常容易接受这两者的区分,并将对法律的理解和探索局限于实证法的结构中,法律意味着"主权行使者的命令,是

---

181 Leonard Krieger, 'History and Law in the Seventeenth Century: Pufendorf' (1960) 21 *Journal of the History of Ideas*, 198–210, 200.

182 Ibid, 204. 参见 Pufendorf, above n 163, vol II, 205–219.

183 Hochstrasser, above n 160, 133.

184 Bodin, above n 36, 108. 也可参见 Hobbes, above n 140, 91–92。

他在行使他作为主权行使者的权力"[185]。但是,如果公法还想继续发挥效用、保持解释力,采取这样的二分法是无法达到这个目标的。博丹在《国家六论》中讲得很清楚:公法不能仅仅依靠主权行使者的命令,而且还取决于那些主权行使者能够使其权威得以留存的条件。将这一观点转化为现代的术语就意味着,公法的身份确认不仅仅取决于主权行使者那个具体的人物,而且还与现代主权的概念紧密相关,不仅取决于有权制定法律之人,更应该来源于那些使得国家这个政治实体能够紧密团结在一起的审慎的和理性的逻辑。

那么,这成为 16 世纪后期方法论转型的最后也是最关键的环节。反对经院哲学的学者表达了对道德普遍原则是否能够适用于任何国家的政府事务的怀疑主义,最终转向从历史中寻求有意义的经验。[186] 他们认为,只有通过历史研究,即将调查进一步拓展到经验或社会学的研究中,国家的真正利益才能够被发掘。这一研究方法首先源自马基雅维利,之后通过博丹和普芬道夫的著作得以进一步发展,最终在"国家理性"(*raison d'état*)这一原则中得到充分的表达。[187] 通过追溯这一发展的过程,塔克指出,尽管像格劳秀斯、霍布斯或洛克这样的思想家在写作的过程依旧沿用自然法的语言,至少在表面上从来没有涉及像"国家理性和怀疑主义"这样的语言,但是他们已经将这些观念融入了作品,并且运用这些观

---

185 Bodin, above n 36.

186 Peter Burke, 'Tacitism, scepticism and reason of state' in JH Burns (ed), *The Cambridge History of Political Thought*, *1450 - 1700* (Cambridge: Cambridge University Press, 1991),479-498. 塔西佗主义(Tacitism)是一个术语,用于指代一系列研究,这些研究将塔西佗的历史著作作为研究政体运行的经验条件的样本。

187 Burke, ibid; Maurizio Viroli, *From Politics to Reason of State: The Acquisition and Transformation of the Language of Politics, 1250-1600* (Cambridge: Cambridge University Press, 1991). 这一转向历史的研究方法的经典是 Meinecke, above n 84。该著作使托马修斯和普芬道夫在德国的许多追随者信奉折中主义哲学,这种哲学反对所有形式的经院哲学,其动机是希望将哲学与神学分开,参见 Hochstrasser, above n 160, 23-30, 121-129; Hunter, above n 168, 69-73, 217-219。

125

公法的基础

念变革了自然法理(或者说政治法理)。[188] 通过将自然法体系与国家历史相结合,[189] 我们实现了对自然法理的变革,而在这个变革过程中,公法作为一个自主的领域开始出现。

当将公法视为一个自主的领域时,我们指的是那些能够确保现代主权固有的概念能够得以实现的制度安排。这一观念是在17世纪后期出现的,那个时候的法学家开始反对经院哲学和政治上的亚里士多德主义,转向将公共领域定义为一个自主的、去个人化的、制度化的实体,这个实体有自身的政治-法律规范和行动方式。[190] 由于受到自然科学和人文科学的相关新理念的影响,我们发现,17世纪兴起的"自由主义哲学"从根本上摧毁了建立在等级制度基础上的政府秩序。但是,自由主义哲学并没有试图削弱政府的权威。尽管自由主义哲学非常强调自由和平等的个体,这些新哲学在现代国家的框架内使臣民转向公民。由于自由主义哲学也使国家从古老的自然法的(普遍)道德理性中被解放出来,并将现代国家完全建立在服务于促进和平、安全、自我发展等世俗目的的基础上,这样一种现代国家的新的制度安排增强了政府权威。自由主义在为释放人的创造力提供动力的同时,也带来了对政府控制和规范的进一步需求。因此,自由主义政治哲学并没有限制国家权力,事实上,通过重塑国家权力的形式拓展了国家权力、增强了其权威性。

一旦罗马帝国和教皇的神学政治结构被领土主权国家所取代,现代国际关系和国际法的框架就出现了。现代欧洲公法的建立主要基于两个条件:主权国家相互承认和尊重各自对内主权的

---

188 Tuck, above n 146, xiv.

189 Krieger, above n 181, 206.

190 参见 Horst Dreitzel, 'Reason of state and the crisis of political Aristotelianism: an essay on the development of 17th century political philosophy' (2002) 28 *History of European Ideas*, 163–187。

神圣不可侵犯性;在国际关系中相互尊重彼此的自主权。由于主权国家不再隶属于任何更高的权威,而且拥有诉诸战争的权利(*jus ad bellum*),这就使现代国际法承认一个潜在的前提:道德是隶属于政治的。[191] 国际公法作为一种政治法理学,是用来调整国家间关系的。

关于公法,我们最主要的观点就是,公法是自主的主权国家享有的权力构成的基本框架。但是,"国家理性提供了现代公法的基本逻辑"这一主张是与康德哲学直接对立的,在康德看来,应该运用理性主义的政治形而上学,从批判理性的戒律中导出一个形式的先验法则。[192] 但是,我们的主张却能够将有关的公法问题放置到一个恰当的智识框架中去讨论。弗里德里希·迈内克(Friedrich Meinecke)对国家理性[*Staatsräson*,也可以被翻译为国家主义(statism)或者国家理性(reason of state),我们也常常称之为政治法理(political jurisprudence)]的经典分析是非常具有启发性和指导性的。关于政治法理,迈内克指出:"国家及其人民的健康发展是最终的价值,权力、权力的保留和权力的扩张对实现这一最终价值而言是必需的,因此必须要赋予政府权力。"[193] 这就成为理解公共领域的自主性的起点。

迈内克主张的"任何情况下,通过任何手段都要确保权力本身被保有"可能会引起极大的争议。在现代宪法语境之下,事实上权力的保有应该受到相关条件的限制。首先,这些保有权力的手段应该受到目的的限制。这些目的在格劳秀斯那里被称为"社会和

191　参见 Koselleck, above n 145, ch 3; Carl Schmitt, *The Nomos of the Earth in the International Law of the Jus Publicum Europaeum* [1950] (New York: Telos Press, 2003)。

192　在这个意义上,这一论点遵循了亨特的"对立的启蒙"理论(Hunter, above n 168)。参见 Martin Loughlin, *The Idea of Public Law* (Oxford: Oxford University Press, 2003), 142-152。

193　Meinecke, above n 84, 2-3.

公法的基础

平"，在迈内克那里是指社会物质上的、道德上的和精神上的健康。[194] 今天，我们经常称其为"公共福祉"，这些目的本身构成对权力保有的主要限制。其次，这些权力是受到制度约束的，在行使这些权力的过程中，官员要具备"为更高的任务而无私自我牺牲的道德修养"[195]。在政治语境中，盲目涌出的权力会以自我毁灭而告终；它必须遵循某些有目的的规则和标准，才能自我保护和发展。[196] 因此，尽管社会福祉需要权力的支持，但是社会福祉的实现不仅仅依靠权力，还有赖于道德和正义，后者才是最终的决定力量，而且对道德和正义的不当干扰会最终威胁权力的保有本身。[197]因此，遵守相关的道德规范、服从宪法规范不仅仅是一种意识形态上的考量，对权力的保有而言，它们是不可或缺的。

政治法理学将自然的(权力冲动)和理性的(道德责任驱动下的行动)结合了起来。[198] 很多尝试已被用于解决这其中产生的紧张，但是到目前为止，没有任何人取得彻底的胜利。这一领域——迈内克确信这一领域是这样一种区域，该区域"永远不会走向彻底的光明，无论是通过理论分析还是通过实践，都不可能找到彻底正确的答案"[199] ——就是公法的领域。这也意味着我们对公法的研究始终是充满不确定性的、极其复杂的，因为这种紧张是内在于行动中的，因此公法的话语也必然是模棱两可的，得出的结论也是暂时性的。公法的边界应该由"什么是最大程度地将人们团结到一个自我定义的集体中所必需的"这一问题的答案来决定。

194　Meinecke, above n 84, 6.
195　Ibid.
196　Ibid, 10.
197　Ibid, 3.
198　Ibid, 5.
199　Ibid, 7.

第二部分

构　　成

第三章
公法的大厦

　　主权代表权力和权威的融合,以公共领域自主性得以呈现。这一权力-权威相互作用的机制有其自身"正义的行为"的标准,建立在一系列制度安排的基础上。这一制度安排同时具有限制和维系权力动力的功能,从而构成一套独特的公法体系,这就是本书第一部分的主要结论。现在进一步的问题是,是否能够在公法中识别出一些关于正义秩序的标准。鉴于用来解释和正当化不同集体性联合的特定制度体系的人类目的的多元性,在任何意义上宣称掌握了关于正义秩序的准确定义,事实上都是不可行的。但是,这并没有阻止法学家孜孜不倦地寻找答案。我们在本章试图探索,在多大程度上,一个现代早期的隐喻能够真正提供针对这个问题的解决方案。这个隐喻就是将人类的集体性联合想象成一个空间布局,而公法构成了这一空间布局的基本建构形式。

第一节　正　义　秩　序

　　在研习公法的基础过程中,寻求"什么是正义秩序"可能是最为重要的问题,但也是最具挑战性的问题。正如迈内克在本书第二章的总结部分分析的那样,相信存在确定的(有关正义秩序的)

131

公法的基础

标准,是极其幼稚的表现。尽管我们可能都接受他的主张,但是依旧可能从消极层面去思考这个问题,即依旧有可能主张,特定的制度安排是如此糟糕,以致错误地识别了秩序目标,最终适得其反。那么是否真的可能从对保有秩序的失败经验中识别出正义秩序的基本条件呢?

对这个问题的肯定回答,常常是政治思想家在提到暴政和专制政权的本质时给出的。黑格尔认为:"专制主义的历史就是此起彼伏的反抗故事,王室暴政、内战、王室血亲之间的相互毁灭,乃至整个王朝的覆灭,最终导致国家的灾难和根本崩溃。"之所以会如此,是因为专制统治者没有认识到国家不同部分之间的有机联系。只有国家的每个部分能够充分实现其功能,并且尊重它们自己功能的有限性,扬长避短,国家才可能真正繁荣:"国家中的每一部分的根本目的是保存自己,但是当它们用恰当的方式保存自己的同时,其实也在保全国家的其他部分。"[1]尽管正义秩序本身可以不断地接受质疑,但是这并不意味着国家的制度框架可以被任意地构建。

在开始所有的讨论之前,我先主张两个前提:首先,积极的方面,尽管政治实践处于不断的变化之中,但是总体而言,政治实践在一些确定的框架中展开;其次,一些特定的制度安排无法提供对维系稳定的政府而言必需的条件。我可以在斯宾诺莎的政治写作中找到支持以上前提的论点。他在相关著作中解释道:"我非常确信和接受,人类经验已经向我们展示了所有可以想象的国家的形式,这些国家的形式都在某种程度上具备了人类共同生活的条件,并且运用了那些能够确保大众在已经设定的界限范围内行动的手段。"他进一步指出,他非常怀疑,我们完全可以借助于冥想的方式来发现那些在现实中没有被尝试、被确证的事务,并最终确定它们

1　GWF Hegel, *Philosophy of Right* [1821] TM Knox (trans) (Oxford: Oxford University Press, 1952), §286R.

与经验和实践的一致性。斯宾诺莎并不是仅仅要说明在人类历史上所发现的政府形式的多样性，或者主张由于这种多样性，我们无法仅仅通过猜测来找到更好的方案。他的观点的核心在于："人类的生存条件是具有某种相似性的，因此必须遵守一些一般法，才能确保人类的生存的有序。"[2] 因此，尽管我们必须承认历史展示出的人类集体形式是极为多元的，但是除非这些集体形式满足了一些基本条件，否则它们无法确保政府秩序的有序性和持续性。

基于以上两个前提，公法可以以一种相对统一的形式呈现。研究公法就首先锁定那些能够通过斯宾诺莎的一般性（generality）测试的实践，揭示它们的内涵，进一步呈现这些不同实践之间的相互关系。但是如果能从一个政权中发现合乎逻辑的制度安排，并不意味着它就呈现了一部模范宪法。所有我们关注的实践，无论是统治者的最终决策权还是公民对拥有不可分割的权利的主张，都充满了各种模糊性，甚至内部还存在相互冲突的主张。在承认了需要找到一般法之后，斯宾诺莎立刻指出："这些一般法、公共事务都是由那些最为聪慧的人所处理和决定的，或者也可以说，是由最狡猾、最具计谋性的人决定的。"[3] 但是，即使这些行动本身被视为奸诈的，我们依旧可以理解其合理性，并从中发现它解释的特定的宪法智慧和主题。[4]

进一步需要明确的是，如果我们试图分析任何政权，我们必须清楚地了解该政权的进化模式，这种练习和训练是不可能由哲学

---

2 Benedict de Spinoza, *Tractatus Politicus* ［c1677］ in his *Tractatus Theologico-Politicus*, *Tractatus Politicus* RHM Elwes（trans）（London：Routledge, c1951），279-387, 288.

3 Ibid, 288.

4 参见 Charles Taylor, 'Interpretation and the Sciences of Man' in his *Philosophy and the Human Sciences：Philosophical Papers*, *vol. 2*（Cambridge：Cambridge University Press, 1985），1-57, esp 24。

公法的基础

家创造的。斯宾诺莎在《政治论》(*Tractatus Politicus*)的开篇就指出,哲学家有一种不太恰当的思维动向,他们趋向于认为,对我们形成危害的激情是人类的自我堕落所导致的错误,哲学家极力表彰自身作为高人一等的道德存在的优势,同时对那些堕落之人予以嘲笑、为他们感到悲哀,甚至责怪或者痛恨他们。但是,现在的问题是,哲学家认为这些人没有活成人该有的样子,那么他们自己一定真的如他们所认知的那般高尚吗?他们总是认为自己在做一些无比精彩的事情,达到了学习应有的高度,当他们自以为聪明地夸耀这些几乎不存在的人类本质时,情况必然变得更为糟糕,完全离题。[5] 鉴于此,如果由哲学家来写作公法,他们几乎不谈道德,而是更像在写一些讽刺作品,他们的作品不是政治理论,而是创造了一种(完全疏离现实的)空想,"(这些理论)只可能在乌托邦,或在诗人的黄金时代发现,可以肯定的是,这些理论在当时是完全无用的"。[6] 因此,斯宾诺莎总结道:"没有人比理论家或者哲学家更不适合指挥公共事务。"[7] 要更好地理解公法,我们应该转向从历史和内在性哲学中寻找答案。

我们首先必须承认,任何实际的政府实践结构(如英国的宪法)都会展现出某些要接受质疑和挑战的有关"政治法"的特殊之处。通过历史的追索,我们能够发现,这样的制度实践具有一定的片面性和有限性,这不过是有关正义秩序的普遍理念的特殊表述。对这种有关正义秩序的理念保持警醒,不断地反思这些实践,以及在此基础上进行理论归纳,不仅使得对这些宪法实践的自我理解

---

5 Spinoza, above n 2, 286.

6 Ibid.

7 Ibid. 另外,黑格尔指出:"哲学的任务是把握实存(what is),因为实存就是理性。妄想有任何哲学能超越其当下的世界,就好像妄想个体可以跨越其时代、跳过罗德岛一样愚蠢。如果他的理论真的超越了世界的本来面目,建立了一个理想的世界,那么这个世界确实存在,但只存在于他的观念中,属于一个非实质性的元素,这种非实质性的元素就意味着,在想象中,任何你喜欢的东西都可以被建立起来。"参见 Hegel, above n 1, 11.

进一步明朗化,还提供了扩展、批判和挑战这些实践的适当性的方法。[8]

由于这些实践本身包括了臣民是以什么样的方式认知统治行动本质的——这些实践与对政治法的诉求有关——所以某些潜在的可能性在现存制度形式安排的空隙中会被发现。[9] 由于在一定程度上可以在这些制度安排中发现某种相对的连贯性,我们就用建筑物来做比喻。在这个意义上,研习公法基础的目标就是,揭示现代政府秩序的建筑结构。

第二节　现代早期的构成

在中世纪的世界里,国王和人民被认为是同时存在于一个客观形成的正当秩序中的,两者都有依据上帝和律法履行责任的义务。维护法律——从事正义——被认为是国王最为主要的责任。一个真正的国王,正如阿兰·克罗马蒂埃(Alan Cromartie)指出的,应该是正确的行动之人,应该致力于更好地推动共同体的共同福祉的实现。这在"国王"(rex)这个词是源于"正确地行动"(recte agendo)的词源学中也得到了彰显。[10] 依据这一观念,政府的建立就是要确保法律的实施,如果它违背法

8　参见 Charles Taylor, 'Social Theory as Practice' in Taylor, above n 4, 91, esp 94。还可参见 Michael Oakeshott, 'What is Political Theory?' [1973] in his *What is History? and Other Essays* Luke O'Sullivan (ed) (Exeter: Imprint Academic, 2004), 391–402。

9　Hegel, above n 1, 12:"认识到理性是当下十字架上的蔷薇,从而享受当下。这是使我们与现实和解的理性洞见,是哲学给予那些曾经有内在声音召唤他们去理解的人的和解。那些内在的声音告诉这些人,他们应该努力站立在绝对存在的而不是任何特定和偶然的东西上,去理解、去拥有主观自由。"

10　Alan Cromartie, *The Constitutionalist Revolution: An Essay on the History of England*, *1450–1642* (Cambridge: Cambridge University Press, 2006), 7。

135

公法的基础

律,它的权威也将随之丧失。但是,这并不等于公法本身:因为在中世纪的观念中,还没有国家和主权的概念,也没有将政府体系理解为具有连续性和统一性的建筑。因此,也就没有关于公法的严格观念。[11]

这一有关建筑的隐喻只适用于现代的政府与法律的关系。博丹在《国家六论》中解释基本法对公共领域的重要性时,使用了这一隐喻。在主张统治权威(包括制定法律的权力)的绝对性的同时,他在主权和政府之间做了非常细致的区分。[12] 因此,尽管统治权威是绝对的,但是,政府职能的划分和分享是一个有效、良好运转的国家必须做到的。原因在于,只要威严的标志依旧被保留,主权的权力行为越少意味着,其权威性更强,获得更好的保障。在解释这一矛盾时,博丹明确地使用了建筑物的意象:"高大庄严的建筑很难屹立不倒,除非它建立在非常牢固的海岸上,并且地基无比牢固。"[13]

这一有关建筑的隐喻构成了 17 世纪兴起的有关基本法特征的争论的核心。马丁·P. 汤普森(Martyn P Thompson)认为,这一表达最早出现在巴扎的著作《公职文官法》中,从那个时候开始,一旦"基本法"这一词汇出现,将法律视为契约,将政治安排视为建

11　参见 Fritz Kern, *Kingship and Law in the Middle Ages* [1914] SB Chrimes (trans) (Oxford: Blackwell, 1948)。弗里茨·克恩(Fritz Kern)注意到,在中世纪的世界里是"没有特别的公法的,也不存在公权和私权的区分"(at 182)。与此同时,也不可能有国家、国家必要性、国家高于所有法律这些理念。相比之下,现代世界则产生了以下理念:"国家中的每一个组织,甚至政府,都处在实证法之下,接受其约束。但国家作为一个整体却凌驾于法律之上。真正的主权者是国家,而不是实证法。因此,尽管政府受法律约束,尽管法律的概念已经发生了变化,但是,就像中世纪君主一样,现代国家作为一个整体不受任何法律约束,是高于所有法律的。"(at 200)

12　Jean Bodin, *The Six Bookes of a Commonweale* [1606] Richard Knolles (trans) Kenneth Douglas McRae (ed) (Cambridge, MA: Harvard University Press, 1962), Bk 2. 参见本书第二章,第 83 页。

13　Ibid, 517.

筑的思维方式就随之而来。[14] 汤普森进一步指出，在当时的争论中，存在一种紧张——有一部分人主张，基本法之所以是基本的、根本的，是因为它源自遥远的远古时期，与传统紧密相关；另外一部分人则主张，基本法的根本性源自其代表了一种客观法（as a matter of objective right）。很多英国作者举了大量例子来支持前一观点，而欧洲大陆的法学家更多地支持后者，事实上这两种主张之间不是相互竞争的，而是互补的，正如汤普森指出的，"历史描绘了理性所教导的东西"[15]。

在基本法基础上构建国家理论的最为复杂巧妙的尝试源自阿尔图修斯于 1603 年出版的著作《政治方法汇纂》。阿尔图修斯将他的理论建立在初始契约的观念和不可分割的大众主权原则基础上，同时强调政治领域的自主性。[16] 基本法概念构成整个理论的核心特征。他主张："在选举最高执政官的过程中，最主要的关切源自对国家基本法的关切（*lex fundamentalis regni*）。"基本法"是整个国家的基础，获得了普遍的同意和全体成员的支持"。鉴于只有通过这一基本法，所有社会成员才能有效地团结在这个共同的组织中，因此，法律应该被视为整个国家的天然磁石（*columna*）。[17] 阿尔图修斯使用的基本法概念让我们首次对政府进行了系统的思考，将其视为一个精心建构的布局安排，这个布局安排本身是受到实证宪法（positive constitutional law）的支撑的。

阿尔图修斯主张，试图构建的政府系统必须要融入对统治者

14　Martyn P Thompson, 'The History of Fundamental Law in Political Thought from the French Wars of Religion to the American Revolution' (1986) 91 *American Historical Review*, 1103-1128, 1111.

15　Ibid, 1112.

16　参见本书第二章，第 101—103 页。

17　Johannes Althusius, *Politica: Politics Methodically Set Forth and Illustrated with Sacred and Profane Examples* [1603] Frederick S Carney (trans and ed) (Indianapolis: Liberty Fund, 1995), 128.

137

公法的基础

权力的制度性约束。这是由如下事实决定的:"共和国或者说国家并不是为国王而存在的,恰恰相反,国王和其他执政官是为国家、为政体而存在的。"[18] 这种对统治者权力的限制,主要通过监察官会议(the Ephorate)这一机制予以实现。监察官会议是这样一个组织,监察官是被特殊任命的,但是监察官的职责不在于统治,而是享有决定、限制乃至在暴政的极端情况下最终弹劾统治者的基本权利。[19] 通过重复博丹的观点,阿尔图修斯进一步证明了这一制度安排的正当性:"统治者越少地行使权力,帝国的存立和维持就越长久和稳定。"[20]

虽然阿尔图修斯的思考代表了一种真正的创新,但是他的作品依旧依赖于中世纪的宪制,因此,他被现代的思想家(如格劳秀斯、霍布斯和普芬道夫)反对。他们认为,主权宪法根本没有为基本法概念留下任何空间。霍布斯在《利维坦》中的论述非常鲜明地彰显了这种分野。就其本质而言,他主张,"以艺术形式构建的利维坦事实上是一个国家",这个国家就是"一个人造人",以及它是由"契约和协议"共同构建的。[21] 但是,霍布斯进一步指出,这一契约并不构成阿尔图修斯意义上的基本法渊源。在霍布斯看来,人民通过立约出让了自己的自然权利,在此基础上授予了主权行使者绝对权威。

霍布斯关于法律的定义对这一将公法与建筑物联系起来的思想是非常重要的。霍布斯反对传统上将法律视为习惯的观点,坚持认为法律就是统治权威颁布的纯粹的人造物。在他看来:"法律,就是作为人造物的国家的理性的表征,是他的命令本身创造了

---

18   Althusius, above n 17, 93.

19   Ibid, ch 18.

20   Ibid, 98.

21   Thomas Hobbes, *Leviathan* [1651] Richard Tuck (ed) (Cambridge: Cambridge University Press, 1996), 9.

法律。"[22] 当认识到有很多关于基本法的误解时，霍布斯给出了自己关于基本法的定义："基本法是每一个国家都要遵守的，一旦基本法被遗弃，国家将遭遇困境，并最终解体，就像一座建筑的地基被彻底损毁那样。"[23] 霍布斯的目的主要是反对"政治契约等于基本法"的主张。霍布斯认为，"基本法是国家存立离不开的基本规范，根据基本法，臣民必须维护赋予君主的任何权力"[24]。与这一定义完全契合的基本法，似乎在霍布斯这里就仅仅一条规则，即要求臣民服从主权行使者制定的规则。

霍布斯认为，当人民组建了一个国家后，他们必须寻求一个牢固且可以持续存立的公共建筑。如果没有一位非常能干的设计师的帮助，人民很有可能会构建一个几乎无法持续存立一代人的疯狂建筑，而且这个疯狂建筑一旦倒塌，其灾难还要波及这一代人的后代。[25] 这里最为关键的地方在于，对霍布斯而言，这一制度安排的设计师或者说建筑师就是主权行使者本身。[26] 由于主权行使者拥有制定法律的绝对权力，主权行使者和臣民之间的关系是不可能受到法律的规范和制约的。在这一论述框架中，根本就没有基本法概念存立的空间。

要理解霍布斯在这个问题上的观点，需要了解他对法律（law）和权利（right）做的区分。与传统的法理艺术（the ancient arts of *Juris Prudentia*）之间彻底决裂之后，霍布斯指出，法律"不是一种咨询意见（counsel），而是一种命令（command）"[27]。在霍布斯这里，"法律"就是指实证法，因为实证法提供了有关善恶行动的衡量

22　Hobbes, above n 21, 187.

23　Ibid, 200.

24　Ibid.

25　Ibid, 221.

26　Thompson, above n 14, 1115:"霍布斯认为基本法应该赋予君主的东西，恰恰是其他鼓吹者（如阿尔图修斯）认为基本法需要限制的东西。"

27　Hobbes, above n 21, 183.

公法的基础

标准,因此不可能存在不正义的法律。[28] 但是,霍布斯确实意识到
了权利概念的存在,他认为,权利"存在于做或者克制的自由
中",而"法律"则作用于"决断和限制"。[29] 在《论公民》中,霍布
斯详细地解释了这一观点,他指出,法律规制的目标不是把所有
公民的行动都纳入法律中,对那些法律没有命令也没有禁止
的,个体保留了行动的自由。这些自由,在霍布斯看来,就等同
于"自然权利(natural right),这部分权利通过世俗法被保留给
公民"[30]。

霍布斯在权利与法律之间所做的区分展现了他在宪法设计上
的基本立场。尽管他主张并不存在"不正义的法律",但是他同时
认可"善法"(good law)的观念。"善法"不仅意味着精准性,同时
意味着对所有人的善的实现而言是必需的。[31] 法律制定权之所以
会出现,不是为了限制人们各种自愿的行为,而是指导他们不要受
到他们自身冲动的欲望、轻率或者鲁莽的伤害。[32] 不必要的法律
就不是善法,以及那些只有利于统治者而对人民毫无益处的法律
也不是善法。[33] 一个良好统治的国家不仅不会将公共善(public

---

28   Hobbes, above n 21, 223.

29   Ibid, 91.

30   Thomas Hobbes, *On the Citizen* [1647] Richard Tuck and Michael
Silverthorne (trans and eds) (Cambridge: Cambridge University Press, 1998), 150-
151.

31   Hobbes, above n 21, 239.

32   Ibid. 在《利维坦》一书中,霍布斯使用了一个比喻:法律就像树篱,它"不是为
了阻止旅行者,而是为了让他们沿着道路正确地行走"(ibid, 239-240)。在《论公民》
中,他用河岸打了个恰当的比喻:"水被四面八方的河岸围住时会停滞和腐臭;当它向四
面八方开放时,它就会扩散,而且它找到的出口越多,它就越自由。公民也是如此:如
果他们只会按照法律的命令行事,他们就没有任何主动权;如果没有法律限制,他们就
会耽于享乐。如果为他们预留越多不受法律规范的领域,他们享受的自由就越多。过
度的法律调整和没有法律调整这两个极端都是错误的,因为法律的发明不是为了消灭
人类的行为,而是为了指导人类的行为,正如大自然设定河岸,不是为了阻止河流的流
动,而是为了引导它。"(参见 above n 30, 151)

33   Hobbes, above n 21, 240.

140

good)置于危险之中,而且还会让公民自由(civil liberty)获得最大化的实现。这一有关"善"(goodness)或者"公正"(rightness)的理念应该理所当然地包含在主权行使者的职责中。主权行使者应该正确地适应奖惩,尤其重要的是,主权行使者不能运用这些权力进行报复或者使亲缘受益,只能用这些权力"使整个国家受益"。[34]因此,在霍布斯看来,主权行使者应该掌握制定良好法律的艺术,[35]这就要求统治者任命那些"善良的资政者",这些人应该具备"确保社会和平所需的丰富的知识,并致力于维护国家的利益"[36]。

霍布斯不仅认为统治者享有制定法律的绝对权力,同时也主张这一权力应该得到恰当行使。这一"恰当行使"的理念融入了能够确保国家强大和永续的"审慎戒律"(prudential precepts)中。在《论公民》中,霍布斯指出,主权行使者的所有义务都包含在"人民的安全是最高的法律"这一表达中。[37] 尽管这些掌握统治权的人不能被要求服从被称为"人民的意志"的法律,但是他们有义务服从正义的理性(rectae rationi)。正义的理性是自然的、道德的和神圣的法律。[38] 这不是简单地诉诸自然法,霍布斯讲得很清楚:"正如人民的安全决定法律的内容,从而使得国王知道自己的责任那样,人民的安全本身也教会国王保全自我利益的艺术。"[39] 在这里,霍布斯将统治者的义务和统治者自身的需求之间做了一个连接:尽管义务是由行使公共权力要服务于人民的利益的必要性决定的,但是对统治者自身利益而言,应该接受这些责任。霍布斯认识到,如果主权行使者想要建构一个永续的国家,使权力和权威得

34　Hobbes, above n 21, 240-241.

35　Ibid, 221.

36　Ibid, 242.

37　Hobbes, above n 30, 143.

38　Ibid. 也可参见 Thomas Hobbes, *De Cive: The Latin Version* Howard Warrender (ed) (Oxford: Clarendon Press, 1983), 195。

39　Ibid.

以持续,他们就必须依据国家理性行动。霍布斯一方面强调准确地把握实证法的特征,另一方面强调政治法的重要性。

第三节　建筑的隐喻

　　博丹、阿尔图修斯和霍布斯使用的建筑意象表达出一种共同的理性主义信念。米歇尔·福柯(Michel Foucault)认为,这一智识基础形成于1580—1650年,在此期间,人们普遍形成了这样的观念:"上帝最终只能通过一般的、不变的、普遍的,而且简单易懂的法则来统治世界,这些法则可以通过测量和数学分析的形式呈现,也可以通过分类分析的形式或者以逻辑分析的形式呈现。"[40]在这一观念转变的特殊时期,最为重要的哲学家就是勒内·笛卡儿(René Descartes),他的写作主要集中于博丹和霍布斯的观点出现明确分野的时期,他在对真理的探索上,带来了革命性的方法的转变,他在晚年时期的作品中写道:"我非常确信,如果我想要摆脱我之前所接受的观点的束缚,我必须去做这么一件事情,要从基础性的、地基性的工作重新开始,如果我真的想要建造一座牢固的、永续的、有关科学的超级建筑,这项工作是必须要做的。"[41]自此,笛卡儿的怀疑主义方法对现代哲学产生了关键的影响,而对我们的公法研究而言,最为重要的就是他对基础的强调,对根基性工作的强调。

　　40　Michel Foucault, *Security*, *Territory*, *Population: Lectures at the Collège de France*, *1977 – 78* Michel Senellart (ed) Graham Burchell (trans) (London: Palgrave, 2007), 234-235. 也可参见 Michel Foucault, *The Order of Things: An Archaeology of the Human Sciences* (London: Routledge, 2001), 55-64。

　　41　René Descartes, *Meditations on First Philosophy* [1641] in his *A Discourse on Method*, *Meditations on the First Philosophy*, *Principles of Philosophy* John Veitch (trans) (London: Dent, 1994), 59-131, 74.

第三章 公法的大厦

在 1637 年出版的《方法论》(*A Discourse on Method*)一书中,笛卡儿非常明确地使用了建筑的意象。他认为,建筑本身就是由不同部分组成的,这些不同部分的协调性是非常重要的,因此,相较于由不同的设计师共同设计完成的建筑物,由一位大师从始至终地完成的建筑似乎要更为完美。比如,如果有很多设计师都试图对一幢建筑的设计发表意见,极端的情况将导致那些过去建筑的古墙被用于与其建筑初衷完全相悖的目的,与这种情况相比,由一位设计师设计和实施的建筑显然会更宽敞、雅致。将自己的这一理论进一步地适用于对镇和城市的观察,笛卡儿发现,那些古老城市在初建期仅仅是乡村,伴随着时间的变迁,逐渐发展成为大的城镇,但是与那些由专业建筑师在空旷的平原上自由规划的常规城镇相比,这些城镇通常布局不良。因此,"尽管这些古老城市的建筑和后来统一规划的新兴城市建筑相比,一样美观,甚至超越后者,但是,当我们观察到它们毫无统一缘由的规模设计、不同规模的建筑不加区分地被并置在一起,以及由此引发的街道的弯曲和不规则时,我们倾向于宣称,导致这种安排的是偶然,是机遇,而不是由理性引导的人类自由意志"[42]。

考虑到笛卡儿的理性主义倾向,我们必然会看到这一理性主义会蔓延到他对国家和民族的理解中。他并没有因为一些民族立法的落后性而感到失望,因为"这些民族是从一个半野蛮的状态中慢慢过渡到文明状态的,基于一些极富伤害性的犯罪和冲突经历,他们的法律才逐渐得以发展,因此,与那些一建国就拥有一批智慧的立法者的国家相比,他们的法律也就显得不是那么完美"。但是,在讨论国家的建制时,笛卡儿的立场似乎发生了转变,他认识到某种潜在的困难:"毫无疑问,为了按照一个设计师的完整设计重建一个城市就把原有建筑全部推翻,这是完全违背传统的做法

42　René Descartes, *A Discourse on Method* [1637] in Descartes, above n 41, 1-57, 10.

143

公法的基础

的。"通过类比,他认为,"如果想要对一个国家进行彻底的改革,或者说将其原有结构彻底推翻从而改进它,这是任何人都需要审慎思考的决策"。[43]

笛卡儿表达了对那些"多管闲事者"的厌恶,认为他们既不依靠出身,也不依靠财富而参与公共事务的管理,并不断地规划改革。在笛卡儿看来,国家的治理之术需要大量的"具有天赋之人",因为那些没有任何经验的改革者一旦偏离那些在历史长河中被证成的正轨,他们将永远无法走出歧途,他们将在这个过程中迷失自我,并最终失去生活的方向,因此,应该给历史更多的信任:

> 如果说国家宪法的不完美性是不可避免的(宪法本身的多样性,事实上就说明了这一点),那么习惯在这里的作用就是非常重要的。毫无疑问,习惯可以抹平这些宪法不完美导致的不便,甚至设法完全避免或不知不觉地纠正这样的不便。这是依靠理性付出同样的努力无法达到的效果。总而言之,与消除瑕疵要带来的变革相比,瑕疵似乎更容易让人忍受。[44]

笛卡儿,这位伟大的理性主义者,在国家建构问题上显然有很多保留,国家建构成为笛卡儿自身价值观的一个分水岭。

受到有关国家的历史经验的影响,笛卡儿进一步推导道:"关于国家建构的观点应该更多地依靠习惯和实例,而不是特定的知识而得出。"[45] 因此,"在开始重建我们居住的房子(国家)之前,有

43　Descartes, above n 42, 11.

44　Ibid, 11-12.

45　Ibid, 13.

144

必要为我们提供一些在这个(重建)过程中可以舒适居住的房子"[46]。认识到要具备这方面条件的困难,笛卡儿提供了三条应该遵循的格言。首先,"遵守国家的法律和习惯,坚定那些自童年时期的教育中,受神的恩赐所获得的信仰"[47]。其次,"尽我所能,坚定而且果敢地行动"[48]。最后,"更多地专注于征服自我而不是命运,更多地改变自我的欲望而不是世界的秩序"[49]。一开始意在进行根本性变革的再建工程,在政治语境下,变成了一项更为温和的事业。[50]

很多后来的学者也借用了笛卡儿这一有关建筑的隐喻。沃尔特·白芝浩(Walter Bagehot)在其 19 世纪的著作中就提到了这一隐喻。在这一著作中,他主要描绘了英国宪法构建的"具有双重面孔的政府"。一方面是"尊严"(dignified)面孔,这主要是由宪法的书面版本造就的,通过宪法的书面版本的历史传承和戏剧性演变,基于民众的崇敬,政府的权威油然而生。另一方面是"效率"

46　Descartes, above n 42, 18.

47　Ibid.

48　Ibid, 19.

49　Ibid, 20.

50　笛卡儿思想的这一维度表明,他比一些人想象的更接近他的批评者。Willard Van Orman Quine, *Word and Object* (Cambridge, MA: MIT Press, 1960), 3–5: "纽拉特(Neurath)将科学比作一艘船,如果我们要重建它,我们必须一块一块地、循序渐进地重建,同时确保这艘船依旧保持漂浮状态。哲学家和科学家的工作就像在这样一艘有待重建的船上……我们的船一直漂浮着,因为在每次改造时,我们都保持它的大部分完整。由于理论变化背后的连续性,我们使用的词汇仍然是可以理解的:我们逐渐地改变相关表述的用法以避免彻底的断裂……分析我们将如何进行理论建设时,我们都不能走极端,必须采取较为居中的、中庸的方式。我们首次定义的概念,无论是在变革规模还是距离上,都应该是居中的。而我们对它们和所有事物的引介都需要在相关的文化变革中采取较为柔和的方式。正是因为这种柔和的处理方式,在吸收这种(新的)文化的过程中,我们很难明确地区别到底只是对过去已经存在事务的呈现还是意味着新的发现,是实质变革还是形式变革,以及只是线索的呈现还是概念化的处理,就像我们无法区分摄入物质的蛋白质和碳水化合物一样。"纽拉特这一用船的比喻呈现的理念反映了一种古老的法学家的形象,这种形象在古典罗马文学和英国普通法中都很常见,参见 Ernst H Kantorowicz, *The King's Two Bodies: A Study of Medieval Political Theology* (Princeton, NJ: Princeton University Press, 1957), 295.

公法的基础

(efficient)面孔,这与现实紧密相关,也是政府现代性的、功能性的特征,通过宪法的"效率秘诀",即通过议会和行政权力的紧密联合,使得权力的行使呈现高效性、有效性。[51] 他说,英国法的发展能够帮助我们很好地理解那些城市的边缘地区的发展,在那些地区,在很长的一段时间内,你都无法解释这些街道为什么会如此变化无常、无比崎岖。只有你发现它们事实是沿着一条迂回的道路建筑起来的,你才会理解这种变化,而且你会发现,未来这种变化还将持续下去。那么,在理解宪法的发展时,也是同样的道理。宪法的基本框架形成于人少、欲望少、习惯简单的时代,因此,现代学者可能会觉得"即使稍微具备一点逻辑能力的民族也不会制定出这样的宪法",但是,这就是现实,宪法不是制订出来的,它就是从那个蒙昧的时代慢慢发展出来的。与笛卡儿对"多管闲事者"的厌恶相呼应,白芝浩总结道:"如果你想要启动新的修葺计划,必须不厌其烦地理解老房子的结构,简单的图纸只有在平地建造时是可行的,而如果你试图修葺一幢哥特式建筑,简单的图纸就完全行不通。"[52]

路德维希·维特根斯坦(Ludwig Wittgenstein)在其《哲学研究》(*Philosophical Investigations*)一书中,同样使用了这一建筑隐喻来描绘语言本身:"我们的语言可以被视为一座古老的城市:一方面,有迷宫般的街道、广场、新旧交错的房屋以及房屋上源自不同时代的各种各样的装饰;另一方面,这个城市也充满了很多新的行政区域,有很多笔直的街道和统一设计的房屋。"[53] 维特根斯坦的观点被詹姆斯·塔利(James Tully)用来描述对宪法的理解。塔利用维特根斯坦的观点对现代宪制主义的帝国主义倾向进行了

51　Walter Bagehot, *The English Constitution* ［1867］Miles Taylor（ed）(Oxford: Oxford University Press, 2001), 5-9.

52　Ibid, 189-191.

53　Ludwig Wittgenstein, *Philosophical Investigations* ［1945］GEM Anscombe (trans)(Oxford: Blackwell, 1967), §18.

146

根本的批判。塔利认为，现代宪制的发展——作为现代宪法建构的建筑形式——压制了文化的多元，但是这种宪制却在过去的三百年间被欧洲大陆国家用来主导国家的治理。[54] 塔利认为，根本不存在可以包容每个国家多样性的综合的宪法理论；试图用一种特殊形式的宪法结构作为标准结构在每个国家推广，其实就是一种帝国主义的表现。[55] 他认为，试图去做这件事的动机就源自维特根斯坦所言的"（过度忽略差异的）求同存异"，这种强调普遍性和强调归纳演绎的思维很大程度上是由我们对科学方法的关注导致的。[56]

这些论述传递了一个非常清晰的信息：在讨论公法时，谈到建筑的隐喻，目的就是要彰显理性与历史之间、理性主义与经验主义之间的张力。[57] 当我们以建筑的视角去理解公法时，我们需要警惕存在标准模板这一想法的危险性。否则的话，正如埃蒂耶那·博诺·德·孔狄亚克（Etienne Bonnot de Condillac）所言："试图依据一些抽象的原则来建造一幢巨型建筑的荒谬之处就在于，就像在未知的基础上建造不可知的东西。"[58]

很难将现代国家的制度形式认为只存在一个标准设计或者认为只有一种标准的建筑形式，哪怕剧目是相同的，也很难从形式结

---

54 James Tully, *Strange Multiplicity: Constitutionalism in an Age of Diversity* (Cambridge: Cambridge University Press, 1995), esp 103-114.

55 James Tully, 'The Imperialism of Modern Constitutional Democracy' in Martin Loughlin and Neil Walker (eds), *The Paradox of Constitutionalism: Constituent Power and Constitutional Form* (Oxford: Oxford University Press, 2007), 315-338; James Tully, 'Situated creatively: Wittgenstein and political philosophy' in his *Public Philosophy in a New Key*, *Vol. 1: Democracy and Civic Freedom* (Cambridge: Cambridge University Press, 2008), 39-70.

56 Tully, above n 54, 105.

57 可比照弗兰西斯·培根的格言："经验主义者就像蚂蚁，他们收集（相关经验）并直接投入使用；但理性主义者就像蜘蛛一样，他们依靠自身吐丝织网。"引自 John Cottingham, *Rationalism* (London: Paladin, 1984), 7-8。

58 引自 Peter Gay, *The Enlightenment: An Interpretation* (New York: Knopf, 1966), 139(解释了孔狄亚克的观点)。

147

公法的基础

构的逻辑分析中真正洞察其内涵。宪法的形式结构(书面文本)和
其政治功能(现实)之间的关系依旧是非常模糊的。迈克尔·奥克
肖特在其有关现代欧洲国家的论文中就描述了这种复杂性:"每一
个国家的建构都是从很多二手资料中获得不同部分的构建灵感
的,就像一幢由很多建筑师参与建造的、在回应不同的现实需求中
持续地建造了很多年的公寓,国家建构的很多材料"都是从早期的
统治政权中借来的。[59] 在此基础上,他进一步发展了建筑隐喻:

> 一些石头被重新切割或者重塑,另外一些则像其当初被
> 从废墟中发掘出来一般被随意扔放在一边,所有石头都被重
> 新组合,并因此而产生新的用途。既然不存在一个幕后的建
> 筑师,那么对这些石头的理解就不能从动机、意图计划的角度
> 去探究。一个摇摇欲坠的建筑,很大程度上都是工匠根据自
> 己的惯例设计的。国家的特征不是一个可以复制的模板,而
> 是由理解(国家运行的)经验的努力塑造的。[60]

这其实是对试图在政府构建过程中过分强调理性设计的一种
警示。

第四节　权　力　结　构

在主权形成的过程中,呈现出来的最重要的特征就是,支持政
府结构的、来自外部的权威角色彻底消失了。在中世纪,支持政府
结构的是一个外部的神圣权威,在现代化的变迁中,这个外部的神

---

[59]　Michael Oakeshott, 'On the Character of a Modern European State' in his *On Human Conduct* (Oxford: Clarendon Press, 1975), 185-326, 198.

[60]　Ibid.

148

第三章　公法的大厦

圣权威被一个"世俗的上帝"(mortal God)取代了,这个世俗的上帝就是主权行使者这个角色。但是,这个世俗的主权行使者的生命是有限的,是个转瞬即逝的角色。损毁的前提是先荣举:为了创造绝对权威得以形成的条件,即创建公共领域的自主性,首要的是将作为国家代表的主权行使者与人民分离,并认为主权行使者高于人民。鉴于现代政府事务的复杂性,不断赋予主权行使者的复杂职能最终要通过一系列机构分工负责,在这个变迁的过程中,王权被不断地制度化、分化,通过这个过程,主权行使者这个角色就最终被国家理念彻底吸收、统合了。

　　这一概念的转变是伴随着国家权力与社会关系的颠覆性转变产生的。一旦国家权力被认为来自人民,国家所享有的自主权力就应该用于服务社会的目的本身。[61] 享有特权的主权行使者,作为国家的代表,就不再是一个高高在上、与社会疏离的权威,其权力也不能用于追寻自身的目的和任务,[62] 相反,成为一个服务于社会目标的公职。这就使得国家行动的动机不再来自外部,而是完全出于内部的考量。在此之前,统治者都是通过战争或者获得更多的领土这样的外部方式来实现强化自身权力的;在现代社会中,情况则完全相反,征服的欲望几乎被满足内部的需求所统领与缓和。这不单纯意味着:国王与人民在财政收入的供给问题上的冲

　　61　戈谢认为:"国家对社会的具体渗透度取决于其与社会的抽象分离程度。国家在社会生活中的作用越大,它就越成为社会这一集体运行机制中不可或缺的日常组成部分,它也就越会以完全脱离公共领域的名义在无形中运作。国家在市民社会中的内在渗透性取决于其在多大程度上实现了理想的超越性。"参见 Marcel Gauchet, *The Disenchantment of the World: A Political History of Religion* Oscar Burge (trans) (Princeton, NJ: Princeton University Press, 1997), 195。

　　62　在给洛伦佐·德·美第奇(Lorenzo de' Medici)的一封致敬信中,马基雅维利指出:"我希望,一个地位卑微的人想要讨论和安排国王的政府,这不会被认为是厚颜无耻的。正如那些画地图的人把自己放在平原上,但依旧要考虑高山和其他高地的性质,或者把自己置身于高山和高处但依旧要考虑平原一样,同样地,作为一名国王,要清楚地了解人民的本质,就必须要成为人民的一员,这样也才能更好地理解国王的本质。"参见 Niccolò Machiavelli, *The Prince* [1513] (London: Dent, 1995), Letter of dedication to Lorenzo de'Medici (at 37)。

149

公法的基础

突更为激烈,尽管和历史上的任何政权一样,这依旧是一个典型的冲突点,但是一旦政府公职由人民代表来充任,这一冲突——作为大多数宪法历史的核心叙事——就基本被淡化、被取代了。这个时候我们认识到一个更为重要的问题:只有在较好地运用和控制好人民的社会权力(the social power of the people)后,国家的政治权力才能够获得真正的增强。

这对我们理解公共权力的结构而言,具有非常重要的意义。过去源自外部渊源的权力本身,现在完全可以依靠自身运行模式生产出权力。也就是说,一旦社会权力以政治的形式彰显自身,政治权力由此产生,并有能力覆盖一切。鉴于这是一种潜在的、巨大的、不受控制的力量,对其辅之以制度化的规范和管理措施就成为必要。因此,与这一政治权力相伴而生的就是国家权力的机构性划分和对人民的激情进行内部规范的规训机制的系统运用。[63]

理解权力结构是理解公法的基础的关键。斯宾诺莎在《神学-政治论》(*Tractatus Theologico-Politicus*)中提出一个问题:"国家主权具有绝对性的观点是如何与个体应该享有最大程度的自由的必然性之间相兼容的?"斯宾诺莎非常认同,个体签署社会契约,目的是要建构一个国家,并且赋予其绝对的权力。国家享有"排他的、不受质疑的统治权","统治者的权力是不受任何法律约束的,但是每一个国家成员在任何情况下都必须要服从统治者的权力"。然而,他也不否认,"这种绝对服从他人统治和意志的风险也有可能带来轻松、幸福的心情"[64]。他为什么会这么乐观呢?

答案就在斯宾诺莎对罗马两种权力观念的区分上:主权性权

63　Foucault, above n 40, 44-45:"规训本质是向心的,我的意思是说,规训在运作的时候划定了一个空间,确定了一个部分。规训导致集权、集中和封闭。规训的第一个行动实际上是限定一个空间,在这个空间中,规训的权力及其权力运行机制将充分而无限制地发挥作用。"

64　Benedict de Spinoza, *Tractatus Theologico-Politicus* [1670] in Spinoza, above n 2, 1-282, 205.

150

力或者称为统治权（*potestas*）；实际统治的能力或者称为治理权（*potentia*）。统治权是公职行使者享有的正当的、合法的权力，是统治的权力。当这样的权力广泛存在时，我们称其为绝对统治权（*imperium*）。治理权指代的是实际管理能力，取决于国家汲取和控制公共资源的能力。后者不涉及政府享有的绝对的统治权，而是取决于政府在实现自身意志和主张过程中能够争取到持续的支持，也就是能够有效地实现政府目的的能力。治理权的重要性在斯宾诺莎"权利源于权力"的观点中得以彰显。在斯宾诺莎看来，主权行使者要享有统治的权利，只有他留存足够的、实现自身意志的权力时才能实现。[65] 一旦这一治理权消失了，命令的统治权也随之丧失。正因如此，主权行使者很少发布非理性的命令，"他们必须在发布命令时考虑什么是自身的最佳利益，只有依据公共善，并且依据理性的命令决策，他们才能保存其权力"[66]。为了表明这一观点，他专门引用了塞涅卡的格言："没有任何一个依赖暴力统治的人能够统治长久（*violenta imperia nemo continuit diu*）。"

斯宾诺莎的观点并不是为了证成"权利的理念"，或者说进一步地主张"强权即公理"（might is right）。[67] 他的目的是想要表明"权利"概念是如何在现实中运作的。在自然状态之下，个体享有天赋和力量，每一个人都或多或少地享有自主。但是，正如艾蒂

65　Spinoza, above n 64, 205. 这是斯宾诺莎基本论点很重要的一个方面，斯宾诺莎认为，在自然状态下，"每个人都有随心所欲的主权权利；换言之，个人的权利可以延伸到权力行使的最终边界，因为权力的行使是有条件的"（at 200）。

66　Ibid, 205-206.斯宾诺莎还在书中指出："我承认（君主）有权以最暴力的方式进行统治。尽管这些事情不可能不给统治自身带来极大的危险，但我们依旧不可以否认，他有绝对的权力去这么干，或者说，他有绝对的权利；因为君主的权利受到他的权力的限制。"（at 258）

67　埃德温・柯利（Edwin Curley）指出："一般来说，当斯宾诺莎表达他对权利和权力关系的看法时，他会说，权力拓展必然带来权利范围扩大，因为他对这两者之间并没有清晰的界定。"参见 Edwin Curley, 'Kissinger, Spinoza, and Genghis Khan' in Don Garrett（ed）, *The Cambridge Companion to Spinoza*（Cambridge: Cambridge University Press, 1996）, 315-343, 322。

安·巴利巴尔(Etienne Balibar)对斯宾诺莎的评论："对斯宾诺莎而言，'人生而平等、自由'这样的观念是根本没有意义的。"人出生的时刻并不是个体能够确认其权利的时刻，是一个人最弱小的时刻。[68] 鉴于人在自然状态下就是不平等的，因此，平等的关系建立需要一个制度框架的支持。一个新生儿在获得任何权利之前最为重要的就是获得他人的积极保护。斯宾诺莎非常反对仅仅停留在学理上的对"权利"(right)的表达，无论这个表达是作为客观的、受到神启的秩序，还是作为普遍人类自治特征所享有的主观权利。[69]个体权利也是一种权力的表达。每一个个体其实同时生活于一种相互独立又相互依存的双重关系中：独立这个层面主要强调，总体而言，个体可以按照自己的想法去生活；依存则指个人在生活中总是不可避免地需要他人和外力的支持。[70]

基于这种双重性，我们就可以理解为什么斯宾诺莎认为主权行使者权力与个人权利之间并不是天生就对立的，特别是"如果这两者能够结合和将彼此的力量融合起来，它们将拥有更多的权力……两者融合得越好，两者就共同地将享有越多的正当性"[71]。每一个个体不应该被视为主权行使者权力(统治权)的障碍，而是国家的治理权的积极构成要素。[72] 主权的内在关系随着依存和独立的相互作用而产生的"真正的"权力的演变而演变，而这种权力本身是由这个过程固有的限制和功能性分化产生的。

斯宾诺莎认为，在一个民主社会中，政府的形式是由社会契约决定的，"人民中的大多数不可能同意一个非理性的政府结构设计"，政府的目标是将人们尽可能地引导到受理性控制的状态中，

---

68 Etienne Balibar, *Spinoza and Politics* Peter Snowden (trans) (London: Verso, 1998), 60.

69 Spinoza, *Tractatus Politicus*, above n 2, 291-300 (II. Of natural right).

70 Ibid, II.9 (295).

71 Ibid, II.13 (296).

72 Balibar, above n 68, 30.

只有这样,他们才可能在和平、和谐的状态中生活。如果一个共同体不是建立在这些条件之下,那么整个结构都将彻底损坏和坍塌。我们强调,在必要的条件下,人民的责任就是服从统治者的命令,这是不是将臣民变成奴隶?斯宾诺莎认为,这样的观点其实是基于对自由的误解产生的。尽管"建构秩序所要求的服从行为确实在一定程度上剥夺了自由,但是,这并不意味着一个人就因此变成奴隶"。奴隶"不仅仅意味着必须服从主人的命令,而且这些命令本身事实上服务于主人的利益"。然而,民主社会中的人民虽然需要服从主权行使者的命令,但是这些命令本身是服务于公共利益的,这种公共利益本身就包括了服从者自身的利益。[73] 政府的目标"不是把人从理性人变成野兽或者木偶,而是要在确保其安全的前提下,使他们的身心得以充分发展,能够不受限制地运用他们的理性"。政府的"真正目的是自由"。[74]

国家的力量最终来自人民忠诚所构建的紧密联系,因此,增强统治者权力最有效的方法就是建构能够源源不断地产生公信力、确保人民的自由不断得以实现和扩展的政府机制。鉴于思想、信仰和言论的自由即使被普遍赋予每一个个体,也不会对主权行使者权力的权威产生不当的伤害,因此,斯宾诺莎主张:"每一个人思想自由、言论自由。"[75] 因此,"每个人既应该在行动上服从权威的控制,也应该在思想和理性判断上依旧保有绝对的自由"[76]。此外,鉴于试图通过法律对一切事务进行规制的主权行使者,更可能引发恶行,而非改造它们,因此,那些对公共权力的行使形成有效约束的规则应该得到充分的遵守:"最好是明确哪些规则是在任何情况下都不可以被废弃的,即使这些规则本身也存在潜

73　Spinoza, above n 64, 206.

74　Ibid, 259.

75　Ibid, 265.

76　Ibid, 263.

公法的基础

在的危害。"[77] 主权行使者享有统治的绝对权利(统治权),但是 "只有统治者依旧保有确保其自身意志能够得到落实和服从的真正权力时,这一统治权才具有意义,否则的话,他的政权必然是摇摇欲坠的,任何比他强的人都不会毫无怨言地服从他"[78]。尽管主权行使者享有统治的绝对权利,但是如果他通过压迫或者其他不恰当的行动,从而导致他的权力被大大削弱,政权最终就会覆灭。[79]

斯宾诺莎对主权性的统治权和关涉实际统治能力的治理权的区分,是建立在博丹对《国家六论》第一卷同其余五卷的关系逻辑的考量基础上的。[80] 这一区分揭示了促进现代世界公法发展的根本动力。一方面,我们强调主权行使者无所不能地发布命令的形象;另一方面,我们认识到公共领域中的理性秩序安排对这一管理权威本身所具有的重要影响和限制。

第五节　宪法性建筑

在现代社会,那些曾经将自己的权威建立在外部渊源上的事物,现在具备了依靠自身运行模式获得权威的能力,公法也因此具有了自主性。伴随着政府不再是一个遥远的权威,而是一个有能力影响人们日常生活的非常活跃的机构,以及宗教的权威的消亡,

---

77　Spinoza, above n 64, 261.

78　Ibid, 205.

79　柯利认为,保护个人免受主权权力滥用不当影响的特定"自然权利"的缺乏,是斯宾诺莎政治哲学的缺陷,参见 Curley, above n 67, 335。想要了解另一种对斯宾诺莎的权力概念采用了更具政治性的解释,以及能够将公民权利纳入权力概念的观点,参见 Moira Gatens, 'Spinoza's Disturbing Thesis: Power, Norms and Fiction in the *Tractatus Theologico-Politicus*' (2009) 30 *History of Political Thought*, 455-468。

80　参见本书第二章,第83—86页。

154

政治权力具备了吸纳和控制世俗万物的能力：治理权不断增强，而统治权显然越来越退居幕后、渐行渐远。当公法的自主性的条件得以实现时，公法的模糊性也就显现出来了。

这一模糊性在这一公法建筑（现代国家的运行机制）中得以充分地彰显。在现代世界，公共权力（统治权）的运行主要是通过划分立法、行政和司法机构之间的功能实现的。此外，公共权力也受到来自公民权利的影响和塑造。不同治理机制和机构之间形成的非常复杂的合作网络，有效地缓解了赋权和限权之间的张力。这种现代国家的运行机制形成过程[也称为宪制化（constitutionalization）过程]一方面构成了对所谓专制权力的限制，另外一方面也成为有效增强政府权力的协同机制。宪制化过程彰显的就是现代国家作为一个建筑的形成过程，但是这个过程是非常复杂和模糊的。[81]

尽管宪制主义的话语总是与基本法的表达联系起来，但是，严格地讲，主权的逻辑使基本法的存在变得非常多余。关于这一观点的基础性工作是由霍布斯和普芬道夫奠定的，他们否定了任何能够对统治权构成法律限制的基本法观念。而他们观点的内涵一直到卢梭对主权的内在运行逻辑进行阐释时，才充分地展现了出来。卢梭认为："国家当中根本不存在不可废除的基本法这样的东西，因为即使是社会契约本身也可以被废除。如果全体公民聚集在一起，共同同意打破这一契约，那么这就是完全合法的对社会契约的废除。"[82] 卢梭的观点并不是要否认能够对公职人员的权力行使构成约束的宪法性法律，依据博丹对主权和政府所做的区分，卢

81　参见 Martin Loughlin, 'What is Constitutionalisation?' in Petra Dobner and Martin Loughlin（eds）, *The Twilight of Constitutionalism?*（Oxford：Oxford University Press, 2010）, 47-69。

82　Jean-Jacques Rousseau, 'The Social Contract' in his *The Social Contract and other later political writings* Victor Gourevitch（ed）（Cambridge：Cambridge University Press, 1997）, 120.

梭是想主张,尽管宪法性法律可以约束政府公职人员,但是它们不能约束主权的最终享有者——人民。因此,(政府作为)宪法性法律构建的建筑物必须要服从人民的主权意志。通过这一策略,卢梭摧毁了这一精细的智识建筑,即将基本法等同于社会契约,或者将基本法与国家大厦的传统根基联系起来。[83] 因此,现代社会,政府宪法(the constitution of government)必须区别于同时也必须服从主权宪法(the constitution of sovereignty)。

卢梭阐释的原则成为现代宪制大厦得以构建的基石。[84] 从美国宪法的起草开始,建筑物隐喻逐渐被"自我约束"的内在逻辑取代。宪法性建筑这一说法逐渐被宪法原则或者宪法话语——"政治法"话语取代。为了进一步细化呈现政治法的特征,我们将考察卢梭描述的两种"法律至上"(juridicism)形式,[85] 理性与历史之间的张力在其中得以彰显。

83　Thompson, above n 14, 1127.

84　例如,可以关注汉密尔顿是如何解释司法审查权的,在解释这一权力时,他不是参考一些自然形成的"基本法",而是根据授权原则和人民的最终权威诠释司法审查权的。参见 James Madison, Alexander Hamilton, and John Jay, *The Federalist Papers* [1788] Isaac Kramnick (ed) (London: Penguin, 1987), No 78。

85　参见 Michel Foucault, *Society Must Be Defended* David Macey (trans) (London: Allen Lane, 2003), 208-212。

第四章
政治法科学之一

现代国家的机制建构通常通过政治法的话语进行表达。为了进一步呈现这一话语的本质,本书以让-雅克·卢梭(Jean-Jacques Rousseau)的著作作为研究起点,因为相较其他学者,他在国家机制建构的一般原则和实践上投入了更多精力。通过聚焦于他的著作,我们可以获得那些塑造现代公法思想的理念以及贯穿现代政府制度实践的相关洞见。卢梭的思想也进一步彰显了权利与权力、统治权与治理权之间的张力和概念的模糊性,这为我们探究公法的基本原理奠定了基础。

卢梭在讨论政治法时主要侧重于两个方面,这是我们的研究要把握的关键。这两个方面的思考建立在对社会契约的本质考察的基础上。我们将在本章和第五章探索卢梭讨论的这两个方面的观点。除了分开讨论,还需要将两者结合起来,才能真正把握现代公法的主题,这也是第六章试图完成的工作。

第一节　政　治　法

卢梭的政治性写作主要探讨国家建制的本质,但是,这些政治性文章也可以被视为将国家建制理解为一种法律行为的拓展性研

公法的基础

究。在《社会契约论》(*The Social Contract*)中,卢梭认为,在被其称为公共事务(*chose publique*)或者共和国(*res publica*)——公共领域的结构中,存在四种形式的法律。第一种法律就是用来调整共和国自身的行动的,或者说是用来调整主权行使者与国家之间的关系的法律。[1] 调整这一关系的法律就是政治法,我们也通常将其称为基本法。[2] 政治法建构政府的基本形式,并且赋予国家统一和意义。第二种法律就是民法,是用来处理公民之间、公民与整个共同体之间的关系的法律。[3] 第三种法律是刑法,是处理"违法与惩戒"之间的关系的法律。[4] 但是,由于卢梭认为,刑法与其说是一种特定的法律类型,不如说是一种针对其他法律的特定制裁,因此,就我们的目的而言,这可以被忽略。最后一种法律是习惯。对卢梭而言,这四类法律最终就可以划分为两大类:政治法和成文(实证)法。

在《社会契约论》中,卢梭非常清楚地定义了第一种法,而且也强调他对这种法的关注,因为"政治法决定和建构了政府的形式"[5]。这其实在《社会契约论》一书的副标题中就彰显了卢梭的这种特殊关注,《社会契约论》的副标题是"政治法的原理"(*Principes du Droit Politique*)。但是,由于法律实证主义的普遍影响,这一政治法概念具有的根本重要性在今天几乎就被忽略了。由于法律实证主义的趋向,很多法学家都认为,"法"仅仅指代的是国家立法机构发布的命令,公民都必须服从它,因为法律具有国家

1　Jean-Jacques Rousseau, 'The Social Contract' [1762] in his *The Social Contract and other later political writings* Victor Gourevitch (ed) (Cambridge: Cambridge University Press, 1997), 39-152, 80. 卢梭的另外一本书 *The Discourses and other early political writing* 也由维克多·古热维奇(Victor Gourevitch)编辑,同步由剑桥大学出版社出版,因此,这两本书都被归入了卢梭的 *Political Writings* 这一系列图书,分别作为第 1 卷(早期写作)和第 2 卷(后期写作)。

2　Ibid.

3　Ibid.

4　Ibid.

5　Ibid, 81.

158

强制力的保障,不服从者将面临惩戒。霍布斯就是这一观点的主要倡导者。霍布斯认为,过去人们都认为法律体现的是一种理性的命令和支配,事实上,这样的观点是错误的,法律更多的是一些结论,一些有关如何能够保有和维护自身的定理。[6] 法律本质上就是有权利命令他人的人的话语。[7]

追随霍布斯的法律实证主义者确实在法律的定义上提供了极为清晰的分析方法,但是,在面对法律制定者的问题上,仅仅依靠法律实证主义是无法回答所有问题的,我们依旧还有很多困惑。霍布斯完全避开了去直面这些谜团,他主张,通过初始的社会契约,每一个个体都出让了自己的自然权利,并赋予了统治力量以绝对的权威。但是如果这些确立政府机构权威的契约本身是有条件、有限制的呢?霍布斯的追随者边沁和奥斯汀认为,这些限制——其实就是宪法性法律——在严格意义上不应该被称为"法律",而是应该被归入"实在道德"(positive morality)的范畴。[8]

这一语义角度的回答是否就能够让我们彻底跳过这个问题?鉴于是法律创造了统治者这个职位本身,我们真的可以不讨论与"统治者必须服从法律"相关的问题吗?事实上,从 12 世纪罗马法复兴开始,这个问题就在整个欧洲的法理学界产生了广泛的影响,也在巴尔多鲁斯和阿佐(Azo)的著作中得到了阐释。[9] 13 世纪最著名的英国思想布莱克顿阐释道:"国王虽然在万人之上,但是在

6　Thomas Hobbes, *Leviathan* [1651] Richard Tuck (ed) (Cambridge: Cambridge University Press, 1996), 111.

7　Ibid.

8　John Austin, *The Province of Jurisprudence Determined* [1832] Wilfred Rumble (ed) (Cambridge: Cambridge University Press, 1996), Lecture V.

9　参见 Quentin Skinner, 'Political Philosophy' in Charles B Schmitt and Quentin Skinner (eds), *The Cambridge History of Renaissance Philosophy* (Cambridge: Cambridge University Press, 1988), 389-452, 389-395。

公法的基础

上帝和法律之下,因为法律创造了国王本身。"[10]因此,统治者必须服从法律的最基本的理由就在于,统治者不仅仅宣称自己享有统治的权力,即治理权(*potentia*),同时也享有统治的权利,即统治权(*potestas*)。

卢梭专注于统治的权利,即政治法的研究。在详细分析卢梭的思想之前,首先要认识到,卢梭的政治思想受到了他那个时代具有权威性的法学理论的影响和启发。[11] 这些法学理论是现代自然法的代表,比如格劳秀斯和普芬道夫的著作、约翰内斯·阿尔图修斯的著作,以及著名的法国思想家让·巴贝拉克(Jean Barbeyrac)和让-雅克布拉玛奇(Jean-Jacques Burlamaqui)的著作。[12] 尽管受到这一现代自然法传统的影响,但是卢梭进行了重大的创新,而且试图将自然法的概念从其理论体系中移除。[13] 对卢梭而言,一个正义社会的原则应该是从政治理性中得出的,而不是从自然权利或者自然正义的准则中产生的。而且只有摆脱自然法的影响,政治法作为一个自主的观念才获得充分的生长空间。政治法在功能上相当于取代了现代自然权利(正义)的地位。

---

10   Henry de Bracton, *De Legibus et Consuetudinibus Angliae* (*On the Laws and Customs of England*) [c1258] George E Woodbine (ed) Samuel E Thorne (trans) (Cambridge, MA: Belknap Press, 1968), ii. 33.

11   Robert Derathé, *Jean-Jacques Rousseau et la science politique de son temps* (Paris: Librairie Philosophique J Vrin, 1950), 51.

12   Ibid, 66-100. 布拉玛奇尽管没有在理论上有突破和创新,但是完成了两篇题为 *Principes du droit naturel* (1747) 和 *Principes du droit politique* (1751)的重要论文。这两篇论文被翻译为英文,参见 Jean-Jacques Burlamaqui, *Principles of Natural and Political Law* T Nugent (trans) (London: J Nourse), 2 vols, 1748-1752。另可参见 Giorgio Del Vecchio, 'Burlamaqui and Rousseau' (1962) 23 *Journal of the History of Ideas*, 420-423。

13   虽然卢梭偶尔会引用"自然法"(natural law)一词,但这基本上是作为一个同义词,用来指代一切被认为是正义的存在。然而,自然法在卢梭思想中的作用仍然存在众多争议。参见 Alfred Cobban, 'New light on the political thought of Rousseau' (1951) 66 *Political Science Quarterly*, 272-284, 277; 也可参见 Derathé, above n 11, 135, 168 – 171; Maurizio Viroli, *Jean-Jacques Rousseau and the 'Well-Ordered Society'* (Cambridge: Cambridge University Press, 1988), 132-148。

160

第四章　政治法科学之一

在这一方面,卢梭虽然很大程度上继承了普芬道夫的思想,但是他显然比普芬道夫要激进得多。普芬道夫通过将任何超然的道德主张从其理论体系中剔除,最终实现了对其自然法理论的去神学化(detheologized)。普芬道夫认为,自然法的规范不该从有关正义和善的形而上的观念中产生,而应该从对人的本质的分析中得出。[14] 普芬道夫一方面将那些解释世俗相互关系的规则视为"自然法";另一方面认为,我们天生的社会性、我们共同的需求和我们共同的人性将人类团结在一起,并向我们每一个人灌输了自然权利的准则。[15] 正如古热维奇指出的:"卢梭不仅反对普芬道夫的前提,也反对他的结论。"[16] 只有摒弃存在形成"人类普遍社会"的自然倾向的假设,[17] 才能说被普芬道夫称为内在规范的自然法与被卢梭称为政治法的原则是相似的。

直到 18 世纪现代国家的特征逐步得以明晰,这一创新才真正具有了现实意义。自 18 世纪开始,国家摆脱了曾经对自身构成严苛限制的技术上和观念上的束缚,一个新的时代因此诞生,在这个时代,法律不再建立在习惯的权威之上或者超越时空的超然性的原则的基础之上。习惯与历史相关,历史被视为具有永恒性的过去或者第二性特征的某种形式,这种第二性特征与客观规律被完全混同起来。超然性的原则则与理性相关,这种理性有一种神圣

14　参见本书第二章,第 115—119 页; Martin Loughlin, *The Idea of Public Law* (Oxford: Oxford University Press, 2003), esp 138-145。

15　Victor Gourevitch, 'Introduction to Rousseau', *Political Writings*, above n 1, vol 2, xii.

16　Ibid.

17　卢梭认为:"基于我们相互的需求所产生的普通社会无法有效地帮助那些在痛苦中迷失自我的人们,或者说,这种普通社会只为那些本已经拥有太多的人提供锦上添花的支持,而那些弱者、迷失者、窒息者、被大众压垮的人在这里找不到任何他可以逃离苦难的避难所,也找不到任何他软弱时需要的支持,最后,他成了这种具有欺骗性的联合的牺牲品,他曾经以为他可以从这种联合中获得他所期望的幸福。"参见 Rousseau, *The Geneva Manuscript* in his *Political Writings*, above n 1, vol 2, 153-162, 154 [1.2.4]。

161

公法的基础

来源,因此与普遍道德规则混同在一起。自此,法律被视为某种基于命令产生的系统,这个系统是人类通过某种社会性程序构建的,主要用来满足他们当下的、现世的需求。只有在这个阶段,从法律意义上,我们才对法有了更为准确的理解:法就是人为制定的实证法(law as posited law)。也只有在这个时候,政治作为一个绝对的、自治的领域才彻底被认识到。主权原则既包括自我统治的能力,也包括统治他人的能力。

当认识到这些进步之后,卢梭几乎就不再考虑与自然法相关的问题了。自然法不再被视为一种超越人类法律(最广义上的实证法)的法律形式,自然法不再被视为对人为制定法律的限制或者衡量尺度。除了人类自身制定的法律之外,不存在其他类型的法律。

自此,中世纪宪制主义中对实证法(主权行使者制定的法律)和自然法(上帝借助于对人的理性的塑造所确立的有关正义行为的规则)的划分就此消失了。替代自然法的就是各种围绕“政治法”的不同观点,尽管这些围绕政治法(公法)的讨论在现代思想中从来没有确定的、准确的表述,但是,它们依旧占据了过去自然法所占据的中心地位。人类在现代社会构建的共同体被称为“国家”。这个国家因为具备主权特征,而且借助于法律,它无所不能,因此,这一国家不仅仅是法律的唯一来源,它自身也被视为法律的创造物。如果说这里充满了某种矛盾的话,是因为我们混合了两个不同的法律概念:实证法(positive law)和政治法(political right)。

如果要准确把握现代有关政治法的特征,我们必须要准确地区分两种法的观念:“发布命令的法(实证法、成文法)和卢梭所称的政治法(droit politique),后者促成了统治权利的生成。”卢梭其实比较早地认识到,是我们自己创造了这个被称为“处于正义秩序中的国家”的世界。这一有关国家正义秩序的理念其实就可以被

162

视为主权宪法(the constitution of sovereignty)。

第二节　卢梭的政治法科学

"我想要探讨在社会秩序当中,从人类的实际情况和法律可能的情况着眼,能不能有某种合法且确切的政府规则存在。"[18] 在《社会契约论》的开篇,卢梭就准确地描述了他为自己设定的任务本质。卢梭的目标在于寻找是否存在政治法科学——一种有关公法的科学——从而能够从中产生一些原则,这些原则能够确保政府秩序处于合法状态中。他的目标是要阐述一种理念,这种理念要把"正义所许可的和利益所寻求的"结合在一起,[19] 从而使得正义和功利的目标同时被兼顾,这样就不会因为共同善而牺牲个人权利。尽管这似乎是一种完全的哲学思辨行为,但是"从人类的实际情况和法律可能的情况着眼"这句话彻底地展现了现实的关切,这也使得卢梭最终的目标在此被强调:考虑到人类的境况(实然)和人类社会法律所要实现的目标(应然)之间的紧张关系,这一理念真的能够实现吗?

这一(试图同时兼顾实然和应然的)有些含糊其词的立场是非常重要的。如果《社会契约论》只是试图对未来应该呈现什么样的状况进行理想型的探索,或者说去想象未来的图景,那么该著作就是一种纯政治哲学的探讨,这是与试图确定公法的特征完全不同的任务。尽管法律本身包含理想的成分,但是法律本质上还是一个实践工具,必须要在现实社会中切实地发挥作用。因此,不能将卢梭的任务仅仅视为一种法理的探索:他的目标是完全实践性的,他试图确定政治法的特征——也就是对完全能够在现实国家

18　Rousseau, above n 1, 41(古热维奇翻译时有调整)。

19　Ibid.

163

公法的基础

中予以落实的公法的探索。

卢梭在其著作开篇就指出,尽管人类过去在自然状态下是平等的,但是,当下在各种基于等级制度构建的秩序中,受到各种制度和实践的约束:"人生而平等,却无所不在枷锁之中。"[20]《社会契约论》的核心目标是:试图解释政府秩序是如何与人的自由诉求之间相互兼容的。卢梭首先驳斥了家庭的类比,在这个类比中,统治者被认为是父亲,而人民就是孩子的形象;同时,他也驳斥了将政府秩序比喻为牧羊人和羊群的关系。[21] 尽管卢梭也同样运用了社会契约的理论,从而避免解释政府建构过程中一些复杂的问题,但是他认为,格劳秀斯和霍布斯在一个关键问题上都存在误解。他们两人认为"人生而就不平等,一些人生而为奴,而一些人是天生的统治者",卢梭认为他们两人的错误在于"倒果为因"。[22] 由于仅仅关注政府统治的历史,他们受到了迷惑,"停留在事实本身来定义权利"[23]。"那些生在奴隶制度之下的人,生而就是奴隶,他们在枷锁之下丧失了一切,甚至丧失了摆脱枷锁的愿望。"[24] 结果,尽管格劳秀斯和霍布斯倡导形式上的平等原则,但是由于他们受困于现实的历史,因此坚信"人类是属于某一百个人的",而完全无法认识到"那一百个人是属于全人类的"。[25]

尽管人类历史充满了因为权力滥用和剥削所导致的枷锁,但是在卢梭看来,人类并不必然要经历这些。"压制大众和统治社会之间有很大的区别"[26],如果一份契约一方面强调绝对权威,另一

20　Rousseau, above n 1, 41.

21　Ibid, 42-43:"正如牧羊人的天性优于羊群一样,人类的牧羊人也是如此,他们是他们的首领,他们的天性也必然优于他们的人民。"

22　Ibid, 43.

23　Ibid, 42.

24　Ibid, 43.

25　Ibid, 42.

26　Ibid, 48.

164

第四章　政治法科学之一

方面强调无限制的服从，那么这份政治契约是无意义和充满各种冲突的。[27] 在一份经过审慎考量后产生的社会契约中，人类不仅仅是简单地放弃他们自身的自由，而是用自然的自由——他们的独立——换取共同体中"更高的"（higher）政治自由。这是一种自由的交易，人们不仅能够获得与其出让的权利完全等价的文明社会中的自由，而且还能获得更多的权利和力量来保有自己的所有。之所以称这是"更高的"自由，是因为只有在文明国家中，人类才能实现自主（self-mastery）："仅仅服从自己欲望的冲动其实是奴隶"，真正的自由是"服从自己为自己制定的法律"。[28]

卢梭认为，霍布斯单纯将政治契约视为在自由与被统治之间做一个绝对的交换的观点是错误的。对霍布斯而言，这是一场自由（没有约束）与法律（主权行使者的规则）无法共存的、非此即彼的交换；但是，对卢梭而言，自由不仅仅单纯意味着没有约束，自由本身就包括了自治（self-government）。从这个角度，自由与法律之间不是对立的，如果人民生活在一个自己制定法律的国家中，自由和法律完全可以共存。霍布斯的理论中几乎不从法理的视角谈论国家建构：因为自由是在法律之外的。但是，在卢梭这里，他对自由和法律之间关系的另类解读使得"政治法"的概念成为理解统治秩序的关键。但是，政治法到底是如何确保自由与统治之间能够共存且和谐共处的？

与霍布斯一样，卢梭解决问题的方式还是以政治契约作为基础，而且和霍布斯所强调的一样，卢梭也要求个体必须出让全部自然权利。因为如果保留特定的权利的话，"将无法产生一个共同的更高的权威来裁决这些权利与公众之间的矛盾"，每个人依旧是自身案件的裁决者和执行者，如果事事都如此，我们就将"回到自然状态并且持续这种状态，这个时候契约的结合就会变成暴政或者

27　Rousseau, above n 1, 45—46.

28　Ibid, 54.

165

公法的基础

毫无意义的空话"。[29] 但是与霍布斯不同,卢梭认为,主权者不能仅仅是单个的个体或者代表性的职位,必须是人民自身通过结合,产生一个道德和集体的共同体,确保这个共同体中全体成员的声音能够有效地发出和被听到,那么这个共同体就因此获得了它的统一性、它的公共人格,以及它的生命和意志。[30] 在这个时候,主权者就是由联合的全体成员构成的公共人格(the public person),这个公共人格就被称为共和国(the republic)或者政治体(body politic)。一般情况下,当公共人格被其成员抽象地感知时,它就被称为国家;而当这个公共人格积极行使权力,其成员在实际中感知它时,它就被称为主权者;当公共人格与其他类似的存在比较时,它就被称为权力。[31]

由社会契约创造的这一公共人格是如何具有独立意志的?这些通过契约联合起来,要求自身服从主权者制定的法律的人是如何被认为是依旧自由的?卢梭回答,政治契约不仅没有毁掉自然平等,而且还用一种道德和法律的平等替代了自然状况下人与人基于身体状况及其他物质状况的不平等。[32] 由于这一契约,自然状况下不平等的个体获得了政治意义上的平等。他们同时也从大众变成人民:当作为一个整体出现时,他们就被称为人民(people);当作为个体参与主权的权力运行时,他们就被称为公民(Citizens);当需要服从国家法律的时候,他们就被称为臣民(Subjects)。[33]

这一政治平等是公共人格的独立意志得以形成的前提。在契约所构建的这个结合中,其成员被平等地赋予权利,因此"每一个

---

29 Rousseau, above n 1, 50.

30 Ibid, 50.

31 Ibid, 51.

32 Ibid, 56.

33 Ibid, 51.

人都平等地将自身奉献给所有人,其实就等于没有奉献"[34]。这就意味着:"我们所有人都在公意(the general will)的最高指引下,将自身人格和权力奉献给共同体。"[35]公意就是主权者的意志。但是,由于主权者是由共同体中的成员构成的,因此,主权者没有,也不能有与其成员利益相反的任何利益。[36] 公意与众意之间是有很大差别的,公意是使得共同体可以团结在一起的共同利益(common interest)。[37] 因此,统治权威"无须对其臣民提供任何保证,因为共同体不可能想要损害它的所有成员……而且它不会特别伤害成员中的任何一员"[38]。这就很好地回答了为什么公意应该被视为自由的表达和实现,而不是对自由的限制。

卢梭解释,在政治契约中丧失的是自然的自由(natural freedom),即"一种对那些诱惑人们以及人们可以触及的所有事物的无限权利",这些自由的实现取决于欲望、机遇和武力。[39] 这一纸契约获得的是公民自由(civil freedom),这是一种由法律保障的自由,具有更多的安全感,但是,公民自由要受到公意的限制。[40] 如此,基于两点原因,这种限制并不是真正严格的对自由的限制。首先,尽管在个人利益与共同利益相互冲突时,个人利益必须服从共同利益,但是公共利益所努力实现的是"正义所允许和利益所追求的"[41]两者之间的平衡,由于这种条件被更好地理解为一种能够确保所有人平等地享有自由的限制,它被视为一种可行条件。其

34　Rousseau, above n 1, 50.

35　Ibid.

36　Ibid, 52.

37　Ibid, 62.卢梭还指出:"众意与公意之间往往有相当大的区别:后者只关注共同利益,前者关注私人利益,只不过是特定意志的总和;但是,如果从这些相同的意愿中,我们去掉相互抵消的优点和缺点,剩下的差异之和就是公意。"(at 60)

38　Ibid, 52.

39　Ibid, 53–54.

40　Ibid, 54.

41　Ibid, 41.还可参见本书第163页。

公法的基础

次,从自然状态向文明国家转变,很重要的一点就在于人们的行动不仅仅受到本能的支配,而且受到正义的支配。这个时候,整个社会环境中充满了过去欠缺的道德因素:"唯有当义务的呼声代替了生理的冲动、权利代替了嗜欲的时候,此前只知道关怀一己的人类才发现自己不得不按照另外的原则行事,并且在听从自己的欲望之前,先要请教自己的理性。"[42] 这个时候,人也因此获得了很多很重要的品质:"他的能力得到了锻炼和发展,他的思想开阔了,他的感情高尚了,他的灵魂也得到了提升,他从一个愚昧、局限的动物变成了一个有智慧的生物。"[43] 因此,"任何拒不服从公意的人,全体就要迫使他服从公意,也就是说,人们要迫使他自由"[44]。

卢梭主要在《社会契约论》的第一卷中系统论述了有关政治法的构成性要素。在文明国家中,人人平等,并且每一个人都应该为共同善而努力。[45] 共同善的实现建立在两大相关的原则的基础上:自由和平等。[46] 只有在文明国家中,人才能认识并实现真正的自由,而没有政治平等的保障,这样的自由是无法持续的。卢梭的相关论述还是以社会契约理论作为基础,但是他的社会契约理论与洛克和霍布斯都有区别。洛克认为,我们在签订契约时,只是出让了一部分自然权利;[47] 卢梭并不赞同洛克的观点,并认为,要建

42　Rousseau, above n 1, 53.

43　Ibid.

44　Ibid.

45　卢梭指出:"社会契约中唯一直接产生的真正的基本法则是,在所有事情中,每个人都应该认同共同善。现在,通过各种特定的法律,对有助于实现这一共同善的行为进行规定,从而构成了狭义定义的善,也就是所谓的实体意义上的善。而那些被认为有助于实现共同善,但法律没有具体规定的行为,就构成了文明行为、慈善行为,而那些促使我们倾向于做出这些行为的习惯,甚至我们的偏见,就是所谓的力量或美德。"参见 Rousseau, *The Geneva Manuscript* in his *Political Writings*, above n 1, vol 2, 153, 160.

46　Rousseau, above n 1, 78.

47　John Locke, *Two Treatises of Government* [1680] Peter Laslett (ed) (Cambridge: Cambridge University Press, 1998), vol 2, §93.

168

立一个自主的共和国,我们应该出让自己的全部权利。[48] 在霍布斯看来,出让权利就是单纯地出让;但是在卢梭看来,我们不过是用天然的自由换取了公民自由。尽管卢梭试图用政治契约理论规避从现有秩序向正义的宪法秩序转型过程中所面临的诸多问题,但是无法回避的是,在他的这些构成性原则中,理想主义的成分还是很重。如果他的论述要被视为政治法的规则,或者说主权宪法,卢梭必须向大家呈现这些原则在现实的政权中应该如何运行和实现。

即使卢梭在巧妙、全力地解决和回应有关国家创建初始的社会学问题,但是,在社会契约论中存在的主要问题在于:如果认为通过契约建构的文明秩序能够带来整个人类道德水平的提升,那么自然状态下的人们是如何认识到通过这样的秩序机制,他们的利益能够获得最佳的保障和实现?卢梭直接且极为雄辩地回答了这个问题:"如果我们认同一个新生的民族能够欣赏健全的政治准则和遵循国家理性的基本规则,那么为什么不能把这点视为一切的原因,而不是将其视为社会契约的结果?比如,我们认为的由契约机制催生的社会精神,为什么就不能先于契约的出现而存在呢,不能凌驾在契约之上呢。如果我们认为是法律改变了人民,那么这样的人民为什么不可以在法律出现之前本身就已经存在了呢?"[49] 但是,真正能够回答这个问题的答案到底是什么?

卢梭的解决方案就是选择杰出的立法者。建国初始的人们是很难认识到他们到底需要什么的,因此需要授权一个最高的智慧,让他来完成起草新宪法的基本法工作。这个杰出的立法者应该被认为"在任何一个方面都是一个杰出的人",这种杰出"不仅源自他的天资,同时也因为他所承担的这份工作本身"。[50] 他要负责起草

48　Rousseau, above n 1, 50.

49　Ibid, 71.

50　Ibid, 69.

公法的基础

一份宪法,但是这个制宪机构本身在宪法中又是不存在的。他需要极富权威地表达他的意志,但是这种权威既不是立基于武力,也不是基于理性推理的艺术。他需要设计出一个机制,这个机制本身不需要他的持续监督就可以有效地运行。他起草的宪法除了展现"崇高的理性"(sublime reason),应该避免一切偏袒和欺骗。[51]

卢梭的"立法者"其实是一个虚构的存在,主要的目的就是能够帮助卢梭不依靠暴力和武力来解释"建国时期"。[52] 立法者的理论可以用来回应一系列内在矛盾。比如,作为主权者的人民如何既是社会契约的缔约方又是契约的缔造物。[53] 再如,宪法的合法性源自它表达的是人民的意志,但是如果要确保其权威性,它应该是一个自上而下的产物。基于现代自治政治制度的观念,要求政治秩序必须是人民意志的产物,建立在平等和自由的原则基础上,卢梭必须创造出这样一个立法者,用于替代权威的神圣或者超验的来源。[54] 卢梭的立法者理论似乎只是用一套新的矛盾替代了旧的矛盾。立法者理论的功能是掩盖以下事实:国家更多地依靠强力而非正义得以初始建构;统治秩序(governing order)优先于宪法秩序(constitutional order);即使审议程序健全也无法消除单方的命令;作为主权者的人民尽管后来被认为是存在的,但是在建国

51　Rousseau, above n 1, 71.

52　关于卢梭是如何在现实语境下使用这一理论的,参见 Rousseau, *Considerations on the Government of Poland* [1772] in his *Political Writings*, above n 1, vol 2, 177-260, 180, 197-201。

53　参见 Louis Althusser, 'Rousseau: The Social Contract (the Discrepancies)' in his *Politics and History: Montesquieu, Rousseau, Marx* Ben Brewster (trans) (London: Verso, 2007), 113-160。

54　Steven Johnston, *Encountering Tragedy: Rousseau and the Project of Democratic Order* (Ithaca: Cornell University Press, 1999), 52:"卢梭巧妙地试图为立法者在两个世界都开辟一个位置,与此同时又要掩盖和模糊立法者在两个世界中的存在。立法者既不是人也不是神,因此可以被解读为一种文本手段,以这个存在来弥合天堂与世俗之间的鸿沟。"

170

时他们其实是缺席的。[55] 这些都是在政治法科学建设过程中根本绕不去的主要困难。但是,只要现代宪法框架是以作为主权者的人民的名义建构的,我们就必须回答这些问题。[56]

第三节　社会契约中的主权和政府

在《社会契约论》第一卷中,卢梭描述了政治法科学的基本要素。通过政治契约,政治体得以产生。下一步就需要对这个政治体应该如何运作提供相关的指导原则,这就是他在剩下三卷中主要完成的工作。在这些原则的论述中,最为重要的就是把握卢梭(受博丹影响)对主权和政府所做的细致区分。

卢梭认为,各种特殊利益之间的冲突使建立社会变得非常必要,而恰恰是这些利益之间的共识使这一计划变得可行,社会统治则必须依据公共利益。[57] 公共利益就是公意,主权就是公意的实现。[58] 因此,主权就是不可让与、不可分割的:权力是可以移交或者分割的,但是公意不可以。主权意志决定了法律的样态。卢梭注意到,很多人都没有把握主权的本质,总是试图去划分主权,将主权变成一个幻想的存在,一个由不同部分构成的存在。[59] 主权是不可分割的,而且也不受任何实证意义上的宪法性法律的限制。因此,卢梭坚持认为,主权区别于政府。主权代表和表达的是合法

55　参见 Neil Saccomano, 'Rhetoric, consensus, and the law in Rousseau's *Contrat social*' (1992) 107 *Modern Language Notes*, 730-751, 736-739。

56　例如,可以参见 Jacques Derrida, 'Declarations of Independence' (1986) 15 *New Political Science*, 7-15; Bonnie Honig, *Political Theory and the Displacement of Politics* (Ithaca: Cornell University Press, 1993), ch 4。

57　Rousseau, above n 1, 57.

58　Ibid.

59　Ibid, 58.

171

公法的基础

的意志,而政府"就是在臣民和主权者之间建立的,以便两者能够得以相互适应,它负责执行法律和维护自由"[60]。

主权者的立法权是绝对的和不可侵犯的。尽管这一权力仅仅涉及人们的一部分资源、财产和自由,而且将这部分纳入法律的调整对共同体而言是必要的,但是哪些资源、财产和自由需要被纳入法律的调整,其决定权还是应该被完全地保留给主权者。在立法的过程中,作为天才的立法者受到的唯一限制就是必须平等地对待每一个公民。[61] 法律在面对其臣民时,必须将他们视为一个整体,抽象地考虑他们的行动。"法律可以对公民进行不同的阶层划分,它也可以界定不同阶层的特征,但是它不能要求或者提名某个具体的个人,要求他/她加入特定的阶层,因为这是个体的选择、个体的决定,任何直接针对个人决定的事项都不应该被纳入立法权的调整范围。"[62]法律除了构成文明共同体得以联合和建构的条件外,它对其他事项无能为力,服从法律的人同时也是法律真正的创造者,用法律统治的国家就是一个共和国,每一个具有合法性的政府就是共和政府。[63]

将立法权保留在人民手中是为了避免政治权力被扭曲为一种合法化的支配。立法权的行使需要服从一般性规则,要为全体人民的利益服务。但是,在卢梭看来,这只是政治权力中的一种,除此之外,还存在另外一种权力。主权(对立法权的行使)需要与政府权力(执行法律的权力)区分开来,执行法律的权力不能归属于大众。如果作为主权者的人民享有执行法律的权力,卢梭认为,"(应然)权利和(实然)事实就完全混同了,我们根本无法判断什么是法律,什么不是法律,这个时候政治体就会退化,最终沦为它建

60　Rousseau, above n 1, 83.

61　Ibid, 63.

62　Ibid, 67.

63　Ibid, 68, 67.

立初始所反对的那种暴力的猎物"[64]。最好的政府形式不是民主制,而应该是选举贵族制。在选举贵族制中,执政官应该是基于其正直、聪慧和富有经验的品质被人民选举出来的。[65]

在《社会契约论》中,卢梭更多地从经济的角度解释政府的功能。一般而言,政府主要负责执行法律,在法律的框架内规范个体的行为。但是,政府的职能事实上远远超越这些。比如,政治联合的核心目标是保存其成员并确保其繁荣,如何判定这一目标是否达到,最主要的标志就是人口的增长和兴旺。[66] 因此,这个时候政府的职能主要就在:"计算、测量和比较,政府成了一个统计者。"[67] 在卢梭的另外一本著作《政治经济学》(*Discourse on Political Economy*)中,他指出:"政府不是法律的主要决定者,却是法律效力得以落实的保障者,同时也有很多路径和办法确保它受到人民充分的爱戴。"[68] 在卢梭看来,对法律的阐释事实上构成了政府统治艺术的本质。

在《政治经济学》中,卢梭认为,依法行政其实需要关注大量有关政策和经济的细节。要真正地有效履职,执政官应该受到法律精神的指引,只有在法律精神的帮助下,才能处理那些法律没有预期到的新情况,此外,执政官还应该具备与公意保持一致的正义感。[69] 要实现这一点,政府最重要的任务就是防止过度的贫富分化。当有大量穷人有待救济和维护,而富人又完全失控需要被限制时,这就意味着最为糟糕的罪恶已经发生了。[70] 这些都彰显了

64　Rousseau, above n 1, 116;还可参见 ibid, 83。

65　Ibid, 92-93:"如果人民都像上帝一样,那么他们就能够以民主的方式治理自己,因此人类并不存在完美的政府形态。"

66　Ibid, 105.

67　Ibid.

68　Rousseau, *Discourse on Political Economy* [1756] in his *Political Writings*, above n 1, vol 2, 3-38, 11.

69　Ibid, 12:"只有做到公正,才能确保遵循公意。"

70　Ibid, 19. 也可参见 Rousseau, above n 1, 112, 113-114.

公法的基础

政府需要承担广泛和强势的职责,这些职责需要非常专业和精细的技能。卢梭认为:"能够人尽其才当然是很好的,但是能够按照需求塑造人是更为重要的。"[71] "如果想要有效命令一个人,首先要能够塑造这个人",尤其因为,"真正绝对的权威是渗透到人的最深处的,影响一个人的意愿和影响一个人的行动同等重要"。[72] 由于认识到建立和维系一个正义的共和国的困难所在,卢梭认为,政府最重要的任务就是确保所有特殊意志都能够服从公意。

正义的共和国的出现就需要政府是由那些充满美德的精英引领的,这些精英能够依据公意确立的自由和平等原则行动。因此,政府的核心任务就是塑造人民,[73] 与此同时,继续履行建国时伟大立法者已经开启的政府的任务和工作。这一切需要政府动用其全部权力,其中包括建立能够培育爱国美德的"公民宗教"的权力。[74] 但是,卢梭并不是一个乐观主义者,他同时认识到,由于政府和主权者区分带来的紧张将使得宪法的实施不尽如人意、充满各种瑕疵,最终导致没有整体的意志可以对国王的意志形成有效对抗、形成对国王的有效制约和平衡,总有一天国王会彻底地压倒作为主权者的人民,并最终毁灭社会契约。[75] 卢梭认为,这是不可避免的宿命,共和国建立那天就决定了这一危机已经在路上了。[76]

71　Rousseau, above n 68, 13.

72　Ibid, 13.

73　Ibid, 15:"仅仅告诉公民从事善行是不够的,还需要教他们如何从善。"

74　Ibid, 16-17; Rousseau, above n 1, 142-151, esp 146:"在所有基督教作家中,哲学家霍布斯是唯一一位清楚地看到邪恶所在和补救办法的人,他敢于提出让鹰的两个头重聚,并让一切回归政治统一,没有政治统一,任何国家或政府都无法有效建立和运行。"也可参看本书第二章,第110—112页。

75　Rousseau, above n 1, 106.

76　Ibid:"这是一种固有的、不可避免的罪恶,从政治体诞生的那一刻起,它就无情地倾向于摧毁它,就像年老和死亡摧毁一个人的身体一样。"

174

第四节 现代性和德国的唯心主义：
康德的法权论

尽管最终的结论非常悲观，《社会契约论》依旧被认为是卢梭最充满理想主义的著作。之所以认为是理想主义，很重要的原因是他对社会契约理论的强调。尽管卢梭已经把握了在这个理论形成过程中理性和历史之间的紧张，但是后来的评论者还是更倾向于将社会契约视为一个理论建构，而非现实的历史重建行动。这其实是准确的，卢梭其实就是用社会契约的理念作为回答规范问题的一种方式。这个问题就是"如何证成政府的正当性"？卢梭认为，正是公意证成了政府的正当性。公意协调了意志和理性的关系，将权力和自由统合起来，同时也是政治法科学的关键。

通过引入"公意"概念，卢梭与旧世界自然法的法学家彻底地划清了界限。法律并非源自自然戒律：它是人类理性的产物。尽管强调将法律与自然区分开，强调法律的实证和惯例性特征，但是卢梭拒绝将政治和道德彻底分离。卢梭并不认同法律纯粹是代表社会利益总和的经验现象，他认为法律还是有其规范标准的，这个规范标准源自人类理性，构成对人的行动的最基本约束。法律——公意——是不会受到部门利益的侵蚀的，在它的启发下，每一个人都知道什么是自己最佳的利益。

卢梭的思想对那些影响了整个法国大革命的人产生了极大的影响。[77] 法国大革命彻底地推翻了一个古老的皇权和贵族特权，

---

[77] 参见 JL Talmon, *The Origins of Totalitarian Democracy* (London: Secker & Warburg, 1952); Joan McDonald, *Rousseau and the French Revolution, 1762-1791* (London: Athlone Press, 1965); Norman Hampson, *Will and Circumstance: Montesquieu, Rousseau and the French Revolution* (London: Duckworth, 1983); François Furet, 'Rousseau and the French Revolution' in Clifford Orwin and Nathan Tarcov (eds), *The Legacy of Rousseau* (Chicago: University of Chicago Press, 1996), 168-182。

公法的基础

转向支持一个基于政治平等建立的系统以及依据现代宪法框架运行的代议制政府。法国大革命作为标志现代性到来的重要事件，在整个欧洲引发了激烈的讨论。正因如此，基于卢梭思想与这一事件及其相关的理念之间千丝万缕的联系，使得卢梭对在那之后的几代哲学家都产生了极为重要的影响。

没有什么地方比神圣罗马帝国的德国更深刻地受到法国大革命的智识影响了。当时德国是由300多个政治单位（王国、主教亲王、公爵领地、自由城市等）组成的古怪的拼凑体，而这些政治单位基本上是按照封建特权和奴役制度来构建的，它们都将法国大革命视为与古老的封建制度诀别的标志。基于理性政治原则的法兰西共和国的建立，标志着人类理性的重大进步。因此，法国革命激励了很多德国哲学家，这些哲学家都认为，国家的运行理念应该是一个激情止步而法律理性占据主导的领域。这其中就包括了伊曼努尔·康德(Immanuel Kant)。

尽管康德不是很欣赏卢梭的语言，他还是深受卢梭的国家建构理论的影响。几乎可以认为，如果没有卢梭，很难想象康德的政治理论将如何呈现。[78] 康德的政治作品事实上都是在法国大革命之后出版的，这就在一定程度上证明，即使不是在康德思想的萌芽时期，而是在其发展时期，法国大革命都产生了决定性的影响。尽管法国大革命带来了"苦难和暴行"，但是康德相信，人类的道德倾

---

[78] Reinhold Aris, *History of Political Thought in Germany*, *1789 – 1815* (London: Allen & Unwin, 1936), 70. 也可参见 Ernst Cassirer, *Rousseau*, *Kant and Goethe: Two Essays* James Gutman, Paul Oskar Kristeller, and John Herman Randall Jr (trans) (Princeton, NJ: Princeton University Press, 1945), 1 – 18; Geoffrey Hawthorn, *Enlightenment and Despair: A History of Social Theory* (Cambridge: Cambridge University Press, 2nd edn, 1987)。杰弗里·霍索恩(Geoffrey Hawthorn)指出，"康德是当代绝对认真对待卢梭的人"(at 32)。霍索恩进一步阐述了这一论断，他指出，康德认为"在道德上，正如在概念的形成上一样，人是独立于上帝和自然的"，而这一"看似简单的观点作为'我们这个时代的伟大发现'，康德是将其归功于卢梭的"。(at 34)

176

向本身使得法国大革命的发生成为一种必然。[79] 对康德而言,大革命的真正意义在于,它揭示出人类一个迫切的愿望,即服从于一个依据政治法原则运行的政府的愿望。

在从卢梭的社会契约理念中获取灵感后,康德从根本上就与卢梭分道扬镳了:康德从始至终都拒绝承认社会契约的历史性特征,在他看来,这不过纯粹是一种"理性的观念"(idea of reason)。[80]康德这里是在非常严格的意义上使用"观念"这个词,因此,社会契约应该被视为一个"柏拉图式的理想"(Platonic ideal),这不是一种空想,而是所有文明宪法都要遵守的永恒规范。[81] 通过这一理想化过程,康德将国家理解为"理性的假设"(a postulate of reason),而抛下了将国家视为实体的意识,这一意识将国家理解为通过将全民族的力量集中起来的过程而构建的实体。

无论这种理解从道德理论的视角有什么样的技术优势,这一对社会契约的理性主义和形式主义视角的解读,使得康德的政治理论具有了作为政治法理的非常模糊的实用性。理解这一理论的最主要的困难在于,康德是将政治理论作为其道德理论的分支理论来对待的。在其具有先锋性的道德著作中,康德认为存在理性的先验原则对人的行为构成支配,并最终构成普遍

79　Immanuel Kant, 'The Contest of Faculties' [1798] in his *Political Writings* Hans Reiss (ed) HB Nisbet (trans) (Cambridge: Cambridge University Press, 2nd edn, 1991), 176-190, 182.

80　康德指出:"俗话说,这在理论上也许是正确的,在实践中却行不通。"康德指出:"这个……是一份原始契约,通过该契约,可以单独建立一部世俗的、完全合法的宪法和建立一个共和国。但我们决不要认为这个契约是真实存在的,它不可能真实存在。事实上,这仅仅是一个理性的观念,尽管如此,它无疑在实践中具有现实性;因为它可以迫使每一位立法者以这个观念所呈现的方式来制定他的法律,确保法律是由整个国家的统一意志所制定的,并确保法律能够充分考量每一个臣民的需求,从而使得每一个臣民只要他能够主张自己的公民身份,他的认同就会体现在公意中。这(是否做到这一点)是对每一部公法合法性的检验。"详见 Immanuel Kant, 'Theory and Practice' [1792] in his *Political Writings*, above n 79, 61-92, 79。

81　Kant, above n 79, 187.

公法的基础

的道德法则。这些在不同的绝对命令(the categorical imperative)的基础伦理原则中被详细阐释的原则,要求我们按照那些能够获得普遍遵循的准则去行动,这些准则的普遍化源自它们将每一个人都视为目的,并把"不对人的尊严构成损害"作为最终的目标。[82] 这就是基本法,感知和觉察到基本法,在康德看来是一种"理性的事实"(fact of reason)。[83] 康德认为,这一基本的道德律后来转化为政治规则,这仅仅是因为政治体也应该是作为道德的工具而存在的。[84] 尽管面对现代政治体的各种现实,康德还是坚决主张:"我们需要认为,权利的原则是客观的现实。"[85]他断言,权利"必须被我们认为是神圣的,无论要付出怎样大的代价,我们都要维护它们"[86]。面对权利,"所有政治行动都必须要退让,俯首称臣"[87]。

对康德而言,评估法律不是基于它在多大程度上有助于幸福的实现,这一亚里士多德式的观念会将经验式的因素大量地注入对法律的评价中,而且使康德的理论建立在他律的基础上。康德认为,评价法律应该仅仅基于它是否与伦理正义(ethical right)相

82　关于康德围绕绝对道德律的各种表述,参见 Hans Reiss, 'Introduction' to Kant's *Political Writings*, above n 79, 1-40, 18-21; John Ladd 'Introduction' to Immanuel Kant, *Metaphysical Elements of Justice* [1797][《道德形而上学》的第一部分;被称为"法权论"(the *Rechtslehre*)]John Ladd (trans) (Indianapolis: Hackett, 1999), xv-lviii, xvi。

83　Immanuel Kant, *Critique of Practical Reason* [1788] Lewis White Beck (trans) (Indianapolis: Bobbs-Merrill Company, 1956), 31; 引自 Terry Pinkard, *German Philosophy, 1760-1860: The Legacy of Idealism* (Cambridge: Cambridge University Press, 2002), 59。

84　Kant, 'Perpetual Peace: A Philosophical Sketch' [1795] in his *Political Writings*, above n 79, 93-130, 116:"作为正义的一个应用分支的政治与作为正义的一个理论分支的道德之间(理论与实践之间)不可能存在冲突。"

85　Ibid, 125.

86　Ibid.

87　Ibid.

一致,这一观念同时催生了义务原则(principle of duty),[88]自此,康德的理论完全建构在自律的基础上。康德认为,一味追求幸福,仅仅会导致挣扎与冲突,只有那些独立于经验的科学才能识别出有关公平和正义的原则。只有服从客观正义,才能带来和平。

很多人认为,康德的阐释使卢梭的社会契约理念变得更为严谨。[89] 无论康德为法哲学作出什么样的贡献,但是单纯从政治法理的角度,很难说康德带来了某种进步。这里的困难早在卢梭那里就已经被认识到。在《日内瓦手稿》(The Geneva Manuscript)中,卢梭谈道:"在对待别人的时候,做到我们希望别人对待我们一样的友善,这是非常美好和崇高的,但是,这一规则无法成为政治法的基础,因为很明显,这个原则本身缺乏一个强有力的基础。"[90] 卢梭提问,为什么我需要站立在他人的立场上思考和行动,原因何在? 因此,真正的问题不在于解释"正义需要什么",而是需要讲清楚,"如果我依据正义规则行动,我将获得什么"。[91] 正是因为康德将社会

---

88 参见 Otfried Höffe, *Kant's Cosmopolitan Theory of Law and Peace* Alexandra Newton (trans) (Cambridge: Cambridge University Press, 2006), 86: "康德对合道德性(morality)和合法律性(legality)的区分并没有试图划分两种相互排斥的伦理立场。合道德性不与合法律性构成竞争性概念,而是有更严格的要求。出于义务(duty)的行为首先是符合义务的行为,其次是将履行义务作为行为的依据。合道德性不是合法律性的对立面,而是对合法律性的超越,比其更具根本性;对康德来说,纯粹的合法律性不过是一个参照概念,它突出了现实道德或者合道德性的本质。"

89 例如,可以参见 Andrew Levine, *The Politics of Autonomy: A Kantian Reading of Rousseau's Social Contract* (Amherst: University of Massachusetts Press, 1976)。

90 Rousseau, *The Geneva Manuscript in his Political Writings*, above n 1, vol 2, 153-161, 160-161. 这份手稿构成了《社会契约论》的初稿。

91 Ibid, 157. 这一难题被称为"康德式悖论"。特里·平卡德(Terry Pinkard)指出:"这一悖论源自康德的要求,即如果我们要把一条原则(一条格言,道德法则)加于自身,那么我们大概必须有这样做的理由;但是,如果采用这一原则有一个先决的理由,那么这个理由本身就不会是由自我规定的;然而,要使它对我们有约束力,它必须是(或者至少必须被'认为'是,康德含糊其词地说)自我规定的。对这个问题的康德式回答是这样的——'作为道德主体,我们可能有什么利益',对此的回答在于:严格地说,作为道德主体,不存在也不可能有利益。我们作为道德主体,是因为我们是理性的存在,我们仅仅是因为我们是这样的道德主体,从而体验到道德责任对我们自己的召唤。"参见Pinkard, above n 83, 59-60。

公法的基础

契约纯粹视为一个理性的工具,因此,这一理论无法承担其作为政治法理的功能。由于将(道德)社会和政治问题混同起来,以及完全基于自由和理性的个体的自主理论建构政治法科学,康德事实上把大量现实问题搁置了。

正因如此,很多人都怀疑,康德到底是否在真正意义上拥有一套政治理论,这个结论不能下得太过草率。康德认为,之所以会存在国家秩序体系,根本上就是由于道德的普遍规则还没有得到充分的获取和实现。因此,必须在国家的法律秩序和道德之间做区分,而且康德也确实发展了一套理论,在区分两者的基础上,确保法律秩序与道德要求之间的一致性。要了解这一点,我们就需要考察康德如何理解个人自治和政府权威之间的关系。在考察的过程中,我们发现一个令人困惑的地方:尽管康德颂扬个人自治是基本的道德善,并被美国和法国革命的进步成就吸引到政治问题上,[92]但是他坚决否定个体享有反抗权威的权利。通过了解他是如何捍卫这一观点的,我们可以把握他的政治理论的特征。

我们需要将康德在《世界公民观点之下的普遍历史观念》(*Idea for a Universal History with a Cosmopolitan Purpose*)中展示的历史发展观念作为起点。鉴于世间万物都是由大自然创造的,并且各自有其存在的目的,以及大自然赋予了人类理性,使人类能够意识到其目的所在、使命所在,康德主张,大自然赋予人类最高的任务就是建立一个每个人的自由都能够在其中获得最大化实现的社会。但是这里的困难也是不可被低估的:人类的动物性使人类同时具备动物本能和人类理性,因此,在处理和其他人类的关系时,人类常常滥用他的自由。尽管他期待能够在法律之下实

---

92 参见 Ferenc Fehér, 'Practical Reason in the Revolution: Kant's Dialogue with the French Revolution' in Fehér (ed), *The French Revolution and the Birth of Modernity* (Berkeley: University of California Press, 1990), 201–214。

第四章 政治法科学之一

现有限制的自由,但是他仍然被他自私自利的兽性倾向误导,在力所能及的地方使自己免于法律制裁。[93] 结果,人类只能通过"推举一位首领,通过这个首领使自己与自身自私的意志决裂,迫使自己服从那些能够确保所有人自由的普遍有效意志"[94]。但是,这里的问题是,其实这名首领本身也来自人类,他也存在需要被首领约束的动物性。最大的困难就在于,我们需要一位首领提供正义,但是也意识到,这位首领和我们一样,不可避免地受制于人的有限性、劣根性,这位首领自身也需要一位首领。这个时候康德没有诉诸卢梭的(完美)立法者想象。他承认完美的解决方案是根本不存在的,主张"人类就是这样本质上弯曲的树枝,是不可能从中生长出完全笔直的枝干的"[95]。但是,即使在这样不利的情境下,我们必须要努力实现自由。

尽管看到很多困难,康德认为,首先建立政府秩序本身就应该被视为实现自由路上的一个必然步骤。[96] 为了说明这一点,康德区分了自由的两个方面:消极方面,意味着一个人是自由的,如果她的行动不是受其感官的欲望支配的;积极方面,意味着一个人是自由的,如果她的行动是受绝对律令支配的。[97] 康德认为,仅对人们的行为构成规范这一点而言,国家法律就能够推动消极自由的实现。法律统治秩序的建立本身就是一个道德成就,因为"通过确保违法冲动不再爆发,这一秩序就使得道德能力能够更好地向对权利的直接尊重转变"[98]。尽管在这个过程中,政府只是保护了有

93　Kant, 'Idea for a Universal History with a Cosmopolitan Purpose' [1784] in his *Political Writings*, above n 79, 41-53, 46.

94　Ibid.

95　Ibid.

96　在康德对从自然状态向世俗国家转变的过程的特征描述上,他背离了卢梭的论点。当我们在本书第五章中讨论卢梭的相关话题时,这些差异在很大程度上得到了缓解。

97　参见 Lewis Beck White, *A Commentary on Kant's Critique of Practical Reason* (Chicago: University of Chicago Press, 1960), 122-123.

98　Kant, above n 84, 121n.

181

公法的基础

关权利的部分概念,但是已经是迈向道德的伟大的一步(尽管这依旧不能被视为一个道德行动步骤),这也是迈向一个仅从其自身认知义务概念的国家的重要一步。[99] 鉴于自由只有通过法律才能实现,我们就有义务尊重法律。

康德一方面强调我们有义务尊重法律,另一方面也强调需要创造这样的政治条件,从而使得政府的宪法能够不断地靠近政治法的原则。这是因为"原始契约的精神(*anima pacti originarii*)中包含了构成性权力(constitutive power)应该确保政府模式与初始观念相一致的义务"[100]。这就迫使我们"要通过渐进但持续的过程转变政府模式……一直到它事实上符合正义的宪法"[101]。正义的宪法就是指代一个纯粹的共和国,在这个国家中,自由和平等的公民受到共同法律的约束。[102]

由于康德的主要目标就是确定政治法的原则,因此他几乎没有解释实践层面如何能够确保这一共和宪法的实现。但是,在一点上他是非常清楚的:在他的理论体系中,对既有政府权威的反抗权利(a right of rebellion)是决不允许存在的。[103] 任何对反抗权利的主张,都会对现有这个能够为包括抵抗权(the right to resistance)在内的任何权利提供有效保障的法律体系构成摧毁性打击。康德认为,抵抗权"很有可能导致整个宪法体系的失效",因此,在允许这项权利之前,"必须有一部公法,这部公法能够允许人们主张抵抗;换句话说,最高的立法应该包括这样一条规定,这条

---

99   Kant, above n 84, 121n.

100   Kant, 'The Metaphysics of Morals' [1797] in his *Political Writings*, above n 79, 131–175, 163; Kant, *Rechtslehre*, above n 82, 148–149.

101   Ibid.

102   Kant, above n 84, 99–100.

103   参见 Hans Reiss, 'Kant on the Right of Rebellion' (1956) 17 *Journal of the History of Ideas*, 179–192; Lewis White Beck, 'Kant and the Right of Revolution' (1971) 32 *Journal of the History of Ideas*, 411–422; Peter Nicholson, 'Kant on the Duty Never to Resist the Sovereign' (1976) 86 *Ethics*, 214–230。

规定首先承认自己不是最高的,这就在同一个判断中出现了一个矛盾的主张,即作为臣民的人民,依据这条规定,摇身一变成了主权者,具有高于之前他们作为臣民服从的那个个体(国王)的权威"。[104] 康德自己也意识到了这里明显的内在自我冲突。

一个非常有诱惑力的、用来回应这一冲突的解决方案就是区分实证法和政治法,这样的抵抗权是与实证法相冲突的,却是符合政治法的要求的。但是,康德在这里的立场是毫不含糊的,并建立在理性的实践原则基础上。康德认为:"所有对最高立法权的抵抗都是极大的犯罪,都应该受到严格的惩罚,因为这样的行为损害了共和国得以构建的基础。"[105] 这样的行为在任何情况下都应该被禁止:"即使国家权力,或者它的代理人——国家首脑违背了原始契约的承诺,导致政府出现暴政统治,从而在臣民看来,权利已经完全被立法践踏,臣民依旧没有抵抗的权利。"[106] 在这里,我们看到康德将原始契约视为一个理念的重要影响:如果这是一个历史事实,那么人民就可以有新的主张,但是由于康德将其作为理想的、应然的宪法类型,因此它无法容纳反抗权利。对康德而言,这并不意味着统治者没有义务,臣民没有权利,问题的核心在于,在共和国中有权决定这些义务和权利的唯一权力是"那些能够最终控制公法的执行的力量"。[107]

康德认为,人类的义务就是确保每一个人的自由获得最大的实现,并最终实现宇宙和平。要实现这一目标,首先要建立政府统

104　Kant, 'The Metaphysics of Morals', above n 100, 145; Kant, above n 82, 125-126.

105　Kant, above n 80, 81.

106　Ibid.

107　Ibid, 82. 还可参见 Kant, 'The Metaphysics of Morals', above n 100, 143:"一个国家的主权行使者在面对臣民时,只享有相关的权利,而没有(强制)义务。此外,如果主权机构,统治者,做了任何违法的事情(例如,如果他在税收、招募等方面违反平等分配政治负担的法律),臣民可以对这种不公正提出投诉,但他们并不享有抵抗权";Kant, above n 82, 124。

183

公法的基础

治秩序,在此基础上,促成共和国的宪法,最终构建自由国家的联合。尽管在这个不断推进的过程中,人们需要准备好迎接各种改革,但是在任何情况下,法律都应该被遵守。道德要求人们按照义务感(a sense of duty)行动,法律仅仅要求人们按照义务(duty)行动。[108]

面对这个极为复杂的问题,即如何平衡意志的自主性(作为自由的条件)和作为法律必要特征的强制(权威的条件)之间的冲突和紧张,康德通过诉诸进步理论(a theory of progress)来解决这个问题。[109] 人类始终处在不断被启蒙的过程中,要确保这个过程的持续性,唯一需要的就是"确保人们在所有问题上享有公开地运用自己的理性的自由"[110]。尽管这个启蒙需要很长时间才能实现——革命不过是用来终止专制的暴政的,在此基础上往往会产生新的偏见,这些偏见会引导未经思考的大众——但是康德相信,那些对普遍的启蒙和对人类从自我产生的不成熟状态中解脱出来造成障碍的东西,正在变得越来越少。[111] 因此,康德对如下过程非常乐观:国家首先建立共和宪法,然后通过建立人类联盟实现对民族权利的尊重,最终承认世界公民的权利。[112] 因为在他看来,这个过程必须获得(公共)权威的保障,这种保障并不亚于大自然这位伟大的艺术家本身对这个过程的保障。[113]

在《永久和平论》(*Perpetual Peace*)中,康德认为,在自然中存在这样一套机制,这种机制"明显地展示了要在人与人之间创造和谐的有目的的计划,即使这样做会违背人的意愿,甚至是通过使

108　参见 Kant, *Rechtslehre*, above n 82, 22-23。

109　Höffe, above n 88, ch 9, 159-176.

110　Kant, 'An Answer to the Question: "What is Enlightenment?"' [1784] in his *Political Writings*, above n 79, 54, 55.

111　Ibid, 55, 58.

112　Kant, above n 84, 98-108.

113　Ibid, 108.

人与人之间不和的方式来实现这一目标"。这就是上帝的工作。但是,康德问道:"大自然如何保证,当人们不服从法律时,在通过大自然的强迫来确保人们根据自由法则去做应该做的事情时,能够不损害人的自由能动性?"[114] 他的答案就是通过设计一部宪法来实现这一目标。尽管人们私下会有各种邪恶的想法,但是在公共领域,他们必须按照良好的动机行动,哪怕这不是他们真实的意图。[115] 尽管这一发展——即建立一个平等尊重个体权利的共同的法律框架体系——并不是必然发生的,但是,在康德看来,只有假定有了这一发展,历史才是可以被理解的,因此,我们必须按照这必然发生的逻辑去行动。

第五节　政治法的形式科学

康德哲学的根本特征表现在他对物质世界(经验世界或现象世界)和精神世界(先验世界或本体世界)的明确区分上。贯穿他所有哲学写作的目标就是要建立这些不同世界的有效性和一致性。这个目标在其《纯粹理性批判》(*Critique of Pure Reason*,1781)和《实践理性批判》(*Critique of Practical Reason*,1788)中得到了很好的实现,这两本著作也带来了他自己所称的"哲学的哥白尼革命"。[116] 但是,由于康德主要关注一些特定主题的概念和原则(如科学、道德、审美等),他对具体时空语境中的政治问题几乎没有什么兴趣。至少在最初的时候,他的政治思想与他那个时代的"经启蒙的绝对主义"(enlightened absolutism)之间是完全可以

114　Kant, above n 84, 112.

115　因此,康德认为,"建立一个国家的问题即使是一个魔鬼民族也可以完成"。详见 ibid。

116　参见 Reiss, above n 82, 17。

185

兼容的。一直到法国大革命时代,他有关现象世界的自主观念才与政治自由的实践主张之间越来越接近。甚至如海因里希·海涅(Heinrich Heine)所言,法国大革命其实就是康德在智识世界引发的革命于现实世界投射的镜像。[117] 正如黑格尔所言,自从太阳升起并且确立日心说以来,(在康德之前)没有人认为人类存在是以他的头脑为中心的,或者说是以他的思维、他的思想为中心的,也没有人认为,是因为受到人的思想的激发,人类创造了现实世界。[118] 正如后来马克思所言,并不是为了恭维康德,但是客观上,康德的法哲学思想(*Rechtsphilosophie*)就是法国大革命的德国理论。[119]

在康德更为典型的政治作品中,他更多地是受到了卢梭的影响。[120] 尽管他们两者之间也存在根本性的分歧。卢梭对人类理性的力量是持某种怀疑态度的,但是康德在世界观上是彻底的理性主义者。这一点在康德的历史观中彰显得特别清晰,康德秉持一种进步史观,他相信在历史发展的过程中,人类能够在理性的指导下无限趋近完满。他的理性主义在其对待政治自由的观点中也彰显得极为清晰,康德是从抽象的意义上理解政治自由的,将其视为

---

117 Heinrich Heine, 'Zur Geschichte der Religion und Philosophie in Deutschland' in his *Sämtliche Schriften* (Munich: Hanser, 1971), vol 3, 505-642, 590:"《纯粹理性批判》这本书在德国掀起了一场智识革命,它与现实中的法国革命构成了最奇怪的类比。但是,对一个更具反思性的头脑而言,这两者似乎同样重要。在莱茵河两岸,我们同样看到了与过去的断裂,所有对传统的尊重都消失了。"

118 GWF Hegel, *The Philosophy of History* J Sibree (trans) (New York: Dover, 1956), 447.

119 Karl Marx, 'Das philosophische Manifest der historischen Rechtsschule' [1842] in *Marx-Engels Werke* (Berlin: Dietz, 1981), vol 1, 78-85, 80. 马克思在这里主要受到了海涅的启发,海涅戏谑地将康德称为"我们的罗伯斯比尔"(*unser Robespèerre*)(Heine, above n 117, vol 2, 655)。

120 康德谈道:"我倾向于追求真理。曾经有一段时间,我相信只有这样,才能给人类带来荣誉,我鄙视那些一无所知的普通人。卢梭纠正了我的错误。那种自欺欺人的优越感消失了。我学会了尊重普通人。"参见 Kant, 'Remarks in the Observations on the Feeling of the Beautiful and the Sublime', 引自 Ladd, above n 82, xxiii-xxiv.

第四章 政治法科学之一

一个普遍人类的问题,这与卢梭所强调的受地域限制的共和主义的爱国主义之间完全不同。康德将基于国际法建立的世界主义秩序视为其政治法科学的核心,而在卢梭看来,这不过是一种简单的幻象。[121] 康德理论本质上还是一个形式主义的分析占据上风的理论,因此,历史上不同的共同体产生的现实性的政治斗争的复杂性,在他的理论体系中完全被边缘化了。结果,尽管康德的形式主义中确实包含了非常有影响力的平等问题的视角,[122] 但是,它还是设法掩盖了卢梭更具现实关怀的、更加激进的平等主义。卢梭的平等主义将"所有过去被熟知的政治谴责为奴役"[123]。

康德的理性主义和卢梭的政治思想的分歧根本在于康德在"实然"(is)的物质世界和"应然"(ought)的道德世界之间所做的区分。一旦道德世界相对于经验世界的独立性是成立的,康德的著作就要主张,道德世界的权威凌驾于政治世界之上。克律格认为,康德"理性统一的内在需要是这样的:它以金字塔式的方式超越了各种各样的感官印象,直到在其更高的层次上,它借用了后来成为道德世界的假设性观念,根据这些观念,经验世界可以被排序和认识"[124]。这就是康德的"理性的规范原则"(regulative principles of reason),这其中融入了"理性的先验理念"(the transcendental ideas of reason),从而为理性提供了内在的道德标准,给道德世界以客观的现实。

道德世界的无上权威体现为它构成了康德政治理论的主导

121　Viroli, above n 13, 211-229.

122　关于康德平等主义的解释,参见 Höffe, above n 88, esp 1-17。

123　Stephen Ellenburg, 'Rousseau and Kant: Principles of Political Right' in RA Leigh (ed), *Rousseau after Two Hundred Years* (Cambridge: Cambridge University Press, 1982), 3-22, 4.

124　Leonard Krieger, *The German Idea of Freedom: History of a Political Tradition from the Reformation to 1871* (Chicago: University of Chicago Press, 1957), 95-96.

187

公法的基础

者、驱动力。康德首先将道德原则建立在一个与经验相分离的自主领域之上,在此基础上,他将自由作为支撑政治经验世界的核心原则:道德法则要求承认所有人平等和相互的自由。在《理论与实践》(*Theory and Practice*)中,康德指出,宪法原则无法像对幸福的寻找一样,能够从经验中获得,而是应该从外部人权的纯粹理性原则中获得,这些原则就是自由、平等和独立的先验原则。[125] 康德寻求构建一个宪法结构,这一结构的独立性是建立在道德类比物基础上的,却排他地参考了经验世界。因此,他认为:"包含了自由原则的先验立法理性是与政治经验的自然法建立的秩序相兼容的。"[126] 但是,道德法则的最终胜利只有在永久和平中才能彻底地彰显,在永久和平中,康德认为,"道德与政治之间是没有冲突的,真正的政治系统如果不首先向道德致敬,它将寸步难行"[127]。公民宪法之下应该创建的是一个法治国(*Rechtsstaat*),法治国是建立在立法、司法和行政权分立的基础上的。[128] 但是如果有人问:"是什么将道德世界与自然世界连接起来?"康德能够提供的唯一回答就是:"上帝。"

当康德的这一观点作为政治法理出现时,它必然会沦为黑格尔的批判对象,黑格尔认为,这是一种"应然的无能"(impotence of the ought)[129]。康德从卢梭那里借用了"人的道德自我导向能力(康德称之为自主性)的一般概念,鉴于人对上帝、社会和自然的独立性,他是行动的主体,而不是对象,他具备作为一个绝对自由的主体的内在品质,这种能力使他一旦摆脱依赖和压迫时,他显然能够依靠他的理性看到他的道德责任在哪里"[130]。康德认为,我们有

125　Kant, above n 80, 73–74.

126　Krieger, above n 124, 115.

127　Kant, above n 84, 124–125.

128　Kant, 'Metaphysics of Morals', above n 100, 138–143; Kant, *Rechtslehre*, above n 82, 118–123.

129　黑格尔的观点转引自 Höffe, above n 88, 1。

130　Hawthorn, above n 78, 34.

188

义务服从那些使得我们能够构建自我的理性法则(绝对命令),在此基础上他建构了对政治法的更为明确的表述。但是这一表述作为政治法理的弱点恰恰在于其在学理上的严谨性:这一理性法则的准确性源自它完全抽象地理解特定社会的现实状况。康德从概念的视角寻求政治法科学,这必须是以牺牲该理论的社会-政治相关性为代价的。

这不仅仅是个纯意识上的问题。尽管卢梭至少在修辞意义上接受,所有的正义最终是来自上帝的,但是,他也认识到,"如果我们能够从上帝那里获取正义,那么,我们既不需要政府,也不需要法律"。但事实并非如此,理性的主张"只会把好处带给邪恶之人,把苦难带给正直之人,因为后者严格遵守理性的命令,但是前者常常对理性视而不见"。[131] 康德认为自由本身就是最高的,因此他非常推崇一种理性的个人主义,这种个人主义会使他拒绝接受任何在自由人的集合和君主之间由任何社团、民族或者组织带来的调和与妥协。[132] 这场康德式的知识革命没有为他的追随者提供任何方法,从而使他们能够从他所接受的"开明的绝对主义"发展到他所期望的平衡宪法。[133] 正如克律格所言:"唯一留下的就是他(康德)在相关革命胜利后对接受革命本身的倡导和意见,尽管这些革命起源和路线是应该被坚决反对的。"[134] 19 世纪的德国法学家对改变现实世界的政治几乎没有抱任何希望,因此,他们得以退回到朴素却崇高的"文化国家"(*kulturstaat*)世界中。在文化国家中,形式主义的个人自由和政府的威权主义的实践是完全可以兼容的。康德的形式主义使在卢梭那里就已经萌芽的一个趋势获得了进一步发展,这个趋势就是,在一个一般性和抽象性的个人主义框

131　Rousseau, above n 1, vol 2, 66.

132　Krieger, above n 124, 124.

133　Ibid.

134　Ibid, 125.

公法的基础

架中,威权主义政府的实践是被允许繁荣发展的。正如卢梭所预言的,对有效实现抽象权利的普遍主张而言,国家的政府化是必要的。

康德推崇的政治法的形式科学仍然是个谜。在《道德形而上学》的法权论中,康德似乎将政治法科学与自然法科学等同起来。他认为,一个精通实证法的人可以被称为法学家(*Iurisconsultus*),因为只有他才知道如何将法律运用于经验中的具体案件,也只有他掌握了法理学(*Iurisprudentia*)的艺术。[135] 在此基础上,康德主张(尽管这一提法并不是那么明确),只有同时掌握了两种知识——理论知识和实践知识——一个纯粹的法律科学(*Iurisscientia*)才有可能实现。尽管这里康德似乎表达了政治法理学的性质的本质,这与本书的观点一致,但是他马上又主张,纯粹法律科学的设计需要自然法领域的系统知识。而且他认为,一位自然法的专家应该有能力为实证法的立法提供永恒不变的原则。[136] 但是,康德在这里运用"自然法"这个概念时是非常令人迷惑的,因为他提到的"永恒不变的原则"完全能够符合康德对科学的严格定义,是一种从形式的、普遍有效的原则中获取的系统知识。[137]

基于以上这些原因,康德的政治法的形式科学是很难获得持续发展的。一直到 20 世纪早期,康德理论才最终以系统的方式被运用于法律当中,作为实证法的形式科学出现。汉斯·凯尔森(Hans Kelsen)的纯粹法理论就是以康德对"实然"和"应然"的区

135　Kant, *Rechtslehre*, above n 82, 28.

136　Ibid.

137　卢梭再次回应了这些困境:"所有这些(法学家)都把它(自然法)建立在这样一种形而上学的原则上,即使在我们中间,也很少有人能够理解这些原则,更不用说自己去发现它们了。因此,这些博学的人创造的所有定义,几乎是处处相互矛盾的,但有一点是有共识的,即如果不是一个伟大的理性主义者和深刻的形而上学者,就不可能理解自然法则,从而遵守自然法则。这意味着,为了建立社会,人们必须呼唤和依赖一场启蒙,这场启蒙只能在社会本身极少数人中间艰难地发展。"详见 Rousseau, *Discourse on the Origin and the Foundations of Inequality among Men* [1751] in his *Political Writings*, above n 1, vol 1, 111–188, Preface, 126。

分为基础的,这两者代表了两种完全不同领域的知识,纯粹法理论将所有从政治和历史中获取的因果现象全部排除在其理论思考范畴之外,将自身视为有关实证法创造的规范秩序的逻辑科学。[138]因此,有关政治法的康德方法从此就消失了,一直到20世纪末,才以康德式的主张的幌子再次出现在罗尔斯、哈贝马斯等学者的著作中。他们都再次试图阐释政治法的原则,这也使得社会契约的理念再次回归,比如,罗尔斯的"无知之幕"(veil of ignorance)之下进行的反思权衡的初始状态的设定,[139] 哈贝马斯对理想对话(ideal speech)情景下的沟通能力的设定。[140] 这些著作中阐述的原则首先都是适用于民族国家的,由于民族国家层面具有的极为厚重的文化认同,能够为国家层面的共同利益提供充足的支持,但是这样的支持在全球层面就不存在了,这就彰显了这些理论适用到全球的困境。[141] 这里问题就产生了,到底谁是"我们",即这些原则能够实际适用的对象。

138　Hans Kelsen, *Hauptprobleme der Staatsrechtslehre entwickelt aus der Lehre vom Rechtssätze* (Tübingen: Mohr, 2nd edn, 1923); Hans Kelsen, *Introduction to the Problems of Legal Theory* Bonnie L Paulson and Stanley L Paulson (trans of 1st edn [1934] of Reine Rechtslehre) (Oxford: Clarendon Press, 1992). 还可参见 Stanley Paulson, 'The Neo-Kantian Dimension of Kelsen's Legal Theory' (1992) 12 *OJLS*, 311–332。

139　John Rawls, *A Theory of Justice* (Oxford: Oxford University Press, 1972); John Rawls, *Political Liberalism* (New York: Columbia University Press, rev edn, 1996).

140　Jürgen Habermas, *The Theory of Communicate Action*, *Vol. 1: Reason and the Rationalization of Society* (London: Heinemann, 1984); Jürgen Habermas, *Legitimation Crisis* (Boston: Beacon Press, 1975), 108.

141　John Rawls, *The Law of Peoples* (Cambridge, MA: Harvard University Press, 1999); Jürgen Habermas, *The Inclusion of the Other: Studies in Political Theory* (Cambridge: Polity Press, 1999).

第五章
政治法科学之二

第一节　卢梭的悲观主义

卢梭非常清楚,想要设计一个纯粹的政治法科学充满各种困难。在《爱弥儿》这本他认为非常重要的著作中,[1] 卢梭指出,"政治法科学正在形成,尽管我们对它的出现完全不抱有希望"[2]。类似的悲观主义在他的写作中随处可见。比如,在《论波兰的治国之道及波兰政府的改革方略》中,他指出:"将法律置于高于人的位置,是政治中一个很棘手的问题,我认为这就像试图使圆成方一样困难。如果相关的困难能够得到解决,那么一个好的政府就产生了;如果不能得到解决,即使人们相信法治,他们仍然认为最终还是人的统治。"[3] 他也指出, 如果无法建立法治(坦白说,这确实很困难),那么我们将走向另外一个极端,那就是走向人治,使得某个

1　George Armstrong Kelly, 'A General Overview' in Patrick Riley (ed), *The Cambridge Companion to Rousseau* (Cambridge: Cambridge University Press, 2001), 8-56, 23.

2　Jean-Jacques Rousseau, *Emile, or On Education* [1762] Allan Bloom (trans) (New York: Basic Books, 1979), 458.

3　Rousseau, *Considerations on the Government of Poland and on its Projected Reformation* [1772] in his *Political Writings* Victor Gourevitch (ed) (Cambridge: Cambridge University Press, 1997), vol 2, 177-260, 179.

人凌驾于法律之上。卢梭认为,并不存在任何介于严格的民主和最为完美的霍布斯主义之间的可接受的中间方案,他说:"人与法律之间的冲突,作为最永恒、最曲折的战争,构成了所有政治国家最糟糕的状态。"[4]

卢梭认为,尽管哲学家能够非常清楚地界定理性的命令,但是他们也并不认为,我们更多地受到理性的驱动而非激情的影响。"当激情引领我们的时候,理性对我们的启蒙到底有什么用?"[5]在《论战争状态》中,卢梭用其最具说服力的修辞,描述了这种担忧:

> 我翻开了充满正义和道德的书本,我聆听学者和法学家极富感染力的话语,我努力摆脱自然状态下的迷茫,我无比羡慕文明秩序带来的和平与正义,我祈祷公共机构能够充满智慧,我不断地提醒自己要履行自己作为公民的责任和义务。在获得我的责任和幸福的充分指导后,我合上书,离开教室,环顾四周:我看到不幸的人民在铁的枷锁下呻吟,人类被少数压迫者压垮,处处皆是被痛苦和饥饿压倒的饥饿群众,他们的鲜血和泪水被富人默然地喝下,到处都是由令人畏惧的法律力量武装起来的压迫弱者的强者。[6]

卢梭也许是对的,在他看来,在纯粹的民主和经启蒙的绝对主义之间,并不存在任何"可接受的中间方案"。但是,在这两个极端之间的世界,即"不幸的人民"和"那些被武装起来足以压迫弱者的强者"居住的世界,是我们必须生活的真实世界。在《论战争状态》

4　Rousseau, 'Letter to Mirabeau' in his *Political Writings*, above n 3, vol 2, 268–271, 270.

5　Ibid, 269.

6　Rousseau, *The State of War* in his *Political Writings*, above n 3, vol 2, 162–176, 162.

公法的基础

中,卢梭指出,这样的世界不是自然状态,而是一个社会状态中的产物。他指出,"我们的政治机制本身就是那些它们所要致力于解决的犯罪的原因,这些解决方案要面对的问题就是由这些解决方案本身导致的"[7]。

我们真的要如此消极吗?在这些充满了各种限制性的参数中,我们就真的没有希望找到一种政治法科学的基础吗?事实上,卢梭的立场并不总是像他在《论战争状态》中那样消极。在他的其他作品中,我们找到了大量他积极发展政治法概念的证据。为了了解这一面,我们需要转向他在《社会契约论》中提到的第四种类型的法律,到目前为止,我都忽略了卢梭的第四种类型的法律。

正如本书第四章所述,卢梭首先介绍了三种类型的法律(政治法、民法和刑法),在此基础上,[8]卢梭指出:"还必须强调第四种类型的法律,这是非常重要的类型,它既不是篆刻在大理石上,也不是篆刻在青铜器上,而是深深地刻在公民的心中。"[9]这种法律就是一般大家所熟知的道德、习惯和信仰,尽管这些规则对我们的政治理论家而言是不熟悉的,但是他们是"所有其他法律得以成功的基础"[10]。卢梭认为,正是这一类型的法律构成了国家真正的宪法,并且每天都能聚集新的力量。[11] 无论其他法律如何衰退或者消失,这种类型的力量都能够让其他法律重新焕发生机或者彻底替代它们。这一呈现了人民习惯和信仰的"活的法"维系了一个民族的制度精神,而且悄无声息地用习惯的力量替代了权威的力

7　Robert Wokler, 'Ancient Postmodernism in the Philosophy of Rousseau' in Riley (ed), above n 1, 418–443, 423.

8　参见本书第四章,第 158 页。

9　Rousseau, *The Social Contract* in his *Political Writings*, above n 3, vol 2, 39–152, 81.

10　Ibid.

11　Ibid.

量。[12] 这就是伟大的立法者不动声色地创造的立法。尽管立法者似乎专注于细节的立法，但是恰恰是这些体现习惯和信仰的规则构成了道德得以逐渐产生，并最终形成牢固基石的根本支持力量。[13]

卢梭这里将他的观点更多地与孟德斯鸠的结合在一起。孟德斯鸠更多地从社会学的、历史的视角去研究政治法是如何在政府体系中得以真实呈现的。[14] 卢梭指出，孟德斯鸠更愿意去处理现行政府的实证法问题，这与卢梭所关注的有关政治法的"无用科学"之间是完全不一样的。[15] 这一对自己研究方向的定位彰显了一种悲观主义。但是，卢梭也认为，任何人试图对现实中的政府问题提出具有说服力的判断，即要对"是什么"做出判断，就必须对应然的理想状态"应该是什么"有所了解和把握。[16] 这难道不是卢梭在建议，如果要发现和实现有关政治法科学的真实原则，就必须沉浸到两个视角的研究中：将揭示历史必然性与阐述理想图景相结合。

从这一洞见中获得的启发使我们认识到，我们可以从现实政府实践的发展研究中提炼出政治法的原则。直面现实成为能够从系统中提炼出特定价值的前提条件。因此，我们研究的起点在于重新思考卢梭的政治契约，不能仅仅将其视为一种哲学观念，而是历史社会学的基本问题。

12　Rousseau, above n 9, 81.

13　Ibid.

14　Montesquieu, *The Spirit of the Laws* [1748] Anne M Cohler, Basia Carolyn Miller, and Harold Samuel Stone (trans and eds) (Cambridge: Cambridge University Press, 1989).

15　Rousseau, above n 2, 458:"杰出的孟德斯鸠的研究是唯一能够创造这门伟大而无用的科学的，但他谨慎地避免讨论政治法的原则，他乐于讨论已建立的政府的积极权利。事实上，世界上没有什么比这两项研究更不同了。"

16　Ibid.

第二节 历史实践中的政治契约

我们其实很少意识到,卢梭提供了两个版本的政治契约。除了在《社会契约论》中提到政治契约,他在《论人类不平等的起源和基础》中也对政府的起源问题进行了讨论。在这本书中,他将政治契约完全视为一种历史实践。卢梭指出,如果我们认为政府是建立在一定基础之上的,那么政治契约就存在于遥远的远古时代,但是,这一契约是具有欺骗性、虚假性的,是由富人起草、用来剥削穷人的。

卢梭不认同霍布斯对国家建立环境的描述。卢梭认为,人民在签订政治契约建立政府以前,并不是如霍布斯所宣称的处于自然状态中,而是处于社会的初始状态中,在这里,基于土地产生的各种矛盾,使人与人之间充满各种冲突。正是因为对初始状态的错误认识,因此,在卢梭看来,"尽管所有哲学家在谈论社会建立的基础时,都认为我们应该追溯到自然状态……但是没有一个人真正把握了自然状态"[17]事实上,当谈论自然状态下的需求、贪婪、压迫、欲望和骄傲时,这些哲学家是把他们从现实社会中获取的观念直接移植到了自然状态的观念中。[18] 当他们谈论未开化的人时,其实就是在介绍现实中的公民。霍布斯错误地主张:"因为对何谓善没有认知,人天生就是邪恶的,他是邪恶的,因为他对美德一无所知。"[19]卢梭认为,霍布斯错了,他错误地将对不同激情的满足作为自我保存的重要部分,强加给那些未开化的人,这样的需求

---

[17] Rousseau, *Discourse on the Origin and Foundations of Inequality Among Men* [1755] in his *Political Writings*, above n 3, vol 1, 111–222, 132.

[18] Ibid.

[19] Ibid, 151.

事实上是社会的产物。[20]

在《论人类不平等的起源和基础》的第一部分,卢梭的目的是要说明,尽管在自然状态下存在天然的或者说体力上的不平等,但是这种不平等几乎是不被觉知的,影响几乎为零。[21] 之所以会如此,"既不是因为启蒙,也不是因为法律的规范,而是因为激情的平静和对罪恶的无知,从而使得人远离邪恶的错误行为"[22]。自然状态其实远不是人与人的战争状态,而是一个相对良性的状态,这个状态运行的依据是理性出现之前的两条自然法则:自我保存(self-preservation)和怜悯(pity)。尤其是怜悯——一种无比厌恶见到任何有知觉的生物,尤其是自己的同胞受难和痛苦的情感[23]——是一种极其温和的自爱,承担了法律和道德的角色,确保了我们整个物种的相互保存。[24]

理性却恰恰催生了我们基于虚荣而产生的自尊,乃至自私,我们常常将此称为自恋(*amour-propre*),而反思能力进一步地加深了这种自恋的情绪。理性使得人转向自身,将他与一切对他构成干扰、给他带来痛苦的事物相分离和对立。[25] 恰恰是理性和哲学导致了社会疾病,这种社会疾病使得个体走向疏离。在康德之前,卢梭就首先意识到,之前占据主导的神圣理性正义原则——"你期待别人如何对待你,你就应该如何对待别人",被另外一条没有那么神圣却更可行的有关自然正义的原则所替代,并激励着所有人:在实现自我利益的过程中,应该尽最大可能不对他人的利益构成

20　Rousseau, above n 17, 151.

21　Ibid, 159.

22　Ibid, 151–152.

23　Ibid, 127:"正是由于我们的思想能够实现这两个原则之间的结合,因此,不必引入社会性原则,在我看来,所有与自然权利相符合的规则都得以持续地产出。"

24　Ibid, 154.

25　Ibid, 153.

公法的基础

不当的损害。[26]

在卢梭看来,自然状态是一个相对良性的生存状态:人类在丛林中穿梭,逐渐过上了越来越稳定的生活,并形成了一定的人类联合,最终基于道德和共同特征形成了一个民族,即民族不是基于法律规则形成的,而是基于共同的生活方式、共同的食物,以及共同的天气影响形成的。[27] 基于冶金术和农业发展而建立的定居方式,最终导致了革命性的发展和变化:"对诗人而言,这是黄金和白银时代;对哲学家而言,金属和小麦虽然代表人类迈入了文明时代,但是也最终毁了人类。"[28]定居就意味着占有,占有就导致了基于物资的冲突和斗争。在《论人类不平等的起源和基础》的第二部分,卢梭在开篇就留下了这经久不衰的名言:"谁第一个圈起一块地,并且宣称'这是我的',如果找到一群足够简单的人愿意相信他,那么这个人就是文明社会真正的创造者。"[29]

那么契约是如何产生的? 卢梭认为,富有的人早就认识到,发动一场持续的战争将使其承受所有的代价,在战争中,所有人都将置生命于危险之中,还有一些需要承受物质的代价。[30] 而且他们也认识到,他们用武力获得的东西,同理,其他人同样可以借助武力夺走。因此,这些富人就创造了一套话语,用这套话语来获取对其他人的统治,使其他人认同他们。他们宣称,一个最高的权力可以保护弱者,使他们免受压迫,建立一个执行公正法律的政府,为所有人提供安全。因此,所有人在看到建立政治宪法的好处,却没有足够的现实经验感受到它存在的危险时,"都怀抱政治宪法可以

---

26   Rousseau, above n 17, 154.
27   Ibid, 165.
28   Ibid, 168.
29   Ibid, 161.
30   Ibid, 172.

保护他们的自由的信仰奔向了这个枷锁"[31]。卢梭说,这就是"社会和法律的起源,这让弱小的人获得了新的枷锁,富裕的人获得了新的力量和权力,这对自然的自由造成了不可逆转的损害,确立了稳定的财产法体系和不平等的法律体系,将通过计谋的篡权行为转化为不可收回的权利。这仅仅成就了一部分有野心的人的利益,但是将整个人类置于劳动压迫、奴役和迷茫之中"[32]。

霍布斯认为,政治契约是用来解决人与人之间战争的理性和正义的解决方案。卢梭则不认同这一观点,他认为,政治契约是巧妙地设计用以维护富人的利益的。由于政治法的基本原则在于,"人民将自己交付给自己的首领,是让他来护佑他们的自由,而不是反过来奴役他们",因此,政府首先就要意识到,它不拥有专断的权力。专断的权力由于本质上就是不合法的,因此不能作为社会权利的基础,也不能成为制度性不平等的基础。[33]执政官的合法性和他的权利只能建立在基本法的基础上,如果这些法律一旦被破坏,执政官将丧失其合法性,我们将再次回到自然的自由的状态中。[34] 因此,合法和专断的统治之间、形式上的平等和实质上的不平等之间的紧张关系长期存在,这决定了政府的发展轨迹。

在四种主要导致不平等的原因(财富、身份、权力和个人品质)中,卢梭认为,财富是最具有破坏性的,因为"财富对美好生活而言是最重要和最直接的影响力,也非常容易转移,而且它可以被用来购买所有其他事物"[35]。这种财富侵蚀了公民的权利和国家的自由,直到最后"专制主义(despotism)逐渐抬起它丑陋的头,吞噬它

31　Rousseau, above n 17, 173.

32　Ibid.

33　Ibid, 176, 179.

34　Ibid, 180.

35　Ibid, 184.

公法的基础

在国家任何地方可能看到的一切美好和有益健康的东西,最终成功地将法律和人民践踏在脚下",并将在"共和国的废墟上"构建自己绝对的权威。[36] 一旦这种情况出现,不平等的最后的阶段即将出现,在某种程度上我们可以认为,这个时候"所有个体都将再次回到平等状态中,这是因为:此刻的他们一无所有;由于作为臣民,除了统治者的意志,他们没有任何法律制度可以保护自身,以及作为统治者,除了遵循自己的激情,他并不需要遵守任何规则,一切有关善的观念和有关正义的原则再次付诸一炬"[37]。

在结束对这一发展循环的论述后,卢梭转向对比未开化的人和文明人:前者"只拥抱平静和自由,他只想活着,无所事事";而后者"为了活着,他将一直工作到死"。[38] 卢梭认识到,文明人"总是试图讨好他所憎恨的伟人和他所鄙视的富人,他不遗余力地为获得为他们服务的荣誉而努力,他虚荣地夸耀自己的卑微和他们对自己的保护,他为自己的被奴隶状态感到骄傲,对那些没有被奴役的人表示轻蔑"[39]。未开化的人活在自己的世界里,文明人则只知道如何活在他人的意见和评价中。这是一个"流于表面"的世界,这是一个仅仅专注于技艺和可笑的仪式的世界,一个专注于"没有美德的荣誉,没有智慧的理性,以及没有幸福的快乐"的世界。[40]

第三节　卢梭有关政治法的社会学思考

在《人类不平等的起源和基础》中,卢梭认为,在自然状态下,

36　Roussea, above n 17, 185.
37　Ibid, 185–186.
38　Ibid, 187.
39　Ibid.
40　Ibid.

200

尽管人与人之间存在自然或者说体力上的不平等,但是,这与作为建立国家所必需的政治契约导致的社会中的政治上和道德上的不平等相比较,是不值一提的。霍布斯认为,自然的平等导致了所有人对所有人的战争;卢梭则认为,物质上的不平等导致了各种冲突。霍布斯认为,政治契约建立了一种对战争状态构成救济的正义;卢梭则认为,政治契约是虚假的,是富裕的人用来欺骗穷人的,是用来合法化富人的统治的。霍布斯认为,国家的建立创造了一种人与人之间的形式上的法律和政治的平等;卢梭则认为,国家的形成本身事实上导致了一种制度性的新的臣服形式。因此,在卢梭看来,只有首先认识这些新的臣服形式的本质,才能真正把握政治法。

伴随着世俗国家的建立,最为根本的转变发生在人的品质上。卢梭说,一种本能的自我考虑的立场,即自然的自爱(*amour de soi-même*),在社会中就转化为自恋,这种自恋是一种自我中心的表现形式,代表了个体一种试图将自己置于所有人之上的欲望。在这个过程中,人丧失了自己的自主性,因为他对自我存在的自然关切已经被一种注重外表和形式的外在的社会关注彻底替代了。这就导致了一种奴役形式——人完全依赖他人的观点而存在。这还导致了一种道德弱点,这种道德弱点使人变成了自大、骄傲、羡慕、嫉妒和激情的奴隶。这些问题在霍布斯看来,是自然状态中的必然,但是卢梭反对这个提法。因为这一道德弱点,社会的人学会了撒谎、欺骗、伪装,变得完全不像自己,最终导致政治奴役。在这样的政治奴役中,实质上的不平等通过政府的宪法秩序被赋予了合法性。这是一种奴隶根本没有意识到自己的奴役状态的主人-奴隶关系。作为社会中的人,由于追求物质上的优势,他们牺牲了自己的个性;想要寻求影响力,但是最终却不得不服从;倾尽全力地追求成功,但是最后度过了毫无意义的一生。

公法的基础

在这样的情况之下,有关政治法的主张是什么?意味着什么?在这样的政治宪法之下,全世界都处于观念的统治中。由于受到自恋的支配,"人们不再相信他们所见到的,而是选择看到他们所相信的"[41]。因此,观念的统治就变成了偏见和欺骗的统治。这种形式的统治被一种更高的艺术所强化,这种艺术事实上是对虚荣自大和骄傲的展示,它粉饰了不平等的秩序。[42] 由于艺术家和智者事实上在为统治者提供麻醉大众的鸦片,因此我们不应该对这一政治宪法有任何不同于长袍贵族(the *noblesse de robe*)统治的期待。这些法学家不仅为了维护自己的特权地位,要么把法律弄得模糊不清,要么使法律过于复杂化,而且还为那些牺牲他人利益来促进自己利益的专业组织提供各种说辞。

这样的分析也许没有给我们太多的希望,但是,它确实可以让我们更准确地理解《社会契约论》中的观点。《社会契约论》展现了卢梭的一个企图,他想要在一个有关平等的新观念的基础上提出一个新起点。这个平等的新观念不是在自然状态下的粗糙的自然平等状况,而是基于政治权利的平等状况。我们可以在卢梭的这一主张中看到这种观点的基础:从自然状态向文明状态转变至少能够创造智识、道德和政治进步的条件。[43] 因为这些都是理性和良知所寻求的,它们在自然状态下是在孤寂中沉睡的,在文明社会中则是被腐蚀的。文明社会确实展示了无限的可能性,但是,同时也存在不道德和邪恶滋生的巨大风险。

当卢梭说,要使人类服从于法律中的自由和平等的理想所面临的挑战,基本就等同于要将一个圆变成方所面临的困难。但是,这不能被理解为是根本不具备这种可能性的说辞。这不过是要求

41　Judith Shklar, *Men and Citizens: A Study of Rousseau's Social Theory* (Cambridge: Cambridge University Press, 1969), 88.

42　Rousseau, *Discourse on the Sciences and Arts* [1751] in his *Political Writings*, above n 3, vol 1, 1–28.

43　Rousseau, above n 9, 53–54;参见本书第四章,第168页。

我们对在现代社会要实现这一理想的困难有清晰的认知。尽管有困难，但是依旧有解决的方案。对卢梭而言，这个答案就是，仅仅实施法律是不够的：只有法律与人民的习惯相一致，一个好的社会才能真正得以实现。法律只能从外部引导人的行为，只有习惯才能塑造"内在的人"(inner man)，进而塑造人的信仰。受马基雅维利和孟德斯鸠的传统的影响，[44]他建议，对公法的思考需要介入更多的社会学思考。

卢梭在习惯中发现了自然法理论的痕迹：习惯就是第二本性。实证法授权的不平等，尽管得到了理性和哲学的正当性论证，但是会对人们习惯中所反映出来的自然法构成一种暗中的破坏。不平等腐蚀了我们感知他人的能力，进而损害了怜悯力和同情心———一种自然的情感———一种谦逊的自恋，而这对整个人种的相互保存是非常重要的。[45]实证法授权的不平等侵犯了自然正义，无论其定义如何，因为它允许"儿童指挥老人，低能者领导智者，少数人保有大量多余财富，而饥饿的大众却缺乏必需品，这些显然违反了自然法则"[46]。在这里，卢梭更多地从普通人中寻求一般性的方法，这也许不是最理想的，却是面对糟糕的现实情况最好的解决方式，卢梭认为，对政治法的思考应该从这样的视角开始。

在《论人类不平等的起源和基础》之后，卢梭并没有刻意地研究政治法的原则(les principes du droit politique)。他的转变是从他于1752年完成喜剧《那喀索斯》(Narcissus)的序言部分开始的，他在序言中指出："习惯就是人们的道德"，人们如果不再尊重习惯，"他们就除了自己的激情之外不再遵守任何规则，除了法律

44　Machiavelli, *The Discourses* [1531] Leslie J Walker (trans) Bernard Crick (ed) (Harmond-sworth: Penguin, 1983), Ⅰ.17:"如果习惯被破坏，就不可能有好的立法"(at 159);"正如习惯需要法律一样，如果需要法律，就需要有好的习惯"(at 160)。也可参见 Montesquieu, above n 14, Bk 19, ch 27。

45　Rousseau, above n 17, 154.

46　Ibid, 188.

公法的基础

之外没有任何惩戒,法律只能让邪恶之人受到约束,却不能将他们变成善良的人"。[47] 一个有道德的人"当然尊重法律,但是从来没有试图改变传统"[48]。他进一步指出,"有道德的人应该警惕科学,警惕科学家和那些学识渊博的人,这些人所秉持的条条框框和各种教条格言最终会让他们蔑视自己曾经采取的方法和信仰的法律"[49]。如果受到这样的法哲学的影响,习惯将从根本上被损害,整个民族也将被腐蚀。我们不应该去寻求那些抽象的理想,而是应该转向关注习惯和人民的爱国精神,以寻求政治法的原初起源。[50]

第四节 费希特的自然权利基础

卢梭对空洞的形式主义整体上是持批判态度的,他尤其对狄德罗试图在共同人性基础上建构普遍意志理念的尝试进行了专门的批判。[51] 这就意味着他对康德的形式主义和世界主义也必然是持批判态度的。通过阅读卢梭,我们就会发现,他在智识上的继承者既不是康德,也不是他其他追随者,而是那些试图从经验中发展政治法理论的人。这就意味着需要从现存国家的传统中发展相关

---

47 Rousseau, 'Preface to *Narcissus*' [1752] in his *Political Writings*, above n 3, vol 1, 92–106, 102–103.

48 Ibid, 102.

49 Ibid.

50 卢梭认为爱国主义是对抗现代生活中物化的有效手段。参见 Rousseau, *Discourse on Political Economy* in his *Political Writings*, above n 3, vol 2, 3–38, 15–16; Rousseau, above n 3, 189–190。

51 Rousseau, 'Geneva Manuscript' in his *Political Writings*, above n 3, vol 2, 153–161, 158:"我们总是从特定社会的角度来理解一般社会……从而表明人们应该如何看待那些所谓的世界公民,他们以对人类的爱来证成他们对祖国的爱,他们自夸爱每个人,这样他们就有权不爱任何人。"关于狄德罗的讨论,参见 Robert Wokler, 'The Influence of Diderot on the Political Theory of Rousseau' (1975) *Studies on Voltaire and the Eighteenth Century*, 55–112。

204

理论。在德国的学者中,继承卢梭遗产的主要是费希特和黑格尔。在进一步阐述黑格尔的杰出贡献之前,我们首先要对费希特的理论有所了解。

费希特在德国哲学史上的地位非常有争议,他的身份标签在不断地变化:既是一个个人主义者,又是一个社会主义者;既是一个自由主义者,又是一个威权主义者;既是一个世界主义者,又是一个民族主义者。尽管他追随康德,将上帝作为"世界的道德秩序",但是由于被指控为无神论者,他最终离开了耶拿(Jena)的教职。[52] 尽管他因反犹主义被批判,但是他为了保护一个犹太学生免受不公正的待遇,被迫从柏林大学的教区长的位置上辞职。[53] 一定程度上,这些不一致的立场是源自他在职业生涯的不同阶段所持的政治思想的变化。总体而言,他的思想变化经历了四个主要的阶段:个人主义者和雅各宾主义者(1789—1796 年);激进自然法的倡导者(1796—1799 年);社会主义的理论家(1799—1806 年);维护国家的民族主义者(1806—1814 年)。

费希特之所以重要,是因为:尽管他是康德的信徒,但是他另辟蹊径地发展了康德的理念。和康德一样,费希特与中世纪决裂了:他不再将上帝作为一切事物的中心,而是紧紧跟随笛卡儿主义的逻辑,将"我"作为一切的中心。和康德一样,费希特也相信,现实不是完全独立于意识而存在的。但是在此基础上,费希特走得更远:费希特反对认识(knowing)和事物本身(the thing-in-itself)之间的区别,他认为,人只有通过创造一个客体的世界才能意识到自己的存在。他认为,所有存在的东西都是一个意识的世界,一个实际经验的世界,不存在一个超验的现实世界。费希特试

52　参见 Terry Pinkard, *German Philosophy*, 1760 - 1860: *The Legacy of Idealism* (Cambridge: Cambridge University Press, 2002), 125-126。

53　Paul R Sweet, 'Fichte and the Jews: A Case of Tension between Civil Rights and Human Rights' (1993) 16 *German Studies Review*, 37-48.

图解决康德哲学中基于对"实然"的物质世界和"应然"的道德世界之间的区分所构建的二分法,费希特认为,自我不是一个物质,而是本质上属于规范建构物(normative construction)。因此,费希特解决了"康德悖论"[54]的问题,他采取了"一种激进的、始终坚持规范性的立场来解决这个问题,认为规范性和事实性(非规范性)之间的差异本身就是一个规范性的问题,即我们应该如何对待事物的问题"[55]。所有判断都包含一些对规范的引用:费希特认为,那些以"这就是我所相信的"的形式出现的判断,也应该被理解为"这就是我和所有其他人应该相信的"。

在费希特的作品中,我们可以看到德国唯心主义哲学(German Idealist philosophy)的繁荣发展。费希特的研究最特别的价值在于,他的研究全部都建立在精神的自我性(*Ichheit*)基础上,费希特采取了一种自我归因的视角,构建和发展出一套具有独特性的有关权威和自由的政治观点。费希特在其思想发展的第二个阶段形成了有关政治法的科学思想,这一思想表达了一种有关自然权利的较为激进的理论。费希特在《自然权利基础》一书中,较为系统地阐述了这一理论的相关思想。[56]

因为《自然权利基础》以自我(the *Ich*)作为研究的起点,所以费希特的哲学常常被认为是个人主义的,但是,这其实是具有迷惑性的。尽管生活是从主体和客体的区分中建构起来的,但是现实中并不是只有一个主体、一种意识,相反,主体的多元性其实决定了他们之间是必然存在分歧的。因此,感官世界并不是一个有机整体,而是由不同的多元观点构成的,每一种观点都有其对立面和多样性。为了理解这个(充满了多元和对立的感官)世界,个体总

54　参见本书第四章,第 180 页。

55　Pinkard, above n 52, 127.

56　JG Fichte, *Foundations of Natural Rights According to the Principles of the Wissenschaftslehre* [1796] Michael Baur (trans) Frederick Neuhouser (ed) (Cambridge: Cambridge University Press, 2000).

是试图找到某种统一性,这种寻求统一性的努力最终在精神的自我性观念中得以彰显。因此,尽管自我只能被个体自身意识到,但是,并不意味着自我仅仅是对某个特定个体的自我价值的主观表达:最好是将其视为超越个体性的建构。因此,只有当我们可以用一些共同的原则对世界上发生的不同事情进行解释时,真正有关自我的理解才得以出现。

费希特认为,人如果认为自己是拥有自我的,那么他必须要把自己作为一个能够思考并且积极行动的个体来对待(第一定律),这就意味着他必须认识到,自己是和其他自由人一起生活在一个共同体中的(第二定律),因此在意识到其他人的存在的同时,个体就必须思考自己和他人的关系到底是怎样的,正确的方法就是将自己和他人放置于一种权利关系(a relation of right,德语是 *Rechtsverhältniß*)中,这是第三定律。[57] 所谓的权利关系就意味着,自由只有在每个人都承认并遵守那些确保他人自由得以同样实现的限制时,才能真正地实现。个人自由是以承认共同体中其他人的自由为条件的。法(*Recht*)就是这样的社会关系的表达,法的功能就是确定个体自由的主体间界限。

费希特带来了一个观念的进步,他将法律视为一种社会性和关系性的工具,法律自身运行有着明确的目标。他认为,与康德试图从道德法则(moral law)中获得有关政治法的理论不同,自己的政治法观念是相对独立的,与道德法则没有什么关联。[58] 费希特认为,道德法则中的义务(duty)概念,与权利(right)概念有根本性的不同。道德法则强调义务的决定性,权利法则(the law of right)允许,不是命令,每个人践行自己的权利。[59] 由于人们只有通过行动进入与他人的相互关系中,并且以此作为在感性世界中的自由

57　Fichte, above n 56, 39.

58　Ibid, 11.

59　Ibid, 50.

公法的基础

表达,所以,那些在感性世界中不会产生任何因果律、仅仅停留在思想中的活动就是道德法庭要负责的。[60] 因此,当提到关于思想自由或良知自由的权利时,这其实就是无稽之谈,这些自由只涉及精神上的行动。由于权利所代表的也仅仅是理性存在之间的关系,所以对土地或者动物主张权利,这也属于无稽之谈。这种关系和联系是一种功效关系,意味着人与人之间发生了某种交互性的影响,因此,如果完全不存在这种交互性的影响,也就没有权利可言。比如,当一个人谈到一个逝去的人基于与活着的人的联系产生的权利时,这里根本不会基于权利本身产生任何义务,顶多也就存在某些基于良知的责任。

但是,费希特指出,这样一个由自由人构成的共同体如何可能? 这样一个政权应该如何能够得以建立? 简单的回答就是,法律应该成为一种权力:法律的概念和最高权力的概念应该是统一的。[61] 那么这个目标如何能够得到实现,这就应该成为有关权利的科学的任务。[62] 关于这一问题的解决方案就应该在国家的概念中得以揭示。

对这个解决方案本身进行解释时,费希特以人的初始权利(*Urrecht*)的概念作为起点。费希特强调,这个概念应该被视为"纯粹的虚构物",只是表达了一种"理想的可能性",没有任何"真实的意涵"。[63] 初始权利本身就是为有关权利的科学虚构出来的概念,如果没有认识到这一点,就会对权利理论本身仅仅获得了一种形式上的理解。[64] 所谓的初始权利在任何情况之下都不可能存在,因为"人只有在与他人共存的共同体当中才能拥有实际的权

60　Fichte, above n 56, 51.

61　Ibid, 97.

62　Ibid, 79.

63　Ibid, 101-102.

64　Ibid.

208

利"[65]。初始权利就是基于意志自由去构建特定理论所要求具备的一个形式要求。基于初始权利的假设,费希特由此提出强制的权利(*Zwangsrecht*)这个概念,这就意味着任何人侵犯了他人的初始权利都要受到某种强制。在这个权利中,相互性的有条件的自我权利限制得以产生:如果 A 愿意对自己的自由进行限制,那么他身边的 B 的自由就得到了保障,作为回报,B 愿意对自己的自由进行限制,那么他身边的 A 的自由就获得了保障,如此,对 A 而言,他最终还是获得了一个互惠的自由空间。[66] 这就是"相互承认原则"(*Anerkennung*),在费希特看来,这一原则深植于人类的本性特征之中。[67]

从权利的视角,重要的问题就变成"如何能够建立一种权力,从而使这种互惠的权利能够得以共存"。费希特指出,尽管"相互的安全"是共同的目标,但是这个目标本身是不容易实现的,因为人们事实上更多地受到自爱(self-love)而不是道德的驱动。每一个个体能够顾及他人的安全,是因为这样有利于自己的安全,因此,每个人都会让共同目的(common end)最终从属于自身的私人目的(private end)。[68] 因此,政治法的问题首先就是要找到一个共同意志(common will),然后确保一个最高的权力能够来实现这一共同意志。[69] 这里,费希特希望借助于将权力和权利联系起来找

65　Fichte, above n 56, 102.

66　Ibid, 110.

67　Ibid, 41-49, 116-117. "承认理论"在费希特思想中的重要性,参见 Allen W Wood, *Hegel's Ethical Thought* (Cambridge: Cambridge University Press, 1990), 77-83。

68　Fichte, above n 56, 133.

69　Ibid, 134. Susan Shell, '"A Determined Stand": Freedom and Security in Fichte's *Science of Right*' (1992) 25 *Polity*, 95-121, 104-105:"因此,费希特将卢梭试图分开讨论的东西,即从理论角度讨论什么是公意的问题和如何使其生效的实践问题,统一了起来。卢梭认为,后者要实现,首要的就是培育公民的美德习惯。相比之下,费希特并不注重内在美德,而是注重外在法则或强制性法则的完美运用,期望通过法律本身实现个体与普遍的必要和谐。"

公法的基础

到解决方案,这从根本上可以被视为斯宾诺莎主张(权利是从权力中产生的)的一个变体。[70]

费希特认为,这一共同意志需要通过建立国家的过程得以形成。[71] 描述这一过程的社会契约理论不仅指称一个契约,而是包括三个相互联系的契约。第一个契约就是财产契约(property contract),在这个契约中,每一个个体以相互尊重为条件,承诺会尊重其他人的财产权,这一契约就创造了一个消极义务。第二个契约被称为保护契约(protection contract),同样以相互尊重和承诺为条件,每个人都承诺会帮助他人保护彼此的财产,这就创造了一个积极义务。这两个契约都获得了第三个契约的保护,第三个契约被称为联合契约(the unification contract)。正是因为这第三个契约,每个人都变成一个组织起来的整体的一个部分,这个整体是作为个体签订契约的产物而出现的。这三个契约共同构成政治契约的组成部分。[72]

伴随着国家的建立,强制的权利就被转移给集体。但是,变成集体权力之后,这一权力应该如何被行使?这个代表集体的最高权力应该授予谁?费希特认为,管理权利的最高权力是不能授予作为整体的民众的,否则的话,民众在这里就变成了自己案件的法官。[73] 同时,这样的权力也不能赋予那些无法为人民负责的一个人或者几个人,否则就会导致专制。与理性和权利相符合的、任何意义上的宪法都需要遵循的基本法要求,行政权力以及对行政权力进行监督和判断的权利,应该是分开的。监督和判断的权利应

70　参见本书第三章,第 152 页。

71　应该指出的是,费希特直接解决了建国的基础问题。他说:"只有民众才能宣布自己是民众;因此,在他们宣布自己是民众之前,他们必须以民众的身份被召集起来,正如人们看到的,这是矛盾的。"他继续说:"只有一种方法可以消除这一矛盾:宪法必须事先规定在什么样的情况下,人们可以作为民众被召集起来……除非正义和法律同时失效,他们没有必要被召集。"详见 Fichte, above n 56, 150。

72　Ibid, 165–182.

73　Ibid, 140.

该被赋予作为整体的人民,行政权力可以赋予特定的人。[74] 因此,政府必须建立一套与人民分开的体制。但是,这并不意味着政府权力必须呈现一种形式上的分权状态。对分权本身,费希特始终持一种质疑的态度,他认为,真正重要的是,那些被赋予对权利进行管理的行政权力能够确保一切以权利为本。[75] 在费希特看来,如果基本法获得充分的尊重,公共权力的行使本身是负责的,那么对"什么样的政府宪法更适合某个特定的国家"这个问题,这就不再是与正义原则相关的问题,而是政治体本身需要回答的问题。[76]

费希特《自然权利基础》一书的主旨是阐释和证成国家的权威。费希特首先指出,国家既不是一个理想中的实体,其本身也并不构成目的。国家存立的主要目的就是保存个体的基本权利,这些权利包括但不限于自我保存的权利、财产权以及自我决定的权利。尽管这在一定程度上体现了个人主义的倾向,但是费希特的重点是要强调,这些权利的实现必须建立在赋予国家一种具有权威性的政治意志基础上,当然,这种意志本身代表了共同意志。因此,他就反对分权的理论,因为在他看来,这样的机制将导致共同意志的实现陷入某种窘况。在他看来,任何对政府权力的限制,都应该是围绕政府功能而不是政府结构本身展开的。为此,费希特认识到可让与的(alienable)权利和不可让与的(inalienable)权利的区分,以及确定不可让与的权利的标准对人的尊严和繁荣发展而言是具有根本意义的。鉴于不可让与的权利就意味着不能通过契约让与,因此,政府必须通过共同意志去决定区分这两种不同权

74　Fichte, above n 56, 141.

75　Ibid, 142.

76　Ibid, 144, 249-263.

公法的基础

利的标准。对政府的限制主要是通过要求其对人民负责实现的。[77] 但是，要确保自由的实现，政府必须是具有权威的。

费希特在政治法科学方面的创举，很重要的一方面源自他对卢梭的观念（个性只有在一个良好秩序的国家中才能繁荣发展）的继承和发展。对费希特而言，自由不仅仅是一个消极的标准：自由是一个伴随着文明进程不断进化和发展的状态。因此，自我不是在初始状态中就始终可以作为一个体系的基础而存在——自我性包含了一个不断成长的过程。这就意味着，"相互的（权利）认同、肯定和尊重"不可能通过特定政府机制的制度化来实现，而是需要积极的公民参与和投入才能够实现。这就是为什么在继斯宾诺莎之后，费希特主张"不正义的权力总是无力的权力"的原因。在费希特看来，"不正义的权力之所以是无力的，是因为它内部存在冲突、不一致性，因为众人的意见（general opinion），甚至是那些它视为工具的意见，都是反对这个权力本身的。因此，权力越是不正义，这个权力本身就越弱小、越无力"[78]。政治权力最终是来源并依赖人民而存在的，而且只有通过良好秩序的有效治理安排才有可能不断地产生。

在这里，费希特给了我们一个有关于法律的特定观念，依据这一观念，理性的个体构成了权利的最终来源，权利也只有在国家当中才能真正得以实现。费希特通过将个体放置于其理论的中心位置，上帝或者传统上封建等级制的权威就彻底地被替代了。通过将个体视为法律的来源，人民主权、人民享有制宪权的观念得以呈现，甚至在法国大革命中得以践行。这些权利只能被集体性地行

---

77 然而，费希特没有详细考察实现这一问责制的体制安排，他倡导采纳斯巴达体系，认同阿尔图修斯的观点，主要依靠委员会来实现问责。参见 Fichte, above n 56, 141-144, 151-162。黑格尔随后批评了这样的路径探索，认为这是建立在"肤浅的国家观念的基础上"的。参见 Hegel, below n 83, §273。

78 Fichte, above n 56, 161.

212

使和实现,因此,国家就被视为最终塑造和决定人们外部关系领域的最终机构。通过主张权利倚赖"相互的认可、尊重",费希特创造了支配现代政治法发展的特定原则。

尽管很多时候费希特被视为"自然法学派最后伟大的代言人"[79],但是在现实层面上,不得不说,费希特代表了自然法的终结。这不仅仅因为在他的正义科学中,理性替代了上帝的位置,契约的理论替代了神学的观念;还因为费希特拒绝承认法律的伦理本质。康德尽管尝试区分伦理和法律,但是最终将法律建立在了伦理的基础上。[80] 与此构成对比,费希特主张,政治法是一个自主的科学,政治法的实现不依赖伦理惩戒。他进一步主张,人类并不是本质上就是道德的,但是在国家当中,必须采取相关的行动使人变得道德。在《自然权利基础》一书中,费希特认为:"根本不存在我们现在赋予这个术语的意义层面上的自然权利,如果没有国家,没有实证法,我们是不可能在人与人之间建立正确的关系的。"[81]法律不可能在国家之外存在,只有诉诸历史和政治现实因素,我们才能对法律的好坏做出评估。费希特的这一系列思想决定性地导致了自然法时代的终结,标志着政治法作为自主的科学得以形成。

第五节　黑格尔法哲学中的政治法概念

如果费希特奠定了政治法作为一门自主科学的基础,那么黑

79　Reinhold Aris, *History of Political Thought in Germany*, *1789 – 1815* (London: Allen & Unwin, 1936), 113.

80　参见本书第四章,第185—191页。

81　Fichte, above n 56, 132.

公法的基础

格尔的成就则在于彻底实现了与政治契约想象的根本分离。正如前文所描述的,政治契约想象是一个构建政治理论有效性的重要工具,它使政治法理论首先与神学主张相分离,接着与习惯主张、道德主张之间彻底划清界限。通过拒绝契约理论,黑格尔得以回避了一些基础性的矛盾,并且将政治法的科学完全建构在国家这一自主的实体基础上。[82] 黑格尔在他的《法哲学原理》中勾勒出有关政治法的基本概念,在该书中,黑格尔致力于解释一种"国家科学"(science of the state),这一国家科学将国家理解和描述为内在地理性的事物。[83] 黑格尔有关政治法的概念可以在他对国家的"固有的合理性"(the inherent rationality)的观念描述中得以发现。

黑格尔的国家概念呈现得并不是那么地直截了当,在黑格尔看来,国家是"伦理观念的实现",是一种实质意志(substantial will)的实现,这种实质意志是普遍性意志在特殊个人意志中的呈现。[84] 这一概念需要被进一步地划分和澄清。对黑格尔而言,国家是一个"有机体"(organism),国家中不同的机制、权力和功能应该被视为一个过程,在这个过程中,宇宙以其必要的方式不断地产生和实现自我。[85] 之所以认为这个过程是必要的,是因为这些机制的"特殊性"是由国家概念的本质决定的。[86] 通过这个过程,国家维持它的身份。[87] 尽管这里有同义反复的嫌疑,但是黑格尔的核心主张在于,正如上帝的基本特征无法通过一些特殊的

---

[82] 从这个意义上说,黑格尔解决了康德悖论的问题(本书第 206 页),认为这个悖论不能单靠形而上学来解决,必须通过关于争取承认的斗争之诉求,从社会的角度来面对它。参见 Pinkard, above n 52, 226-229。

[83] GWF Hegel, *Philosophy of Right* [1821] TM Knox (trans of *Grundlinien der Philosophie des Recht*s) (Oxford: Oxford University Press, 1952), 11 (Preface).

[84] Ibid, §§ 257, 258.

[85] Ibid, § 269.

[86] Ibid.

[87] Ibid, § 269A.

214

第五章 政治法科学之二

属性予以理解,而是首先通过把握其本质而理解一样,国家的基本
特征也是同样的道理。国家应该被视为一个伟大的建筑,一种彰
显理性的象形文字,它们只有在现实中才能彰显自我。[88] 一切偶
然的、武断的,仅仅是功能性的东西都必须被抛弃,这样理性和本
质的东西才能显现出来,国家才能作为一种自我决定的主权意志
得以呈现。

　　黑格尔认为,正是通过宪法,国家创造并保持了自身作为一个
独特的、排他的、基于联系产生的实体的身份。通过对他所提出的
宪法概念的理解,我们看到社会契约观念是如何被巧妙地处理的。
黑格尔首先提问:"谁构建了宪法?"尽管这里的答案是显而易见
的,黑格尔指出,"近距离的观察就会发现,这样的问题本身是基本
没有意义的,这个问题预设了之前是不存在宪法的,只有原子化的
个体的聚合"[89]。这种假设的困难在于,宪法概念既对这样一个它
即将适用的武断的群体一无所知,又对为这样一个群体设定该(宪
法)框架时可能面临的问题无力回应。但是,如果假设已经存在宪
法,那么就不再是创造的问题,而是修改宪法的问题。在黑格尔看
来,谁创制了宪法这个问题本身是没有意义的,他认为,"宪法不应
该是被视为一种创造物,尽管它确实是适时出现的"[90]。他坚持认
为,宪法应该是被视为"简单自在自为的存在……而且高居于被创
造的万物之上"[91]。

　　政治法的内涵需要从国家和宪法的概念中提取,但是,这些概
念本身似乎是高深精妙的存在。它们构成了理性的表达,是心灵
为自己创造的世界的产物。因为心灵高于自然,因此国家是高于

　　88　　Hegel, above n 83, §279A.

　　89　　Ibid, §273R.

　　90　　Ibid.

　　91　　Ibid. 进一步可以参见 GWF Hegel, *The Philosophy of Mind* [1830] W
Wallace (trans) (Oxford: Clarendon Press, 1971), §540:"所谓的'制宪'是历史上从来
没有发生的事情,宪法是从一个民族的精神中生发出来的。"

215

公法的基础

我们的物质生活的。[92] 但是,如果我们将这些概念视为纯粹的抽象公式,那么我们也错了。对黑格尔而言,这些理性的实体存在不是抽象推测的产物:它们是辩证的历史过程所呈现的观念。人类历史不应该仅仅被视为一系列毫无规律可循的、杂乱的事件的组合,而应该被视为理性的阶段性实现。只有把握了这一进步过程的机理,我们才能真正理解政治法。因此,要解决和直面历史和理性之间的紧张,在黑格尔看来,政治法就应该被视为一种对理性在历史中的运行的详尽阐述。

黑格尔对政治法概念的理解的重要性在《法哲学原理》的序言部分得到了清楚的解释。在序言部分,黑格尔对他所陷入的相关的法理争论问题做出了澄清和回应,在黑格尔看来,自法律、道德和宗教的最早形成起,这些有关权利、伦理和国家的问题本身就被提出来,是长久存在的。[93] 但是现在的一大挑战是,那些可以用来理解和解决这些问题的哲学方法本身,正在经历着一些令人羞耻的衰退。[94] 学者时常在两种立场和选择中间摇摆,要么就是接受事实的权威(采取"简单服从的路线,毫无质疑地坚信那些被公众普遍接受为真实的信念,并且以此为坚实的基础去建立其理论体系"),要么就是通过创造他们自己设计的规范性方案来颂扬自由思想的美德("无论自由思想的权利多么崇高,如果只有符合特定思维的观点被认作思想,如果思维只有在偏离普遍公认的东西时才认为自己是自由的,那么这样的观念就是扭曲的、错误的")。[95]但是,在这里,所有人都没有认识到,权利和伦理以及正义的世界、充满伦理的生活都需要通过思想本身来理解,借助思想本身,它们被赋予了某种合理的形式,比如普遍性(universality)和确定性

92　Hegel, above n 83, §272A.

93　Ibid, 3.

94　Ibid, 2.

95　Ibid, 3-4.

（determinacy），而这种与主观性的确信相对立的形式本身就是法律的形式。[96]

　　毫无疑问，黑格尔对当时的"浪漫主义运动"（the Romantic movement）是完全持反对意见的，在他看来，浪漫主义运动展现了一种最大限度的虚夸，浪漫主义运动主张，一个人只要他关注这个问题本身，就可以"创造一种属于自己的国家哲学"。[97] 在浪漫主义运动看来，一个人能够充分地主张和呈现自己的内心、情感和灵感，这是唯一和伦理制度、国家、政府和宪法有关的真理所在。[98] 这些虚妄的信仰，包括最显著的主张，即人民可以由一种公共精神来统治，在这种精神中，"公共事务的履行是自下而上的、依靠由神圣的友谊链联合起来的人民本身……"[99]，对黑格尔来说是"肤浅思想的精髓"。黑格尔认为，如果浪漫主义者胜利了，政治法的观念就会被"意见和反复无常的主观偶然性"取代，尤其因为它（浪漫主义）眉头上的最为明显的"特殊印记"就是对法律的仇恨。[100]

　　但是，与此同时，黑格尔对康德教义中的形式主义和抽象性也秉持同样的批判态度。他说，正是因为哲学是对合理性的发掘和展现，所以它涉及对当下和现实的理解，而不是建立在超然、应然存在以及上帝所代表的方向的基础上的产物，也不是我们建立在看似自洽，但是片面、空洞的推理的基础上的对存在的理解。[101] 跟随这一逻辑，黑格尔就阐述了他著名的"双重断言"（*Doppelsatz*）："合理的就是现实的，现实的就是合理的。"[102]第一个命题传递的意

96　Hegel, above n 83, 7.
97　Ibid, 5.
98　Ibid.
99　Ibid, 6.
100　Ibid, 6, 7.
101　Ibid, 10.
102　Ibid.

公法的基础

义在于,与真实世界相对,我们所持有的抽象理念事实上是在智识世界(intellectual realm)中对现实的重构(reconstructions of reality)。[103] 第二个命题则认为,现代政治世界事实上是一个具有合理性的构造物,这个具有合理性的构成物是可以进行学术性分析的。在这里,我们必须避免一种可能的对黑格尔的误解:黑格尔所谈的"真实"(actuality),是指本质和存在的合成物。[104] 他并不主张一切的存在都是合理的。他也并不认为,如果确实存在,就意味着不受批判。他认为,一种真正的哲学探索应该努力在现实世界中寻求、识别出理性(reason),而不是仅在哲学家的头脑中建构一个抽象的理念。因此,公法可以以合理性(rationality)的形式被推测和展现出来,也就是说,它的机制和实践可以被容纳到一个有序的可被理解的整体当中,而这个整体本身是可以被理解和被有效分析的。

政治法科学因此完全不同于创制一套有关国家的应然状态的理论。这一科学探究所包含的洞察力,不是要展现国家的应然状态、告诉国家怎么做,而是要呈现作为一个伦理经验体系(the ethical universe)的国家是如何被理解的。[105] 这一科学的任务就是去理解实然是什么……因为实然就代表了理性。[106] 如果哲学总是试图超越现实世界,那么这就仅仅是一种想象——只是在哲学家的头脑中形成的世界。作为政治法科学,其见解和洞察只有在真实经过一个形成的过程并最终定型时,才有可能获得。[107] 黑格尔认为,这一政治法科学是现代思想的产物,他想要呈现,这一科学

103　Hegel, above n 83, 10:"我已经说过,即使是柏拉图的《理想国》,众所周知,它被看作一种空洞的理想,但它也是对希腊伦理生活本质的一种阐释。"

104　如果我们说一个未能实现其目标的政治家不是真正的政治家,那么这里的"真正"(real)一词的使用方式与黑格尔所说的"真实"(actual)类似。政治家虽然在事实上担任公职,但缺乏政治家应有的品质,因此不是真正的政治家。

105　Hegel, above n 83, 11.

106　Ibid.

107　Ibid, 12–13.

第五章 政治法科学之二

是如何作为一套自主的话语体系在运作的,这套话语体系是一个基于其内在的、固有的矛盾得以不断发展的结构形态,因此对这套话语体系的把握也处在一个动态变化的过程中。

在这一非常有影响力的序言之后,黑格尔开篇就非常清楚地界定其撰写该书的目的:法哲学,或者说有关政治法的科学,是以权利的理念(the Idea of right),即权利的概念以及概念的现实化,作为研究对象的。[108] 对黑格尔而言,理念比单纯的概念更为基础。特定的概念化过程是具有一定偏狭性和错误认知性存在的,黑格尔也注意到,在概念的实现过程中,它呈现了不同的变体,而这些变体本身也构成了我们对概念理解无法拒绝的部分。[109] 因此,政治法科学的一般性的目标就是"从概念中发展理念,或者说,观测和把握事物符合规律的内在发展"[110]。黑格尔首先指出,"当我们讨论法(right, *Recht*, *jus*)时,不仅仅是从字面的角度去理解它,即实证法,同时也包括道德、伦理生活和世界历史"[111]。在此基础上,黑格尔分析了在逻辑进步过程中不同的权利的形式,从那些最简单且最抽象的表现形式一直联系到逐渐复杂和具象化的表现形式。

《法哲学原理》以抽象的权利及其划分开篇,权利内容包括人格、财产、契约和侵权。《法哲学原理》接着转入对道德(*Moralität*)及其划分的论述,道德包括责任、福利和良心。黑格尔转向从道德检视伦理生活(*Sittlichkeit*)的形式,伦理生活包括家庭、市民社会、国家和国家间的关系。这一综合方案反映了自由在现存的制度和实践中的实现方式:抽象权利本身是一个个体之间相互认同特定基本权利(财产、契约)的领域;道德彰显的是每个人对他人所

108　Hegel, above n 83, §1.

109　Ibid, §1R.

110　Ibid, §2.

111　Ibid, §33A. 黑格尔使用"right"作为一种技术表达时,也用它来指代"一种包含自由意志的存在"(in §29)。关于这一用法的说明,参见 Wood, above n 67, 71–73。

219

承担的义务；伦理生活是这样一个领域，通过不断发展的社会实践，那些拥有抽象权利的道德的人，在这里做出与善有关的具体决定。尽管笔者的关注点是通过国家表达出来的政治法的概念，但是这三个与权利相关的主要环节都是需要首先得到刻画的。[112]

黑格尔认为，家庭构成了伦理生活最本质、最直接的表达阶段。这一生活领域体现了一种"特殊的利他主义"，因为在这个特定的家庭组合结构中，每个人都愿意去照顾和关注其他成员。[113]与此构成对比，市民社会是伦理生活的一种特殊形式，展现了一种黑格尔所称的"普遍利己主义"或者"抽象权利的普遍性"。在这个领域中，最主要的连接形式就是经济交往，每个人都基于意识到的自利而行动。在这里，每个人都将其他人视为实现自己目的的手段，尽管偶尔会认识到大家其实在共同进行某项共同的事业。[114]最后就是国家，在这个领域中，人与人之间的联系不是源自自利，而是源自同心同德。作为伦理生活的一种关系模式，国家彰显了一种"普遍的利他主义"，所以，在黑格尔看来，国家代表了"自由的实现"。[115]黑格尔认为，"国家的基础就是理性将自身转化为意志的那种力量"，但是，黑格尔也强调，在这里所考量的国家观念，"不是建立在某些具象的、特定的国家形态或者机制基础上的"，它就是一种纯粹的国家观念本身。[116]

黑格尔的方案具有的重要启示在于，他认为，有关权利的理念可以通过对主体性道德和更具一般性和抽象性的伦理生活定义的区分得以呈现。道德可以用来调整原子个体之间的行为，但是它

112　对这三个领域展开的精辟分析，参见 Paul Franco, *Hegel's Philosophy of Freedom* (New Haven, CT: Yale University Press, 1999), chs 6-8。

113　Hegel, above n 83, §§158-181.

114　Ibid, §§182-256, esp §184, §255.

115　Ibid, §§257-360, esp §258R.

116　Ibid, §258A.

所提供的这个一般性构想本身是缺乏具体内容的,是一种空洞的形式,将道德科学降低为一种纯粹的义务宣传。[117] 只有我们引入"共同体的伦理生活"这个更为宽泛的概念,这里人们不再是原子式的个体,而是共同体的成员,具体内容就可以产生,进而填补那些空洞的构想。这一合理性只有在国家这个层面才能达到它应有的高度,因为:在家庭这个范畴内,它是被爱和情感所淹没的;在市民社会中,它则以个体的自利得以彰显;只有在国家当中,理性才能达到自反性的自我意识的水平。

这在一定程度上体现了黑格尔思维的辩证因素:权利通过各种形式和观念获得发展。很多评论者将此称为正题(thesis)、反题(antithesis)和合题(synthesis)三位一体的"庸俗的辩证法":正题表达了一种抽象权利(主要是人格和财产中的权利)的实证法化,在这个权利的实证法化过程中实现了从人身依附关系中解放出来;反题体现为财产所有者在社会中各种各样的利益冲突;合题在国家的形成过程中得以实现,因为国家就是借助于公共利益来调和这些冲突的。但是,这并非黑格尔自己的观念所在。[118]

黑格尔的构想中有一个基本的判断:"我们的思想天生就有一种不断地超越各种限制的内在倾向,从而会不断地形成自我毁损、自我否定。通过超越自我的限制,思想转化为自我的对立面,引发各种冲突和矛盾。"[119] 尽管这一倾向会对我们的理解造成各种各样的障碍,但是这些冲突本身,在黑格尔看来,是难以避免的。因此,处理这些辩证的矛盾的唯一方法不是压制它们,而是试图对它

117　Hegel, above n 83, §135R. 黑格尔进一步指出(§135A):"康德哲学的观点是崇高的,因为它提出了义务和理性之间的对应关系,但我们必须注意到,这一观点的缺陷在于表达上缺乏相关的连接。"关于"道德法则的空洞性",参见 Wood, above n 67, 154-173。

118　参见 Wood, above n 67, 3-4:"黑格尔从未使用过这个术语,所以,使用这个术语来阐述黑格尔辩证法,几乎属于一种不自觉的自白,阐述者几乎没有或根本没有对黑格尔的第一手知识。"

119　Wood, ibid, 2.

公法的基础

们进行系统化处理。[120] 正如艾伦·伍德(Allen Wood)指出的:"当你成为它们的主人时,它们就可以为你做你所期待的具有积极意义的哲学工作。"[121] 对黑格尔而言,更高的辩证形态就是有关权利的运动,在这里,概念作为一个纯粹内在的进步过程,不断地自我发展。[122] 哲学的任务就是理性地思考权利的发展,这并不意味着要从外部为主体寻找理性,并试图不断地干预它,而是要从主体本身发现合理性,这就意味着要意识到事物本身的理性就在其自身有效的运作当中。[123] 对黑格尔而言,这个辩证的形态就是人类为了自由而斗争的持续上演的剧目。[124]

这一有关权利的科学因此就变得是历史性和具有进步性的。之所以说是具有历史性的,因为只有基于特定的民族特征、特定的历史发展阶段,权利才能获得其实证的形式。[125] 之所以认为它是具有就进步性的,因为一个实证法的体系的建构必然会将普遍概念适用于特定特征的过程,这其实就是一个将特殊包含于一般的过程。[126] 这就是一个通过不断克服(*Aufhebung*)对权利理解的偏狭性,从而实现从简单和抽象的权利科学向复杂和具体的权利科学转变的运动过程。[127] 基于黑格尔式的辩证法,政治法就可以被

120　Wood, above n 67, 2.

121　Ibid.

122　Hegel, above n 83, §31.

123　Ibid, §31R.

124　Wood, above n 67, 4:"这个系统的顶峰是'理念'(Idea)——思想倾向于通过超越自身来实现自身。黑格尔将理念与上帝存在的本体论证明联系在一起,因为理念展示了最高思想直接证明其自身存在的能力。但从宗教的角度来看,理念也代表了上帝对世界的创造。"也可参见 Hegel, above n 83, §32A:"理念必须不断地在自身内部进一步确定自己,因为它最初只是一个抽象的概念。但这一原始的抽象概念从未被抛弃。它只是不断地变得更加丰富……这个概念仍然是一个灵魂性的存在,它将一切事物结合在一起,只有通过一个内在的过程,才能实现自身的适当分化。"

125　Hegel, above n 83, §3.

126　Ibid.

127　Ibid, §141R:"权利与道德不能独立存在,它们必须有伦理作为其支持和基础,权利缺乏主体性(subjectivity)维度,道德也是,因此权利和道德都缺乏依靠自身得以实现的能力。只有无限的存在,即理念本身,才是真实的。"

222

理解为一种对自由的追求。

辩证地看，在抽象权利的行使过程中实施限制，是实现自由的必要因素。自由意志只有在国家当中才能真正得以实现。义务也许构成了对主体性的自我意志的一种限制，但是，这不是对自由的限制，只是对抽象意义的自由，即无自由（unfreedom）的限制。[128]义务是我们本质的实现，是对积极自由的获取。[129]相反，抽象化和形式化的问题在于，它们会导致权利在实例化过程中越来越趋向特权化。为了说明这一观点，黑格尔列举了一个特殊的例子，即法国大革命，其中抽象的、普遍的观点占据上风，这事实上导致了极大的不确定性，不仅引发了广泛的对抗，最终还导致革命在消费自身。[130]黑格尔甚至将抽象权利作为其极为激进的观点的基础："基于独立的自我确定性，加上独立的知识和决策，道德和罪恶其实就有了共同的根基。"[131]在黑格尔看来，当道德立场仅仅是被抽象地描述，不再以任何社会实践作为根基时，罪恶就会因此而产生，并且在一个权利体系中占据显赫位置。[132]

只有在作为一种伦理生活的国家中，政治法才能得到充分的实现。但是这一主张常常会引发一些担忧，这主要是因为黑格尔秉持的国家干预主义（*étatisme*）始终将自由与对治安权的服从联

128　Hegel, above n 83, §149A.

129　Ibid.

130　Ibid, §5A. 进一步参见 GWF Hegel, *Phenomenology of Spirit* [1807] AV Miller (trans) (Oxford: Oxford University Press, 1977), 355–363。

131　Ibid, §139R.

132　进一步参见 Robert Fine, *Philosophical Investigations: Hegel*, *Marx*, *Arendt* (London: Routledge, 2001), 39："黑格尔的论点是具有挑衅性的和激进的。在他看来，邪恶的根源不在于对道德的压制或对工具理性的从属，而在于道德立场本身，或者更准确地说，在于将道德立场提升到整个权利体系的最高地位。道德立场是我们这个时代的产物。它诞生于抽象权利，在自我反思和自我决定领域超越了私有财产和个人人格的限制，从而达到了自由的'更高境界'。然而，黑格尔认为，在这个道德盛行的高地上，也播下了更令人不安的东西的种子：彻底的、与现代性相伴的野蛮如乌云一般即将笼罩我们。"

公法的基础

系在一起。[133] 但是,正如史蒂芬·史密斯(Steven Smith)解释的,这里的国家不是一般意义上的国家,这是一个法治国(*Rechtsstaat*),在这里,专断与反复无常是基本被杜绝的,那些对现代言论自由、结社自由、表达自由而言必需的条件已经基本具备,而且文明也在不断地提升,人们"越来越深入地认可和尊重其他人的愿望图景和生活方式"。[134] 权利在法律中得以实现,但是,因为法律呈现的是事物的理性,[135] 这就在物("典型的、对"权利"进行判定的实证法")和它的理性(一种认知,认识到"由这些判定所形成的一个必然的发展过程,这个过程是由思想基于其内部必然性发展出来的")之间形成了一种紧张。[136] 因此,伦理生活不是简单地对已经存在法律的一种经验描述,尽管基于历史和实证法,它是对"什么是自由的实现所必需的条件"的一种理性阐释。

第六节　争取相互承认的斗争

对康德而言,最具权威的法律应该是道德律。道德律,作为一种纯粹自由的表达,为自主的实现提供了条件。鉴于我们只应该服从我们给自己制定的法律,因此,我们可以认为,在康德那里,道德和法律、合道德性和合法律性是具有一定的对立性的。与此不同,费希特则试图将道德和法律区分为两个不同的领域,基于此,他为建立一个有关政治法的自主科学提供了前提条件。黑格尔继承了费希特的"相互承认原则",并将其作为自身理论体系的驱动

133　Steven B Smith, 'What is "Right" in Hegel's *Philosophy of Right*?' (1989) 83 *American Political Science Review*, 3–18, 8.

134　Ibid.

135　Hegel, above n 83, Preface, 7.

136　Ibid, 306[对"物"(thing)和它的"理性"(reason)备注的内容为黑格尔《法哲学原理》的译者 T. M. 诺克斯(T. M. Knox)所加]。

224

力,他试图超越康德在道德和法律之间所形成的这种对立,他试图从人们的伦理生活中产生的政治法科学中去调和这些不同的主张。[137] 黑格尔反对将抽象的唯心主义(理性)和经验主义(历史)中任何一方作为权威得以形成的独立来源,他把历史和理性辩证地联系起来,他倡导一种独特的政治法的概念,在这个概念中,权利具有理想的成分,但是也受特定历史条件的影响。

黑格尔阐述的有关政治法的概念和卢梭倡导的早期模式是基本一致的。在这种背景下,"伦理生活"可以被认为是对卢梭"习惯"观念的再阐释,在卢梭看来,习惯构成了国家真正的宪法。[138] 卢梭这种试图增强其理论的说服力和认可度的努力,可以在《论人类不平等的起源》的第二部分所做的有关"进化中的文明"的讨论中被看到。[139] 黑格尔写道,美德不是简单地可以从一个人对道德秩序的服从中就被发现的,只有"这样的行为模式已经成为其个人特质中一个固定的组成部分时",这个人才是真正具有美德的人。[140] 这难道不是卢梭主张的"习惯应该成为书写在公民心中的律令"[141]的另外一种表达吗?如果认为卢梭的《论人类不平等的起源》可以被视为对政治法进行的更具社会学意义的思考,这难道不是黑格尔试图表达和传递的吗?

有人认为,黑格尔是第一个认真对待历史的哲学家,因为他试

---

137 Michael O Hardimon, 'The Project of Reconciliation: Hegel's Social Philosophy' (1992) 21 *Philosophy & Public Affairs*, 165-195, 166:"和解是黑格尔社会哲学的主要目标和中心组织范畴。"

138 Rousseau, above n 9, 81.

139 参见 Rousseau, above n 17, 166:"当人们开始相互欣赏,并在他们的头脑中形成了对价(consideration)的想法时,每个人都声称有这个权利,因此不能再任意剥夺任何人的权利而不受惩罚。文明的首要义务就此产生,甚至在野蛮人中也是如此。因此,任何故意的错误都成为一种侮辱和冒犯,因为,连同伤害所造成的损害,被冒犯的一方从中看到对自己人格的蔑视,这往往比具体的损害本身更难以忍受。"

140 Hegel, above n 83, §150A.

141 也可参见 Hegel, ibid, §151A:"正如大自然有自己的法则,动物、树木和太阳也有自己的法则,习惯就是自由的头脑所认同的法则。"

公法的基础

图将权利的理想主张放置到作为一个有组织的整体的历史的发展过程中来理解。[142] 当康德试图在普遍性与经验性的判定之间进行区分时,黑格尔试图辩证地将实践和理论进行某种具有建设性的结合。不同于那些仅仅试图在法学家的头脑中勾画理想图景的法哲学家,也不同于那些只关心特定国家法律状态的法律实践者,黑格尔更推崇这样的一种法律科学家的形象:他们一方面认识到在进行有关权利的哲学思考之前,应该首先认真学习实证法和历史,在此基础上能够识别那些历史学家收集的事实的内涵,并且在历史学家呈现的偶然性的核心部分发现这些事实出现的必然性。[143] 这塑造了当代对法学家角色非常重要、极具影响力的想象。[144]

但是,黑格尔的辩证法必然导致的一个结论就是,作为个体将被视为一个抽象的存在:个体只有在具体的普遍性的统一中才能变得真实,对黑格尔而言,这具体的普遍性的统一就是"人民"(the people)。[145] 他的哲学理论包含的这一面事实上加深了他与康德之间的分歧:康德的理论事实上促进了普遍人类的世界性权利的生成;黑格尔则将民族国家视为人类行动最高和最全面的表达。在黑格尔看来,人民有自己的天赋和自我存在的方式,因此是与其他仅仅是由人构成的集合不同的。[146] 黑格尔这一观念就导致他在对

---

142 Hannah Arendt, *The Life of the Mind* (New York: Harcourt, Brace, Jovanovich, 1977), vol 2, 45.

143 Knox, 'Translator's Notes' to Hegel, above n 83, 306.

144 例如,Rudolf von Jhering, *The Struggle for Law* [1872] John J Lalor (trans) (Chicago: Callaghan & Co, 1915)。鲁道夫·冯·耶林(Rudolf von Jhering)在书中讨论道:"一项具体的法律权利只有在抽象的法律原则附加于其存在的条件下才存在……具体法不仅从抽象法中获得生命和力量,而且反过来又把它所获得的生命还给了抽象法,使抽象法也获得了生命。"(at 69 - 70)

145 关于这一论点特别参见 Axel Honneth, *The Struggle for Recognition: The Moral Grammar of Social Conflicts* Joel Anderson (trans) (Cambridge: Polity Press, 1995), 12-16。

146 Jean Hyppolite, *Introduction to Hegel's Philosophy of History* Bond Harris and Jacqueline B Spurlock (trans) (Gainesville: University Press of Florida, 1996), 52.

国际关系的理解上,完全不同于康德所持的"永久和平"的观念。黑格尔强调了国际法的不确定性,因为国际法完全建构在道德的"应然"规定基础上,没有任何实际的权力保障其实施。此外,黑格尔还认为,战争不必然是一种消极的存在,我们甚至可以将其视为人民确认其自由以及展示其活力的必然手段。[147]

但是,正如唐纳德·马莱兹(Donald Maletz)所提到的,这是否意味着"国家从来就不表现为一个由正义占据主导的整体,历史最终也是非理性的,仅仅是对所有试图迈向合理性政治的尝试的最有力的否定和批判吗"[148]?黑格尔的回答是,他的目标并不是要反映每个个体的理想,而是要解释理性的内涵,所以只能说:世界历史就是世界法庭(*die Weltgeschichte ist das Weltgericht*)。[149]黑格尔谨慎地解释说,这并不意味着世界历史是"单纯的强权的结果,即体现了一种抽象和不具合理性的盲目命运的难以避免性"[150]。世界历史,表达的是一种"有限的辩证法",体现了国家和人民在呈现理性的运行机理过程中的局限性和特殊性。[151] 正义和美德,权力和邪恶,各自有其位置,但是在世界历史中,我们无法窥见全部,只能是获得有关这些问题的一些重要看法。[152] 因此,作为对康德观点的回应,黑格尔认为,当主张政治必须与道德保持一致时,对这一信条的倡导事实上建立在关于道德、国家本质以及国家与道德立场之间的关系的极其肤浅的观念的基础上。[153]

147　参见 Hegel, above n 83, §324R:"战争具有更高的意义,通过战争这一中介……在人们对有限的制度稳定完全漠不关心的情况下,他们的伦理健康得以保持;正如风的吹拂使海洋免于长期平静带来的污秽一样,各国的腐败也将是长期和平的产物,更不用说'永久和平'了。"

148　Donald J Maletz, 'History in Hegel's *Philosophy of Right*' (1983) 45 *Review of Politics*, 209–233, 218.

149　Hegel, above n 83, §340.

150　Ibid, §342.

151　Ibid, §§340–342.

152　Ibid, §345.

153　Ibid, §337.

公法的基础

在黑格尔对世界历史的分析中,我们看到了争取承认的斗争和努力的终点所在,这种斗争和努力始于我们认识到,如果认可一个人生之为人,那么我们就必须要以恰当的方式对待他。因此,在黑格尔的权利科学中,对争取承认的斗争的重要性进行一般性的反思,是非常有必要的。查尔斯·泰勒(Charles Taylor)认为,黑格尔的这一哲学观念会产生两个一般性的影响:首先,如果人格需要得到承认,那么评价个体存在的空间本质上就是公共空间不可分割的一个部分;其次,这样的评价需要存在一套具有共同性的语言,从而能够支持主体间展开有效的对话(我所讲的语言不是我个人的语言,而是我们共同的语言)。[154] 基于这些公共性和共性因素,泰勒得出一个重要的结论:尽管我们渴望获得相互的承认和认可,并且准备好为它而斗争,但是"这个斗争本身就是一个充满冲突的行动。因为无论是承认我们需要被认可的共识,还是那些确保认可得以形成的公共评价空间的媒介和语言的形成,都需要建立在我们彼此对话和交谈的基础上"[155]。因此,冲突需要具有共性的共同体的存在。

泰勒的洞见——包括他对黑格尔观点所做的重要修正,对将公法理解为政治法而言具有非常核心的重要意义。他对黑格尔观点的修正源自他发现黑格尔的国家理论是有瑕疵的,因为它是"由一个主客体具有同一性的基本概念所驱动的,这个概念是黑格尔从费希特那里获得的,并且在卢梭那里有一些根源"。这个概念展示了一个特定政治社会的形象,这个社会模式是"一个统一社会,最终,它没有给予冲突、竞争和无法解决的分歧以任何位置"。[156]泰勒认为,黑格尔对国家的描述以一种完全不合理的方式展现了

154　Charles Taylor, 'Hegel's Ambiguous Legacy for Modern Liberalism' (1988) 10 *Cardozo Law Review*, 857-870, 865.

155　Ibid, 866.

156　Ibid, 869.

现代世界中冲突和共性之间的辩证运作关系。这似乎是非常准确的,似乎只有在经过泰勒修正的黑格尔的观点中,公法当中那些作为政治法呈现的基本要素才得以出现:对共同存在面临的众多议题的沟通而言,公法中的公共空间是必需的;政治法就是我们在表达尊严、尊重和承认的议题时不断进化和发展的一套语言体系;能够对主体构成驱动的动力就是存在于特定实例化(如英语世界是指 positive law,德语世界是指 *Gesetz*)和事物的理性(如英语世界是指 right,德语世界是指 *Recht*)之间的紧张关系;这一不断进化发展的动力依赖于通过共识呈现出来的永恒冲突而存在。公法表达了一种政治冲突的语法,这种冲突贯穿于一个具有基本的共识和共同理解的体系中。

第六章
政治法理学

在本书的第一部分,我解释了一些欧洲法学家如何在共同的天主教和罗马法遗产以及相关学者的著作基础上,发展了思考政治共同体本质的现代学说体系。16 世纪晚期至 18 世纪早期构成了这一学说体系发展的主要阶段。在这个过程中,一场深刻的变革发生了:首先,与神圣主权者的超验形象决裂,该形象代表统治政权的外部性;接着,与世俗主权者位于统治秩序顶端的理念决裂,该理念为等级秩序本身的正当性提供了支持。这些发展最终就为现代主权概念的出现奠定了基础:主权就是作为公共领域的自我实现原则的表达。

在第二部分,我试图解释这些创新是如何在法学家的学说中逐渐被系统化地阐述的——法学家主要通过发展一门有关政治法的科学来逐渐实现。在这些阐述中,人被假定为自由的和平等的,并且有权共同地决定政治共同体的本质,以及作为政治权威的终极来源,他们被视为自己所生活的统治政权的最终创造者。由于这一自我实现原则最终通过法律体系本身得以有效实施,因此,法学家的著作同时也给我们提供了关于构建和维系公共领域的法律的解释。这些作品本身就构成了公法得以形成的智识基础。

尽管这一智识发展的轨迹基本上可以以逻辑一致的方式来阐

述,但是在实践层面,这些观念在影响特定国家的政权建设时呈现出来的逻辑就复杂得多,甚至无具体规律可循。在一些具体的实践中,我们会看到一个非常复杂的进化发展过程。在宪法形成的过程中,现代的理念和古旧的实践混杂在一起,整部宪法是"继承"和"超越"的共同产物。这其实就构成了一个平行空间,古老和现代有关政府秩序的观念都存在于其中。一方面,各种各样的仪式和程序使宪法古老但表层的"尊严"功能得以彰显;另一方面,在这个表层功能的掩盖下,通过政府变化的实践展现的、由现代观念影响的政府"效率"体系也得以构建。在很多情况下,更为复杂、也更为戏剧性的进化发展过程也会展现,尤其是在一些打破旧的政权、构建现代宪法的时刻。但是,即使在这个现代化的解决方案中,一种替代的二元论也总是出现:形式的宪法秩序在政府运作方面表现为一个以"尊严"呈现的版本,这个版本事实上掩盖了政府的一个鲜为人知的部分,而现代政府的许多重要技术工作都是通过这个鲜为人知的部分进行的。因此,宪法秩序同时具有象征性和工具性面向:表面上,它表达了国家试图向世界展示的公众形象;同时,这个形象又不同程度地使得政府实际运作的现实不被知晓。因此,宪法的形式和政府的实践以一种紧张关系运行着。

这里需要说明的基本观点是:尽管西方的宪法思想发展有一个逻辑自洽、相对统一的轨迹,但是特定国家的实践经验还是各自不同的。尽管具有某种家族相似性,但是每一个政权还是表达了对法律和政治法更为深刻和更为特殊的文化理解,揭示了公法作为本土知识的更为严密的结构。简而言之,理论和实践之间的关系是非常复杂的,因此,想要围绕现代公法的出现提供一些一般性的思考,注定只能是片面的和临时性的。

理论和实践之间的关系使任何试图提供政治法的一般性观念的探索都变得复杂起来。但是,即使不设法了解现代理念渗透政府实践的迂回路线,也不得不承认,现代理论大厦本身就充满了各种模糊和争议的地方。这就是我们现在具体要转向的问题。这些模糊之处很多源自对现代法学理论两个核心概念——权力和自由在理解上的分歧。但是在展开讨论"权力"和"自由"这对概念如何在公法中发挥其动力机制的角色之前,我们首先需要澄清一个问题:为什么公法不能被视为持续寻找打开政治法科学的钥匙的探索?公法不应该被视为政治法科学的直接表述,而应该被视为一种政治法理学的实践或者练习。

第一节　作为政治法理学的公法

现代的自我实现原则是通过法律机制在现实中落实的,但是这里的"法律"概念本身就是模糊的。有一点似乎是不证自明的,如果公共领域本身是自治的,公法本身的基础就不再是神圣法或者自然法,公共领域应该依据我们给自己制定的法律运行。在这个意义上,所有法律应该都是实证意义上的法律。如果持这样的立场,人们很容易就会认同霍布斯并主张,法律就是已经确定的法律制定权威的命令。尽管这给了我们一个关于法律的准确定义,但是这样做的代价就在于,我们需要承认,立法权的行使条件本身是法学知识范畴之外的问题,属于政治问题。如果有关合法利益的问题仅仅在于判断一个规范本身在已经确立的宪法法律秩序中是不是有效的规则,这显然只需要采纳法律体系内某个法律实践者的内部观点就可以回答。但是,如果我们的目标是把握法律秩序本身"有其固有的理性",那么法律实证主义的方法是不足以回答相关问题的。因此,如果要从法律思想的角度理解一个统治秩序的权威,实证法必须与政治法区别开来。

政治法科学表达了一种信念,这种信念相信,自由而平等的个体一定会理性地采纳某种公共生活的正义秩序。这是一个法理概

第六章 政治法理学

念,这个概念中尤其重要的就是要注意到,正义秩序的理念必须包括对法律权威来自哪的思考,正是这些权威的建立奠定了国家及其他各种各样的政府机构的基础。事实上,如果一个人认为,法律不仅仅是一个文本,而体现的是"支配万物的理性",那么只有通过政治法的概念,这些内涵和目标才能够为政府秩序的基本法律制度所包含。在这个意义上,政治法应该被视为国家真正的法律。公法——作为政府秩序的法——事实上是政治法的表达。

但是,这一构想中也存在很多困难。其中一个原因,正如我在第三章中表达的,试图识别和阐述唯一的、具有权威性的正义秩序的观念几乎是不可能的。进一步的问题还在于,如我在第四章和第五章中阐述的:那些宣称发现了政治法科学真正基础的一系列有影响力的理论,其实也有其建构性;而且这些理论之间是存在一定的竞争性、冲突性的,因此,我们也没有发现任何阿基米德支点能够帮助我们确认具有客观性的权威如何产生,[1] 对政治法科学的研究变成了一场没有终点的旅程。这里的部分原因在于,尽管政治法为政治经验生活中频繁出现的一些问题提供了一种概念上的解决方案,但是,对实际问题的概念性回答事实上根本无助于问题的解决。当然,这也不是唯一的原因。一个更具前置性的问题

---

[1] 参见 Thomas Paine, 'Rights of Man' in his *Rights of Man*, *Common Sense and other Political Writings* [1791] Mark Philp (ed) (Oxford: Oxford University Press, 1995), 83-331。托马斯·潘恩(Thomas Paine)指出,"阿基米德所说的机械力量可以应用于理性和自由。如他所言,如果我们有一个支点,我们就可以撬起整个地球"(at 210)。进一步可参见 David Gauthier, *Morals by Agreement* (Oxford: Oxford University Press, 1987),33:"道德理论为分析人类的互动提供了阿基米德式的支点。但阿基米德点是什么?读者会记得,阿基米德认为,只要有足够长的杠杆和一个站立的地方,他就能撬动地球。我们可以把阿基米德点看作一个基点,在这个基点上,个体就能够凭借自我的力量移动或影响某个物体。在道德理论中,阿基米德点就是指代这样一个必须被占据的原点,如果一个人的决定要拥有统治道德领域所需的道德力量,那么他必须占据这个位置。占据了阿基米德点,一个人就具有塑造社会的道德能力。"

233

公法的基础

是,我们需要确定公法的目的。对这类目的的识别,需要专注于对现代欧洲国家的特征进行阐释。

正如前面已经分析过的,国家的特征不是指一种随意可以以复制品替代的固化模型,因为尽管现代国家都具备一些共同的元素,但是每一个政体都将这些元素进行了不同的排列组合。[2] 在描述国家特征的过程中,迈克尔·奥克肖特列举了很多"老生常谈的类比",比如,将国家与家庭或者有机体进行类比,但这些类比都不同程度地暴露了其有限性和不合理性。与此同时,他确实也提出,有两种有关国家特征的观点,每一种都是具有启蒙意义的,而且每一种都证明了自己极大的包容性,几乎能够吸收整个有关国家思想的发展方向。自 15 世纪以来,欧洲人对这一问题的思考就几乎一直围绕着这两种观点代表的方向展开。[3] 这两种观点起源于罗马法中对两种不同的人类组织模式的分类:一种将国家视为合伙(*societas*),另外一种将国家视为法人(*universitas*)。

奥克肖特并不是要主张这是两种有关国家本质完全独立、彼此对立的描述,尽管这两者之间存在不可通约性,也无法完全地结合,但是完全可以将它们理解为"有关国家模糊特征的理论描述的内部分化"。合伙和法人这两个词汇代表的两种特征之间存在某种不可调和的紧张关系,而国家完全可以被理解为这种紧张关系的现实呈现。[4] 这一点是非常重要的,因为奥克肖特发现的这种紧张关系不仅贯穿于我们对政府本质的理解中,而且也贯穿于政治话语的表达中。这也使两者的内涵变得更模糊不清,导致我们将公法视为政治法的模糊理解。鉴于此,如果我们想要增强对政治法特征的理解,我们需要进一步地阐明这两种表达

2　Michael Oakeshott, 'On the Character of a Modern European State' in his *On Human Conduct* (Oxford: Clarendon Press, 1975), 185-326, 198. 参见本书第三章,第 148 页。

3　Ibid, 198-199.

4　Ibid, 200-201.

234

的内涵。

合伙作为一种组织形式,在法理上可以被理解为"协议或者契约的产物,并不强调协调一致的行动,而是在行动中有条件地承认权威的存在"。在这样的组织形式中,人与人之间的联系并不是建立在参与共同组织或者追求共同体实质性目标的基础上,而是一种基于规则本身产生的形式联系,且不是基于共同行动的实质联系。组织内部的成员依旧自由地追求自身利益,甚至可以另行组成其他团队去促成一些共同的目标,只有在"共同承认规则的权威"意义上,他们才是相互联系的联盟(socii),而对追求或者达到任何特定的目标,他们根本就不感兴趣。[5] 奥克肖特认为,合伙就是一种道德关系,在这种关系中,组织条件是通过法律体系本身来呈现的。因此,在这样的组织中,必然存在依据法律规定解决纠纷的司法官员,此外,也有可能存在一个统治者。但是,这个时候的统治机构本身的性质与一个社团本身是一致的:

> 作为合伙式国家中的统治者,他不过是确保成员忠诚的护卫者,维系组织联盟所必需的条件的守护者和执行者。他不是财产的所有者或者受托人,因为根本就不存在这样的财产;他不是集体行动的管理者或者命令者,因为根本就没有类似的集体行动。他可能是各种庆祝活动或者仪式的主持者,但是他不是风尚的仲裁者。他是餐桌礼仪的维护者,他要确保聚会的对话能够顺利进行,但是他无权决定对话的主题。因此,当国家被理解为一种合伙形式时,它其实就是一个城邦(civitas),它的政府(乃至它的宪法)是一个法治政府(nomocracy),在这里,法律被认为是行动的基本依据和条件,

---

5　Oakeshott, above n 2, 201.

公法的基础

而不是用来满足特定偏好的工具。[6]

作为法人的国家,如果与作为合伙的国家相类比,就容易理解得多。作为法人的组织获得了很多本来专属于自然人的特征(比如,签署协议、财产权等特有权利)。因此,法人作为共同体成员组成的组织,是基于一些共同目标,以及为了追求这些目标而建立的。常常会存在一个特定权威颁布的法令,这一法令赋予了这个组织相关的特权和权力。在这个意义上,国家作为法人的特征也就不外乎"很多充满智慧的个人集合起来,共同追求一个实质性的目标,共同采取要实现一个管理目标所必需的手段"。因此,法律制定的初始动机就是创建实现共同目标所必需的工具。此外,鉴于土地、自然资源,乃至成员的才华本身都被视为法人的财产,国家就有权制定法律来规范所有权和资源的开发利用。这样形象下的政府就是"受特定目标指向支配的",专注于特定目标的管理和实现。[7]

这两种关于国家组织形态的理解为 16 世纪开始的对国家本质的思考提供了非常有益的指导。那个时候,国家更多地被视为一种合伙组织:新兴的国家不是一个领土组织、一个商业组织(显然关税设计的目的并不是用来指导商人营利的)、一个军事组织,而是一个基于法律关系产生的组织。统治者也因此不再是领土的所有者,他也不再可以对他的人民的生命任意行使不明确的道德意义和审慎意义上的监护权。他是臣民的统治者,是他们和平的护佑者(*defensor pacis*),统治机构承担了相关的公共义务和责任,这些公共义务和责任区别于统治者对自身私人利益的考量,尽管客观

---

[6] Oakeshott, above n 2, 202-203. 关于"*civitas*"这一概念的理解,构成了奥克肖特将"*societas*"视为一种道德关系的关键,参见 Michael Oakeshott, 'On the Civil Condition' in his *On Human Conduct*, above n 2, 108-184。

[7] Oakeshott, above n 2, 205-206.

236

上要达到这一目标还有一定的困难。[8] 国家就是一个依据法律形成的组织，法律就是王国本身(*lex facit regnum*)，国家是一个具有主权的市民组织，统治者的权力非常类似于法官的权力。[9]

与此同时，奥克肖特也没有否认法人式国家的影响力，法人式国家享有很多法人特权，包括永续权、立法权、财产权以及命令权。[10] 统治者为了树立权威，他们常常宣称自己是"极富包容性的教会权威的唯一继承者"，行使那些与教会有关的权力，包括权能完整的至上统治权(*plenitudo potestas*)，同时秉持这样的权力理念，即国家权力的范畴包括对共同体道德和精神福利的监管。[11]由此可见，尽管在概念上被认为是不同的，但是在实践中，统治权(rulership)和领主权(lordship)从未完全分离。

奥克肖特认为，16世纪及其之前的很多作者都已经认识到国家作为一种特殊组织形式的出现，并且试图对这种组织形式进行理论归纳，尽管在具体表述上有差异，但是基本都是从合伙形态上来认识国家。[12] 尽管相关思想被阐述得非常具体，很难认为，这一思想形态在实践中取得了胜利。事实上，未经改造的、作为贵族遗物的"领主权"在现代君主体系中得以被隐秘地保留，国王的继承者延续了这一组织形态，并且没有展现任何想要放弃它的企图。现代欧洲国家被视为这样一种统治形态，领土是基本的财产，政府主要致力于财产管理，法律是服务于某个企图和目标的工具。[13]奥克肖特认为，政府之所以会是这样的运作模式，主要是由政府所

8　Oakeshott, above n 2, 210.

9　Ibid, 208, 213.

10　Ibid, 215.

11　Ibid, 224.

12　Ibid, 251. 奥克肖特认为，"在这一领域中取得最为突出成就的就是博丹、霍布斯、斯宾诺莎、康德、费希特和黑格尔"(ibid, 252)。

13　Ibid, 268. 例如，可以参见 José Ortega y Gasset, *The Revolt of the Masses* (New York：WW Norton, 1932), 170："国家无论其采取什么样的具体形式……永远是一部分人向其他人发出的邀请，邀请他们共同开展某项事业。"

公法的基础

需要回应的社会问题导致的,并称这个问题为"贫困的问题"。[14]
为了解决这一问题,政府必须尽最大努力去提取公共资源,通过提供实质性的社会福利来修改法律,以司法控制为代价来促进行政规制,以及由那些受到特定目标指向支配的规则替代民事自主规则。治理这样的国家很大程度上就被认为是一种管理性和指导性的工作,而不是加入某个特定的公民契约。[15]

伴随着客观环境出现和发展的欧洲国家模式并没有发展出统一的特征,而是呈现出两种尽管不易觉察,但几乎完全相反的特征,每一种特征都构成一种独特的组织形态:合伙组织和法人组织。这两种理解唯一的共识在于:国家是一个具有排他性的组织形态,任何一个人不可能同时归属两个以上国家组织。[16] 这两种模式都有其不同的大量追随者,尽管这些追随者不断地在这两种理论模式中犹豫不决,但是,这两种模式都最终指向了两种对国家完全不同的理论解读:一种是形式解读,国家被认为是以司法行政权(*imperium*)为核心的合伙联盟模式(*societas civilis*);另一种是实质性解读,国家被认为是以王权(*dominium*)为核心的法人模式(*universitas*)。[17] 由于这两种模式并不总是得到承认,如何理解这两种模式,还存在诸多模糊的地方。[18] 但是,即使这些模糊的地方不断地被澄清了,我们还必须认识到其中存在的不可避免的冲突:这是两种势均力敌,但是几乎不可调和的理论形态模式。

14　Oakeshott, above n 2, 277.

15　Ibid, 298.

16　Ibid, 313.

17　Ibid, 317-318.

18　Ibid, 318:"一些趋炎附势的、分别信仰这两种观点的小丑修改了相关表述,使得相关模式更加让人困惑,这些表述包括:右,左;反动,进步;停滞,发展;贫穷,富裕;保守,自由;死胡同,旷野;自由,安全;权威,自由;冲突,和平;竞争,合作;漠不关心,责任感强;冷漠,同情;冷漠,兄弟般的爱;地狱、天堂或天堂、地狱;等等。甚至完全不相关的名称也被张贴出来,例如,民主、威权主义、资本主义、官僚制、多元主义、集权主义等。"

238

尽管一些作家试图用显性和隐性来区分这两种国家形态,甚至有人认为,国家作为一个服务于特定目标的组织形态,是一种堕落的表现,这些都不是奥克肖特试图呈现的结论。在奥克肖特看来,这些所有的争论和分歧其实都是人类本性中两种占据主导性却完全相反的性格特质的反映:自主的欲望和作为特定共同体成员的欲望。这种存在于自由和归属感之间的紧张是一切问题的根源所在,因此,要理解国家的复杂性,必须把这些概念同时作为理解国家的有效工具来对待。[19]

如果奥克肖特对现代国家本质的思考是正确的,那么这对我们寻求对公法特征的理解有什么特殊意义?正如奥克肖特指出的,我们不仅仅要解释在政治-法律思想中这两种完全不同的特征归纳模式是如何出现的,我们更需要去理解,在这两种不同的思想模式所呈现的紧张中形成的政治想象是什么样的。现代公法思想就是这种紧张所导致的一种两极分化意识,合伙观念和法人观念分别构成了其理论的两个端点,与这两个极端构成的紧张相比,其他紧张关系(比如,"左"和"右"这一组词汇所表现出来的,或者在政党联合过程中所呈现出来的)都不值得一提。[20]

国家的形成过程本身其实也证成了这一判断的合理性。比如,有关法国大革命之后的国家发展的分析,很大程度上就是围绕社会和反结社的国家之间的冲突展开的,[21] 德国的国家法(*Staatsrecht*)理论也是在国家的两面性原则(*Zwei-Seiten Lehre*)中发展到了其顶峰,[22] 即使是英国公法的去司法化(non-juridified)

19　Oakeshott, above n 2, 323.

20　Ibid, 320.

21　参见 Pierre Rosanvallon, *L'Etat en France de 1789 à nos jours* (Paris: Le Seuil, 1990)。

22　Georg Jellinek, *Allgemeine Staatslehre* (Berlin: Springer, 3rd edn, 1921).

公法的基础

发展也是在规范主义和功能主义理论的紧张关系中得以解释的。[23] 很多 20 世纪非常优秀的研究都是围绕对这一紧张关系的讨论展开的：科斯坦蒂诺·莫尔塔蒂(Costantino Mortati)围绕宪法从形式主义向实用主义的框架转变的宪法分析，在他看来，这是由社会力量推动的制度变革的表达；[24] 厄恩斯特·弗伦克尔(Ernst Fraenkel)对纳粹极权主义的研究，在他看来，通过法律，国家分离为两种并存的秩序，一种以规范主义的国家(*Normenstaat*)出现，主要由法典和司法秩序构成，一种以特权国家(*Maßnahmenstaat*)出现，主要根据政党统治的迫切性构成；[25] 哈耶克对现代宪法国家的分析也主要区分为法治秩序(nomocratic ordering)和依据特定目标建构的秩序(teleocratic ordering)两种；[26] 以及哈贝马斯提出的宪法性法律所呈现出来的建构理想主义与行政法所呈现出来的现实主义之间的张力，体现了对法律的哲学维度和经验维度的方法论区分。[27]

这条始终贯穿主题的裂痕对我们理解政治法科学而言，具有非常重要的意义。如果这一科学不仅仅是一种描述事物应然状态的规范理论，而是需要对整个进化发展实践进行描述的实证理论，那么从严格意义上讲，我们很难获得这样的一套整齐划一的、具有普遍代表意义的科学理论。公法的历史就是不同理论得以发展的历史，而且这些理论分别展现了实践不同层面的特征。如果这些

23　参见 Martin Loughlin, *Public Law and Political Theory* (Oxford: Clarendon Press, 1992)。

24　Costantino Mortati, *La Costituzione in Senso Materiale* (Milan: Guiffrè, 1940).

25　Ernst Fraenkel, *The Dual State: A Contribution to the Theory of Dictatorship* EA Shils (trans) (New York: Oxford University Press, 1941).

26　FA Hayek, *Law, Legislation and Liberty: Vol. 1 Rules and Orders* (London: Routledge Kegan Paul, 1973).

27　Jürgen Habermas, *Between Facts and Norms: Contributions to a Discourse Theory of Law and Democracy* William Rehg (trans) (Cambridge: Polity Press, 1996), 38-41.

特征本身是可以被视为是绝对的、普遍的,那么其他特征,尤其是那些为了确保实践得以不断产生和发展的自我施加的限制,就是有条件的、地方性的。但是,正如上文所指出的,这些特征其实相当于一个围绕国家特征展开讨论的、内部具有分支的话语形态的两极化的典型表达。它们呈现出来的这种内部分歧,既无法被忽略,也无法被彻底调和,只能被协调。协调所产生的方案本身并不是"正义"的彰显:这不过是一个审慎判断的理性行动。因此,与其将公法视为对政治法科学的揭示,不如将其视为政治法理学的实践。政治法理学的主要任务就是在各种不同的、相互冲突的理解政治法的观念之间进行对话和协调,这些有关政治法的理解形成了公法不断发展的话语体系的重要构成部分。

如果将公法视为政治法理学的实践,那么当我们认真思考和对待权力和自由之间的紧张关系时,这将有助于我们更好地理解公法,因为这两者之间的相互依赖、彼此独立的相互关系构成了整个公法的核心。这一问题,正如我在第三章中所指出的,与斯宾诺莎首先所提出的一个问题紧密相关:如果主权行使者权力不受到法律的约束,那么如何确保促进国家绝对权威的努力能够与自由的实现相兼容?[28]

第二节　权　　力

当斯宾诺莎将权力区分为合法的统治权(*potestas*)和政府为了达致其目标所实际享有的治理权(*potentia*)时,他确实在一定程度上把握了政治权力的本质。这一区分获得了越来越多的认

28　参见本书第三章,第148—154页。

公法的基础

可,通过这一区分,我们也可以把握奥克肖特所识别出来的那种内部分裂关系。作为一种基于规则产生的权力,合法的统治权是作为合伙的组织形式的体现;与此不同,政府为达致特定目标所实际享有的治理权是作为法人的组织形式的体现,这一权力使得政府可以调动一切为实现其目标所需的资源。当斯宾诺莎将这两种有关权力的概念与其"权利是从权力当中产生和流淌出来"的观点联系起来时,我们看到了"合伙制和法人制所代表的两种观念可以如何在政治法理学的实践中相互结合"的实践路径。通过将这种区分放置在现代社会科学有关政治权力本质的争论框架中,我们就可以窥见这一实践路径具有的深刻内涵。

在现代社会科学中普遍存在这样一种趋势:试图简单地将权力定义为一种一般的行动能力。受到因果关系模型的影响,权力被视为一种达到既定目标和效果的能力。由于这一权力概念与要求个体按照特定方式行动的能力紧密相关,尤其是这种能力与制裁的威胁联系在一起时,因此,权力被与强制和支配紧密地关联起来,[29] 正是因为这一有关政治权力的概念的普遍流传,很多分析者对国家采取了一种过度简化的理解:国家被简单地看作社会中主要权力利益冲突得以呈现的角斗场。

由于不满于这种对国家理解的过度简化的方法,一些社会科学家提供了其他一些对权力更为细致入微的理解。比如迈克尔·曼(Michael Mann),在其围绕国家的历史发展所展开的主要研究

---

[29] 例如,可参见 Max Weber, 'The Profession and Vocation of Politics' in his *Political Writings* Peter Lassman and Ronald Spiers (eds) (Cambridge: Cambridge University Press, 1994), 309-369, esp 310-312; Talcott Parsons, 'On the concept of political power' in his *Sociological Theory and Modern Society* (New York: Free Press, 1969), 352-404; Steven Lukes, *Power: A Radical View* (London: Macmillan, 1974).

中,他提供了有关国家所行使的政治权力的更为详细的社会学分析。[30] 为了构建一套关于国家的自主理论,曼将权力分为两类:一种称为专制性权力(despotic power),主要是指直接施加于公民的权力(power over),另外一种称为基础性权力(infrastructural power),主要是指贯穿于公民日常生活的权力(power through)。曼主张,在传统模式中,专制性权力是非常广泛的,统治者可以强制地实施权力,而且不受到任何法律制度的限制。他最大的创新源自他对基础性权力概念的引入,他认为,基础性权力显示了国家这样的能力,国家可以渗透到社会中,进而组织和影响社会关系(尽管他说适用的"国家"这个概念,主要是指政府机构)。这些权力包括国家评估财富和决定税收的权力、收集和储存个体信息的权力、规制经济行动的权力,以及以不同的方式渗透公民日常生活的权力。曼主张,这种基础性权力是在现代工业社会才广泛发展起来的国家权力形态。

　　这一有关基础性权力的概念为理解国家理念的丰富和复杂性增加了一个新的层次和维度,从而为我们定义何谓"强大"国家时,提供了更为巧妙的思考维度。比如,曼主张,现代民主国家在专制的意义上是弱小的,但是在基础建制的意义上是空前强大的。[31] 这就意味着更为精细的宪法框架,比如,尽管将立法、司法和行政权进行区分,对专制性的政府权力本身构成了某种限制,但是这种限制本身使得政府权力能够良性地运作,从而增强了其权威性,客观上整体性地增强了政府权力。其他类似的历史研究得出的结论

30　Michael Mann, *The Sources of Social Power*, *Volume 1: A History of Power from the Beginning to AD 1760* (Cambridge: Cambridge University Press, 1986); Michael Mann, *The Sources of Social Power*, *Volume 2: The Rise of Classes and Nation-States* (Cambridge: Cambridge University Press, 1993).

31　Michael Mann, 'The Autonomous Power of the State: Its Origins, Mechanisms and Results' (1984) 25 *Archives Européenes de Sociologie*, 185–213, 190.

公法的基础

也与此基本一致。比如,1688 年革命对英国王室所施加的权力限制,事实上提高了权力行使的稳定性和可预期性,这些优势使经济获得高速发展,并最终促成了工业革命。[32] 同样的道理,尽管今天的民主国家很少参与战争,但是我们有理由相信,相较于过去,它们更容易在战争中取胜,因为它们动员其公民参与战争的能力事实上增强了。[33]

从政治法理学的角度,曼提出的基础性权力的概念事实上构成了对当年博丹总结的国家权力动力机制的重新阐释,当年博丹就指出,限制本身带来权力的实质性增强,越隐匿的权力越强大。[34] 对专制性权力的宪法规范,事实上将从根本上增强国家权力。如果我们进一步考察曼所识别出来的基础性权力的渊源,我们发现,它们与斯宾诺莎所指出的,政府为了达致其目标所实际享有的治理权,几乎是完全一致的。曼的思考与奥克肖特的主张也非常地相似,奥克肖特认为,现代欧洲的政府事实上大量地获得了控制人和事的能力,因此国家为达致其目标所实际享有的治理权大大地扩展了。[35] 奥克肖特进一步指出,这些权力之所以出现和进一步扩展,是因为现代政府"拥有查询、记录、登记、档案、卷宗、索引、护照、身份证、许可证等工具","享有界定和护卫边界的权

32　Douglas North and Barry Weingast, 'Constitutions and Commitment: The Evolution of Institutions Governing Public Choice in Seventeenth-Century England' (1989) 49 *Journal of Economic History*, 803–832. 进一步可以参见 Steve Pincus, *1688: The First Modern Revolution* (New Haven, CT: Yale University Press, 2009), ch 15。

33　David A Lake, 'Powerful Pacifists: Democratic States and War' (1992) 86 *American Journal of Political Science*, 24–37. 大卫·莱克(David Lake)在文章中总结道,"民主国家不太可能相互打仗",但是,它们"也更可能在与独裁国家的战争中获胜"(at 34)。原因是独裁政权倾向于更具扩张性,民主国家则将更多资源用于安全。因此,民主国家的政策也更容易获得更大程度的社会支持,进而它们就能够更有效地将社会动员起来,并赢得战争。

34　参见本书第二章,第 86 页;第三章,第 138 页。

35　Michael Oakeshott, *Lectures in the History of Political Thought* (Exeter: Imprint Academic, 2006), 370.

力"，"为公民提供广泛和有组织的民事和治安服务"，拥有"收集收入状况的有效技术"，有控制与金钱相关问题的充分能力，等等。[36] 曼认为的基础性权力事实上就等同于奥克肖特所描述的治理权。

在福柯围绕权力、支配和政府所展开的具有创造性的研究中，从治理权的角度认识现代国家权力的运作获得了新的理解维度和视角。福柯围绕现代政府的统治技术和理性分析道，由于"人口问题"（the problem of population）引发的一些新现象，一种全新的政府权力被创造出来了。[37] 他认为，人口问题是从18世纪才开始出现的，这在很大程度上是政治算术（统计）和政治经济学技术发展的结果，这些技术也常常被称为所谓的治理艺术。福柯发明了一个专门的术语来描述这一权力类型：治理术（*gouvernmentalité*）。但是从其表面来看，福柯所称的治理术是与治理权基本类似的。

不同于将统治权和治理权之间的相互作用视为贯穿政治法理学的主题的观点，福柯认为，这两者之间的逻辑是完全不同的。统治权主要与主权行使者的法律制定权相关[尽管福柯使用的是"主权"（sovereignty）这个概念，但是我们认为这会模糊主权（sovereignty）和主权行使者（sovereign）之间的概念区分]，主要特征表现为"禁止"模式。[38] 在福柯看来，法律很多时候是依靠想象来运作的，因此，法律的想象和具体的规范主要专注于一些"禁止事项"。[39] 而治理权则不同，更类似于一种规训的权力

36　Oakeshott, above n 35, 370-371.

37　Michel Foucault, 'Governmentality' in his *Essential Works*, *vol. 3* James D Faubion (ed) (London: Penguin, 2000), 201-222, 215.

38　Michel Foucault, *Security*, *Territory*, *Population: Lectures at the Collège de France*, *1977 - 78* Michel Senellart (ed) Graham Burchell (trans) (London: Palgrave, 2007), 46:"法律体系的基本功能……就是明确地界定哪些事情一定要被禁止的。"

39　Ibid, 47.

（disciplinary power），其目的不是要禁止人们去做什么，而是更多地提供一种积极的指引，告诉人们可以和应该做什么。福柯认为，这种被称为治理术的政府分析、计算和策略的集合"以人口为目标，以政治经济为主要知识形式，以安全配置为基本工具"。[40] 结果，"法律退却了"，或者至少"从政府应该是什么的角度来看，法律肯定不是主要工具"。[41] 从治理权的角度，由于政府有一整套特定的终极目的，事情就必须被部署和处理。"处置"（dispose）这个词很重要，对治理来说，问题并不是施加法律于人，而是处置事情：运用策略（tactics）而不是法律——或者把法律也当作策略使用——以某种方式部署和处置事情，使得这样那样的目的通过一些特定的手段能够实现。[42]

福柯将治理权的增长归因为"人口问题"的出现，这点与奥克肖特主张的法人形式国家的繁荣主要是由"贫困问题"导致的具有某种异曲同工之处。[43] 福柯认为，人口概念的新颖之处在于，它不是"产生于个人或集体与主权者意志关系中的法律主体的集合"，而是"一组即使在偶然的日常中我们也能注意到的常量和规律元素"。[44] 尽管法学家试图通过契约理论本身将治理的艺术融入主权理论，但是福柯认为，这是行不通的，因为"人口的治理与试图基于个人行为的细微差别行使主权是完全不同的原理"[45]。这种新的权力经济的假设前提是"人口具有自己的规律性"：包括死亡率、发病率，以及事故发生率。[46] 这些统计性规律不是基于想象产生的，而是存在于完全真实的现实领域当中。[47]

40　Foucault, above n 38, 108.

41　Ibid, 99.

42　Foucault, above n 37, 211.

43　参见 Foucault, above n 37; Oakeshott, above n 14。

44　Foucault, above n 38, 74.

45　Ibid, 66.

46　Ibid, 104.

47　Ibid, 47.

福柯认为,这种治理性权力构成了现代国家的显著特征。因此,只有治理术体现为一种计算和深思熟虑的实践时,现代国家才真正诞生了。也只有在现代国家诞生后,主权行使者的任务才不再是"上帝与自然的关系、心灵与身体的关系、牧羊人与羊群的关系,或者父亲与孩子的关系"[48]的呈现。主权行使者的任务在于治理。[49] 治理的艺术在于,"在一个竞争的空间中修复、保持、分配和重建一种力量关系,确保竞争的顺利推进"[50]。从外部而言,这种独特的国家技术就体现为在国与国之间的竞争中,确保欧洲各国权力的平衡;而从内部来看,这种技术就体现为治安权(*Polizei*)的行使。

通过强调现代政府享有的治理权(基础性权力,或者称为治理术),福柯和曼帮助我们更好地理解了政治权力的特征。但是,我们首先要意识到,他们的理论事实上都是在"权力就是支配"这一话语体系内部展开的。曼的主张非常明确:社会权力主要有四种渊源(意识形态的、经济的、军事的和政治关系的),这四种渊源分别提供了不同的社会控制的组织方式。[51] 尽管福柯认为现代政府享有的规训的权力更多具有建设性而不是强制性的特征,但依然是在支配的框架内进行讨论的。[52] 福柯的理论被广泛批判的一个主要原因就在于,他的理论没有涉及任何政治参与的规范性讨论,

---

48　Foucault, above n 38, 165, 236.

49　Ibid, 236.

50　Ibid, 312.

51　Mann, above n 30, vol 1, 3. 还可参见 Mann, above n 30, vol 2, 9:"政治权力就是国家权力。它本质上是威权的,是从一个中心发出的命令和意志的呈现。国家组织存在两面性:在国内,它是属地性的中央集权;从外部看,它涉及地缘政治。"

52　参见 Michel Foucault, *Power/ Knowledge* Colin Gordon (trans) (Brighton: Harvester Press, 1980), 96:"提及支配,我的脑海中并不是一个人对其他人或一个群体对另一个群体实行的那种坚实的或全球性的支配,而是可以在社会内部实行的多种形式的支配。不是国王在其中心地位上的那种支配,而是臣民在其相互关系中的支配;不是统一的主权大厦所呈现的支配,而是在社会有机体中存在和作用的多种形式的征服。"

247

公法的基础

他也避免了将规训结构放置到如何能够促进政府权力的框架中去讨论,而仅仅专注于在支配的框架中展开相关讨论。[53]

尽管曼和福柯考察了不同的权力形态,但是在对公共领域的一般性分析和对公法的特殊分析过程中,将权力等同于支配,不足以构成所有分析的基础。必须承认的是,将权力等同于支配,事实上忽略了这样一个事实:权力不仅仅只有限制(constrains),也能够促进权利的实现(facilitate)。否则就忽略了斯宾诺莎指出的:"如果两者结合起来,将其力量予以凝聚,那么将产出更多的权力。"[54]如果统治权和治理权之间存在的紧张关系的重要性被充分认识到,那么权力和支配之间就应该得以区分。要做到这一点,首先要对权力关系进行区分,将其区分为主体向度的生产性关系("power to")和客体向度的支配性关系("power over")。其次,统治权不能简单地被理解为支配,必须要看到它在本质上与合伙组织的关联性。正是这种关联使得任何权力,如果要被认为是正当的,其行使在一定程度上必须建立在同意的基础上。

正如斯宾诺莎认识到的,权力的行使也可以赋予个体社会行动的能力,这就是生产性权力关系所呈现的特征,这是一种基于主体间的团结而产生的权力行使结果,斯宾诺莎将其与治理性权力联系起来。到了 20 世纪,斯宾诺莎强调的这一社会权力的生产性特征,在汉娜·阿伦特(Hannah Arendt)的著作中被特别强调。

阿伦特非常强调政治行动的主体间性特征,而且将一切讨论建立在费希特提出的"人是积极行动和思考的存在,与其他和自己

---

53 例如,可以参见 Charles Taylor, 'Foucault on Freedom and Truth' in his *Philosophy and the Human Sciences: Philosophical Papers*, *vol. 2* (Cambridge: Cambridge University Press, 1985), 152–184; Michael Walzer, 'The Lonely Politics of Michel Foucault' in his *The Company of Critics: Social Criticism and Political Commitment in the Twentieth Century* (New York: Basic Books, 1988), 191–209。

54 Benedict de Spinoza, *Tractatus Politicus* [1677] in his *Tractatus Theologico-Politicus*, *Tractatus Politicus* RHM Elwes (trans) (London: Routledge, 1951), 279–387, 296.

第六章　政治法理学

一样自由的人一起生活在一个共同体中"的理论[55]的基础上。阿伦特认为,政治就是一种权力,一种力量,这种权力和力量是从人类集体行动的能力中产生出来的。[56]政治权力是人类创造这个世界、建构这个世界能力的产物,只有人们为了共同行动的目标结合起来的时候才会出现,如果无论基于什么样的原因,当人们相互分离、抛弃彼此的时候,那么这种权力就会彻底地消失。在阿伦特看来,"权力"是唯一适用于彼此产生联系的世俗空间的人类特征,在这个空间的建构初始,人与人之间就结合在了一起。[57]这是一种完全自主的权力形态,对它的出现和存在,不需要任何外在的物质因素,只需要人们生活在一起,这个权力形态就会出现。[58]

　　阿伦特认为,与前政治时期的自然暴力相区别,只有在人们依据彼此的承诺、盟约和誓言相互建立联系时,权力才真正出现。[59]因此,为了权力真正能够得以实现,革命需要宪法的保障。[60]阿伦特对生产性权力与制度建构之间的天然联系的详尽阐述,再次回应了博丹主张的"限制本身带来权力的实质性增强,越隐匿的权力越强大"。阿伦特认为,政治权力被划分为不同的部分并不意味着对其权能的削减,建立在制约平衡基础上的权力互动事实上有助

55　参见本书第五章,第 206—208 页。

56　参见 Hannah Arendt, *The Promise of Politics* Jerome Kohn（ed）（New York：Schocken Books, 2005）, 93-96.

57　Hannah Arendt, *On Revolution*（Harmondsworth：Penguin, 1973）, 175.

58　Hannah Arendt, *The Human Condition*（Chicago：University of Chicago Press, 1958）, 201.

59　Arendt, above n 57, 181.

60　因此,阿伦特认为,法国大革命的问题源于先锋队无法掌握这一内在的制度逻辑:"在法国大革命中,人民的神化是试图从同一来源同时获得法律和权力的必然结果"（ibid, 183）。由此产生的"去发现永远存在的、超验权威来源的"需求,促使罗伯斯比尔试图建立一个至高无上的存在的崇拜（ibid, 185）。但是,这种无法区分权力、暴力和权威的现象也导致民众的力量会不断地推翻执政权力的权威。阿伦特在这里紧跟黑格尔对法国大革命的解释。参见本书第五章,第 223 页。

公法的基础

于权能的增长,只要这种互动是持续的,而不是陷入一种僵局当中。[61]

阿伦特关于政治权力的生产性特征的核心观点得到了哈贝马斯的进一步发展,哈贝马斯的交往行动(communicative action)概念展示了很多生产性权力的特征。[62] 哈贝马斯重要的理论创新在于,他将交往行动(对应阿伦特的生产性权力)和策略行动[strategic action(对应阿伦特的支配性权力)]统一了起来。曼和福柯强调权力的支配性,阿伦特专注于讨论主体间性。哈贝马斯则认为,工具理性(instrumental rationality)和交往理性(communicative rationality)之间的紧张关系,同时也代表了系统(system)和生活世界(lifeworld)之间的紧张关系,构成理解现代世界的关键。[63] 在此基础上,哈贝马斯提供了关于法律更为细致的分析。该分析取代了福柯(模棱两可)的"法律在现代世界作为一种秩序机制被取代"[64]的主张,哈贝马斯认为,现代社会"不仅通过价值观、规范和相互理解实现社会整合,而且通过市场和权力的行政化使用实现系统整合",因此,尽管不是那么清晰,但法律依旧是"社会整合的一个非常重要的媒介"。[65]

61　Arendt, above n 58, 201.

62　Jürgen Habermas, 'Hannah Arendt's Communications Concept of Power' (1977) 44 *Social Research*, 3-23.

63　参见 Jürgen Habermas, *The Theory of Communicative Action*, *vol. 1* (London: Heinemann, 1984); Jürgen Habermas, *The Theory of Communicative Action*, *vol. 2* (Cambridge: Polity Press, 1987)。

64　我之所以认为模棱两可是因为,尽管福柯声称治理术是现代性的显著特征,但他并不认为"主权"的影响已经被彻底地克服:"我们不应该这样看待问题:主权社会被规训社会取代,然后规训社会被社会(政府)取代。事实上,我们有一个三角结构——主权、规训和政府管理,这个结构以人口为主要目标,以安全设施为基本机制。无论如何,我想向你们展示的是这场运动之间深刻的历史联系,包括:当将主权作为一个常量推翻之后,与政府良好选择所面临的问题之间的联系;当揭示了人口是一个给定的、需要干预的领域之后,与作为政府技术实施的终极目的之间的联系;[最后]将经济划定为现实的特定领域的过程和政治经济学既是一门科学,也是一种干预该现实领域的技术之间的联系。"(above n 38, 107-108)

65　Habermas, above n 27, 39-40.

尽管哈贝马斯采取的、试图在话语伦理学中寻求建立理性共识可能性的解决方案这一特殊路线仍然存在争议,但这是次要的意义。对我们而言,哈贝马斯最重要的贡献在于他构建的分析框架。通过将权力区分为生产性的和支配性的权力,以及将权力的存在形式区分为统治权和治理权,他事实上构建了一个特殊的智识框架,从而使政治权力运行的不同特殊形态都得以容纳其中。此外,哈贝马斯还指出了治理权给现代世界带来的挑战——治理权不仅仅是生产性权力,它本身也可以通过规训本身带来强制,这就是哈贝马斯的"对生活世界的殖民化"理论的核心主张。[66] 他识别出了规范与现实之间的紧张关系,而正是这些紧张关系制约着现代世界公法的运作。

第三节 自　　由

鉴于公法通过自身的特殊运作模式获得了自主性和权威,一个问题由此暴露了出来:事实上,通过这个系统产生的权力本身有吞并一切的潜力。正如我们看到的,在构建公法大厦的过程中,这个问题已经引起足够的重视:对确保政府权力服务于公共善而言,制度性的制约和限制措施是必不可少的。但是,这种解决方案存在模糊性,因为政府运行机制同时包含了允许和限制个人行动的双重方面。这种模糊性凸显了人们对自由的含义及其与法律的关系的矛盾心理。

这种自由与法律之间的矛盾关系可以通过对比霍布斯和斯宾诺莎的理论予以展现。霍布斯与传统的自然法话语体系之间实现了彻底的决裂,他将法律定义为由主权权力颁布的规则。这一策

66　Habermas, above n 63, vol 2, 367–373; Jürgen Habermas, *Legitimation Crisis* (Boston: Beacon Press, 1975).

公法的基础

略使霍布斯独特的自由概念得以产生。对霍布斯而言,自由就是一个行动空间,这个空间的存在是有条件的,取决于主权者在哪里为人们的行动设置了限制。然而,尽管主权者享有不受限制的命令权,但是这个权利只能用来制定和实施那些确保人民福利的规则不是完全无限制的。这也就使得个体行动只有在一个相对比较小的部分才会受到法律的调整:那些既不受命令支配,也不受禁止的领域应该是广泛的、无限的。每个人都可以自由裁量做什么或者不做什么。[67] 所以,对霍布斯而言,自由就意味着那些成文法允许和留给公民行使的自然权利部分。[68] 自由就意味着没有外部的约束和限制。

在霍布斯的具有创新性的观点中,(自然)权利和(实证)法律之间必须被清楚地区分:权利是一种放任,而法律是一种义务约束。作为一种权利,自由意味着我们在法律义务限制范围之外的行动领域被允许做的事情。因此,霍布斯给了我们一个被称为"法律自由"(juridical liberty)[69] 的概念,这也常常被称为"消极自由"[70]。这种对自由的理解深刻地影响了现代的自由思想,在这个意义上,法律与自由之间是存在对立性的:只有通过减少乃至消除法律强加的限制,我们的自由才能进一步实现。由于将权利和法律做了这样的区分,而且将法理分析严格限定在实证法的范围

67　Thomas Hobbes, *Leviathan* ［1651］ Richard Tuck （ed） （Cambridge: Cambridge University Press, 1996）, 150.

68　Ibid, 91.

69　例如,参见 Edward S Corwin, *Liberty Against Government* （Baton Rouge: Louisiana State University Press, 1948）, esp ch 1, 'Liberty as a Juridical Concept'。

70　参见 Benjamin Constant, 'The liberty of the ancients compared with that of the moderns' ［1819］ in his *Political Writings* Biancamaria Fontana （trans） （Cambridge: Cambridge University Press, 1988）, 307-328。本雅明·贡斯当 (Benjamin Constant)指出:"先生们,首先问问你们自己,一个英国人、一个法国人和一个美利坚合众国公民今天对'自由'这个词的理解是什么。对他们每一个人来说,自由意味着(每个人)有权不受法律约束,不受一个或多个人任意的逮捕、拘留、处死或任何形式的虐待……"(at 310) 也可参见 Isaiah Berlin, 'Two Concepts of Liberty' in his *Four Essays on Liberty* （Oxford: Oxford University Press, 1969）, 118-172。

内,霍布斯非常矛盾地通过使用"法律自由"这个概念将自由从法理知识系统中移除了。

霍布斯的观点需要与斯宾诺莎的观点进行对比。与霍布斯一样,斯宾诺莎同样承认主权行使者享有的统治权是绝对的,但是他认为,这一命令权在现实中是受到治理权的约束的。一种权利从治理权中得以产生,这就是斯宾诺莎所定义的政治法:政治法是通过统治权和治理权之间的辩证关系得以形成的。通过借助政治法这个概念,斯宾诺莎得以论证,自由只有在国家得以建立的前提下才有可能,主权行使者命令并不是对自由施加限制,而是为自由的实现创造条件。这就意味着,主权行使者使用统治权的目的不是把人民变成奴隶,而是确保他们在安全的前提下充分地使身心获得发展。[71] 尽管斯宾诺莎也认同霍布斯提出的"主权行使者的命令范围是受到公共安全的目的限制的"这一观点,但是由于他所持的"政治法"的概念,使他在理解法律与自由的关系上得出了完全不同于霍布斯的结论。在斯宾诺莎看来,政治法并不构成对自由的限制,恰恰相反,它构建了自由得以实现的条件。

如果认同斯宾诺莎在实证法和政治法之间所做的区分,那么现在很多的争论就可以放在一个不是那么对立的框架中去展开。比如,自由主义的政治哲学中对消极自由和积极自由的讨论就是一个例子。正如我们所看到的,消极自由——外部干涉的缺乏——是霍布斯在将法律概念界定为统治权时首次清楚地表达的。在确定国家和主权行使者权威的基础上,霍布斯指出,只有在作为主权行使者命令的法律没有对个体行动的自主权构成不必要的限制时,自由才能真正获得实现。因此,正如贡斯当指出的,这个意义上的自由就意味着"思想表达的自由、职业的自由、财产的

71　Benedict de Spinoza, *Tractatus Theologico-Politicus* [1670] in his *Tractatus Theologico-Politicus*, *Tractatus Politicus*, above n 54, 1–278, 259.

公法的基础

自由……迁徙的自由",等等。[72] 这一现代意义上的自由概念与古代人的自由之间形成了对比。对古代人而言,自由意味着公民可以自由地参与集体决策,也就是我们今天所称的"自治"的自由。但是贡斯当也指出,古代人对自由的理解与现代意义上的自由差异非常大。在古代:"所有的私人行动都是受到严格地限制的,个体独立并不重要,无论是在观念上的独立,还是劳动上的独立,甚至宗教信仰上的独立也完全不重要。"[73]

这种古代人的自由在现代社会的转化,其实就是被称为积极自由的这一概念,尽管并不是所有人都认同这样的对应关系。[74] 积极自由,即过自己想过的生活的自由,这种生活能够让个体的潜力获得充分的发挥,[75] 这是一种受到了那些将公共行动与自由的实现紧密联系起来的思想家的推崇的自由形式。尽管很多人批评这样的自由事实上很多时候是以自由之名在推动平等的实现,但是也有人指出,消极自由是一个纯粹的形式主义的法理概念,只有一个正义的权威系统已经建立起来之后,这种自由才真正有意义。因此,通过实证法的运行得以实现的消极自由,在一定程度上必须要将通过政治法的运行得以实现的积极自由概念纳入考量。

那些试图复兴共和主义的学者,作为新共和主义(neo-republicanism)自由的倡导者,他们试图将积极自由和消极自由这

72　Constant, above n 70, 310–311.

73　Ibid, 311.

74　参见 Berlin, above n 70。也看参考 Marc Stears, *Progressives, Pluralists, and the Problems of the State: Ideologies of Reform in the United States and Britain, 1909–1926* (Oxford: Oxford University Press, 2002), 25: 不认同的人就认为,这种区分"无法提供对这个时代复杂争论进行彻底的理论理解所必需的工具,更不用说试图对这个时代复杂的争论进行规范性评估了,因为它在分析上过于简单,在历史的视角上也显得过时和不合时宜"。

75　这在新黑格尔主义(neo-Hegelian)的语言中表述得最为清楚。例如,可以参见 Bernard Bosanquet, *The Philosophical Theory of the State* (London: Macmillan, 3rd edn, 1925), 128–129:"那些我们试图从中解脱出来的约束不是我们通常认为的来自他人的约束,而是那种来自我们通常视为自身一部分的约束。"

254

两种自由的概念结合起来。[76] 在共和主义的观念中,自由不是干涉
(constraint)的缺乏,而是支配(domination)的缺乏,因此,国家行使
统治权本身也并不必然构成对自由的限制,作为无支配的自由,更
关注的是限制背后的目的。比如,为了推动平等自由所采取的干
涉,在自由的名义下它是可以被证成的。无支配的自由主要关注的
是,公共权力本身没有被任意、武断地使用。在这个意义上,共和主
义的自由是完全意义上的政治意义上的自由:不是先于政治共同体
而存在的自然权利或者与生俱来的自由,自由是一种通过政府行动
创造的状态。[77] 基于公民的独立性,承认政府在自由实现过程中的
关键作用,共和主义试图在国家的统治权和治理权之间构建某种和
谐的关系,这就使得国家在自我分裂的两种模式中达成了某种和
解。由于认识到政治权力不仅可以对个体构成限制,其本身也可以
构成一种赋权,共和主义非常关注宪法设计,希望通过与共和主义
自由保持一致的宪法安排和设计来促进共和主义自由的实现。

　　新共和主义的观点使得我们更接近一种自由的观念,这种自由
的观念是构建自主的公法概念的基础。由于明确了自由是一种后
天实现的状态,而不是一个自然前提,那么自由就可以被视为政治法
的结果。由于同时关注和重视促进权力行使和限制权力的机制设计
和安排,新共和主义相较于古典自由主义而言,在思考现代国家的自
由宪法过程中,更能把握核心问题所在。但是,由于是从一种固有的

　　76　Philip Pettit, *Republicanism: A Theory of Freedom and Government*
(Oxford: Oxford University Press, 1997); Quentin Skinner, *Liberty Before
Liberalism* (Cambridge: Cambridge University Press, 1998); Maurizio Viroli,
Republicanism (New York: Hill and Wang, 2002).

　　77　可能需要指出的是,与法语和德语中有多个词可以表述"法"不同,英语中只有
一个词表述"法",即 law,但是,在英语世界中,我们可以选择使用 liberty(来自法语
liberté 和拉丁语 *libertas*)和 freedom(来自德语 *Freiheit*)来表述"自由"。虽然许多作家
认为这些术语是可以互换的,但阿伦特认为它们在概念上是不同的,"liberty"是一种消
极的状态,"freedom"是一种积极的概念。进一步分析,参见 Hannah Fenichel Pitkin,
'Are Freedom and Liberty Twins?' (1988) 16 *Political Theory*, 523-552。

内在模式中思考政治自由,新共和主义本身也存在自身的缺陷。注意到这些局限,能够帮助我们在政治法理学的框架内更好地勾画一个更为准确的自由概念。这些局限涉及国家建立的基础、国家的历史发展,以及政府在促进共和主义的自由实现过程中的作用等。

这种局限性首先涉及政治性自由(political liberty)的建构方式。政治性自由事实上是一个具有空间局限性的概念。这种局限被阿伦特特别地关注,并体现在她的政治思想中。阿伦特发现,这一特征在最重要、最基础的消极自由类型——迁徙自由中彰显得最为突出。民族国家的边界线,或者城邦国家的城墙本身,构成了一个人迁徙自由的空间范围。[78] 但是这其实也是一个普遍的自由特征:积极意义上的自由只有在平等者之间才有可能实现,平等本身绝不是一个放之四海而皆准的原则,它的适用也是有条件限制的,尤其是受到空间条件的限制。[79] 这些"自由得以实现的空间"(spaces of freedom)可以等同于公共领域本身,但是正如阿伦特所言,"我们将倾向于把它们看作大海中的岛屿或沙漠中的绿洲"[80]。这的确是因为自由必须以这样的方式被建构:这个方式使得政治性自由行使的边界和形成的方式被认真地讨论和对待。

当以这样的方式来理解自由时,正如汉斯·林达尔(Hans Lindahl)指出的,空间就变成了一个与有效性紧密关联的领域,因为法律是从规范的角度去揭示空间的,空间构成了多个"应然行为的发生地"(ought-places)的统一体。[81] 这就意味着,关于自由的分

78　Arendt, above n 57, 275.

79　Ibid.

80　Ibid.

81　Hans Lindahl, 'Breaking Promises to Keep Them: Immigration and the Boundaries of Distributive Justice' in Lindahl (ed), *A Right to Inclusion and Exclusion? Normative Faultlines of the EU's Area of Freedom*, *Security and Justice* (Oxford: Hart Publishing, 2009), 137–159.

配正义问题就与一些更为基础的国家建构问题紧密相关联了。比如,领土是如何被定义的;我们如何通过创造出一个"外部"而形成了"内部"的概念;我们是如何认知"我们"这个群体的,从而与"他们"截然地做了区分。这些与自由宪法(constitution of liberty)紧密相关的元问题,似乎在共和主义的思想中被忽略了。由于忽略了政治性自由是一个有边界的自由,是在包容-排斥的相互作用中不断得以发展和实现的自由这一事实的重要性,共和主义无力去坦诚这样一个根本的事实:构建一个政治联合的基础行动方式本身,在严格意义上,是完全任意和专断的。尽管共和主义致力于减少乃至消除已经形成的统治权在行使过程中的专断,但是统治权构建过程中的专断却被共和主义忽略了。

由于忽略了这一"原罪"所在,共和主义回避了这样一种观点:(以构建统治权为目的的宪法制定)这一基础的意志行为使得整个治理实践都受到了质疑:特别是忽略了事实上这种包容-排斥的内部划分方式本身的任意性,进一步揭示了政府功能的不可忽略的必要性。从国家宪法被构建的那一瞬间开始,政府作为一个要发挥积极角色的代理人就被要求追求正义。国家地位、国家身份和资格不仅取决于建国时期,更取决于持续的管理过程。[82] 其中,通过书写彰显人民特征的榜样性故事来实现创造"想象的共同体",是进行这项工作的非常有效的方式之一。[83] 正如法国大革命所揭示的,现代共和主义——建立在公民基础之上——是与民族

---

[82] 参见 Oakeshott, above n 2, esp 191-192:"政府对权威的主张在很大程度上是因为得到了最不可信和最愚蠢的信念的支持,这些信念要么就是对人的说服力不超过五分钟,要么就是与政府几乎没有或根本没有关系,这些信念包括'人民的(或国家的)主权''民主''多数统治''参与'等。大多数现代欧洲国家(以及世界其他类似的国家)都未能获得具有公认权威的政府,这一明显的失败让人们相信权力是无足轻重的。政府倾向于仅仅根据其权力和附带成就向其臣民推荐自己,而其臣民也越来越倾向于只寻求这些推荐信息。"

[83] Benedict Anderson, *Imagined Communities: Reflections on the Origin and Spread of Nationalism* (London: Verso, 2006).

公法的基础

主义的现象一起出现的。[84] 共和主义最为基础性的观念就在于,政治性自由不是从由国王所领导的政权中出现的,而是由生活在普通法框架中的平等公民所构建的共和国中产生的。但是,由于没有一个国家接近严格意义上的民族国家,[85]共和主义者就必须回应以约翰·斯图尔特·密尔(John Stuart Mill)为代表的一批人的否定性主张,在密尔看来:"在一个由不同民族组成的国家里,自由制度几乎是不可能的,因为在一个没有同胞共情性的民族中,特别是如果他们使用的语言都不一样,代议制政府工作所必需的统一的公共舆论就不可能存在。"[86]这一(多元的)现代国家的本质就在于国家本身应该被作为一个统治工程项目来对待。

这就把我们带到了第二个问题上,这个问题与历史发展相关。现代国家都是从传统的君主制中发展而来的,那么从历史-社会学视角对共和主义提出的问题就在于,需要解释现代政府权力是如何从国王手中转移过来的,以及服务于"共同善"的。这一历史性问题也使终极议题得以直接呈现:如果共和主义自由意味着公民美德的实现,而不仅仅是对欲望的一种最优安排,那么政府的权力行使的一个重要部分,就是需要通过积极的教育,从而对公民品德进行塑造和引导。这就意味着任何对政府角色的贵族式想象,其实都是与"将政府视为人民的代理人"的共和主义理念无法兼容的。因此,共和主义的自由如果被作为一项历史性的工程来建构

84　参见 Ernest Gellner, *Nationalism* (London: Weidenfeld & Nicolson, 1997), 3:"民族主义是一项政治原则,这一原则坚持认为文化的相似性是基本的社会纽带。"

85　Oakeshott, above n 2, 188:"所有欧洲国家一开始都是由不同族群混杂在一起、摇摇欲坠地构成的集体,它们被已经吞下的和无法消化的东西弄得心烦意乱,以及被似是而非的或想象中的不必要的东西分散了注意力。因此,没有一个欧洲国家(更不用说世界其他地方的仿欧洲国家)能够真正在可丈量的范围内可以被认为是(所谓一个民族一个国家的)一个民族国家。"

86　John Stuart Mill, 'Considerations on Representative Government' [1861] in his *Three Essays* (Oxford: Oxford University Press, 1975), 144-423, 382.

第六章 政治法理学

的话,那么首先需要建立公民宗教。从霍布斯的角度,这就要求政府统治采取威权主义的方式。霍布斯开诚布公地指出,一个坚固和永续的国家大厦的形成,需要主权行使者向人民注入服从的习惯,这主要是通过采取基督教式的政治教理问答的方式,对他们进行主权权利的指导和教育。[87] 除此之外,共和主义也强调,国家应该对公民实施积极的教育,以确保他们履行服务于共同善的义务和责任。[88]

将这一历史–社会学的问题带入共和主义理论中,就会揭示现代国家中的政治性自由存在很多模糊的地方。共和主义依旧作为一种规范理论,尽管把握了政治性自由的一些非常重要的要素,但是对共同体这个整体组织的强调超越了对共同体结构的重视。从社会学的视角来看,现代国家形成的过程为实现平等的自由提供了可能性,与此同时,建立了一种对个体限制和规训并存的结构。尽管现代政治法的实践是建立在自主的个体这一前提基础上的,这些自主的个体意思自治、责任自负,并且对建立政府权威行使了同意的权利,但是政治法的实践本身也预设并允许这样的政府机制的存在——这个政府机制有权塑造这些自主的个体。[89] 这一实践的双重内涵解释了为什么政府机制本身同时对个体而言具有赋权性和限制性。

这一观点引发的根本性影响就在于:从政治法理学的角度来看,权力和自由就构成了一个硬币的两面。正如斯宾诺莎认识到的,政治法的核心问题就是把握好自由和权力的关系。这里的自

87　Hobbes, above n 67, 233–236.

88　也可参看 Jean-Jacques Rousseau, "The Social Contract" in his *Political Writings* Victor Gourevitch (ed) (Cambridge: Cambridge University Press, 1997), vol 2, 39–152, 141–151 (Of civil religion)。

89　Peter Wagner, *A Sociology of Modernity: Liberty and Discipline* (London: Routledge, 1994), 20:"在更具体和更具历史语境的术语中,这指代的是一种'结构',人们暴露在这个结构面前,同时在其中行动,这个结构受到早期人类行为、习惯化和常规化模式的影响,也是这些行为的物质后果。习惯和惯例决定了社会规则的适用性。"

259

公法的基础

由是以主观权利的语言予以表达的,权力则是由意在实现某种普遍性而建立的集体性机构所主张和享有的。这一组紧张关系的存在体现了在现代政府机制的形成过程中,赋权和干涉之间的辩证关系。但是伴随着技术革新带来的政府系统的扩张(这种扩张常常通过前面谈到的治理权的运行体现出来),个体越来越多地受到由治理权所代表的工具理性的支配。[90] 政府无处不在,这就意味着霍布斯意义上的自由,即赋予个人的、超出公共领域的消极自由和特权,不再容易被抓住。自由这个概念只能越来越多地被放置在政治权力的框架中理解,这不仅仅是从个人权利天然地构成对权力的制约的角度,而是在当下语境之下,个人权利已经变成了治理术本身的不可或缺的构成要素之一。[91] 正如福柯提到的,"治理良好的一个条件就在于,自由,尤其是特定形式的自由获得了真正的尊重",因为不尊重自由本身"不仅仅构成对法律权利的滥用,最为重要的是,体现了对正确治理的无知"。[92] 自此,政治性自由被纳入政治权力的运行中,最终演变成一个充满各种矛盾的概念。

第四节 公法的语法

当我们引入"语法"这个类比时,自由与权力之间、赋权与限制之间的紧张关系能够获得更为清晰的理解。我们常常通过语法来

---

[90] 描述这一问题的隐喻包括从韦伯的"现代性的铁笼"到哈贝马斯的"生活世界的殖民化"的各类阐述。详见 Peter Baehr, 'The "Iron Cage" and the "Shell as Hard as Steel": Parsons, Weber and the *stahlhartes Gehäuse* Metaphor in *The Protestant Ethic and the Spirit of Capitalism*' (2001) 40 *History and Theory*, 153-169; Habermas, above n 63, esp vol 2, 367-373.

[91] Foucault, above n 38, 353.

[92] Ibid.

260

第六章 政治法理学

理解语言的结构性特征。通过学习语法,我们获得了如何恰当使用语言的指导。同样地,通过留意权力和自由在公法实践中的内涵,我们开始理解这些术语应该如何被恰当地使用。通过诉诸某种前政治性的条件来理解权力和自由是完全错误的,无论是将公法的制度建构理解为对自然权利施加的限制和干涉,还是将其理解为对某种先在的权力的完善和加强,都是错误的:权力和自由都是在公法实践的运行过程中被创造出来的。正如语法规则本身不会对言语表达构成限制一样,相反,这些规则是一些可能性授予(possibility-conferring)规则,使得我们用更准确的方式表达和言说。同样的道理,公法规则和公法实践也不能被视为是对权力和自由的限制,而是这些术语内涵不可或缺的构成部分。这种构成性规则同时具有赋权性和限制性,正因为如此,权力和自由成为紧密关联的一对术语。

语法规则不能被认为其构成了对真实的现实境况的描述:它们不过是我们通过公法不断进化的现代实践所创造出来的规则,这些规则使得我们能够正确地使用那些特定的术语。我们评价语言的恰当性的标准不仅仅在于它是否准确地阐述了现实,同时还依赖于其他特征。一个很重要的特征就在于,这一语言的语法形式本身在其内部是否展现出一种或多或少的合逻辑性,比如,它是否能够展示一个清晰、连贯和统一的概念主题。[93] 无论如何,确立一项计划主题的内部连贯性是一项错综复杂的工作,特别是因为这样一项(现实)计划无法简单地通过立法过程来构建:(因为)恺撒并不比语法学家更高明。只有通过理解语言,我们才能够把握一个句子的内涵。[94] 而要理解语言本身,我们必须想象其背后的

————————

[93] Hilary Putnam, *Reason*, *Truth*, *and History* (Cambridge: Cambridge University Press, 1981), 55: "'目标'不独立于概念主题而存在。"

[94] Ludwig Wittgenstein, *Philosophical Investigations* GEM Anscombe (trans) (Oxford: Blackwell, 1953), §199: "理解一个句子意味着理解一种语言。理解一种语言意味着掌握一种技术。"

公法的基础

生活方式。[95] 因此,在研究实践的语法时,我们必须调查和理解对其构成基本支撑的背景预设。

鉴于此,在理解公法的实践时,我们不仅要关注其形式意义上的语法结构,还需要关注作为其隐含的前提和假设的背景条件。鉴于实践的前提和背景中有诸多变量在发生影响,完全可以想象这里可供选择的语法是非常多的。不同语法的重要性似乎不是取决于它们在逻辑形式上的内部统一性,而是更多地取决于它们和特定现实背景相结合的有效性,即它们在多大程度上有助于我们实现的目的。在这样的背景下,即使是笛儿尔也放弃了创造一种生成语法(generative grammar)的意图,因为生成语法的存在意味着,我们将认为,存在一个由一系列规则和原则构成的系统,依据这个系统,任何语言的语法句式都可以从中产生。[96] 这显然是与现实不符的,在这里,我们将跟随维特根斯坦的步伐将语言作为一种受规则调整的行动来对待,同时认为,这种与人类行为相关的行动也是依赖特定背景存在的,并且是与特定目的相关联的。

在公法的特定背景下,这种语言主要还是通过经验来被学习的:只有结合语言被使用的特定背景和环境的理解,我们才能获得语言中的词汇以及符号的具体知识。尽管如此,还是会有人问,如果已经掌握了如何恰当使用词汇的知识,那么学习语法的意义在哪:毕竟语法(即理论)只是把隐含的知识(即实践)予以显性地呈现,其任务也就完成了。一种可能的答案在于,通过学习语法,我们可以更熟练地扩展语言能力,从而有能力去描述那些不寻常的情况或者意外出现的异常情况,这些情况本身恰恰是今天我们在公法世界中必须面对的。除此之外,还有一个更为基本的原因:由于现代世界公法特征的模糊性,主张"理论和实践之间存在紧张关系"的观

95　Wittgenstein, above n 94, §19:"想象一种语言就意味着想象一种生活方式。"
96　参见本书第三章,第142—146页。

点变得越来越激进，如何回应这些主张，也构成我们学习语法的重要意义。正如前面指出的，公法本身就是伴随着其实践特征展现出来的这种具有根本性的、无法调和的模糊性和分歧性在不断地发展的，这种模糊性和分歧性占据了其实践的核心位置，构成了其发展的根本驱动力。这种公法内部特征呈现出来的"自我分裂"，既表现出对立的特征之间的斗争的一面，又表现出承认这些对立特征之间的反身联系的一面（公法的内部特征显示出来的不是简单的对立，而是一种共存和统一关系）[97]，这就击败和否认了任何试图以简单逻辑形式展示公法概念方案的尝试。

实践中存在的不同的、具有竞争性的语法，进一步导致了公法话语中概念的模糊性。比如，国家、主权、统治者地位、法律、政治、民主等基于不同的语境和语法，被赋予了不同的内涵。[98] 鉴于此，为了更好地把握公法的基础，我们必须考察这些术语在公法话语中是如何被使用的，并试图解释它们是如何恰当地被安置到相对连贯和统一的概念方案之中的。[99] 这就需要把握实践的三个方面的核心特征：一个是与联合的形式相关（国家，参见本书第三部分）；一个是与权威的职位设置相关（宪法，参见本书第四部分）；还有一个是与权力组织相关（政府，参见本书第五部分）。

---

[97] 也可参看 Chantal Mouffe, *On the Political* (London: Routledge, 2005); Nathalie Karagianis and Peter Wagner, 'Towards a Theory of Synagonism' (2005) 13 *Journal of Political Philosophy*, 235-262。

[98] 参见 Michael Oakeshott, 'The Vocabulary of a Modern European State' (1975) 23 *Political Studies*, 319-341 (Pt Ⅰ), 409-414 (Pt Ⅱ)。

[99] 相互竞争的概念体系的存在，使一些哲学家质疑客观性是否仍然存在。参见 Donald Davidson, 'On the Very Idea of a Conceptual Scheme' in his *Inquiries into Truth and Interpretation* (Oxford: Clarendon Press, 1984), 183-198; 也可参见 Hans-Georg Gadamer, *Truth and Method* Joel Weinsheimer and Donald G Marshall (trans) (London: Sheed and Ward, 2nd edn, 1989), 305-307。

第三部分

国　　家

第七章
国家概念

　　昆廷·斯金纳在其围绕现代政治话语的核心理念展开溯源的重要作品中,解释了"国家是如何作为一个无所不能,但是去人格化的权力而出现的"。斯金纳认为,自17世纪开始,国家这个概念(包括本质、权力、命令人民服从的权利)就成为欧洲政治思想最为重要的分析对象。[1] 斯金纳认为,尽管国家的现代理论依旧在建构过程中,但是基础部分已经完成。[2] 在现代以及可见的未来,"国家"将始终作为政治讨论中最重要的主语存在。[3]

　　从法学的视角,斯金纳的观点是非常重要的,因为国家本身构成了公法概念的基础。但是这同时也是有争议的,尤其是考虑到公法概念所引发的诸多模糊和存在分歧的地方。很多学者也指出,鉴于概念导致的很多混乱和困惑,概念分析的意义并不大,应

　　1　Quentin Skinner, *The Foundations of Modern Political Thought* (Cambridge: Cambridge University Press, 1978), vol 2, 358, 349.

　　2　Ibid, 358.

　　3　Quentin Skinner, 'The State' in T Ball, J Farr, and RL Hanson (eds), *Political Innovation and Conceptual Change* (Cambridge: Cambridge University Press, 1989), 90–131, 123. 斯金纳这里主要是跟随了克利福德·格尔茨(Clifford Geertz)的观点,参见 Clifford Geertz, *Negara: The Theatre State in Nineteenth-Century Bali* (Princeton, NJ: Princeton University Press, 1980), 121: "现代政治话语中占据主导性的名词就是'国家'。"

公法的基础

该放弃对概念的分析。[4] 但是,如果要准确把握公法的本质,我认为概念分析这项工作是不能缺少的。从政治法理学的角度,斯金纳的观点可以进一步延展,国家概念的分析和理解对理解公法而言是一个重要的必要条件。

在本章中,国家概念对公法的重要性和不可或缺性将得到充分考察。为此,首先就需要把握国家观念是如何围绕有关其含义的持久的斗争而逐渐出现的历程,了解其发展的基本框架。历史资料显示,国家与主权概念之间存在紧密关联。国家对主权的阐释,或者说主权对国家的阐释,其实是一体两面,"主权国家"(sovereign state)这个概念是具有某种同义反复性的。本章的主要目的是揭示围绕国家概念所产生的不同意义的演变过程,从而揭示其法学视角所具有的意义,最终展现国家概念在公法中扮演的重要角色。

第一节　主权：概念素描

围绕国家概念所产生的诸多困惑主要是因为,尽管国家和主权是紧密相关的,但是这两者在具体的概念内涵上又存在差异。[5]

4　例如,可以参见 David Easton, 'The Political System Besieged by the State' (1981) 9 *Political Theory*, 303 – 325, 321 – 322; JAG Griffith, 'The Political Constitution' (1979) 42 *Modern Law Review*, 1-21, 格里菲斯(Griffith)指出,"我首先拒绝接受所谓国家(the State)的抽象存在。有了卡莱尔(Carlyle),我接受了宇宙。我也接受地理意义上的国家(the country)和居住在那里的民族(the nation)。但国家(the State)是另一个为掩盖政治权力的现实而发明的形而上学的概念"(at 16)。

5　Reinhart Koselleck, 'Staat und Souveränität' in Otto Brunner, Werner Conze, and Reinhart Koselleck (eds), *Geschichtliche Grundbegriffe: Historisches Lexicon zur Politisch-Sozialen Sprache in Deutschland* (Stuttgart: Klett-Cotta, 1972-1990), vol 6, 1-154. 关于中世纪的起源,参见 Otto Brunner, *Land and Lordship: Structures of Governance in Medieval Austria* [1943] Howard Kaminsky and James Van Horn Melton (trans) (Philadelphia: University of Pennsylvania Press, 1984)。

268

第七章 国家概念

　　从主权行使者这个具体的人物形象上,主权的概念得以产生。[6] "主行使权者"这个术语意指统治者这个职位,同时彰显了这个职位的最高权威。作为主权行使者的统治者没有任何法律义务去服从其他权力,比如在中世纪,那些隶属于帝国皇帝(emperor)的国王(king)就不是作为主权行使者的统治者。当主权行使者这个职位被充分认识以后,不仅仅意味着统治者所享有的最高统治权使其独立于任何高于自身的权威,更重要的是,这种最高统治权清楚地界定了统治者和臣民之间的法律关系。作为主权行使者的统治者所享有的统治权(*potestas*)是绝对的。[7]

　　在近代早期,统治者获得了更为广泛的政府管理职责,统治者这个职位的代表性本身就显得更为重要。无论国王陛下被赋予多大程度的尊重和服从,普遍存在的观点是,统治者并不是在行使个人化的权力。[8] 但是,对统治者职位的代表性和公共性特征的认知,是经历了一个漫长曲折的过程的。在一定意义上,作为统治者的君主形象在这里被崇高化和理想化处理了。一旦国王身份(kingship)呈现了一种理想化的职位特征,那么就开启了制度化呈现"国王意志"(the king's will)的进程。[9] 对职位的理想化处理

6　参见本书第一章,第54—56页。

7　参见本书第二章,第91—92页(博丹),第111—112页(霍布斯)。

8　参见本书第二章,第102—103页(阿尔图修斯),第113—114页(霍布斯)。

9　参见本书第二章,第103—105页。进一步可参见 ES Morgan, *Inventing the People: The Rise of Popular Sovereignty in England and America* (New York: Norton, 1989)。摩根(Morgan)认为,在 17 世纪早期的英国宪法争议中,神圣概念和君主制的理想化是一种主要的控制手段:"更值得注意的是,他们(议员)能够将貌似对国王的拔高转变为限制国王权力的手段。通过将国王的智慧和权威置于神性的层面上,下议院否定了任何其他凡人分享这些国王属性的可能性,尤其是,他们否定了将这些属性转移到任何臣民身上的可能性。神圣的权威必须是不可剥夺的权威,下议院让自己成为它的护卫,反对任何可能僭越它的臣民。那些以国王的名义做事情的人这样做是危险的……没有什么比以不会做错事的人的名义做错事更放肆了。国王的神圣权利从来都不过是一种虚构的东西,而当下议院行使这种神圣权利时,我们用另外一种新的虚构代替了之前的虚构,即人民的主权。尽管这两者似乎处于对立的两极,但它们之间的联系比最初看起来更为紧密。通过接受国王的神圣权利,通过坚持他的权 (**转下页**)

269

公法的基础

是对其进行制度性展现的前提。这个变迁的过程完全可以通过对比两位君主的话语得以呈现：17世纪,法国国王路易十四主张,朕即国家(*L'Etat, c'est moi*);18世纪,腓特烈大帝则宣称,"自己是国家的第一公仆"。[10]

主权行使者这个职位的制度化带来了法人化的发展趋势,法人化则主要通过内部的权力分工予以实现。政府所享有的主权者权力——博丹所称的"主权的标志"(marks of sovereignty),[11]不再直接地隶属于统治者自身,而是通过一些机构来行使,如君临议会(the King-in-Parliament)、君临御前会议(the King-in-Council)、国王的首相(the king's ministers)和国王的法庭(the king's courts)等。这一原则在英国的实践中彰显得非常清楚,"议会"是英国真正的主权行使者。但是,即使是在绝对主义的政权中,主权行使者的制度化也是存在的。主权就意味着建立在法人化分工建制基础上的、统治权力所享有的绝对法律权威。

这些围绕主权行使者这一职位所呈现出来的相互关联的发展过程,包括制度化、内部分工和法人化的过程等,使得我们有必要在统治的主权者权力和主权这个概念本身之间进行区分。[12] 最为

(接上页)威是纯粹的和不可分割的,下议院非常巧妙地要求,除非按照他们规定的条件,否则这一权威无法运作。看似他们在拔高和抬举国王,事实上,是准备毁灭他;通过使强大的臣民谦卑,他们为谦卑者的崛起让路,为新的虚构世界让路,在这个新的虚构世界中,人人生而平等,政府的权力来自他们所统治的人。"(at 25, 36-37)

　　10　　参见 Friedrich Meinecke, *Machiavellism: The Doctrine of Raison d'État and its Place in Modern History* Douglas Scott (trans) (New Haven, CT: Yale University Press, 1957), 272-339; Christopher Clark, *Iron Kingdom: The Rise and Downfall of Prussia, 1600-1947* (London: Penguin, 2007), 239-246; JK Bluntschli, *Geschichte der neuren Staatswissenschaft* (Munich: Oldenburg, 1881), 261:"没有人质疑他(腓特烈大帝)是德国现代治国之道的第一位也是最杰出的代表。"

　　11　　Jean Bodin, *The Six Bookes of a Commonweale* [1606] Richard Knolles (trans) Kenneth Douglas McRae (ed) (Cambridge, MA: Harvard University Press, 1962), Bk 1, ch 10;以及本书第二章,第88页。

　　12　　参见本书第二章,第108—110页(格劳秀斯),第116页(普芬道夫)。

270

特别的地方在于,统治权力是可以划分为不同的部分的,但是主权,作为统治权力的绝对权威,是不可以分割的。[13] 博丹很早就指出,主权这个概念必须要与政府的主权者权力的行使区分开来。[14]

在主权和政府之间所做的区分,与人民主权(popular sovereignty)的观念的普及紧密联系在一起,主权行使者的权利不是由上帝自上而下地授予的,而是由人民自下而上地赋予的。在"人民主权"的旗帜之下,关于权威的来源有了各种不同的说法,但都是对国家起源的神话做了世俗化的处理。[15] 然而,事实上只有关于统治的制度化安排得以建立之后,人民才可能真正以"人民"的面貌出现,即国家主权出现后,人民才真正可以借助代表机制行使主权,所以"人民主权"的说法存在某种内部矛盾性。应对这一困难的唯一方法就是改变论证的本质,放弃任何试图从历史的角度解读权威出现的视角,将权威得以产生的渊源重新解读为一个虚拟的法律行为:政治契约,或者称为社会契约。[16] 这一契约象征着自然状态向文明状态(或者说政治状态)的转变,尽管是在回溯意义上,这一拟制才真正具有意义。[17]

如果这个变迁的虚拟特征获得了大家的普遍接受,那么非常清楚的一点在于,除了在象征意义上,权力在实践的层面上是很难由人民(大众)来授予政府统治者的。这就使得人民主权的主张会遭遇各种困境。尽管如此,借助于(政治契约的签订)这个虚拟的行动,一个有关政治的想象世界,这个世界同时也是公法的世界,才得以创造出来。只有在这个基础上,主权才可以被认为是在这个想象的世界形成过程中所产生的权力和权威的表现形式。在这

13　参见本书第二章,第 109 页(格劳秀斯)。

14　参见本书第二章,第 83—84 页。

15　参见 Morgan, above n 9, esp ch 3。

16　参见本书第二章,第 111—113 页(霍布斯)。

17　Paul Ricoeur, 'The Political Paradox' in William Connolly (ed), *Legitimacy and the State* (Oxford: Blackwell, 1984), 250-272.

个意义上,主权不是归属于统治者的,也不是赋予政府机构的,以及不直接为人民所直接行使,而是在这个有关政治的想象世界中展开的各种关系中得以产生的。[18]

由此可见,关于绝对权威的理念的发展经历了这样一个历程:对其的认知始于作为主权行使者的统治者形象,通过政府机构的法人化过程得以实现,并最终形成一个独特的主权意识,主权意识意味着,主权从概念的角度是区别于现实的政府制度安排的。主权是作为公共领域的自主性的表现形式而存在的,即主权代表了那个领域的绝对权威的存在。

这一有关绝对权威的主张涉及双重法律主张:首先,这个绝对权威的世界(主权本身)需要一整套机制来确保自身的运行,这其实就是通过授予政府机构相关的合法权力来实现的;其次,这些授予政府的权力本身,就使得政府获得了借助法律进行治理的无限的能力。第一个主张就是通过政治法的运行来建立政府的权威;第二个主张就意味着,通过政治法的运作,一种通过实在法进行治理的无限能力——统治权被赋予了政府。

第二节　状态、社会等级和国家

本节专注于对国家概念的研究,这个概念与主权概念紧密地联结在一起,最早起源于拉丁语的 *status* 和法语的 *état*,前者是指一种稳定的状态,后者是指一种社会等级。一直到近代,"国家"这一术语才彻底与王室统治的人身关系划清界限,从而获得了其现代意义,指代一个独立于具体的统治者的政治领域。在中世纪的统治秩序中,同时有三个社会阶层在发挥作用,包括军事武士阶

18　参见本书第二章,第 110 页(格劳秀斯)。这一论点的详细阐述参见 Martin Loughlin, *The Idea of Public Law* (Oxford: Oxford University Press, 2003), ch 5。

第七章　国家概念

层、教会僧侣阶层、劳动阶层。一直到绝对主义君权的出现，皇室力量才彻底吞噬了其他阶层的力量。

国家的现代意义的变迁经历了一个非常迂回的路径，这在很大程度上是由词源的混淆导致的：比如在法语中，*état* 这个词指一种状态，也指一个阶层，还可以用来指代国家。[19] 克利福德·格尔茨注意到了这些困难所在，因此，他指出，至少有三层不同的词源主题同时存在于国家这个概念域中：第一层就是指状态（status），包括驻地、地位、等级、状况，这与社会等级（estate）紧密相关；第二层就是指荣誉（pomp），包括气势、显示、尊严、呈现，与国家威严（stateliness）相关；第三个层面是统治方式（governance），包括稳定、政权、支配和主导，与治国术（statecraft）相关。[20] 如果要清楚地把握国家概念，这些每一个层面的内容都应该得到考虑和揭示。

状态（status）这个词初始的时候是用来指代一种普遍的稳定状态，但是，当这个词汇本身与公共领域联系起来的时候，就有了独特的内涵。罗马法的法学家，乌尔比安是这样来定义公法的：公法是与罗马国家的组织和公共利益相关的法律。[21] 同样地，在中世纪的时候，有一点是被普遍接受的，那就是国王的最终权利和义务就是维持王国的状态（*status regni*）。[22] 但是，格尔茨的观点

19　也可参见 Denis Diderot and Jean d'Alambert, *L'Encyclopédie, ou dictionnaire raisonné des sciences, des arts et des métiers* (Paris: np, 1751), vol 6。在百科全书中，"*état*"首先是在形而上学的意义上被定义的，指"事物的存在状态"（at 16）；然后在"政治正义"的意义上，它被定义为"在自己的政府下共同生活的人类社会"，用来指代一群人在一个主权行使者——君主的统治下团结在一起（at 19），后来在民族国家是由不同秩序所构成的意义上，又被用来指代社会阶层、社会等级（at 20-27）。

20　Geertz, above n 3, 121.

21　Justinian, *Digest*〔534〕Alan Watson (trans) (Philadelphia: University of Pennsylvania Press, 1998), i. 1. 1.

22　Gaines Post, '*Status Regni: Lestat du Roialme* in the Statute of York, 1322' in his *Studies in Medieval Legal Thought: Public Law and the State, 1100-1322* (Princeton, NJ: Princeton University Press, 1964), ch 6.

273

公法的基础

也让我们注意到,由于国家威严本身就内在于王权观念中,国王的出现因此就代表了一种秩序力量。直到在现代条件下,政治领导的魅力面才逐渐被非个人的统治理念所取代,这个时候国家概念才从国王个人的威严和显现中分离了出来,也只有从这个时候开始,公共领域、公共统治空间才得以出现。

这一有关国家的现代理解最早出现在史学家雷利(Raleigh)于1618年出版的《国家准则》(*Maxims of State*)一书中。在该书中,雷利认为:"国家所代表的是共和国已确立的秩序框架,或者是由统治共和国的长官所确立的秩序框架,这里的'长官'尤其是指那些能够命令共和国其他成员的首脑和主权统治者。"[23]在这里,雷利把共和国的秩序框架和具体控制国家权力的长官之间进行了区分,尽管没有进一步明确两者的差异,但是在此基础上,他进一步详细阐述了国家的本质,将国家与主权联系起来,指出国家(或者说主权)主要有五个特征要素:制定或者废除法律;产生或者罢免行政官员;决定生死的权力;交战和停战的权力;最高(或者终极的)上诉权。当一个或者多个组织享有以上五个方面的权力,同时形成一体时,国家也就出现了。[24] 雷利的定义进一步表明,需要在对"国家"这个术语的不同使用方法之间做出区分。

斯金纳则认为,导致现代国家概念出现的主要驱动力是欧洲新的政治组织形态的出现,尤其是12世纪之后,意大利自治共和国的出现。在文艺复兴时期,展开了一场关于政府形式的广泛辩论:围绕到底是选举制还是世袭制是最佳的国家形态展开。通过这些讨论,"状态"这个词不仅仅用来指代国家或者国王的境况,同时也代表了政府制度体系或者特定的政权模式。[25] 这个时候,"国家"这个术语不仅仅指代当下普遍存在的政权模式,同时也指政府

23　引自 HC Dowdall, 'The Word "State"' (1923) 39 LQR, 98-125, 121。

24　Ibid.

25　Skinner, above n 3, 98.

274

第七章　国家概念

机制以及在政治共同体中进行强制控制的相关方法和手段,这些方法和手段服务于共同体中的秩序建构和维护。[26]

斯金纳注意到,这一改变的发生并不是因为有关国王地位和状态的法律理论发生了改变,而是实践政治理性的结果。这可以在作为"国王的镜子"的文本——马基雅维利的《君主论》中找到,也可以在作为他对手的、文艺复兴时期的共和主义传统中找到。在共和主义的传统中,我们第一次看到关于作为完全自主的世俗权威或者政治权威的表述,这一权威主要用来规范独立共同体的公共事务,而且排他性地享有强制权。[27]贯穿于这些共和主义写作者作品中的国家概念是一个完全独立于国家实际统治者的概念,指代的是统治的组织机制,这个时候,我们已经开启了关于国家的现代理解的大门。

国家作为一个非人格化的存在,自此与行使国家权力的直接统治者之间区分开来。但是,这里的国家概念与社会概念并没有被严格地区分。尽管这个时期的共和主义写作者和其他写作者都将国家定义为一个非人格化的统治机制,但是并没有在国家权力和人民权力之间做区分。对这些理论家而言,国家等同于其公民整体。[28]为了更好地理解国家去人格化特征的第二个方面,斯金纳建议我们关注那些对"主权在实践中被赋予了人民"的理念进行批判的现代早期政治理论家的观点。在这些理论家当中,霍布斯毫无疑问是非常重要的。

霍布斯最为特别的地方在于,他认为,国家权力是从一个让渡(alienation)的过程中获得的,而不是授权(delegation)的方式。尽管人与人之间签订协议、建立主权,创造出一个主权行使者,但是,

---

26　Skinner, above n 3, 101.

27　Ibid, 107.

28　Ibid, 112.

275

公法的基础

主权行使者并没有和他的臣民签订任何契约。[29] 利维坦享有通过转让获得的大量权力和力量,由于这种威慑力的存在,无论是维护国内和平,还是展开对外战争,它并不需要服从人民的意志。[30] 尽管霍布斯是典型的绝对主义法学家,但是他的分析不应该和神权理论家混淆起来,后者完全抹去了国王个人和他所行使权力的这个职位之间的区别。尽管受到中世纪法学家著作的影响,[31] 霍布斯毫不含糊地指出,主权行使者的权力从来都不属于他个人,他之所以享有这些权力,是因为他作为主权行使者所担任的这个职位包含了这些职权,主权具体行使者和主权职位之间需要做区分。[32]

在霍布斯有关共和国(或者说国家)的构成要素、形成以及享有权力的具有开创性的研究中,[33] 我们获得了国家的现代概念,国家在这里指称一个政治权威,与初始建立它的人民相区别,同时也与行使其权力的、特定机构的组成人员的人格相区别。对霍布斯而言,国家所享有的命令权是绝对的。所有关于魅力、尊严和荣誉的概念都包含在权力的概念中,荣誉不过是权力的主张和基本标志。[34] 正如斯金纳所指出的,尽管霍布斯对国家理论的阐释还有些粗糙,他仍是现代系统地、坦率地阐释抽象的国家理论的第一人。[35]

博丹、霍布斯这样的学者都发现了一个新的研究对象,他们不再聚焦于王权或者政府本身,他们的目标转变为解释"国家"的本质。自 18 世纪开始,受到卢梭著作的影响,主权行使者和国家开

29　Thomas Hobbes, *Leviathan* ［1651］ Richard Tuck （ed） （Cambridge：Cambridge University Press, 1996）, 122-123.

30　Ibid, 227-228.

31　参见 Peter N Riesenberg, *Inalienability of Sovereignty in Medieval Political Thought* （New York：Columbia University Press, 1956）, ch 2。

32　Hobbes, above n 29, ch 30. 参见 Skinner, above n 3, 118。

33　Hobbes, above n 29, 1, 9.

34　Ibid, 65.

35　Skinner, above n 3, 126.

始被区分开来。[36] 但是,即使是到了现代,这两者之间还是会被混淆在一起。盖恩斯·波斯特注意到,即使是在现代性的条件下,*status* 这个词不仅可以代表共和国(*Republica*)、城邦(*Civitas*)和政权(*Regnum*),它还可以用来指代统治的机构,而不是领土国家。[37] 这种在作为整体的国家和作为其权力行使者的政府机制之间的概念混淆使用,在法国大革命之后彰显了其重大的影响:这不仅仅是一种概念上的混淆,它还产生了巨大的实践影响。这个概念本身,伴随着其自身的问题和模糊性,成为大革命后德国主要政治哲学家(比如,康德、费希特和黑格尔)在其著作中讨论的核心问题。[38] 同时,这个概念也持续占据了 19 世纪德国政治话语的主导,最终使得"国家学"(*Staatslehre*)这个独特的研究领域出现了。

第三节　国　家　学

德国具备产生"国家学"非常特殊的现实条件。18 世纪晚期,德国的政治情况非常复杂,从而引发了思想家的广泛讨论。19 世纪初期,黑格尔就在《德意志宪法》中用非常精确的语言指出:"德国不再是一个国家。"[39] 这些讨论到 1806 年到达了顶峰,这一年,拿破仑打败了奥地利,在其勒令下,弗朗茨二世于 8 月 6 日放弃神

36　例如,卢梭在《社会契约论》中就认为,*droit politique* 所指代的就是用来调整主权行使者和国家之间关系的法律。参见本书第四章,第 158 页。

37　Post, above n 22, 310.

38　参见本书第四章,第 175—185 页(康德);第五章,第 204—213 页(费希特),第 213—224 页(黑格尔)。

39　GWF Hegel, 'The German Constitution' [1798‐1802] in his *Political Writings* Laurence Dickey (ed) HB Nisbet (trans) (Cambridge: Cambridge University Press, 1999), 6‐101, 6.

277

公法的基础

圣罗马皇帝尊号,仅保留奥地利帝国皇帝称号,德意志民族的神圣罗马帝国从此灭亡。但是伴随着被称为解放战争的结束,拿破仑被彻底打败,有一个问题隐约可见:鉴于这些战争期间民族主义势力的激发,应该如何以及以何种形式在整个德国土地上建立政治团结感。[40] 在这种情况下,对民族主义、国家分裂和政治组织形式问题的讨论就都集中在了国家概念上。

19 世纪出现的国家学说将国家科学视为一门独立的学科,这个学科同时包含了政治理论、社会学和法学。卡尔·冯·罗特克(Karl von Rotteck)的著作开启了这个学科的形成历程。在罗特克的著作中,他着重澄清了自然法论述和后来 18 世纪出现的早期自由主义之间的关联。[41] 罗特克反对康德式的、在道德世界和自然世界之间所做的区分,而是将规范与事实之间的张力融入了法律的概念。[42] 正如著名的思想史专家克律格所指出的,罗特克的绝对理性原则系统被冠以了"国家形而上学"(State Metaphysics)的标签。只有通过"国家的肉身"(State Physics)的筛选,即经过那些经验上给定的、真正作用于国家的条件、力量、需要、影响和反影响的筛选,那些建立在国家形而上学基础上的、有关国家的理想

---

40 关于这一问题,可以在当时最为杰出的德国政治家施泰因男爵(Baron vom Stein)的著作中找到例证,参见 JR Seeley, *The Life and Times of Stein*, *or Germany and Prussia in the Napoleonic Age* (Cambridge: Cambridge University Press, 1878)。施泰因男爵认为,拿破仑统治时期,臣民和国王之间的旧纽带已经解除,有必要建立一部建立在民族团结基础上的新宪法:"我只有一个祖国,叫作德国,根据古老的宪法,我只属于它,而不是它的任何一部分,我全心全意地爱它。对我来说,在这个变革的时刻,所有的王朝对我都没有意义,都与我无关,我的愿望是,德国应该变得强大,恢复她的独立、自治和民族性。"引自 Rupert Emerson, *State and Sovereignty in Modern Germany* (New Haven, CT: Yale University Press, 1928), 16。

41 Michael Stolleis, *Public Law in Germany*, *1800 - 1914* (New York: Berghahn Books, 2001), 118.

42 Karl von Rotteck, *Lehrbuch des Vernunftsrecht und der Staatswissenschaften* (Stuttgart: Franck, 4 vols, 1829-1835).

278

主义本质或者是抽象本质,才真正能够获得其确定的、实质性的内容。[43] 这个时候,将作为正义的基本法运用于国家的实际生活,才有了真正的可能性。[44]

罗特克的观点反映了一种惯例式的对政治法理学的理解方法。从19世纪后半期的文献中,这样的理解方法的痕迹还可以被发现。[45] 但是这样的观点后来还是被一种对国家更偏概念化的处理方式逐渐替代了。"国家学"这一学科后来采取了一种越来越偏实证法理的路径,尤其是伴随着冯·格伯(von Gerber)和保罗·拉邦(Paul Laband)学派的兴起。[46] 19世纪早期,萨维尼(Savigny)的历史法学派对德国学者产生了广泛的影响,萨维尼将法律视为一种形而上学的现象,但这种现象植根于民族本性的自然现象之中,民族的本性是在历史过程中逐渐被揭示的,是作为民族精神(*Volksgeist*)的非刻意表达而予以呈现的。他的影响在当时的很多作品中都留下了印记,其中就包括罗特克的作品。由于将法律视为一个形而上的体系,萨维尼其实创造了一种"对法律的非历史性的理解方法"[47]。因此,正如恩斯特-沃夫冈·伯肯弗尔

43　Leonard Krieger, *The German Idea of Freedom* (Chicago: University of Chicago Press, 1957), 246. (Krieger is quoting from Rotteck, above n 42, vol 2, 45–170, *passim*, but especially at 66).

44　Krieger, ibid.

45　例如,可参见 Ferdinand Lassalle, ' Über Verfassungswesen ' in his *Gesamtwerke* Eric Blum (ed) (Leipzig: Pfau, 1901), vol 1, 40–69。斐迪南·拉萨尔(Ferdinand Lassalle)认为,"每个社会中出现的实际权力关系是社会中所有法律的积极决定因素,同时也构成了宪法的渊源所在"(at 45)。进一步研究可参见本书第八章,第314页。

46　可参见 von Gerber, *Grundzüge eines Systems des deutschen Staatsrechts* (Leipzig: Tauchnitz, 1865); Paul Laband, *Das Staatsrecht des deutschen Reiches* (Tübingen: Laupp, 4 vols, 1876–1882; 5th edn, 4 vols, 1911–1914); 参见 Stolleis, above n 41, ch 8; Olivier Jouanjan, *Une Histoire de la Pensée Juridique en Allemagne* (*1800–1918*) (Paris: Presses Universitaires de France, 2005), Pt Ⅱ, chs 1–2。

47　Ernst-Wolfgang Böckenförde, ' The School of Historical Jurisprudence and the Problem of the Historicity of Law ' in his *State*, *Society and Law: Studies in Political Theory and Constitutional Law* JA Underwood (trans) (New York: Berg, 1991), 1–25, 12.

公法的基础

德(Ernst-Wolfgang Böckenförde)所指出的,萨维尼的方法不仅没有为格伯、耶林(Ihering)和拉邦的抽象形式概念法学设置障碍,而且实际上为其发展铺平了道路。[48]

为了寻求对国家理念更为准确的表达,伯格和拉邦学派都试图发展一种全新的国家法学(*Staatsrechtswissenschaft*),在这种国家法学中,所有无关的内容(包括私法中的历史、政治和观念)都被彻底地排除了。国家法学建立在这样的基本前提之上:基于公法的运行,国家具备一种独特的法人人格。在伯格非常具有影响力的著作《德国公法的基本原则》(*The Basic Principles of German Public Law*)一书的前言部分,他认为,国家概念中将国家作为一个法人来对待,这不是简单用私法中的法人概念可以类比的,也不是来源于私法的;这是一个公法特有的自主概念。[49] 他认为,国家权力主要是以法律作为媒介而实现的:"国家实现其意志的权力,统治权力,就是国家的法律。"[50]伯格的整个理论体系是将"国家"这个概念作为公法这个学科的核心概念来对待的。[51] 继承了这一实证的研究方法,拉邦在他关于德意志帝国公法的有影响力的论文中,充实了"国家"的教义含义。[52] 但是,这个法律概念的核心是什么?

在传统的国家学理论中,"国家"概念包括了三个要素:领土、

---

48   Ernst-Wolfgang Böckenförde, 'The School of Historical Jurisprudence and the Problem of the Historicity of Law' in his *State, Society and Law: Studies in Political Theory and Constitutional Law* JA Underwood (trans) (New York: Berg, 1991), 1-25, 12.

49   Gerber, above n 46, 2 (n 1).

50   Ibid, 3.

51   Ibid.

52   Laband, above n 46. 相关分析可参见 Dieter Grimm, 'Die Entwicklung der Grundrechtstheorie in der deutschen Staatsrechtslehre des 19. Jahrhunderts' in his *Recht und Staat der bürgerlichen Gesellschaft* (Frankfurt am Main: Suhrkamp, 1987), 308-346, 326-337; Peter C Caldwell, *Popular Sovereignty and the Crisis of German Constitutional Law: The Theory and Practice of Weimar Constitutionalism* (Durham, NC: Duke University Press, 1997), ch 1.

统治权和人民。国家的三个不同方面本身,分别展示了这三个要素。[53] 第一方面是疆域(*Staatsgebiet*),这是相对比较容易理解的,国家这个时候就被明确界定为一块独立的领土。世界依据不同国家的领土边界被划分为不同的部分。第二方面是国家权力(*Staatsgewalt*),这就包括内部及其外部所设计的一系列制度和机构,这些机制本身能够确保国家权力得以被顺畅地行使。这个时候的国家更多地通过一个积极的作为代理人的政府予以呈现,评论家认为这是国家与社会的区别所在。第三个方面是人民(*Staatsvolk*),在这个意义上的国家理念就会把国家视为领土范围内其成员(无论是臣民还是公民)的集合体。

疆域作为国家的第一要素,彰显了国家作为世界成员的主要特征,这也是现代国际公法得以构建的基础。另外两个要素则与界定公法特征的任务之间紧密相关,因此也更复杂。国家权力要素将国家视为一种统治安排,而人民要素则将国家视为一个集合体。从国家权力的视角,国家行使统治权时,个体构成国家的臣民和统治的对象。但是从人民要素的视角看,个体是公民,拥有国家的成员身份,并且是政治权力的最终渊源。

格奥尔格·耶利内克(Georg Jellinek)于 1900 年出版的《一般国家学》(*Allgemeine Staatslehre*)一书标志着德国国家学理论的传统发展到了高峰。在伯格和拉邦的形式法律观念的基础上,耶利内克试图将国家形成过程中的历史和社会学视角融合起来。他首先认同,法律是理解国家非常重要的一个方面,如果没有法律的视角,国家观念是根本无法想象的。但是他也指出,仅仅将国家理解为一种法律形式本身也是错误的。[54] 在他的理论体系中,国家有两个面相:一个是基于法律理论的面相,主要涉及国家的概念和形式;另一个

53　关于这三方面的分析,可参见 Georg Jellinek, *Allgemeine Staatslehre* (Berlin: Springer, 3rd edn, 1922), ch 13 (394–434)。

54　Ibid, 11.

公法的基础

是社会理论的面相,这里涉及国家的本质、目的和合法性。[55]

尽管耶利内克著名的国家本质"两面论"在 20 世纪受到了很多德国学者的挑战,但这都不是问题,[56]更重要的地方在于,我们需要去了解,在耶利内克的理论中,国家权力和人民,即作为国家概念的统治方面和集合方面,这两个要素是如何联系和融合起来的。耶利内克认为:

> 作为主体的人民,在国家统一这个层面上,其主要意义在于构建了一个共同体。在这个意义上,所有的个体都要受到其作为共同体成员这一身份的约束,他们是国家的构成成员。国家既是一个统治组织,又是一个共同体组织,这两个要素同时融入了作为公共法人组织的统一身份当中。当考虑国家的统治权力时,人民这个时候是作为权力行使的对象而存在的,更多的是服从国家统治。但是,基于每一个人的特征,个体又构成了国家的构成性要素,这个时候的臣民身份开始变成国家的坐标。作为国家统治权力行使对象的个体,更多的是义务的承担者,而作为国家构成要素的个体,更多的是权利的享有者。[57]

对耶利内克而言,国家是一个有多重面相的实体,试图将其简化为任何一面都是不可取的。在他早期的理论体系中,他将国家定义为:"由特定的人民构成的集合组织,被赋予了初始意义上的统治权力。"[58]但是,在其理论中尤其需要关注和强调的地方就是

55　Jellinek, above n 53, 11.

56　参见 Stolleis, above n 41, 443-444。进一步研究可参见本书第八章,第317—324 页。

57　Jellinek, above n 53, 408.

58　Ibid, 180-181. 比较具有帮助的讨论,参见 Duncan Kelly, *The State of the Political: Conceptions of Politics and the State in the Thought of Max Weber, Carl Schmitt and Franz Neumann* (Oxford: Oxford University Press, 2003), 100-103。

第七章 国家概念

其强调"主体间的关系维度"的一面,即人民和政府之间的相互关联性。如果国家是法理意义上的社会关系(权利和义务)的表达,那么这些关系本质上就是政治关系。简言之,国家是政治领域的一种表现。耶利内克认为,每当我们援引政治的概念时,我们已经进入了对国家的想象中。[59]

在国家学理论中强调国家的多面性的概念在西方思想史中获得了广泛的接受。在法国的现代公法理论中,这个概念被非常清楚和广泛地使用。著名的实证主义法学家雷蒙·卡雷·德·马尔贝格(Raymond Carré de Malberg)在他的经典著作中非常明确地阐释了国家的三个构成性要素。[60] 在法国传统中,这三个要素有其独特的内涵和功能。在法国大革命后,领土概念享有一个绝对的、近乎神圣的地位。[61] 由于人民主权的原则,法兰西人民(民族)被视为最终的统治权利的享有者。[62] 国家权力这一要素也占据了非常重要的位置,正如阿德玛尔·埃斯曼(Adhémar Esmein)所指出的,国家就是民族的法律人格化表征,是公共权力的享有主体和基石所在。[63]

国家理论的三个构成要素在英美的法学理论中也获得了普遍的接受。比如,在涉及美国内战期间南方各州的法律地位的、非常有影响力的案件——得克萨斯州诉怀特案(*Texas v White*)中,最高法院就在州和州内具体负责统治的政府之间进行了区分,最高法院指出,尽管得克萨斯州政府违反宪法,宣布与联盟相分离,但

59　Jellinek, above n 53, 180.

60　Raymond Carré de Malberg, *Contribution à la Téorie générale de l'État* (Paris：Sirey, 1920), vol 1, 2-7.

61　例如,法国1791年宪法第一条第二款非常明确地指出:"王国是统一而不可分的。"1792年,法国国民大会以一致表决宣布,凡试图破坏法兰西共和国的统一或分离其组成部分以将其统一到外国领土的人,将被处以死刑。参见 Westel W Willoughby, *The Fundamental Concepts of Public Law* (New York：Macmillan, 1924), 66。

62　参见 Carré de Malberg, above n 60, vol 2, 152-197。

63　Adhémar Esmein, *Eléments de droit constitutionnel français et comparé* (Paris：Sirey, 7th edn, 1921), 1.

283

公法的基础

是这不等于得克萨斯州与联盟的分离,即州政府的行为不等于州的行为。法院认为,美国作为一个联盟是有义务确保政府是按照宪法的规定而运行的,最高法院宣称:

> (国家)有的时候指人民,或者个体所构成的共同体,这些个体之间依据政治关系产生一种联系,并且暂时或者永久性地居住在同一个领土范畴内。这个意义上的国家和德语中的人民(*Staatsvolk*)要素是相关的。但是有的时候,国家也主要指地理意义上的,或者主要指共同体所得以构建的领土范围,这就是疆域(*Staatsgebiet*)要素的体现。在不常见但也确实存在的一种表达方式中,我们也用国家来指代政府,即人民需要服从的政府权力(*Staatsgewalt*)。其他时候,国家更多地应该指代人民、领土和政府三者的集合,尤其是在宪法中,国家这个概念更是在强调这三者结合的意义上被使用。在一般的宪法意义上,国家指代一个基于人民同意而建立的,由自由的公民所构成的,具有由明确的国境线划定的领土管辖的,同时存在一个由成文宪法所授权并限制的政府组织的共同体的总称。[64]

即使是在国家概念被视为完全没有意义的维多利亚时期的英国,[65]标准的法律著作还是会采纳相关国家理论的观点。例如,在威廉·安森(William Anson)爵士关于英国宪法的具有引领性的著作中,他指出:"当我们讨论国家的时候,我们很多时候对其内涵其实是把握不准的——有的时候这个概念等同于人民所构成的共

64　74 US 700 (1869), 720-721.

65　例如,可参见 FW Maitland, 'The Crown as Corporation' in his *Collected Papers*, *vol. 3* HAL Fisher (ed) (Cambridge: Cambridge University Press, 1911), 244-270。梅兰特指出,"我们总是主张,没有国家、民族、共和国,我们就无法生存,其实这不过是我们的妄称而已"(at 253)。

284

同体（*Staatsvolk*）；有的时候它又强调由疆域所界定的独立的政治社会（*Staatsgebiet*）；有的时候它又局限于那个社会一个中心的力量，或者说主权行使者（*Staatsgewalt*）。"[66]

由德国法学家所提出的国家的这三个基本要素在欧洲的法理学界被广泛运用。但是，没有像三要素学说一样获得广泛传播的观念就是，尽管国家概念包含了如此多方面的内容，但是，尤其是在法理意义上，不能试图将国家简化为其中任何一个方面。国家应该是区别于政府及其人民的，同时也是在人民和政府之上的。[67]它依旧应该被作为政治领域的基础概念来对待。

在法律观念中，作为包含了领土、统治权力和人民三个要素的抽象概念，国家是与主权紧密相关联的表达。[68] 国家和主权都构成了政治领域自主性的表达，只是国家这个概念注重描述这个领域的核心要素，即领土、人民和统治机制，而主权则象征着绝对的权力和权威。国家这个概念具有本体论的功能：这是通向现代政治现实的前提所在。[69] 它使我们获得了进入和理解政治世界的入口，这个世界是通过想象的集体行动而创造的。[70] 然而，这并不意味着，这一概念只是彰显了存在的纯粹客观真实，因为这毕竟是一个建构的世界。无论国家这个概念受到什么样的挑战，当我们试图去界定公法的特征时，国家这个概念是根本绕不过去的。

66　WR Anson, *The Law and Custom of the Constitution*, *vol. 1: Parliament* [1886] (Oxford: Clarendon Press, 4th edn, 1911), 15.

67　JH Shennan, *The Origins of the Modern European State 1450 – 1725* (London: Hutchinson, 1974), 114.

68　参见 Esmein, above n 63, 1:"公法的自我基础在于，赋予主权一个理想的、永久的主体资格或头衔，这里的主权区别于在任何特定时刻行使主权的人，从而使整个国家人格化，形成一个实体，这个实体就是国家，这个实体可以等同于主权，主权是其基本属性。"

69　关于这一"弱本体论"的概念，参见 Stephen K White, *Sustaining Affirmation: The Strengths of Weak Ontology in Political Theory* (Princeton, NJ: Princeton University Press, 2000), ch 1。

70　例如，可参见 Michael Oakeshott, 'Leviathan: a Myth' [1947] in Oakeshott, *Hobbes on Civil Association* (Indianapolis: Liberty Fund, nd), 159–163。

公法的基础

　　国家和主权本质上都属于法律概念,国家所具有的主权特征意味着它是法律的唯一渊源:国家构成了所有法律的背景和渊源,尽管这些法律将直接决定国家自我行动的条件以及国民与国家之间的法律关系。[71]　这里的法律主要就是实证法。正如前面所主张的,[72]从公法得以存立的条件来看,严格意义上的基本法概念是不存在的。在现实中,很多政权都存在实证法意义上的基本法,比如有关的宪法条款,这些宪法条款是无法通过立法机构的一般立法行为被废除的。尽管这些与政府机构的设立和运作有关的(实证)法律是坚不可摧、不可随意改变的,但是从国家(区别于政府)这个意义上,对国家构成根本限制的基本法是不存在的,因为国家是由人民所构成的,人民享有改变任何法律的最终权力。正如卢梭所言:"在国家这个层面,是不存在任何不可以被废止的基本法的。"[73]

　　如果以上的观点在实证法意义上是不证自明的,难道就不能主张:尽管在实证法意义上国家享有最高的权威,但是,国家作为一个代理人,事实上还是需要去面对一些并非由自己创造的规则,而且还必须要努力去呈现和实施这些并非由自己创造的规则。这样的主张一般是由当下的反实证主义者提出的,他们哪怕不主张神圣法的最高权威,他们也要主张国家不过是一个代理人,只能去认可已经形成的社会习俗,或表达人民精神,或有义务尊重特定先前主张中的"内在合理性"或"更高道德"。类似主张的共同错误在于,将国家概念完全简化为其三个表达要素中的某个特定要素,即我们之前提到的国家权力,将国家等同于政府机构。作为法理概念的国家一定不能和其政府概念混同起来:主权和政府是不同

71　Willoughby, above n 61, 30.

72　参见本书第三章,第154—156页。

73　Jean-Jacques Rousseau, "The Social Contract", in his *The Social Contract and other later political writings* Victor Gourevitch (ed)·(Cambridge:Cambridge University Press, 1997), 39-152, 120.

286

的。人民的传统价值和信仰当然会在政权的法律秩序中反映出来——只有被作为"人民意志"或者有关正义的不同主张被纳入国家概念中被重新诠释之后,这些价值和信仰在公法中的效力才能真正实现。

第四节　共同体、社会和国家

在"国家"这个概念中我们是如何理解人与人的联合形式的?似乎唯一确定的就是,这一定是一种集体联合,但是集体联合也有很多形式,国家作为其中的一种,是如何与其他整体性组织区分的,这是政治科学中最令人费解的一个问题。尽管人类是一种社会动物,总是会参与到某些组织中,成为组织的成员,但是试图区分政治组织和其他组织秩序总是很艰难的。因此,如果要进一步澄清和确定国家的特征,必须区分两种集体联合形式:共同体(community)与社会(society)。

似乎无论是从基因上还是从文化上,人类都不可以按照固定的模板被塑造。人类本性既是非常独特的,又是高度灵活的,因为"我们必须吃、喝、交配、休息、寻求生物的舒适、结成伴侣关系、培育后代、参与社交和地位竞争"[74]。但是,这一高度灵活的人类本性是不是必然会驱使我们组成一个特定模式的集体组织呢? 克里斯托弗·博姆(Christopher Boehm)认为,如果我们试图在那些彼此存在竞争的政治哲学家的描述中寻求答案,如霍布斯和卢梭,我们会发现相关的争论将无休无止、没完没了。通过追溯持续数百万年的人类进化历程,博姆认为,人类一方面寻求自治与和谐,另一方面又本能性地拥有一种极具征服性的统治欲望,自然选择的

---

[74]　Christopher Boehm, *Hierarchy in the Forest: The Evolution of Egalitarian Behaviour* (Cambridge, MA: Harvard University Press, 1999), 129.

过程同时展现了对人类这两个方面本性的满足。[75] 博姆尝试将霍布斯和卢梭的想象结合起来,他认为:一切的物种普遍都存在一种想要征服和支配他者的驱动力,支配和服从是一切社会形态都存在的常态;"在上下五千年的时间里,人类对等级社会的追求远远超越了对平等的追求";以及"在过去的几个世纪中,我们确实目睹了一些零星的,但是确实是高度成功的,试图扭转这种局面的尝试"。[76]

博姆从人类学视角的分析使得我们可以将现代围绕国家特征所展开的争论,放置到一个长期进化的历程中去进行考察。他最核心的主张在于,试图实现平等和民主的力量与试图成就等级制和强制性的领导权的力量之间存在根本的紧张关系。我们的政治本性似乎更偏好等级制的设置,平等的治理安排不是简单地通过消灭等级制而形成的,事实上是一种基于反对等级制的感受所建立的一种新的特殊等级形式,在这新的等级形式中,权力的流向彻底地反转了。[77] 这是一种"反向等级支配"(reverse hierarchy dominance),在这里,整个权力金字塔彻底地颠倒了,基于政治性联合结合起来的普通人决定性地享有了对当初权力垄断者的支配力量。[78]

博姆认为,这种正统的等级制度(orthodox hierarchies)之所以能够被平等的等级制度(egalitarian hierarchies)所替代,很重要的原因就在于,人类对支配和统治的痛恨,这种痛恨使得人类获得了一种形成更大联合的能力,通过这个更大的联合,可以彻底地推翻过去那个垄断权力的个体。这些条件是从人类的道德感和同理心中发展出来的,因此,平等主义事实上是一个文化意义上的产物:

75　Boehm, above n 74, 149.
76　Ibid, 4.
77　Ibid, 4, 12.
78　Ibid, 66.

第七章　国家概念

它促使一个致力于不断地竞争、虚张声势和战斗的物种,努力地推翻那种传统的等级制度。[79] 它进一步要求构建一个道德共同体,从而使得这个成就能够得到持续的保持成为可能。同时,鉴于通过推翻等级统治,构建平等社会本质上是一种文化成就,意识形态在保持这样的社会组织形态过程中具有中心地位。博姆总结道,我们人类不可能跟松鼠猴在多数时间中呈现出来的一样,生活在一个完全无拘无束、随意的社会中,人类具有的非常重要并且具有文化普遍性的道德能力,使得我们努力从专制主义中创造出平等主义。[80]

　　这一分析的形态将"国家"这个概念放置到一个进化的视野中来理解。国家作为一种现代文化的产物,无论其具体的政府形式如何,支撑其得以建立的基本原则就是平等。[81] 非常明显,这种有意识构建的反向支配秩序只有通过极强的道德承诺才能被创造,[82]但是,如果这样的秩序需要得以维持,必须依赖一个强势的意志。[83] 竞争和支配深植于人类这种种群的本性当中,因此,博姆指出,如果要对这种本性进行压制,警惕和偶尔严厉制裁都是必要的。[84] 但是我们也必须认识到,虽然促进共识会减少群体内部的差异,但也会扩大群体之间的差异。[85] 因此,这种促成人类基于合

79　Boehm, above n 74, 174.

80　Ibid, 252.

81　值得注意的是,早期的现代政治哲学家,如格劳秀斯、霍布斯和洛克,在进行相关论述时,都是从平等主义的前提出发的,即使是在为等级政治或社会秩序提供详尽的论证过程中也不例外。参见本书第二章第105—114页;还可参见卢梭的观点,详见本书第四章,第163—167页。

82　参见 Rousseau, above n 73, 56:"大自然使得人与人之间天然地在身体上存在不平等,但是,社会契约……则试图用一种道德上和法律上的平等来取代这种不平等。"还可参见本书第四章,第166页。

83　参见 Rousseau, ibid, 53:"任何人拒绝服从公意,那么共同体就要强迫他服从,即强迫他自由。"还可参见本书第四章,第168页。

84　Boehm, above n 74, 227.

85　可参见 Carl Schmitt, *The Concept of the Political* [1932] George Schwab (trans) (Chicago: University of Chicago Press, 1996)。施米特指出,"敌我分类的永恒存在足以形成一个超越单纯的社会联合的决断性实体。政治实体是特别不同的东西,与其他联合相比,是决断性的存在"(at 45)。

289

公法的基础

作而创造复杂的社会和政治秩序的平等动力本身,其实也会导致
战争的发生。如果我们过度追求道德和平等,导致两者结合的综
合征发生,那么大规模的种族灭绝战争将不可避免。[86] 因此,如果
认真考虑人类联合的社会学起源,将有助于我们区分现代社会和
政治思想中三类重要的组织:共同体(community)、社会(society)
和国家(the state)。

对一些最为基础、最为原始的团体的形成过程的观察证明,人
类早期就形成了某种形式的共同体。一般而言,这个过程都与以
血缘为基础的关联过程联系在一起,要么就是直接通过部落的亲
属关系表达,或者间接通过启动某种特殊仪式以构建初始联系表
达。共同体构建了一个闭合的空间,在这个空间中个体之间产生
了亲密感和同胞感,一种像有机体一样基于共同生活的、持续的身
份感得以产生。正如斐迪南·滕尼斯(Ferdinand Tönnies)在其
经典著作中所指出的,共同体中的生活包含了一种共有感和共同
的喜悦,这是一种基于对共同善的共有感和喜悦。这种相互的共
同感受到一个欲望的驱使,这个欲望就是保留自己所拥有的东西,
同时对此与他人保有共同的信念。这些希望保有的相关范畴有:
"共同的善,共同的恶;共同的朋友,共同的敌人。"[87]

共同体之所以能够有效运作,主要是基于成员相互的信任和
理解,而这种信任和理解主要是通过共同的语言的发展得以实现
的。这种共同的语言正如我们所指出的,始终处于持续被创造、被
发明的过程中,这个创造的过程没有完成,这种语言也不仅仅被作

86　Boehm, above n 74, 254:"是道德让我们能够用耻辱感激励我们的男性,从而
让他们为群体牺牲生命,是内在的利他主义促使这些男性为了群体其他人的利益而受
难和牺牲。"参见 GWF Hegel, *Philosophy of Right* [1821] TM Knox (trans)
(Oxford: Oxford University Press, 1952),§324R (具体论述见本书第五章,第 227 页,
注 147)。

87　Ferdinand Tönnies, *Community and Civil Society* [1887] Jose Harris and
Margaret Hollis (trans) (Cambridge: Cambridge University Press, 2001), 36.

第七章 国家概念

为一种确保自己被理解的工具来被对待,这是一个持续的相互理解的行动。[88] 共同体形成的过程因为习惯和习俗而不断得到强化,这些习惯和习俗在我们看来就是观念和激情的沉淀,使得观念和激情找到了归属的家园。[89] 但是这种基于亲缘联系构建的生活共同体模式必须要存在一个自然的权威,或者是父权制的权威,或者是基于情感认同产生的统治者,比如,那些由于资历深厚或者在战争中显现了克里斯玛型人格的人。在这个意义上,共同体是基于传统的等级模式而得以形成的,在这个共同体中需要一个统治者,这个统治者要求所有的成员都必须为共同体付出,并且为成员提供一种"生动"的相互联系,一个没有中心的共同体,就像离开服从讨论领导关系一样是不可思议的。[90] 正如赫尔穆特·普莱斯纳(Helmut Plessner)指出的,这样的结合方式在基于生活和信仰所构建的组织中都得以再现,因为这样的组织满足了这样的基本功能:在生命的存在形态中提供和谐。[91]

普莱斯纳坚持认为,共同体必须建立在等级制基础上,因为人事实上只可能热爱以具体的形式而不是抽象的形式呈现的人和事物。宣称热爱某一个抽象的人、领土或者人性,其实都是对个体爱的能力的过度吹捧,对内心善良的一种欺骗。[92] 这就能够解释为什么共同体的形成需要围绕一个令人尊敬的、杰出的个体展开,因为这个具体的人可以轻而易举地将所有人的爱凝聚起来,消除那种将人与人隔阂起来的力量。[93] 由于血缘、智慧和人格魅力等个人特质,父亲、母亲、老师、建国之父、领导者、英雄、先知等统治者,

---

88   Tönnies, above n 87, 33.

89   Ibid, 105.

90   Helmut Plessner, *The Limits of Community: A Critique of Social Radicalism* [1924] Andrew Wallace (trans) (Amherst, NY: Humanity Books, 1999), 85.

91   Ibid.

92   Ibid, 89.

93   Ibid, 90.

成为所有相互依赖、全情付出的情感关系主要关注的对象。[94] 在这个意义上,共同体是基于家庭、部落、共同生活的人群而产生的语言,在这些范畴中,人们基于民族文化联系构建了相关联合体。民族主义则成为共同体在政治意义上的特殊表征,民族主义的基本原则在于,文化的相似性是社会关联的基础。[95] 正如厄恩斯特·盖尔纳(Ernest Gellner)注意到的,民族主义"本身既不是普遍和必然的,也不是依条件而定的和偶然的",它是"某些社会条件必然导致的结果或关联,而我们恰好具备了这些条件"。[96]

很多学者指出,如果将政治联合体等同于共同体的话,这里会存在很多问题和风险。考虑到民族(nations)和国家(states)的具体形成历史,如果从共同体的视角去理解这个过程,那么文化族群意义上的民族国家是基本上不可能出现的,正如奥克肖特所指出的:没有一个欧洲国家(更不要说世界上其他试图模仿欧洲国家的国家)在可丈量的范围内可以被认为是一个"民族国家"。[97] 尽管将政治联合体等同于部落或者类似的共同生活的人群可以提供强大的忠诚纽带,但是也存在一个风险,这个风险就是过度强调传统的等级体系。比如,社群主义,一方面,可以唤起一种我们在政治体的想象中所具有的统一感;另一方面,可能导致威权主义、对暴力的启用和依赖,尽管这些措施启用的目的主要是为了确保潜意识共享的道德感能够发挥作用,以及防止外来的侵略。这里所呈现出来的问题不在于共同体这个概念本身,而在于试图将其转化为一种理想的政治联合体模式。

除了共同体外,现代社会还出现了一种新的联合模式,我们称

94　Plessner, above n 90, 90.

95　Ernest Gellner, *Nationalism* (London: Phoenix, 1997), 3.

96　Ibid, 10–11.

97　Michael Oakeshott, 'On the Character of a Modern European State' in his *On Human Conduct* (Oxford: Clarendon Press, 1975), 185–326, 188.

第七章　国家概念

之为"社会"。社会的产生与个人主义的产生之间紧密关联,社会的产生需要建立在承认公共领域和私人领域划分的基础之上。共同体的统一事实上要求人们放弃私人领域,但是,社会的存在则主张,对人类幸福而言,私人领域的存在是必不可少的。建立私人领域的必然结果就是会存在一个非个人的公共领域,有的时候我们称之为市民社会,这个领域的存在有助于解决潜在的社会冲突。在社会中,每一个自主的个体基于对自我利益的追求与他人发生联系,遵守类似于游戏规则的社会规范。这个意义上的社会是作为抽象理性的呈现而存在的。由此可见,共同体意味着"真正的、持续的共同生活",而社会,正如滕尼斯指出的,是"一种转瞬即逝的、表层的存在方式";在这个意义上,共同体是"一个有自身正义机理的、充满生机的有机体",而社会则纯粹是"一个机械集合体和人工制品"。[98]

市民社会作为一个现代观念,主要是指代这样一个领域,在这个领域中,互不相识的个体基于价值本身而产生联系。[99] 在这里,社会关系主要是借助于合同这个中介,以交换的方式展现。通过交换,所有的商品都以价值的尺度来衡量,一旦社会关系呈现出这种抽象的特征,就不再有任何"共同善"的概念。正如滕尼斯指出的,在这里,所有的社会关系似乎都可以等同于物质产品的交换,交往的主要规则就是友善(politeness):每一个人似乎都很关心他人,将他人视为与自己一样平等的人,但现实是,每一个人都只考虑自己,并试图通过牺牲他人来实现自己的重要性和利益。[100] 普莱斯纳也做出过类似的评价,公共领域是由一些纯粹平等的个体构成的,这不是说他们将自身等同于彼此,而是强调平等对待彼

98　Tönnies, above n 87, 19.

99　Plessner, above n 90, 151.

100　Tönnies, above n 87, 65.

公法的基础

此,因为在现实中,实际上每个人都是不同的。[101] 这种形式上的平等不仅没有减弱,甚至在一定意义上还强化了传统的等级制。

社会模式的联合体最大的特征就是社会领域在功能上的分化,包括经济的、教育的、大众媒体的、科学等功能。在社会领域中,个体最终以原子化呈现,被视为平等、普通和基础的劳动单位。[102] 基于这样的社会功能分化,一只"看不见的手"确保了每一个人在为自我利益努力的同时,实际上也在为社会利益服务,即个人私利等于社会公共利益。但是,正如滕尼斯指出的,这种基于商业交往和对社会生活所有领域都试图以市场化思维运行的市民社会模式,并不是那么有吸引力。[103] 普莱斯纳认为,作为一种珍视个性、容忍差异的人类组织也必然(为了防止主观差异带来的分歧和冲突)强调客观性,从而在一定意义上缺乏真实性。在此基础上,普莱斯纳为现代社会的距离感、客观性和对情感的克制进行了辩护。这种依据规则展开的相互交往似乎就缺少了一些人与人之间亲密感。个体在社会中必须学会基于自身的角色和规则而有效地合作,社会就变成这样一种组织形态——在这里,需要对情感进行压抑和克制,更看重一些仪式性的交往,每一个脸上都戴着面具。

另外一个非常重要的问题在于,社会这种联合体本身是否能够自我产生保存自身所需的凝聚力。这是一个严肃且重要的问题,因为社会领域的功能分化本身是一种纯粹的惯例行为,这个行

---

101 Plessner, above n 90, 157.

102 Tönnies, above n 87, 57.

103 何塞·哈里斯(Jose Harris),作为滕尼斯的编辑,他认为,尽管滕尼斯受到霍布斯的影响,但是,滕尼斯在《共同体与社会》一书中,在讨论国家和社会对个体的影响时,在许多方面与霍布斯的设想完全相反。在霍布斯的体系中,人为的社会和政治机构驯服了赤裸裸的人类野心,并驱使其向文明的方向发展;而在滕尼斯的体系中,它们培育并释放了这种野心。霍布斯笔下的男人和女人从孤立走向社会化;而在滕尼斯笔下,他们却走向了相反的方向。霍布斯笔下的公民戴着"面具"是作为政治代表的象征;而在滕尼斯的社会环境中,面具充其量只是商业计算的遮羞布,发展到极端就成了人类内在自我或灵魂的人为替代品(ibid, xxvii)。但哈里斯没有提到卢梭的著作可能对滕尼斯的思想产生的影响。参见本书第五章,第195—204页。

第七章　国家概念

为的不竭动力源自不同的社会领域总是有能力打破其自然的界限。这些发挥着不同功能的子系统只有通过一些正式的制度(比如,新的契约本身),才能最终稳定下来。但是,这必然导致子系统的进一步系统化,从而进一步抑制个性,从而出现哈贝马斯所称的"生活世界的殖民化"[104]。普莱斯纳认为,一个只有形式规则的组织方式是远远不够的。他指出,只有通过"仪式"的观念,才能把不确定的、多样性的人聚集在一起,共同完成一项"由客观规范支配的统一行动"。[105] 文明根植于"人造性"这个明显的特征,人类让自己服从了大量的人造规则和仪式,因此,社会则通过"游戏的精神"不断地得到进化。[106]

对普莱斯纳而言,社会作为一种联合体模式事实上导致了一个存在一定分裂性的公共领域的形成:这里存在规范与实际情景、作为私人的个体与作为社会成员的具有特定功能的个体之间不可调和的矛盾。[107] 当个体按照自身内在的判断和对公平正义的自觉来行动的时候,却发现自己被法律实践彻底抛弃了。因为为了实现整体秩序,对纯粹价值的合法性追求必须被牺牲。[108] 同样不可调和的紧张也会再现:规范与生活之间、情境的要求与系统的维系需求之间,以及多元的个体正义观念之间。这些紧张关系只有借助于斡旋的艺术才有可能得到有效处理。普莱斯纳对这种内在于市民社会的紧张的阐述本身,将我们带到了第三种组织联合体形式:国家。

就像社会一样,国家也是现代的产物,也是唯一专注于处理现

104　Jürgen Habermas, *The Theory of Communicative Action*, *vol. 2: The Critique of Functionalist Reason* Thomas McCarthy (trans) (Cambridge: Polity Press, 1987), ch 6.

105　Plessner, above n 90, 137.

106　Ibid, 146.

107　Ibid, 151.

108　Ibid, 150.

公法的基础

代生活中的集体主张的组织。国家之所以会被建立,是因为认识到共同体和社会呈现了两种相互竞争的生活模式(这两者分别代表了自然产生的与习俗性产生的,强调情感的与强调理性的,强调亲缘联系与强调社会角色的,渴望亲密关系与需要保持社交距离的两种组织形态),这两种生活模式对现代世界都有深刻的影响,但是都没有为集体行动提供合理可行的思考和方案。而国家则不同,它同时兼顾了共同体和社会的诉求,尽管这种兼顾会从公共领域的单一视角出发,但是它也尽量避免不具兼容性地、排他地接受它们任何一方的具体真理主张的必然性。与共同体主张集体的优先性而社会主张个体的优先性不同,国家更强调这两者之间的本质的内在联系。用普莱斯纳的表达就是,国家是在服务于共同体的过程中实现的公共领域的系统化——这其实就是市民社会的呈现,同时,在服务公共领域的过程中,国家又是保护共同体措施的典型呈现。[109]

国家如果要完成这样的任务,首先要承认政治是作为自主的领域存在的。这就需要接受一套独特的语法和词汇:用"公民"这个角色来替代部落成员或者市民社会中的市民主体身份,将公民的联合体称为"人民"或者"民族",以此来替代民族精神或者是自我平衡规则系统。[110] 政治领域指代的就是一个在规范不具有约束力的情况下,必须做出决定的领域。这不是因为这里缺乏规范,而

109　Habermas, above n 104, 174.

110　这就产生了一种明确的有关民族的政治理念,尽管这一理念的产生受到种族、语言、共同历史和习俗的影响,但它试图维护国家作为公民集合体这一独特的公民观念。这通常会导致一些非常具有理想主义色彩的表达,如 Ernest Renan, 'Nation' in John J Lalor, *Cyclopedia of Political Science* (New York: Maynard, Merrill & Co, 1899), II. 341. 25-26:"一个民族是一种精神原则……一个民族代表的是一种伟大的团结,这种团结是由已经为它作出的牺牲和人民愿意为它作出牺牲的感情共同构成。它假定了一个过去,然而,在当下,它被一个具体的事实所概括:这个事实就是同意,即生活在其领土上的居民对愿意继续共同生活的明确愿望的表达。民族的存在(如果这个比喻被允许的话)是一种持续的公民意识,是对个人作为不朽生命存在的肯定。"参见 ⟨http://www.econlib.org/LIBRARY/YPDBooks/Lalor/llCy732.html⟩。

296

恰恰是因为这里的规范所呈现的多元的特征。普莱斯纳是这样总结的：

> 不同领域承担决策义务的权威是完全不一样的：共同体是基于洞察力和爱展开治理的；社会是以一切博弈所允许的、一切符合游戏规则的斗争和策略为基础的。在这两个领域之间几乎没有任何沟通的桥梁，也不存在双方都遵守的作为第三方的更高的法律。因此，我们必须人为地创造一种方式进行自我治理。人类必须创造一些初始性的规范：在创造这些规范的过程中必须接受标准指南的引导，这个标准指南同时包含了两方面的声音——他的良知（内在的评价能力、自我奉献），以及基于权力的博弈所呈现出来的现实利益状态。在想象出来的共同体与社会的分离之处，产生了作为立法和司法统一体的正义规则，当然，这个统一体始终处于不断变迁的过程中。这个正义规则或者说这个法律的基本原则就是主权——基于这一原则，国家证成其正当性，同时也对其自身构成限制；借助于这一原则，国家自身得以呈现。[111]

人的因素在政治领域的回归并不意味着将政治等同于共同体，否则会因此而否认，人在公共领域中基于分工的需要所进行的角色扮演发挥的功能。然而，这确实表明，尽管国家是与社会同步出现的，国家并不能被认为仅仅是社会的工具。国家是一种具有自主性的联合体。这种联合体受到一种被称为"悲剧法则"的支撑，在这些法则当中，私人道德要求"诚实守信，将所有人视为目的来对待"，公共道德则要求"聪明灵活，将每个人视为手段来对待"。[112] 这两种道德代表了两种完全不同的联合形式，但是从伦理

---

111 Plessner, above n 90, 174-175.
112 Ibid, 179.

公法的基础

上两者都是正义的,其被尊重和遵守的程度取决于具体的情形。[113]
普莱斯纳总结道,政治体的使命就是对权力的责任,这是一个自愿
向世界提供服务和奉献的生命所能承担的最高却最为世俗的责任。
这种使命本身为国家获得和行使权力提供了正当性,这种权力使特
定秩序得以建立,从而平息了基于理性和心灵的永恒冲突。[114]

总而言之,国家是一个现代性的产物,是一个从充满了竞争和
角色扮演的世界中被创造出来,建立在模糊的平等原则基础上的
存在。这种平等主义是基于意识形态所构建的道德共和国的产
物,实现状况取决于政府结构,这些政府结构试图呈现"反向等级
支配"的原则。鉴于人类有形成等级制的自然天性,我们可以认为
国家这种联合体的建立确实是一个非常了不起的成就,尽管这个
成就还存在诸多矛盾之处。国家权力机构所呈现出来的固有的不
明确性和模糊性,完全取决于共同体和社会这两种竞争模式各自
在国家层面获得了多少的支持。由这两种组织形态造成的紧张关
系,同时存在于奥克肖特对国家到底是法人形式还是合伙模式的
类型化分析中,存在于哈耶克对法治秩序和建构秩序的区分中,以
及存在于哈贝马斯对系统整合和社会整合的思考中。[115] 但是,无
论这种紧张关系如何被描述,最根本的地方在于,国家不能仅仅被
视为共同体或者社会统治的工具,国家是一个自主的联合体,在这
个联合体中,整体并不优先于部分,[116]部分/个人也不优越于整

113　Plessner, above n 90, 179.

114　Ibid, 180.

115　参见本书第六章,第 239—241 页。

116　可参看 Aristotle, *The Politics* [c335-323 BC] TA Sinclair (trans) Trevor J
Saunders (ed) (Harmondsworth: Penguin, 1981)。亚里士多德指出:"很明显,城邦既
是自然的,也是先于个人的。因为如果个人在分离后不能完全自给自足,他与整体的关
系将与其他情况一样,全体必然优先于部分。"(at 61)也可参见 GWF Hegel, *Natural
Law: The Scientific Ways of Treating Natural Law, Its Place in Moral Philosophy,
and Its Relation to the Positive Sciences of Law* [1802-1803] TM Knox (trans)
(Philadelphia: University of Pennsylvania Press, 1975), 112-113。

体，[117]国家强调的是由其所创造的这两者之间的一系列独特联系。[118]

第五节　作为提供可理解性体系的国家

现在我们可以回到斯金纳的主张："国家"这个概念构成了现代政治话语的核心要素。尽管有一点是非常明确的，国家是区别于统治者以及被统治者的实体，[119]但是，斯金纳对隐喻的选择阻碍了他更好地理解他的主张的内涵。国家这个概念不仅仅是现代政治理论的主语所在，也是构成"政治法(公法)"的语法、词汇和语句结构的渊源所在。借助于国家这个组织形态，我们可以把握现代政治现实的本质，因此，简而言之，国家是一种提供可理解性的体系。

117　Hegel, above n 86, §182A："市民社会的出现是现代世界的成就所在。如果国家是由不同的人组成的一个统一体，一个仅仅是合伙关系的统一体，那么真正有意义的只是市民社会。许多现代宪法学家除了能够阐释这一点，几乎没有产出任何有说服力的国家理论。在市民社会中，每个成员就是自己的目的本身，其他一切对他来说都无关紧要。"

118　例如，参见 Morris R Cohen, 'Communal Ghosts and other Perils of Social Philosophy' (1919) 16 *Journal of Philosophy* 673—690, 莫里斯·科恩(Morris Cohen)认为："大家都同意，群体具有某种统一团结的特征，根本问题是，这种团结是作为其他统一的同类实体的补充实体，或者作为独立的统一实体，即作为具有团结统一性的关系来被看待的。将群体人格化处理的倾向和人类思想一样古老，这在某种程度上是不可避免的。因为我们总是依赖类比，而人格化类比赋予了我们的语言一种生动性，如果没有这种生动性，我们的听者可能会对我们陈述的内容完全无动于衷。但是，现代数理逻辑告诉我们，应该避免借助旧形式的唯名论和(旧的)唯实论来认识不同的统一实体以及这些统一实体所呈现出来的关系性特质。"(at 682)进一步可参见 Rodolphe Gasché, *Of Minimal Things: Studies on the Notion of Relation* (Stanford: Stanford University Press, 1999), 鲁道夫·加什(Rodolphe Gasché)指出，"'最小的事物'不是指存在的缺陷模式，也不是指几乎没有存在的事物，'最小的事物'在这里首先指的是最小的，因此是最基本的问题或哲学思想关注的问题。标题显示，'联系'是哲学基本主题的极端表现，因此，'联系'可以被认为是所有哲学问题中最基本、最简单的问题"(at 4)。

119　Skinner, above n 3, 112.

在这个意义上把握了国家本质的学者就是福柯。1977年,福柯开始在法兰西学院展开以"安全、领土和人口"为主题的讲座,从而围绕政府权力、疆域和人民展开进一步研究。福柯认为,他的演讲题目聚焦于西方理性的演变这一复杂的现象,在他的讲座中,他试图去展示,他所称的"治理理性"(governmental reason)如何影响人们思考、推理和计算的方式。[120] 这一治理理性,后来被称为"政治",带来了一种完全不同的理解君主国、权力,以及统治和治理的事实的方式,一种对上帝之国与世俗王国关系的不同思维方式。为了更好地把握治理理性的特征,福柯开始关注国家这个概念。在福柯看来,治理理性是非常特别的,因为在治理理性中,国家同时被视为原则和目标、基础和目的,国家必须被视为一种可理解的原则和战略架构,或者用一个比较老套的乃至过时的词汇表述,国家是一种监管理念,一种基于治理理性的监管理念。[121]

福柯详细阐述了他认为国家就是一种可被理解的原则的观点,在他看来,这样的原则能够让我们更好地把握治理术的合理性。这一有关国家的理念能够让我们系统地思考那些从传统中延续下来的机制和实践是如何形成了一系列自主的关系模式:

> 什么是国王? 什么是主权者? 什么是治安法官? 什么是构成性组织? 什么是法律? 什么是领土? 什么是领土上的居民? 什么是君主的财富? 什么是主权者的财富? 所有这些都被认为是国家的构成要素。国家就是一种理解、分析和界定这些给定要素的本质和相互关系的方式。因此,国家是一整套已经建立的制度、一整套关于既定现实的可理解性纲要。

120　Michel Foucault, *Security*, *Territory*, *Population: Lectures at the Collège de France*, *1977 - 78* Michel Senellart (ed) Graham Burchell (trans) (London: Palgrave, 2007), 286.

121　Ibid.

第七章 国家概念

我们可以看到,当从国家的视角去定义国王的时候,我们就会从其所发挥的特定作用的角度去定位他的角色,将其视为治安法官、裁判官或者其他可能的角色。因此,国家事实上就构成了对当下既定现实的可理解性原则,对一个已经建立的整体性机制的可理解性原则。[122]

福柯认为,他概念中的"治理理性"是将国家同时作为理解现实的原则,同时也彰显现实的目标和必要性。[123] 国家是基于自身的存在而被组织起来的:国家寻求自身的善,不存在自我之外的外在目的。[124] 特别是,没有任何形式的法,无论是实证法、自然法甚至神圣法(当然,这可能是另外一个问题),在任何情况下可以从国家外部强加给国家。[125]

福柯的国家思想显然受到黑格尔的影响非常大。黑格尔的思想尽管在 19 世纪影响广泛,但是后来也就衰落了,这是非常不幸的,因为黑格尔的国家理念事实上为理解公法提供了非常关键的视角。黑格尔思想的影响甚至可以在基本没有发展出清晰的国家观念的英国政治思想中被窥见。[126] 例如,伯纳德・鲍桑葵(Bernard Bosanquet)关于国家理论的著作就延续了黑格尔的基本观点,他主张,国家"不仅仅是一个政治拼凑物,而是体现了所有运作机制的等级构造,基于这一有机构造,生活的方方面面受到它的影响,

---

122 Foucault, above n 120, 286-287.

123 Ibid, 287.

124 Ibid, 290.

125 Ibid.

126 这里最主要的代表人物有托马斯・希尔・格林(Thomas Hill Green)以及弗朗西斯・赫伯特・布拉德(Francis Herbert Bradle): TH Green, *Lectures on the Principles of Political Obligation* (London: Longmans, 1924); FH Bradley, *Ethical Studies* [1876] (Oxford: Oxford University Press, 2nd edn, 1927)。进一步可参见 Martin Loughlin, 'The Functionalist Style in Public Law' (2005) 55 *University of Toronto Law Journal*, 361-403, 375-382。

301

公法的基础

从家庭到商业,从商业到教会乃至宇宙都受到它的影响"[127]。这里鲍桑葵的国家概念与福柯的国家概念完全一致,都认为它是一个提供可理解性的体系。鲍桑葵指出,"国家作为一种特殊结构,赋予了政治体以生命和意义",因此,"国家不仅仅是某个人或者一些人的总和,而是一种不断发展的生活理念"。[128] 意识到从这个角度定义国家所具有的法理意义,鲍桑葵认为,非常有必要从正义秩序(Recht)的视角去理解法(law),这就要求将法和法的精神联系起来,而且不应该试图将实证法与意志、习俗和情感完全分离。[129]

20世纪之后,这一关于国家的哲学理念在另外一种观点的重压之下基本被否定,这种观点将国家等同于政府,等同于政府权力,等同于统治的工具——机构和制度。不管这样的观念转变在政治科学上具有什么样的重要意义,但是一个必然的结果就是,这样"狭隘"地理解国家事实上会带来对公法理解的诸多困惑。如果认为公法当中存在某种一以贯之的安排,国家就不能被简单地理解为仅仅是一系列垄断性地享有统治权的机构的总和,而是应该被视为整个政治社会的表达,这就是我们说"国家是一个提供可理解性的体系"的内涵所在。

最近,彼得·斯坦伯格(Peter Steinberger)进一步阐释了这一黑格尔式的国家理念。斯坦伯格指出,如果认为国家是"一个提供可理解性的结构",那么就可以把国家化约为一系列命题,国家就可以被视为依据一种观念或者一系列观念的集合在运行。[130] 这不

---

127 Bernard Bosanquet, *The Philosophical Theory of the State* [1899] (London: Macmillan, 4th edn, 1923), 140.

128 Ibid, 140-141. 鲍桑葵的主权概念也遵循类似的路线。因此,在鲍桑葵看来,主权"不仅仅在于国家的任何一个要素",而本质上是"宪法的每一要素与整体的关系"。主权"只存在于有组织的整体中,是作为有组织的整体而呈现的"。(ibid, 262)

129 Ibid, 240.

130 Peter J Steinberger, *The Idea of the State* (Cambridge: Cambridge University Press, 2004), 13-14.

302

仅仅是国家独有的特征,其他所有的类似组织也有这个特征,也就是说,我们可以认为,所有的组织本质上都是由一系列观念构成的,不仅仅是受到观念的监管。[131] 斯坦伯格的这一类比帮助我们进一步地对国家概念有了更深刻的理解。

以伦敦政治经济学院这个机构为例,伦敦政治经济学院由老师、学生、研究者、管理人员以及在奥德维奇(Aldwych)的一系列建筑(包括图书馆等其他设施)共同组成。但是,我们不能把这些组成部分的任何一个部分视为伦敦政治经济学院,因为我们移址到任何地方都不会改变伦敦政治经济学院的本质,也许有人会说,是学院一批特殊的人造就了机构特殊的身份,但学院的人员构成本质上变动得非常频繁。毫无疑问,这些组成部分对学院的整体身份构成而言都是不可或缺的,但是,这些组成部分都是次要的,而且每一个部分的自我身份是从对学院作为一个整体的理解当中获得的,即从学院作为一个机构到底意味着什么这个问题的答案中获得。[132] 在这个意义上,伦敦政治经济学院是一种观念,这种观念是一系列关于学术和教育的信念和原则的复合体,这种观念赋予了作为学院组成部分的每一个部分以意义。

因此,认为一个组织——无论是伦敦政治经济学院还是国家——本质上就是一系列观念的集合,事实上就掌握了最为重要的事实所在,[133]尽管这不代表了事实的全部。因为,尽管组织是由观念构成的,但还是不能把组织等同于观念本身。因为一个组织如果要在现实中存立,这些观念必须要能够在物质世界中呈现和运行。观念必须以某种形式、某些生动的方式,指导作为组织组成部分的那些物质要素的运行,并赋予其意义。组织的存在预设了

---

131 Peter J Steinberger, *The Idea of the State* (Cambridge: Cambridge University Press, 2004), 16.

132 Ibid, 18.

133 这种理念至上的观点主要反映的是费希特的思想,参见本书第五章,第204—213页。

公法的基础

某种具体的呈现形式的存在。[134] 这些作为组织构成性要素的观念不能停留在纯粹抽象的层面,它们必须依据"必要的具体化"原则存在和运行。[135]

正是因为这一点,国家这个特殊的组织就显得非常复杂。如果一个组织的本质就是那些构成它的观念,只有这些观念被准确地落实,它的意义才得以呈现。但是这里的复杂因素在于,人们常常对他们所效忠的组织的构成性观念的内涵和意义的理解充满各种分歧。如果这是所有组织都普遍存在的问题,毋庸置疑,国家也面临着同样的问题,在如何理解那些彰显了国家这个联合体的特殊之处的构成性观念这个问题上,事实上也是模棱两可的、充满争议的。

此外,由于"必要的具体化"这个原则的介入,使得这个困难被进一步强化了。由于国家所表征的观念需要倚赖具体的物质环境来呈现——包括国土范围、地理位置、国土资源、作为其构成成员的国民的习俗和文化,这些具体的物质环境不仅会对观念的呈现产生重要影响,而且还会对观念有一种反向塑造作用。斯坦伯格指出:

> 国家及其国家具体呈现形式、构成要素之间的关系是一个非常复杂的问题……如果没有这些具体要素,国家或者说任何组织都是不存在的。所以,精神上的存在和物质表现形式上的存在、思想和对象事实上相互依存,尽管截然不同,但又不可完全分离。这就给我们的理论探索带来了极大的困难,当两者之间是无法分离的,那么这就意味着两者在实践层面上很难被区分。尽管观念是本质,以及具体呈现形式是偶

134　Steinberger, above n 130, 25.

135　Ibid, 26. 斯坦伯格在书中的引述源自 Charles Taylor, *Hegel* (Cambridge: Cambridge University Press, 1975), 82–83。

第七章 国家概念

然的,但是它们之间的有机联系意味着我们很难有足够的信心可以区分出,谁更主要,谁是次要,或者说,哪个是中心,哪个是边缘。[136]

尽管本质上斯坦伯格是正确的,但是我们不能允许自己受到他的用语(比如,本质与偶然、主要与次要、中心与边缘)的误导,从而将我们引入线性思维当中。无论我们是多么渴望寻找到一劳永逸的稳定的解决方案,观念和其物质呈现方式之间的紧张关系,只有通过对动态呈现两者关系变化的语言来理解和把握。[137]

自此,我们得出了一个不那么简单的结论。国家这个概念作为一个存在,使我们能够了解现代政治现实的本质,也为我们提供了理解公法本质的钥匙。"国家"这个概念构成了一个提供可理解性的体系。如果国家被定义为在特定的领土范围内所形成的一个自主的组织和有效社会合作的实现,是由领土、人民和相关机构形式(如政府)构成的,[138]在这个意义上,我们不能把国家等同于任何一个构成部分。国家应该是这样的一个组织形态:它是观念本身,同时也是观念的具体化。通过对观念的呈现,[139]它展现了一种对世界的理解和行动的综合方式。国家不能仅仅被理解为一个抽象的观念,它必须要把这种观念付诸实践。在实践中,国家试图去揭示的那个"提供可理解性的体系"是高度复杂的,这种复杂性主要是由这个体系本身所揭示的、人性中存在的对自由的渴望和对归属的寻求之间产生的紧张关系所导致的。

136　Steinberger, above n 130, 26.

137　参见 above n 118。

138　Herman Heller, *Staatslehre* [1934] in his *Gesammelte Schriften* (Leiden: AW Sijthoff, 1971), vol 3, 79–395, 310.

139　参见 Loughlin, above n 18, ch 4。

第八章
国家宪法

国家的权威是绝对的,尤其是从其自身就构成了法律的渊源这一点,因此,事实上不存在任何能够对国家构成限制的基本法概念。当试图去寻求某些"高级法"(无论是神圣法、自然法还是习惯法)的背景时,事实上是对国家概念采取了狭义化、片面化的理解,是将国家简化为其构成部分之一,将其简单等同于作为统治工具的机构和制度的总和。事实上,国家不仅仅是具体行使统治权的机制安排,正如上一章指出的,在法理意义上,它是一个提供可理解性的体系。那么新的问题出现了:这个体系的本质是什么?

通过什么样的方法来回应这个问题,在这里是非常清楚的:这个体系的本质只有通过法律作为媒介才能获得更好的解释。但是这一主张经常被误读:尽管这个体系是通过法律得以呈现的——尤其是公法——但是,这里要做特别的澄清,公法是指政治法(*droit politique*)或者是国家法(*Staatsrecht*)。但是由于对"法律"(law)用法的混乱,从而导致这个理解也经常是模棱两可的。比如,施泰因(Lorenz von Stein)尽管在最基础的意义上正确理解了"法"这个概念,他指出,"法律本质上是国家这个有机体的构成部分,它从国家生活中获取自身的表现和存在形式,它的效力取决于其是否符合国家一般性的建国基本理念以及特定语境下的呈现

306

形式"[1]。但是,即使是施泰因这样一位德国 19 世纪最为聪慧的国家学者,还是没有完全地将实证法和国家法区别开来。只有国家法被认为是国家概念的呈现形式,最基本的问题在这里才被表述清楚:国家是如何构成的?·国家有宪法吗?

第一节　宪 法 的 概 念

关于宪法这个概念的更为细节和重要的分析主要在施米特的《宪法学说》一书中得以呈现,在本书的第一部分,施米特对相关"宪法"这个概念的用法进行了梳理,最终形成了一个非常重要且独特的理解。[2] 施米特对宪法概念的研究是值得被我们认真对待的。他首先否定了当时对这个概念最为普遍的理解,当时普遍认为"宪法就意味着事物的本质",鉴于所有的人、事以及组织形式在这个意义上应该都有一部"宪法",施米特否定了这个概念内涵,因为在他看来,这个概念并没有任何确定的特定内涵存在于其中,以及"宪法"这个概念只有在和国家联系起来时,才有特定的内涵。以此为基础,施米特开始系统地分析宪法概念,分别从存在形式和规范意义角度、绝对的视角和相对的视角剖析宪法概念。

施米特的思考将我们在理解宪法这个概念过程中存在的诸多模糊之处非常清楚地呈现了出来,同时澄清了其中很多问题。尽管他的分析模型在存在意义和理想意义之间做了过于尖锐的区分,在最后也没有提供一个真正具有说服力的确定概念,但是他的

---

1 Lorenz von Stein, 'Zur Charakteristik der heutigen Rechtwissenschaft' 1841 *Deutsches Jahrbuch für Wissenschaft und Kunst* , 377。转引自 Ernst-Wolgang Böckenförde, *State, Society and Liberty: Studies in Political Theory and Constitutional Law* (New York:Berg, 1991), 5 (n 14)。

2 Carl Schmitt, *Constitutional Theory* [1928] Jeffrey Seitzer (trans) (Durham, NC:Duke University Press, 2008)。

公法的基础

探究本身是非常重要的。施米特在这里最为突出的贡献就是,他在两个概念之间做了清楚的界分,而这两个概念对我们揭示公法的基础而言是非常重要的,这就是对"国家宪法"(the constitution of the state)和"政府机构宪法"(the constitution of the office of government)做的区分。

为了解释这一区分的重要性,我们必须首先跟随施米特在"相对宪法"概念和"绝对宪法"概念之间进行区分。当我们的目标是理解国家宪法时,那么其实"相对宪法"的概念就会被我们暂时搁置了。"相对宪法"是伴随着现代试图将宪法理解为一种形式上的文件的趋势出现的。成文宪法(或者说书面宪法)在特定的历史时刻,基于不同的原因得以出现。尽管在宪法制定的早期,立法程序不过被视为对既有宪法安排的法典化,但是最终成文宪法还是逐渐被视为"宪法"本身。在这个意义上,宪法被视为一个文本,这个文本本质上就是一部法律,因此,宪法就被定义为由相关的宪法性法律构成的一个整体文件。施米特说,这个发展过程最终导致了被他称为相对化的结果。

对宪法的相对化处理是指,关于宪法概念的理解完全局限和迷失在对宪法条文概念的理解中。[3] 也就是说,这代表了一种趋向,这种趋向会将成文宪法中的条文本身,事实性地等同于合宪性条文,即将形式标准等同于实质标准。施米特注意到,这是错误的,很多宪法文件中的条款本身,根本不构成国家宪法的基础要素。比如,将公立学校教师视为公务员的条款,或要求保留大学的神学院设置的条款,或要求在举行集会前发出通知的条款,它们在被纳入成文法的时候就被视为宪法的条款组成,[4] 但是,只有不加区分地从形式和相对主义的视野对法进行理解和定义时,他们才

3　Schmitt, above n 2, 71.
4　Ibid, 67.

308

能被视为是具有基础性意义的。[5] 这种从形式主义的角度对宪法进行定义的方式,导致宪法最终被等同于成文法律,因此,施米特认为,正是这种相对主义的发展趋势导致作为政府机构根本法的宪法出现,但是这个宪法本身与国家宪法之间完全不是一回事。

施米特认为,恰恰是对宪法概念的相对主义的理解导致我们完全曲解了这个行动的本质,绝对主义视角的宪法概念就认为,宪法不等于这些形式的特征,而是包括了很多实质性的特征和条件,从而能够把我们最终引向国家宪法的方向。但是在聚焦于国家宪法之前,还需要在两种绝对主义视野中的宪法概念之间进行区分。尽管在最基础的意义上,绝对主义的宪法概念指代的是人民的政治团结和统一,但是,施米特在此基础上进一步区分了存在意义和理想意义上的概念。只有通过存在意义上的概念,我们才能真正理解国家宪法。

施米特是这样做区分的:理想意义上的宪法只是"一个封闭的规范体系",存在意义上的宪法概念则是"政治统一和秩序的完整状态"。因此,理想意义上的宪法概念所指代的不是一个具体的、既存的统一体,而是一个反思性的、理想意义上的存在。[6] 因此,施米特在绝对意义的宪法概念中所做的区分事实上对应的是事实(fact)和规范(norm),施米特认为,我们应该完全拒绝纯粹规范意义上的宪法概念。

施米特承认,由于理想主义认为宪法是"一个有关高级和最终规范的统一的、封闭的系统",在这个意义上,理想主义也是从绝对主义的视角理解宪法概念。[7] 尽管这里的"宪法"一词表示统一性和整体性,但是,理想主义的视角只不过是对国家规范意义上的法律框架的一种表达和展现。这一规范意义上的宪法概念将国家等

5　Schmitt, above n 2, 67.

6　Ibid, 59.

7　Ibid, 62.

公法的基础

同于一种形式主义的法律秩序。国家被视为一个规范系统,这个规范系统中不同的规范呈现不同的效力层级,并最终可以追溯到一个基础规范,从而使得整个系统构成一个闭合的整体。在这一概念中,国家不过是一个负责发布命令的实体、一个规范所构成的系统,在这个系统中,基础规范就是宪法。[8]

在规范主义的概念中,宪法就是国家,但是这个等式要成立,前提就是将国家的概念缩减为,国家就是法律秩序。一旦国家被从这个视角重新定义,那么国家、主权、宪法和法律之间的关系就顺畅了:宪法是国家,国家是法律秩序,宪法是法律秩序的基础规范所在,因此,主权就是对自主的法律秩序的规范的完整表达。这个时候就可以把宪法视为"统治者",或者像一些倡导资本主义法治国(*Rechtsstaat*)观念的人所提出的,宪法就是理性、正义或者其他抽象价值所构成的主权。[9]

施米特非常反对这一观点,他认为,规范系统意义上的概念无法使得实证意义上的宪法真正发挥效力,因为规范之所以是有效的,因为它是"正确的"(correct),但是这种通过系统论证获得的"正确的"逻辑结论,只有在自然法当中存在,在实证宪法中并不存在。[10] 规范意义上的宪法概念当然能够经受得住一些实质原则的检测,被认为是正义的,但是如果像这个概念所倡导的一样,将历

---

8   显然,施米特针对这一概念的评论主要是指向汉斯·凯尔森(Hans Kelsen)的国家理论。国家理论可参见 Hans Kelsen, *Hauptprobleme der Staatsrechtslehre, entwickelt aus der Lehre vom Rechtssätze* (Tübingen: Mohr, 2nd edn, 1923); Hans Kelsen, *Allgemeine Staatslehre* (Berlin: Springer, 1925)。施米特认为,凯尔森"将国家描绘成一个建立在法律规范基础上的系统和统一体,而没有花丝毫的努力来解释这个'统一体'和这个'系统'的实质性和逻辑性原则。国家作为一个统一体的政治存在或形成被转变为仅仅是功能性的存在或形成,存在和规范的对立面不断地与实体存在和法律运作的对立面混淆在一起。然而,当人们把这一理论看作是资本主义的法治国理论的最终产物时,它就变得可以理解了"(Schmitt, above n 2, 63-64)。值得注意的是,凯尔森的理论事实上是新康德主义的体现。参见本书第四章,第175—185 页。

9   Schmitt, above n 2, 63.

10   Ibid, 64.

310

史的、政治的、道德的所有因素都从宪法的法理中摒除，我们事实上是无法对权威问题做出解释的。因为，这个时候的宪法纯粹是一个自我定位、自我维系的规范系统。

宪法要在实证意义上有效，它必须要从一个制宪权中产生，基于掌握制宪权的人的意志产生。[11] 这一意志事实上就构成了命令得以产生的现实权力渊源。[12] 施米特对规范主义的批判非常清楚：根本不存在一个闭合且统一的宪法规范系统，这一统一的系统必然源自一个现行建立的、统一的意志。[13] 宪法性统一和秩序并不是源自规范本身，而是源自国家的政治性存在。[14] 施米特以魏玛共和国为例，他说共和国的统一不是依靠《魏玛宪法》的181条宪法条款，而是依靠德国人民的政治性存在，依靠德国人民的意志这一既存的事物，正是德国人民的意志构建了政治和公法意义上的一致性。[15] 宪法源自一个意志行为，确切地说，是源自制宪权的行动。[16] 这就将我们带到了关于宪法的绝对主义概念的存在主义视角中。

在存在主义的范畴中，施米特又区分了三种完全不同，但是相互联系的宪法内涵。在传统的国家理论中，这些内涵与国家学传统中描述的国家的三个方面特征具有相似点。

第一个方面的内涵是，不同国家都会存在一种具体的集体状态，这种状态表现为政治统一和社会有序。国家并没有一部形塑自身，同时也是国家意志呈现的宪法，国家就是宪法本身，换句话说，国家本身就是一种现实的状态，一种统一和有序的状态。[17] 尽

---

11 Schmitt, above n 2, 64.

12 Ibid.

13 Ibid, 65.

14 Ibid.

15 Ibid.

16 Ibid, 75.

17 Ibid, 60.

公法的基础

管施米特没有特别提到领土排他性,但这一表述类似于从领土上的独立性和统一性的视角对国家进行定义,也就是前面所提到的疆域。当然,施米特也有可能在这个概念中涵盖更为广泛的内容。比如在他一段特殊陈述中,施米特在论证支撑宪法的国家概念时,似乎采纳了我前面所提到的国家应该被视为一个提供可理解性的体系的观念。他用类比的方式指出,"即便表演方式或者演唱方式,甚至表演地点都改变了,但是合唱团的歌曲并没有改变",因为"统一和秩序存在于歌曲和乐谱中,与之类似,国家的统一和秩序始终存在于其宪法中"。[18]

第二个存在意义上的内涵是指宪法是一种具体秩序形式的表达,尤其是从最高权力和从属性这个视角理解。在这个意义上,宪法就等于国家形式,无论这个国家形式是以君主制、贵族制或者民主制呈现。这就不是抽象法律原则的表达,而是既存事务状态的表达。在这个意义上,事实上施米特还是在主张,国家就是宪法,无论这个国家是君主制、贵族制、民主制,还是议会共和制,这都不意味着它仅仅是拥有一部与之相匹配的宪法,[19]国家所采取的政治形式以及相关的宪法安排,不仅仅是法律形式的产物,而是一种生活秩序。由于这里施米特非常关注统治的制度安排,因此第二方面存在主义的内涵其实就相当于前文所提到的国家权力。

第三个方面的内涵在宪法概念中加入了一个积极的要素。这个概念内涵认为,国家不仅仅是一种既存的状态,它还是一个持续发展和存在的组织体,因此,这个内涵主要表达的是:"政治统一的动态持续存在原则",以及"基于基础性和最终有效的权力和能量而得以持续地存在、不断地重新形成的统一的过程"。[20] 在这个意义上,国家宪法彰显的就是"国家意志的自由形成",以及一种国家

18　Schmitt, above n 2, 60. 还可参见本书第七章,第 299—305 页。

19　Ibid.

20　Ibid, 61.

秩序,这一国家秩序就是自由形成的意志的系统表达。[21] 这一意志可以将个体有效地融入国家有机体的整体当中,而这一意志本身又是所有个体基于自主所形成的人格意志的集合体和统一体。[22] 施米特第三个存在意义上的内涵理解就相当于前文提到的人民这个国家要素。由于对宪法本质的理解不是建立在静态基础上,而是建立在一系列现实的关系中,第三个方面存在意义上的内涵彰显了宪法所体现的关系性特征,同时也暗示"人民"是有能力采取行动的政治现实存在。

之所以强调存在意义上的绝对宪法概念,施米特的主要目标是解释"国家宪法"。他事实上将从德国国家学传统基础上生成的国家概念拯救了回来,这一国家学意义上的概念受到了19世纪后期兴起的、由冯·格伯和保罗·拉邦所推动的、在汉斯·凯尔森那里获得大力发展的新康德实证主义的解构和冲击。施米特重新将社会学的因素带回对国家的理解当中,重新与早期的学者如罗特克、拉萨尔建立了联系,这些学者都倡导应该在形式宪法和国家真正的宪法之间进行区分。例如,拉萨尔在1862年有关宪法本质的著名演讲中就指出,形式宪法(施米特称为相对主义或者规范意义上的宪法)是由明确的宪法条文构成的,但是作为基本法的实质宪法(施米特称为存在意义上的宪法)事实上表现和彰显了"特定社会中现实的权力关系"。[23] 虽然权力关系也有可能在成文宪法中得以表达,但是成文宪法并不能够涵盖现实中所有的权力关系,拉萨尔认为,只有在一种情况下,成文宪法才足以被认为是完整诠释现实的文本,那就是当它和真正现实中的宪法、在国家中真实存在

21　Schmitt, above n 2, 62.

22　Ibid.

23　Ferdinand Lassalle, 'Über Verfassungswesen' in his *Gesamtwerke* Eric Blum (ed)(Leipzig: Pfau, 1901), vol 1, 40-69, 45(详细论述可参见本书第七章,第279页,注45)。

公法的基础

的权力关系完全一致时。[24]

施米特认为,对宪法概念的准确把握关键在于要在宪法(constitution)和宪法性法律(constitutional law)之间进行区分。制宪,不仅仅是一种规范构建的行动,同时需要构建一个政治联合体和统一体。这一存在意义上的宪法概念非常类似于构建政治统一体(国家)的政治契约(社会契约)。但是,必须要将宪法与确立特定政府的组织形式之间区分开来,后者是政府机构宪法。[25]

这一区分的重要性可以在施米特的相关观点中得到体现:国家可以采取新的形式,但是这一变革并不影响国家的持续存在,特别是任何形式上的变革,并不必然导致人民的政治集合因此而终结。[26] 无论是新的国家建立(比如 1775 年的美利坚合众国的建立),还是政治秩序的革命性变革(比如 1789 年的法国和 1918 年的俄国),可能都会让我们认为,一部新的宪法的制定就会带来一个新的国家的出现,但是事实并非如此。比如,当魏玛共和国建立的时候,重要的不是是否已经有一部新宪法,而是德国人民在已经具备了政治存在意识后,做出了这决定。[27] 国家——作为一个政

24　Lassalle, above n 23, 51. 拉萨尔更多地延续了伯克的研究方法,伯克不认同形式宪法的理念,在他看来,形式宪法就是停留在纸面上的方案,他更偏好和认同一部活的、不断发展而且具有实效的宪法。参见 Edmund Burke, 'On the Present Discontents' [1770] in BW Hill (ed), *Edmund Burke on Government*, *Politics and Society* (London: Fontana, 1975), 74 - 119, 102. 最重要的影响来自黑格尔,参见 GWF Hegel, *The Philosophy of Mind* [1830] W Wallace (trans) (Oxford: Clarendon Press, 1971), §540:"历史上从来没有发生过所谓'制定'宪法这么一回事,宪法是从民族精神中流淌出来和发展的。"

25　尽管施米特没有提到普芬道夫,但是他的观点其实和普芬道夫所做的区分(在建立国家的契约和建立宪法的契约之间做了区分)基本相似。参见 Samuel Pufendorf, *On the Duty of Man and Citizen According to Natural Law* [1673] Michael Silverthorne (trans) James Tully (ed) (Cambridge: Cambridge University Press, 1991)。

26　Schmitt, above n 2, 75.

27　Ibid, 77.【在正文中,洛克林以美国独立战争爆发的时间作为建国时间,而非《独立宣言》颁布的时间。——译者注】

314

第八章　国家宪法

治联合体存在——是早于政府宪法框架的建立的。

施米特在作为政治联合体的实质宪法和作为组织结构的形式宪法之间所做的区分是非常重要的,这种重要性主要体现在五个方面。第一,形式宪法是无法自我授权的,它的有效性来自既存的政治意志创造了它。第二,形式宪法的有效性并不取决于其在规范意义上的正确性或者概念上的统一性,一切形式性的宪法性法律的效力都源自其对作为自身制定基础的实质宪法的承认。第三,将形式宪法视为"详尽的法典化"是错误的,因为"宪法的统一不在于宪法本身,而在于政治的统一,政治统一作为一种独特的存在形式是由制宪行为来决定的"。[28]　第四,基于以上原因,这就使我们认识到了能够授权搁置宪法性法律效力的"例外状态"(state of exception)条款的合法性,因为这一条款可以保存实质宪法。[29]　第五,这就使得宪法中赋予的宪法修改权本身具有了非常明确的限制。这个权力不能被理解为"议会在任何时候都可以废除那些构成了宪法实质的根本宪法决定"[30]。德国国会(the Reichstag)不可以依据《魏玛宪法》的第 76 条(宪法在国会三分之二的多数人同意情况下可以被修改),将德国从共和国变为绝对君主制国家,英国议会的多数决也不足以将英格兰变成一个苏维埃

28　Schmitt, above n 2, 76.

29　《魏玛宪法》第 48 条规定:"联邦总统于德意志联邦内之公共安宁及秩序,视为有被扰乱或危害时,为恢复公共安宁及秩序,可采取一切措施,必要时得使用兵力。为达此目的,联邦总统得临时将本法 114(人身自由,不受任意逮捕、拘留的自由)、115(居所不受任意侵犯)、117(通信自由)、118(言论和表达自由)、124(结社自由)及 153(财产权)各条所规定之基本权利之全部或一部停止之。"围绕第 48 条的规定,引发了大量的争议,参见 Peter C Caldwell, *Popular Sovereignty and the Crisis of German Constitutional Law: The Theory and Practice of Weimar Constitutionalism* (Durham, NC: Duke University Press, 1997), 107–116。关于围绕第 48 条展开的权力运用的讨论,参见 Clinton L Rossiter, *Constitutional Dictatorship: Crisis Government in the Modern Democracies* (Princeton, NJ: Princeton University Press, 1948), 31–73。参见本书第十三章,第 571—576 页。

30　Schmitt, above n 2, 79.

国家。[31] 施米特说,无论是从政治角度,还是从法理角度,这样做都是完全错误的纯粹形式主义的做法。施米特指出:"只有直接的、有清楚认知的全体人民的意志,而不是议会中大多数人的意志,可以带来如此根本性的变革。"[32]

施米特对于实质宪法的重要性的揭示是举足轻重的。他的分析揭示了我们应该如何去面对和解释那些"表面"看起来不合格的宪法条款,以及形式宪法的连贯性是依赖什么资源建立的。与此同时,他也指出,宪法性法律的形式化分析很多时候被视为是边缘化的,但这种分析其实还是非常重要的。他以《魏玛宪法》的序言为例对此进行说明,《魏玛宪法》的序言部分规定"德国人民赋予自身以宪法",正文的第一条第二款规定"国家权力属于人民",施米特指出,这些条款不是宪法性法律,不是法条,不是政府机构法或者基本原则,当然也不属于非常微小不值得重视的存在,它们远比一般性的法律规范要重要得多,它们是具体的政治决策,这一政治决策赋予了德国人民作为政治存在的形式,进而构成了包括宪法性法律在内的所有后续规范的基础前提。[33] 这些一般性的政治宣言构成了政权合法性结构和规范秩序得以构建的基石。

施米特的《宪法学说》延续了德国国家理论的传统,写作的主要目标就是从19世纪晚期和20世纪早期兴起的新康德法律实证主义的影响中,拯救国家学理论脉络下的国家概念。尽管该书写作表面上是关注宪法理论,但是主要的观点是宪法概念与国家

---

31 Schmitt, above n 2, 79-80.

32 Ibid, 80. 可以参见印度最高法院在 *Indira Nehru Gandhi v Raj Narain* (1975) AIR 1975 SC 1590 这一案件中的判决(最高法院宣布,宪法第39条修正案无效,因为该修正案损害了宪法的基本结构);Rory O'Connell, 'Guardians of the Constitution: Unconstitutional Constitutional Norms' (1999) 4 *Journal of Civil Liberties*, 48-75; Gary Jeffrey Jacobsohn, 'An Unconstitutional Constitution? A Comparative Perspective' (2006) 4 *International Journal of Constitutional Law*, 460-487。

33 Ibid, 78.

宪法相关,因此,要把握宪法的本质就必须在存在意义的视域中将国家视为一个既存的政治联合体。鉴于此,施米特在宪法和宪法性法律之间进行了清楚的界分,他之所以能够做到这一点,是因为对他而言,宪法就等于享有不可分割权威的、作为主权实体的国家,国家的核心特征就是政治统一体。因此,宪法本质就不再通过一部法律或者一条规范展现出来,宪法本质上是一种存在现象,这种存在现象本身塑造了国家作为政治统一体的存在。

第二节 事实的规范效力

施米特是否有可能通过复兴国家学说,从法理的角度构建一套有关国家宪法的有说服力的理论? 当拉萨尔将他围绕宪法本质的讨论延展到"宪法性问题主要并不是正义问题,而是权力问题"[34]时,似乎法理分析的局限性就显现出来了,这一局限性是否也同样适用于施米特的分析? 施米特基本的观点是:并不是宪法塑造了国家,而是国家本身构建了自身独特的宪法。在施米特的理论框架中,国家作为一个政治统一体,在事实上已经是给定的,人民的相对同质性也是事实性给定的,而不是一种规范意义上的假设。[35] 如果说国家相对形式宪法而言是既定的存在,那么是否有可能从法理的角度讨论国家宪法?

法理学的核心问题就在于:国家作为主权性的实体怎么会服从法律? 如果国家本质是如新康德主义所指出的,是一种法律现象,这个问题轻而易举地就消解了,国家不过就是一种法律秩序。

---

34 Lassalle, above n 23, 68.

35 Ernst-Wolfgang Böckenförde, ' The Concept of the Political: A Key to Understanding Carl Schmitt's Constitutional Theory' in David Dyzenhaus (ed), *Law as Politics: Carl Schmitt's Critique of Liberalism* (Durham, NC: Duke University Press, 1998), 37-55, 42-43.

公法的基础

但是从存在意义(或者说从社会学)的角度来理解,如果国家在存在意义上是符合法律规范的,而法律被认为是由强制力保障实施的规范,这个时候我们要面临的现实就是,国家所代表和实现的正义(right),最终就被降格为国家强力(might)。

这一冲突矛盾的存在就是耶利内克提出国家本质"两面论"的动因所在,他想要用这一理论来解决这一矛盾。[36] 在他的《一般国家学》一书中,耶利内克认为,国家是有两面性的:规范的或者法律的一面和事实的或者权力的那一面。国家既具有作为法律秩序自主性的彰显的一面,也是最终的命令权的彰显。对耶利内克而言,这两副面孔之间并不存在任何的确定的顺序,并不是存在意义权力的一面先于理想意义的规范的一面而出现,它们同时出现而且还直接关联:国家虽然拥有治理的最高权力,但是这一权力是受到宪法和国家其他法律的限制的。这一核心主张为耶利内克解决上文谈到的冲突矛盾提供了解决方案。根据他所提出的自我设限(Selbstbeschränkung)理论,他为权力的行使设定了很多规则:

> 统治的权力如果受到必要的限制,就能变成合法的。法律合法地可以对权力构成限制。统治国家应该享有的潜在的权力在本质上要远远大于其实际行使的权力。但是根据自我设限原则,权力获得了合法性。这种自我设限也并非完全独断专行的,无论国家是否愿意,它都必须受到自我设限原则的约束。关于这些限制的类型和范围是在漫长的历史过程中展现出来的……国家权力并不等于武断的强力,而是一种在法律设定的界限之内行使的权力,是一种合法的权力。所以,所有的政府行动都要接受法律的评估。[37]

36　参见本书第七章,第281—283页。

37　Georg Jellinek, *Allgemeine Staatslehre* (Berlin: Springer, 3rd edn, 1922), 386–387.

318

第八章 国家宪法

"权力本身就具有一些规范特征,所以权力概念本身可以转化为法律"的观点,必然会引发有关效力排序的讨论,但是在耶利内克看来,这一历史性发展需要从法理的角度被重新解读。为了做到这一点,他提出了一个重要的问题——"人类行动在多大程度上需要规范的力量",在此基础上他提出了"事实的规范效力"(the normative power of factual)这一现象。[38]

"事实的规范效力"这一概念为耶利内克提供了将国家理论中的两面性结合,从而消解事实和规范之间鸿沟的方法。他的理念其实主要受到了斯宾诺莎的启发。斯宾诺莎不仅同样在国家框架中区分了事实和规范,也就是在统治权(potestas)和政府为了达致其目标所实际享有的治理权(potentia)之间做了区分,他同时还主张,功效性(efficacy)是效力(validity)得以产生的主要条件,正义或者说统治权只有在统治者确保其意志可以获得遵守的基础上,才能产生。[39] 斯宾诺莎也在哲学意义和社会学意义上的规范之间做了区分:在哲学意义上,当一个规范被确定为一个连贯的方案的不可分割的部分时,它是有效的;而在社会学意义上,规范是否存在,只能借助于对违反规范的后果来确定。尽管耶利内克的观点有与斯宾诺莎的存在相似之处,但是耶利内克通过专注于社会心理学的视角,对相关的理论做了创新性的发展。

耶利内克的心理学方法是这样展开的:他认为法律具有双重生命,即现实存在性和有效性(Sein und Gelten),前者体现为对人类行动产生实际影响的社会力量,后者则是一个规范体系。[40] 但是,耶利内克没有试图去分析道德和法律规范的结构,他试图去寻找事实性(facticity)与有效性(validity)之间的相互联系。他通过

38　Georg Jellinek, *Allgemeine Staatslehre* (Berlin: Springer, 3rd edn, 1922), 337—344.

39　参见本书第三章,第148—154页。

40　Jellinek, above n 37, 138, 337.

319

公法的基础

分析人们的日常生活的组织方式和人类互动模式,来寻找这种联系。事实上,我们生活在一个大量的规范都以一种不成熟的,乃至不易被我们觉察的方式出现在我们的生活中的现实当中。耶利内克认为,通过分析孩子是如何发展出其社会性、越来越社会化的过程,很多调整人与人之间相互交往的规范(比如,最常见的习惯和相关实践)就可以获得非常好的研究。[41] 这就向我们彰显了,规范是如何融入人类交往的一般形式的。

耶利内克的方法在世纪之交对欧洲思想产生了非常大的影响,[42] 他的思想与同时期法国公法学研究中的制度学派(institutional theorists)之间有很多相似点。受到存在哲学的影响(认为世界是第一位的,其次是对世界的认识,最后才是人类对其的反思),制度主义者认为,法律制度是第二位的,它的存在仅仅是用来限制个体和机构的权力的,而后者才是行动的真正源泉。[43] 关于事实拥有的规范效力,作为这个学派的代表人物,莫里斯·奥里乌(Maurice Hauriou)认为:"法律运作似乎是完全自足的秩序,实际上,法律是与不特定的个体脑海中的潜意识紧密相关的。"[44] 这些意识和观念其实早就在我们的头脑当中,但是我们并没有意识到它们的存在,它们影响着我们的行动,它们让生活向符合客观法的方向发展。[45] 耶利内克的方法其实也是想强调这样一个核心

---

41 Jellinek, above n 37, 337-340.

42 参见 Kenneth Dyson, *The State Tradition in Western Europe* (Oxford: Martin Robertson, 1980), esp 14-18, 174-183。请注意,这与维特根斯坦后来关于如何在共同生活方式的背景下正确理解指令的思考有相似之处,参见 Ludwig Wittgenstein, *Philosophical Investigations* GEM Anscombe (trans) (Oxford: Blackwell, 1953), §19。

43 参见 Albert Broderick (ed), *The French Institutionalists: Maurice Hauriou, Georges Renard, Joseph T. Delos* (Cambridge, MA: Harvard University Press, 1970); HS Jones, *The French State in Question: Public Law and Political Argument in the Third Republic* (Cambridge: Cambridge University Press, 1993), ch 7。

44 Maurice Hauriou, 'The Theory of the Institution and the Foundation: A Study in Social Vitalism' in Broderick, ibid, 93-124, 94.

45 Ibid.

主张：国家权力作为一个客观存在，本质上是具有规范效力的。

拉尔夫·达伦多夫（Ralf Dahrendorf）将耶利内克主张的"事实的规范效力"观念称为法律社会学的拼图游戏。[46] 但是，必须承认，尽管在公法基础的探究过程中，理清习惯、实践和规范如何将自身融入社会现实，是具有中心价值的议题，但是，在解释事实与法律的相互关系本质上，耶利内克并没有超越施米特。[47]

施米特和耶利内克都在一个问题上需要反思，那就是认为权力不过是一个经验现象。[48] 在这个问题上，事实上，受到存在主义支撑的法国制度学派真正带来了一些进步的观点。[49] 在政治法理学的框架中，政治权力是一种从人与人的相互忠诚中产生的联合现象。[50] 这一联合通过一系列的实践行动展现自我。在这里，"实践"这个概念有着特殊的价值，因为它同时将经验和规范纳入了考量。它解释了事物的实然状态，与此同时，在此基础上，它通过将行动划分为正确与不正确，从而为行动提供规范标准。但是，这里的规范本身是抽象的：它们是对更为厚重的生活方式的一种形式剪裁，这种厚重的生活方式也就是我们常常称为伦理的东西。政治权力只有通过这样一个伦理介入的行为才真正地能够持续产生，因此，政治权力不仅仅是一个基于因果关系予以识别的经验现象，而是基于一系列实践，通过政治融合得以持续产生的一种能量。

当我们采纳"实践"这个概念时，就会导致任何试图在事实与

46　Ralf Dahrendorf, 'Die zweite Stufe der Währensreform oder die normative Ohnmacht des Faktischen' in Hans Oswald (ed), *Macht und Recht* (Opladen, 1990), 51；引自 Jens Kersten, *Georg Jellinek und die klassische Staatslehre* (Tübingen：Mohr Siebeck, 2000), 369。

47　关于耶利内克构想所存在的问题，参见 Kersten, ibid, 364-375。

48　耶利内克认为："统治国家应该享有的潜在权力要远远大于实际上的权力。"参见本书第 318 页。

49　可参看 Maurice Merleau-Ponty, *Phenomenology of Perception* [1945] Colin Smith (trans) (London：Routledge & Kegan Paul, 1962)。

50　参见本书第六章，第 241—251 页。

公法的基础

规范之间进行清楚界分的努力再次被模糊。无论是休谟强调的习俗(custom),还是维特根斯坦使用的生活方式(forms of life)、海德格尔用的"此在"(dasein)、汉斯-格奥尔格·伽达默尔(Hans-Georg Gadamer)用的传统(traditions)、波兰尼强调的隐性知识(tacit knowledge)、奥克肖特用的实践(practices)、库恩用的范式(paradigms)、福柯提到的话语结构(discursive formations)、布尔迪厄主张的"生存心态"(habitus)、格尔茨使用的文化模板(cultural templates)、大卫·路易斯(David Lewis)提到的没有主张者的习俗(conventions without convenors),以及迈克尔·弗里登使用的意识形态(ideological morphologies),[51]这些概念里都有一个共同的主题:规范性主张真正被理解和接受,是在既存的共同体成员已经获得了一些隐性的知识,并将其作为行动的前提和假设对待的时候。实践这个概念让我们发现,只有当规范被放置到它所存在的社会文化当中被解读时,其内涵才能真正被把握。

实践的知识只能通过推理间接获得,而这个推理主要通过类比推理或者模仿性的、典型性的步骤引导来完成。从"硬"社会科

---

51 David Hume, *Enquiries Concerning the Human Understanding and Concerning the Principles of Morals* [1748] (Oxford: Clarendon Press, 2nd edn, 1902), 39; Wittgenstein, above n 42; Martin Heidegger, *Being and Time* [1927] Joan Stambaugh (trans) (Albany: State University of New York Press, 1996); Hans-Georg Gadamer, *Truth and Method* [1960] J Weinsheimer and DG Marshall (trans) (London: Sheen & Ward, 2nd rev edn, 1989); *Michael Polanyi, Personal Knowledge* (Chicago: University of Chicago Press, 1958); Michael Oakeshott, *On Human Conduct* (Oxford: Clarendon Press, 1975); Thomas S Kuhn, *The Structure of Scientific Revolutions* (Chicago: University of Chicago Press, 2nd edn, 1970); Michel Foucault, *The Archaeology of Knowledge* AM Sheridan Smith (trans) (London: Routledge, 1989), ch 2; Pierre Bourdieu, *The Logic of Practice* Richard Nice (trans) (Stanford: Stanford University Press, 1990), 59; Clifford Geertz, 'Ideology as a Cultural System' in David E Apter (ed), *Ideology and Discontent* (New York: Free Press, 1964), 47, 63; David Lewis, *Convention* (Cambridge, MA: Harvard University Press, 1969); Michael Freeden, *Ideologies and Political Theory* (Oxford: Clarendon Press, 1996).

第八章 国家宪法

学的角度,这样的社会科学研究是非常艰难的。如果规范只有在一系列实践中(或者说文化中)才能获得意义,研究一定会受到某种阻碍,因为我们首先要回答特定文化是如何形成的,为什么文化会呈现出差异性。这会进一步引发更为基础的问题:什么样的实体可以被视为一种文化,它是如何运作的。如果"实践"这个概念或者相似概念为我们理解事实和规范之间的关系提供了某种视角,而且实践只能被放置在特定文化背景下被理解,我们就需要有关"实践"的社会理论的支撑。但是,目前的困难在于,没有人给定一个客观的、与实践指涉相关的客观实体的概念,"实践"很多时候只是作为一种隐喻被使用。所以,正如斯蒂芬·特纳(Stephen Turner)主张的,我们没有任何明确的理由支持我们为什么要接受"实践"作为解释真理或意向性问题等任何核心问题的一部分。[52]他也许是对的,也许也是错的。[53] 相较于实践理论,一般社会理论并没有在这些问题上提供给我们更好的指引,目前,确实是与实践有关的一些构想和提法为我们提供了理解政治世界的最佳方法。

耶利内克和施米特虽然都试图克服在思考国家宪法时所面临的规范和事实角度的冲突,但是他们的理论都有一些局限性,在应对这些局限性问题时,以实践为导向的方法有非常明显的优势。耶利内克认为,"无论是法理的视角,还是社会学的视角,是理解一个国家都不能忽略的",这是正确的。施米特主张,"国家宪法不仅仅是一个客观的规范系统,还是一种存在意义上的现实存在",这也是正确的。但是,在此基础上,理论还可以进一步发展。不同于

---

52 Stephen Turner, *The Social Theory of Practices: Tradition, Tacit Knowledge, and Presuppositions* (Chicago: University of Chicago Press, 1994); Stephen Turner, 'Practice Then and Now' (2007) 17 *Human Affairs*, 110–125.

53 可参见 Theodore R Schatzki, *Social Practices: A Wittgensteinian Approach to Human Activity and the Social* (Cambridge: Cambridge University Press, 1996); Theodore R Schatzki, Karin Knorr Cetina, and Eike von Savigny (eds), *The Practice Turn in Contemporary Theory* (London: Routledge, 2001)。

323

公法的基础

将国家权力在法理意义上视为是绝对的,而在经验意义上是有限的(受到既有经济、心理和社会关系的限制);也不同于认为宪法形式上就是一个规范结构,实质上就是存在性的现实;我们可以将法理和社会学意义上的解读视为一个社会实践的一体两面,是实践呈现出来的不同维度(实践本身就包括了事实和规范两个维度),用这样的方法来克服事实和规范的两分法带来的局限。当国家宪法被视为不同实践的结合时,这样就可以辩证地解释事实与规范的相互作用机理。不同于耶利内克主张的"统治国家的潜在权力要远远超越实际行使的权力"[54],我们也许可以认为,没有制度化、组织化的呈现,权力的概念就无法具体化,潜在的权力就是现实的权力。

这一理论要得到进一步的发展,首先可以通过对构建国家宪法的权力,即制宪权(the constituent power)的解释来开展,在此基础上,再详细地剖析国家宪法本身(公共领域)。为此,我们并不采用纯粹的规范主义或者社会学的方法,我们采取的是以探究政治法为核心的研究方法。

第三节 制 宪 权

制宪权这一概念预设了一个实体的存在,这一实体是政治统一体的创造者,基于这个实体的意志,政府机构得以形成。这就在创造政治统一体的政治性契约和构建政府机构宪法的宪法性契约之间做了区分。作为政治性契约的结果,一种政治权力得以产生,被称为制宪权,在制宪权授权的基础上,宪法性契约得以缔结。制宪权是一个现代概念,在塑造现代政治实体的过程中得以产生,一

54　参见本书第 318 页。

般认为,这一权力被赋予了"人民"这个集合体,人民作为一个统一体有着明确的政治意识,通过授权签订宪法性契约的方式行使享有的权力。

事实上,在将"人民"作为制宪权主体的观念产生之前,制宪权这个概念在纯粹君主制的政府理论中也存在。不过那个时候,我们会认为初始的法律权威被赋予了国王,所有政府机构的存在本身都是由国王的意志导致的,它们的权力也因此是从国王的意志中获得的,因此,国王可以依凭其意志随时收回或者修改这些他赋予政府机构的权力。此时,即使存在一部成文宪法,宪法也不过是国王的馈赠物,宪法的权威完全倚赖国王的意志。

在现代政府形式中,这样的君主制安排并不常见,最为接近的就是明治时期的日本帝国。1889 年《明治宪法》宣布:"天皇是帝国的首脑,享有主权,基于现行宪法行使其权力。"[55] 根据宪法规定,"天皇依帝国国会(the Imperial Diet)之协赞,行使立法权"[56]。但是,这一条款并不被视为对统治者权力的限制,因为它进一步宣布"天皇批准法律,命其公布及执行"。[57] 最终的权威被授予天皇这一立场在宪法的第一条和第二条规定中就表述得非常清楚:"日本国由万世一系之天皇统治之。皇位,依皇宗典范之规定,由皇族男系子孙继承之。天皇神圣不可侵犯。"伊藤博文在对宪法进行评注时解释道:

> 天皇所享有的凌驾和统治国家的权力自其祖宗处继承而来,并经由他本人传给未来的继位者。所有他统治国家和人民所需要的立法和行政权都在这个杰出的人格身上得以汇

55　Constitution of the Empire of Japan 1889, Art 4. 参见〈http://www.geocities.com/Tokyo/Temple/3953/conmeiji.html〉。

56　Ibid, Art 5

57　Ibid, Art 6.

集……天皇有权决定宪法,让宪法成为统治者和人民都必须服从的基本法。[58]

伊藤博文认为,天皇享有的不仅仅是对立法机构的否决权,根据《明治宪法》的规定,一个积极的原则得以确立,即所有的法律,都必须是天皇命令的实现。[59] 鉴于此,加上宪法修正案只能由天皇提出,我们可以认为,制宪权是由当时日本帝国的天皇所享有的。

有观点认为,普鲁士国王也和日本天皇享有同样的地位,[60]但是这样的提法非常具有争议性。格伯认为,对德意志帝国而言,尽管恺撒是国家权力抽象人格的享有者,但是他的权力和权威并不等于国家本身。[61] 因为在格伯看来,尽管统治权形式上是赋予国王的,但是国家作为一个实体是区别于君王的,国家建立在人民的自然基础之上。[62] 相应地,尽管国王代表了国家最高的意志机构,国王享有全部国家权力,但是君主政体本身是以国家的存在作为前提的,国王也许享有绝对的统治权,但是只有其权力的行使服务于国家目的时才是绝对的。[63]

德国和日本都结束了王朝式的统治,但是对英国宪法而言,是否意味着王室享有制宪权呢? 毕竟在今天的英国体制中,女王依旧是国家权力的形式代表,法律也必须基于女王的谕旨而制定,判决也是以她的名义做出的,她的决定将最终决定其臣民的权利和

---

58 引自 Westel W Willoughby, *The Fundamental Concepts of Public Law* (New York: Macmillan, 1924), 103-104 (n 1)。

59 Ibid, 104.

60 参见 Willoughby, ibid, 102-103。

61 参看 von Gerber, *Grundzüge eines Systems des deutschen Staatsrechts* (Leipzig: Tauchnitz, 1865), 19 (n 1)。

62 von Gerber, ibid, 19-20.

63 von Gerber, ibid, 29:"统治权不是一种绝对的意志性权力,这一权力是服务于国家目的、服务于国家存在的。"

责任。女王,作为名义上的政府首脑,不仅负责任命所有的行政部长,而且负责召集、支持和解散议会。司法权威也被认为是从女王那里获得的:所有的裁判都以女王的名义做出,所有的判决都是以她的名义获得效力的。作为荣誉的源泉,女王有权授予荣誉,这些是否可以构成君主享有制宪权的证据?

如果要做一个简要的回答,那么就是英国的情况是完全不一样的。[64] 这可能在一定程度上表达了法律的正式立场,但是在英国的体系中,除了具体的法律规定,还有很多的实践——惯例和传统——决定了国家权力如何合宪性地运行。尽管特权(the prerogative powers)被赋予了王室,但是女王事实上也要接受相关力量的建议、指导乃至控制。[65] 尽管英国在法律形式上依旧是君主制,但是大量超越实证法规定的、具有革命性变革的政治安排也存在于实践中,因此,很难主张王室就是最终制宪权的渊源所在。[66] 因此,在英国当下的系统中,制宪权——制定和修改宪法性契约的权力——事实上是由人民享有的。

如何定义人民享有的制宪权?这一权力不能等同于基于多元

64　进一步参见 Martin Loughlin, 'The State, the Crown and the Law' in Maurice Sunkin and Sebastian Payne (eds), *The Nature of the Crown: A Legal and Political Analysis* (Oxford: Oxford University Press, 1999), 33—76。

65　正是因此,彰显了戴雪(A. V. Dicey)所称的"宪法惯例"(conventions of the constitution)的重要性,参见 AV Dicey, *Law of the Constitution* (London: Macmillan, 8th edn, 1915), ch 14。白芝浩详细阐述了在区分宪法的"尊严"维度(激发和维护民众的尊重)和"效率"维度(宪法事实上的运作和统治)方面的意义,参见 Walter Bagehot, *The English Constitution* [1867] (Oxford: Oxford University Press, 2001), 7。白芝浩指出,"王室是荣誉的源泉所在,财政部是真正政府事务和商业的源泉"(at 11—12)。但是,需要注意到,宪法惯例是非常模糊和难以把握的,在理解它们的时候不能完全将其与政治割裂开来,参见 GHL Le May, *The Victorian Constitution* (London: Duckworth, 1979), 2, 21。

66　关于宪法复杂性的相关分析,参见 Martin Loughlin, 'Constituent Power Subverted: From English Constitutional Argument to British Constitutional Practice' in Martin Loughlin and Neil Walker (eds), *The Paradox of Constitutionalism: Constituent Power and Constitutional Form* (Oxford: Oxford University Press, 2007), 27—48。

公法的基础

和多样性的大众的权力,因为基于这种多元性的大众行动最终会导致冲突,而这种冲突会从根本上腐蚀国家和主权概念得以产生的统一感。但是,这也不意味着国家仅仅是一种建立在人民基础上的单一观念,而不是由人民持续、积极创造和形成的实体,否则的话,它就完全是一种象征性的观念,没有任何实际意义。"人民"这个概念既要确保具有明确的集体观念存在,对政治性实体的形成和保持有清楚的认知,也要有行动的能力,能够产生持续不断的动力。[67] 那么经验意义和象征意义这两个方面的要求如何能够共存? 在法国大革命的不同阶段,围绕这一问题的辩论得以广泛地展开,[68] 在这其中最为重要的辩论,除了法国民族国家形成的时刻(主要是从疆域和人民的视角来看),人们在革命时期围绕应该为自己的政治性存在(国家权力)选择什么样的机构和制度形态进行决策时,也是一个非常重要的时刻。

在众多深入的思考和探索中,伊曼纽尔·约瑟夫·西耶斯(Emmanuel Joseph Sieyes)在其 1789 年 1 月发表的、非常有影响力的《什么是第三等级?》一书中提供了非常伟大的法理思考。西耶斯认为:"如果我们建立一个服务于特定目的的实体,我们就必须赋予其为了实现其目标所必需的组织机制、形式和法律,这就是这个实体的宪法,所以每一个政府都有其宪法。"[69]这部宪法必须建立在一个保护条件基础上,即确保被授予的权力不会被用来损害整个民族(也就是不能损害那些将权力授予政府机构的人)的利益。但是,宪法能够被赋予对一个民族本身进行约束的力量吗?西耶斯在这点上非常坚定地指出:"民族是早于一切而存在的,它

67　关于这些问题的细节性讨论,参见 Martin Loughlin, *The Idea of Public Law* (Oxford: Oxford University Press, 2003), ch 6。

68　参见 Lucien Jaume, 'Constituent Power in France: The Revolution and its Consequences' in Loughlin and Walker (eds), above n 66, 67-85。

69　Emmanuel-Joseph Sieyes, 'What is the Third Estate?' in his *Political Writings* M Sonenscher (trans) (Indianapolis: Hackett, 2003), 92-162, 135.

328

构成了一切的渊源,它的意志就是合法的,它就是法律本身。"[70]

西耶斯的观点还需要获得进一步的解释。他注意到,最初依据民族意志产生的实证法就是宪法性法律。宪法性法律被认为是基本法,不是因为它们是独立于民族意志的,而是因为那些基于这些法律才得以产生和行动的实体本身必须服从这些法律,不能对这些法律"指手画脚"。[71] 这一基要主义(fundamentalism)事实上就是对"任何经授权获得的权力本身,不得运用自身权力更改任何授权条款"这一原则的适用。西耶斯非常明确地指出,"政治契约早于宪法性契约而存在,宪法是在第二时刻出现的",因此,宪法"仅仅是为政府设计的"。[72] 如果要求整个民族受到它自己为限制相关机构而设计的宪法和礼节形式的约束,这将是极其荒谬可笑的事情。[73] 政府权力只有在具备合宪性的前提下才是合法的,"民族意志则不同,其存在本身就是合法的,它构成了所有合法性的渊源"。[74]

但是,对作为根本完全不受任何程序限制的民族而言,它会受到什么样的约束吗? 还是它只会受到自身意志的约束? 西耶斯指出,一个民族既不能疏离也不能放弃行使其自由意志的权利,无论它做出了什么样的决定,它都拥有依据自身利益对这个决定进行更改的权利。那么是谁和这个民族缔结了政治性契约呢? 答案就是:和它自己。与自己缔结的契约意味着什么? 意味着契约缔结者可以随时终止契约承诺,做出新的承诺。简而言之,一个民族不仅仅是事实上不受制于宪法,也不可能和不应该受制于宪法。[75]

70　Sieyes, above n 69, 136.

71　Ibid.

72　Ibid.

73　Ibid.

74　Ibid, 137.

75　Ibid.

公法的基础

　　基于以上的主张,西耶斯毫不迟疑地指出,根本就不应该存在
"国家宪法"这个概念,国家(或者民族)是不应该受到特定的法律
的限制的,无论这个法律是否由自己制定。如果一个民族受到某
个特定实证法的限制,就会对其自由带来无可挽回的损失,因为这
个时候某个暴政只需要借助一部宪法,宣布效忠一部宪法就可以
对人民构成根本性的限制。[76] 一个民族的存在只需要服从自然秩
序,或者说符合自然状态,它对自由意志的行使是独立于任何世俗
形式的:世俗形式是好的,但是民族自身的意志也具有最高性,是
最高的法律。[77] 如果说政府是实证法的产物,那么民族存在本身
只能归因为自然法。

　　西耶斯非常清楚地展示了现代话语体系中制宪权概念的逻
辑。他的思想非常明确地受到了斯宾诺莎和卢梭的影响,[78]与此
同时,他的思想又对施米特产生了显著的影响。当施米特主张,国
家的政治性契约需要和宪法性契约区分开来时,这种影响得以呈
现。在施米特看来,在宪法性契约中,人民已经出现了,并且是作
为宪法性契约得以产生的前提——一个政治统一体出现的,而国
家契约则确保人民构建了这个政治统一体,这些观点基本都和西
耶斯保持了一致。[79] 施米特认为,人民构成了所有政治行动的渊
源、所有政治权力的起源,人民是通过不断发展的新形式,从自身
中产生的各种新组织,来表达和呈现自身的。[80]

　　那么应该如何理解和解释"人民"这一作为所有前提的先在性

　　76　Sieyes, above n 69, 137.

　　77　Ibid, 138.

　　78　参见本书第四章,第163—171页。施米特注意到:"在西耶斯的写作中,制宪
权和宪定权之间的关系其实就是对斯宾诺莎所阐释的'Natura naturans'理论的形而
上的表达。制宪权是一切形式得以产生的取之不尽的渊源所在,而不是形式本身。"
"Natura naturans"在斯宾诺莎那里指代"自然所为正是自然所创造",详见 Schmitt,
above n 2, 128。

　　79　Schmitt, above n 2, 112. 关于施米特对西耶斯相关积极评价的进一步分析,
可见 Schmitt, above n 2, 126–129。

　　80　Ibid, 128.

330

第八章 国家宪法

存在？君主的制宪权事实上是作为宗教上的超验主义的遗产而出现的，但是，当制宪权属于人民时，似乎就没有那么清晰的线索帮助我们对这一权力进行解释了。这个问题其实就像卢梭对建国问题提出的疑问一样：大量的陌生人是如何能够遇见、审议，并基于理性同意一个服务于共同利益的政府框架的？[81] 关于制宪权的讨论成为最后一个关涉集体身份认同的问题。

施米特指出，规范主义逃避这个问题的方法就是假设已经存在一个规范秩序，然后将"人民"作为一个集体性存在的主体完全从法理分析中排除出去。对于规范主义的分析，施米特是完全正确的。但是，施米特所给出的答案——将人民作为一个集体性存在的主体对待，并认为他们拥有制宪权——本身也面临诸多理论上的困难。[82] 规范主义者认为，建国不过就纯粹是通过一个代表行为完成的，他们用宪定性权力替代了制宪权。但是施米特坚持认为，制宪权是独立的，是人民所享有的决定宪法形式这一直接权力的表达。[83] 与规范主义的纯粹形式主义和自我周延性不同，施米特对政治性集合作为既存实体的主张事实上预设了人民组成人员之间的实质性平等。我们是否能够超越这种代表性和存在性之间的对立？

汉斯·林达尔指出，只有通过认识到"自我立宪"（self-constitution）中的"自我"是一个自反性身份（reflexive identity），是一种集体性的自我身份认同，而不是一定要将其等同于现实中

81　参见本书第四章，第169—170页。

82　"人民"在这里就等于"民族"。可参看 Schmitt, above n 2, 127："民族和人民往往被视为指代同样的存在，是同义词。但是，民族这个概念更清晰，更不易产生误解，它所具体指代的人民是一个能够采取政治行动的统一体，具有政治独特性意识和政治存在意愿，而不作为一个民族存在的人民，在某种程度上只是在种族或文化上属于一个整体，但不一定是政治意义上存在的人的联合。"

83　参见 Schmitt, above n 2, 289："代表权的理念与作为政治统一体存在的人民自我认同的民主原则相矛盾。"进一步可参见 Carl Schmitt, *The Crisis of Parliamentary Democracy* [1923] Ellen Kennedy（trans）（Cambridge, MA：MIT Press, 1985）。

331

公法的基础

的自我,制宪权具有的这种内在矛盾才有可能获得有效解决和克服。[84] "集体自我立宪"不仅仅是指宪法是由集体的自我制定的,也包括宪法彰显和代表了这个集体性的自我,在构建政治共同体的过程中,这两者之间的模糊性是无法被消除的。[85] 这就意味着,如果没有一种行动,通过行使政治性的创制权(political initiative),从而明确依据什么目标或利益把大众联结成一个政治统一体,确认谁属于"人民",从而实现对政治共同体进行闭合定义的目标,就不可能有"我们人民"的出现。[86] 因此,"尽管施米特正确地断言,基础性行动引发了一种干扰代表性实践的存在,但就这一断裂性本身而言,并没有也不能立刻揭示人民作为一个集体性主体的呈现"[87]。制宪权不仅仅是人民享有权力的行使,它同时也在创设"谁是人民"。

自反性身份理论主要是要说明那些行使制宪权的人恰恰是享有宪定性权力的人,因为任何制宪大会或者集合都是一个已经被赋予宪定性权力的政府机构。因此,任何行使制宪权以创设宪法性秩序的行动都是溯及既往的:制宪权只有"个体在行使宪法赋予的权力过程中,溯及既往地认可自己在立宪过程中作为政治体的成员身份时",才真正被识别出来。[88] 但是,也如林达尔指出的,一种特殊的制宪权的行使情况也存在———一种由激进的外部力量所带来的、完全超越政治共同体的控制的规范创新与断裂。[89] 制宪权彰显的这种"统一源自分裂、包容源自排斥"的事实提醒我们,宪法性秩序是一项模糊的、暂时性的成就,它始终处于动态生成和

---

[84] Hans Lindahl, 'Constituent Power and Reflexive Identity: Towards an Ontology of Collective Selfhood' in Loughlin and Walker (eds), above n 66, 9–24, 9.

[85] Ibid, 10.

[86] Ibid, 18.

[87] Ibid.

[88] Ibid, 15–16.

[89] Ibid, 22.

发展中,不是静态的。

强调制宪权的自反特征能够为辩证的解释提供可能。这就意味着我们不要单纯地将人民的制宪权视为是在宪法之前就存在的,以既存实体的方式呈现的,这一权力其实体现了一种辩证关系,这个辩证关系存在于为自我立宪的目的而存在的"民族"和享有宪定性权力的宪法性组织之间。"人民"这一集体性实体必须依赖一个从未出现的过去和从未在当下呈现的未来而存在,即一个完全不受人民控制的过去和未来。[90] 所以,对制宪权的行使从来都不是一个从虚无中产生的纯粹决定,"人民"始终要对一些问题做出反馈,其中,从未停止过对作为源头性的、贯穿始终的"我们是谁"这个问题的追问。[91] 因此,要理解制宪权就不可能不借助宪定性权力,制宪权就是要服务于建立政府的宪法形式,而且借助于政府的宪法形式对这个结构的内涵进行不断的质疑和修改,制宪权才能被持续地行使。制宪权和宪定性权力之间存在一种辩证关系,这种关系借助于国家学要素中的人民和国家权力机构之间的互动得以呈现,只有借助于这种辩证关系,它们(制宪权和宪定性权力)共同构建了国家——也可以称之为公共领域。

第四节 公 共 领 域

一旦制宪权和宪定性权力的关系,也就是人民和政府机构之间的关系,被认为是反身性的,我们就可以开始进一步理解国家宪法了。相关理论有一条清楚的发展轨迹,从博丹到普芬道夫、斯宾诺莎、卢梭、西耶斯,最终到施米特,他们都坚持认为,只有在将主权与政府、政治性契约与宪法性契约、国家与其运行组织形式、制

90　Lindahl, above n 84, 20.

91　Ibid, 21.

333

公法的基础

宪权与宪定性权力之间区分开来时,我们才能真正理解公法。这些划分对公法而言是不证自明的,但是这些概念之间的相互关系依旧是有争议的。我的主张是,这些概念之间不是单向的因果关系,而是反身性关系。也就是说,由于国家和它的组织形式之间是相互联系的,如果我们用"公共领域"(the public sphere)这个概念替代国家这个概念,就可以避免只从国家概念的某一构成要素对国家进行理解时所造成的混淆。

"公共领域"的观念主要指称的是在思想和实践层面都同时存在的、现代政治世界的自主性。因此,公共领域也就是主权概念的同义词,是对政治领域自主性的陈述,是对国家作为一个自主的提供可理解性的体系的呈现。[92] 依据这些表述所确定的,作为一种特定的表现形式,公共领域在一定意义上就是通过宪法被建构的,那么问题就在于:它的构成要素包括哪些?

可能最为基本的构成要素就是一条被普遍接受的信仰,即政治权力最终依赖一个被称为"人民"的实体而存在,人民通过宪法性契约授权政府运行机制的建立。尽管政府可以采取各种形式,但是,现代世界的政府运行必须遵守一些基本性的创制原则。在这些原则中,获得普遍接受的、从人民民主的原则中衍生出来的原则就是:"政府本质上是一个代议机构,以人民的名义和基于公共利益行使权力。"

这一基本原则表明,政府事实上是一个信托机构。它必须遵守相关的授权机制(一般是通过选举)、制约机制(通过政府权力在机构之间的职权划分)和召回机制(一般是通过任期)。因此,尽管在过去政府权力还可能被授予一些特定的君主,由他来行使权力,但是在现代社会,这已经几乎不可能成为任何的政府所选择的形式。也就是说,公共领域的宪法是建立在代表性的、负责的和责任

---

[92]　参见本书第七章,分别是第 268—272 页和第 299—305 页。

334

明晰的政府概念基础上的。

鉴于这些基础性安排中其实暗含了政府宪法是建立在同意原则基础上的，另外一个基本要素也就因此而确定了。公共领域的宪法需要建立在公民主体这个形象基础上。尽管个体之间天赋、力量和财富都存在较大差异，但是在公共领域当中，在参与公共事务时，他们被认为是完全自由和平等的，仅仅受到法律的限制。个体既是平等权利的享有者，又是一般责任的承担主体。这一基本要素确定了法律和政治平等原则。

从这些构成原则中，产生了一个同时具有绝对性和条件性的权力领域。政治权力在一个层面上是绝对的，即人民在构建其政治世界时是完全不受限制的这一点，也就是说，公共领域的权力行使是不会受到历史、习惯、宗教信仰等主张的限制的。唯一一对这一权力的限制是固有的，即人民或者人民代表在做出决策时，必须是依据公共利益做出的。这是公共自主或者说主权的基本原则所在。在一个建构的世界中，权力要受到其在建立时的基本原则的限制，因此对国家这一现代实体而言，作为重要的权力行使条件就是保护其成员的平等和自由。这一原则是与私法自治的原则相伴而生的。

如果不能把握公共领域所产生和维系的政治权力的复杂特征，事实上就无法很好地把握"公共领域"这个概念。政治权力不是指政府机构所享有的命令的权力，那只是统治权，是权力的分配形式。权力的本质存在于其不断生成的过程中，权力只有将人民团结和凝聚到一部特定国家宪法的时刻才会产生。如果权威是人民同意的产物，那么人民必须超越他们明确可见的差异和物质上的不平等，共同参与到集体的政治想象当中来。

政治权力的概念是有一些法理上的隐喻的。由于权力是基于制宪权和宪定性权力之间的相互关系而产生的，它就需要采取一个关于法的动态观念，才能彰显权力的重要性。在对制宪权进行

公法的基础

反身性论证的过程中,林达尔注意到:"政治统一体不仅要借助于自我归因的个体行动获得存在,它还需要这个行动的持续存在和更新,以确保自身的存在。"[93]这一动态的"活的法"的形式决定了当下确立的法律永远无法完全彻底地理解和满足权力本身。但是,由于对这一"活的法"的解释权被掌握在政府机构手中,统治行动本身也构成了公共生活的重要因素。因此,权力机关就需要承担一种积极的义务去推动"公民宗教"[94]、公民身份叙事[95]的形成和发展。同时也要注重通过政治符号,如旗帜、军装、国家元首形象(特别是君主)、政治仪式和国民节日等,呈现每个历史节点的重要价值,以实现凝聚人心、推动政治想象的目标。[96]

这种对政治权力进行定义的方式,意味着构建公共领域的条件不仅仅限于对权力的限制,同时还包括那些使得国家权力得以增强的条件,这一点需要得到进一步的陈述。正如博丹所指出的,主权是一个和公共领域(共和国)相关的概念。但是,一些与人类存在相关的问题(比如,良知自由、对宗教真理的追求)都是与公共领域无关的。其中的原因在于,信仰的问题不同于行动问题,是应该超出国家命令管辖的疆域的。另外,如果在信仰问题上需要公

93　Lindahl, above n 84, 20. 这一点与魏玛时期的法学家鲁道夫·斯门德(Rudolf Smend)的观点相似。斯门德认为,国家"存在并呈现于不断更新的过程中,不断地被重新体验;借用勒南(Renan)对国家的著名描述,它(国家)之所以存在,是因为每天都有一次全民公决"。详见 Rudolf Smend, *Verfassung und Verfassungsrecht* (Munich: Duncker & Humblot, 1928), 18, 摘自 Arthur J Jacobson and Bernhard Schlink (eds), *Weimar: A Jurisprudence of Crisis* (Berkeley: University of California Press, 2000), 213-248, 218。

94　Jean-Jacques Rousseau, 'The Social Contract' in his *The Social Contract and other later political writings* Victor Gourevitch (ed) (Cambridge: Cambridge University Press, 1997), Bk 4, ch 8.

95　Rogers M Smith, *Stories of Peoplehood: The Poiltics and Morals of Political Membership* (Cambridge: Cambridge University Press, 2003).

96　Smend, above n 93, 48, 摘自 Jacobson and Schlink (eds), above n 93, 230。相关的分析,参见 Werner S Landecker, 'Smend's Theory of Integration' (1950-1951) 29 *Social Forces*, 39-48。

共的许可,这事实上是对个人自由和平等原则的损害。一系列原则和效能要求的存在使得现代国家完全从宗教和信仰问题上抽身,专注于公共行动。把这些问题完全地留给私人领域去处理,从而使得关于终极真理的相关基本争议彻底从公共领域当中排除出去,这一基本争议本身会对人民统一性产生消极影响,并最终导致不稳定的问题。国家必须是世俗的,因为它是最高权威。绝对的权威是不存在的,因为国家只负责处理公共福利和相关公共问题(不涉及终极真理问题)。

从这个角度来看,一些更为广泛的基本权利,如言论自由、表达自由、结社自由和免受任意拘捕等自由,都构成了公共领域的构成性要素。一方面,这些基本权利构成了自由和平等原则的基本诠释,而这一原则是与私人自治相伴而生的公共领域得以构建的原则。另一方面,这是完全出于功利主义视角的论证:通过将与私人身份相关联的问题排除在公共领域之外,同时创造一个充满活力的市民社会得以保存的条件,那么国家能力将在这个过程中得到加强。忠诚和联合,作为权力的生产者,不仅仅在国家能力被限制时得以提升,当我们能够促成一个开放、负责任的政府得以生成的条件出现时,它们也会被强化。[97]

现在,我们可以简明扼要地阐述基本原则了。[98] 对公共领域的宪法最基本的构成要素而言,最为主要的主题就是:限制最终是为了赋权。对权力的表面限制其实最终是为了确保更多的权力

---

[97] 关于这一主张的进一步论述参见 Alexis de Tocqueville, *Democracy in America* [1835] Henry Reeve (trans) Daniel J Boorstin (intro) (New York: Vintage Books, 1990), vol 1。阿历克西·德·托克维尔(Alexis de Tocqueville)指出:"人民……之所以遵守法律,不仅因为它是他们自己的创作,而且因为如果它是有害的,它是可以被改变的;法律之所以被遵守是因为,首先,它是一种自我强加的邪恶;其次,它是一种可以被矫正的、短暂的邪恶。"(at 248)相关分析,参见 Stephen Holmes, 'Tocqueville and democracy' in David Copp, Jean Hampton, and John E Roemer (eds), *The Idea of Democracy* (Cambridge: Cambridge University Press, 1993), ch 1。

[98] 参见本书第六章。

产生。权力和自由是相伴而生的。尽管不同的政权在运用这一原理时,会采取不同的方式,但是贯穿公法结构的话语逻辑是完全一致的:这与斯宾诺莎的"能动的自然"(*natura naturans*)的逻辑是基本一致的——自然所为正是自然所创造。也就是说,现代宪法性契约所构建的精密架构的目的并不在于要为公共权力的行使实施相关限制,而是通过相关制度设计使得权力本身能够得以从中不断产生。

第五节　作为国家宪法的政治法

我认为,公共领域的构成要素形成了公法的基础构成规则,这些规则本身要和政府宪法区分开来,政府宪法可以被视为特定政权的监管规则。通过这一区分,公法的法理话语本质就更容易被识别。非常重要的一点就在于,公共领域是通过一套独特的法理话语得以构建的,这一独特的法理话语就是国家法,或者说政治法,或者说具备独特含义的公法。西耶斯在论述制宪权本质时指出,政府机构是需要服从宪法的,但是民族整体不需要。民族——或者称为人民或国家——构成了权力的最终渊源所在,它们的意志天然具有合法性。但是与此同时,西耶斯也非常清楚,在民族出现之前,自然法就已经存在。[99] 如果政治法被视为一种可以在政治世界中得以实施的、世俗化的自然法,这个时候就可以认为公共领域(国家)就存在一部宪法。

通过在政治法和实证法之间做区分,国家和政府在概念上的区分也就非常明晰。当我们将这一区分放置到一个关系性的框架中时,贯穿相关讨论始终的、国家与法律之间一个明显的矛盾就可

---

[99]　Sieyes, above n 69, 136-137:"一个民族是基于自然法而形成和产生的。"

以获得解决。比如，以林达尔提出的问题为例：

> 制宪权的内在矛盾表明，自我立宪是借助于合法秩序来构建政治统一体及其宪法的，而不是通过政治统一体来构建合法秩序及其宪法的。在这个过程中，一定要有人抓住和行使创制权去确定什么是集体共享的利益，谁属于这个集体。施米特明确否定"政治统一体是通过宪法的制定得以创建的"。[100]

尽管林达尔对有关隐含问题的解读是非常正确的——比如，确实存在做出相关政治决策的必要性，但是，如果有一点能被认识到，这里所存在的各种问题和困境就能得到解决：由政治统一体制定的、目标在于构建某个法律秩序的宪法，是一个实证法的制定过程；与这个宪法不同，通过合法秩序来构建政治统一体的宪法，就不是通过实证法来确认法律秩序的过程，而是通过政治法来确定政治统一体的宪法的过程。借助于这个政治法秩序本身，我们才能够构建和形成政治统一体自己的宪法，从而区别于由政治统一体自己制定的宪法。因此，就不能说通过宪法的制定，政治统一体得以创建，因为这里的宪法制定其实是一个实证法的制定过程，是构建形式的政府宪法的过程。与这个过程不同，政治统一体的产生是另外一个过程——通过政治法运行的方式构建国家宪法的过程。

那么重要的问题就变成政治法如何塑造公共领域。施米特并没有像有人指出的一样，他试图绕过回答这个问题，恰恰相反，他一部分的论述试图从因果关系的视角对这个问题进行说明（在施米特看来，政治统一体是先在地存在的，通过行使意志自由构建了

100　Lindahl, above n 84, 22.

宪法性契约），但是，我们也会发现，他更多的相关论述没有采取因果关系的视角，而是采取了更具反身性的视角。比如，他认为，"人民"代表了一种"没有具体组织形式的组织形态"，这种组织形态能够让其享有完全的自由进行自我决定；"作为一个未经组织的实体，他们也不可以被解散"；以及"他们的生命力量和能量是无尽的，可以不断地创建新的政治存在形态"。[101] 这里，施米特使用的语言，比如，没有组织形式的组织形态（formless-formative）、拥有制宪权的宪定性构成（constituent-constituted）等，有明显的反身性特征。所以，尽管施米特主张"人民意志直接表达的自然形式应该是，集合起来的大众明确地宣布他们的统一或者反对"，但是他也同时注意到，"在现代超大规模的国家中，同意的表达形式也发生了改变，常常以公共舆论的方式表达"。[102]

施米特关于公共舆论的论点和卢梭关于习惯的重要性的论述是基本一致的。[103] 对卢梭而言，那些深刻在公民心中的法律，作为法律的类型之一，构成了其他法律类型得以存在的基石。这些"活的法"使得民族能够保有其组织形态，他们才是"国家真正的宪法"。[104] 如果习惯、信仰和观念才是人民意志真正最主要的表达，那么人民意志可以是一切，却是不确定和未完成的。这恰恰就是林达尔所主张的，政治统一体的存在不是基于某一个单独的制宪行动，而是一系列持续的更新行动。[105] 施米特同样也将这一动态的视角纳入对制宪权的概念定义中。

我们进一步得出的结论在于，公共领域的构成要素是一系列习惯、信仰（实践），是这些习惯、信仰本身确保了秩序的形成和保持。当然，这事实上只是关于政治法理学本质的另外一种表达而

101　Schmitt, above n 2, 129, 131.

102　Ibid, 131.

103　Rousseau, above n 94, 81. 参见本书第五章，第 194—195 页。

104　Ibid.

105　参见本书第 336 页。

已：人类生而自由平等,被赋予了集体决策其政治性存在本质的权利,同时有权选择政府的组织形式,从而确保权力和自由呈现互惠的关系。[106] 正是这种以法理话语呈现的政治动力,也就是公共领域的话语,创造了国家的宪法秩序。

尽管政治法的观念在 19、20 世纪之交时候是隐形的,但是属于被广泛接受的观念,那个时候,很多欧洲政权都在倡导一种自觉的现代公法习俗。当时法国著名的公法学者莫里斯·奥里乌在其"指导理念"(*idées directrices*)这一核心概念中就有对政治法观念的详细阐述。在他看来,"指导理念"在公共组织的建构过程中发挥了非常有创造力的作用。尽管他同时相信机构组织本身在其产生、持续和消亡过程中有非常重要的法律特征,但是在他看来,实证法规则都是一些有限性规则,它们"只是刻画了事物的轮廓"。[107]相比之下,创造性的、生成性的功能是由塑造组织机制特征的"指导理念"来实现的,这些"指导理念"在"涉及基本规则和宪法规则的内容"中得到了体现。[108]

奥里乌认为,组织机制的指导理念一般都不借助法律形式来展现自身,而更多地通过"道德或者其他理智行为"来展现,当它以法律形式展现出来的时候,它就成为"更高的原则"。[109] 后者的典范就是在美国和法国大革命期间形成的《人权宣言》:宣言表达了现代国家理念的核心,现代国家理念的核心就是对个人主义秩序的关注,在这个秩序中国家有义务保护社会。[110] 这些指导理念使得政府机构获得维持:组织机构制定法律规则,但是法律规则本身并不创造组织机构。"指导理念"赋予了法国公法基本原则以意义,这些意义是伴随着那些塑造政府机构特征的权力的行使而逐

106　参见本书第六章。

107　Hauriou, above n 44, 122, 114.

108　Ibid.

109　Ibid.

110　Ibid, 115.

渐得以彰显的。[111]

奥里乌的研究表明,法国制度学派的学者在认识到制宪权和宪定性权力的关联性特征之后,试图用政治法的理念来解释公法的发展。但是在这个时期的公法学者中,对政治法的理念投入最多的还是赫曼·黑勒(Hermann Heller)。尽管黑勒仅42岁(1933年)就英年早逝,从而导致他在国家学方面的著作没有完成,很显然,黑勒已经关注到了作为公法发展动力的政治法和实证法之间的紧张关系。黑勒指出,法律的概念取决于法律的理念,而法律的理念并不等于法本身。法律的理念只能通过对实证法做相对化处理来形成,而这个相对化处理的过程需要借助超实证的、逻辑的和伦理性的法律基本原则来完成。[112] 他非常明确地反对格伯和拉邦这些实证主义法学家,在这些实证主义法学家看来,建立在舆论和信仰基础上的国家根基是不稳定的、始终起伏不定的。[113] 黑勒则认为,所有具有指导性的原则只能来自现存的实践。黑勒既反对寻求先验原则庇护的学者,也反对将法律沦为强权政治的学者,他认为,应该对公法有一个辩证的理解,在这个辩证的理解中,基本原则是作为一种固有的伦理实践出现的,这种实践始终与实证法规则处于一种紧张关系或者矛盾关系中。

在这一辩证的视角下,黑勒发展了一套有关国家的综合性理论。[114]

111　参见 Maurice Hauriou, *Précis de droit constitutionnel* (Paris: Sirey, 2nd edn, 1929), 73-74。

112　Hermann Heller, 'Bermerkungen zur Staats-und Rechtstheoretischen Problematik der Gegenwart' [1929] in his *Gesammelte Schriften* (Leiden: AW Sijthoff, 1971), vol 2, 249-278, 275.

113　Carl Friedrich von Gerber, *Über öff entliche Rechte* (Tübingen: Laupp, 1852), 21; 由黑勒转引,详见 Heller, ibid, 276。关于拉邦的讨论,参见 Heller, ibid, 269-271。

114　Hermann Heller, *Staatslehre* [1934] in his *Gesammelte Schriften*, above n 112, vol 3, 79-395 ('*Staatslehre*')。该著作的第三部分由大卫·戴岑豪斯(David Dyzenhaus)翻译,详见 Hermann Heller, 'The Nature and Function of the State' (1996) 18 *Cardozo Law Review* ('CLR'), 1139-1216。我非常感谢这份翻译稿,本章很多对黑勒的引用都倚赖这份翻译稿得以完成。

342

第八章 国家宪法

在黑勒这里,国家被视为一个自主的组织,是一种在领土范围内对社会合作的激活。[115] 国家权力通过人民之间的合作呈现和保存自我,这种合作将自身定位为一个基于规则形成的共同秩序。[116] 与军事权力不同,军事权力仅仅是一种技术性权力,其目的是被决定的,而且首当其冲地要将其合法性诉诸国家。[117] 而国家这一政治权力将直接源自社会的正义和合法性理念,是依法组织的政治性权力。由于其本质所具有的社会功能,它就不能只在法律技术的层面证成其合法律性,要确保它自身的保存,就必须在伦理上证成其实证法和习惯规则的正当性,即满足合法性要求。[118] 因此,国家权力"只有在其权力的正当性得到承认时才具有权威",而这种权力的合法律性必须被建立在合法性基础上。[119]

黑勒指出,所有信仰武力的思想家都没有认识到法律有能力促成权力的形成,与此相对,所有信仰和平的思想家也都不想承认权力具有促成法律形成的力量。[120] 在此基础上,他对"事实的规范效力"提出了一个新的解释,他指出,通过这种事实的规范效力,"一种力量,虽然在其出现时仅仅作为一个残酷的事实存在,尽管被视为一种不公正的经历,却成功地一点一点地为自己赢得了对其正当性予以承认的信念"[121]。尽管这一(实然意义上的)常态(normality)可能转型为(应然意义上的)规范形态(normativity)的事实不断地被强调,但是它还是只获得了部分承认:对事实的规范效力而言,最终重要的是规范所具有的(不断发展的、真正的)规范力量。由规范构成的宪法是在非标准、非规范的宪法基础上

115　*Staatslehre*, 310; CLR, 1143.
116　*Staatslehre*, 311; CLR, 1144.
117　*Staatslehre*, 316; CLR, 1149.
118　*Staatslehre*, 355; CLR, 1179.
119　*Staatslehre*, 355; CLR, 1180.
120　Ibid.
121　Ibid.

343

公法的基础

获得升华和提升的,这种非规范性对宪法的影响不可忽视,规范效力的出现依赖宪法规范是否能够不断发展自身的规范力量。[122] 因此,在黑勒看来,这一事实性与规范性的关系是辩证的,尤其是规范的内容和效力并不仅仅取决于它的文本,也不取决于立法者的主张和品质,对规范的内容和效力而言,最终重要的是那些作为规范对象的、被要求服从规范的人(人民)的特征和品质。[123]

黑勒的国家理论的核心部分不仅存在形式宪法和实质宪法之间的紧张关系,同时存在实证法与政治法之间的紧张,后者的概念类似于奥里乌的"指导理念"概念,黑勒称之为"法原理"(*Rechtsgrundsätze*)。施米特也认同同样的区分,但是,他主张绝对宪法最终是依赖一个既存的实体——人民的政治统一体——而存在的。对黑勒而言,实质宪法不仅仅应该被理解为"事实"。他说,任何试图采纳非此即彼概念的理论,比如,法律还是权力,规范还是意志,客观性还是主观性,事实上都没有认识到国家现实的辩证结构,所以一开始就彻底错误了。[124] 原因就在于,一旦把握了"法律所具有的、能够促成权力形成的特征",就不可能仅仅将宪法视为"没有受到任何规范引导和限制的权力所做的决定"。[125] 他不认同规范主义者的观点,指出必须在逻辑上区分宪法的功效性和有效性、现实存在性和规范性,但是,这并不妨碍它们同时存在于一个宪法性现实中,在这一现实中,当主张功效性和现实存在性时,有效性和规范性也必然存在。[126] 他也不认同实质论者,他主张,尽管集体的政治意志可以被指定为有权决定政治单位存在形式的意志,但这里如果没有一个规范的行动,作为集体的人们既没

122　*Staatslehre*, 365；CLR, 1187.

123　*Staatslehre*, 368-369；CLR, 1190-1191.

124　*Staatslehre*, 393；CLR, 1214.

125　Ibid.

126　*Staatslehre*, 393；CLR, 1214-1215.

第八章　国家宪法

有决策的意志，也没有行动的权力，他们也就没有任何权威可言。[127] 黑勒并不认为制宪权的存在意义和规范意义面向之间是相互冲突的，相反，他认为这两者之间是相互依存的。

在他的国家理论中，黑勒非常清楚地区分了国家宪法（the constitution of the state）和政府宪法（the constitution of government）。在此基础上，他还试图识别出哪些法律话语表达了国家宪法这样的构成性安排。他认为，实质意义上的宪法概念被用来处理政治统一体的整体性状况，由于这个实质性概念包括了所有能够确保国家统一的自然和文化条件，对这些条件又没有做有价值的区分，因此，这个概念的价值是有限的。[128] 他主张采纳"（指涉）第二级现实的科学宪法性概念"，在这个概念中，基于特定的历史政治条件，一种被认为具有根本性的国家结构被识别出来，而且从国家统一的角度来看，这个结构应该具有相对的永恒性。[129] 黑勒认为，两种法理上的宪法概念可以被等同于这一社会学意义的概念。第一种概念包含了"宪法文书中所包含的所有法律规范，以及符合宪法的国家秩序所涉及的其他法律"。当然，这个概念也显得非常宽泛。另外一种有效的方法就是对实体宪法中被认为是基础性的部分进行基本的重新排序。但是这么做的效度也是非常有限的，因为"一部具体的历史性宪法从来就无法基于超历史的公理呈现一种闭合的逻辑体系"[130]。因此，对黑勒而言，这就需要第五种关于宪法的概念，即形式宪法，也就是所有在宪法文本中确定的成文条款，因为实质宪法和形式宪法之间从来都不会完全统一。[131]

127　*Staatslehre*, 394; CLR, 1216.

128　*Staatslehre*, 390; CLR, 1211.

129　Ibid.

130　*Staatslehre*, 391; CLR, 1212.

131　*Staatslehre*, 391; CLR, 1212–1213.

公法的基础

在这些有关国家宪法的概念之间存在的紧张关系,事实上是与不同法律概念之间的紧张关系并存的。黑勒有关国家宪法的观点事实上重构了事实性与规范性之间关系的讨论,目的就是要说明权力和法律(权力和自由)是相互依存、互为构成要件的。但是,这里的"法"是指"政治法",即作为法的基本原则,同时也是实证法的基石所在。[132] 这些基本原则不会产生特定的法律决定,只是总体方向的指引,这就导致在现代国家当中,在合法律性和法律的确定性之间存在必然的、无法超越的冲突。[133] 这一冲突反映了实证法与政治法之间的紧张关系,这一冲突本身也是无法避免的,因为在特定国家中,完全一致同意也依旧不能支配和决定有效的基本法律原则的内容和适用。[134] 这种冲突本身也是不可超越的,因为在实证法和法律良知得以呈现自己的这种紧张关系中,国家和个体才得以显现其生命力。[135]

尽管黑勒的理论很多时候被认为是抽象的和模糊的,[136]但是在有关国家宪法的法理逻辑的理解问题上,他已经相较其他法学家做了更多的尝试和努力。在一段经典的评论中,大卫·戴岑豪斯这样评论黑勒:黑勒的观点为法律提供了非常清楚的伦理基础,这个伦理基础本身是有实质性内容的,尽管它无法被任何哲学或者意识形态所涵盖。[137] 这里的实质性内容确保了公共领域是自主的,它在法律上的特征属于一种特殊的法律类型——我们将这种法律称为"政治法"。当戴岑豪斯这样的学者认为黑勒所倡导的"伦理意义上的抵抗权是有分量的,却没有获得法律认可的,并且

132　*Staatslehre*, 332; CLR, 1157.

133　*Staatslehre*, 336; CLR, 1161.

134　Ibid.

135　Ibid.

136　参见 Wolfgang Schluchter, *Entscheidung für den sozialen Rechtsstaat* (Baden-Baden: Nomos 2nd edn, 1983), 182–216。

137　David Dyzenhaus, 'Hermann Heller and the Legitimacy of Legality' (1996) 16 OJLS, 641–666, 651.

充满了模糊性"[138]时,事实上,如果在实证法和政治法之间进行明确的区分,黑勒理论中的这种模糊性就完全可以被克服。综上,政治法的概念是我们理解国家宪法的关键。

138 David Dyzenhaus, 'Hermann Heller and the Legitimacy of Legality' (1996) 16 OJLS, 659.

第九章
国家的形成

　　有关国家的法理概念为我们呈现了一个提供可理解性的体系，从而提供了一种理解公共领域的路径。但是，这个体系不能仅仅停留在观念的领域，它需要有物质的呈现。这就使得任何试图确定一般性国家特征的尝试变得复杂起来，最主要的原因就在于整个欧洲国家的形成历程展示了一种高度的多样性，每一个国家的国家构造最终都取决于其独特的本土环境，因此国家很难基于单一的设计而形成。每个国家的治理结构会伴随着其本土条件的变化而呈现完全不同的形式。

　　尽管每一个现代国家都由领土、国民和统治权力构成，但是有一些现代国家是建立在中世纪帝国的解体基础上的，而有一些则刚好相反，是建立在不同的小的政治单位的结合基础上的。总之，导致国家形成的原因是五花八门的：征服、叛乱、分裂、杀害继承人、多重条约、购买、放弃商业剥削权、议会法案、统治家族通婚、没有联系的遗产世袭继承、王权统辖的消亡、过期封地的合并、封建继承的衰落等。[1]

　　考虑到每一个国家创建时迥然不同的现实条件，每个国家的宪法展现出完全不同的特征也就不足以为奇了，从而导致有的国

　　1　Michael Oakeshott, 'On the Character of a Modern European State' in his *On Human Conduct* (Oxford: Clarendon Press, 1975), 185–326, 185–186.

348

家就是比另外一些国家更为强大。每一个国家的特征不是一个复制品可以被随意删除的模板,而是取决于为了理解这个国家的经历付出的努力。[2]

基于国家形成的特殊历史,可能我们都会怀疑,是否有可能在欧洲国家的形成历程中识别出任何具有一般性的方案。否则的话,对公法基础的探寻就完全是国别性的。如果要防止陷入特殊性的限制,我们就需要采纳第八章所论述的区分,需要在国家宪法和政府宪法之间进行区分。尽管每个国家的政府宪法,即基于宪法性契约所构建的政府形式,是完全不同的,但是在国家宪法这个层面,我们还是有可能找到一些共通的逻辑。[3]

这就需要借助历史学家、政治科学家和社会历史学家的相关研究,去发现会影响欧洲国家稳定和权力行使状况的重要因素。这些研究不仅为理解欧洲国家的形成过程提供了非常有启发性的文献,也为解释不同政权之间的差异识别出了关键的对比要素。但是,本章的研究目的不是要展现这些文献和研究的全景,本章的研究目的是有限且明确的:首先对以上研究工作的主要特征做一个总结,在此基础上专注于解释英国的国家形成过程,目的主要是想向读者提供一种不同于主流英国宪法史的、对于英国的宪法形成过程的新解释。

这一全新的、不同于主流宪法史的解释想要说明,尽管英国宪法展示了某种现代的特殊性,但是总体而言,英国的政府体制是与整个欧洲的主流保持一致的。作为现代立宪实践的产物,差异和分歧是非常晚近才出现的现象。与此同时,笔者希望通过这些研

2　Michael Oakeshott, 'On the Character of a Modern European State' in his *On Human Conduct* (Oxford: Clarendon Press, 1975), 198.

3　可参见 Peter J Steinberger, *The Idea of the State* (Cambridge: Cambridge University Press, 2004), 31-32:"国家之于政府和政策,正如音乐的整体性和谐之于旋律。任何特定的和声结构都能接受和维持旋律选择的巨大变化;但这些选择必须符合这个整体上和谐的环境,或者至少在这个语境下能够被证明是'合理'的。"

公法的基础

究证明,尽管英国是作为欧洲国家形成历程的一个特定例子呈现的,但是,议会国家出现的这个复杂过程足以说明,对欧洲宪制的发展做单一的解释事实上是非常困难的。

第一节　欧洲国家建构的实践

有关现代欧洲国家建构的研究主要聚焦于三个问题。首先,如何能够在呈现多元文化特征的领土上构建强有力的政府系统,从而确保统一秩序的施行。如何能够在面对宗教动乱的威胁以及后来工业化、城市化和商业化带来的挑战的同时,依旧保有政权的权威性。其次,鉴于整个欧洲所面临的挑战基本都是相似的,而且国与国之间还有某种文化上的同源性,为什么欧洲各国的政府结构呈现了如此之大的差异? 最后,是否有可能基于前两个问题的大量工作——有关统一性和多变性的影响——发现一些在整个欧洲国家建构过程中被遵循的一般性解释规则。

围绕这三个问题的探究,产生了与国家建构历程紧密相关的、非常丰富的文献。如果要从这些研究中找到一个一般性的结论,那么这个结论就在于:战事构成了欧洲国家形态得以发展的决定性因素。从11世纪开始,整个欧洲处于不同的政权形式的统治之下,从此陷入了延续至今的各种冲突当中。在上一个千年里,欧洲的战争状态始终没有停歇过,尤其是考虑到霍布斯“战争状态”的观点,在霍布斯看来,战争状态不仅仅是指称实际的武力冲突,它事实上深植于人类的本性当中,从没有例外。[4] 战事不仅仅是欧

4　Thomas Hobbes, *Leviathan* [1651] Richard Tuck (ed) (Cambridge: Cambridge University Press, 1996), 88-89.

350

洲的客观状态,也促成了欧洲政治的发展。[5] 为了应对战争和外来的威胁,统治者必须要集中和垄断政治权力,现代国家因此得以形成。查尔斯·蒂利用一种格言式的表述彰显了这里的逻辑关系:"战争制造国家,国家制造战争。"[6]增强军事力量的目标不仅仅构成了政府得以形成的重要因素,也是政府不断促成其结构现代化变革、增强政府对社会生活的统治和拓展其力量疆域的重要动力。

概括地思考这个结论应该没有太大的争议,但是如果要把握欧洲国家形成的本质,可能就需要更为精细化的分析。尽管地缘军事问题是国家形成的决定性因素,但是为什么不同的欧洲民族国家在具体的发展路径上会呈现如此之大的差异?对这个问题的回答,马克斯·韦伯(Max Weber)和奥托·欣策(Otto Hintze)的著作非常有影响力。欣策首先承认,战事在塑造现代欧洲国家的过程中,发挥的作用是非常大的,[7]但是,他对这种单一化的归因持警惕态度。[8] 他认为在欧洲主要存在两种政府形态:欧洲大陆模式和英国模式。这两者之间的区别表现为:前者主要是行政官

5　Brian Downing, *The Military Revolution and Political Change: Origins of Democracy and Autocracy in Early Modern Europe* (Princeton, NJ: Princeton University Press, 1992); Downing, 'Constitutionalism, Warfare, and Political Change in Early Modern Europe' (1988) 17 *Theory & Society*, 7-56.

6　Charles Tilly, 'Reflections on the History of European State-Making' in Tilly (ed), *The Formation of Nation States in Western Europe* (Princeton, NJ: Princeton University Press, 1975), 3-83, 42. 也可参见 Tilly, 'War Making and State Making as Organized Crime' in Peter B Evans, Dietrich Rueschemeyer, and Theda Skocpol (eds), *Bringing the State Back In* (Cambridge: Cambridge University Press, 1985), 169-191, 170。

7　参见 Otto Hintze, 'Wesen und Wandlung des modernen Staats' [1931] in Hintze, *Staat und Verfassung: Gesammelte Abhandlungen zur Allgemeinen Verfassungsgeschichte* Gerhard Oestreich (ed) (Göttingen: Vandenhoeck & Ruprecht, 3rd edn, 1970), 470-496, 480。

8　Otto Hintze, 'Military Organization and the Organization of the State' [1906] in Felix Gilbert (ed), *The Historical Essays of Otto Hintze* (New York: Oxford University Press, 1975), 175-215.

僚体制下的军事绝对主义;英国则是经过了一个更为保守却更有革命性的历程后所形成的议会制和自治。欣策认为,导致这种差异的主要原因还是地缘性的,领土威胁越大,领土战争规模越大,那么,议会政治被边缘化的可能就越大,绝对主义国家形成的可能性就越大。[9]

韦伯进一步发展了欣策的理论,主张现代国家诞生于世袭统治者和政府精英之间为控制统治进程而进行的斗争。这一斗争始于"统治"开始作为一个与其他行为分立的、独立的行为出现时,也就是政务无法再依赖国王的家仆独立完成时。自此,有效的行政管理要求权力行使者具备相关的行政技能、财务手段和军事资源。在韦伯看来,进行区分的关键要素主要是:"权力的持有者是否亲自直接控制行政,实际的行政工作是否由私人的仆人、雇佣人员或者亲信完成,这些人尽管不是实质权力的所有者,但是他们依据统治者的命令而工作;或是完全相反的情形。"[10]所谓"完全相反的情形"是指,这些具有依赖性的行政职员完全或者部分地享有实质性权力,这其实就是国王与贵族阶级分享政权的封建政治形态。[11]如果统治者保持个人控制,父权制统治形式就建立起来,尽管这种统治是通过"官僚国家秩序"得以出现的,这种秩序"在最理性的层面上,呈现了现代国家的特质所在"。[12]韦伯认为:"现代国家的出现是从封建王权下的君王的一个决定开始的,这个决定就是剥夺那些伴随自己左右的、作为行政权力的'私人化'(private)享有者

9　Otto Hintze, 'Macht Politik und Regierungsverfassung' [1913] in Hintze, *Staat und Verfassung*, above n 7, 424-456, 427-428.

10　Max Weber, 'The Profession and Vocation of Politics' [1919] in his *Political Writings* Peter Lassman and Ronald Spiers (eds) (Cambridge: Cambridge University Press, 1994), 309 - 369, 314. 进一步可参见 Max Weber, *Economy and Society* Günther Roth and Claus Wittich (eds) (Berkeley: University of California Press, 1978), 1010-1064, 1085-1090。

11　Weber, 'Politics', above n 10, 314-315.

12　Ibid, 315.

的权力,这能从根本上杜绝对行政手段的垄断性的私人化享有,以及战争行为的私人化趋势,从而防止对财政和政治性产品的部署能力和组织被私人垄断。"[13]

欣策和韦伯的经典研究基本体现了当下研究的一般性框架。[14] 托马斯·埃特曼(Thomas Ertman)在此基础上进一步展开了相关的研究,并取得了一定的成就。埃特曼从欣策对政权做的两种分类入手,欣策认为以法国和德国为典型的是一种国家官僚主义的绝对统治,而英国所代表的则是依靠地方精英自治的议会宪制。埃特曼认为,欣策的二分法是错误的。[15] 他认为,非常明确的证据表明,前现代的官僚主义不仅存在于绝对主义占据主流的德国和丹麦,也存在于宪制主义的瑞典和英国。此外,欧洲拉丁语地区的绝对主义国家,如德国、西班牙、葡萄牙、萨伏依、托斯卡纳、那不勒斯,都有非常明显的世袭制的特征。[16] 因此,分类不应该像欣策所做的那么简单,在此基础上,埃特曼将欧洲的国家结构划分为四个类型:以德国、丹麦为代表的官僚绝对主义(absolutist bureaucratic),以法国、葡萄牙、萨伏依、托斯卡纳和那不勒斯为代表的世袭绝对主义(absolutist patrimonial),以英国和瑞典为代表

13　Weber, 'Politics', above n 10, 315.

14　例如,可参见 Gianfranco Poggi, *The Development of the Modern State* (Stanford: Stanford University Press, 1978); Perry Anderson, *Lineages of the Absolutist State* (London: Verso, 1979); Tilly, above n 6; Michael Mann, *The Sources of Social Power*, *Volume 1: A History of Power from the Beginning to AD 1760* (Cambridge: Cambridge University Press, 1986); Downing, above n 5; Wolfgang Reinhardt, *Geschichte der Staatsgewalt: Eine vergleichende Verfassungsgeschichte Europas von den Anfängen bis zur Gegenwart* (Munich: Beck, 1999)。

15　Thomas Ertman, 'Explaining Variation in Early Modern State Structure: The Cases of England and the German Territorial States' in John Brewer and Eckhart Hellmuth (eds), *Rethinking Leviathan: The British and German States of the Eighteenth Century* (Oxford: Oxford University Press, 1999), 23-52.

16　Thomas Ertman, *Birth of the Leviathan: Building States and Regimes in Medieval and Early Modern Europe* (Cambridge: Cambridge University Press, 1997), 9.

的官僚宪制主义(constitutional bureaucratic)和以波兰、匈牙利为代表的世袭宪制主义(constitutional patrimonial)。

埃特曼的基本观点在于,18世纪晚期影响欧洲政府系统本质的,主要有三个要素:国家形成初期的政府组织形式;持续的地缘政治竞争引发的国家建构机缘;强势的代议机构对行政和财政机构的影响。[17] 在埃特曼看来,首先如果地方参与性的政府机制发展得早(比如,英格兰、苏格兰、匈牙利、波兰和斯堪的纳维亚),中央和地方精英的合作就有效阻止了绝对主义的生成,而是要求权力分享。因此,建国初始的地方机制选择将成为影响欧洲国家形成的重要因素。其次,国家的构建形式依赖地缘军事挑战为其提供的条件和机遇,在埃特曼看来,1450年以后建立的国家,似乎统治者更有能力抵制世袭传承下来的官宦阶层主导的行政和财政安排,从而构建一种前现代的官僚体制,由统治者自身直接控制统治。[18] 最后,代议机构寻求权力分享的行动也成为阻止绝对主义出现的重要因素。

在谈到英国时,埃特曼认为,传统的权力行使方式使得官员从一开始就占据了核心的位置,议会对其权力扩张的抵制主要发生在17世纪和18世纪。正是由于议会的这一具有决定性的抵制行为,使得英国在18世纪发展出了一种前现代的行政体制,这个体制就是埃特曼所称的官僚宪制主义。本章依据他的这种分类,提供一种不同于传统宪法史对英国宪法的理解,尤其是考虑到英国的宪制发展道路创造了一种不寻常的制度安排,而这种安排现在看来似乎有些不同寻常。

这一历史比较关注议会的核心作用,将其视为英国政府体制的支点。在政府体制的中心设立一个与行政机构保持距离的代议机构,为英国人民组织其政治统一体和表达他们的民族身份提供

17　Ertman, above n 16, 6.
18　Ibid, 319.

第九章 国家的形成

了非常好的路径。基于此,议会被视为"政治民族"理念的象征,也成为理解英国国家特征最为重要的支点。

议会体制的特殊性使得英国发展出了一条独特的现代化道路,也常常被视为政府能够有效回应经济、社会和技术变革的成功典型,但是这样的提法似乎在今天越来越少见。在 20 世纪早期,议会的中心地位是获得普遍承认的,甚至有人认为,这是英国人民在英国国家建构过程中收获的最伟大的礼物。[19] 但是这一观点在今天似乎被彻底推翻了。[20]

事实上,议会承担的任务在整个历史进程中经历了非常大的变化。在被作为对政府傲慢权力最有效的制约力量的同时,它很多时候也是政府权力得以有效运行的有力助手。议会不仅仅是一个立法机构,在一些非常重要的时刻,它同时承担了法院和咨询委员会的角色。在被视为自由主义民主的灯塔的同时,议会也常常被作为君主制和寡头政治得以落实的有效工具。当我们试图去检视议会在整个英国国家发展的历程中所承担的各种各样的角色时,其实就为我们提供了一个不同于之前的、理解英国宪法本质的独特视角——议会不仅仅应该被视为自由的象征,它还是国家权力得以有效运行的重要手段。这就会让我们不再把英国的实践单独拿出来分析,而会将其纳入欧洲国家建构的整体实践中,不过是将英国作为一个独特的实践例子来对待。

---

19 参见 AF Pollard, *The Evolution of Parliament* (London: Longmans, 1920), 3:"文明人的宗教灵感来自东方,文字传统来自埃及,代数来自摩尔人,艺术和文学主要来自希腊,法律来自罗马。但他的政治组织主要归功于英国的理念,世界各地的宪法体系中充斥着一些共同的词汇和短语,这些词汇和短语只能通过参考中世纪英国议会来获得解释。"

20 关于例外的描述,参见 David Judge, *The Parliamentary State* (London: Sage, 1993)。

355

公法的基础

第二节　英国议会的形成

英国议会的产生源自诺曼征服(the Conquest)时期。对英国而言,这是真正意义上的征服,诺曼人的入侵最终带来了经济和行政上的变革。[21] 诺曼征服后,威廉一世宣布,英国的领土,作为不可分割的疆域,属于王室的财产。国王自己保留了 20％的土地,奖励了其封臣 40％的土地。[22] 通过封建分封的方式,国王要换取领主的忠诚和骑士义务。但是由于其封建制度的发展并不是王室衰落的产物,恰恰相反,是王室强大的产物,所以,英国的封建制度是与众不同的。威廉一世改革有一个非常重要的政治目标就是,尽管其封臣是最大的土地所有者,但是他们并不是最主要的政府任务承担者,他主要是通过从地理位置上分裂领主对土地的占有达到这个目标的。除了行使领主权的、负责对抗威尔士和苏格兰的切斯特伯爵和达勒姆伯爵,没有任何封臣的辖地可以覆盖整个郡的范围。[23]

除了领土分离政策,[24]另外一个方法就是将郡变为王室的主要统治工具。由于罗马式国家的诺曼政权在英国还没有充分地发

21　参见 John Le Patourel, *The Norman Empire* (Oxford: Clarendon Press, 1976), 319:"威廉公爵征服王国后,[英格兰]成为一个彻底的贵族式和教会化的殖民地。从英格兰开始,殖民扩张到苏格兰,征服和殖民进入威尔士。在扩展的同时,这种贵族式统治被融入当地的政治结构。"

22　SE Finer, *The History of Government from the Earliest Times* (Oxford: Oxford University Press, 1997), 900 (另外,25％被教会控制,剩下则由那些微不足道的自由人所保有)。

23　Émile Boutmy, *The English Constitution* Isabel M Eaden (trans) (London: Macmillan, 1891), 6:"所占份额最大的封臣,他拥有分布在 20 个郡的 793 个庄园。另外 40 个男爵,作为他们这个阶级的首领,在 6 个、12 个甚至 21 个县拥有庄园。"

24　WL Warren, *The Governance of Norman and Angevin England 1086 - 1272* (London: Edward Arnold, 1987), 56:"毫无疑问,分散是一项深思熟虑的政策。"

展起来,郡依旧是领土范围内凝聚地方政府力量的主要政治单位。[25] 威廉一世通过任命郡长[后来的地方治安法官(shire reeve)]作为王权在每一个郡县的代表,加强这一政治单位的建设。郡长在这个时候就不隶属于地方伯爵或者其他地方势力,而是王权在地方的首席代表。[26] 后来,为了进一步监督郡长的工作和监督地方法庭的司法情况,亨利一世通过借鉴加洛林王朝的地方巡回法官制度,建立了英国独特的巡回审判制。[27] 这些巡回法官在全国巡回判案,标志着王室司法权的极大拓展。他们同时还负责监督郡长和后来的治安法官的工作。[28]

诺曼人的治国术同时还通过将盎格鲁-撒克逊传统中的王权制融入其中,获得了进一步的加强。对国王的效忠誓言不仅要求封臣宣誓,还要求所有的土地持有者宣誓,这就超越了封建关系、建立了臣民和国王之间效忠的政治联系。这些相关的要素,包括秩序良好的王国、一个强势的国王和相对弱势的贵族力量,最终创造了一个统一、高度集权的政治体得以生成的条件。13 世纪初期,由于统一的全国性法律已经开始出现,从而有效地阻止了政治

25　James Campbell, 'The Significance of the Anglo-Norman State in the Administrative History of Western Europe' in his *Essays in Anglo-Saxon History* (London: Hambledon Press, 1986), ch 11. 詹姆士·坎贝尔(James Campbell)指出: "诺森伯兰郡、坎伯兰郡、威斯特摩兰郡、达勒姆郡、兰开夏郡和拉特兰郡(县)是 1066 年后创建的。一张显示一直持续到 1974 年的英国郡的划分的地图,很大程度上彰显了 11 世纪初英国惊人的行政地理划分状况。"(at 171, n 1)

26　威廉一世将精神事务从世俗法庭中分割出来的法令使用了"国王和治安官的权力和管辖权"这一表达,因此提供了明确证据,证明国王与其当地代表之间不存在任何中介性力量。参见 William Stubbs, *Select Charters and other illustrations of English Constitutional History from the Earliest Times to the Reign of Edward I* HWC Davis (ed) (Oxford: Clarendon Press, 9th edn, 1913), 99–100。

27　参见 Paul Brand, 'The Formation of the English Legal System, 1150–1400' in Antonio Padoa Schioppa, *Legislation and Justice* (Oxford: Clarendon Press, 1997), ch 6。

28　C Warren Hollister and John Baldwin, 'The rise of administrative kingship: Henry I and Philip Augustus' (1978) 83 *American Historical Review*, 867–905.

公法的基础

上的封建化进程。

强大的君主制造成的威慑有效抵消了封建主义的离心倾向。但是这里也有一个潜在的危险,那就是集权非常容易导致权力的滥用,而且由此引发的后遗症是非常严重的。金雀花王朝为了扩张王国势力就对领土内的人民实施了过分的盘剥,最终导致 1215 年英国《大宪章》的出现。[29] 其实在 12—13 世纪的欧洲,这一宪章并不像我们今天想象得那么独特。在那个时候,国王必须结束一场灾难性的战争,并且赋予其臣民一纸有关自由的承诺,是封建社会面对王室的强权时一种自然的反应。[30] "人民联合贵族以捍卫他们自古享有的自由"这样的说法事实上是后来辉格派的历史学家的创造物。[31] 但是正如威廉·斯塔布斯所言,《大宪章》的独特地位主要是因为,这是"这个民族第一次的公共行动"[32]。和其他欧洲大陆对自由的诉求最终导致了独立不同,英国贵族的目标不是独立,而是在既有政府体制内占有一席之地,以及能够分享权力。

按照塞缪尔·芬纳(Sammuel Finer)的说法,"《大宪章》限制了国王作为无所不能的主人(dominus)的权力,但是却增强了他作为君主(rex)的权力"。《大宪章》的主旨是接受强化的王权和扩大的管辖权,同时也试图消除个别君主的反复无常。[33] 事实上,国王的统治权从未受到任何质疑,《大宪章》只不过是要求国王要认

---

29 JC Holt, *Magna Carta* (Cambridge: Cambridge University Press, 2nd edn, 1992), 24.

30 Holt, ibid, 27. 霍尔特提供了其他例子,他注意到《大宪章》"并非出自任何一位孤岛天才,也并不比其他欧洲大陆的对等规范更具探索性或更激进"(at 26)。

31 参见 Edward Jenks, 'The Myth of Magna Carta' (1904-1905) 4 *Independent Review*, 260-273。爱德华·甄克斯(Edward Jenks)指出,"威廉·斯塔布斯(William Stubbs)支持的'《大宪章》是国家或人民的杰作'的传统学说是没有任何说服力的"(at 261)。

32 William Stubbs, *The Constitutional History of England* (Oxford: Clarendon Press, 6th edn, 1896-1897), vol 1, 569-572.

33 Finer, above n 22, 905, 904.

358

识到这不是其个人的权力,应该通过其所设定的、由贵族等组成的御前会议去行使这个统治权。斯塔布斯不仅夸大而且错误地理解了《大宪章》的重要性,他认为,"整个英国的宪法史其实不过就是对《大宪章》的批注而已"[34]。但是,由于《大宪章》承认,国王的权力和行动不是其个人的权力和行动,而是有了独立的公务特征,必须通过相关的组织形式来实施这一权力,这就使得《大宪章》成为公法发展史上一个里程碑式的存在。

《大宪章》中最重要的条款之一就是反复强调"无全国公意许可,任何免役税与贡金不得被征收"[35]的条款。在亨利三世统治时期(1216—1272年),国王与御前会议成员之间的联席会议被认为是联合王国作为一个共同体自由意志的最佳表达方式。但是,到了13世纪中期,御前会议丧失了其作为排他的表达公共意志机构的地位,亨利要求每一个郡选送两名骑士参加有关重要议题的讨论,以作为决策力量的补充。这就是英国现代议会得以形成的起点。

建立议会这个机构的努力事实上从爱德华一世、二世和三世时期就已经开始了。最早,议会事实上是王室意志的产物,王室将其作为统治工具来对待。建立议会最直接的动力就是:在法国和苏格兰的战争爆发之后,出于经济上的需要,相关的议事机构开始被建立。[36] 建立议会初始,一方面实现了阶层联合,王室可以通过这个会议机制与最主要的土地权利拥有者、佃农领袖等协商土地的合并、财务支持等经济问题;另外一方面建立了与上诉事务的联

---

34   Stubbs, above n 32, vol 1, 572.

35   Magna Carta, c 12.

36   GL Harriss, 'War and the emergence of the English parliament, 1297–1360' (1976) 2 *Journal of Medieval History*, 35–56; Michael Prestwich, *The Three Edwards: War and State in England*, *1272–1377* (London: Methuen, 1980),迈克尔·普雷斯特维奇(Michael Prestwich)指出,"这个时期的宪制发展主要体现为议会的发展,正是战争带来的压力,使得议会发展出了自己的特色"(at 2)。

系,法官提出的有关上诉听证需求可以通过这个机制被听取,正是这个原因,使得我们后来在追溯议会的起源时,最终都会追溯到高等法院。但将协商事务机构和上诉事务机构相结合的主要原因还是"御前会议无处不在",即:"如果没有御前会议,就没有议会这个机构存在,实际上,议会是御前会议的议会,而议会的全会(*plenum*)或者说通常意义上的议会(*generale*)就是御前会议全体成员参加的、一般性的、公开的会期。"[37]

最初,议会是为国王和其臣民针对不满进行正面对话提供一个场所,一直到爱德华三世时期(1327—1377 年),一个主要服务于王室目标的议会才得以重建,这个时候议会也不再作为一个公共活动,而是作为一个机构存在。1377 年,即爱德华三世漫长统治的后期,议会获得了永久性机构的法律地位。在爱德华一世时期,议会成员的身份是充满变数的,完全由国王凭借心情决定什么时候召集会议,而且那个时候议会仅仅是一院制。到了爱德华三世的后期,议会成员身份获得了法律确认,议会也演变为两院制,议事程序得以建立,行动还会由其书记员记录在案,以及获得了一些公认的权力和特权。[38]

议会这一机构主要从自身的三个特征中获得力量。首先,议会事实上是之前的高等法院和一个被赋予了征税和代表责任的等级会议的结合体,从其起源而言,它就有着非常明确的法律特质(司法特质),这种法律特性即使到了今天,依旧深植于这个机构的系统当中。议会经历了一个从主要负责接收和处理具有一定公共性的个体诉求的法庭功能,逐渐向立法和政治论坛功

37　Pollard, above n 19, 58.

38　GL Harriss, 'The Formation of Parliament, 1272-1377' in RG Davies and JH Denton（eds）, *The English Parliament in the Middle Ages*（Manchester: Manchester University Press, 1981）, 29-60, 60.

能转变的过程。[39] 其次,议会作为一个公共论坛,最主要是由作为国王政权的协调机构的御前会议控制议程的。[40] 如果议会仅仅是作为反对王权的机构存在,通过削减国王的特权来推动自由事业的发展,那估计议会早就已经消亡了。它在体制内的有效存在,很大程度上源自其对王室政权而言,是一个非常有效的统治工具。其力量的另外一个重要的来源在于,国王的御前会议深深嵌入议会,成为其保持生机活力最主要的原因。

最后,英国议会第三个重要的特征就是它的代表性模式。尽管代议原则,以及这一原则在英国议会制度中的发展,都被认为是英国民主传统的本质,但是我们太容易把不合时宜的现代思想强加到中世纪的代议制实践中。[41] 事实上,那个时候,下议院最早被召集起来并不是让他们在国家事务中发挥任何积极的效用的,而只是行使(形式意义上的)同意的职能。它们存在的目的"不是用来束缚御前会议的手脚,而是帮忙打开选民的钱包"[42]。议会向主教、伯爵、男爵和议员发出的召集令状是分别发出的,尽管一般认为他们有义务参加,但是他们常常被其他事务所耽搁。但是 37 个郡中由郡长负责召集的两名代表是不能不参加的,召集令向郡长发出,郡长必须宣誓并尽其所能确保两名代表参会。[43] 此外,那个时候的全权授权原则(the formula of *plena potestas*)赋予了其代

39　Doris Rayner, 'The Forms and Machinery of the "Commune Petition" in the Fourteenth Century' (1941) 56 *English Historical Review*, 198–233 (Pt Ⅰ), 549–570 (Pt Ⅱ). 然而,议会并没有完全失去其处理私人事务的司法职能,这一事务今天以私人法案程序(private bill procedure)的形式继续存在。

40　参见 JF Baldwin, 'The King's Council' in James Field Willard et al (eds), *The English Government at Work*, 1327–1336 (Cambridge, MA: Harvard University Press, 1940), vol 1, 129–161。

41　参见 GO Sayles, *The King's Parliament of England* (London: Edward Arnold, 1975), ch 1。

42　Pollard, above n 19, 59.

43　Harriss, above n 38, 38.

361

公法的基础

表能够代表并约束其选民的权利。[44] 尽管后来这一原则被认为是大众主权得以实现的主要标志，[45]但是在13世纪，它本质就是确保政府目的有效实现的工具。[46] 因此，代议制在那个时候就是一个封建统治的工具，而不是民主原则的表达。

那么英国议会到底代表谁？围绕这个问题的回答，我们可以真正发现英国议会一些特殊的特征。但是，如果要回答这个问题，我们必须考察之前所提到的构成议会一部分历史渊源的等级会议的本质和郡在整个体制中所承担的特殊角色。

有一种说法在很多学者中盛行，即"中世纪很多国家的议会都是由三个等级构成的"[47]。这一说法在英国背景下是不适用的，尤其是，在欧洲大陆贵族和社会底层——自由的佃农之间存在清楚的界分，贵族主要通过履行军事上的义务、保卫王室而保有自己的封地和地位，这种界分在英国政府机构中也不是那么清晰。在诺曼征服之后，英国的爵位主要划分为两类：（作为大的封臣）男爵（*the barones majores*）和（作为小的封臣）直属封臣（*tenentes in capite*）。爵位上的差异后来伴随着政治体制的发展逐渐彰显。大的封臣联合主教和法官，组成了御前会议。小的封臣经由郡长召

44　JG Edwards, 'The Plena Potestas of English Parliamentary Representation' in *Oxford Essays in Medieval History presented to H. E. Salter* (Oxford：Clarendon Press, 1934), 141–154.

45　Gaines Post, '*Plena Potestas* and Consent in Medieval Assemblies' in his *Studies in Medieval Legal Thought: Public Law and the State*, *1100 – 1322* (Princeton, NJ：Princeton University Press, 1964), ch 3.

46　参见 HM Cam, 'The Theory and Practice of Representation in Medieval England' in Edmund B Fryde and Edward Miller（eds）, *Historical Studies of the English Parliament*, *vol. 1: Origins to 1399*（Cambridge：Cambridge University Press, 1970）, ch 9. 海伦·卡姆（Helen Cam）指出，"1268年被召集到议会的市民必须带着来自他们社区的信件，该信件中的内容声明社区将接受并确定这些人代表他们所做的一切"（at 272）。

47　FW Maitland, *The Constitutional History of England*（Cambridge：Cambridge University Press, 1908）, 75："三个阶层是神职人员、男爵和下院议员，三者分别负责祈祷、战斗和日常工作。"

集形成了一个集团。当议会划分为两个院时,由这些作为小的封臣的男爵和骑士构成的集团就与城市的代表取得了一致,一起在议会中发挥作用。正如埃米尔·布特米指出的,这个集团为下议院带来了古老军事集团所特有的崇高、勇敢和坚韧,同时也形成了一个与更高地位的贵族之间进行沟通的自然通道。[48] 区别于小的封臣,由于很多大的封臣所享有的特权都与御前会议的功能相关,而且御前会议的职责和地位是不可分割的,贵族地位愈来愈与爵位之间紧密相联,严格按照长子继承传统处理。由于设立的初始就主要是服务于政治权贵的构建,所以英国的爵位制度从出现开始,就对基于出身/世袭而确立的贵族权力造成了很大的削弱和稀释。尤其是(由于继承制的原因)男爵和骑士的划分,对应上议院和下议院的构成,很大程度上这种区分不过是来自同一个家族的长者和年轻人。恰恰是中世纪那些代表城市利益的和不是那么具有贵族地位的下议院成员,给下议院带来了力量和活力,让它具有了独特的力量。

这种力量主要体现在郡所发挥的特殊作用上。郡的工作开展主要是借助于郡法院来展开的,郡本身的工作又是下议院得以运行的基础所在。卡姆认为,恰恰是王室借助于郡保留了在地方的设置,通过这个确保了对地方社情的充分有效了解,当然,这些地方机构的有效运作也建立在诺曼王朝和金雀花王朝强有力的中央集权基础上,这两者之间是相互促进的,并最终促进了共同体观念的生成和发展。[49] 在这个运作程序中,最重要的事实在于,尽管骑士阶层并不享有爵士阶层所享有的在郡法院的豁免权,但是,他们从对郡的邻里关系处理等地区事务的处理权中获得了补偿,[50]在这个过程中,他们获得了地方同僚的支持,最终享有地方领导权。

48　Boutmy, above n 23, 35-36.

49　Cam, above n 46, 277.

50　Pollard, above n 19, 111.

公法的基础

而这些支持骑士的人,基于在御前会议的地位,在郡法院享有出庭豁免权。卡姆认为,自此,在都铎王朝时期,下议院的概念基本上就生成了,"全英格兰都可以在下议院获得代表"的观念也得以发展。[51] 然而,这样一个强大的、包罗万象的代表性概念之所以能够被表达出来,仅仅是因为人们接受了这样一个事实:"一个人在下议院的时候,他不仅仅代表了他的地区利益,而且代表了更广泛的利益,对整个国家而言,他是一个公共的人,是国家的顾问。"[52]

对英国的议会体制而言,真正的秘诀就在于,一种从地方事务中得以萌芽的国家意识(或者说政治意识)最终在中央核心的权力机构——议会中得到充分的发展和绽放,形成全国性的政治意识。这才是英国议会体制的真正特点所在。与英国不同,很多欧洲大陆的议会体制都建立在阶级代表制的基础上,是一种等级构成,而当每一个等级都只试图表达自己特殊的利益和意志时,经常会导致全国性的利益和发展受到阻碍。[53] 艾伯特·弗雷德里克·波拉德(Albert Frederick Pollard)总结道:"中世纪时期,英国议会最大的贡献不是将英国变成了一个宪制国家,而是超越王室的集权目标,将英国培育成为一个有着共同体意识的民族国家。"[54]这种民族统一感,是一种公民性特征,不是文化族群特征。[55] 这种统一的民族身份感是通过议会得以培育的,议会的主要功能就是"通过威斯敏斯特去启发共同的政治意识,然后向选民充分地宣传这种政

51　Cam, above n 46, 278.

52　Ibid.

53　Pollard, above n 19, 77:"法国第一次大革命的第一步是将三个等级共同纳入和融合到一个国民议会中,这绝非偶然。英国和法国发展的不同之处在于:在法国,这种融合是瞬间发生的,因此引发了爆炸式的后果;而在英国,这一融合是一场跨越几个世纪的渐进转型。"

54　Ibid, 133.

55　Stubbs, above n 32, vol 1, 572:"早在《大宪章》中,民族主义的文化族群方面的内涵就被压制了:宪章中没有一个词能回忆起种族和血统的区别,也没有一个词试图保持英国和诺曼法律的差异。"

364

治意识"。[56]

第三节　议会和现代国家的形成

英格兰民族借助于议会这个媒介有效地培育了政治意识,确保了国家行动能够得以顺利推行。所以,议会在英国的现代国家形成过程中扮演了尽管有些模棱两可但非常重要的角色。议会在人民和国家权力之间建立的联系,使得我们将英国的政权一般定义为一个议会制政府,或者称为议行合一。但是这一表达并没有澄清政府的治理是依循什么样的模式展开的。我们不能天然地认为,相较于确保人民面对一个民主且负责任的政府而言,一个议会制政府更关注将自由主义理念中的权力分立理论融入政府结构。事实上,如果我们意识到在英国构建的议会制国家的体制中,司法、行政和立法职能之间是相互交错融合的,我们在观察英国的现实时,能更清楚地把握议会在现代国家形成中的作用。

在中世纪,议会制政府的力量源泉是,王室法院、御前会议和议会共同构成了一个多层级的且极其精细的政府体制。议会的起源其实就是一个高等法院,[57]如果没有初始承担这一司法职能,很难想象它会涉猎立法事务。此外,御前会议一直被深植于议会体制当中。在这里,法院、行政和立法的角色始终在转化当中。当议

56　Pollard, above n 19, 133.

57　Pollard, ibid, 24:"法官仍然被称为'尊敬的阁下'(my lord)是因为他所在的高等法院是议会上议院的历史组成部分,尽管高等法院现在已经从议会中分立出来,办公地点也从威斯敏斯特宫移到了斯特兰德。但是,由于议会上议院的法官都是由贵族构成的,相关称呼也就延续了下来。"进一步参见 Charles H McIlwain, *The High Court of Parliament and its Supremacy: An Historical Essay on the Boundaries between Legislation and Adjudication in England* (New Haven, CT: Yale University Press, 1910), ch 3。

公法的基础

会成员面对司法案件时,他们是在行使司法职能,确保当事人获得平等的对待;[58] 当他们在行政上向国王提出建议时,他们就在履行御前会议成员的职责;当他们承担立法职能时,他们回归议会成员的责任。这里唯一不变的是,王权的存在是共同的和不可忽视的因素。只有国王或者其代表才有权开庭,只有国王的御前会议成员出现在议会时,议会才能正常运转。[59] 技术层面上,每一个议会的行动其实都是"君临议会"的行动。[60]

正是这些职能之间的紧密交错,赋予了中世纪的议会特殊的力量,使其能够存活并蓬勃发展。一旦这些联系被解除、松弛化,将责任分化,议会的权力事实上也就逐渐消亡了。这在15世纪之后非常明显,由于议会职能越来越多地被定位为御前会议的职能,议会几乎丧失了全部司法职能,这就使得议会在政府架构中的重要性降低了,这在其会议周期的调整上显现得非常清楚。14世纪初,议会的会议周期是每年召开一次,[61] 但是到了15世纪之后,会议周期就变成每三到四年召开一次。

那个时候,只有财政需要补给时,国王才会意识到需要议会。但是,议会在财政决策上发挥的作用是非常重要的。普雷斯特维

---

58 《大宪章》第39条规定:任何自由人,如未经其同级贵族之依法裁判,或经国法裁判,皆不得被逮捕、监禁、没收财产、剥夺法律保护权、流放,或加以任何其他损害。第39条构成了当时公认的公理(参见 Holt, above n 29, 75-77),规定了司法程序的方法,并援引"贵族"作为一个法律概念。

59 Pollard, above n 19, 32:"正是因为国王的御前会议嵌入议会,所以国王的王位位于上议院,除了议长需要依职权出席,直到16世纪,法官、王室的法律官员和国务秘书都需要出席,1539年的法案规定了御前会议在上议院的席位,无论他们是否是贵族。"

60 Ibid, 22:"不久前,主权行使者被认为对议会如此重要,以至于王权的任何存立危机立即就会导致议会的结束,并使其进一步的程序成为一种空洞的形式。早些时候,在爱德华三世统治时期以及亨利六世统治时期,议会和御前会议都常常会在围绕一个问题的讨论过程中陷入焦灼状态,这个问题就是,是否可以在没有国王肉身在场的情况下处理任何事务。"

61 AL Brown, 'Parliament, c. 1377-1422' in Davies and Denton (eds), above n 38, 109-140. 文章作者指出,在持续近百年的战争过程中,每年议会都要正常开会,需要他们投票支持对法战争的相关费用,这个时候的议会的重要性完全不亚于政府。

366

奇指出,在爱德华一世统治的 35 年间,在军事上的开销非常巨大,是王室日常收入的两倍。[62] 为了寻求更多的财政支持,爱德华必须获得议会的同意,这就为议会及其作为其组成人员的贵族提高影响力和控制力提供了机会。尽管那个时候议会成员不断地呼吁国王要"自食其力",但是恰恰是国王通过召集会议以获得更多收入的需求,确保了议会的存续及其权力的行使。

这就使得议会的状况很大程度上取决于政府对财政补给的需求。后来,正是中世纪晚期英国王室的扩张野心进一步加强了议会的地位。自 1485 年英国打败法国之后,英国逐渐可以从欧洲权力政治当中退出,16—17 世纪,英国几乎没有参与任何欧洲战争。伴随着超常支出的范围的逐渐缩减,国王几乎没有任何按照常规召集议会的需求。在亨利八世统治的最初 20 年里,他只召集了四次议会,似乎议会的权力再次面临衰退的危机。[63]

16 世纪早期,英国议会的权力和功能其实与其他欧洲大陆的议会在事实上是非常相似的。但是,后来欧洲大陆国家的议会逐渐朝着反对或者保护集团特权的方向发展,最终就被王室舍弃或者直接绕过了。杰弗里·鲁道夫·埃尔顿(Geoffrey Rudolph Elton)指出,其实在 1515—1523 年,红衣主教沃尔西和亨利八世眼中的英国议会,和这些欧洲大陆国家的议会基本上是完全一样的。[64] 但是一百年过去之后,在整个现代早期的欧洲,只有英国议会在中央集权的君主政体中屹立不倒,如何解释这种特殊性?

62　Michael Prestwich, *War*, *Politics and Finance under Edward I* (London: Faber, 1972), ch 8.

63　Conrad Russell, *The Crisis of Parliaments: English History*, *1509 - 1660* (Oxford: Oxford University Press, 1971), 40.

64　GR Elton, '"The Body of the Whole Realm": Parliament and Representation in Medieval and Tudor England' in his *Studies in Tudor and Stuart Politics and Government* (Cambridge: Cambridge University Press, 1974), vol 2, ch 22, 52.

公法的基础

要回答这个问题,关键需要了解在宗教改革时期,议会在那些具有革命性的变革当中发挥的重要作用。要了解这些作用,我们必须回到议会的起源。尽管在中世纪后期,议会最主要的功能就是确保政府部门之间的平衡,但是这个机构在设立之初时的功能并非如此。议会产生的初期功能主要是协助国王管理国家。亨利八世在与教会斗争的过程中,重启了议会的这一初始功能,所以,"真正使得议会的生命线得以延续的,并非源自习俗或者神秘感,而是亨利八世的离婚问题,以及由此引发的与罗马的决裂"[65]。

1529 年召集起来的议会非常具有独特性:它按时开会,并持续了七年之久。这一被称为宗教改革中的议会,将"君临议会"的权威用到了极致,目的在于消除中世纪的那些自由和特权,这些特权多数由教会享有,在一定程度上构成了国王行使主权的障碍。由于议会的努力,教会丧失了其独立的管辖权:议会通过立法宣布废除罗马教皇在英国的管辖权,同时毫不含糊地宣布英国国王是英国教会的最高首脑。[66] 如果如现在历史学家们所宣称的,废除这些中世纪的特权事实上是都铎王朝为英国的自由事业所作的最大贡献,我们需要注意的是,这些成就和贡献都是通过专制的手段所带来的。[67] 在这场革命行动中,亨利八世将议会的工具性价值发挥得淋漓尽致,国王和议会联起手来对抗一切对手。在充分地行使王权之后,亨利八世承认:"历史上任何时期,我们都没有像当下所处的议会时期一样,站立在王权的最高点,在这里,我们作

65　Elton, above n 64, 52.

66　G Nicholson, 'The Act of Appeals and the English Reformation' in C Cross, D Loades, and JJ Scarisbrick (eds), *Law and Government under the Tudors* (Cambridge; Cambridge University Press, 1988), 19–30; Christopher Haigh, *English Reformations: Religion, Politics, and Society under the Tudors* (Oxford; Clarendon Press, 1993), 114–115.

67　Pollard, above n 19, 173.

第九章 国家的形成

为首脑,你们作为成员,紧密地融入了一个整体性的政治体中。"[68]

　　这些事件在英国宪法史上的价值必须要通过其在法律上的价值才能更为清晰地得以彰显。亨利八世和教皇之间的冲突首先涉及的问题是,亨利与凯瑟琳之间的婚姻是否可以宣布无效,这个问题首先要通过对教会法的解释来回答。[69] 只有通过教会法的解释无法解决这个问题,那么才能进入问题解决的第二个阶段:挑战教皇在教会的权威地位。因为如果问题无法被教会法解决,教会法在自然法与上帝法的框架中的角色就会受到质疑。1533 年的《上诉法案》(The Act of Appeals),宣布终止教皇在宗教事务中作为终极裁判的权力,这就是冲突发展的第二阶段,这也是有关国王在整个上帝法体系中的地位的创新理论所导致的结果。但是1533 年的方案本身也促成冲突向第三个乃至更有决定意义的方向发展:法案的序言宣称,"英格兰是由国王作为唯一首脑统治的王国",亨利在这里推翻了过去的观念,重新建构了政府权力的法理根基。[70]

　　16 世纪早期,大家基本普遍接受一般性的立法不能涉及精神事务,因为依据上帝法的规定,这是教会保留的调整事项。[71] 亨利八世所提出的神圣法理论——冲突的第二个阶段——同样只适用

　　68　Ferrers' case（1543）；摘自 GR Elton（ed），*The Tudor Constitution: Documents and Commentary*（Cambridge：Cambridge University Press，1960），267 - 270，270。

　　69　这里涉及凯瑟琳和亚瑟王子之间的结合是否已经完成的问题,进一步涉及《圣经》中禁止与兄弟的遗孀结婚的禁令是否适用:参见《旧约》利未记第 20 章 21 节:"如果一个男人娶了他兄弟的妻子,这是不洁净的事。他没有试图掩盖他的兄弟的裸体;他们将无子而死。"在西班牙的压力下,克莱门特七世不愿就此问题做出裁决。但由于朱利叶斯二世(Julius Ⅱ)早些时候发布了一份豁免公告,亨利也不得不辩称,教皇无权违反神圣法进行统治。然而,这些主张中的每一项都涉及对教会法问题的解释。

　　70　参见本书第一章,第 54 页。

　　71　例如在 1506 年的一个案件(YB 21 H. Ⅶ, pl1)中,判决指出,议会不能让国王成为牧师,因为"任何世俗性的行为都不能让一个世俗的人拥有精神上的管辖权"。引自 McIlwain, above n 57, 277。

369

公法的基础

于精神事务。但是,亨利八世如果想要制定任何新法,他就必须获得上议院和下议院的支持。正如埃尔顿所言:"作为本土教会的最高首脑,他的权力是绝对的,可以签署任何与精神事项相关的敕令,但是作为国王,如果想要行使任何根本权力,他都必须尊重这个各种力量组合而成的政治体制,在这个组合的体制中,他只是其中的一员。"[72]想要把任何意义上的皇室最高性转化为现实,议会机制就必须被启用。为了巩固王权,必须要进一步增强"君临议会"的地位,所以,尽管在亨利的相关立法中保持了精神事物和世俗事物的区分,但是一个不可否认的事实是,世俗王权决定的国家公法体系已经成为事实上的控制力量。在爱德华六世统治时期,当他想要推进宗教改革,构建一个统一的负责神圣事项的机构时,这一与精神事项相关的目标的实现最终依赖的是世俗议会的法案。[73] 而当玛丽作为天主教的女王继位,想要通过宣布所有与神圣罗马帝国的教会法和上帝法冲突的法律都无效来推翻宗教改革时,她发现,要达到这个目标只能倚赖议会的立法。[74] 而当伊丽莎白女王想要重新恢复教会改革时,已经没有人质疑这一目标的实现必须依赖议会的立法才能实现。[75] 为此,埃尔顿宣称,"世俗的国法最终胜利了",这个时候,王室的最高领袖发现,他不得不用统治世俗国家的宪制方法来统治他的教会。[76]

如果我们认为英国作为现代国家的产生是宗教改革的结果,这也可以被视为"君临议会"的胜利时刻。正是在宗教改革时期,我们看到了议会的无所不能。梅特兰评论道,通过其在实践中实

---

72 GR Elton, '*Lex terrae victrix*: the triumph of parliamentary law in the sixteenth century' in his *Studies in Tudor and Stuart Government and Politics* (Cambridge: Cambridge University Press, 1992), vol 4, 37-57, 55.

73 Acts of Uniformity 1549 and 1552.

74 Statute of Repeal 1553.

75 Act of Supremacy 1559; Act of Uniformity 1559.

76 Elton, above n 72, 56.

施的专制,都铎王朝将议会权力的重要性前所未有地彰显出来,似乎议会无所不能,它可以完全解构传统上形成的教会-国家二元宪法体系,可以将教会置于国王的统治之下,可以改变国教,可以决定王室的继承,以及可以随时决定什么时候赋予和收回对国王的授权。[77]"君临议会"的机制本身完全摆脱了中世纪基本法的枷锁,也完全不受世俗事务和精神事务的基本划分的羁束。由议会所颁布的法律,即王国的公法本身,被视为构成了最高权威。

尽管亨利在追求其革命性的目标过程中,增强了议会的权力,但这是因为议会对亨利计划的顺从和自愿默许。"君临议会"的权威主要是借助于作为立法机构的角色建立的。立法机构的绝对权力在国家的权力中心得以确立,是现代国家形成过程中的关键标志。这里同样重要的地方在于,自此,立法权作为一个机构的权力被承认,它不是国王个人的权力,是"君临议会"所享有的机构性权力。

除了确立立法机构的权力中心位置,现代国家形成的另外一个必要条件就是:认可行政政府作为独立的公共机构。[78] 亨利八世时代也基本见证了这个条件得以成就的非常重要的一步。在建构现代立法主权的过程中,亨利的统治也创建了一种经改良的政府机制,这个政府运行的基本原则是用官僚组织替代国王的个人控制,用对国家的全国性管理替代对国王自我资产的管理。[79] 但是,16 世纪的政府官员任命在很大程度上还是采取世袭等政治分

---

77   Maitland, above n 47, 298.

78   参见 Conal Condren, *Argument and Authority in Early Modern England: The Presupposition of Oaths and Offices* (Cambridge: Cambridge University Press, 2006)。

79   GR Elton, *The Tudor Revolution in Government* (Cambridge: Cambridge University Press, 1953), 4。还可参见 Christopher Coleman and David Starkey (eds), *Revolution Reassessed: Revisions in the History of Tudor Government and Administration* (Oxford: Clarendon Press, 1986)。

公法的基础

赃的方式。[80] 这个世袭化的政府也许是去个人化公共行政的前提条件,但是几乎不等于去个人化公共行政的实现。

亨利八世的首席国务大臣托马斯·克伦威尔(Thomas Cromwell)创建了一个不是由世袭的贵族组成的委员会,但这对整个世袭制度的影响是非常有限的。[81] 议会也在这个过程中试图做一些断断续续的努力,但是收效甚微。[82] 到了 17 世纪,世袭制的实践反而不断发展,在政府机构的任命中占据了极强的主导地位。正如埃尔默(GE Aylmer)所言,那个时候的政府官员基本上是依据 3 个由"P"打头的英文词汇所代表的原则产生的:政治上的分赃(patronage)、继承(patrimony)和购买(purchase)。[83] 议会也只是偶然地被召集,很难对行政力量的效能和廉洁情况进行有效的监督。[84] 埃尔顿指出,宗教改革很重要的影响就是确立了"君临议会"的权威,自此,议会的历史就与立法的历史紧密关联了起来。[85] 但是对王室的行政机构而言,要接受"政府应该就其行为的效率和效能向议会负责"这一点,还有很长的路要走。

---

[80] 在皇家行政机构中,神职人员被非专业官员取代的趋势进一步强化了这种做法:参见 JC Sainty, 'A Reform in the Tenure of Offices during the Reign of Charles II' (1968) 41 *Bulletin of the Institute of Historical Research*, 150-171。托马斯·埃特曼注意到:"非专业官员的出现通常带来了一系列新的做法,包括试图将'随性'的任命机制转为终身制,当新的行政人员试图在在职期间为他们的家人建立一个安全的社会和经济未来时,就像人们在不动产上获得的生活体验一样,向公众收取的费用也就随之增加了。此外,一旦终身任期得到保障,该职位就具有了一定的专属性,因此成为一个可在退休时要求付款的具有市场性的事物。"详见 Ertman, above n 16, 179。

[81] 参见 Elton, above n 79, ch 2。

[82] GE Aylmer, *The King's Servants* (London: Routledge & Kegan Paul, 1974), 228; GR Elton, *The Parliament of England*, *1559 - 1581* (Cambridge: Cambridge University Press, 1986), 125.

[83] Aylmer, ibid, 89.

[84] Ertman, above n 16, 182.

[85] Elton, above n 72, 57.

第九章　国家的形成

第四节　为责任政府而斗争

《大宪章》的第 61 条规定了一个非常具有革命性的程序,以阻止国王实施任何对国家和平与安全构成威胁的行动。[86] 但是这个办法本身——通过建立一个由贵族组成的委员会受理对国王提起的诉讼——并不是塑造责任政府的有效路径。引导政府向责任政府发展的路径要更为迂回一些。矛盾的是,这个目标是借助于对一条法律格言的解释而实现的,这个法律格言就是:国王不得为非。

尽管这一原则在 15 世纪时就已经在英国法体系中得以建立,但是它在实践层面的意义一直都不是很清晰。首先,这一原则意味着国王的意志不是其个人的行为,国王的命令必须以正式的令状和庄严的特许状记录在案。[87] 同时,这一原则也意味着国王免受法律程序的管辖,因此,任何臣民不得针对所谓任何国王的错误提起救济请求。司法机构对这一原则的回应指出,由于国王都是借助于特定的形式采取行动的,因此,他的代理人需要对政府行为的合法性承担责任。鉴于政府工作人员有义务依法行动,国王的政府人员不得援引国王的命令为自身的不法行为进行辩护。尽管这一解读获得了普遍的接受,但是,由于国王拥有的阻却诉讼的权力会延伸到其政府人员身上,事实上并没有太多的由政府人员承担责任的先例。尽管中世纪的国王可以阻却诉讼,他们却无权阻止议会对大臣的弹劾程序,自此,议会的弹劾程序就成了确保政府

86　参见 Holt, above n 29, 56-57, 78-80。

87　正如戴雪后来表达的那样:"一般来说,王室意志只能用三种不同方式中的一种来表达,即:(1)通过枢密院令;(2)通过手签手册颁布的命令、委托或保证;(3)通过加盖公章的公告、令状、专利、信函和其他文件。"详见 AV Dicey, *Introduction to the Study of the Law of the Constitution* (London: Macmillan, 8th edn, 1915), 322。

373

公法的基础

依法行政的最主要手段。[88]

　　但是,弹劾本身总是弥漫着一种不真实的气氛,尤其是因为这个程序的存在,国王似乎变成了他的政府中一个无足轻重的人物,因此它一直都没有成为都铎王朝一个惯常的实践,这点也就不足以为奇了。[89] 但是,环境始终处在不断的变化中,都铎王朝的政府改革一个非常重要的成果就在于,治理不再被视为国王的私人事务,而是公共行政。此外,下议院由于在宗教改革中得以增强力量,到 16 世纪后期,已经彰显出自身独立机构的地位,全力维护自身享有的特权。[90] 当反对力量对早期斯图亚特王朝的世袭家长行为、绕过御前会议寻求宠臣的非正式建议的行为,以及官员的很多腐败问题表示担忧时,下议院就为迎接相关挑战搭建了舞台。

　　詹姆士一世统治时期,这种直接的对抗表现为议会恢复了"弹劾国王的大臣"这一长期休眠的权力。其中,最著名的事件就是 1621 年弗兰西斯·培根爵士(Sir Francis Bacon)被弹劾,因为他被控收受贿赂。在这个过程中,詹姆士想要先发制人,因此他主张应该由议会任命委员会成员来审核案件,然后向国王汇报,最后由国王来宣布决定。下议院拒绝了这一提议并决定,国王的公仆不是对国王的委员会成员负责,而是向议会负责。[91] 在这里,议会宣

　　88　GT Lapsley, *Crown, Community and Parliament in the Middle Ages: Studies in English Constitutional History* (Oxford: Blackwell, 1951), 269; MV Clarke, 'The Origin of Impeachment' in *Oxford Essays in Medieval History presented to H.E. Salter*, above n 44, 164–189.

　　89　参见 Clayton Roberts, *The Growth of Responsible Government in Stuart England* (Cambridge: Cambridge University Press, 1966), 3。

　　90　参见 JE Neale, *Elizabeth I and Her Parliaments, 1581–1601* (London: Cape, 1957)。

　　91　参见 Daniel R Coquillette, *Francis Bacon* (Edinburgh: Edinburgh University Press, 1992), 222–223:"培根不是因为接受了这些'礼物'而被议会弹劾。他被弹劾是因为 1621 年的议会正在寻求对国王施加影响,而对培根的某些指控对他们而言是能够信手拈来的工具。培根之所以成为首选的攻击目标,是因为他一直都是国王的有力和忠诚的拥护者。"

374

布了一条后来被认为对英国公法产生了广泛影响的原则：没有必要单独设立专门的行政法院来确保本土法律的实施。

事实上，议会向詹姆士一世提出的第一个挑战与弹劾无关，而是关于征税权——1606 年涉及关税附加税合法性的"贝特案"（Bate's Case）。[92] 关税附加税是国王为保护本土利益对某些进口货物征收的额外关税，属于由国王自主决定的"特权税"。1603 年，为解决债务危机，詹姆士一世国王开始向土耳其商人征收葡萄干进口税。1606 年，在土耳其的英国商人约翰·贝特（John Bate）在伦敦港卸货时，海关官员试图扣押其中一些葡萄干以冲抵欠缴的税款。贝特拒绝缴纳，辩称此项税收违法，理由是其开征未经议会批准。下议院 1610 年接手该案件，尽管国王和下议院在这个过程中达成了某种谅解，认可国王可以未经议会同意征收关税附加税，但是在相关的谅解未完全履行完成之前，议会就被解散了。正是因为这一次所引发的议会与国王之间的冲突，1625 年下议院出人意料地废除了国王可以终身征收关税的特权，规定今后每年就国王征收关税问题表决一次。卡莱顿·罗伯茨（Clayton Roberts）注意到，弹劾权在 1621 年的恢复，挑战了国王非法统治的权力，而 1625 年对钱袋子的权力的恢复，挑战了国王不负责任的统治权。[93]

在查理王朝统治的早期，议会第一次攻击了国王的大臣——白金汉郡公爵（the Duke of Buckingham），但是这一次议会并没有控告他的非法行为，而是反对政府行动的方式，认为御前会议绕过议会决策，是存在问题的。但是从 1629 年开始，查理回归了都铎

---

[92] 该案在 *Lane's Reports*（1657, 22-31）中被报道，但是该报道中只有四名法官中的两名法官意见，而且没有记录任何律师辩护的意见。尽管教科书的作者"不加批判地接受了这个判决的权威性"，它并不是虚构的，在法律上也没有明显的错误，但是，确实是"在事件发生 50 年后，在有些诡异而且不太可信的情况下发布的唯一一印刷报告"。详见 GDG Hall, 'Impositions and the Courts, 1554-1606' (1953) 69 LQR, 200-218, 218.

[93] Roberts, above n 89, 49.

公法的基础

王朝的议会型政府模式。结果,1640 年,在通过超长议会试图弹劾惩治查理一世宠臣斯特拉福德伯爵(Strafford)和劳德(Laud)的过程中,下议院直接反对王室政策,而不仅仅是其行动方式的问题。尽管议会声称这些大臣颠覆了王国的基本法律,但查理的大臣所使用的方法在都铎王朝那里有明显的先例,引发争吵的根源是政治性和宗教性的,而不是宪法性的议题。

尝试弹劾斯特拉福德的企图最终遭遇失败表明,弹劾本身作为一个确保政府向议会负责的工具,显得太过生硬了。弹劾在制度设计的时候主要针对的是大臣的刑事责任,而不是让他为统治政策承担责任。所以,当斯特拉福德在宪法史上第一次提出"御前会议应该对统治决定承担集体责任"的观点时,弹劾机制完全无力回应,也无法给出任何公正的结论。而斯特拉福德本身的行为又不涉及叛国,所以以最后下议院不得不放弃弹劾这一计划,转而试图推动通过针对斯特拉福德的剥夺公权法案(Bill of Attainder)。如果查理一世不签署剥夺公权法案,议会就拒绝讨论拨款事宜,拒绝批准查理一世需要支付给苏格兰人的签署停战协议的费用。为此,查理一世不得不直面这一巨大的悲剧,牺牲了斯特拉福德这位忠实执行其命令的宠臣。斯特拉福德被执行死刑,标志着国王个人能力和政治能力之间的鸿沟扩大了。这些所有的发展其实都是试图将国王从任何统治责任当中剥离出来,从而构建君主立宪制,显然,这不是查理一世所期望的。

在下议院于 1641 年提出的 19 项提案中,第一项就要求,国王行事前应该寻求由下议院选举出来的成员所构成的御前会议的意见,除非国王接受这一条件,否则他们就拒绝通过税收议案。[94] 查

94　参见 Joyce Lee Malcolm (ed), *The Struggle over Sovereignty: Seventeenth-Century English Political Tracts* (Indianapolis: Liberty Fund, 1999), vol 1, 145–179; Corinne C Weston and Janelle R Greenberg, *Subjects and Sovereigns: The Grand Controversy over Legal Sovereignty in Stuart England* (Cambridge: Cambridge University Press, 1981), ch 3。

376

第九章　国家的形成

理一世也承诺,他不会雇佣任何在弹劾程序中被发现有罪的人,因此弹劾程序本身成了保护国王自身地位的工具。1642 年 8 月,内战开始,1649 年议会否决了查理提出的"国王不得为非"的辩护,最终,国王被处死。[95]

共和国建立后,议会的职能有所变更和发展,同时承担了立法和准行政职能,议会的相关委员会承担了监督国家行政的职能。[96] 1653 年,议会被认为无法胜任相关的监督职能,护国公(the Protectorate)职位被设立,自此,立法职能依旧归属于议会,行政职能则由护国公和御前会议共同承担。但是,在克伦威尔死后,这一宪法安排的合法性受到质疑。1660 年,军队的核心势力邀请查理二世回伦敦登基,斯图亚特王朝复辟。

复辟时期的宪法安排依旧不是那么清晰。过去半个世纪的时间里,由于发生了太多的改变,几乎不可能再恢复都铎王朝的议会型政府形式。由于之前实践中产生了各种各样的问题和不满,议会也不再要求享有提名国王大臣的权力。在这个权力交接的过程中,唯一得以传承的就是不再将立法和行政的权力都赋予议会。在这个意义上,恰恰是共和国的这一段特殊历史经验,造就了权力分立的原则。查理二世复辟之后享有了相关的统治权,并且可以随心所欲地任命和废除国王大臣。尽管议会保留了弹劾非法行使职权的大臣的权力,但事实上大臣主要还是向国王负责。透过复辟王室的表面,很多问题其实都还没有获得有效的解决。

在查理二世统治期间,出现了一些非常熟悉的情况,比如,国王寻求通过私人建议而不是枢密院(the Pring Council)的正式程

95　参见 Austin Woolrych, *Britain in Revolution*, *1625-1660* (Oxford: Oxford University Press, 2002), Pts Ⅱ and Ⅲ。

96　参见 GE Aylmer, *The State's Servants: The Civil Service of the English Republic*, *1649-1660* (London: Routledge & Kegan Paul, 1973), 9-17。

序来统治,下议院恢复了对国王大臣的弹劾,等等。[97] 但是,这里依旧充满了很多不确定性,因此,当詹姆士二世 1685 年继承王位之后,他决心要解决这些职权模糊的地方。他激进的解决办法就是以法国路易十四政权为榜样,制定天主教现代化方案。这种建立现代绝对主义政府的尝试带来了激进的中央集权:"他建立和改革了无数的组织机构,对政治机构建立了全国性意识形态审查,他改造并全面推进大都市和郡的英国官僚机构的现代化,他创建了一支现代化的常备军和一支更现代化的海军,总之,他在集权和理性化帝国统治方面做了大量工作。"[98]通过一个共谋性的司法行动,法院确认了詹姆士对《宣誓法》(the Test Act)的赦免权。[99] 通过这一国王所享有的赦免权,事实上公众被赋予了信仰的自由。[100]之后,通过在 1685 年秋让议会休会的命令,詹姆士二世确保了议会成员无权干涉他的政策。这些行动导致辉格贵族担心英国的宪制会被彻底地颠覆,所以寻求荷兰的帮助。

1688 年 11 月,奥兰治亲王威廉(William of Orange)迎娶了詹

---

[97] 这一时期最重要的弹劾案涉及财政大臣丹比伯爵(the Earl of Danby)。丹比已经认识到,政府绝不可能通过秘密阴谋集团来运作,唯一的出路是确保国王的大臣保持议会的信任。但丹比的首要目标是恢复政府的特权,减少政府对议会供应控制的依赖。但是,由于国王的反复无常,他的政策失败了。1678 年,当涉及国王的亲法政策时,丹比因叛国罪被弹劾。当国王试图以"丹比除了按照国王的命令行事外,什么也没做"赦免丹比时,这个问题变成了一场宪法争议。由于叛国罪只能针对国王,因此,有人认为国王可以赦免对他的伤害;但议员们认为,颠覆王国法律涉及整个政治体,不仅仅是国王的问题。但是,由于查理二世能够在审判前表示支持议会,这件事最终得到了解决,尽管丹比依旧需要被关在伦敦塔里待五年。参见 Roberts, above n 89, ch 6。

[98] Steve Pincus, *1688: The First Modern Revolution* (New Haven, CT: Yale University Press, 2009), 216.

[99] *Godden v Hales* (1686) 11 St Tr 1165.【詹姆士二世在 1685 年任命了 90 名天主教徒为军官,特赦他们免予受到 1673 年《宣誓法》中关于担任国家公职必须放弃天主教信仰的限制。在因这一事件而引发的"戈登诉黑尔斯案"中,普通法法院的法官对国王的赦免权做了法理辩护,他们提出:"基于必要的理由行使赦免权是王权不可分割的部分;国王是赦免权行使必要性的唯一判定者;赦免权并非人民赋予国王的,而是基于国王权威的古老传统,从来没有被剥夺过,也不能被剥夺。"——译者注】

[100] 参见 Pincus, above n 98, 191-198。

姆士二世的新教女儿——玛丽,作为军队的首领登陆英国。他宣誓,支持自由的议会,愿意促成和斡旋詹姆士二世与相关力量达成和解,通过削减王权来保住王位。但是,詹姆士二世在12月逃离了英国,统治精英为此宣布废黜他的皇位,与此同时召开非常规议会(因为没有国王的召集)。通过议会迎接其女儿玛丽和女婿威廉到英国来,尊为英国女王和国王,即玛丽二世和威廉三世,并通过《权利法案》(the Bill of Rights),从而削减了很多国王的特权。[101]

第五节　议会国家的形成

从宪制的角度,1689年的革命性安排是属于较为保守的运动,它的基本目标是修复"古老的宪法",自由是通过确保行政保持对基本法的尊重和在王室与议会权力之间保持平衡而得以留存的。由于在此之前发生的事件,《权利法案》主要侧重于针对皇室而不是大臣的不负责任行为,因此,议会试图控制国王的主要方法是通过维持对税收供应的控制和弹劾大臣的传统技术。议会吸取1665年詹姆士二世登基时的教训,即由于慷慨地通过一次性投票支持他所提出的财政方案导致议会被搁置、权力被滥用,议会这次故意拒绝投票给威廉足够的税收收入,从而确保皇室能够持续地依赖议会。尽管在形式上这次革命似乎是保守的,但是这些变化带来的影响是根本的,这事实上就是人类历史上的第一次现代革命。[102]

101　在威廉和玛丽正式接受王位之前,向他们宣读了《权利宣言》,同年晚些时候,在这个会议追溯性地转变为议会之后,《权利宣言》作为《权利法案》得以颁布。

102　Pincus, above n 98, 485-486:"1688—1689年的革命是第一次现代革命,因为在1688年之前,英国已经迅速地向一个现代社会转变。17世纪中叶的危机并没有保证英国在政治上脱离欧洲大陆模式,而是保证没有英国政府再依赖世袭父权原则,后来的斯图亚特王朝和他们的政敌都明白这一点。所有人都明白,英国要想成为　(转下页)

公法的基础

1689 年革命之后的一个世纪,标志着现代宪法实践正式拉开序幕。在这个过程中,我们看到了英国政府翻天覆地的变化,为英国这个政治体注入了力量,确保了英国整体的持续、有效和富有成果的发展。[103]这一时期,英国开始从一个农业占据主导的国家向工业和商业占据主导的国家转型,英国演变为大英帝国,[104]一个相对弱小的岛国转变为欧洲大国,在这个过程中,确保英国能够迅速成为世界经济贸易的主导国和帝国领头羊的基础得以奠定。[105] 自此,可以确定,现代宪法性安排与经济、政治和皇权增长之间的联系不仅仅是间接的,还是一种必然。

如果我们把对英国史的关注扩大到与国际事务相关的视野中,这一修正主义的解释模式的影响更为清楚。[106] 非常清晰的一个史实在于,威廉的目的并不在于保护英国宪法,而是想要将英国带入欧洲战争当中对抗法国,这导致了后来被历史学家所称的"第二个百年战争",一直到拿破仑被彻底打败,这场战争才得以结束。在这里,我们看到,战争再次成为宪法现代化发展的前兆。

(接上页)欧洲舞台上的一个重要角色,就需要将其在商业上的能量运用到官僚制国家的建构中。1688—1689 年的革命者提出了他们的英国现代性版本,这个版本完全可以用来取代詹姆士二世及其支持者所创造的现代性模板。但是,这两个团体其实都希望英国成为欧洲乃至全世界的一流强国,两个团体都希望英国的宗教实践能够迈向现代化,两个团体都希望英国成为一个商业社会。它们唯一的区别也是巨大的区别仅仅在于,他们两者所提供的、实现这些目标的手段之间存在巨大差异。现代化,在这个意义上,如同在随后的所有革命中一样,是革命的原因,而不是结果。"

103　John Brewer, *The Sinews of Power: War, Money and the English State, 1688-1783* (New York: Knopf, 1989), xvii.

104　1707 年,英格兰和苏格兰通过《联合条约》建立了大不列颠王国,1800 年,通过与爱尔兰的《联合法案》,大不列颠及爱尔兰联合王国成立。

105　参见 Geoffrey Holmes, *The Making of a Great Power: Late Stuart and Early Georgian Britain, 1660-1722* (London: Longman, 1993)。

106　Dale Hoak and Mordechai Feingold (eds), *The World of William and Mary: Anglo-Dutch Perspectives on the Revolution of 1688 - 1689* (Stanford: Stanford University Press, 1996), 10:"17 世纪真正的革命既没有发生在 17 世纪 40 年代,也不是在 17 世纪 50 年代,而是在 17 世纪 90 年代前后。这场革命标志着现代英国国家的起源——英国对路易十四的代价高昂且持续不断的战争所带来的金融、军事和官僚体系上的发展。"

1689 年之后发生的一系列变化导致英国向约翰·布鲁尔(John Brewer)所称的"财政-军事国家"(fiscal-military state)[107]、乔纳森·斯科特(Jonathan Scott)所称的"盎格鲁-荷兰国家"(Anglo-Dutch state)[108]发展。但是,如果从宪法的角度理解,这个时候的英国是向"议会国家"(parliamentary state)的方向发展的。

在 1689 年之后出现的议会政府主要源自之前为了构建负责任的政府所进行的一系列卓绝的斗争,那些斗争有效地遏制了政府的一些腐败行为,将议会提高到了非常重要的位置。由于传统上就对王权设置不满,而且坚定地反对建立常备军,议会就将自己定位于一种对政府进行有效制约的工具。但是,这些权力不是用来阻碍威廉的计划的,在威廉统治期间,英国建立了常备军和强大的海军,国家政策的发展有效服务于发动战争的任务。这里最关键的就在于,议会议员以支持战争为代价换取了将战争行动置于议会的监督之下,这是史无前例的创举。[109] 通过拓展其监督的权力,议会确保政府行动能够朝可见的公共目标展开。这些制约机制的建立有效地增强了国王政策的合法性:对权力的约束最终促使了新的权力的产生。

这一点在英格兰军事权力的增长中彰显得特别突出。1680—1780 年,英国陆军和海军的规模扩大了两倍,依据 1710 年的统计,有 30 万左右的军人处于服役状态。[110] 这个庞大的军事力量受到了议会系统的严格监督,从而确保它不会成为王室实现专制的

---

107 Brewer, above n 103.

108 Jonathan Scott, *England's Troubles: Seventeenth-century English Political Instability in a European Context* (Cambridge: Cambridge University Press, 2000), esp ch 21. 也可参见 Jonathan I Israel (ed), *The Anglo-Dutch Moment: Essays on the Glorious Revolution and Its World Impact* (Cambridge: Cambridge University Press, 1991); Hoak and Feingold (eds), above n 106。

109 Brewer, above n 103, 139.

110 Ibid, 30, 42.

公法的基础

工具。[111] 因此,在这个意义上,军事力量本质上是属于国家的,而不是属于王室的。军事力量的加强必须以中央政府部门行政能力的增强作为基础,与此相关的行政改革,可以追溯到斯图亚特王朝复辟时期。[112] 这些行政改革促成了相关行政官员专业过硬、乐于奉献、品德正直。[113] 在改革的过程中,核心的问题是公共财政系统的革命性变革。英国的财政改革扩展了税源和税基,建立了一个新的赤字融资系统,以荷兰的阿姆斯特丹银行为范例,建立了英格兰银行。[114] 这一系列的军事、行政和财政改革为现代化的军事力量、专业化的公务员体系和灵活有效的公共财政系统的建立奠定了基础,最终使得英国得以形成一个强大的"财政-军事国家"。

尽管威廉坚信,王室的权力对战争的成败是非常关键的,但是他也认识到,如果英国王室的军事基础要得到恢复,他必须加强与议会的合作。所以斯科特所称的"议会君主立宪制"(parliamentary monarchy)就成为英国现代国家构建的核心。[115] 正如约翰·布鲁尔(John Brewer)所指出的,议会之所以会默许王室的有关财政和军事政策,是因为这些新教贵族看到,本质上,财政-军事国家虽然会威胁英国人民的自由,但是它同时也是保护自由必不可少的手段。[116] 议会成为现代英国国家建设得以推进最主要的力量所在:1688年之后,下议院不仅仅是政府的监督者,它自身也逐渐成为政府的一个部分。[117] 正如斯科特所言,17世纪的斗争并不是针对

111　Brewer, above n 103, 43-44:"议会确立了对军事资金的控制,并有权决定军队的规模及其军事法的性质。只有在议会同意的情况下,才能在和平时期组建常备军。未经议会批准,外国军队也不能被雇佣进入英国。因此,尽管'政府、军队的指挥和部署'是王室的特权之一,但只有在议会的控制下才能有效地行使这一特权。"

112　Ertman, above n 16, 207.

113　Brewer, above n 103, 69, 79.

114　Scott, above n 108, 474-486; Brewer, above n 103, ch 4.

115　Scott, above n 108, 483.

116　Brewer, above n 103, 143.

117　Ibid, 159.

绝对主义的斗争,而是针对专断的政府,不是试图废除政府,而是参与到政府当中。1688 年之后,议会彰显了自己在塑造现代国家过程中不可替代的价值。[118] 基于议会与政府之间的紧张关系所构建的议会国家,从历史的发展来看,相较于绝对君主制国家,发展得更好,也更强大。

第六节 代议政府与责任政府

洛克认为,主宰 1689 年革命的主要有三个原则:政府行动源自人民的授权;立法机构享有最高的权力;行政机构承担双重授权,一方面是要确保社会和国家之间契约的有效运行,另外就是要尊重立法机构的意志。[119] 如果这里隐含的前提是政府不过是人民授权的信托机构,这些原则构成了政府运行的根本主题。但是到了 18 世纪,这一前提性的假设逐渐演变成政府的工作原则。这一原则被普遍表述为代议政府和责任政府(representative and responsible government)原则。

政府与议会关系的革命性变革在 1701 年的《王位继承法》(the Act of Settlement)中得以体现。宪法学者一般都会非常熟悉该法的第 1 条和第 7 条:第 1 条将王位授予汉诺威选帝候夫人索菲亚公主的新教继承人;第 7 条为司法终身制提供了保障,规定除非获得议会的批准和理解,否则不得随意更换法官职位。[120] 而

---

118 Brewer, above n 103, 495.

119 John Locke, *Two Treatises of Government* ［1680］ Peter Laslett （ed） (Cambridge: Cambridge University Press, 1988), vol 2, §222.

120 后一条规定消除了 17 世纪议会的一项重大不满,即国王利用司法机构强化其特权。通过使司法独立成为一个需要向议会进行说明和报告的议题,它还加强了议会的地位。例如,可参见 *Bate's case*, above n 92;更为一般性的讨论,参见 Adam Tomkins, *Our Republican Constitution* (Oxford: Hart Publishing, 2005), 74-87。

公法的基础

对议会和政府关系而言,最重要的应该是第 4、6、8 条。为了解决在 1678 年弹劾丹比伯爵中引发的分歧,第 8 条规定:"不得以大英帝国的大印赦免、宽恕下议院启动的弹劾程序";这其实就为要求国王必须任命议会信赖的官员提供了明确的法律依据。第 8 条和第 6 条之间形成了一种有效的相互支持,第 6 条不允许获赠官禄者任职下议院。这其实就是禁止国王试图用自己的力量腐蚀议会,也有效地防止了下议院的领导成员在更高的位置上服务于国王的利益。[121] 其中,最具革命性的条款是第 4 条,其内容是:

> 所有涉及本王国良好治理的事项,如果依据法律和习惯应该由枢密院负责处理,应该交由枢密院处理,解决方案应该由枢密院提出、同意并签署。

第 4 条得以规定的目的不在于恢复议会政府的原则,而是要建立相关机制以确保议会能够确认是由哪位大臣提出的建议,以及国王依据哪些建议行动,这一条款的核心目的是把责任政府的原则写入法律。

这些法律基本都是作为应对 17 世纪的诸多问题的解决方案被颁布的,但是它们产生了更为广泛的影响。依据相关的法律规定,"枢密院顾问官"需要基于向国王提出的建议向议会负责,这就意味着国王不能个人化地行使任何的政府权力。因为如果国王可以按照自己的意愿以个人人格行事,那么《王位继承法》第 4 条法律规定的法律精神将彻底被损害,"国王不得为非"的法律格言将导致议会无法针对这一国王个人化的行为实施任何救济。《王位继承法》事实上迈出了非常激进的一步,在法律中规定了一个宪法框架,以立法权、行政权和司法权分离的原则为基础,并要求行政

---

121 这一条款后来被美洲的殖民者所采纳,构成了美国宪法第一条第六款的内容:"在美利坚合众国供职的任何人,在其任职期间,不得担任国会任何一院的议员。"

384

决策必须遵循正式的程序,以确保政府向议会负责。

但是,恰恰是这一激进的特质使得《王位继承法》真正发挥的影响非常有限。该法第 6 条的规定通过禁止获赠官禄者在下议院任职,从而确保了政府设置独立于议会,这一改变事实上是违背了一贯的议会型体制的基础特征。由于第 4 条要求行政决策必须有正式的记录,这事实上导致了决策咨询的隐秘性受到损害,而很多人认为,恰恰是这种隐秘性本身是有效的政府决策得以做出的必要条件。这两个条款都在 1706 年的《摄政法案》(the Regency Act)中被废除。第 4 条由于被认为不具现实可操作性而被废除,但是关于获赠官禄者的条款则引发了具有分裂性的争论:一方认为,这个条款非常有必要,这样可以防止国王腐蚀议会;另外一方则认为,这样的排除行为事实上是与英国政府的传统相悖的。这些分歧构成了英国宪法发展的转折点,最终这些条款之所以会被废除,一个很重要的原因在于,议会发现了另外一个虽然不是那么正式,但是依旧可以确保大臣承担责任的办法。除了弹劾程序,议会规定,只要获得一般多数的赞同,就可以彻底废黜一个大臣,这就要求,国王大臣只有获得议会认同和信任的前提下才可以继续任职。

在 18 世纪,国王实际上被要求只任命那些真正有能力处理好和议会关系,甚至是有权威可以管理议会的人为大臣,这就使得那个时期是一个贵族统治时期,具体而言,是由那些策划汉诺威王朝继承权的辉格党主要家族控制着议会。[122] “国王不得为非”的法律原则只有在国王必须基于他人的建议行动的基础上才能够得以有效贯彻。这一切都确保了政府行动其实是建立在议会同意基础上

122　参见 John Cannon, *Parliamentary Reform*, *1640 - 1832* (Cambridge: Cambridge University Press, 1973), esp ch 2 (这些研究显示了选举权所设定的各种限制,议会代表权在多大程度上是受少数主要家族的控制,以及下议院本身如何会被视为是上议院的附属机构)。

公法的基础

的。乔治一世之所以从内阁退出,并不像传说当中提及的那样,是因为他不会讲英语,[123]真正的原因是,他在内阁拥有的权威有限,使他感觉非常难堪,从而自动退出了内阁。[124] 这样的好处就在于,政府和议会之间的紧张关系不再是整个权力体系的核心问题,代之以议会内部新的紧张关系。这种紧张关系存在于执政党和反对党之间,党派之间的相互制约确保了政府权力不会超过必要的边界。

18 世纪的一个非常显著的特征就是不同政党的形成。尽管政党出现之后对政治产生的影响尚存诸多争论,[125]但是非常清楚的一点在于,政党制度与议会作为一个永久性制度的存在是紧密关联的。[126] 政党的出现不仅仅是作为民主情感的表达,同时也是议会制度得以运行的重要机制保障。[127] 为此,我们看到辉格党与托利党始终彼此处在一种形式的相互冲突中,而不是各自与王权的冲突中,两者之间主要的争论也主要围绕政治的本质,而不是政府的本质展开。[128]

正是在这种政治环境下,政府的主要实践做法——今天一般称之为宪法惯例——得以形成和确定,它们是在两大政党争夺政

123　例如,可参见 Sir William R Anson, *The Law and Custom of the Constitution* (Oxford: Clarendon Press, 4th rev edn, 1911), vol 1, 9:"乔治一世不愿意主持以他所不懂的语言进行的讨论。从那时起,国王应将国家政策的决定权留给大臣,这已成为公认的规则。"

124　Roberts, above n 89, 425.

125　参见 JCD Clark, *English Society*, *1688 - 1832* (Cambridge: Cambridge University Press, 1985), ch 1; Frank O'Gorman, *Voters*, *Patrons and Parties: The Unreformed Electoral System of Hanoverian England*, *1734 - 1832* (Oxford: Clarendon Press, 1989)。

126　BW Hill, *The Growth of Political Parties*, *1689 - 1742* (London: Allen & Unwin, 1976), 15.

127　参见 Maurice Duverger, *Political Parties: Their Organization and Activity in the Modern State* (London: Methuen, 2nd edn, 1959); Richard Rose, *The Problem of Party Government* (London: Macmillan, 1974), 334-335。

128　参见 JCD Clark, 'A general theory of party, opposition and government, 1688-1832' (1980) 23 *Historical Journal*, 295-325, 298。

府权力的背景下探索产生的。这些由政党争夺权力产生的竞争结果,由政党维持议会控制权的能力所决定,而国王最终被降为旁观者的角色。在政党竞争中,一个有效的反对派不断出现,热衷于利用执政党的分裂,并随时准备掌握权力,其效果是促进了紧凑和纪律严明的政党结构的形成。[129] 正如 J. C. D. 克拉克(JCD Clark)在对 1832 年之前的政党政府的发展分析中指出的:"英国政治的基本单位并不像通常预设的那样,是政府部门(ministries),部门在一般选举中就将彼此区分开来了,英国的基本政治单位是政党体系,这个政党体系只有在严峻的政治危机中才能被区分开来。"[130]很多用来指导议会行动和处理政府与议会关系的宪法惯例都是在政党体系的演变过程中发展出来的。[131] 因此,政党制度的发展史成为理解宪法惯例的关键,同时,政党制度发展史也为宪法史的书写提供了站得住脚的理论基础和原则。[132]

只有在 1832 年的《改革法案》(the Reform Act)被颁布之后,政党才得以完全地占领下议院,同时被认为是有一定能力对政府的复杂结构产生影响的组织。[133] 但是最重要的是,如果整个政治环境更趋民主化发展,议会政府这样的安排可能是无法行得通的。

129　Edmund Burke, 'On the Present Discontents' [1770] in BW Hill (ed), *Edmund Burke on Government*, *Politics and Society* (London: Fontana, 1975), 74‐119, esp 113‐114.

130　Clark, above n 128, 298. 也可参见 Rose, above n 127, 319,理查德·罗斯(Richard Rose)指出,"在现代英国历史上,选举阵线内和选举阵线外政策团体的重新组合与大选导致的政府变化一样重要,甚至更为重要。自 1885 年以来,只有 1906 年和1945 年的选举可以说直接促成了政策的重大调整。更常见的情况是,选举派派内部的分歧导致了重大分歧。保守党不愿在公开场合分裂,这并不能维持私下的持续和谐。工党在政策和结构上都是联邦制的;自其诞生以来,它就把一些在政策上存在基本分歧的群体结合在一起。自 1886 年以来,自由党则始终处在分裂、分裂、再分裂的过程中"(at 319)。

131　例如,可参见 Geoffrey Marshall, *Constitutional Conventions: The rules and forms of political accountability* (Oxford: Clarendon Press, 1984), 48‐53。

132　Clark, above n 128, 325.

133　DED Beales, *The Political Parties of Nineteenth-Century Britain* (London: Historical Association, 1971), 11.

公法的基础

也就是说,只有在议会完全由有地产的阶级掌握的前提下,执政党和反对党的划分才是行得通的。[134] 因为只有当多数议会成员对其尊贵的赞助人负有义务时,稳定的组织才有可能形成。只有当这个国家中两个对立的大家庭联盟在对国家事业的理解上具有共通点、没有根本性分歧时,这种两大家族的分化才能持续下去。只有在这种"俱乐部政府"(club government)[135]的氛围之下,"国王的反对党"(His Majesty's Opposition)这个早在 1780 年就出现的概念才是真正有意义的。[136] 如果政府形式呈现更为民主的大众化模式,"意见的多样性、利益的分歧、大众情绪的变化都会使议会陷入混乱无序的状态"[137]。

政党制度对政府形式的影响在 19 世纪 30 年代之后变得越来越明显,执政党和反对党之间潜在的一致性和认同所发挥的作用是决定性的。[138] 尽管 1832 年的《改革法案》标志着非常重要的转变,但是也不能过高地估计这种影响,法案从本质上并没有构建一个新的政治体制,因为它本身也没有打算这么做,它没有任何要将权力递交到中产阶级手中的计划。[139] 法案将选举权仅仅扩大到成年男子中的 14％,但是,由于数量上的有限,这些新获得选举权的城市中产阶级只能跟随现行的政党体制做出行动。整个 19 世纪的大多数时候,还是地主阶级在控制议会,直到 19 世纪的最后十年,工业中产阶级逐渐占据了下议院的多数。1867 年的《改革法案》进一步扩大选民人数,选民人数达到了之前的两倍,为了争取

---

134 Boutmy, above n 23, 177:"只有受到与皇室亲密关系的支持,同时也受到其约束的骄傲的贵族,才能成功地完成这项任务。"

135 Walter Bagehot, *The English Constitution* 〔1867〕 Miles Taylor (ed) (Oxford: Oxford University Press, 2001), 104.

136 AS Foord, *His Majesty's Opposition*, *1714 - 1832* (Oxford: Clarendon Press, 1964), 411-415; Bagehot, above n 135, 16.

137 Boutmy, above n 23, 177.

138 Clark, above n 128, 324.

139 Cannon, above n 122, 257.

选民的支持,政党制度努力向集中化、官僚化和现代化的方向发展。由于议会选举会决定由哪个政党执政,政党制度成为选民、议会和政府之间的纽带。[140]

在 18 世纪和 19 世纪发展出来的相关政府实践惯例,与新兴的政党制度之间经历了很长一段时间的磨合,让整个政治形势变得非常不稳定。戴雪指出,在严格意义上,大臣责任是指每一位大臣针对他所参与的国王行动承担法律责任。[141] 但是这一法律责任最终被一个超负荷的宪法要求所替代,这一宪法要求不强调个体责任,而是要求大臣整体性地对所有政府行动承担责任。这一集体责任是内阁政府制度的产物,内阁政府制度出现在 18 世纪,在 1832 年的《改革法案》之后,议会最主要的动议都与内阁政府制度相关,几乎导致了行政和立法权完全重合。[142] 19 世纪中期,议会掌握了对政府的控制权。[143] 但是,到了世纪之交,政党的发展和自我约束扭转了相关局面:不再是下议院控制行政,相反,是行政的力量控制了下议院。[144]

这一趋势在 20 世纪得到进一步加强,比如,废除了上议院否决立法的权力,[145]此外,大臣责任在"法教义意义上的简约化"与大

140　GW Cox, *The Efficient Secret: The Cabinet and the development of political parties in Victorian England* (Cambridge: Cambridge University Press, 1987); Ian McLean, *Rational Choice and British Politics: An Analysis of Rhetoric and Manipulation from Peel to Blair* (Oxford: Oxford University Press, 2001), ch 3.

141　Dicey, above n 87, 322.

142　Cox, above n 140, 5; Bagehot, above n 135, 11. 请注意贝尔福伯爵(Earl of Balfour)的评论,即"自革命解决方案以来,内阁制度的逐步发展和最终建立比我们宪法史上的任何事情都更为重要",详见 Earl of Balfour, 'Introduction' to Walter Bagehot, *The English Constitution* (London: Oxford University Press, 1936), xii。

143　参见 AH Birch, *Representative and Responsible Government: An Essay on the British Constitution* (London: George Allen & Unwin, 1964), 135:"在 1832—1867 年,至少有十个政府因为下议院投的反对票而最终解散和结束。"

144　Sidney Low, *The Governance of England* (London: Fisher Unwin, 1904), 20.

145　Parliament Acts 1911, 1949. 进一步可参见 House of Lords Act 1999。

公法的基础

政府时代的"行政的复杂化"之间产生了难以弥补的鸿沟。[146] 尽管如此,这些宪法惯例在整个议会体系中的核心位置,确保了它们的继续存在,从而使得政府决策的非正式世界中被蒙上了一层神秘的面纱。这个时代,由于对政党这样的团体存在着各种各样的"法人偏见",(从而不再依赖政党的治理)强调构建治理的社会网络,因此,这不仅影响了政党制度的有效性,而且也使得内阁本身在有限资源的分配中处于边缘的位置,而不再享有"最高指导权"。[147]正如基思·米德尔马斯(Keith Middlemas)在 1979 年写道:

> 从 1911 年到今天,中央政府已经不可否认地从促进经济变革的立场转变为支持经济变革的立场,并最终转变到了一个新的方向,但是,这一转变是以与相关的治理机构之间达成协议和共识为前提的,这些治理机构的正式代表结构使政府摆脱了一项不可能处理的任务,这个任务就是协调政治生活各个层面上大量不同利益集团的意志冲突。[148]

但是,这也是有代价的,就是使得公众对政府的控制力严重地受到了削减。[149] 如果内阁政府的权力下降,首相成为"权力金字塔的顶点"[150],这就成为一个模糊了公与私划分的权力体系。[151]

---

146 Nevil Johnson, ' Accountability, control and complexity: moving beyond ministerial responsibility' in Anthony Barker (ed), *Quangos in Britain* (London: Macmillan, 1982), 206-218, 216.

147 W Ivor Jennings, *Cabinet Government* (Cambridge: Cambridge University Press, 3rd edn, 1969), 1.

148 Keith Middlemas, *Politics in Industrial Society: The Experience of the British System since 1911* (London: Deutsch, 1979), 379.

149 Ibid, 377. 进一步可参见 Josef Schumpeter, *Capitalism, Socialism and Democracy* (London: Allen & Unwin, 3rd edn, 1950)。

150 RHS Crossman, 'Introduction' to Walter Bagehot, *The English Constitution* (Glasgow: Collins, 1963), 51.

151 关于这一问题最近的思考,参见 Christopher Foster, *British Government in Crisis* (Oxford: Hart Publishing, 2005)。这一主题将在本书第十五章展开讨论。

390

第七节　国家、法律和宪法

英国的议会国家体制是非常复杂的,这个体制是由一个漫长的历史过程所塑造的,这一历史过程也展现出英国不同于任何国家的独特形成历程。议会最早是作为王权的工具而出现的,议会在中世纪所呈现的繁荣发展也不是源自对王权的控制,相反,是源自其在回应王室税收需求上的灵活性和易妥协性。尽管《大宪章》削减了国王个人的权力,构建了王室意志得以落实的相关机制,但是这本身也不是议会的产物,相反,是国王御前会议的产物。议会的权力得以增强,主要是基于三个方面的原因:首先,议会本质上由国王御前会议的成员控制议程,"君临议会"事实上是国王借助于御前会议成员在议会产生影响;其次,议会同时具有司法和代表功能;最后,代议原则(代表享有的对其选民的全权代表权)确保议员的决定对其选民是有拘束力的。

尽管议会是作为一个王室统治工具出现的,但是这并不妨碍其在政治国家理念形成过程中,同时也发挥了非常重要的中介力量。其中一个原因在于,尽管诺曼人很早就建立了一个中央政府,允许政府机构蓬勃发展,但是,同时也通过继续与地方的社区组织合作,确保"疆域内的共同体"的理念得以出现。此外,长子继承制度的存在,使得贵族的年轻长子们同时承担了郡法院领导者和下议院的相关职责,上议院和下议院之间这种家族式的共同联系,也赋予了议会独特的力量源泉,这就借助于一个特殊的结构,使得王室法院、御前会议和议会——分别承担司法、政府行政和立法职能——这些部门机构能够有效地联合起来。最终,在一个国家的政治共同体身份被构建的过程中,这个共同体身份建立在比王室权力更深广的基础之上。

公法的基础

中世纪晚期议会的地位取决于它在中央权力的单一结构中发挥的特殊作用。但是这一地位伴随着分工的发展受到了一定程度的威胁：如果议会被视为主要负责控制财政支出的代表机构，它的地位很大程度上就取决于王室的政策野心。在 16 世纪，议会就逐渐被边缘化，并不可避免地朝同时代欧洲其他代议制机构的模式发展。一直到了宗教改革时期，英国议会的角色才发生了改变。亨利八世需要利用议会机制来确立"王权至上"的原则，为此他将"君临议会"提升为最高立法机构，这就使得试图从中世纪"基本法"枷锁中挣脱出来的目标得以实现，当然，这里最重要的原因就是议会非常配合和容易妥协。

这一段历史充满了很多矛盾之处：议会之所以获得非常重要的位置，是源自它的顺从，而它的代表功能最终使得它能够有效地约束选民；它的力量的增强不是源自分权，而是来自权力的交叉融合；等等。在后来的发展过程中，类似的矛盾还是在不断地出现：议会之所以能够在构建责任政府过程中发挥重要的作用，一个很重要的原因在于它借力于一条服务绝对主义的法律格言——国王不能为非；当议会在 1689 年的革命性安排获得非常重要的位置之后，它没有用自己的权力去限制国家权力，相反是用来服务于强大国家的建设。当代议制政府的原则得以建立之后，议会的职责就非常明确了，它的职责就是确保政府的运行。

现代议会国家的出现为我们提供了有关宪法和法律的独特概念，这些概念的理解取决于对主权权力的理解。尽管我们可能会认为王位是主权权力的中心所在，但是事实上，国王从来都不拥有主权权力，这源自"君临议会"的理念。主权是在一个过程中得以产生的，在这个过程中，"君临御前会议"的权力一方面被限制，另一方面则通过（国王借助于御前会议在议会行使的）立法权获得进一步的拓展。国王在议会中的这种无限和不可分割的权力的确立，标志着议会法从中世纪特权和限制的控制中解放了出来，这其

392

中许多特权和限制是用"基本法"的语言表达的。[152] 由此可见,现代自由的概念并不是对主权权力施加限制的结果,政治自由事实上是议会立法所呈现的主权权力的产物,当主权权力在议会中得以形成时,政治自由作为其运行结果得以产生。

"议会主权"这一法律原则作为英国宪法实践最为突出的特征,是王权借助议会产生能量的产物,源自越来越多的对"君临议会"的权威的承认。在 16 世纪,英国议会作为欧洲一种独特的存在,主要是因为,作为一个常设机构,英国议会的权力和责任都是非常明确的。正如埃尔顿所言:"它比其他地方的类似机构优越,因为它在地区议会中没有对手,因为它真正为所有不同的政治利益提供了辩论和解决冲突的机会,而且它的组织非常特殊,(所有这些事实的结合,使得议会)不仅参与了治理本身,而且对君主制有非常积极的帮助。"[153]这些安排一旦运用得恰到好处,国家的政治自主就可以通过"君临议会"的立法行动得到有效的实现,这个时候,一个特定的法教义就出现了。这里的法教义不是指在任何严格意义上的议会主权,而是"国王借助于御前会议在议会产生影响"这一权力结构所展示的国家主权。

责任政府的成就和代议制政府的发展,使得主权行使者的权力得到巩固和扩展。国王不再是主持"一言堂"的朝廷的君主,而是一个必须进行政治性管理的综合国家机构的组成成员。从 17世纪开始,统治权力如果要得以顺畅行使,国王的大臣必须要有能力处理好与议会的关系、管理好议会。过去被认为是"一切怀疑、担忧与恐惧源泉"的政府权力,在 1689 年之后不断获得扩张,尤其是要求大臣行使权力必须获得议会的信任之后,权力得到进一步

---

152 Pollard, above n 19, 220:"国王凌驾于他制定的法律之上,但是,需要服从于上帝和自然的法律。中世纪的自由正是从这些不变的法律中衍生出来的:它们是绝对的权利,而不是人类权威的让步。国王和议会没有给予它们,因此,国王和议会也不能剥夺它们。"

153 Elton, above n 64, 50.

公法的基础

增长。在整个 18 世纪,"君临议会"行使的权力,在法律和宪法体制上都被认为是绝对的。[154] 而且,从那个时候开始,法学家[155]和法官[156]都普遍接受了这一法教义。

但是,伴随着英国分析法理学的兴起,"君临议会行使的权力是绝对的"这一教义的重要性变得越来越模糊。对很多宪法学家而言,议会主权是"终极的政治事实"。[157] 但是,这一基本事实是如

154　William Blackstone, *Commentaries on the Laws of England* (Oxford: Clarendon Press, 1765), 156:"君临议会在制定、确认、扩大、限制、废除、恢复和阐述涉及所有可能教派、教会或世俗、民事、军事、海事或刑事等事务的法律方面拥有主权和不可控制的权威:在所有政府中都会授予特定机构或者个人以绝对专制权力,王国的宪法恰恰把这一权力赋予了它。所有超越普通法律程序的恶作剧和冤情、行动和补救办法都在这个特别法庭的管辖范围之内。正如亨利八世和威廉三世统治时期所做的那样,它可以调整或建立新的王室继承模式;正如亨利八世和他的三个孩子的统治时期所做的那样,它可以改变该国已确立的宗教;正如《工会法》以及规定三年一次和七年一次选举的若干法规所做的那样,它甚至可以改变和重新制定王国和议会本身的宪法。简而言之,它可以做一切并非天生不可能的事情;因此,一些人毫不犹豫地称它所行使的权力是一个无比勇猛的角色才可能行使的权力,称它为无所不能的议会。"

155　例如,可参见 Jean Louis De Lolme, *The Constitution of England, or, An Account of the English Government* [1771] (Indianapolis: Liberty Fund, 2008),让·路易斯·德洛姆(Jean Louis De Lolme)指出,"对英国的法学家而言,最基本的原则就是,议会无所不能,除了把女人变成男人,把男人变成女人"(at 130);以及 Dicey, above n 87,戴雪指出,"准确地表达议会主权原则的含义应该是,根据英国宪法,议会有权制定或取消任何法律;此外,英格兰法律不承认任何人或团体有权推翻或废除议会立法" (at 37-38)。

156　例如如下案例的法官判词。*Lee v Bude & Torrington Junction Rly Co* (1871) LR 6 CP 577, 582 (per Willes J)一案的判词指出:"我们作为女王和议会的仆人坐在这里。在女王、上议院和下议院同意的情况下,我们是否要作为摄政者来处理议会所做的事情? 我否认有任何这样的权威存在。如果某项议会法案不当,应由立法机关自行通过废除该法案予以纠正:但只要该法案作为法律存在,法院就必须遵守该法案。"*Cheney v Conn* [1968] 1 All ER 779, 782 (per Ungoed-Thomas J)一案的判词指出:"议会立法本身所制定的内容不可能是非法的,因为议会立法所说和规定的本身就是法律,是这个国家所知的最高形式的法律,是凌驾于任何其他形式的法律之上的法律。"*Madzimbamuto v Lardner-Burke* [1969] 1 AC 645, 723 (per Lord Reid)一案的判词指出:"人们常说,英国议会做某些事情是违宪的,这意味着反对做这些事情的道德、政治和其他理由是如此强烈,以至于大多数人认为议会做这些事情是非常不恰当的。但这并不意味着议会无权做这些事情。如果议会选择这样做,法院不会认为议会法案无效。"

157　HWR Wade, 'The basis of legal sovereignty' (1955) CLJ, 172-197, 188-189.

何出现和变化的,什么时候出现和变化,为什么会有变化等问题,很多法学家都没有深入讨论,而对那些试图去回答这些问题的法学家,他们所提供的答案也不是那么有信服力。在他们看来,这一教义不是通过制定法确立的,鉴于英国法的渊源只有制定法和普通法,毫无疑问,这一教义就是普通法的一个部分。[158] 在此基础上产生了进一步结论:普通法是最终的宪法性基石所在;[159]以及主权教义既然是普通法的创造物,那么关于这一教义的详细内容和限制最终就由司法机构负责回答。[160] 那么我们很快就要得出结论:"法治是建立在两大基石基础上的:君临议会的立法主权和女王的法院通过解释和适用法律所呈现的主权。"[161]

只有认识到,那些国王通过其御前会议无法完成的事项或者说权力边界,可以通过御前会议与议会的合作能够完成或者克服,那么这个时候议会主权才真正得以建立。这两者的合作需要借助一定的政治过程才能产生新的相对权力,但是,这个过程也带来了一些隐秘的政治变化:国王失去了反对立法的权力,但这并不是立法导致的结果,而是国王的政治权威的衰退导致的。其他一些变化则是通过更为明显的武力启动达到的。比如,内战和 1689 年革命,其他还包括 1832 年的选举权改革和 1911 年对于上议院否决权的剥夺,它们尽管没有引发武力冲突,但是已经是一触即发。还有一些其他因素使得司法权力进一步扩展,在一定程度上司法

158　CR Munro, *Studies in Constitutional Law* (London:Butterworths, 2nd edn, 1999), 161.

159　Sir Owen Dixon, 'The common law as an ultimate constitutional foundation' (1957) 31 *Australian Law Journal*, 240-154.【原书页码如此。——译者注】

160　TRS Allan, *Law, Liberty, and Justice:The Legal Foundations of British Constitutionalism* (Oxford:Clarendon Press, 1993), 10.

161　*X v Morgan-Grampian（Publishers）Ltd*［1991］1 AC 1, 48（per Lord Bridge）. 也可参见 Stephen Sedley, 'The Sound of Silence:Constitutional Law without a Constitution' (1994) 110 LQR, 270-291, 289-291。

也分享了一部分国家主权。[162] 但是，在这些不同的原因及其所导致的变化中，最为根本的问题在于，这些变化都不是依靠逻辑而产生的，也不是对所谓的"作为真理的"历史事实的发现，或者是对道德基本原则的呈现，这些所有的变化都使议会主权的主张在得以加强，但是需要看到，议会主权这一主张的出现本身，是因为它满足了现代政治形势的本质要求。

在英国的体制中，对宪法体制的理解不能仅仅通过分析那些构建政府机构的规则（分析政府宪法）来实现，而是需要了解国家宪法，也不能仅仅通过分析实证法的法条来实现，而是要充分理解"政治法"的要求。前一分类主要可以在白芝浩对宪法的荣誉版本和效率版本的区分中看到。[163] 而后一分类则主要从梅特兰对"法学家的法"（jurist-law）和"民间法"（folk-law）的划分中捕捉到，他特别提醒我们，由于这两者划分之间错综复杂的关系，法学家不能在"法学的形而上学"上走得太远。[164] 这两组分类其实都不太好理解，因为很大程度上它们都依赖一个关系逻辑而存在，在这个逻辑中，只有在理解了整个"像没有指挥的乐队"的系统的重要性之后，实践中的每个元素的内涵和功能才能真正被把握。[165] 整个英国体制的运行是建立在一系列的宪法实践基础之上的，这些宪法实践很好地处理了政府不同机构之间的权力紧张关系，并使其关系得以有效维系。

162　例如，可参见 *R v Secretary of State for the Home Department*, *ex p Fire Brigades Union* [1995] 2 WLR 464，487 (Lord Mustill, dissenting)。

163　Bagehot above n 135, 7.

164　FW Maitland, *Township and Borough* (Cambridge: Cambridge University Press, 1898), 14.

165　Pierre Bourdieu, *The Logic of Practice* Richard Nice (trans) (Stanford: Stanford University Press, 1990), 59.

第四部分

宪　　法

第十章
宪法性契约

　　第九章对国家形成过程的系统分析,展现了这样一个事实:欧洲从来没有试图去构建任何的理想型国家,国家发展始终处在不断的变革当中,而且从未到达精准的终点。没有任何试图维系特定政府形式的欧洲领土协议能够一直持续下去,所以,对欧洲而言,国家的形塑过程是一个永不停止的过程,这个不断变化和探索的过程真正成为现代欧洲政府一个永久的特征所在。[1] 但是,一些改变也在发生,现在越来越多的国家建设实践开始关注如何能够建立和维持一个稳定的宪法形式。之所以会有这样的转向,一方面是因为政府权力扩张所带来的挑战,另外就是传统统治方式的权威在不断地衰落。这一趋势也导致我们对宪法的理解发生了转向。今天理解宪法,一般是指由人民所缔结的契约,这一契约在赋予统治机构权力的同时,也对其进行限制。

　　这一现代性理解标志着与传统的宪法理解的决裂。传统上的宪法理念,借用了政治体的隐喻,认为宪法是与一个民族的健康和力量紧密相关的,宪法伴随着民族生命力的成长不断地得到发展。埃德蒙·伯克(Edmund Burke)在分析法国大革命发展的文章中,就是在这个意义上使用宪法概念的,他指出:"国家不应该被视为像胡

　　1　Michael Oakeshott, 'On the Character of a Modern European State' in his *On Human Conduct* (Oxford: Clarendon Press, 1975), 185-326, 189.

公法的基础

椒粉、咖啡、花布、烟草或其他一些无关紧要的贸易合作协议,这些协议仅仅服务于暂时的利益,而且会因为双方的自负而轻易地被解散。"[2] 他认为,我们应该带着崇敬来看待宪法,因为宪法不是这样一种世俗的合作关系,这种世俗合作关系只是人一种暂时的、易逝的、粗糙的动物本能的显现。与此相反,宪法是伴随着民族和国家的生命在发展的,它不仅仅彰显的是当下人与人之间的合作关系,它彰显的还是与那些逝去的人,以及未来的后代之间的联系和合作。[3] 这种传统的对宪法的理解已经被当下的契约论所替代了。

现代宪法概念在公法中发挥了非常重要的作用:它提供了公法秩序的基础,确立了法律制定所必须遵守的根本法,宪法本身构成了由合法律性向合法性转变的基准。但是,现代宪法概念也存在一些模棱两可的地方。在宪法制定这个行动中,或者说在签署宪法性契约的过程中,一定会存在一个法律行动,这也就意味着签署契约的"人民"不仅仅是先于契约存在,而且还高于契约。但是"人民"难道本身不是一个法律构建物吗? 从这个意义上,宪法作为实证法体系中的基本法,一定源自一个更为基本的法律考量行动。而这个更为基本的法律考量行动其实就彰显了政治法的运行。

本章重点考察在现代法理思考中,当涉及现代宪法的地位时,都讨论了哪些基本问题,并在此基础上,考察宪法性契约的本质和功能。

第一节　现 代 宪 法

获得广泛接受的现代宪法概念主要是源自 18 世纪后期的美

2　Edmund Burke, *Reflections on the Revolution in France* [1790] Conor Cruise O'Brien (ed) (London: Penguin, 1986), 194.

3　Burke, above n 2, 194-195.

400

国和法国革命。亚历山大·汉密尔顿（Alexander Hamilton）在《联邦党人文集》的开篇就宣称："这个国家的人民保有去决定一个重要问题的权利，这个问题就是，人类社会能够通过深思熟虑和自由选择来建立一个良好的政府，还是他们永远注定要靠机遇和强力来决定他们的政治组织？"[4] 汉密尔顿认为，一部宪法并不像伯克主张的那样，是一份继承的遗产，而是一个由人民通过深思熟虑和协议构建的工具，借助于这个工具他们可以建立他们愿意生活在其管辖下的政府结构。这个现代概念的即刻影响在法国大革命中得以显现。在法国大革命中，三级会议的第三等级就将整个作为旧制度的等级秩序彻底地终结了，变成了历史。这一点是通过第三等级宣称自己是整个民族的立宪会议来实现的。因为主张"作为民族整体是不接受任何的命令的"[5]，立宪会议起草了《人权与公民权宣言》（the Declaration of the Rights of Man and the Citizen），将其作为一种全新宪法的序言。

从 18 世纪晚期开始，宪法制定就开始成为民族国家政治史中非常重要的行动，这就标志着在现代国家政治发展上掀开了新的篇章。这些具有权力授权性质的法律工具（宪法）被认为是一个重要的再造和复兴行动，常常是在一些极端的情形下被起草的，比如，推翻王室的统治，战争胜利，革命性地推翻一个政权，即类似的统治秩序坍塌的情形。作为法律秩序建构中的基础性行为，引发了一系列的问题。

在这些诸多的问题中，最为基本的问题就是宪法文本的效力问题。正如沃尔特·汉密尔顿（Walter Hamilton）在 1913 年指出的，"制宪"是"人们赋予某种信任的名字，这种信任就是对那些维

4　James Madison, Alexander Hamilton, and John Jay, *The Federalist Papers* [1788] Isaac Kramnick (ed) (London: Penguin, 1987), No 1 (87).

5　François Furet, *The French Revolution*, *1770–1814* Antonia Nevill (trans) (Oxford: Blackwell, 1996), 64.

公法的基础

护政府秩序的羊皮纸上的话语力量的信任"。[6] 但是,是什么让我们相信这些话语和文字具有赋权的品质? 伯克认为,宪法是一个值得我们高度尊重的神圣存在物,因为它不是一个简单的人造工具。[7] 但是,当它的定义被转化为现代定义之后,我们如何能够向仅仅作为一纸契约存在的宪法表示我们的尊重和敬意? 此外,如果成文宪法试图将未来的世代都规定在一个特定的政府框架中,难道它不会陷入其他任何的计划性文本必然面临的不足吗——作为特定的时空产物,有其暂时性和不完美性,难道这样的企图不是注定要失败吗? 这样的宪法权威如何能够在面对社会、经济和政治变化时得以保留? 恰恰是这种担忧,使得潘恩这位现代宪法的极度推崇者主张,每一代人都有权像他们之前的时代和之前的人一样,再次为自己去做选择。在潘恩看来,任何试图对宪法文本的锁定,其实就等于用逝去的人所构建的文本对活着的人进行统治。[8] 更戏剧化的说法就是:宪法本身是革命行动的产物,它如何能抑制进一步革命行动的可能性? 谁有权作为这些宪法文本的护卫者? 是那些通过宪法建构的政府部门(比如宪法法院)还是人民本身?

这些都是研究现代宪法的基本特征时,需要首先回答的主要问题。我建议应该围绕世界上最早的宪法,即美国宪法来回答这些问题。美国宪法在美国政治生活中享有不可替代的位置。这不

---

6 Walter H Hamilton, 'Constitutionalism' in Edwin RA Seligman (ed), *Encyclopedia of the Social Sciences* (New York: Macmillan, 1931), vol 4, 225.

7 约瑟夫·德·迈斯特(Joseph de Maistre)提出了一个和伯克类似的观点:"这个时代最大的错误之一是,认为国家的政治宪法仅仅是人类的创造物,认为宪法可以像钟表匠制作手表一样被制定……人类从不尊重他们所创造的一切。"详见 Joseph de Maistre, 'Study on Sovereignty' [1794-1795] in Jack Lively (ed), *The Works of Joseph de Maistre* (London: Allen & Unwin, 1965), 93-129, 102-104。

8 Thomas Paine, 'Rights of Man' in his *Rights of Man, Common Sense and other Political Writings* [1791] Mark Philp (ed) (Oxford: Oxford University Press, 1995), 83-331, 91, 92.

仅仅是因为 1787 年宪法是世界上第一部现代宪法,而且还因为美国宪法是目前为止持续时间最长、最稳定,同时也是获得最大尊重的宪法。与此构成对比,自 1789 年革命以来,法国通过了至少 12 部宪法,经历了独裁、皇权统治和五个共和国。而美国宪法(如果不考虑 1791 年所通过的《权利法案》)在过去 200 多年的时间里,仅仅经过了 17 次的修改,从目前来看,在可见的未来应该是稳定的,不会有大的修改。[9] 即使是 19 世纪 60 年代所发生的,引发内战的冲突也并没有被认为带来根本性的政治危机,而只被视为对既有宪法在解释上的分歧。[10] 美国的宪制经验是非常特殊的,它向世界传递了一个非常重要的信息:宪法构建国家。为此,它促成了有关现代宪法秩序的大量文献的产生,可以有效地利用这些文献帮助我们回答上文所提到的这些基本问题。

第二节　作为契约的宪法

宪制政府的理念要比现代宪法理念出现的要早,将宪法视为人民缔结的契约,这一契约决定了政府的基本构建这一理念是晚近出现的观念。比如,1738 年,博林布罗克子爵(Viscount Bolingbroke)给出了英国传统上经典的宪法定义:(宪法)是法律、制度和习俗的结合物,从特定的永恒不变的理性原则中产生,指向

9　参见 Michael Kammen, *A Machine That Would Go Of Itself: The Constitution in American Culture* (New York: Knopf, 1987)。迈克尔·凯曼(Michael Kammen)指出,"在全国政府成立的第一个世纪中,国会提出了 1 600 多项修改宪法的决议。到 1986 年,已提出 10 124 项,其中只有 16 项实际获得通过"(at 11);以及"1983 年,在现有的 160 部国家宪法中,有 101 部是自 1970 年以来制定的。1983 年,萨尔瓦多通过了自 1824 年以来第 36 部宪法,这可能显得有些(修宪)过度,是不正常的;但美国的经历也不是典型的"(at 394)。

10　参见 Larry D Kramer, *The People Themselves: Popular Constitutionalism and Judicial Review* (New York: Oxford University Press, 2004), 173-184。

公法的基础

服务于确定的公共善的特定目标,宪法是构建一般体制的基础,共同体成员是基于对这些一般体制的认同和同意而接受统治的。[11] 尽管这个定义中融入了很多现代宪法理解的一些核心要素,比如确定性、一般性、理性和同意,但是博林布罗克的定义依旧属于旧的世界,在这个世界中宪法制度是伴随着一系列既有习俗演变的实践而不断发展的。直到 1791 年,18 世纪末革命带来的变革留下了太多问题有待潘恩进行具体说明。当时围绕这些事件重要性所产生的含糊不清的争议愈演愈烈,这让他感到十分沮丧,他抱怨,首先有必要界定宪法的含义。[12] 为此,潘恩首次非常清楚地界定了现代宪法的四个关键特征。

首先,宪法不仅仅是名义上的,而是实际存在的。它不仅仅是一种理念,而且是一个现实的存在,因此,如果没有以一个可见的形式呈现,那么就不是宪法。宪法是一个实物,一般以文件的方式展现出来。其次,宪法是政府得以存立的先决条件,政府是宪法的创造物。宪法不是由政府的行动创造的,而是由人民创造的。潘恩在这里区分了宪定性权力(赋予政府)和制宪权(赋予人民),确认了人民相较于政府的最高性。再次,潘恩强调了宪法的综合本质。宪法包括政府得以构建的原则,政府应该以什么样的方式被组建,政府拥有的权力,选举的方式、议会的任期、相关机构的名称;行政机关应该享有的权力;以及所有与世俗政府的有效运行相关的问题、原则及其制约条件等。最后,潘恩明确了宪法的法律地位,指出宪法是基本法。宪法之于政府,就像国家制定的法律之于法院。法院不制定法律,它只能依法判决,同样的道理,政府也只能依据宪法统治,政府无权制定和修改对其构成约束的宪法性法

11　Viscount Bolingbroke, 'A Dissertation upon Parties' [1733–1734] in his *Political Writings* David Armitage (ed) (Cambridge: Cambridge University Press, 1997), 1–191, 88.

12　Paine, above n 8, 122. 潘恩继续说:"我们仅仅采用这个词是不够的;我们还必须为它制定一个能够对其进行具体化描述的标准规范。"

第十章　宪法性契约

律。宪法性法律只有通过人民享有的制宪权才能修改。[13] 这些特征在当时争议还是很大，[14]但是现在已经成为广泛接受的对宪法的现代理解。[15]

潘恩是在一段剧烈的革命动荡即将结束的时候，写下以上宪法的定义和特征的。很明显，尤其是在美国背景下，宪法的本质和地位成了殖民地人民对自我情境进行理解最为核心的部分。其实博林布罗克所提到的，传统的宪法定义在那个动荡的时期依旧获得殖民地人民普遍的接受，一直到了18世纪90年代，宪法的现代定义才被清楚地表述。[16] 这一转变主要是建立在一个观念基础上，即宪法可以约束立法机构的权力，而这个理念本身就是革命非常重要的一个目标。

尽管现代宪法理念是革命运动的产物，但是这些理念非常重要的部分在早期的经验中就得以产生。比如，成文宪法的理念对殖民地人民而言就不是什么新的理念，[17]尽管王室授予殖民地公司的特许令不属于严格意义上的宪法文件，但是他们确实向殖民地人民表征了通过书面形式确立治理结构的做法。鉴于这些成文的特许令构建了一个政府的蓝图，而这个蓝图本身是不允许公司

13　Paine, above n 8, 122-123.

14　例如，参见 Maistre, above n 7, 107:"潘恩在他那本关于人权的邪恶著作中说，认为宪法先于政府而存在[等等]……要在这么少的字里行间犯比这个更多的错误是很困难的。"

15　例如，参见 Dieter Grimm, ' Verfassung—Verfassungsvertrag—Vertrag uber eine Verfassung' in Olivier Beaud et al (eds), *L'Europe en voie de constitution* (Brussels: Bruylant, 2004), 279-287。书中确定了现代宪法的五个关键特征:"(1) 一套法律规范;(2) 功能在于建立和规范公共权力的行使;(3) 建立在人民同意的基础上;(4) 形成一个全面的和综合性的框架;(5) 建立在宪法至上的原则基础上。"(at 281-282)

16　特别参见 Bernard Bailyn, *The Ideological Origins of the American Revolution* (Cambridge, MA: Belknap Press, 1967), 175-198。

17　人们普遍认为，世界上第一部成文宪法是1653年为英联邦起草的。然而，这部宪法是在古代概念的框架内慢慢发展起来的，除了克伦威尔本人，当时很少有人意识到宪法的修改可以超越议会的普通立法权限。

公法的基础

或者是殖民地人民任意更改的,这就使得殖民者将这些特许令放到一个非常重要的位置上,王室显然没有这么重视这些特许令。查理一世在 1629 年授予马萨诸塞湾总督和殖民公司的特许令中创造了一个独特的公司政府形式,这一机制很快就成了殖民地自治的工具,这一特许令不仅持续生效 50 年,而且经过修改之后,一直适用到美国独立战争时期。此外,17 世纪 30 年代,有一批殖民地人民从马萨诸塞湾搬到了康涅狄格村,他们起草了一份名为《康涅狄格基本秩序》的条例,被称为"第一部人民接受的美国宪法"。[18] 这些赋予殖民公司和所有者的特许状,加上建立殖民地的皇家拨款,使美国殖民地人民在有关有限政府的书面特许状方面积累了丰富的经验。这些特许状要求有限政府按照"我们英格兰王国的法律、法规、政府要求和政策"运作。[19]

正如莱特指出的,如果没有有关成文宪法如此之长时间的相关经验,美国人是不可能选择制定 1776 年宪法的。[20] 1776 年的后半年,美国有六个州通过了成文宪法,从而迅速获得了制定现代宪法的丰富经验。这些宪法都是由各自的立法机构通过召集特别大会制定的,并没有真正提交人民批准,但是依旧被赋予了基本法的效力。比如,弗吉尼亚州宪法作为第一部宪法,就没有规定任何的修改条款,尽管后续其他州还是有规定修改的程序。弗吉尼亚的《权利宣言》比它的宪法颁布得要早,因此也是和它的宪法相分离的,但是后来的州宪法,比如北卡罗来纳州的宪法,就明确将《权利

18　参见 Charles Howard McIlwain, *Constitutionalism and the Changing World* (Cambridge: Cambridge University Press, 1939), 241.

19　本杰明·莱特(Benjamin Wright)认为,这一合规条款以某种形式被纳入当时所有的宪章当中,是"就美国法治视野下的有限政府实践的发展而言,最重要的原则声明"。详见 Benjamin F Wright, Jr, 'The Early History of Written Constitutions in America' in Carl Wittke (ed), *Essays in History and Political Theory in Honor of Charles Howard McIlwain* (Cambridge, MA: Harvard University Press, 1936), 344-371, 348.

20　Ibid, 360.

406

法案》作为宪法一个不可分割的组成部分,这些经验基本上都是在1776 年之后获得的。正如莱特总结的,1776—1783 年,美国获得了大量有关制定基本法、通过基本法和修改基本法的经验,其立法技术显著地提高了。[21] 因此,在《邦联条例》失败之后,1787 年制定的联邦宪法被视为是在立宪历程中所取得的非凡成就,但是如果考虑到之前已经积累的立宪经验,似乎这部宪法也就没有显得那么杰出了。

如果美国宪法的结构被认为是政治世界的一个创新,殖民地人民被认为完成了一场人类史册上前所未有的革命,构建了一个世界上从未有过的政府结构,[22]至少需要承认,在此之前的一个世纪或者是更早,这一政府模式在思想和行动上都曾经出现过。最早将宪法视为契约的想法是由霍布斯提出来的。在他于 1651 年出版的《利维坦》中,霍布斯认为,统治秩序不是从习俗或者是神的启示中产生的,而是一个科学建构的产物,这一产物无论在任何的时间、空间和历史环境下,它都是有效的。他所提出的方案——人民应该将所有的权力授权给政府,从而确保政府能够按照他们的意志对内保护和平,对外有效联合抗击外敌,[23]也许最初并不符合宪制主义者的期待。通过一纸契约使得个体出让自然权利,赋予主权行使者绝对的立法权,这样的做法既不能满足宪制主义者,也不能为现代政府提供足够的基础(尽管霍布斯提供了大量的理性解释),但是,这些都是次要的考虑了。从他的政治哲学中所产生的对宪法思想而言最重要的意义,就是他思考这个问题的一般方法的影响。

这个方法在《利维坦》的第 29 章有非常清晰的表述,第 29

21　Wright, Jr, above n 19, 370.

22　*The Federalist Papers*, above n 4, No 14 (Madison), 144, 145.

23　Thomas Hobbes, *Leviathan* [1651] Richard Tuck (ed) (Cambridge: Cambridge University Press, 1996), 120–121.

章的标题是"论国家致弱或解体的因素",霍布斯开篇就指出,虽然凡人所创造的一切都不可能是不朽的;然而,如果人们能够运用他们的理性,他们的国家可能就会得到保障,至少不会因内部危机而消亡。霍布斯进一步指出,既然如此,宪法秩序就应该是理性和建构的产物,如果由于内部的失序导致了宪法失败,这其实是设计上的失败。因为政治权力最终倚赖人民而存在,所以最终的挑战就是,如何让人民服从一个牢固而永久的建筑。对霍布斯而言,这纯粹是一个技术问题,即宪法设计的问题。这座永固大厦其实是依靠人民签订构建政府为目标的契约而建立的,所以这个大厦的构建就离不开"一位杰出的建筑师的帮助"。[24]

所以,在霍布斯这里,现代宪法就是一个人民缔结的契约,这一纸契约构建了一个综合框架,借助于这个框架,政府机构得以建立,权力得以产生,而且依据这个框架,这些权力受到相关的制约。

第三节 革命与宪法

尽管宪法作为契约是这一科学方法的核心理念,但是霍布斯还是认识到,想要建构一个永固的宪法建筑,必须倚赖杰出的建筑师的工作,这是最重要的。麦迪逊在《联邦党人文集》中对此表示赞同,当他对《邦联条例》进行评论时,他指出,如果说设计者们在美国联盟的结构设计上犯了一些错误,那也是因为这确实是一项非常艰难的工作。[25] 尽管最终宪法要借助于一定的程序获得人民的同意,但是宪法设计者才是这一蓝图真正的建

24　Hobbes, above n 23, 221.

25　*The Federalist Papers*, above n 4, No 14 (Madison), 145.

筑师。

　　然而,这里立马就会出现一个问题,这个问题是深植在作为授权者的人民和作为宪法设计者的起草者之间的紧张关系中的。一方面,人民被宣称为权力唯一的合法基础;[26]另一方面,那些包含了对人民意志表达进行制度限制的特定方案本身,被宣称为神圣不容修改的。这两者之间是否存在某些冲突的地方? 尤其是随着时间的流逝,这一冲突会越来越明显:为什么一部在特定时期内由特定的人以人民的名义制定的宪法,可以对他们之后的世代产生约束力? 或者说,一部由自由而平等的个体通过革命制定的宪法,是否可以合法地限制同样自由而平等的个体之后对其提出的革命性挑战? 这样一种集体的自我约束应该如何被解释并获得正当性?

　　如果要解决这些困难,我们需要回到当初那些促成美国革命的信念。美国革命理论主要在 1776 年《独立宣言》(the Declaration of Independence)中有所体现。《独立宣言》依据"自然法则和自然界的造物主的旨意"建立,以人民的名义宣布了一些不言自明的真理:人人生而平等,造物者赋予他们若干不可剥夺的权利,其中包括生命权、自由权和追求幸福的权利。为了保障这些权利,人类才在他们之间建立政府,而政府之正当权力,是经被治理者的同意而产生的。当任何形式的政府对这些目标产生破坏作用时,人民便有权力改变或废除它,以建立一个新的政府。[27] 由于认识到宣言中存在的这些不可控之处,《独立宣言》进一步指出,为了慎重起见,成立多年的政府,是不应当由于轻微和短暂的原因而予以变更的。过去的一切经验也都说明,任何苦难,只要是尚能忍受,人类都宁愿容忍,而无意为了本身的权益便废除他们久已习惯了的政

　　26　*The Federalist Papers*, above n 4, No 49 (Madison), 313.

　　27　Declaration of Independence, 4 July 1776 (Avalon Project of Yale Law School):〈http://avalon.law.yale.edu/18th_century/declare.asp〉.

公法的基础

府。但是,当追逐同一目标的一连串滥用职权和强取豪夺发生,证明政府企图把人民置于专制统治之下时,那么人民就有权利,也有义务推翻这个政府,并为他们未来的安全建立新的保障。[28] 所以,对新宪法的建筑师们而言,最大的挑战在于要构建一个政府体制以确保人民的基本权利,包括生命权、自由权和追求幸福的权利,获得充分的保障,同时还要确保政府的合法性不会受到挑战。

美国制宪者们找到的解决方案不仅仅是单纯的民主制,这就使得他们与《邦联条例》的制定者之间彻底地区别开来。[29] 杰斐逊指出,一种建立在选举基础上的专制并不是我们为之奋斗的政府形式。[30] 制宪者们非常清楚地看到古希腊民主最终走向了阴谋和派系分裂。[31] 真正需要追求的,应该是一种新的共和国形式,不仅可以确保和平和稳定,而且还能够为防止派系分裂和暴乱筑起坚固的围墙。[32] 最后,他们所提出的解决方案被认为既保留了共和

---

28 Declaration of Independence, 4 July 1776 (Avalon Project of Yale Law School):〈http://avalon.law.yale.edu/18th_century/declare.asp〉。可参看 John Locke, *Two Treatises of Government* [1680] Peter Laslett (ed) (Cambridge: Cambridge University Press, 1998), vol 2, ch 19, 'Of the dissolution of Government'。

29 参见 Bruce Ackerman, *We the People*, *vol. 1: Foundations* (Cambridge, MA: Belknap Press, 1991)。布鲁斯·阿克曼(Bruce Ackerman)指出:"制宪会议以'我们人民'的名义提出新的立法文件是非法的。毕竟,创始联邦党人不准备遵循在几年前才被所有 13 个州庄严接受的《邦联条例》中规定的批准程序。《邦联条例》要求,在任何新的修正案生效之前,这些条款需要得到所有 13 个州立法机构的一致同意。相反,联邦党人温和地排除了州立法机关在批准过程中的任何角色,并继续声称,在 13 个州中,只要有 9 个州批准召开特别宪法会议,就足以证明该会议为人民利益说话的效力。"(at 41)进一步还可参见 Ackerman, above, 171-175。

30 Thomas Jefferson, *Notes on Virginia*, 引自 *The Federalist Papers*, above n 4, No 48 (Madison), 310。

31 *The Federalist Papers*, ibid, No 10 (Madison), 126:"可以得出这样的结论:一种纯粹的民主形式,我指的是在一个由少数公民组成的社会中,他们亲自组建和管理政府,对派系的恶作剧是无力治愈的。"

32 *The Federalist Papers*, ibid, No 9 (Hamilton), 19。

410

政府的优势,同时也使得它存在的问题被有效地避免和排除了。[33]
汉密尔顿对这一政府方案进行了描述:"(这个政府)需要在不同的
政府部门之间进行日常的权力分配,从而实现法律上的分权和制
衡。法院必须要有长期任职的法官组成,通过选举确保议会对人
民的代表性。"[34]尽管其最后一个要素表明了民主的取向,但是核
心的是要建立一个现代共和国。

现代共和国作为一种政府形式,尽管政府的权力还是来自人
民,[35]但是人民并不直接参与统治。通过代议原则,政府和人民分
离开来,[36]政府权力高度制度化。麦迪逊指出:"在设计一个由人
来统治人的政府时,最大的困难在于,你必须首先使政府有能力控
制被统治者,其次要强制政府控制自己。"[37]这就意味着,尽管在修
辞的意义上我们常常强调政府权力来自人民,但是客观事实是政
府必须有能力控制和管理人民。现代共和政府必须是民有政府,
民享政府,但是不必然是民治政府。[38]

33　*The Federalist Papers*, above n 4, No 9(Hamilton), 19:"有关政治的科
学……和大多数其他科学一样,这门学科也有了很大的进步。各种原则的效用现在已
经被很好地理解了,对此,古人要么根本不知道,要么就是仅窥见了一角。"

34　Ibid.

35　*The Federalist Papers*, ibid, No 22(Hamilton), 184:"美利坚帝国的结构应
该建立在人民同意的坚实基础上。国家权力的溪流应该立即从所有合法权力的纯净、
原始的源泉中流出。"

36　*The Federalist Papers*, ibid, No 10(Madison), 126:"一个共和国,我主要指
代的是一个政府,在这个政府中,代议制计划开辟了一个完全不同的图景,并为我们
正在寻求的解决方案带来了曙光。"进一步参见 Bernard Manin, *The Principles of
Representative Government*(Cambridge:Cambridge University Press, 1997), 1:"当代
民主政府是从特定政治体系中演变而来的,这种政治体系从民主创始人构想的角
度看,甚至是民主的对立面……今天我们所说的代议制民主(建立于英国、美国和
法国革命之后),从其起源上看,最初根本没有被视为一种民主形式或民治政府
形式。"

37　*The Federalist Papers*, ibid, No 51(Madison), 320.

38　这是卢梭(参见本书第四章,第163—171页)和联邦党人之间最根本的分歧,
参见 Ulrich K Preuss, *Constitutional Revolution: The Link between Constitutionalism
and Progress* Deborah Lucas Schneider(trans)(Atlantic Highlands, NJ: Humanities
Press, 1995)。乌尔里希·普罗伊斯(Ulrich Preuss)指出:"对卢梭来说,人　(转下页)

公法的基础

现代共和政府一个非常突出的特征就在于宪法所具有的这种中心作用。尽管宪法被认为是作为构建权力框架的一纸契约,但是传统的宪法观念依旧在发挥其影响力,因为借助于这种传统宪法观念,宪法本身可以获得更多的权威。在认识到"多数人暴政"的可能性和需要违背多数人意愿采取"辅助预防措施"的必要性之后,宪法创造了一个精心设计的结构,这个结构被认为有权决定所有政治行动的条件。宪法的刚性特征本身进一步地增强了宪法作为一些政治行动基础规则的地位:宪法并不会因为简单多数决就被任意修改。[39]必要的时候,初始被认为不过是构建政府框架的宪法,最终变成了整个政治领域的最基础和最本质的构成性要素。在这个政治空间中,政府被授予"不受普通人观点的影响,采取独立行动"的权力。

这一不断演变的宪法观念使得传统与现代宪法理念的界限越来越模糊,对革命与宪法的关系产生了非常重要的影响。宪法一旦建立了基本的权力框架之后,为政府提供合法性渊源的"人民"这个概念本身,就成了这个框架所构建的政治空间的组成部分。政府以人民的名义,为了人民的利益而行动,一系列的机制也得以建立从而确保政府能够"为了公共利益"而行动。由于政府的权威建立在它控制和管理人民的能力基础上,所以"人民"这个概念其实本身也受到宪法所确立的机制的影响和塑造。对现代共和国的宪法而言,尽管宪法出现的初始被视为由一群早于宪法而存在的人民共同签署契约以构建政府的基本架构,但是其实最终宪法的

(接上页)民的意志是任何政治权威的最终源泉,束缚它就等于把人民贬为奴隶。这与联邦党人坚信的观点恰恰相反……卢梭希望保护人民不受宪法之害,而联邦党人则希望搭建一个宪法屏障以对抗人民自身的短视、不公正、不负责任、非理性和愚蠢。前者认为人民高于宪法,而后者相反地认为宪法代表了一种高于人民的秩序。"(at 16)

39 参见美国宪法第五条:国会应在两院各 2/3 议员认为必要时,提出本宪法的修正案,或根据全国 2/3 州议会的请求提出修正案。以上任何一种情况下提出的修正案,经全国的州议会或 3/4 州的制宪会议批准,即成为本宪法的一部分而发生实际效力。

412

影响蔓延到了整个政治空间。宪法最终是在建构"人民"这个概念，而政府则是以人民的名义在行动。

这一现代共和国宪法的特征使得我们在革命与宪法的关系上有了一点意外的认识。1776年《独立宣言》中掌握了不言自明真理的"我们"和1787年宪法中被认为构建美国宪法的"我们人民"都被认为是一个先于国家存在的团体：民族。但是，宪法一旦建立，"人民"这个发动革命和建立新宪法的整体就最终要由自己所构建的宪法结构和原则所形塑和诠释。[40] 也就是说，（人民掌握的）制宪权本身只有借助于（宪法确认的）宪定性权力的支撑才能够被理解。[41] 如果确实如此，那么我们就很难想象，人民将如何展现他们在《独立宣言》中所呈现的革命姿态。[42]

阿伦特在对美国革命和法国革命进行经验对比时，提到了现代宪法这一非常复杂的面向。阿伦特认为，尽管法国1789年的《人权与公民权宣言》是美国的《权利法案》得以形成的范本，但是两者发挥的功能完全不同。[43] 法国《人权与公民权宣言》的目的并不是要在已经建立的政治体内部，对政府权力施加限制，而是想以

---

40 卢梭已经预料到了这个问题，他是通过立法者这个角色来解决这个问题的。参见本书第四章，第169—170页。

41 参见 Antonio Negri, *Insurgencies: Constituent Power and the Modern State* Maurizia Boscagli (trans) (Minneapolis: University of Minnesota Press, 1999), ch 4。这一论点导致了法国思想的激进路线的发展，该路线声称这整个宪法化的政治空间是"治安学"(the police)的范围，"政治"(politics)一词必须保留给挑战这一构成性权力的行动。例如，参见 Jacques Rancière, *Disagreement: Politics and Philosophy* Julie Rose (trans) (Minneapolis: University of Minnesota Press, 1999); Alain Badiou, *Metapolitics* Jason Barker (trans) (London: Verso, 2005)。

42 参见 Jeffrey K Tulis, 'Constitution and Revolution' in Sotirios A Barber and Robert P George (eds), *Constitutional Politics: Essays on Constitution Making, Maintenance and Change* (Princeton, NJ: Princeton University Press, 2001), 116-127, 125: "宪法在规范意义上的合法性取决于'人民'是否有可能公开定义自己并再次表示同意。但是，同一部宪法本身构成的'人民'本身，是根本做不到这一点的。"

43 关于影响的分析，参见以下经典文献：Georg Jellinek, *The Declaration of the Rights of Man and of Citizens: A Contribution to Modern Constitutional History* Max Farrand (trans) (New York: Henry Holt & Co, 1901)。

公法的基础

此构成政治权力得以产生的渊源,建立政治体的基石。[44]《人权与公民权宣言》确认了主要的积极权利,同时指出,这些权利是人生而有之的,从而区别于人的政治身份,通过这样的方式使政治服从和回归于自然。[45] 阿伦特指出,《人权与公民权宣言》所确立的权利并不是要在政府之上施加限制,相反,是要为政府提供根本基础,简而言之,这些权利条款是构成性条款,而不是规范性条款。

如果考虑到两个国家面临的社会问题的差异,那么这一非常重要的区别就能够被理解了。阿伦特指出,"人生而平等"这样的主张在一个无论是社会还是政治组织都还是封建建制的国家是有真正的革命意义的,但是在一个新世界,这样的意义就荡然无存了。[46] 她进一步指出,尽管《独立宣言》是建立在自然权利被承认的基础上的,[47]但是,在美国《权利法案》中,权利被认为是特定文化和历史经验的产物,而法国《人权与公民权宣言》则认为"权利的存在是独立于和外在于任何政治体的"。[48] (法国)这样的"人权"主张面临的问题就在于,只有经过现存的政体将其整合进国家制度之后,这些权利才能真正发挥作用,因此,那些丧失了一般公民权的人几乎不太可能寻求这些权利的支持和救济。[49]

阿伦特以一种非常真实的方式展现了宪法权利和革命原则之间的关系。她非常清楚地展示了美国宪法创立初始的自我身份定位,当然,这与后来宪法所获得的地位之间并不统一。宪法权利被起草时主要以控制政府权力为目标,但是现在这些权利却获得了

44　Hannah Arendt, *On Revolution* (Harmondsworth: Penguin, 1973), 109.

45　Ibid, 108.

46　Ibid. 148. 阿伦特并没有忽视奴隶制度,但她认为,美国革命是"唯一一场同情在行动者动机中不起作用的革命",而且"在这个过程中,奴隶……被完全忽视了"。详见 ibid, 71。

47　Ibid, 193-194.

48　Ibid. 149.

49　Ibid.

第十章　宪法性契约

一种标志性的、事实上神圣的宪法地位。如果确实如此,这就模糊了阿伦特在美国革命和法国革命之间所做的区分。虽然美国革命的(宪法权利)诉求依旧是本土性的,不是普遍性,但是,它们不仅仅起到了对政府进行限制的规范作用,更重要的是它们现在也在塑造整个政治空间,起到了构成性要素的作用。

宪法的这一特征,让我们看到了阿伦特对革命与宪法关系的分析是非常重要的。她的这一观点在以下这个主张中得到进一步印证:如果试图去寻找一种一劳永逸的、普遍适用的方法来打破一开始就难以避免的恶性循环,这样的做法是徒劳的。[50] 这也是她关于政治一般概念的关键特征的观点。[51] 对阿伦特而言,政治的关键问题并不存在于革命与宪法的关系中,而是存在于权力与权威之间。

阿伦特认为,美国革命持续至今的成就就是让我们认识到罗马共和思想的当代价值。罗马共和思想教会我们,如果"主权在民"(*Potestas in populo*)的原则要能够有效构建一种政府形式,那么就必须要像罗马人一样,强调"权威在元老院"(*auctoritas in senatu*),即元老院是政权的权威所在,这样政府才能够同时具有权力和权威,这就是罗马共和国的国名"元老院和罗马人民"(*senatus populusque Romanus*)的渊源所在。[52] 当法国革命者宣称"权力掌握在人民手中"时,他们将权力视为一种自然力量,这种自然力量的渊源和起源都是外在于政治共同体的。这种力量的暴力形式通过革命被释放出来,就像飓风一般摧毁了所有古老政权

50　Arendt, above n 44, 204.

51　参见 Hannah Arendt, 'Introduction into Politics' in her *The Promise of Politics* Jerome Kohn (ed) (New York: Schocken Books, 2005), 93-200, 95:"政治是在人与人之间产生的,因此,是外在于个体的人本身的。因此,没有任何真正的政治实物存在,政治产生于人与人之间的关系。"

52　Arendt, above n 44, 178.

公法的基础

的制度和机构。[53] 这些革命者觉得自己是群众力量的积累和无组织的产物,因此,无法在权力和暴力之间进行区分,他们深信一切权力都必须来自人民,从而为这种前政治的、自然的群众力量开放了政治领域,最终,他们自己也像国王和旧势力被卷走一样,被这种力量冲走了。[54] 与法国革命者不同,在美国革命者看来,权力恰恰是与前政治状态下的自然暴力相对立的。

阿伦特认为,权力只有在人们聚集起来,并且基于彼此的承诺、契约和保证来相互约束时,才真正出现了。只有这种建立在相互认同、互惠互利基础上的权力,才是真正的权力,也只有这种政治权力才真正能够提供合法性和权威性的根基。[55] 阿伦特的这一洞见是非常重要的,现代共和国的宪法不仅仅是建立政府架构、限制政府权力的一纸契约,也不能被仅仅视为那些构成政治领域宪法的基础条款。现代概念中的宪法事实上是一个体制框架,这个框架作为一个潜在的媒介,从而使得政治领域中产生的权力和权威作为一个整体,予以呈现和表达。

第四节　作为基本法的宪法

当宣称宪法是基本法时,其实我们又再次加剧了宪法契约本质的矛盾性。在传统的理解中,宪法包括一切创造政治体的法律、习俗和实践,这个时候宪法显然是基本法,因为按照那个时候的世界观,宪法不是人造的产物,而是对自然秩序的传统信仰的表达。现代成文宪法明确规定了与立法有关的基础条款,包含了一系列不能依据一般立法程序进行修改的规则,进而拥有了基本法的法

53　Arendt, above n 44, 181.

54　Ibid.

55　Ibid.

第十章　宪法性契约

律地位。那么,这意味着什么?

在最一般的意义上,这一定位表达了立法机关制定的一般法和作为一般法立法基础的宪法规则之间的效力等级关系。但是即使在这个意义上,关于这一关系得以实现的方法本身也是充满各种疑问的。现代宪法制定之初,如何能够确保这一关系得以实现,就被提出来了。传统观念上,"基本法"是一种在道德和政治上有约束力的规则,不是在法律上有约束力的规则。[56] 在公法中,我们就将其表述为"政治法"的观念,这一观念包括了一系列构成国家宪法(区别于政府宪法)的原则和实践。但是,伴随着现代宪法的产生,一种新的实现方式被创造出来了:司法审查的技术。现代的基本法概念与司法审查机制的出现紧密关联在一起。

司法审查和基本法之间的关系是分阶段发展的。首先,宪法被认为是一种基本法;其次,司法机构认为自己是基本法的解释机关和实施机关;最后,司法机构主张,自己是宪法的最高守护者。在这个发展过程中,现代语境下的基本法内涵发生了巨大的变化。伴随着现代共和国宪法的发展,"宪法具有基本法的地位"这一主张不仅仅表达的是实体法体系中的效力等级关系,同时还有了更为广泛的内涵。内涵的这种模糊性主要是因为现代政权都试图去模糊两种宪法的区别,即(实体法呈现的)政府宪法和(政治法呈现的)国家宪法之间的区别。

相关的争议主要在美国早期的一些公共辩论中得以彰显。这些辩论并未直接围绕宪法作为基本法的问题展开,而主要围绕司

56　Sylvia Snowiss, *Judicial Review and the Law of the Constitution* (New Haven, CT: Yale University Press, 1990), 42. 也可参见 Gordon S Wood, *The Creation of the American Republic, 1776-1787* (Chapel Hill: University of North Carolina Press, rev edn, 1998), 273-282; Kramer, above n 10, 24:"[在]18世纪法律思想的概念框架中……宪法或基本法以独立的形式存在,既不同于政治,也不同于法院解释和执行的普通法律,这是一个特殊的法律范畴。它具有普通法律的关键属性:例如,它的义务是具有约束力的,它的内容不仅仅是意志或政策问题,而是基于先例、类比和原则的论证确定含义的反思性规则。"

417

公法的基础

法机构在解释和实施基本法中的角色展开。尽管美国宪法第六条规定宪法是"本土最高法律",但是同时也宣布"本宪法及依照本宪法所制定之合众国法律以及根据合众国权力所缔结或将缔结的一切条约,均为全国的最高法律",也就是说,宪法第六条规定的是法律的正式渊源,即哪些是在美国有效的法律,但是并没有对法律中的效力等级进行说明。因此,即使在起草宪法时人们普遍认为宪法是基本法,这也只是提出了一个问题,即这一主张对整个法律效力体系和实施体系而言,意味着什么样的体制责任?查阅1787年制宪会议的相关辩论记录,那个时候对"基本法"的理解基本上还是传统的,也就是指代一种在政治上和道德上都有约束力的规则,并没有提到是否可以借助于任何普通法机制来实施基本法效力。[57] 因此,关于基本法理解核心的问题就是如何理解司法审查机制。

美国宪法并没有直接赋予联邦法院任何司法审查的权力。[58] 一直到1803年标志性案件——马伯里诉麦迪逊案(*Marbury v Madison*)的出现,最高法院第一次主张自己有权拒绝认可任何与自己所做出的宪法解释相抵触的法律的效力。[59] 首席大法官马歇尔基于三个角度论述了司法审查的必要性和正当性:

[1] 所有制定成文宪法的人都认为宪法构成了国家的根本和最高法律,因此,任何政府的理论都必须认同,立法机关的一项违反宪法的行为是无效的。

[2] 司法部门的管辖领域和职责很显然就是去说清楚"什么是法律",如果法院被认为有权解释宪法,而宪法又被认

57　参见 Snowiss, above n 56, 42; Thomas C Grey, 'Origins of the Unwritten Constitution: Fundamental Law in American Revolutionary Thought' (1977–1978) 30 *Stanford Law Review*, 843–893, esp 888–893。

58　美国宪法第三条第一款:"合众国的司法权属于最高法院……第二款:司法权适用的范围如下:一切基于本宪法……而产生的普通法案件与衡平法案件……"

59　5 US (1 Cr) 137 (1803).

为有高于一般立法的效力,因此,当案件既涉及宪法的规定,又涉及一般法律规定时,应该依据宪法来处理案件。

[3] 那些反对"宪法在法庭上应被视为至高无上的法律"这一原则的人,就不得不坚持认为法庭应该不看宪法,只看法律。这就等于宣布,即使立法机构做了法律明文禁止的行为,这个(试图对立法机关进行限制的)宪法法律本身在现实中也无法发挥任何作用。这其实就等于赋予了立法机构实际的和真实的一种全能性,这种全能性足以抵消任何试图将其权力限制在一定范围内的主张。[60]

马歇尔对司法审查正当性的论证,乃至其对整个案件的处理,[61]受到了广泛的质疑。[62] 他的第一个论点并不意外,但是并不必然构成对司法审查的正当性支撑,现代成文宪法也许是认同自身法律效力的最高性原则的,但是并没有将宪法实施的权力直接赋予法院。[63] 第二个论点试图将司法审查等同于法院解释法律

---

[60] 5 US (1 Cr) 137 (1803), 177-178. 参见 Laurence H Tribe, *American Constitutional Law* (Mineola, NY: Foundation Press, 1978), 21-22。

[61] 参见 Archibald Cox, *The Role of the Supreme Court in American Government* (New York: Oxford University Press, 1976), 9: "1800 年的总统选举将一场政治动荡推向了高潮,联邦党选举失败,将立法和行政部门的控制权让给了杰斐逊的民主党。托马斯·杰斐逊取代约翰·亚当斯,成为美国总统。然而,大多数法官都是联邦党,他们的任期又是终身的。在卸任前,亚当斯总统和他的国务卿任命马伯里作为和平法庭的法官,但国务卿忘了将任命状送达马伯里。具有讽刺意味的是,心不在焉的国务卿是约翰·马歇尔,他即将接任美国首席大法官的职务,并将为因其疏忽而导致的案件撰写意见书。"

[62] 特别参见 William W Van Alstyne, 'A Critical Guide to Marbury v. Madison' (1969) 18 *Duke Law Journal*, 1-47。相关背景,参见 Paul Kahn, *The Reign of Law: Marbury v. Madison and the Construction of America* (New Haven, CT: Yale University Press, 1997), ch 1。

[63] 可参见法国宪法的相关宪制安排,关于如何处理这一问题的经典论述,参见 Alexis de Tocqueville, *Democracy in America* [1835] Henry Reeve (trans) Daniel J Boorstin (intro) (New York: Vintage Books, 1990), vol 1, ch 6 (esp 100-101)。关于这一问题的现代理解,参见 Martin Harrison, 'The French Constitutional Council: A Study in Institutional Change' (1990) 38 *Political Studies*, 603-619。

公法的基础

和解决纠纷的一般性功能,但是英国法院在处理同样问题的时候不必然得出宪法优先适用的结论,而是更多地适用"新法优于旧法"的原则。第三点认为,在"司法完全不顾及宪法"和"实质性的宪法审查"之间没有任何中间地带,但是,如果司法控制仅仅要求立法遵守一些形式限制,这里并不必然涉及实质性的宪法审查。支撑马歇尔论述的前提就是,成文宪法不过是另外一种形式的成文法,只有在这个基础上,他才可以将自己的论点从司法控制的一般程序中引申出来,主张宪法司法审查的广泛权力。

尽管马歇尔在马伯里一案中的论点大量借鉴了汉密尔顿在《联邦党人文集》第 78 篇中的著名论述,[64] 但是,其实在 19 世纪之前,司法审查的地位还是非常不明晰的。宪法制定者们有宪法是基本法的共识,但是关于司法审查则观点各异。[65] 比如麦迪逊在《联邦党人文集》第 51 篇中认为,需要辅之以"辅助性的预防措施"以防止权力的滥用,但是并没有提及司法机构在这里可以发挥什么样的作用。他强调,"要非常重视政府内部结构的安排,使得各个组成部门基于其相互关系能够确保彼此各司其职",但是在这里无论是司法机构还是司法审查的机制都没有被提及。[66] 这应该不是疏忽大意所导致,不仅仅是因为麦迪逊在后

64　参见 *The Federalist Papers*, above n 4, No 78 (Hamilton), 438-439。这里值得注意的地方在于,汉密尔顿还将其宪法性司法审查的论点建立在管辖权控制的一般原则上。汉密尔顿认为:"所有的立场都要建立在一条无比清晰的原则基础上,即任何经授权产生的权力,如果与委托的要旨背道而驰,必然是无效的。"(ibid, 438)

65　参见 Wood, above n 56, 292:"一个多世纪以来,基本法的观念对英国人而言是如此普遍,因此,没有任何逻辑或必要的理由会导致美国人在普通法院援引基本法。事实上,在一个重要的意义上,基本法的理念实际上起到了禁止任何此类发展的作用,因为它依赖于公法这一独特的观念,与私法相比,公法是很难在常规法院系统中获得实施和执行的。"

66　*The Federalist Papers*, above n 4, No 51 (Madison), 320, 318-319. 也可参见 No 49 (Madison), 313:"几个部门根据共同的使命和授权进行了完美的协调和合作,显然,它们中的任何一方都不能假装拥有确定各自权力边界的专属或优先权利。"

420

来对司法审查所存在的困难有过评论,更重要的是,与汉密尔顿强调控制权力的集中化不同,麦迪逊认为安全要来自部门之间的制约和去中心化。[67]

在共和国早期,立法机构的行为不能够违反宪法,由此产生的立法本身是无效的。这点是有基本的共识的,但是,这并不必然推导出司法机构是否有权拒绝适用违宪的立法。不认同"立法万能"的原则,并不因此导致"立法至上"的原则被否定。依据成文的规定,宪法效力高于一般的法律,从而对其之后的立法有约束力,这是之前的欧洲基本法无法做到的。[68] 但是这一对成文宪法的承诺,并不意味着基本法可以通过司法的适用、解释和实施而被司法所主导,司法只能作为一个工具,确定其内容和地位,从而确保基本法的明确性。[69] 在共和国的早期,多数人都认为,宪法只在立法机构直接发生作用,如果因为认为有关立法违反宪法,司法机构就试图拒绝适用相关立法,这其实等于司法机构篡夺权力。[70]

这里最重要的问题被马歇尔非常巧妙地、一笔带过地解决了,

---

[67] John E Finn, 'The Civic Constitution: Some Preliminaries' in Barber and George (eds), above n 42, 41-69, 46. 值得注意的是,杰斐逊在 1819 年表达的信念是"三个部门中的每一个都享有平等的权利,以自行决定宪法之下的自我职责"。转引自 Kramer, above n 10, 106。

[68] Snowiss, above n 56, 25.

[69] Ibid. 请注意约翰·泰勒(John Taylor)在 1820 年的评论:"我以前从未听到过如此新颖的政治学说,即设立法院是为了向政治部门传播政治法、分配政治权力,在任何学者的写作中都找不到这样的论述。它从未成为任何政府的组成部分;而且很有可能在宪法制定时,美国没有一个人考虑过这样的想法,即宪法授权联邦最高法院在联邦政府和州政府之间分配政治权力,就像它在原告和被告政府之间分配金钱一样。"转引自 Kramer, above n 10, 153-154。

[70] 1807—1808 年,法官遭到了俄亥俄州立法机构的弹劾,因为他们支持那些立法机构试图反对的立法。参见 James B Thayer, 'The Origin and Scope of the American Doctrine of Constitutional law' (1893) 7 *Harvard Law Review*, 129-156, 134。

公法的基础

这个问题就是,谁有权决定是否违宪?[71] 他在马伯里案中所指出的违宪情况,在当时是非常典型的,都是一些直接与宪法条文相冲突的立法,但是对今天而言,这些违宪实例的重要性在降低。在建国初始,正如詹姆斯·威尔逊(James Wilson)所言,有一点是大家都广泛接受的,即法律可能是不正义的、不聪明的,甚至是危险的、充满破坏性的,但是也不足以认为,法律是如此不合宪,以至于法官可以被允许拒绝适用它们和拒绝承认它们的效力。[72] 而至于司法是否可以对合宪性问题做出判断和结论,当时很多人都认为,这不是司法的责任,而是公共事项或者是政治事项。[73] “违宪性”不是基于司法对成文的最高法律的解释而界定的,而是应该涉及成文或者是不成文的基本法的首要原则的违反,尤其是这些原则是长久存在的、被公共地知晓并认同的原则。[74] 此外,也没有人期待司法机构能够在对一般性的宪法条款的解释产生冲突时,发挥特定的作用。

　　马伯里一案持续至今的重要性就是,它扭转了人们这样的期

71　参见 Alexander Bickel, *The Least Dangerous Branch: The Supreme Court at the Bar of Politics* (New Haven, CT: Yale University Press, 2nd edn, 1986), 2: "将司法审查的大厦建立在马歇尔提供的基础之上,最终是削弱了它,司法审查功能的反对者很清楚……不仅是马歇尔的论证提供的道具很弱,并且因此很危险;这些道具还支持一种与我们今天看到的结构完全不同的结构。马歇尔的论证不仅脆弱,而且用力过猛,它们证明了太多。马伯里诉麦迪逊本质上回避了问题的实质。更重要的是,它回避了一个错误的问题。"也可参见 Cox, above n 61, 14: "首席大法官马歇尔的意见……只代表一个极端的例子,在这个例子中,任何人都可以看出这项法律是否符合宪法……真正的问题……不是首席大法官提出的那个问题,真正的问题在于,在涉及宪法解释存在可争议的观点时,应该以谁的解释观点为准:是以法院的观点为准,还是以总统和国会的观点为准。事实上,问题比这个更复杂,因为在特定情况下,正确适用宪法需要对文本本身进行建构,但是,这个过程通常需要评估有争议的事实(包括社会和经济条件),以及权衡对立利益的相对重要性,而不仅仅是解释词语。"

72　James Wilson in *Records of the Federal Convention of 1787* Max Farrand (ed) (New Haven, CT: Yale University Press, 1937), vol 2, 73,转引自 Snowiss, above n 56, 41。

73　Snowiss, ibid, 37.

74　Ibid, 43.

待。这一成就主要是依靠马歇尔的智慧达到的,马歇尔是历史上任职最长的首席大法官,主宰了最高法院30多年,直到1835年他去世。正如西尔维亚·斯诺维斯(Sylvia Snowiss)指出的,在以冗长、详细、熟练和细致的意见来近乎垄断最高法院的书面意见写作之后,马歇尔逐渐向大众灌输了一种普遍的观念,即宪法是一种具有最高法律效力的普通法律。[75] 这一转变主要是通过三个层次的策略完成的:首先,从法院的判决中消除任何作为背景性的前提,包括基本法传统、自然法等;其次,在实施司法审查的过程中,判决方式中对宪法的解释基本等于文本分析;最后,放弃逐一发表个别意见的做法,采取法院只呈现一个统一意见的方法,在这个过程中,首席大法官的意见总是占据主导性的。[76]

因为马歇尔的努力不仅仅使得传统上将宪法视为基本法的观念彻底被埋葬了,将现代宪法视为政治法的表达形式的理念也同样被消解了。宪法被认为是一种纯粹的实证法,司法机构通过司法审查这一程序决定其内涵,确保其法条得以适用。之前的相关主张——宪法是一些基本的政治价值和原则,只不过是以成文的规则予以呈现;宪法规则是为公共行动提供指导方针的;宪法最主要的实施机构不是司法而是公共舆论——全部都被推翻和遗忘了。如果一条规则具有基础性和根本性,并不必然被宪法所容纳;相反,恰恰是因为某一条规则是宪法规则,所以具有基本性。

马歇尔主要依赖汉密尔顿在《联邦党人文集》中的论述阐述其观点。汉密尔顿认为,司法机构既不掌握剑也不掌握钱袋子,既无武力支持也无民主意志支持,只能依靠判决本身。[77] 司法机构的

75　Snowiss, above n 56, 174.

76　Edward S Corwin, *John Marshall and the Constitution: A Chronicle of the Supreme Court* (New Haven, CT: Yale University Press, 1919), chs 1 and 5; James F Simon, *What Kind of Nation? Thomas Jefferson, John Marshall, and the Epic Struggle to Create a United States* (New York: Simon & Schuster, 2002).

77　*The Federalist Papers*, above n 4, No 78 (Hamilton), esp at 437.

公法的基础

权威建立在其相对弱势的基础上,依靠其独立性和程序、判决的正直所维系。汉密尔顿的论点加强了司法部门和公众的信念,即在法院进行宪法性审查时,严格的分析逻辑必须优先于任何可证明的政治理性。

借助于这一程序,美国宪法的条文被彻底实证化、去政治化、个案化和法律化处理了。对这一转变产生关键影响的技术就是司法审查。尽管这一程序一直到19世纪中期才日趋成熟,但是在马歇尔主导的法院中却被不断地倡导和普遍运用。[78] 正如戈登·伍德(Gordon Wood)指出的:"最终赋予美国宪法概念以意义的,不是因为宪法的根本性或者说它是人民的创造物,而是取决于其在普通法院的运用。"[79]

只有通过将现代基本法观念从"政治法"的角度转变为"实证法",法院才能毫无障碍地主张自己对宪法实施所享有的权力。这种权力首先要主张的就是处理相互矛盾的解释的权力,其次就是主张在这个问题上的排他性权力。现在我们一般都会把司法机构承担的宪法责任等同于它在实证法实施上的角色。但是,偶尔我们也会对此提出质疑,即使是在19世纪末期,詹姆斯·塞耶(James Thayer)也认为,(当时的)宪法性司法审查还是有点走得太远了。[80] 在19世纪实施司法审查时,其实是附加了诸多的限制的,法院认为,一部立法除非违宪非常明显,已经超出了合理怀疑,否则一般不应该被宣布为无效,或者说一部法律不应该被随便地质疑,除非它是如此明显地违背宪法,并被法官指出这一点时,任何有理性和反思能力的人都会认为其明显地侵犯了宪法。但是显

78　有些人可能会反对这种历史分期,指出马歇尔在麦卡洛克诉马里兰州案(*McCulloch v Maryland*)的判词中承认了宪法司法审查的独特性:"我们永远不能忘记我们正在阐述的宪法,但重点应该放在最后一条上(我们正在阐述),即司法机构拥有解释宪法的权力。"详见 US(4 Wheat)316, 407(1819)。

79　Wood, above n 56, 291.

80　Thayer, above n 70, 156.

然,这些当时适用的限制,现在都已经不再适用了。[81] 塞耶警示道:"通过宪法中各种详细的禁止性规范对立法权进行限制和缩减,与之必然伴生的一个后果就是政府的软弱无能。"[82] 他指出,"在任何制度下,法院的权力都不足以挽救一个国家的人民免遭毁灭",为此,他最后主张有必要恢复麦迪逊式的维持组织制衡的手段。[83]

塞耶表达这样的观点很显然在逆水行舟,尽管在 1787—1869 年,最高法院只宣布了六部议会的立法无效,但是在 1890 年之后,这一权力被非常频繁地使用。[84] 从那个时候开始,争论的主要意见不再是司法权力的范围(尽管这在某些方面仍然是争议的根源),而是司法权力是否具有排他性和最终性。[85] 这个问题在 1856 年的德雷德·斯科特诉桑福德案(*Dred Scott v Sandford*)中被提出来,在该案中,最高法院在处理对一项禁止和限制奴隶占有的立法权的挑战时,事实上是将对奴隶的占有转化为了一项权利。[86] 法院的这项判决并非没有受到质疑。林肯在 1861 年的就职演讲中,特别驳斥了司法部门有权强迫政府其他部门承认拥有奴隶的权利的观点:

> 我并没有忘记一些人提出的设想——把宪法问题交给最高法院来裁断,我也不否认这类裁断在任何案例中对诉讼当

81　Thayer, above n 70, 140, 142.

82　Ibid, 156.

83　Ibid.

84　Kammen, above n 9, 31. 然而,与 20 世纪的经验相比,这一数字仍然很小。克莱默指出,1990—2000 年,法院推翻了 30 项联邦法律,这是历史上最频繁地使用这一权力的时间。尽管如此,19 世纪末仍被许多人视为巩固司法审查实践的关键时刻。例如, 参见 Robert Lowry Clinton, *Marbury v Madison and Judicial Review* (Lawrence: University of Kansas Press, 1989), 162。

85　参见 Robert H Jackson, *The Struggle for Judicial Supremacy: A Study of a Crisis in American Power Politics* (New York: Knopf, 1941)。

86　*Dred Scott v Sandford* 60 US 393 (1857).

公法的基础

事人及诉讼对象都有约束力,而这些裁断也有权在所有同类案件中受到政府所有其他部门非常高的敬意和重视。尽管在司法中这类裁断可能出现错误,仍会产生不良后果,但局限在特定的案例中,有机会可以去改变,决不会成为其他案例的一个榜样,比起其他实践所产生的不良后果,它更容易忍受。与此同时,公正的公民必须坦承,如果将政府事关全体国民的方针政策无法逆转地交由最高法院来裁断,允许由作为个人诉讼的一般诉讼介入和影响的话,人民就会失去他们自身的主宰地位,到了这个地步,实际上已顺从地把人民的政府交到显赫的大法官手上。[87]

这个案件的判决直接导致了内战的发生,内战之后通过的宪法第十四修正案推翻了德雷德·斯科特诉桑福德案的判决,要求每一个州都对其管辖范围内的所有人提供平等的法律保护。[88]

这一围绕奴隶制争议的判决只是在很短的时间内阻却了将宪法作为一般普通法律对待,以及认为法院享有排他的决定宪法内涵权力的进程。这一观念以不同的形式得到广泛的传播和普遍的认可,比如,查尔斯·伊文·休斯(Charles Evan Hughes)的名言:"虽然我们在宪法的统治之下,但是什么是宪法,这是由法官来决

---

[87] Abraham Lincoln, First Inaugural Address, 4 March 1861: ⟨http://avalon. law. yale. edu/19th _century/lincoln1. asp⟩.

[88] 宪法第十四修正案的颁布本身也引发了有关基本法与普通法法律之间的一场争论,参见 William E Nelson, *The Fourteenth Amendment: From Political Principle to Judicial Doctrine* (Cambridge, MA: Harvard University Press, 1988)。尤其是,威廉·尼尔森(William Nelson)指出,"那些通过宪法第十四修正案的人并不是为了给法官提供一个决定性的文本,以狭隘的教义方式解决这一冲突。他们是基于截然不同的目的和受众撰写修正案的:重申非专业人士长期以来对平等、个人权利和地方自治等一般原则的口头承诺。这些原则之间的冲突虽然可以被预见,但并不被认为是不可避免的。因此,宪法第十四修正案的制定者和批准者可以合理地希望不会出现冲突,而不是假设相反的情况,并着手确定权利原则或立法性自由原则是否应呈现为优先的特权,以及在多大程度上优先"(at 8)。

426

第十章　宪法性契约

定的。"[89]费利克斯·法兰克福特(Felix Frankfurter)在1930年也宣称:"事实上,最高法院就是宪法。"[90]这一趋势于1958年在最高法院所做的库柏诉艾伦案(*Cooper v Aaron*)的裁判中发展到了巅峰。[91] 法院认识到,这个案件其实引发了"对于整个联邦政府系统的维持而言,最为重要的问题"[92]。这个案件发生在阿肯萨斯州的小石城(Little Rock),核心问题围绕学校的一项消除种族隔离计划的执行展开,该计划的执行依据是,法院早期在布朗诉教育委员会案(*Brown v Board of Education*)中对宪法第十四修正案的解释。[93] 在一份"由每位法官单独签署的,此前从未签署,此后也从未签署"[94]的意见书中,法院指出:

> 宪法第六条确认宪法是本土最高的法律。1803年,马歇尔首席大法官代表法院整体,将宪法界定为我们国家最根本和最高的法律,同时在著名的马伯里诉麦迪逊一案中宣布,法院拥有毋庸置疑的管辖权和责任对"什么是法律"进行界定。这一决定彰显了一个基本原则,即联邦法院在关于宪法法律的解释上具有最高的权威,这一原则作为我国宪法体制的一个永久性和不可或缺的特征,应该获得法

89　Charles Evan Hughes, 'Speech before Elmira Chamber of Commerce, 3 May 1907' in his *Addresses*, *1906-1916* (New York: Putnams, rev edn, 1916), 179-193, 185.

90　转引自 Kammen, above n 9, 8。

91　358 US 1 (1958).

92　Ibid, 4.

93　347 US 483 (1954). 小石城的学校董事会通过了一项逐步取消种族隔离的计划,反对取消种族隔离的州长组织了反对该计划的示威活动。虽然下级法院认为导致公共秩序混乱是推迟取消种族隔离的一个原因,但最高法院并不同意这样的观点。参见 Richard Kluger, *Simple Justice: The History of Brown v. Board of Education and Black America's Struggle for Equality* (London: Deutsch, 1977), 753-754。

94　Joseph Goldstein, *The Intelligible Constitution* (New York: Oxford University Press, 1992), 47.

427

公法的基础

院和整个国家的尊重。[95]

通过这一判决,法院将从马伯里案开始出现的一系列观点链接了起来,最后形成一个很重要的主张,这个主张不涉及宪法的最高权威,而是宪法作为普通法律的地位,最为重要的是,司法机构在解释其内涵上所享有的最高权威。这就意味着,不仅仅宪法本身具有最高性,法院对其条文的内涵解释也具有最高性。

美国宪法发展的一个核心主旨就在于,宪法作为一种特殊的基本法(政治法理念)的衰退,取而代之的是,宪法被视为一般的普通法律。宪法的"根本性"特征主要是通过两种特殊的等级关系予以呈现:首先就是法律体系内部的等级关系,即作为实证法的宪法性法律与一般法之间的效力等级;其次,司法部门与其他政府部门之间基于宪法解释产生的权力约束的等级关系。[96] 自此,宪法作为一种独特的公法的形式彻底消失了。

这一发展极大地提升了司法机构在国家中的地位,法官获得了一个独特但是也存在矛盾的角色。正如克里斯托弗·埃斯格鲁伯(Christopher Eisgruber)指出的:"法官一方面不断地担忧他们体制的民主合法性,与此同时却非常矛盾地要求对他们宪法解释的绝对服从。"[97]这是有问题的,因为当把宪法视为一个纯粹的(对权力的)法律约束而非(人民)实现自治的工具时,这就会使得"宪法解释是法官排他的权力和领域"这一观念变得无比合理。法官作为专业精英,对正义或政治是没有特别见解的,但是擅长操纵精

95　Above n 91, 18.

96　例如,参见 *United States v Morrison* 120 SCt 1740 (2000) 1753 (per Rehnquist CJ):"毫无疑问,政治部门在解释和适用宪法方面发挥着作用,但自马伯里诉麦迪逊一案以来,该法院一直是宪法文本的最终解释者。"

97　Christopher L Eisgruber, 'Judicial Supremacy and Constitutional Distortion' in Barber and George (eds), above n 42, 70-90, 71.

428

细的规则。[98] 在这个意义上,美国的宪法发展史在很大程度上就是宪法从基本法被转变为具有最高法律效力的一般的普通法律的历程;而美国的宪法史很大程度上就被认为是美国最高法院的发展史。[99]

第五节 宪 法 维 护

美国的叙事只不过是一种对一个具有共性的现象的非常浓烈的表达。伴随着现代各国宪法的出现,中世纪的基本法概念,也就是对现代社会中作为"政治法"的公法,最终还是消失了。公法通过将自身融入现代宪法框架中,最终实现了实证化的发展,这也使得司法机构宣称自己有责任提供有关公法内涵的最终解释。就像法院有权解释和实施一般契约一样,法院认为其同样有权解释和实施宪法性契约。这标志着普通法律的胜利,也构成了对戴雪极富地方性主张的确认,戴雪依据英国的经验不断地主张法治的重要性和作为普通法律产物的宪法的重要性。[100]

这一叙事带来的问题在于,在现代国家当中,作为维系"基本法"或者说"国家宪法"内涵的公法概念不应该完全地消失,除非有

---

98   Christopher L Eisgruber, 'Judicial Supremacy and Constitutional Distortion' in Barber and George (eds), above n 42, 70-90, 71. 埃斯格鲁伯还指出,"宪法第十四修正案在最高法院的大部分判例中出奇地不引人注目",并且"从司法至上的角度来看,宪法第十四修正案是一条令人尴尬的修正案。修正案第5款明确承认国会有权执行宪法,或者至少是宪法的一个非常重要的部分。相比之下,宪法对司法执行宪法的权力是保持沉默的"。详见 Ibid, 71, 72-73。

99   Kammen, above n 9, 9:"这种将法院和宪法混为一谈的倾向,并不仅仅存在于美国的草根阶层当中。这一观点似乎得到了许多学者的认同,因为美国宪法史事实上主要被写成了最高法院判决史、学说史、程序史和人物史。"

100   AV Dicey, *Introduction to the Study of the Law of the Constitution* [1885] (London: Macmillan, 8th edn, 1915), 198-199. 进一步可参见本书第十一章,第454—457页。

公法的基础

人认为,法律主义可以完全取代政治,我们完全不再需要"政治"这样一种能够对相互冲突的正义理念进行斡旋协商的实践艺术。[101] 我们必须问自己这个问题:始终在发展的有关政治法的阐述是通过什么样的程序进行的? 当国家宪法发生根本性变化的时候,如何维护宪法,使宪法得以保持?[102]

虽然现代宪法都包括了宪法修改程序条款,比如美国宪法的第五条,[103]但是,求助于这一宪法修改权力,一般被认为是借助于制度办法寻求人民的授权,常常是非常困难的。麦迪逊指出,尽管通过人民决策实现宪法发展的道路是畅通且开放的,但是,最好是在面对重大的、非同一般的情形时,才会走上这条道路。因为如果这一路径被使用得过于频繁,似乎在向人民传递一个信息,政府存在某种瑕疵,同时也会导致政府丧失一种由时间赋予万物的尊重,没有这种尊重,即使是最为聪明、最为自由的政府也无法拥有必要的稳定。此外,在麦迪逊看来,启动宪法修改程序"引发了公众过于强烈的激情,最终会打破公共的宁静"。"当公众的激情而不是理性坐在审判席上时",我们很难得出明智的决策。"政府应该只受到公共理性的控制和规范",相反,激情"应该受到政府的控制和规范"。[104]

麦迪逊想要说明的是,宪法最好是将自身置身于一般政治空间之外,能够超越一般性的政治领域,唯有如此,它才能更好地发挥作用。因为如果一般的政治冲突过多地转化为宪法问题,那么宪法的稳定性和权威性将受到根本的损害。鉴于此,出于维护宪法的需求,即使宪法性的改变已经发生,我们依旧需要遵守宪法形

---

101 持这一立场的相关论述,参见 John Gray, *Enlightenment's Wake: Politics and Culture at the Close of the Modern Age* (London: Routledge, 1995), 73–80。

102 可参看 Burke, above n 2, 106:"一个缺乏变革方式的国家同时也缺乏自我保存的方式。"

103 Above n 39.

104 *The Federalist Papers*, above n 4, No 49 (Madison), 313–315.

430

式,不轻易地启动宪法修改程序。所以,尽管美国宪法自 1791 年
《权利法案》颁布之后仅仅被修改过 17 次,无论是从政府部门的角
度,还是从更为基本的政治体本质的角度,宪法都已经发生了根本
性的改变。一些非常重要的宪法性变革可以在成文宪法没有发生
任何改变的情况下就发生,而且客观上的常态也确实如此。那么,
这是如何发生的?

　　这个答案可以部分地在成文宪法自身当中找到。马歇尔在麦
卡洛克诉马里兰州一案中提供了一些线索,他在判决中指出:

　　　　宪法如果想要将一切其承认的权力,实现这些权力的手
　　段等细节都包括进来,成为一部试图解决一切问题的、包罗万
　　象的法典,那么这个法典必然是冗长的、无法被人类大脑所理
　　解和承受的,也永远无法获得公众的理解。因此,宪法的本质
　　要求它只是给出了联邦政府结构及权力的总纲,明确其设定
　　的主要目标,列举其最重要的职责,而它的其他构成要素、对
　　实现目标所必需的权力内容,完全可以从这些目标、这些职责
　　的本质当中推导出来。[105]

　　由于宪法所承担的特殊的公共职能,宪法必须用相对简单明
确的语言对政府的结构、功能和需要遵循的程序提供指导原则。
因此,宪法只能列举出“总纲”,提供一系列的指导原则,而非像一
般合同那样提供精确的条款。但是,除此之外,成文宪法还有一个
非常重要的特征马歇尔没有提及,这个特征就是:在成文宪法中,
一些非常关键的问题要么就是故意被模糊化处理了,要么就是被
直接忽略了。这并不是立宪能力上的缺陷导致的,相反,很多时候
这恰恰是用心规划的结果,故意规避那些非常敏感而无法形成共

105　Above n 78.

公法的基础

识的问题。[106] 在这个意义上,成文宪法既不是律师手中的契约,也不是门外汉随意起草的文件,[107]它是政治性的人造产物。

在考虑宪法变革的原因时,必须牢记这一点。最为明显的未经宪法形式修改的变革,就是通过司法解释这一方式所引发的。以美国宪法修正案第十四条为例,该条修正案对政府所施加的义务本质和内容,与 1868 年内战之后修正案颁布初始相比,[108]发生了根本性的变化。19 世纪 70 年代,对《权利法案》适用于州的可能性,最高法院作了最为狭窄的解释;[109]1896 年,最高法院认为,"隔离但平等的政策和做法"本身,是"合宪的";[110]但是,1956 年,最高法院认为,"教育设施基于人种分别设立,本质上就是不平等的",因此违反了宪法的规定。[111] 由此可见,宪法司法解释成了同时维持宪法现状和改变宪法的主要力量。通过行使这一宪法解释责任,从实证法视角看,确实改变了宪法义务承担者的法律责任,但是,这种改变本身其实是在维护对实证法构成支撑的、隐藏在实证法之后的国家宪法。

---

106 关于美国背景下,这种含糊其词的表述的相关例子,包括麦卡洛克诉马里兰州案的主题(持续数十年的关于设立国家银行的合宪性的问题),参见 Stephen M Griffin, 'Constituent Power and Constitutional Change in American Constitutionalism' in Martin Loughlin and Neil Walker (eds), *The Paradox of Constitutionalism: Constituent Power and Constitutional Form* (Oxford: Oxford University Press, 2007), 48-66, 53-56。

107 Franklin D Roosevelt, Address on Constitution Day, 17 September 1937:"美国宪法是为普通人创建的文书,不是法学家和律师起草的契约。"参见〈http: // www. fdrlibrary. marist. edu/ constday. html〉。

108 参见 Nelson, above n 88; Michael W McConnell, 'Originalism and the Desegregation Decisions' (1995) 81 *Virginia Law Review*, 947-1140。

109 *Slaughterhouse Cases* 83 US (16 Wall) 36 (1873); *Civil Rights Cases* 109 US 2 (1883).

110 *Plessy v Ferguson* 163 US 537, 540 (1896).

111 *Brown v Board of Education* 347 US 483, 495 (1954). 参见 Kluger, above n 93。因为平权义务的形成,宪法从 1956 年开始也以一种非常重要的方式发生了转变,详见 Michael J Perry, *We the People: The Fourteenth Amendment and the Supreme Court* (Oxford: Oxford University Press,1999), ch 4。

第十章　宪法性契约

司法部门应该在多大程度上承担这一宪法功能,今天依旧是一个争议不断的问题(本书第十二章将进一步讨论宪法性权利这个问题)。这里需要注意的是,由于司法角色的拓展,一种对司法机构的控诉就出现了,认为司法机构为自己创造了一个帝国项目,使得司法在一定程度上已经表现为一种政治夺权。[112] 因为在这个宪法话语的发展过程中,司法不仅仅承担了解释一般法律的任务,它同时也在解释公法本身。[113] 这里的关键问题就在于,法官是否具备对有效维护宪法而言所必需的政治技能、经验和资源,从而使其能够胜任这一职责。此外,这个问题所彰显的非常重要的一个方面就在于,在多大程度上,司法在宪法性审查中承担的角色会成为一个具有争议的政治问题,这也是一种将宪法解释本身等同于一般政治事项的重要方式。[114]

但是,由司法解释这一创造物带来的变化只是反映了宪法发展的一个方面。其他方面的发展,尤其是对于机构设置的影响,事实上更为显著。其实,如果从一般政治发展的角度观察,我们会发现最高法院的判决常常是对已经发生的、更为基础的宪法变革,给予一种(事后的)形式法律确认。宪法变革被作为基础政治变革所

112　关于这一观点的当代经典论述,参见 Robert H Bork, *The Tempting of America: The Political Seduction of the Law* (London: Sinclair-Stevenson, 1990)。关于不认同"司法篡权"的观点的政治性主张,参见 Mark Tushnet, *Taking the Constitution away from the Courts* (Princeton, NJ: Princeton University Press, 1999)。

113　可能需要指出的是,罗伯特·博克(Robert Bork)的观点基于这样一种论点,即司法能动主义者声称"宪法不可能是法律",因此,他们能够基于"知识分子或知识阶层的道德感和政治观"来促进对宪法的解释(Bork, above n 112, 8)。相比之下,这里的论点是,宪法学者和法官之间存在的压倒性共识是,无论是能动派还是保守派,都将法律视为一个单一的概念,这意味着他们未能充分区分普通法律和基本法(实证法和公法)。

114　最高法院在日益被视为政治路线(参见马歇尔法院)问题上的经常性分歧,是其未能将宪法置于普通政治纷争之上的一个重要迹象。在这一点上,可参见布什诉戈尔(*Bush v Gore*)一案引起的争议,531 US 98 (2000),引自 EJ Dionne and William Kristol (eds), *Bush v Gore: The Court Cases and the Commentary* (Washington, DC: Brookings Institution Press, 2001)。

433

引发的后果的一个早期例证就是,美国政党的形成从根本上改变了美国宪法运作的方式。[115] 另外一个例子就是,总统权力在既没有宪法修正案也没有正式的司法判决的前提下的全面扩展,并且最终获得普遍的认可。[116] 基思·惠廷顿(Keith Whittington)发现了美国体系中很多没有任何正式的法律或者是宪法肯认的宪法变化,比如,美国联邦储备系统(Federal Reserve System)的建立、购买路易斯安那的军事草案、美国加入联合国成员国等。[117] 持这种观点的人主要是采取了一种特殊的宪法研究方法,这个方法是由"美国政治发展"学派(the school of "American political development")[118]的政治科学家提出和推动的,该学派的研究主要关注一些对政治正义的理解产生了延伸影响的社会和政治变化,观察它们是如何影响我们对政治正义的理解,并最终带来了美国政府宪法的一些基本变化。

这种宪法理解方法偶尔也在法学家的思考中出现过,[119]但是

115　Griffin, above n 106, 55:"政党的出现对美国宪制政府产生了如此深远的影响,以至于很难相信,如果创始人事先知道政党制度的发展及其产生的影响,他们依旧会以同样的方式书写宪法。"

116　参见 Stephen Skowronek, *The Politics Presidents Make: Leadership from John Adams to Bill Clinton* (Cambridge, MA: Belknap Press, 1997)。还可参见杰克逊法官在杨斯顿钢铁公司诉索耶案(*Youngstown Steel & Tube Co v Sawyer*)中发表的意见:"值得注意的是,总统在书面上所享有的权力和实际权力之间存在着差距。宪法没有披露现代总统办公室的实际控制措施。该文书(宪法)必须被理解为一个 18 世纪所希望的政府的草图,而不是一个未来政府的蓝图。通过削弱各州保留的权力,联邦权力大量增加,从而扩大了总统活动的范围。真正的权力中心发生了微妙的变化,而这些变化并没有在宪法表面体现出来。"详见 343 US 579, 653 (1952)。

117　Keith E Whittington, *Constitutional Construction: Divided Powers and Constitutional Meaning* (Cambridge, MA: Harvard University Press, 1999), 12.

118　参见 Karen Orren and Stephen Skowronek, *The Search for American Political Development* (New York: Cambridge University Press, 2004)。

119　最为著名的讨论在霍姆斯大法官格言式的阐述中得以呈现,例如,他在龚帕斯诉美国案(*Gompers v United States*)中的判词:"宪法条文不是数学公式……他们是从英国土壤移植过来的,有着充足生命力的有机制度。"详见 233 US 610;他在阿拉姆斯诉美国案(*Abrams v United States*)中提出,"宪法理论就是一个实验,因为生活本身就是一个实验",详见 250 US 630。

第十章　宪法性契约

一直到最近才获得系统的研究。这里面最具影响的就是阿克曼的作品,他的新观点拓展了我们对"宪法发展"概念的理解,提供了新的洞见。受到"美国政治发展"学派的影响,阿克曼认为,分析美国宪法发展的基本单位应该是立宪政权、政治关系网络和基本价值这些被认为是一般政治生活的起点和基础的东西。[120] 通过这种注重相互联系的方法,阿克曼在理解宪法发展的过程中,在法学家、政治科学家、历史学家和哲学家之间建立了联系,[121]他认为,宪法就是"不断发展的历史实践"[122]。阿克曼的目标就是用这种跨学科的方法,从政权的角度,具体理解政权发展如何为法教义学的经典问题提供解决方案。[123]

　　基于这些方法的研究,阿克曼认为,美国宪法在历史上的特定时期经历了一些根本性的变革,在这些重要的"宪法时刻",美国宪法的特征发生了重要转型,但是这些转型都没有完整地在成文宪法这一法律大厦中呈现出来。阿克曼宣称"一部宪法,三种政体",他认为,美国宪法发展史上存在三个重要的宪法时刻:建国初期,主要就是从宪法制定到《权利法案》,一直到马伯里诉麦迪逊案期间;重建时期,内战到战后宪法修正案;新政时期,大萧条及其之后产生的福利国家。尽管我们非常熟悉建国时期所带来的革命性转变,[124]但是阿克曼最大的创举就在于对建国之后两个宪法变革时期根本特征的把握。他主要是对以下说法提出了挑战:显然,建国之后,我们人民就再也没有像建国的联邦党人一样参与到任何重大的批判和创新当中。[125]

　　120　Ackerman, above n 29, 59.
　　121　Ibid, 59:"挑战在于掌握众议院、参议院、总统、各州、选民、政党等重要机构在各个宪法体制中相互作用的独特方式。只有这样,我们才能评估最高法院在每个时代的作用。"
　　122　Ibid, 35.
　　123　Ibid, 60.
　　124　Ibid, 41.
　　125　Ibid, 43.

435

公法的基础

阿克曼认为,很多法学家认可重建时期的宪法修正案(第十三修正案到第十五修正案)是一种实质性的创举,但是,由于这些修正案都是按照程序惯例、通过一般性的修宪方法制定的,所以属于常规性的修正。在阿克曼看来,这在一定程度上就掩盖了它们的革命品质,其实重建时期作为宪法的创新时期,其重要性不弱于建国时期。[126] 通过将对个人权利的保护在全国的全面推开,有效地对抗了地方限缩和削减权利保护的可能性,从而从根本上改变了中央和地方的权力关系的平衡样态:我们美国人民重建了高级法的制定程序,从而非常清楚地宣布,国家意志不仅独立于而且高于州的意志。[127] 重建时期决定性地变革了宪法问题,尤其是从宪法话语的平衡角度,使得那些致力于州的权利保护的人认识到,一些非常重要的变革已经发生了。[128] 这些具有变革性的修正案其实就是一代人对现状进行批判的最为极致的表达,这种批判最终获得了被动员起来的美国大多数人民的审慎的支持。[129]

关于第三个宪法时刻则充满了各种各样的争议。很多法学家认识到了美国现代宪法话语事实上表达了这样的一种紧张关系,这个紧张关系存在于重建时期的民族主义和平等主义原则与建国时期的联邦主义原则之间。[130] 阿克曼则认为,尽管重建时期确认了国家公民身份高于州的公民身份,但是一直到了新政时期,"全国政府在社会和经济发展上只有有限的权力"这一说法才彻底破产了。一直到新政之后,联邦政府才真正像一个全国政府一样在运作,"在所有问题上为人民说话"对华盛顿特区的立法者而言,才真正具有吸引力。特别是富兰克林·罗斯福(Franklin Roosevelt)在带

126　Ackerman, above n 29, 46.

127　Ibid, 81.

128　Ibid, 82.

129　Ibid, 92. 进一步可参见 Akhil Amar, *The Bill of Rights: Creation and Reconstruction* (New Haven, CT: Yale University Press, 1998)。

130　例如,参见 Nelson, above n 88。

436

领议会和法院为积极型的全国政府寻求合法性问题上,取得了极大的成功。这种成功在战时的全国性团结中进一步被加强,最终建立了一种全新的总统领导模式。[131]

尽管很多宪法学者可能都不认同,新政"带来了更深层次的,更有创造性的变革"[132],但是阿克曼却坚持这么认为。这种变革不仅仅包括国家几乎不受约束的管辖权的确立,还包括宪法上重要的社会平等和政治平等之间的区分在这里被彻底地废除了,以及国父们对民选总统的任期制所持的原则性的敌意也在这里具有决定性地被终结了。[133] 新政时期的转变意味着宪法性紧张不仅仅存在于重建时期的民族主义和建国时期的联邦主义之间,事实上这一紧张关系应该呈现一个三角维度。国父们所确认的有限的全国政府原则如何与新政时期官僚体系持续地对经济和社会生活的干预的合法性之间共存协调? 对 20 世纪一个积极型政府的肯认,需要在多大程度上对共和国重建时期的内涵进行重新解释?

通过将"政体"这个概念——由创造了一种独特身份的规则、实践、机制和理念构成的集合体——作为分析的基本单位,阿克曼在宪法维护的框架中发展出了一套解释宪法发展过程的复杂的根基。借助于跨学科的思考,通过在宪法发展的研究中融入除法律资源以外的、引起变革的社会和经济因素,阿克曼发现了人民和法院之间更为辩证的关系。[134] 阿克曼对宪法维护和变革的思考以一种非常具有创造力的方式,再次彰显了一般法和基本法、形式宪法和实质宪法之间的区分。[135] 从这个角度看,他对宪法发展的研究可以被视为一种方法类型的具体呈现,即从政治法的角度思考美

131　Ackerman, above n 29, 105, 106.

132　Ibid, 42.

133　Ibid, 106.

134　Ibid, 161.

135　参见本书第八章,尤其是第 313—317 页。

公法的基础

国的宪制发展。[136]

运用这样的方法展开对宪法发展的研究也不是没有局限,这种局限体现在阿克曼理论所反映出来的残余的法律实证主义之中,而这种法律实证主义主要是在阿克曼所认为的勾画了美国宪制基本轮廓的"二元论"中呈现出来。基于美国人民做出的政治决策和政府做出的政治决策的区分,阿克曼认为存在"宪法政治"和"常规政治"的划分。对阿克曼而言,常规政治是一种专业政治,主要是由政治家在已经建立的宪法框架内去承担和运行。常规政治主要涉及在一般的政府机制程序中解决的政治分歧和政治决策,普通公民对此只是保持一种非正式的关注即可。宪法政治则不同,只有在极端的情境下才会出现,在这种极端情境下,政治家和公民合力带来美国宪法结构最为根本的改变。

有学者认为,阿克曼为了调和美国政府体制中同时存在的自由主义和共和主义因素所提出的"二元论"本身是不太站得住脚的。比如,拉里·克莱默(Larry Kramer)就认为,这种提法是非常怪异的,而且本质上也是反共和的,不过是上层贵族惯用的、剥夺人民权力的伎俩而已。[137] 从我的角度,我其实不太担心他的观点的政治影响,我更关注他的方法论问题,我认为真正的问题在于,

---

136 阿克曼对 *United States v Carolene Products* 304 US 144, 152 (1938)一案判决中脚注四的重要意义的分析,可以作为一个例证。通过将分析纳入脚注,最高法院指出,1938 年,即发生"拯救九人的及时转变"一年后,"相较于思考新政转型与随后散落的建国和重建时期碎片之间的关系,针对宪法文本,有更紧迫的事要做"(Ackerman, above n 29, 119)。但是,尽管只是一个脚注,它却具有一个至关重要的意义:"脚注邀请法学家们再次开始识别经历了最近的宪法革命的古老传统的碎片"(Ibid, 121)。脚注(除其他外,推测有必要针对"离散和孤立少数群体"的立法进行严格审查)因此实际上"提出了一个新的生活领域,这个生活领域是平等主义关注的核心"(Ibid, 128)。在这里,我们看到另一个例子:在正式法律的角度被视为边缘化的东西,在公法的角度那里可能具有重大的宪法意义。也可参看 Carl Schmitt, *Constitutional Theory* [1928] Jeffery Seitzer (trans) (Durham, NC: Duke University Press, 2008), 78;本书第八章,第 317 页。

137 Kramer, above n 10, 197. 还可参见 Finn, above n 67, 49-50。

阿克曼用来决定什么是宪法变革的特殊时刻的方法本身是非常模糊的。[138] 所以有很多批评就指出,如果研究的基本单位聚焦于政体,那么很有可能我们会识别出超越阿克曼理论的更多的重要时刻,[139]也有人质疑,阿克曼是否对其他围绕他所识别出的"宪法时刻"的替代性解释予以了足够的考量和回应。[140] 这些问题都非常重要,但是都没有获得充分的回应和解决。因此,尽管阿克曼提出的"社会、经济和政治上的变革可以联合起来,进而带来根本性的宪法变革,而不一定要倚赖正式的宪法修改"这一观点是非常重要的,但是,在此基础上他提出的"二元论"本身是非常缺乏说服力的。

阿克曼的二元论主要是想要体现美国宪制发展的本质,想要在美国自身独特的实践中发掘其宪制发展的源泉,这个想法是非常正确的,但是阿克曼的问题是,在寻求美国例外主义的根源的过程中,他将其归因于对欧洲的民主一元主义(他认为这是英国宪法的特征所在)和权利根本论主义(他认为这是德国宪法的特征所

138　阿克曼划分标准中的渐进主义或者说进步主义的偏见(建国、重建、新政的三分法)可从他显然拒绝了以下论点得以展现,即在 2001 年 9 月 11 日之后的几年中,总统获得了"战争"权力(包括授权使用残忍的审讯技术、军事法庭、无限期拘留被指控的非国家战斗人员、总司令权力在缺乏国会监督前提下的国内方面的发展)表明了新宪法时刻的产生。可参看 Bruce Ackerman, 'The Emergency Constitution' (2004) 113 *Yale Law Journal*, 1029-1091, esp 1089 (n 150)。

139　可参看 Gordon Wood, 'The Founders Rule!' *New Republic*, 7 November 2005, 32:"许多学者,特别是历史学家,并不同意阿克曼的观点,即重大宪法变革只发生在他所界定的转型的三个非凡时刻。相反,他们说,这些变化是持续的、渐进的,而且往往是无法完全借助于理性进行识别的。事实上,这些变化最终使我们的宪法和英国宪法一样具有了不成文特征。"转引自 Griffin, above n 106, 60。也可参见 Stephen M Griffin, *American Constitutionalism: From Theory to Politics* (Princeton, NJ: Princeton University Press, 1996), 26-58。

140　David AJ Richards, *Conscience and the Constitution: History, Theory, and the Law of the Reconstruction Amendments* (Princeton, NJ: Princeton University Press, 1993), 136; Robert Justin Lipkin, *Constitutional Revolutions: Pragmatism and the Role of Judicial Review in American Constitutionalism* (Durham, NC: Duke University Press, 2000), 47-51.

公法的基础

在)的拒绝。阿克曼认为,美国宪制的独特性就体现在它对二元主义的拥抱上:二元主义者认为,与英国不同,法院履行[权利]保护主义职能是一个秩序良好的民主政权的重要组成部分;与德国不同,司法对权利的保护确实依赖一个事前的、在更高的立法轨道中呈现的民主确认。[141]

基于两个方面的原因,阿克曼对美国宪制的独特性的分析显得不够专业和透彻。其一,每一个民族都是基于特定的历史条件制定自己的成文宪法的,在这个过程中,他们在宪法中所融入的特殊保护条款其实都是对时代的反映。考虑到纳粹专政的暴行,联邦德国在战后宪法中牢固确立了基本权利条款,这完全不足为奇。[142] 在这点上,德国经验和美国经验并无差异:考虑到他们特殊的历史环境,两个国家都明确确认了新的宪法秩序特征的不可随意变更性,因为这些特征需要被不遗余力地保护和增强,两个国家的历史背景使得他们担心这些特征会经由民主程序随时、任意地被废除。[143] 詹姆斯·弗莱明(James Fleming)也指出,美国宪法中明确锁定的条文本身,其实是对其建国原则有折损的,而德国则不同,德国基本法中的锁定条款则非常明确地确认了其重建的原则。[144] 但是,这些被"锁定"的条款其实很多时候是为了达成政治共识所采取的政治策略,不一定是深层次的构成性原则的表达(所以两者的区别并不像看起来那么明显)。其二,从公法的视角来看,这些相关的锁定条款其实彰显的是一种试图对不可限制的力量进行限制的尝试。宪法条款可以对政府机构的行动施加一些限

---

141   Ackerman, above n 29, 10, 13.

142   这就是所谓的"永恒条款",它保护有关联邦制、民主和人类尊严基本权利的条款不受任意修订,参见 Grundgesetz, Art 79(3)。

143   James E Fleming, 'We the Exceptional American People' in Barber and George (eds), above n 42, 91–115, 95.

144   Ibid. 弗莱明在这里的中心观点是,美国宪法第五条在 1808 年之前禁止任何会对非洲奴隶贸易造成影响的修正案。

440

制,从而表达国家蓝图设计师的一些反思性承诺,但是,没有任何宪法条款本身可以对人民的制宪权这一有决定性的权力行使施加任何限制。

简而言之,现代宪法其实都是一种治国的工具,正如美国传统所彰显的,宪法一方面在确保一个确定的、稳定的和永久的政府结构上发挥着令人瞩目的作用,另外一方面也在不断地调试自身以适应变化,这个过程是如何发生的,常常是令人不解甚至是神秘的,因为如果想要保持宪法的权威,我们其实需要将宪法悬置于一般的政治运作之上,但是如果要确保宪法的有效性,我们又需要它能够悄无声息地适应各种变化。正如沃尔特·李普曼(Walter Lippmann)所宣称的,"只有通过损害宪法的精神,我们才能确保其在文字上纹丝不动"[145]。正是通过这些维持/变革过程的运作,我们才认识到现代宪法安排中"政治法"的持续重要性。

第六节 宪法爱国主义

宪法这种既能够保持稳定性同时又能够不断调试自身以适应变化的能力,将我们带回了麦迪逊在《联邦党人文集》第四十九篇中非常著名的分析,麦迪逊指出,尽管"人民"是最终宪法权力的来源,但是不能过于频繁地启动这一渊源,否则就会对宪法一个非常重要的政治功能构成损害,这个政治功能就是维持一个超越一般政治行动的合法政府的客观结构。正是认识到了这一点,政府要承担一项非常重要的责任,对大众的激情进行控制和规范。也就是说,宪制主义要求基于宪法的神圣特征,由合法的既有权力本身承担一个非常重要的任务,对制宪权进行教育和引导。政府所承

145　Walter Lippmann, *A Preface to Politics* [1913] (New York: BiblioBazaar, 2008), 22.

担的这一与宪法相关的教育责任再次证明,宪法不能被简单地视为一个契约。

这一由宪定性权力承担的、针对制宪权的教育任务,在很多现代宪法作家那里都有被提及和强调。从一开始讨论现代构想时,霍布斯就强调了这一任务和角色的必要性。霍布斯开篇就提出了一个臭名昭著的观点——"普通人的脑子就像一张白纸,公共权力给他什么,他就接收什么"[146],所以,政府最为主要的任务之一,就是在人们的脑中种下服从的习惯。霍布斯认为,人民不应该对任何其他民族所构建的政府形态表示欣赏和热爱,也不应该渴望任何的改变。[147] 因为一个民族的繁荣,无论它是处于贵族制,还是处于民主议会的统治之下,最终都不是源自贵族政体或者民主政体,这个民族的繁荣最终取决于其臣民的服从和一致。[148] 因此,霍布斯进一步指出,就像犹太人保留安息日,在这一天讲习律法,最终的目的就是要提醒他们,他们的国王是上帝。今天也是同样的道理,我们需要对人民进行引导,让他们意识到维护主权制度的必要性。当我们把这里的"主权"更换为"宪法"时,我们已经明确了麦迪逊设想的政府在宪法方面的基本任务了。

霍布斯的观点被卢梭非常隐秘地接收了,卢梭主张,对确保一个共和国政府的运行而言,公民宗教的建立是非常有必要的。卢梭认为,有一种"纯粹的公民信仰,其条款由主权者来确定,不是宗教教条,而是一种社交情操","没有这种信仰,个体就不可能成为一个好公民或忠诚的臣民"。[149] 公民宗教的教条非常普通而且不多,包括存在一个全知全能的神、正义者的幸福和邪恶者的惩戒,

---

146　Thomas Hobbes, above n 23, 233.

147　Ibid.

148　Ibid, 233–234.

149　Jean-Jacques Rousseau, 'The Social Contract' in his *The Social Contract and other later political writings* Victor Gourevitch (ed) (Cambridge: Cambridge University Press, 1997), Bk IV, ch 8, 150.

以及社会契约和法律神圣不可侵犯。[150] 麦迪逊在调试其适用性的过程中,准确把握了卢梭的经验,清楚地认识到代议制对现代共和国的必要性,并认为传统共和国和现代共和国的本质区别在于,后者彻底地将人民在集体意义上从具体的政府角色中排除了。[151] 正是基于这一原因,公民宗教的建立和推广具有了至高无上的重要性。

后来亚伯拉罕·林肯(Abraham Lincoln)将这一任务称为构建和推广对宪法表达理性尊重的"政治宗教"的任务,[152]在现代宪制的背景下,这个任务最终被认为应该由法学家来承担,托克维尔就围绕这一点进行了充分的论述。他首先提出一个问题,当传统的权威来源(包括服从君权神授或者习俗),在面对一个建立在自由和平等理念上的宪制民主政体完全被消解后,我们依靠什么来维系政府的权力和权威?他给出的答案是:法学家在政府之上施加的影响,构成了"防止民主泛滥的最为有效的安全保障"。[153] 这最终将宪法爱国主义这一主题和法学家作为宪法的守护者联系在了一起。

托克维尔认为,法学家是最适合承担这两项任务的人选,主要是因为他们对秩序有特定的偏好、喜欢例行公事、注重形式和正规性,以及习惯于在不同的理念之间建立联系,这就使得他们对大众的革命精神和未加反思的激情非常反感。[154] 在托克维尔看来,宪制政权必须本质上是贵族政体,而在民主体制之下,这个贵族的角

150　Rousseau, above n 149, 151.

151　*The Federalist Papers*, above n 4, No 63, 373.

152　Abraham Lincoln, 'On the Perpetuation of our Political Institutions', Speech of 27 January 1838, 转引自 Harvey C Mansfield, Jr, *America's Constitutional Soul* (Baltimore: The Johns Hopkins University Press, 1991), 31。

153　Alexis de Tocqueville, *Democracy in America* [1835] Henry Reeve (trans) Daniel J Boorstin (intro) (New York: Vintage Books, 1990), vol 1, ch 16, 272.

154　Ibid, 273.

公法的基础

色必须由法学家来担任,因为法学家在出生和利益偏好上,是和人民站在一起的,但是在习惯和品位上,是贵族式的。[155] 特别是他们天生爱好秩序和范例,因此他们对大众的行动始终保持警惕,对人民政府始终保持隐秘的蔑视。[156] 法学家珍视自由,因此他们将公共秩序置于一切考量之上,而对公共秩序最好的保障就是权力和权威。结果是,对法学家而言,相较于暴政,他们更惧怕专断的权力。[157] 基于这些原因,法学家能够担当起"连接两大社会阶层的纽带"的角色。[158]

在托克维尔看来,这个角色是非常有必要的,他说:"如果没有法学家般的清醒和民主原则的混合,我怀疑民主制度是否能够长期维持下去。我很难相信,基于目前的情况,如果法学家在公共事务中的影响没有与人民的力量成比例地增加,共和国依旧可以存续下去。"[159]法学家是将以自由和平等名义提出的更宏大的政治主张与维持宪制秩序的现实有效联系起来的通道。他们"中和了大众政府固有的恶习",他们"隐匿地用自己的贵族倾向与整个民族的民主本能进行对抗,他们用自己对古老事物的迷恋与整个民族对新奇事物的热爱相对抗,他们用自己具体的看法对抗宏大的设计,以及用他们习惯性的拖延来对抗民族激情的狂躁"。[160]

法学家在宪制民主国家的政府运行中,发挥了非常重要的影响:除了在司法机构发挥作用,他们在立法机构和行政部门都有非常重要的影响力,在宪制民主国家当中,几乎所有的政治问题迟早都要演变为法律问题,并最终依靠法律获得解决。这就使得法

155　Tocqueville, above n 153, 276.
156　Ibid, 273-274.
157　Ibid, 275.
158　Ibid, 276.
159　Ibid.
160　Ibid, 278.

444

律理念、法律语言和法律气质弥漫了整个政治话语,法律语言在一定程度上就变成了大众语言,而在校园和法庭上产生的法律精神最终就冲出了围墙,弥漫到了整个社会当中,甚至是社会底层也感染了这种气息,最终人民就习得了司法官员的习惯和品位。[161] 这就是在宪制民主国家,法学家和法律思维方式所发挥的重要的文化影响。

这种文化能够有效地支持宪制民主的运行,托克维尔认为,它的建立归功于"一个特殊党派的成功,这个党派很少被人害怕,甚至几乎没有被人察觉,它没有自己特有的徽章,它以极大的灵活性来适应时代的紧急情况,并在不抵抗社会团体所有运动的情况下有效地调试自身"。这个党派"延伸到整个社会,渗透到构成共同体的所有阶层;它在不知不觉中影响着这个国家,而最终将这个国家塑造得使之能够适应自己的目的"。[162] 这是一个统治的党派,一个服务于宪制的党派,这就是法学家群体。在面对施米特极富挑衅性的问题"谁来守护宪法"[163]时,托克维尔给出的答案非常明确:法学家。

进一步地拓展托克维尔的分析,也许我们可以认为,法学家在调试民主以适应宪制主义的要求过程中,发挥了不可替代的重要作用。通过法学家的努力,美国传统中的宪法所扮演的重要角色,完全不亚于当年君主们在前现代的政权中所发挥的作用。艾森豪威尔总统声称,"除非我们的政府建立在一个被深刻感知到的宗教信仰之上,否则我们的政府是不合理的,当然,我并不关心这个具体的宗教信仰是什么",此时,他事实上是将宪法作为公民宗教来对待了。[164] 宪法可能在建立初始是以契约形式出现的,但是它一

161　Tocqueville, above n 153, 280.

162　Ibid.

163　Carl Schmitt, *Der Hüter der Verfassung* (Tübingen: Mohr, 1931).

164　转引自 Robert N Bellah, 'Civil Religion in America' (1967) 96 *Daedalus*, 1-22, 21。

公法的基础

旦建立了自己的权威和最高性,那么它就在整个民族的政治生活中变成了一种象征。在很多国家,宪法只有在被单纯视为政府部门的统治工具时,它才被视为一个契约,这个时候它被以效率和效能作为衡量标杆,如果达不到特定的标准,它将被抛弃。但是,只有宪法的功利主义的工具性功能和它的象征性功能都得到很好的实现时,宪制主义才能真正得到很好的发展。[165] 如果它的象征性功能要得到发挥,一种特殊的政治文化就必须存在和不断发展,这一文化存在的价值就是确保当下宪法秩序的规范和价值权威得到实现,[166]这就是宪法爱国主义的内涵所在。

"宪法爱国主义"(constitutional patriotism)一般被认为是二战后联邦德国的创造物,是被用来作为一种更为厚重的、针对在族群构成上具有同质性的民族身份的替代物,因为基于历史的原因,这种具有同质性的民族身份已经无法再有效地培育。[167] 创立初始,"宪法爱国主义"代表了一种公民理性,这种理性要确保宪制民

---

165 这一观点自 20 世纪 30 年代在美国学术圈盛行,参见 Thurman W Arnold, *The Symbols of Government* (New Haven, CT: Yale University Press, 1935); Edward S Corwin 'The Constitution as Instrument and Symbol' (1936) 30 *American Political Science Review*, 1071 - 1085; Max Lerner, 'Constitution and Court as Symbols' (1937) 46 *Yale Law Journal*, 1290-1319。到了 20 世纪 80 年代,这一观点再次出现,参见 Thomas Grey, 'The Constitution as Scripture' (1984) 37 *Stanford Law Review*, 1-25; Sanford Levinson, *Constitutional Faith* (Princeton, NJ: Princeton University Press, 1988)。

166 这种宪制文化延伸到对国旗、国歌、效忠誓词等的崇拜。参见 Rudolf Smend, *Verfassung und Verfassungsrecht* (Munich: Duncker & Humblot, 1928), 28:"斯门得认为,所有国家元首的立场和地位或多或少都是'代表'或'体现'公民的团结;也就是说,国家元首构成了公民团结的象征,像旗帜、军徽、国歌一样,只是后面这三者是以一种更具实质意义和更具功能性的方式成为象征。"斯门得专著一个基本的主题就是探讨宪法作为整合工具所发挥的作用,参见 Hans Vorländer (ed), *Integration durch Verfassung* (Wiesbaden: Westdeutscher Verlag, 2002); Dieter Grimm, 'Integration by constitution' (2005) 3 *International Journal of Constitutional Law*, 193-208。

167 Dolf Sternberger, *Verfassungspatriotismus* (Frankfurt am Main: Insel Verlag, 1990). 道尔夫·斯滕贝尔格(Dolf Sternberger)的论点表明,宪法爱国主义是专门为分裂的德国量身定做的,即"现在的问题是,什么样的爱国主义与德国的情况有关,或者可以与德国的情况有关"(at 7)。

446

主的特定价值不受到那些试图摧毁它们的政治力量的影响,[168]但是,当这个概念被哈贝马斯采用之后,获得了更为广泛的认同。在哈贝马斯那里,除了它在德国语境中的特殊含义,[169]哈贝马斯用它来表征一种后民族身份和认同,在这种身份中,公民的忠诚不再建立在特定的历史、文化和地理资源基础上,而是建立在对宪制主义的普遍法律、道德和政治价值的认同基础上。[170]但是,这种德国式和后现代式的国家建构不应偏离这样一个观点,即对现代宪制实践而言,一个普遍且重要的内容在于,不仅是要建立公民对(一般)宪法价值观的忠诚,同时重要的是对(特定)宪法权威的忠诚。

第七节　反身性宪制主义

今天我们已经广泛接受了"宪法就是公民之间相互缔结的契

168　因此,这一概念根植于激进民主理论,关于激进民主的理论,参见 Karl Loewenstein, 'Militant Democracy and Fundamental Rights' (1937) 31 *American Political Science Review*, 417-432 (Pt Ⅰ), 638-658 (Pt Ⅱ)。

169　参见 Jürgen Habermas, 'A Kind of Settlement of Damages: The Apologetic Tendencies in German History Writing' in *Forever in the Shadow of Hitler?: Original Documents of the Historikerstreit, the Controversy Concerning the Singularity of the Holocaust* James Knowlton and Truett Cates (trans) (Atlantic Highlands, NJ: Humanities Press, 1993), 30-44, 43:"联邦共和国无条件地向西方政治文化开放是战后时期的最大成就。"

170　参见 Jürgen Habermas, *The Inclusion of the Other* Ciaran Cronin and Pablo de Greiff (trans) (Cambridge: Polity, 1999); Jürgen Habermas, *The Postnational Constellation* Max Pensky (trans) (Cambridge: Polity, 2001)。相关讨论参见: Jan-Werner Müller, *Constitutional Patriotism* (Princeton, NJ: Princeton University Press, 2007); Mattias Kumm, 'The Idea of Thick Constitutional Patriotism and its Implications for the Role and Structure of European Legal History' (2005) 6 *German Law Journal*, 319-354; Patchen Markell, 'Making Affect Safe for Democracy? On "Constitutional Patriotism"' (2000) 28 *Political Theory*, 38-63; Charles Turner, 'Jürgen Habermas: European or German?' (2004) 3 *European Journal of Political Theory*, 293-314。

公法的基础

约,通过这一纸契约我们建立了政府机构"这一观念。[171] 然而,这样定义宪法,会导致与现代宪法概念相关联的一些基本问题没有获得回应和解决。契约式定义忽略了建国特征中蕴含的内在矛盾:如果认为"人民"通过契约创造了宪法,人民就应该在宪法存在之前已经存在,因此,在契约签订之前就应该有一个程序决定谁将代表人民发言,即宪法出现之前已经有一个前宪法已经存在。如果要求人民无条件地效忠宪法,那么宪法就必须将"首要行动目的就是建立宪法的政治行动"定义为非法的。所以,一旦宪法被认为是对政府进行授权的权威工具,那么很难提供一个内在统一的解释去说明,为什么在正式的修宪程序和司法解释程序之外,还存在发生根本性宪法变革的方法和可能。鉴于此,如果我们想要准确把握现代宪法概念的本质,我们就必须跳出契约隐喻的限制。

这里提供的答案表明,古代和现代的宪法观念之间不可能彻底决裂,现代试图纯粹只关注政府宪法本身,这一企图并不能取代对国家宪法的反思。现代宪法运动的发展伴随着用实证法理念取代传统基本法理念的历程,这个过程以接受一个很重要的理念为标志达到了其顶峰,这个理念就是,司法系统作为被授权对实证法进行解释的机构,是宪法内涵最终的守卫者。只有通过回归公法的视角,将宪法视为依据政治法的理念进行运行的国家治理实践,我们才有可能理解和解读一些根本的问题。

现代宪法毫无疑问具有核心的重要性,但是它们必须要被放在一个更为恰当的框架(政治法的框架)中去讨论。只有将现代宪法放到这个框架中,作为文本的宪法和合宪性(一个程序,借助于这个程序,宪法文本在规范政治领域中发挥的作用越来越重要)之间的相互关系得以彰显。这一存在于政府和国家之间、形式宪法

---

[171] Dennis C Mueller, 'Constitutional Rights' (1991) 7 *Journal of Law, Economics, and Organization*, 313-333, 314.

和实质宪法之间、实证法和基本法之间的相互关系,彰显了政治法规则的运行机理。这个视角帮助我们解决了建国过程中存在的矛盾:我们不再把建国过程、宪法的创建过程简单地视为一个历史瞬间,而是一种反身性的行动和事业,通过这个行动,人民事后追认那些在宪法文件中得以清晰阐明的规范。这就使得我们既能够(从内部的角度)理解宪法的权威,同时(从外部的角度)承认和认识到宪法的限定性和条件性。这也使我们能够看到现代宪法在保持其固定性的同时,不断地调试自身以适应变化。它使我们看到,宪法不仅是建立政府机构的工具,而且在塑造宪法的、政治的和民族的身份和认同方面发挥着强大的象征作用。它揭示了宪法的实证主义趋势如何导致政治法的实践被遮蔽在实证主义法律的外表之下。只有打开公法这个特殊的视角,才有可能准确地把握反身性宪制主义这一强大的现代化进程。

第十一章
法　治

第一节　法治的模糊性

　　现代宪法的发展主要得益于权力和自由之间的互动。由于现代政府权力是极其广泛的,自由,作为最重要的政治价值,只有通过确保这些权力受到恰当的界定、引导和制约,才能获得保障。这就是现代宪法一个基本的功能,成文宪法的存在主要就是在对政府的赋权和对个体自由保护之间形成一种平衡。

　　如果要确保现代宪法这一重要的功能得以实现,有三条基本原则必须被接受。第一条就是宪法必须被视为是所有政府权力得以行使的媒介,这是宪法的最高性原则。第二条就是宪法被认为是国家的基本法。第三条涉及司法机构,即司法机关通过司法审查,成为宪法最终的守护者。尽管围绕这三条原则的适用性充满了各种争议,但是它们依旧作为现代宪制主义的基本原则获得广泛接受。但是一旦接受了这些原则,一个更为重要的问题就出现了:现在是否可以认为宪法不仅仅是一种指导和限制,是不是可以说宪法和法律在统治整个社会? 这一情形在英国的表述中得到了生动的表达:法治(the rule of law)。所以,是否可以认为法治是第四原则,或者甚至可以认为它是宪制主义中超越一切的、首要

450

第十一章 法 治

的"元原则"？还是从本质上这个表达只不过是一个修辞，在现实层面上没有任何实际意义？

基于很多原因，我们有理由相信，"法治"很多时候只是一个口号。无论其潜在意图多么值得称赞，想要实现法治而不是人治的目标还是那么难以企及。首要的原因在于，现代社会的法律普遍被认为是人的创造物，根本不可能在人的意志之上创造法律，法律是不可能超越"人的政府"本身存在的。[1] 第二个原因在于，很明显，统治是需要行动的，法本身是无法行动的。因此，"法治"在这里就仅仅是一种修辞，我们对它的信仰很大程度上源自其与生俱来模糊性："法治"这个表达之所以无处不在，主要就是因为其内涵的无所不包。[2]

这种与生俱来的模糊性是非常明显的，我们可以在不同的法律传统中找到与其对应的表达，尽管内涵有差异，但是也足见这个概念的影响力。英语里的法治完全可以在整个欧洲大陆找到它的对应表达，比如，德语是 *Rechtsstaat*，法语是 *l'Etat de droit*，意大利语是 *Stato di diritto*，西班牙语是 *Estado de derecho*。但是很显然，这些表达起源是完全不同的，尤其是构成其核心概念的"国家"本身的理解也存在很多差异。不同国家的表达背后突出了一个令人迷惑的难题：虽然国家作为法律的源头，有权界定自己的权限，但"法律国家"的概念意味着国家只能通过法律行事，因此也受法律约束。作为法律源头的国家，显然也是受制于法律的。

欧洲大陆的相关表达带来的困难和问题不仅仅局限于这一概

1　如本书第五章第 192 页所述，卢梭认为，实现法治所面临的困难不亚于在几何体中把圆变方所面临的困难：除非后者这样的困难能被克服，否则，当你认为是法律统治的时候，本质上还是人治。

2　JN Shklar, 'Political Theory and the Rule of Law' in Allan C Hutchinson and Patrick Monahan (eds), *The Rule of Law: Ideal or Ideology?* (Toronto: Carswell, 1987), 1-16, 1："不难看出，'法治'一词由于意识形态的滥用和普遍的过度使用而变得毫无意义。它很可能已经成为另一种自鸣得意的修辞手段，为英美政客的公开言论增色不少。"

451

公法的基础

念上的迷惑之处。德语和法语同样的"法治国"表达背后,指代的是基于不同的政治历史产生的完全不同的宪法传统。所以,尽管这些表达具有相似之处,但是它们不是等价物。[3] 然而,即使我们就仅仅聚焦于作为其起源地的德国概念,我们仍会发现"法治国"这个概念的模糊性并没有好于"法治"概念,它被用来为很多种类型的统治政权构建正当性,[4] 据估计,在德国的法律体系中,至少有 140 多种概念被涵盖在法治国原则(*Rechtsstaatprinzip*)当中。[5] 施米特也注意到了这个问题,他说,就像"法"这个概念和"国家"这个概念的所指非常广泛一样,"法治国"的概念也几乎无所不包。"法治国"几乎囊括了封建的、分封式的、资本主义的、民族的、社会的、自然法的、理性法的以及历史法学派的所有形式的国家形态。所以每一个倡导"法治国"的人,其实都带着他们自身特定的目的在使用这个概念,以此来谴责自己的反对者是法治国

3　可参看 Ernst-Wolfgang Böckenförde, 'The Origin and Development of the Concept of the *Rechtsstaat*' in his *State, Society and Liberty: Studies in Political Theory and Constitutional Law* JA Underwood (trans) (New York: Berg, 1991), 47-70, 48:"'法治国'(*Rechtsstaat*)是德语世界特有的术语,它在任何其他语言中都没有对等词。盎格鲁-撒克逊法律中的'法治'(rule of law)实质上不是一个可以与之简单对换的平行概念,而法国法律术语中也没有类似的词语或概念。"

4　甚至第三帝国的法律秩序也被"法治国"所指代,例如,参见 Ulrich Schellenberg, 'Die Rechtsstaatskritik: Vom liberalen zum nationalen und nationalsozialistischen Rechtsstaat' in Ernst-Wolfgang Böckenförde (ed), *Staatsrecht und Staatsrechtslehre im Dritten Reich* (Heidelberg: CF Müller, 1985), 7188; Carl Schmitt, 'Der Rechtsstaat' [1935] in his *Staat, Großraum, Nomos: Arbeiten aus den Jahren 1916-1969* (Berlin: Duncker & Humblot, 1995), 108-120。

5　Katharina Sobota, *Das Prinzip Rechtsstaat* (Tübingen: Mohr Siebeck, 1997), 471-526, 凯瑟琳·索博塔(Katharina Sobota)识别出法治 142 个独立的特质,包括: 宪法的法律约束力(*Rechtsverbindlichkeit der Verfassung*: §12);为防止多数人暴政,对基本权利有效性的确认(*Geltung der Fundamentalrechtsnormen unabhängig von Mehrheitsentscheidungen*: §15);禁止武断和暴政(*Willkürverbot*: §38);合理性(*Rationalität*: §41);权力分立(*Gewaltenteilung*: §48);地方自治(*Kommunale Selbstverwaltung*: §53);合法律性(*Gesetzlichkeit*: §55);法律的确定性(*Bestimmtheitsprinzip*: §64);问责制(*Verantwortlichkeit*: §76);法律不可溯及既往(*Rückwirkungsverbote*: §96);司法独立(*Unabhängigkeit des Richters*: §102);有效的权利保护(*Effektiver Rechtsschutz*: §125);比例原则(*Verhältnismäßigkeit*: §138)。

第十一章 法 治

的敌人。正如施米特所言,当"法治国"概念被用到宪法理论中时,它其实最终就可以被理解为"法律居于一切之上,而法就是用来指代我和我的朋友所珍视的一切"。[6]

鉴于此,如果想要更为准确地掌握公法,就需要我们抛弃这些各种各样的概念,对国家、宪法、统治和法的关系做相对客观、冷静的考察。但是由于"法治"这一表达无处不在,我们就需要认真分析它,以解释其潜在的价值,同时认真评估它作为规则体系根本要素的价值。本章将考察这些表达在英国、德国和法国的起源,核心观点在于,尽管这些表达是一致的,但是这些表达本身在实践当中根本行不通。因此,"法治"不应该被认为是公法中的基础概念。就其用途而言,如果这个概念要真正发挥作用,它必须精确部署,否则就会因为它在实践中的不可实践性,使其特别容易被用于意识形态目的。所以,很多时候这个概念的价值仅仅体现在其号召、宣称和激励的意义方面。尽管如此,作为一个国家的指导理念,法治在多大程度上可以被意识到和实现,本质上还是一个政治任务。

第二节 起 源

首先我们必须承认,"法治"是一个普遍存在于各国的共同现象或者图景,[7]但是无论其具有什么样的具体内涵,这个概念是一个现代以来才产生的概念,这是毋庸置疑的。法治是伴随着主权

---

6 Carl Schmitt, *Legality and Legitimacy* [1932] Jeffrey Seitzer (trans) (Durham, NC: Duke University Press, 2004), 14.

7 例如,参见 D Neil MacCormick, 'Der Rechtsstaat und die rule of law' (1984) 39 *Juristenzeitung* 65, 67:"因此,问题是,我们是否真的需要两种基本原则,一种是法治国原则,另一种是法治原则。或者采纳相同的基本原则对这两个概念都足够了?在我看来,这两个概念是通过相同的基本原则构成的。"

453

公法的基础

的出现而被纳入考量的,它是现代国家形成之后的产物。[8] 尽管产生的渊源是一致的,但是作为一个"元法律原则",它同时受到欧洲各个政权的独特的历史、文化和实践的影响。所以,如果要更好地把握这个概念,首先要做的就是对这些历史有基本的了解。本部分将聚焦于英国、德国和法国的历史。

一、英国的法治概念

法治概念进入英国的宪法话语体系中是 19 世纪晚期发生的事情,首先是由威廉·爱德华·赫恩(William Edward Hearn)提出的。[9] 但是这个概念的经典内涵(尽管不是很准确)是由戴雪在其 1885 年出版的《英宪精义》中予以阐释的。戴雪认为支撑英国宪法的主要有三个指导原则:议会的立法主权;贯穿普通法宪法的普遍规则;惯例在宪法秩序中发挥的作用。[10] 他认为,自由是通过保持这些指导原则中已经隐含的平衡来维护的。

尽管从历史的发展来看,议会主权的原则似乎不过是"用来建立民主专制的工具",[11] 但是戴雪认为,主权和法治原则一旦结合起来,那么议会主权的原则就会促进自由的保护和发展。他的观点主要从两个角度得到论证。他认为,相较于其他主权实现形式,议会主权最大的特征就是对法律最高性的认同,因为议会的命

---

8 参见 Blandine Kriegel, *The State and the Rule of Law* Marc A Le Pain and Jeffrey C Cohen (trans) (Princeton, NJ: Princeton University Press, 1995), 42:"人类自由源于现代和反支配的权力观念,它与社会契约观念和作为法律的权利观念相联系。权利以国家的形式得到保障。"

9 WE Hearn, *The Government of England: Its Structure and Development* (London: Longmans, 1867), 89-91.

10 AV Dicey, *Introduction to the Study of the Law of the Constitution* (1885) (London: Macmillan, 8th edn, 1915), 34.

11 AV Dicey, *Lectures on the Relation between Law and Public Opinion in England during the Nineteenth Century* (London: Macmillan, 1905), 305.

454

第十一章　法　治

令只有通过集合作为其构成要素的三个部分的意愿才能够落实。[12] 因此,这就需要在王室、贵族和平民之间建立一种协调机制以保持平衡,这种内部的平衡就能够对权力构成有效的约束。同样,戴雪认为,法治原则支撑了议会主权原则,这是因为"法律的不可轻易变更性经常会对行政机关构成限制……以及政府常常借助于议会的帮助以获取自由裁量权,但是这一权力本身是国法(the law of the land)禁止国王行使的"。[13]

戴雪的法治概念与一个理念紧密相关,即议会和法院是合作关系,在英国宪法中共同构成法律的真正来源。[14] 在这个解释中,法治是作为议会主权原则的伴生物而出现的,不过是"立法国家"(the legislative state)的另外一个层面的表达。[15]

但是,戴雪对法治概念的表达也不是没有模糊的地方。在戴雪看来,法治包括了三个方面的内涵。首先,法律的绝对权威和最

12　Dicey, above n 10, 402.

13　Ibid, 406.

14　从这一关系中,还可以得出英国人对权力分立思想的独特理解,参见 *Duport Steels v Sirs* [1980] 1 All ER 529, 541 (per Lord Diplock)一案的判决:"英国宪法虽然基本上没有成文,但是不能过度强调它是建立在三权分立的基础上的:事实上,议会制定法律,司法解释法律。"

15　因此,戴雪的法治理念可以被理解为非常接近施米特的"议会立法国家"(*ein parlamentarischer Gesetzgebungsstaat*)理念,在施米特的理念中,"立法者及其指导下的立法过程是所有法律的最终卫士、现有秩序的最终保证人、所有合法律性的决定性来源,以及面对不公正最后的护卫者和保护力量"(Schmitt, above n 6, 19)。施米特认为,尽管"立法国家"可以表现为一个法治国,但"法治国"一词在这里不应被使用(ibid, 14)。因为戴雪在 1915 年出版的《英宪精义》最后一版中哀叹"对议会政府的信仰已经遭受了巨大的衰退",以及"英国对法治的古老崇敬在过去三十年中遭受了显著的衰退",施米特的这一论点变得更为有力。详见 Dicey, above n 10, xcii, xxxviii。施米特认为,当国内形势正常,对立法机构的信心保持不变时,对合法律性的信仰就不成问题,但是,在民主国家,从这个角度理解的法律的概念就成了"投票公民的暂时多数意愿"。戴雪本人对多数主义(他称之为"阶级立法")表示担忧,并相信英国的"经由趋利避害的行动所调和的民主"的实践可以维持英国宪法的平衡,详见 Dicey, above n 11, 57。关于戴雪的理解,可以进一步参见 Martin Loughlin, *Public Law and Political Theory* (Oxford: Clarendon Press, 1992), ch 7; PP Craig, *Public Law and Democracy in the United Kingdom and the United States of America* (Oxford: Clarendon Press, 1990), ch 1。

455

公法的基础

高性是用来对抗专断的权力影响的。其次,法律面前人人平等,所有人受到普通法法院的管辖,在普通法面前一律平等。最后,由法院和议会行为确定的私法原则的适用范围广泛,直接调整国王及其公仆的行为。也就是说,宪法其实是普通法的产物,宪法性法律不是个人权利的渊源所在,恰恰相反,是个人权利的产物。[16] 第一种含义诉诸法律作为一套一般行为规则的理念,第二种含义援引了普遍性原则,这些都表达了普遍的自由主义倾向。但是第三种内涵有着特殊的文化痕迹。通过将法治概念链接到英国宪法史的特殊之处,戴雪认为,法治事实上是普通法传统的产物。

戴雪所阐释的"法治"似乎不是一个普遍的图景,不过是一种特殊的,或者说独特的宪法传统带来的成就。正是这个原因,朱迪丝·施克莱(Judith Shklar)认为,在戴雪的著作中,这个概念一方面被狭隘地认为是一个国家秩序的独特遗产,另一方面被做了形式化的理解,认为只有通过坚持一套从传统中继承而来的程序和法院实践才能得以维持。[17] 因此,戴雪对法治的阐释,很容易被视为一种狭隘的"盎格鲁-撒克逊本位主义"的爆发,将法治与普通法的一个重要成就直接关联在一起,这个成就就是不做公法和私法的区分。[18]

戴雪的概念是与英国宪法史的特殊性直接关联的。他主张英国宪法是一种法官造法,[19]这事实上采取了一种对宪法历史非常保守的解释方式。在他看来,真正的权利不是在纸质的宪法中找到的,内涵于书面宪法中的权利是完全外在和独立于法律运作程

16　Dicey, above n 10, 198-199.

17　Shklar, above n 2, 6.

18　Ibid, 5.

19　Dicey, above n 10, 192-193:"英国宪法中没有外国立宪主义者如此珍视的权利宣言。此外,正如你在英国宪法中发现的那样,与经过司法确立的所有格言一样,这些原则仅仅是从法官的判决或口述中得出的概括,或者是从为满足特定冤情而通过的、与司法判决极为相似的法规中得出的概括,这些原则实际上是由议会上议院宣布的判决……在英格兰……宪法本身是以法律决定为基础的。"

456

序的,因为这些字面上的权利将自己的地位严重地依附于纸质的宪法,它们随时有可能被悬置。[20] 英国则不同,英国的权利都是普通法先例的产物,所以这种权利几乎不可能被剥夺和破坏,除非整个民族在政府机制和生活方式上出现一场彻底的革命。[21] 按照这样的理解,对戴雪而言,英国传统中的法治代表的不是"立法国家"的统治,而是司法的统治。[22]

戴雪的法治概念是丰富的、错综复杂的,但是同时也是模糊不清的。第一个方面,它对议会主权原则起到了有效的支撑,但是从议会系统内部的平衡而言,其实是有一定的威权主义特征的。所以,尽管法律的稳定性本身在一定程度上限制了政府权力的行使,但是法治最终还是以"以法治国"(法制)原则得以表达。第二个方面,戴雪强调"法律面前人人平等"原则,这是古典自由主义的一般表达,也并没有使我们超越"以法治国"的法制原则。第三个方面,法治的内涵是建立在普通法特殊性基础上的,普通法的传统建立在一种古老的宪法理念之上,在这种理念里,宪法代表了"理性的统治",[23] 同时赋予了司法系统一种信任,认为它们可以护卫独特的宪法传统中一些隐秘的价值。[24]

二、德国的"法治国"概念

作为类似的概念,德国的"法治国"(*Rechtsstaat*)概念出现得比英国要早一些,是在一个与英国完全不同的政府环境中被创造

20　Dicey, above n 10, 196.

21　Ibid, 197.

22　参见 Ernest Barker, 'The Rule of Law' (1914) 1(2) *Political Quarterly*, 117—140。

23　参见 Aristotle, *The Nicomachean Ethics* [c334 – 323 BC] JAK Thomson (trans) (Harmondsworth: Penguin, rev edn, 1976), Bk V。

24　参见 Martin Loughlin, *Sword and Scales: An Examination of the Relationship between Law and Politics* (Oxford: Hart Publishing, 2000), ch 5。

公法的基础

出来的。这个德国概念出现在 19 世纪上半叶,就像戴雪认为法治
原则的出现是为了解决英国宪法中自由主义和保守主义之间的冲
突一样,法治国概念之所以会出现在德国法学家的著作中,主要就
是为了调和现代自由主义的主张和传统威权政府设置之间的矛盾。

最初,"法治国"这个表达是适用于所有现代国家的一个描述
性范畴,这些国家使用一般法律来调和政治权力的集权倾向与自
由政策之间的矛盾。[25] 这就意味着,这个表达除了"以法治国"的
法制内涵之外,没有其他意义。但是,1808—1813 年,从保守主义
者亚当·穆勒(Adam Müller)和自由主义者卡尔·西奥多·韦尔
克(Carl Theodor Welcker)各自使用这个表达来论证现代化压力
之下重建的政府正当性开始,这个表达的内涵实际上就变得越来
越模糊。尽管穆勒和韦尔克在政治目标上是有分歧的,但是他们
共享了一个有关法治国的理念,他们都认为法治国是"理性的国
家"。[26] 而这一内涵表达后来在罗伯特·冯·莫尔(Robert von
Mohl)的系统论述中,被上升到教义的地位。[27]

莫尔的"法治国"理念包括了三个要素。首先,该理念驳斥了
政治秩序是"君权神授"的产物,相反,统治秩序应该是一切自由、
平等和理性的个体世俗目标的产物。其次,一切统治秩序的直接
目标都是促进个体自由、安全和财产权的实现,尽管这一总体目标
也涉及包含管制和防卫职责在内的治安功能。最后,国家必须是

---

[25] Leonard Krieger, *The German Idea of Freedom: History of a Political Tradition* (Chicago: University of Chicago Press, 1957), 253.

[26] Adam Heinrich Müller, *Elemente der Staatskunst* (Berlin: JD Sander, 1809), vol 1, 1–35; Carl Theodor Welcker, *Die letzte Gründe von Recht, Staat, und Strafe* (Gießen: Heyer, 1813), 25;相关讨论参见 Krieger, above n 25, 253–256; Michael Stolleis, *Public Law in Germany, 1800–1914* (New York: Berghahn, 2001), 103–106, 131–132。

[27] Robert von Mohl, *Das Staatsrecht des Königsreichs Württemberg* (Tübingen: Laupp, 1829); Robert von Mohl, *Die Polizeiwissenschaft nach den Grundsätzen des Rechtsstaates* [1832] (Tübingen: Laupp, 3rd edn, 1866);相关讨论参见 Sobota, above n 5, 306–319。

458

第十一章 法　治

理性组织的产物,融入了责任政府、司法独立和议会代表制原则,以法律作为治理手段,认可基本自由的承诺。[28] 莫尔的设想可以追溯到康德,康德试图调和秩序建立和自由留存之间的矛盾,尤其是在康德看来,法律就是这一调和有可能得以实现的必要中介。[29] 在莫尔那里,"法治国"是作为绝对主义国家和治安国(*Polizeistaat*)的对立物出现的。

　　无论是从莫尔观点的视角,还是从一般性的视角,这种对 19 世纪早期的法治国概念的康德式解读既不是通俗易懂的,也不是没有争议的。这里很重要的一个原因就是,莫尔并不是一个勤勉的康德信徒。比如,莫尔放弃了康德"消极自由"的概念,而是强调一种借助于国家实现的自由的理念:法律之下的国家不仅仅是要限制政府权力,更重要的是要比照促进个体全面发展的目标对政府行为进行评估。[30] 此外,莫尔从康德对"抵抗权"的拒绝中发展出了更为复杂的理论要素。在德国的国家实践中,统治者如果要确保政府机制的稳定和权威,就必须以遵守"合法律性原则"为前提,[31] 这就是

28　参见 Böckenförde, above n 3, 49-50。

29　Immanuel Kant, *Metaphysical Elements of Justice* [1797] (Part I of *the Metaphysics of Morals*; known as the *Rechtslehre*) John Ladd (trans) (Indianapolis: Hackett, 1999), §45 (118):"国家就是一群人根据公正的法律组成的联盟。"米歇尔·施托莱斯(Michael Stolleis)注意到,在 18 世纪 90 年代,康德及其追随者就被认为属于法治国学院学派,详见 Michael Stolleis, 'Rechtsstaat' in Adalbert Erler and Ekkehard Kaufmann (eds), *Handwörterbuch zur deutschen Rechtsgeschichte* (Berlin: Schmidt, 1990), vol 4, 367-375, 375。

30　Mohl, *Polizeiwissenschaft*, above 27:"法治国的目标就是,作为一种共同生活的制度安排,能够确保每一个社会成员都被鼓励并确实能够获得相关支持,从而能够完全自由地运用自身的力量。"转引自 Stolleis, above n 26, 246 (n 194)。

31　Stolleis, above n 26. 涉及将法治理解为立法国,施米特主张,"法律制定者是所有法律的最终卫士、现有秩序的最终保证人、所有合法律性的决定性来源,以及面对不公正最后的护卫者和保护力量。那么,滥用立法权和立法过程这个问题必须从实际的考量中被排除,否则,一种具有不同构成的国家形式……将立即成为必要。(作为支撑立法国理念的)预先存在和假定的法律和成文法、正义和合法律性、实质和程序之间的一致性与和谐性支配着立法国国家法律思想的每一个细节。只有通过接受这些对应关系,才有可能以自由的名义完全服从法治,从自由权利的目录中删除抵抗权,并给予国家先前提到的无条件优先权",详见 Schmitt, above n 6, 14。

459

公法的基础

康德反对"抵抗权"的原因。因此,康德的表述包含了非常强的保守主义的理念,在这一影响之下,早期法治国的理念是不可能建立在自由主义的基石之上的。[32]

在法治国概念形成的早期,这种威权主义和自由主义之间的紧张关系在 1848 年革命期间发展到了顶峰。在法兰克福保尔教堂(Paulskirche,又译圣保罗教堂)召开的全德国国民议会试图将基本权利保护作为基本的宪法原则来对待,[33]从而构建一部自由主义的宪法,以法治国作为核心原则。但是,由于革命运动的失败,自由主义在这个过程中受挫,1848 年之后的一段时期,法治国概念是作为一个模糊的、试图在自由主义和王权威权主义之间有所妥协的概念存在于政体中的。一直到 19 世纪后半叶,法治国作为一种教义得以形成并被重新阐释,但是,这些方法论上的模糊性仍然存在。

这种模糊性深置于"国家"这个概念当中。在奥托·贝尔(Otto Bähr)非常有影响力的论述中,国家是被作为一个有机组织体来对待的,它的法律约束特征是通过一种功能性的分工发展予以展现的,这些分工存在于立法、司法和行政行为之间。[34] 这些不

32　比如,弗里德里希·朱利叶斯·斯塔尔(Friedrich Julius Stahl)的作品,他将"法治国"理解为一个国家的产物,该国家由主权权力下的人民联盟组成,是该民族团结的客观呈现。在斯塔尔的著作中,"*Rechtsstaat*"一词仅定义了实现国家政治目的的正式手段。参见 Friedrich Julius Stahl, *Die Philosophie des Rechts nach geschichtlicher Ansicht* [1833-1837] (Tübingen: Mohr, 1878), vol 2, 137。斯塔尔认为,民族团结的最好表达形式其实是君主制,参见 Stahl, *Das monarchische Prinzip* (Heidelberg: Mohr, 1845), 34:"君主制原则是德国公法的基础,同时也体现了德国的国家艺术。"进一步可参见 Sobota, above n 5, 319-337; Christoph Schönberger, 'État de droit et État conservateur: Friedrich Julius Stahl' in Olivier Jouanjan (ed), *Figures de l'État de droit* (Strasbourg: Presses Universitaires de Strasbourg, 2001), 177-192。

33　参见 Krieger, above n 25, 329-340。

34　Otto Bähr, *Der Rechtsstaat* [1864] (Aalen: Scientia Verlag, 1961);相关讨论参见 Pietro Costa, 'The Rule of Law: A Historical Introduction' in Pietro Costa and Danilo Zolo (eds), *The Rule of Law: History, Theory and Criticism* (Dordrecht: Springer, 2007), 73-149, 93-95。贝尔这一有机组织体的观念主要是建立 （转下页）

460

第十一章 法 治

同的功能,尤其是不断拓展的政府行政职能,[35]被纳入不同的政府行动领域,这些领域都是由法律规则所构成的,受到法律的控制。

19世纪后半叶,这一有机体说就被新近出现的冯·格伯和保罗·拉邦的法律实证主义所超越了。[36]对这些实证主义的法学家而言,国家是一个代表主权的法人,这一主张是具有革命性的。在康德式的自由主义理论中,个体基于人格而享有权利,即天赋人权,在此基础上对国家权力形成限制,但是当国家法人学说被提出后,这个逻辑被彻底地否定了。在这个实证主义的法理学框架中,权利只能通过客观法予以创造,所以它们完全是一个实证概念。一旦这一观点被接受,那么法治国的概念就完全可以被国家法概念所囊括。

在一定程度上可以认为,这一发展第一次构建了一个纯粹法学上的法治国概念。但是从这一实证法的视角,权利不再是根本性的,不再是天然的、先于政治国家而存在的,权利也没有任何基础性构成地位,权利不过就是立法的产物。在这个意义上,法治国概念只能被视为一个存在于理想中的概念。耶林是最早清楚认识到实证法概念给国家和法律关系带来一系列困境的法学家之一。既然国家之上没有更高的权力存在,那么国家权力如何能够服从和受限于特定的实体?[37]耶林借助于"自我设限"概念回答了自己的问题:推动服从法律规则的自我设限行为恰恰是国家的利益所在。基于自我设限力量,耶利内克后来发展出了国家本质"两面

(接上页)在"合作社"(*Genossenschaft*)这一理念基础上,这一理念首先是由奥托·基尔克(Otto Gierke)所倡导的,参见 Otto Gierke, *Political Theories of the Middle Age* FW Maitland(trans)(Cambridge:Cambridge University Press, 1988)(a section of Gierke's *Das Deutsche Genossenschaftsrecht*)。

35 特别参见 Otto Mayer, *Deutsches Verwaltungsrecht*(Leipzig:Dunker & Humblot, 1895):"法治国就是行政法运行良好的国家。"转引自 Stolleis, above n 29, 372。

36 参见本书第七章,第279—280页。

37 Rudolf von Jhering, *The Struggle for Law*[1872]John J Lalor(trans)(Chicago:Callaghan & Co, 1915), esp 21-22。

461

论",在这个理论中,主权机构为了保存自我的权威,必须要服从一些从历史传统中产生的规则,这些规则只能逐渐地修改,不能剧烈地变革。[38]

19世纪后半叶,法律实证主义在公法思想中的主导性地位说明,20世纪在德国法理学中出现的法治国概念只是一个纯粹的形式主义原则。由于立法权没有受到任何法律限制,法治国概念只是表征了法律、政府和个体之间一种形式主义的关系。在这种关系中,行政权只有在两种情况下不能对个体自由构成干涉:一种就是背离成文法的规定,另外一种就是没有法律基础,超越成文法行动。[39] 在严格意义上讲,这个时候的法治国概念已经不再是宪法原则了,因为这个概念完全失去了与国家建设最基础方面的联系。这个时候,在法治国概念中的"法治"理念其实也就等于"以法治国"的法制概念。

二战期间的国家社会主义的政权导致法治国概念彻底被贬低,[40]因此,1945年之后,法治国这个概念变成各种变革和争议讨论的核心主题。这些讨论的大背景是要为德意志联邦共和国制定一部新的宪法,同时建立一个联邦宪法法院,负责守护宪法。自宪法法院宣布宪法体现了社会生活的基本价值体系起,[41]法律对自由的形式保护(主要是通过实证法意义上的法治国体现)与在宪制民主体系中隐含的社会价值[主要是通过战后的社会国(the

---

38　Georg Jellinek, *Allgemeine Staatslehre* (Berlin: Springer, 3rd edn, 1922), 476-484. 参见本书第七章,第281—282页;第八章,第318—319页。

39　Gerhard Anschütz, 'Deutsches Staatsrecht' in Franz von Holtzendorff and Josef Kohler (eds), *Enzyklopädie der Rechtswissenschaft* (Munich: Duncker & Humblot, 1904), vol 2, 593. 转引自Böckenförde, above n 3, 58。

40　参见 Böckenförde (ed), above n 4; Michael Stolleis, 'Que signifi cait la querelle autour de l'État de droit sous le Troisième Reich?' in Jouanjan (ed), above n 32, 373-383。

41　Lüth Judgment of 1958: *Entscheidungen des Bundesverfassungsgerichts*, 7, 198.

第十一章 法治

Sozialstaat)概念体现]之间就出现了张力。[42] 从法律的层面看，这种张力在法律与措施之间，即作为一般性规则集合的法律概念和作为一系列规范和调整社会和经济生活的具体措施集合的法律概念之间，呈现了出来。[43] 而在宪法话语中，这种张力则在法治国的形式概念和实质概念的区分中展现了出来。[44] 在这样的背景之下，由于法治国概念被法学家们赋予了过多的内涵和解释，有的时候这种解释还高度政治化，这种过于复杂和政治化的解释又招致了很多人的不满，最终法治国概念就失去了自身的权威所在。

三、法国的"法治国家"概念

法国的"法治国家"(*l'Etat de droit*)概念的发展历史又完全不同于英国和德国。英国"法治"理念的出现，目的在于为普通法对现代宪制理念的融入提供正式的解释；德国的"法治国"概念主要是从政府实践中的威权主义和自由主义之间的冲突逐渐发展出来的；法国的"法治国家"概念由法学家们引入，目的主要是以此作为规范原则，凸显革命后的政权安排存在的缺陷。

19 世纪后期，法国公法围绕"国家主权"这个概念得以不断发

---

42 关于社会福利国和法治国之间的张力，可参见 Mehdi Tohidipur（ed），*Der bürgerliche Rechtsstaat*（Frankfurt am Main：Suhrkamp，1978）；Ernst Forsthoff，'Begriff und Wesen des sozialen Rechtsstaat' in Forsthoff，*Rechtstaat im Wandel：Verfassungsrechtliche Abhandlungen 1950 – 1964*（Stuttgart：Kohlhammer，1964），27–56。

43 Ernst Forsthoff，'Über Maßnahme-Gesetze' in Forsthoff，above n 42，78–98；Konrad Huber，*Rechtsgesetz und Maßnahmegesetz：Eine Studie zum rechtsstaatlichen Gesetzesbegriff*（Berlin：Duncker & Humblot，1964）.

44 Konrad Hesse，'Der Rechtsstaat im Verfassungssystem des Grundgesetzes' in Tohidipur（ed），above n 42，290 – 314；Dieter Grimm，'Reformalisierung des Rechtsstaats als Demokratiepostulat？'（1980）10 *Juristische Schulung*，704–709. 另可参见 Friedhelm Hase，Karl-Heinz Ladeur，and Helmut Ridder，'Nochmals：Reformalisierung des Rechtsstaats als Demokratiepostulat？'（1981）11 *Juristische Schulung*，794–798。

463

公法的基础

展,这个时候的立法权被认为是公意的体现,相较于其他权力,具有某种优势地位。[45] 正因如此,法国法学家们提出一个问题,是否所有的国家权力的行使,包括立法权的行使,都需要服从法律? 如果确实如此,如何做到这一点?

对此作出最多努力的就是法国法理学家雷蒙·卡雷·德·马尔贝格,由于受到德国法学家格伯和拉邦的影响,[46] 他认为国家只有通过法律才能行动。与此同时,受到耶利内克的影响,他进一步主张,国家作为一个法律实体,通过"自我设限",最终确保自己受到自我规则的约束。[47]

为此,卡雷·德·马尔贝格在"法制国家"(*l'Etat légal*)和"法治国家"(*l'Etat de droit*)概念之间做了区分。前一个概念主要是与行政机关相关联,要求行政权必须"依法行使",行政权应该服从立法权,在立法的授权中定位自己管辖权的渊源和限度。这里的"法制"基本等同于施米特所提出的"立法国家"或者是"以法治国"的法制概念,这些概念都是在第三帝国形成的国家主权原则基础上产生的,而"法治国家"概念则试图替代这一系列建立在单薄的法律与国家关系基础上的概念。法治概念建立在这样的理念基础上:法律存在的意义就是保护个人权利,"以法治国"的法制理念不足以为权利提供充分的保护。法治国家概念不仅要为行政权与

---

45 参见 Marie-Joëlle Redor, *De l'Etat légal à l'Etat de droit. L'évolution des conceptions de la doctrine publicist française 1879 - 1914* (Paris: Economica, 1992), 52-59; Guillaume Bacot, *Carré de Malberg et l'origine de la distinction entre souveraineté du peuple et souveraineté nationale* (Paris: CNRS Éditions, 1985)。

46 参见 PM Gaudemet, 'Paul Laband et la doctrine française de droit public' (1989) 4 *Revue du droit public*, 957-979。值得注意的是,在一战结束后,阿尔萨斯(Alsace)被法国夺回后,雷蒙·卡雷·德·马尔贝格接替了拉邦在斯特拉斯堡大学的公法教职。

47 Raymond Carré de Malberg, *Contribution à la T éorie générale de l'Etat* [1920] (Paris: Dalloz, 2004), vol 1, 228-243. 关于国家的道德人格,也可参见 Léon Michoud, *La théorie de la personnalité morale et son application au droit français* (Paris: Librairie Genérale de Droit et de Jurisprudence, 1906)。

464

第十一章　法　治

个体之间的关系提供权威性的规范,更重要的是要用规范来约束立法权的行使。[48]

在法国法学家关于法治概念的讨论中,很容易就发现在德国话语中存在的实证主义者和反实证主义者之间的冲突。这里最主要的分歧主要是围绕 1789 年《人权与公民权宣言》展开的,核心的议题就是这一文件在法国第三共和国宪法框架中的地位。由于 1875 年的第三共和国宪法没有提及《人权与公民权宣言》,关于后者的法律地位问题也就应运而生。比如,阿德玛尔·埃斯曼和卡雷·德·马尔贝格这样的实证法学家都认为,如果缺乏任何将其作为宪法附属物对待的程序,那么宣言(仅仅作为一般原则的声明)就没有任何法律效力。

但是,实证法学家的观点受到了那些更偏社会法学的法学家的反对,这些社会法学家包括莱昂·狄骥(Léon Duguit)和莫里斯·奥里乌。他们认为,宣言确立的原则本身构成了第三共和国的建国基础,具有"超宪法"的地位。因此,在奥里乌看来,宣言不仅仅具有法律效力,还有特殊的宪法法律地位。他认为,尽管宣言的内容只有一部分在宪法序言中出现,并没有完全被呈现在宪法文本中,但是这并不能否定它们的效力和地位,之所以没有将其放在文本中,恰恰是因为相较于成文宪法,宣言在效力位阶上处在一个更高的位置上。[49]

作为一个法理问题,这场围绕实际问题的争论引发了一个非常重要的问题:法律仅仅是指制定法所确立的法条,还是同时包括现实生活中呈现出来的宪法传统中固有的价值观? 但是在法国

48　Carré de Malberg, above n 47, vol 1, 488-494; Redor, above n 45, esp 294-316.

49　Maurice Hauriou, *Précis de droit constitutionnel* (Paris: Sirey, 1923), 245. 转引自 Alain Laquièze, 'État de droit and National Sovereignty in France' in Costa and Zolo (eds), above n 34, 261-291, 268. 奥里乌的论点与施米特关于宪法存在(绝对)意义的主张相似,参见本书第八章,第 308—313 页。

公法的基础

的现实背景下,这样的争论似乎毫无现实意义——由于缺乏一个现实的制度框架和具体的机构能够针对这一问题展开有效的讨论和探索(比如,缺乏能够对相关问题进行处理的宪法法院),很难确定这一争论到底对现实有什么样的影响。[50] 结果,在法国的系统中,"法治国家"概念主要存在于法律思想的领域中,并没有在法律实践领域有太多影响。

四、共同的起源

尽管各国的历史有差异,但是在分析英国、德国和法国的概念起源中,存在一个共同的影响因素:关于法治理念的争论在这些所有国家,都是在 19 世纪末和 20 世纪初达到了一个高峰。此外,尽管整个讨论的宪法背景和最终阐述的具体概念之间都有差异,但是所有围绕法治的讨论其实都是在自由主义法学家的推动之下展开的。从那个时期开始,政府被赋予了运用行政手段规范社会生活、提升公民福利的任务。这些自由主义的法学家非常担心不断扩张的政府权力体系对法律概念的现实影响。

法治这个概念的影响一直延续到了 20 世纪,但是法学家对法治概念的理解则发生了很大的分歧。对一些法学家而言,这个概念是非常模糊的,唯一起到的作用就是为司法审查政府事务的权威提供正当性支持。[51] 而其他法学家则认为,法治这个表达为现

---

50 然而,需要注意的是,1958 年成立的宪法委员会显著改变了体制格局,自 1971 年以来,《人权与公民权宣言》已被宪法化,被用作宪法解释的原则。参见 Martin Harrison, 'The French Constitutional Council: A Study in Institutional Change' (1990) 38 *Political Studies*, 603–619。

51 Ernst Forsthoff, 'Rechtsstaat oder Richterstaat?' in Forsthoff, *Rechtsstaat im Wandel: Verfassungsrechtliche Abhandlungen 1954–1973* (Munich: Beck 1976), 243–256; JAG Griffith, 'The Political Constitution' (1979) 42 MLR, 1–21; Michel Troper, 'Le concept d'État de droit' (1992) 15 *Droits*, 51–63.

代政府提供了其必须要尊重的基本法律价值。[52] 在进一步考察这一概念的当代价值之前,我们首先要问,如果不考虑特定的政治环境之间的差异,法治是否可以形成一个连贯的且具有基础性的概念。

第三节 联 合 的 方 式

在从连贯的和基础性的角度对"法治"进行阐释的法学家当中,迈克尔·奥克肖特做了最意义深远的尝试。[53] 他的观点非常有意义,因为他只是试图纯粹从概念的角度分析法治,从而避免了现在一种非常广泛的趋势,那就是把这个用语作为意识形态标语来对待。

奥克肖特认为,作为一种人类联合的特殊方式的表达,法治必须以这种联合得以发生的条件作为前提展开分析。"法治"这个概念蕴含着这样的内容:人类进入这种特殊联合形式的条件就是法律。但是,这具体意味着什么? 就像每一种联合方式一样,进入这个特定关系中的主体都是抽象的,只有基于特定的条件,人与人之间才发生联系。奥克肖特的目标就是识别和界定这个联合中的"人格面具"(*personae*)特征,从而确定这种联合得以发生的条件。这显然是一个非常复杂和困难的任务,因为人与人之间的联系是在日常生活中发生的,也就是说,人类在对行动的条件未加任何前提性的反思设定之前,行动其实就已经发生了。当然,法治的理念

52　Jeffrey Jowell, 'The Rule of Law and its underlying values' in Jeffrey Jowell and Dawn Oliver (eds), *The Changing Constitution* (Oxford: Oxford University Press, 6th edn, 2007), ch 1; David Dyzenhaus (ed), *Recrafting the Rule of Law: The Limits of Legal Order* (Oxford: Hart Publishing, 1999).

53　Michael Oakeshott, 'The Rule of Law' in his *On History and Other Essays* (Oxford: Blackwell, 1983), 119–164.

公法的基础

也"代表了一种人类关系的模式,这种模式已经被瞥见,在实践中被勾勒出来,虽然未加反思,但是也被断断续续地认可和肯认了,由此,这种联合有一半是被理解了,但是剩下的部分依旧是模糊不清、难以把握的"。虽然反思对揭示这种联合的条件而言是必需的,但是,反思的任务不是创造一些迄今为止从未听说过的人际关系,而是通过尽可能地识别出这种联合得以产生的条件,从而对这种模糊的关系赋予连贯的特征。[54]

奥克肖特没有直接针对这种联合方式展开分析,而是采取了对比的方法。他认为,在人类的相互关系当中,迄今为止,获得了最为充分理解的就是交易式联合(transactional association)。这是一种人们通过相互联系来满足特定的需求和欲望的联合方式。最早我们是从买方和卖方的服务合同中认识到这种联合方式的。这是一种权力关系,本质就是一种建立在提出或拒绝要约能力基础上的讨价还价。当然,在某些情况下,道德或法律方面的考虑可能会影响特定交易的实际操作。但是,关键在于,这样的(基于法律或者是道德的)考虑对交易的完整性没有必然的影响:作为一种理想模式,交易联合是为了满足实质性需求。

当人们聚集起来想要推动一些共同利益的实现时,这一交易联合也同样会出现。这个时候他们之间不再是交换特定的服务或者产品,而是参与到行业工会或者是为了达成某些实质性愿望的共同体当中。奥克肖特将这种联合方式定义为一种权力的集合体,这个联合体构成一个法人或社团的身份,目的是获得所希望的满足。[55] 在这个联合体中,人们承诺将会投入一部分时间、精力和资源,以追求共同的目标。这些承诺和行动就汇集为一种权力的

---

54   Oakeshott, above n 53, 120-121. 与这一内在性主张相关的是,人们坚信,宣布这种人际关系得以建立的条件的"法律"与化学或物理的科学规律不同,它们是带着理想主义特征的人类建构物。

55   Ibid, 123.

第十一章　法　治

集合,借助于这些权力就可以有效地实现特定的目标。与此同时,对这个特定目标的追求还需要落实一些具体的安排,一些正式的制度框架就因此出现了——联合的章程、负责的机构,以及宪法的制定等。但是,这些安排其实就等于对现有资源的理性审慎处理,一种对追求共同的目的而言必不可少的工具,这种联合的可欲性建立在其有效性基础上,只有它能够确保持续地实现其功能性,这样的联合才能存在。[56] 所以,如果某些联合认可和坚持行为中的道德或法律考虑这一事实,就会导致其并不符合这种独特的联合模式的制度安排要求:在这样一种联合模式中,"只应该有目的、计划、政策和权力"。[57]

奥克肖特分析这种交易式联合的目的是想要说明,这种联合方式和与法律相关的联合方式是完全不同的。为了进一步说明自己的观点,他以游戏中的人际关系为例。他说,如果我们将游戏中的另外一方视为竞争对手,那么游戏本身就可以被视为一种目的性机制:由于目标就是要赢,所以这个游戏就是在追求一个可见的、实质性的满足。竞争的各方由于在达到成功所需的技能方面是相关的,在这个意义上游戏关系也是一种权力关系,因为对成功而言所必需的技能可以在规则中得到表达和规范(比如"总是保持球棒笔直")。但是,这里的规则都是建立在经济理性人的审慎考量基础上的,而这里所需的技能也是从工具主义的规范中获得理解的。

奥克肖特认为,除了将游戏视为一种目的性的机制,还应该从"游戏就仅仅是游戏"本身来理解游戏。游戏中的规则应该被仅仅视为构成这个游戏本身的规则,而不是用来指导达到特定目的,或者命令人们做/克制做某事的规则。参与游戏的人应该彼此承诺遵守在创造这个游戏时所规定的相关条件,这种义务不得以"不同

56　Oakeshott, above n 53, 124.

57　Ibid, 125.

469

公法的基础

意"或者"基于良知自觉的反对"为由,就被轻易地消解和否定掉,对这个义务的服从和履行是对作为规则执行者的裁判员或者调解员本身表示的一种象征性尊重。[58] 因此,一个游戏的规则不仅取决于它们所规定的条件的可欲性,而且取决于它们的真实性。对参与游戏的人而言,规则的真实性就是一切。规则也许被认为不符合个人的利益期待,但是不能说这个规则本身是不公平的:游戏的公平与否和"正义"的考量没有关系。所谓公平的游戏就是指,在参与游戏的过程中,参与游戏的各方有意识地严格遵守游戏的实在规则。[59]

奥克肖特认为,玩游戏的人其实参与了两种完全不同的联合形式。一种是处于真实竞赛当中的、现实的,但是有限的联系,在这个关系中,各方都在寻求一个实质性的结果,即赢得游戏。另一种关系则是理想化的关系,它可能也存在于特定的竞赛关系中,但是完全可以独立于竞赛而存在。这是一种纯粹从对规则的认可的角度被理解的联合形式。只有专注于后一种形式,我们才能真正把握法治理念。

这种纯粹从游戏规则的角度来理解的游戏理念,为我们提供了一个以法治为特征的联合模式的非常简约化的示例。这种简约化主要基于四个方面的原因得以体现:首先,参与一个游戏的过程本身就是一个选择的过程,参与是间歇性的;其次,参与本身提供了一种特殊的,但是较为单一的、纯粹的满足感,这种满足感只在特定时被寻求;再次,与游戏规则相关的行动是非常少的,而且非常简单,规则本身也是如此;最后,规则是自主参与游戏所必须接受的专断条件,任何试图在规则说明书之外寻求规则真实性的努力都是困难的,而且也基本上是无意义的。为了帮助我们更好地理解"法治"这种联合形式,奥克肖特建议我们考虑另外一种更

58　Oakeshott, above n 53, 126.
59　Ibid, 127.

第十一章　法　治

具持续性的联合形式,这种联合形式常常能够在"道德性联合"(moral association)中被发现。

在开始考察道德性联合之前,我们首先要在规则和其他提供指导和建议的话语形态(如指示、戒律和格言)之间进行区分。后者之所以得到认可,是人们理性选择之后的结果,因为这些话语形态有助于人们去实现某些实质性目标,获得实质性满足。相比之下,规则并不必然有能力帮助我们实现特定的目标,规则的有效性仅仅是因为它在某个基于规则构建的体系中的真实存在,即因为它是这个体系中被认可的规则,所以它是有效的。以规则和命令之间的区别为例。命令是针对特定的人发出的;规则则是对所有管辖权领域中的人都适用的。命令是用于应对特定的情形的;规则是以某种假设的、尚未出现的情境作为前提制定的,尽管适用于制定之后发生的具体情形。命令是要求人们采取行动并要求服从的强制命令;规则假定人们希望自主选择,规则不过是为这种自主选择规定其得以实现的条件。命令,不同于要求,其话语有效性取决于权威的存在,而权威是由规则创造的,因此,命令得以落实的前提条件就是,一个以规则为基础构建的联合的存在。如果这最后一个区别揭示了命令和规则之间的相互关联性,我们可能注意到,规则还是存在一个实质性的价值的。尽管规则能够变成人们的义务,是基于其真实性的存在,而不是基于它们所带来的某些实质后果和满足,但是,对规则的评价不仅仅可以建立在它们与以规则为基础构建的给定方案的一致性基础上,同时也可以建立在它们作为"构建一种非工具性人际关系模式的理想条件"这一角度上,考虑它们对这种关系的建立作出的贡献。[60] 在一个简单的游戏中,建立在后一评价意义基础上的游戏参与可能是有限的,但在更复杂的联合模式中,

---

60　Oakeshott, above n 53, 131.

471

公法的基础

后一评价意义上的参与可能是广泛的。道德性联合就是这样一种
参与模式。

奥克肖特认为,在道德性联合这种人类关系当中,人们不仅共
同认可一些能够评价行为正误的特定条件,而且还根据这些条件
设定了相关的道德义务。[61] 一方面,人类会存在于交易式联合中,
联合起来行动是为了实现特定的欲望;另一方面,人类也会自觉遵
守一些条件,尽管这些条件既不是满足其欲望的必要工具,也无助
于任何实质性的目标。道德体系,作为一种更为复杂的联合形式,
并不完全是由规则构成的。道德体系并不是一张写满了"允许"和
"禁止"行为的清单,而是一种融入日常生活的实践,是一种基于日
常交往形成的生活语言,就像所有的语言一样,从来也不是完全确
定的,始终都处在不断变化中。它可以不断地被反思和修改,但是
从未被彻底地排除。本着建立一个道德体系的目标去行使道德行
为,在一定意义上就是一种文明方式。但是,正如对文明的思考本
身并无法构建具体的话语形态,作为一种无法自我呈现的实践,当
我们试图采取道德的行动时,并没有具体的实际行为可以被界定
为"道德的",并可以用道德的术语来说明。[62]

奥克肖特在这里主要强调的是,道德体系并不是完全由规
则构成的。这点需要不断地被强调,因为道德实践经常被做简
约删节化处理,最后就被等同于一系列规则,这其实会带来很多
认知上的混乱。当这种认知上的混乱发生时,必须注意到,道德
实践可能被简化为一些规则,但是这些规则并不构成审慎的方
向和指示,它们表现出与命令相区别的规则的所有特征。即使
区分出了这点,引起认知上混乱的困难依旧存在。一方面,如果
道德实践被简化为规则,那么所有的道德考量最后都不过是"纯

---

[61] Oakeshott, above n 53, 132.
[62] Ibid, 133.

第十一章 法 治

粹的照章办事行为"。[63] 另一方面,规则不可避免的不确定性,必然导致规则适用于具体情况的随意性。最主要的问题还在于,很难在道德规则的"实在性"与作为判断其具备规则资格的条件的"正当性"之间进行区别,即很难在"什么是道德规则"和"什么是判定谁属于道德规则的条件"之间进行区分。[64] 在游戏的例子中,这个问题可能都不能被称为问题,因为"实在性",即什么是规则,完全可以借助于咨询游戏说明书来解决。但是,当涉及将道德体系简化为规则的情况,在那里"实在性"和"正当性"都是主要且有争议的问题,那么就没有轻松的解决方案。在这种情况下,很多道德学家都会放弃"实在性",将"正当性"作为道德义务的根基所在。[65]

不局限于对交易式联合的思考,通过对最简单的游戏过渡到对道德性联合的思考,奥克肖特的目的主要是想提供"法治"的确切定义。他认为,(法治)这一表达代表了一种(想象的)道德性联合模式,这个联合建立在对众所周知的、非工具性规则(法律)的权威的认可基础上,这些规则要求那些被纳入这些规则管辖范围内的人们服从一些义务,这些义务是人们在进行自我选择时必须服从的附加条件。[66] 这是一个关于与法治相关的联合的高度形式化的定义,尤其是因为法治的联合体不是一个致力于推进任何实质性满足的联合。与此同时,不能认为这种联合关系所要求服从和承认的条件,是一切法律都承认的,或者说这些条件必然包含了正当性、正义或者合理性这些品质。法治构成的联合得以成立的唯

63　Oakeshott, above n 53, 134-135. 这里的问题是,它"引发了一种反感,这种反感之所以会出现,是因为它被转化为一种毫无意义的绝对'权利'的集合,或者一种基于'良知'的要求寻求释放的对主流的反抗,或者出现在一个基于良知自觉自居的'不道德主义者'的声明中,不道德主义者认为这些精确的语法规则在某种程度上阻碍了他拥有自己的'风格'"。

64　Ibid, 135.

65　Ibid.

66　Ibid, 136.

473

公法的基础

一条件就是承认法律的权威性或实在性。

判定这种联合形式是否形成的基本标准在于，联合成员知道什么是法律，而且存在可以判定规则实在性的程序。这些标准只有在法律经由审慎地制定或者是废除时，才可以被发现和意识到，因此，这种联合形式需要建立一个作为主权行使者的立法机构，但是法治本身并不为这个机构设定任何特定的宪法。唯一的要求在于，由于这一机构的权威不能等同于机构中具体行使权力的个体的自然品质(如智慧、克里斯玛人格、美德)，所以这个机构自身必须要有一些独到之处。

尽管法律的权威性源自其制定过程的实在性，这是最为基本的条件，但是法律能够对行动产生效力还需要满足其他条件。最为重要的条件就是它们对人们的行为提出的要求是否是正义的，即法的正义性(*the jus of lex*)。判断有关法的正义性的困难，基本等同于想要依据一部规则法典识别道德性联合的困难。从法律视角定义的联合，即"法治"要求，在这个联合内部，法律(从实在性角度理解的规则)和正义(从正当性或者正义性角度理解的规则)既要同时被认识和识别出来，又不能被混淆。[67]

奥克肖特讲得非常清楚，法律的正义性与立法机构设置的方式无关，因此，民主的主张与这个问题是无关的。但是，法的正义性也不能被等同于在推进共同善上取得的成功，比如，福利的增长、确保利益分配上的公平性等；也不能等同于一些获得普遍认可的基本善，包括确保政治体的完整性、言论自由等，尽管这些基本善被认为是人类得以繁荣的基本条件。法律的正义性应该由一些道德的、非工具性的考量构成。

似乎这些考量应该由一些其他具体的标准来构成，比如，确保法律的公开、法律不可以溯及既往、义务法定、法律面前人人平等。

---

67 Oakeshott, above n 53, 136.

第十一章　法　治

但是,在奥克肖特看来,严格地讲,这些考量都与正义性无关,而是与法律紧密相关。所以,到底什么是与正义性相关的考量?

奥克肖特发现,这个时候很多理论家都退回到了天然就具有正义性的高级法或者是基本法那里,也就是自然法或者上帝法要么建立在理性和道德的考量基础上,要么就是某个神圣立法者意志的体现。这其实进一步引发了对基本法要件的猜测和讨论。但是,对奥克肖特而言,法律的正义性必须要从这个正义性与某部真正的法律的条文的关系中去寻找,但是这部法律不是与批准或者禁止特定行动有关,而是与确定那些要实现自我选择所必须遵守的条件有关,这些法律条文与一般的法律条文的最大区别就在于,它们具有更强的概括性。[68] 奥克肖特的这一表述并不是浅显易懂的。法律的正义性并不涉及寻找一些非常重要的"基本价值",或者一系列不可侵犯的"人权",因为那样会把对正义性的考量贬低到对实际的物质性满足的思考当中。但是如下情形在逻辑上也是行不通的:"法律能够从对一系列虚无缥缈的价值、权利或者自由的服从(或者冲突的缺席)中获得正义性,从而使得我们可以从中找到确保法律符合正义的基本条件的描述。"[69]

奥克肖特坚决主张,试图寻找一种清楚明了的、普遍的关于法律的正义性的标准是完全不可能的。无论是否能够找到这样一个标准,法治在本质上是不需要它们的。因为法治在正义性和从程序角度决定法律的实在性之间做了明确的区分,同时认同法律秩序的形式主义原则。但是除此之外,奥克肖特也认为,法治可以存立在这样一种与法律的正义性相关的认识基础上:有关法律的正义性的思考既不是专断的,也不是不可改变的,或者也不是没有争议的,它们事实上是充满了各种各样紧张关系和内部差异的道德

68　Oakeshott, above n 53, 142.

69　Ibid.

经验的产物。[70] 想要具体界定法律的正义性,这是一项比想象中更具有变动性和不确定性的任务,它不是一系列抽象的标准,而是一种审议协商这个问题的话语得以有效展开的讨论形式,即一种道德话语形态。它不是要一般性地对人类行为做出正确或者错误的判断,而是专注于讨论法律可以施加的、有条件的义务类型。它不会受到经济理性人成本收益计算和对后果高度关注的考量的影响,同时也与良知抗议、少数人寻求例外待遇等虚假和充满谬误的主张之间保持了距离,并且隔绝于当下一些道德上的愚蠢行为。[71]

完成了有关法治的相关论述之后,奥克肖特开始思考这种联合形式能够得以维系所必需的机构。法律不可避免地是对一些有履行条件的义务所做的不确定的规定,一般都是事前制定的,很少考虑制定之后、未来要适用的新情形。由于法律无法适用于所有情境,除了设立一个立法机构之外,对法治而言第二个必要条件就是在立法机构之外还需要建立一个权力机构,这个机构会基于实际的情形对这些情境的合法律性做出判断,并且针对有瑕疵的行为提供必要的救济,这个机构就是司法机构。司法机构,一般是指法院,针对特定情况下是否存在违法行为进行判断。在奥克肖特看来,司法审议基本上采取一种具有溯及力的诡辩术来解决问题,像所有诡辩一样,是一种迂回的解决方式。[72] 尽管如此,司法机构依旧受到涉及特定考虑的规则和惯例的限制;它并不认为自己是公共政策的守护者和执行者,除了法律设定的义务,它对公共利益一无所知。[73] 此外,对这一联合而言,还需要具备最后一个条件,需要一种有执行力的权力机构,或者说一个设立了法定程序的机

70　Oakeshott, above n 53, 143.

71　Ibid.

72　Ibid, 145.

73　Ibid, 146.

第十一章 法　治

构,这个机构有权依据法庭的判决采取一些强制性的实质行动,是和平的护卫者。[74]

奥克肖特将法治作为一个内在逻辑统一的和基础性的概念进行了系统的思考。法治表征了一种基于人格面具,而不是基于具体的人的既严苛又松散的关系,代表了一种不是为了获取某种实质性满足而设计的联合,而是建立在宣誓效忠那些非工具性的规则的承诺基础上的联合。这些非工具性的规则获得认可,不是因为它们的实际价值(如理性、公平、正义等),而是因为它们的实在性。这是一种作为人类想象物存在的联合形式。但是这种理想的联合模式是否可以超越逻辑思维家的梦想,真正构建人们现实交往的基础?

讨论这个问题的起点应该是,这样一个联合的构成要件和组成部分是如何被创造出来并联合起来的? 基于欧洲的经验,很多现代国家都是从中世纪的王国或者是公国发展而来的。在形成现代国家的过程中,每一个国家都努力从自己已有的各种规则制度中发展出统一的国法体系。这些国家都认识到,“统治”不同于对所有权的继承,它必须依靠一些被赋予了特殊责任的机构来完成。但是,这种现代化的理念因受到一些传统的束缚没有走得太远,一个很重要的困难就源于现代机构中依旧留存的贵族特权思想和君主观念。此外,现代国家的行为方式还是非常类似于法人组织,联合起来是为了追求一个共同的目标,无论这个目标是开发领土范围内的自然资源,还是确保其成员的幸福和健康。除了这些特征之外,渗透在这些传统中的法律观念本身也是一个问题。

从历史上来看,现代欧洲国家自己不仅受到深植于法律当中的正义的统治,这个正义的范围还被扩大到自然法、理性法或者高

74　Oakeshott, above n 53, 148.

477

公法的基础

级法的范围中。尽管后来出现了一种趋势,那就是试图借助于权利法案或者基本法这样的形式,将"正义"这个抽象的理念做实证化处理,将正义变成这些法律文件中的实证化原则。但是这一趋势并没有降低定义"正义"的难度。在奥克肖特看来,要把握法律的正义性,其实就是要理解和面对一种特殊的道德考量:这种道德考量既不是对那些应该在法律中得到承认的道德绝对真理的荒谬信仰(如话语权、知情权、生育权等),也不是根据行为的动机区分行为的对与错。这种道德考量应该是一种消极的和限制性的思考,这种思考要求法律的制定不能够与道德感相冲突。这种道德感是所有接受过普遍教育的人都应该拥有的,这种道德感能够对"美德"的条件,道德性联合的条件(统称为"善行")以及应该获得法律实施的、被认为是正义的条件进行区分。[75] 这些条件的正当性源于一些混合要素的叠加,这些要素包括对法律的形式特征的绝对忠诚、对道德与法律可接受度的绝对忠诚。这种正当性本身是联合体从法律和道德角度进行自我理解的反思和反映,当然,我们不能期待这种正当性内部没有冲突,没有充满各种模糊性,这是一种道德想象,这种道德想象始终以动态变化的审议协商方式得以稳定地呈现,而不是以结论的方式得以呈现。[76]

奥克肖特认为,那种从对法治的遵守当中获得源源不断动力的国家理念,深植于欧洲文化当中,但是,今天反而很难再看到这种理念依旧在发挥作用。博丹和霍布斯是这一理念的先锋人物,他们对法治国展开理解的前提却在黑格尔那里获得了充分的讨论。黑格尔反对将自然法作为衡量法律正义与否的标准,这种观点在耶利内克以及其他实证主义的现代法学家的著作中以精简版

75　Oakeshott, above n 53, 160.
76　Ibid, 160–161.

的形式得以呈现。[77] 奥克肖特为我们提供了作为公法基础的法治概念，这个概念是非常严谨和连贯的。然而，他的概念阐释只是彰显了我们今天与实现法治这一目标的条件渐行渐远。

第四节　作为自由主义图景的法治

奥克肖特的分析显示，只有法治的三个基本条件获得认可，法治才能作为一个连贯的概念予以呈现。首先，国家这一人类的集体联合，只能被视为一个纯粹的道德性联合，而不是一个寻求实现特定目标的集体联合。其次，这一类型的联合如果从本质上要被视为法治的表达，那么必须从哈特的"内在视角"观察并将其视为一种游戏。[78] 就像游戏是由一系列规则构成的一样，国家也应该被认为是一个建立在规则基础上的组织。最后，我们必须要能够把握"法律的正义性"这一很难表达得非常清楚的理念。这就是要诉诸法治当中隐含的正义条件，防止法治最终蜕变为一个纯粹的形式理念。但是同时，也要防止从自然法中产生的实质价值（如保持政治体的完整性）或者蕴含于常规政治中的价值（如民主）对法律的不当侵蚀。通过刻画法治得以实现的条件，奥克肖特将国家描述为"法治国家"（*nomocracy*），以此对应"目的统治国家"（*telocracy*）。

法律统治秩序得以落实的条件似乎在实践中是很难实现的。奥克肖特非常清楚，现代欧洲国家是建立在两种几乎无法调和的倾向所产生的冲突基础上的，而且这种冲突是完全无法彻底消解的，这就是存在于道德性联合的倾向和交易式联合的倾向之间的紧张

77　Oakeshott, above n 53, 162.

78　HLA Hart, *The Concept of Law* (Oxford: Clarendon Press, 1961), 55–56.

关系。[79] 所以,这里提出的现实问题就在于,奥克肖特的法治概念是否可以作为衡量现代国家法律和实践的标准。

要回答这个问题,有必要进一步剖析和细分法治这个概念。法治概念内部可以进一步划分为两个部分,这两个部分在之前的论述过程中只是被顺便提及。这就是对"以法治国"的法制和"法律之治"的法治的区分。这两个方面的内涵都同时为"法治"这个概念所包括,只是过去没有做非常清楚的阐释。我的观点是,在古典自由主义对法治概念的处理过程中,这两个方面的内涵是用来解决不同的问题的,并且会将我们的实践引向不同的方向。"以法治国"关注"法律"这个概念所应包含的特征;"法律之治"的法治则更多关注一个更为明确的政治问题,即是否有可能建立一个制度化的统治秩序,在这个秩序当中,每一个人都自觉服从法律规则。这两个方面的差异在古典自由主义对法治的理解路径中非常明显,因此,在重新评估一些潜在的自由主义假设前提之前,需要分别对这两个方面进行细致的考察。

一、以法治国:法制

在最为基础的含义上,法治意味着"(实证)法本身的统治"。从这个角度理解,法律是政府统治事务得以落实的必要手段和工具。这也是"依法行政"这一表达最为核心的内涵:政府必须确保其每一个行动都获得了法律授权。[80] 这就彰显了一个重要的原

79　Michael Oakeshott, 'On the Character of a Modern European State' in his *On Human Conduct* (Oxford: Clarendon Press, 1975), 185-326, 201. 还可参见本书第六章,第 234—240 页。

80　例如,参见 *Entick v Carrington* (1765) 19 StTr 1030 这一经典案件。在这起案件中,国王的使者依据国务大臣签发的搜查令侵入原告的房屋并没收财产,国王的使者被成功起诉。法院驳回了"国家必要性"的论点,认为如果政府拥有合法权力,"它将出现在我们的[法律]书籍中。如果在那里找不到,那就不是法律"。

则,即政府是宪法的创造物,政府只能行使获得宪法认可的权力。这一原则尽管非常重要,但是,这是一个纯粹的形式化的原则,在这里,法治国就演变为立法国家。正如施米特所言,如果一切立法机构的命令都被视为法律,依循这一逻辑,每一个绝对主义的君主国家也是法治国,因为在那里也是法律在统治,只不过这个法律是国王的特殊意志而已。[81]

施米特非常清楚,如果"法治"要保持自身与"法治国"概念的联系,那就必须在"法律"这个概念中注入必要的特征和品质,因为只有这样,才有可能将法律规范与作为纯粹统治者意志呈现的命令或者措施区分开来。[82] 他指出,法治必须和人治区分开来,人治就意味着可能是某个个体,或者是一个委员会,或者是一个组织,他们的意志将取代事前制定的、平等对待所有人的一般性规则。[83] 简而言之,法治就意味着法律本身必须具备一般规则的特征,它不是特殊意志的体现,而是按照比例原则呈现、通过审慎思考的公共意志的体现。

只有认识到了法律的这些内在品质,我们才能将只不过是把法律作为统治手段的政府(依据立法机构的法令行动的政府)转变为自身也服从法律规范的法治政府(服从一般性法律框架的政府)。那么,这些满足了法治原则所蕴含的内在标准的品质是什么?

法学家提供的答案显示出了相当程度的共识。最为经典的就是朗·富勒(Lon Fuller)提出的内在于法律理念的八个形式特征。在他看来,法律应该具备以下特征:(1)一般性,即普遍性,法律不是针对特定人的,而是对一般人都适用的,即法律面前人人平等;

81　Carl Schmitt, *Constitutional Theory* [1928] Jeffrey Seitzer (trans) (Durham, NC: Duke University Press, 2008), 138.

82　Ibid. 也可参见奥克肖特在规则和命令之间所做的区分,详见本书第471页。

83　Schmitt, above n 81, 139.

公法的基础

（2）公开公布；（3）非溯及既往，法律一般是适用于将来的，因此只应规定将来的某些行为，不能用明天的法律规则约束今天的行为；（4）明确且可理解；（5）不矛盾且展现一定的一致性；（6）稳定性，频繁改变的法律与溯及既往的法律具有同样的危害性；（7）可为人所遵守，法律不应当规定人们无法做到的义务，实现不可能实现的事情；（8）官方行为与法律的一致性，法律除了具有支配普通公民的行为的职能外，还有为官员执法和司法提供指南的职能，所以，官员的行为必须符合已公布的法律，特别是当他们把法律适用于公民时，必须忠实地解释法律规则的真意。[84]

这些品质和特征获得了很多法学家的认可，尽管在具体表述时会有一些微调。[85] 富勒认为它们属于法律的内在道德品质，但是，如果从奥克肖特对道德性联合的论述来看，富勒的标准其实是属于一个建立在规则基础上的联合所必备的具体条件。我们将他们理解为道德品质，就像我们把游戏理解为是由规则构成的一样。但是，由于富勒认为法律是"使人类行为服从于规则治理的事业"[86]，这些品质就可以被视为一些功能性的标准或者说审慎考量而产生的标准，因为如果严重地违反这些标准，导致的结果就是人们不会自发服从规则，规则系统将最终无效。就像"刀只有具备了切割的能力才能被认为是刀具那样，法律如果不能指导人们的行动，就不能被认为是法"。因此，在拉兹看来，尽管遵守这些标准是一种美德，但是这种美德本质上是工具性的，并不是道德意义

84　Lon L Fuller, *The Morality of Law* (New Haven, CT: Yale University Press, 2nd edn, 1969), ch 2.

85　例如，可参见：FA Hayek, *The Constitution of Liberty* (London: Routledge, 1960), ch 10; Joseph Raz, 'The Rule of Law and its Virtue' in his *The Authority of Law: Essays on Law and Morality* (Oxford: Clarendon Press, 1979), ch 11; Lawrence Solum, 'Equity and the Rule of Law' in Ian Shapiro (ed), *The Rule of Law: Nomos XXXVI* (New York: New York University Press, 1994), ch 6。

86　Fuller, above n 84, 106.

上的。[87]

拉兹认为，"法治"虽然是法律一个内在的美德，但是只是其众多美德之一，或者说其中之一的愿景。[88] 对"法治"的坚持，其实就是对"专断的权力"的否定，[89]在此基础上有效地保护和促进（特定的）个体自由。[90] 但是，在拉兹看来，对这一美德的追求，并不是法律体系最终的目标所在。[91] 确保法律具备以上所提到的各种品质，从而确保法治的实现，这使得法律成为实现特定目标的有效工具，但是，把太多的社会目标牺牲在法治的祭坛上，可能会使法律变得荒芜空洞。[92] 其实拉兹在这里潜在表达的是，现代国家不应该仅仅被视为（奥克肖特口中的）道德性联合，国家也需要对特定的社会目标做出回应。因此，法律体系应该试图调和法治和其他社会价值、目标之间的紧张关系。对法治的服从，或者更为准确地讲，对"以法治国"的法制的服从，应该只是一个程度问题，其他价值和目的也同样重要，否则过度强调对法治的服从，就会导致其他目标被忽视。[93]

如果像拉兹一样，将富勒提到的道德品质等同于理性计算之后所采纳的标准，那么"法治"理念就基本上被等同于"以法治国"的法制理念了，但是，确实是如此吗？当我们认真对待奥克肖特提

87　Raz, above n 85, 226.

88　Ibid.

89　Dicey, above n 10, 198；Raz, above n 85, 219-220.

90　Dicey, above n 10, 202："个体自由并不是宪法赋予个体的特权，而是通过法院所实施的普通法的结果"；Hayek, above n 85, 153："法律下的自由是本书的主要关注点，这里的自由观念基于这样一个论点，即当我们遵守法律时，在一般抽象规则的意义上，无论其对我们的适用情况如何，由于我们（受制于自己的意志）不受他人意志的约束，所以，我们依旧是自由的。"进一步参见 Charles Taylor, 'Kant's theory of freedom' in his *Philosophy and the Human Sciences: Philosophical Papers* (Cambridge: Cambridge University Press, 1985), vol 2, 318-337。

91　Raz, above n 85, 229.

92　Ibid.

93　Ibid, 228.

483

公法的基础

出的警示,即"将规则基础上的行动简单化约为审慎理性计算的行为,是非常错误的",富勒提出的标准就必须被重新认真地审视。其实,由富勒识别出来的、作为法治秩序的构成要素的八个特征恐怕并非全部都如拉兹所言,是基于统一考量所界定的标准。前六个特征只是规则纯粹的形式特征,富勒认为,建立在规则体系之上的秩序,必须倚赖一般性的、公开的、不溯及既往的、清楚的、统一的和稳定的制度来构建。这些都是法律秩序的实在性得以实现的条件,用奥克肖特的术语讲,这是法所要具备的条件。但是最后两个品质(法律不得要求不可能之事,规则的制定和规则的实施之间要具有一致性)在严格意义上讲,不属于规则的特征,而是与规则获得服从的条件有关。因此,与其说它们是法的属性,不如说它们是法的效力得以实现的社会条件,它们不是规则的固有特征,而是规则秩序在特定社会背景下得以实现所必须满足的条件。

　　如果想要把确保法的效力得以实现的条件都囊括在法治的这些特征当中,那么富勒的总结又是不够的。比如拉兹就认为,所有确保法律秩序无偏颇、有效实施的条件都应该被包括在法治的标准当中。这些条件包括:尊重司法独立原则,这是规则得以公正执行的前提条件;坚持司法公正的原则,这是确保依法解决纠纷的完整性的保障;建立对政府行为的司法审查制度,防止政府对以规则为基础构建的政体的侵蚀;确保公民诉权的通畅行使,这是他们权利获得保障的条件。[94] 这些都是以规则为基础构建的秩序获得保障所必需的形式品质,这一秩序可以转化为受到"以法治国"的法制理念驱动的有效运作的政体。如果拉兹是对的,那么富勒对法治的八大特征的总结就显得左右不讨好了。如果这八大特征被主要视为法律所必备的条件,由于后两条是法律效力得以实现的

　　94　Raz, above n 85, 216-217.

条件,而不是法律本身必备的条件,这个总结就显得涵盖过广了。但是,如果认为法治的特征必须包括法律效力得以实现的条件,那么富勒的总结就由于忽略了确保形式规则行动得以落实的机制性安排,又显得内容太有限了。

很多法学家试图从对"以法治国"的法制理念的理解开始,进而理解法治的原则。这些法学家将"专断的"政府行动视为对自由最主要的威胁,因此,为了呈现他们古典自由主义的信仰和承诺,他们首先将法律定义为一个规则体系,在此基础上具体阐述确保这个规则体系完整性所必须具备的机制条件。在此基础上形成的法治概念,没有涉及更普遍的宪法价值观,例如,源自民主或更广泛的社会正义观念的价值观。从这个意义上说,形式意义上的法治特征与独裁并不是不可以共存的。[95] 这一概念主要用于确定规则系统的美德,从而使其区别于指令和命令。在此基础上,勾画出这一法律规则系统可以在不受政治操纵的情况下运作所需具备的条件。

二、法治

从"以法治国"的法制视角对"法治"的理解所引发的担忧,可以与自由主义者所倡导的、从更为政治的视角对"法治"的理解形成对比。从政治的视角阐述法治概念,不同于着重梳理法律的条件(或者说讨论法的正义性),目的在于确定合法的政治统治所必须满足的条件。

和"以法治国"的法制理念一样,从政治角度把握法治的概念

95　参见 Robert Barros, 'Dictatorship and the Rule of Law: Rules and Military Power in Pinochet's Chile' in José Maria Maravall and Adam Przeworski (eds), *Democracy and the Rule of Law* (Cambridge: Cambridge University Press, 2003), 188—219。

公法的基础

（后面称为法治主义），都是以古典自由主义的基本论述为基础的。"以法治国"的法制理念重在防止实体法领域出现的专断行为，法治主义则希望在整个统治领域中都能够遏制这种专断。因此，一些与"以法治国"无关的特殊规则就成了法治主义的核心议题。如前文所指出的，"以法治国"本身与独裁是兼容的，但是法治主义则对此坚决不能容忍。在法治主义看来，独裁从根本上损害了深植于法治概念中的价值。

推动了这一自由主义的法治主义的论点主要如下：由于政府权力本身具有垄断性，所以法律很容易就被作为个人统治的工具来使用。由于这对自由而言是具有腐蚀性的，所以法治主义就必须防止任何独裁出现的可能性，以保护自由。法治主义要求权力必须是分散的，以确保法治的内在价值获得保护。法治主义的目标主要是创造一套宪法规则，从而确保三个核心目的得以实现：首先，确保政府所有的行动都实现了制度化保障；其次，政府权力不仅要分权，同时要分散；最后，确保那些行使政府权力的人没有任何试图推翻这一制度性秩序的动机。

法治主义认为，一个精心设计的宪法体制，应该通过规范政府行动的规则实现权力的分散设置和行使，尤其是立法权、行政权和司法权之间的划分。在宪法中，政府权力不仅被明确地列出，对其的约束也包含在宪法条款中，从而确保权力的行使者不会背离自身的制度责任。法治主义一方面旨在建立一个以规则为基础的宪法秩序；另一方面通过注入防止颠覆这一秩序的动机，确保这一宪法秩序能够保存自身。法治主义背后最为基本的自由主义原则就是，宪法完全具备自我运行的能力。[96]

法治主义不同于前面提到的"以法治国"的法制观念所强调的"实证法的统治"，它强调"规则的统治"，作为与现代宪制主义相伴

———————————

96　参见 Michael Kammen, *A Machine That Would Go of Itself: The Constitution in American Culture* (New York: Knopf, 1987), 16-19。

486

生的原则,这是建立在权力分立主张基础上的。但是,法治主义的局限性也是非常明显的,因为它建立在18世纪对有限政府的政治信仰之上,这使得它面对现代世界的政府治理时,有些捉襟见肘。所以,和"以法治国"的法制观念一样,法治主义在一定程度上也变成了几乎不可能实现的图景。

第五节　法治国还是国家法?

从自由主义的哲学中发展出来的"法治"概念,核心的问题在于,尽管它构建了理想的规则系统,但是,无论是从实证法的角度还是公法的角度,这个图景都很难彻底地获得实现。之所以会出现这个问题,是因为这个概念很容易被用作意识形态的工具。在现代政府的现实运作过程中,"法治"常常被作为不同形式的政治策略,服务于反政府的目标,比如,把国家视为一个规则构成的联合体(奥克肖特所称的"道德性联合"),从而忽略了国家所应该承担的其他公共目标;也有可能把政府权力限制在规则执行上,或者是通过援引"法治"将司法机构的地位提高到规则秩序的护卫者的高度,从而忽略了司法权本身应该被限制在对规则进行解释的范围中。

由于宣称"宪法构建了一套完全可以自行运行的机制",自由主义中所产生的法治主义的局限更为明显。就像机器一定需要某些外在的辅助以确保它运行一样,现代宪法的制度运行机制也不例外,必须依靠一些社会和政治行动为其提供动力。也许这个比喻也不是很恰当,宪法也许确实不能完全靠自己自我运行,但是它们也不仅仅是权力持有者手中等待被操纵的工具,宪法制度既不能完全自主生存,也不仅仅是任由统治权力集团摆布的工具。尽管宪法规则很多时候是由统治力量所创立和塑造的,但是一旦产

公法的基础

生之后,它也可以指引、塑造乃至生产权力。但是,在古典自由主义有关法治的表述中,宪法规则的这一权力创生特征常常被忽略。

在古典自由主义理念的影响之下,权力的行使通常被认为是对先在性的自由构成的潜在的限制。因此,从自由主义的视角定义"法治",权力和自由常常被作为一组对立的概念:在"以法治国"的法制理念中,规则秩序是为了制衡"专断的权力"而存在的;在"法治"的政治主张中,目标就是要建立一个规则体系,从而对政府权力进行划分、限制和制约。如果想要发展出更具实践意义的、更为积极的法治概念,我们首先需要重新评估权力和自由的关系。要进行这项工作,最为恰当的起点就是依据哲学家对规范性规则和构成性规则的区分,思考宪法性规则的功能。[97]

规范性规则影响那些完全独立于这些规则而存在的行为(比如,不要在学校走廊跑步)。但是,构成性规则创造行动的可能,这些行动本身如果没有构成性规则,根本就不可能存在。最清楚的关于构成性规则的例子,就是那些创造游戏的规则:比如象棋这个游戏,这个游戏必须要通过遵守那些规定如何在棋盘上移动棋子的规则才能开展。构成性规则不仅创造特定的实践(比如下象棋的实践),同时还创造实践所需的相关机制(比如创造象棋协会)。因此,可以认为规范性规则是在现有的权力关系上施加限制,构成性规则则在创造权力关系,进一步讲,当规范性规则可能对自由构成限制时,构成性规则——通过创造一种没有这些规则就不可能存在和实施的能力(比如下象棋的游戏)——则在增强自由。

在这一组区分中我们才能真正理解奥克肖特将"法治"作为一种联合形式进行考虑的本质所在:只有当政治性联合——治理关

---

[97] 参见 John Searle, *Speech Acts: An Essay in the Philosophy of Language* (Cambridge: Cambridge University Press, 1969); John Searle, *Mind, Language and Society: Philosophy in the Real World* (New York: Basic Books, 1998), 131-134。

488

系——是完全由建立和规范政府权力的规则构成时,法治才是可以被理解的。但是,正如奥克肖特所认识到的一样,这一有关构成性规则的观点并不是很容易地就能超越游戏领域,延伸到对治理关系的理解当中。[98] 我们很容易理解在物质世界中,构成性规则是如何建立一种没有它本身就不可能存在的行为的(比如下象棋),但是,在长期存在的治理关系中,由于这一关系涉及大规模物质资源配置,包含多种不确定的规则,而且也没有明显的退出机制,这就使得构成性规则的作用机理在这个领域中并不是很明显。

对法治而言,最为重要的问题就是,治理关系在多大程度上受到了构成性规则的约束。很明显,在政治领域中,有很多类型的行为是由制度建构的。比如,选举规则就是选举活动的必备要素。选举只有基于制度的规定才是有意义的,个人如果想要获得议会成员、首相或者总统的职位,必须要以选举制度的存在为基础。就这个具体的事例而言,选举规则在这里当然很重要,但是,必须要承认,选举之所以被认为是具有权威性的,不仅仅是因为遵守了这些选举规则,还必须建立在社会对目前很多与宪制政府相关的(作为选举的)背景性实践有广泛接受度的基础上。[99]

如果说选举规则的构成性地位是比较模糊的,那么其他政治行动或者说政府行动其实也是不能完全依赖构成性规则进行定义的。比如,当一国试图调用其军事力量入侵他国的领土,依据该国的宪法,在参战之前必须要有一个正式的宣战程序,但事实上,即

---

[98] 参见本书第468—470页。

[99] 参见 Ignacio Sánchez-Cuenca, 'Power, Rules, and Compliance' in Maravall and Przeworski (eds), above n 95, 62–93, 75:"不难理解,尽管投票(像游戏一样)完全取决于选举组织规则,但接受投票结果这个过程与游戏中没有明显的相似之处。在总统竞选中落选的候选人可能会决定选举的有效性。如果他得到军队的支持,他将彻底违反以上的选举组织规则。在那样的情况之下,尽管在选举中失败,他仍将成为总统,他完全可以靠武力成为总统。显然,有人可能会拒绝称他为总统,因为他不是按照选举组织规则规定的程序被选出的,但是这位新的统治者,不管我们怎么称呼他,都会做上一位真正的总统所做的事情。"

公法的基础

使没有这个宣战行为,这一军事行动就可以发生,或者说就已经切实发生了,所以,很难讲,这个行动是由这些规则构成的。正如伊格纳西奥·桑切-斯昆卡(Ignacio Sánchez-Cuenca)指出的,即使存在定义"什么是战争"的构成性规则,战争的发生也并不依赖这条规则而成立。[100] 所以,其实在政治领域中,很多宪法性规则并不是构成性规则。在这个领域中,遵守现行宪法规则不是玩游戏或不玩游戏这种简单问题,而是涉及更复杂的议题,尤其是因为许多有争议的宪法规则的权威和效力问题本身就成了游戏的一部分。

基于以上的现实,与其不断地重申法治的重要性,强调守法和法律面前人人平等这些原则,一个更为恰当的理解法治的起点应该是首先承认,治理关系当中蕴含着某种天然的不平等性,所以要问的基本问题是,为什么统治者愿意遵守规则? 霍姆斯认为,人们之所以会自我约束,要么就是他们受到了道德规则的深刻影响,要么就是他们意识到了自我限制的好处。[101] 所以霍姆斯建议,相较于在这个领域中沉迷于对规则权威的强调,我们应该更擅长于敏锐地专注于自我限制的有利之处。特别是应该关注那些在权力行使者看来,表面的规则限制却带来了深层次的赋权结果的情形。

霍姆斯认为,这里最为重要的原则是可否认性(deniability),即对如赫拉克勒斯式(Herculean)那样真正强大的老板、总司令、统治者、首领和酋长们而言,削减不必要的责任,将目标降至与能力相匹配的程度,是非常重要和非常审慎的行动策略。[102] 当政治形势已经失控,权力的行使者如果能够恰当地拒绝一部分责任,那么他对整个形势的控制力将相应地增强。如果从这个角度理解,很多支撑法治原则的策略就会有完全不同的价值。如政府的分权

100　Sánchez-Cuenca, above n 99, 77;还可参见 John Searle, *The Construction of Social Reality* (New York: Free Press, 1995), 89。

101　Stephen Holmes, 'Lineages of the Rule of Law' in Maravall and Przeworski (eds), above n 95, 19–61, 24.

102　Ibid, 26.

第十一章　法　治

[比如,行政与司法的分权,法律发现任务(法官承担)与事实发现任务(陪审团承担)的划分]都是权力得以维护和保持的方法。霍姆斯指出,为了有效防御外部的威胁,有先见之明的统治者会创建、训练和支持一套军事体系,而为了有效应对内部的威胁,他们就会创建、训练和支持一个司法系统。[103] 简而言之,政治权力的体制化处理和建立法治政府程序,都是为了维护和增强政府权威所采取的策略,恰恰是那些对权力的限制本身创生了权力。

这就能够将法治(法治国)与公法(国家法/政治法)的发展动力联系起来,并使两者具有了内在统一性。政府之所以依据法律统治,是因为通过保持这种基于制度产生的预期,有效地培育了公民的认同和忠诚,这就是权力得以产生的渊源。政府要求自身尊重宪法性规则最主要的动机就是自利,也只有在宪法性规则能够增强他们自身赋权能力时,他们才会真正尊重和遵守宪法性规则。[104] 这其实也就意味着,法治的价值在多大程度上能够获得保持,很大程度上是由其作为权力自我赋权的必需品所决定的,而不是因为法治的价值是一种获得普遍认同的道德价值。在某种程度上,作为宪制主义戒律的法治主义之所以会获得维护,是因为一个遵守麦迪逊指引的"野心只能依靠野心来对抗和抵消"的政体已经建立。[105] 按照麦迪逊的说法,"首先要确保政府能够控制其人民,其次则是确保政府能够控制自身"。尽管对人民的依赖是"对政府的主要控制",但是麦迪逊承认,"经验告诉我们,人类必须辅以必要的预防措施"。[106]

103　Holmes, above n 101, 36.

104　政治学者对这些条件的理想化建模,参见 Barry Weingast, 'The Political Foundations of Democracy and the Rule of Law' (1997) 91 *American Political Science Review*, 245-263。

105　James Madison, Alexander Hamilton, and John Jay, *The Federalist Papers* [1788] Isaac Kramnick (ed) (London: Penguin, 1987), No 51 (Madison), 319.

106　Ibid, 320.

公法的基础

法治表达了这样一个目标,政府应该有义务控制自身,这是对政府而言,必备的辅助性预防措施的一部分,法治构成了宪制主义的政治理论很重要的一方面。但是,当我们将宪制主义作为一种实践性的运行原则来对待,而不仅仅是一种获得普遍认同的道德图景时,那么核心的问题就不再是如何在公民之间达成有关原则的道德权威性的共识的问题,相反,宪制主义问题就是"社会协作"的问题。从这个角度看,宪法性规则就不仅仅是要建立一套治理机制,它其实也在赋予这些机构以特定的利益。所以,真正的挑战在于,在建立一套机制的同时,其实也能够建立一套与之抗衡的权力体系,从而使得这个机制能够以促进法律关系中的双方都尊重规则的方式发挥功效。[107]

这样的宪法体制安排之所以能够有效运作,并不是因为它们对某些普通道德共识的实现而言是必要的,或者单纯是法治的成就,或者对法治国理想的实现。它们依据一种政治逻辑运行,该逻辑表现为政治法或者国家法的运作方式。这样的宪制安排很难呈现任何道德共识,因为公民的利益诉求是多元的,并没有任何权威的、解决这些利益分歧的标准方式。本质上,宪法性安排就是一种社会协作机制,通过它,公民之间虽然存在各种差异和分歧,依旧能够相互协作,相互促进彼此利益的实现。[108] 这一安排必须有能力获得一些支持,这些支持对防御故意破坏基本宪法制度的行为而言是必需的,这些支持主要建立在一种审慎的政治理性基础上,而这一政治理性是隐含在政治法的运作方式中的。

---

107 这非常类似于罗伯特・达尔(Robert Dahl)所称的"多头政体"(polyarchy),参见 Robert Dahl, *Polyarchy* (New Haven, CT: Yale University Press, 1971), ch 1. 达尔认为,多头政体是这样一个体系,政府在其中是通过选举而产生的,但是政体的存立需要八个基本条件,包括结社自由、表达自由、选举自由等。

108 Russell Hardin, *Liberalism, Constitutionalism, and Democracy* (Oxford: Oxford University Press, 1999), esp ch 3, 87:"宪法不是契约,其功能是首先通过我们之间的相互合作来解决契约签订之前的问题。这一合作理论认为,问题不在于我们是否同意,而在于一旦建立了特定的合作关系,是什么能够激励我们和确保几乎所有人能够继续这种合作协调关系。合作理论主要是一种可操作性理论,而不是规范性或义务性理论。"

第十二章
宪法性权利

潘恩在《人的权利》第二编的开篇就宣称,如果美国的独立没有伴随着政府统治原则和实践的变革,仅仅就其独立于英国统治而言,其实并不重要。美国在独立战争中不仅仅站立在自身的立场之上,而且代表了整个现代社会。他指出,"作为雇佣军的德国黑森人(the Hessian)尽管被英国雇佣来对抗北美的独立力量,但是他们是发自内心地希望英国战败的;英国不断地谴责新型政府的邪恶,如果这个政府计划流产,英国会为此欢欣鼓舞"。对潘恩而言,美国革命就是"普遍改革原则"(the principles of universal reformation)得以产生的地方和时刻。[1] 这场革命标志着建立在军事目标基础上的君主制政体的终结,[2] 并以"建立在道德理论、普遍和平制度和人类不可剥夺的世袭权利基础上"的政体取代了君主制政体。[3] 传统的君主政体建立在等级制基础上,但是新出现的政权的合法性原则是平等原则。获得自由而平等的公民的授权的政府,成为合法性建立在神明意志或者神圣习俗基础上的政府的对立面。

---

1   Thomas Paine, *Rights of Man* [1791-1792] in his *Rights of Man*, *Common Sense and other Political Writings* Mark Philp (ed) (Oxford: Oxford University Press, 1995), 83–331, 210.

2   关于君主制政府,潘恩指出,"战争的目的就是贸易、掠夺和收入"(ibid, 212)。

3   Ibid, 213.

公法的基础

这些"普遍改革"的指导原则是建立在以下的主张基础上的：个体是与生俱来的自然权利的拥有者，政府之所以被建立，就是用来保护和完整地实现这些权利的，而最主要的捍卫这些权利的方法就是颁布成文宪法，成文宪法是统治者与被统治者之间协商博弈所确认的规范的集合。潘恩指出，人之所以选择进入社会，不是要获取一个比之前更糟糕的状态，或者是减损其享有的权利，而是让这些"天赋人权"获得更好的实现和保障。[4] 潘恩主张的现代政权应该是牢固地建立在"人的权利"的基础上的。

本章旨在考察"政府存在的价值就是保护权利享有者的利益"这一观点的现代影响，特别关注这些基本权利是如何通过现代国家的宪法制度安排获得相关机制保障的。

第一节　自然权利、公民权利和宪法权利

首先要问的第一个问题就是，这些"固有的、与生俱来的"权利从哪而来？这个问题本身就揭示了这些权利的自然法思想传统起源。尽管二战之后，"人权"话语在政治讨论中占据越来越重要的位置，但是认识到一点也是很重要的，那就是在整个欧洲政治思想史的背景之下，权利理论的发展阶段也是断断续续的、充满各种偶然性的。[5] 但是，这并不能否定这些理论在面对过去已经确立的、温和的政府理论时，所展现的强大影响力和替代性。[6] 为了充分彰显权利理论对宪法制度安排的影响，我建议首先对 18 世纪两位

4　Paine, above n 1, 119.

5　Richard Tuck, *Natural Rights Theories: Their Origin and Development* (Cambridge: Cambridge University Press, 1979), 177.

6　Tuck, ibid. 还可参见 CB Macpherson, *The Political Theory of Possessive Individualism: Hobbes to Locke* (Oxford: Clarendon Press, 1962).

494

第十二章　宪法性权利

伟大的思想家——潘恩和卢梭进行比较,他们的思想都受到了17世纪自然权利思想家的影响。[7]

潘恩认为,当从自然状态进入社会状态之后,个人所享有的自然权利就转变为公民权利。自然权利是人生而有之的,但是公民权利则是作为一个社会成员所享有的。自然权利构成了公民权利的基础:每一个公民权利都是以特定的先在性自然权利为基础的,尽管如此,必须认识到一点,如果完全依靠个人的力量,这些公民权利是无法获得充分的实现的。[8]

世俗的国家权力就是由所有社会成员的自然权利的总和构成的,这些自然权利依靠个人的力量是存在缺陷的,无法有效满足个人的特定目的,但是一旦被集中起来,由一个核心力量来行使,就可以满足每一个人的目的。潘恩同时强调,虽然个体力量是不完美的,但是这些从自然权利的集合当中所产生的世俗权力,不能被用来侵犯个人所享有的自然权利,在这种自然权利中,执行权是与权利本身一样完美的。[9] 为此,自然权利依旧能够完好地存在于社会状态当中,世俗权力的出现主要就是为了确保自然权利获得更好的保护。世俗权力只针对有限的自然权利具有控制权,这些自然权利主要就是那些如果不出让、不经过世俗权力转化为公民权利就无法完整得以实现的权利。

实现这一转化的条件在宪法中有明确的规定,宪法本身也是一个人民授权的行动所创造的立法。宪法,无论是采取默示还是明确规定的方式,应该对这些个体保有的自然权利予以确认,只有通过这一方式才可以(基于对自然权利的宣誓)决定政府权力的边界。同时,宪法需要详细规定在什么样的条件下,自然权利可以转化为公民权利。在这样做的过程中,宪法还将揭示公民义务的本

7　参见本书第二章,第105—120页。

8　Paine, above n 1.

9　Ibid, 120.

公法的基础

质,这些义务所呈现出来的限制都是为了确保权利总和在政体内得到最大限度的实现。

潘恩的论述以非常直接的方式引出了自然权利和公民权利的概念,但是,在他的论述中没有提到一个现代宪法中通用的概念,这个概念就是"宪法权利"。这里的问题就是,在这场变革中,宪法权利这个概念可以被放置在什么地方,它们是如何适应普遍改革的?

有学者认为,"宪法权利"这一术语应该是专门用来指代当政府宪法得以构建时,依旧为人民所保留的那一部分自然权利。也就是说,这是自然权利中的一部分,这一部分在进入社会状态后没有被集合起来,而是作为"前政治性权利"为人民所保有,这些权利界定了私人自治的领域,同时也是公共领域的构成性要素。然而,这样的定义方式似乎过于严格了,尤其是因为从一开始就很难确定,哪些权利永远不会成为公共利益所涉及的权利。

如果觉得这一定义方式显得将这一术语的范畴限定得过于狭窄,很显然,也不能将它作为公民权利的同义词来对待,公民权利主要就是指代那些在世俗国家当中,通过集中自然权利而创造出来的权利。如果把这两者等同起来,宪法权利就变成了所有由宪法授权的机构通过一般的立法程序创造的法律权利,也因此会丧失任何准确的定义。那么这个术语是否可以用来指代一个混合概念,包括了人民保留的自然权利和被视为政府宪法基础的公民权利?如果这样理解,这里就存在一种逻辑上的区分,区分了两种权利:一种权利是从自然权利中产生的,是绝对的;另外一种权利是从基本的公民权利中产生的,是有条件的。但是,也许这一术语只能用来指代一系列特殊权利,这些权利在一个全新的文件类型中被列举出来,即基本权利和自由的宪章,这一文件常常被作为成文宪法的附属物,伴随成文宪法出现。

在潘恩的方案中,最明显的解决办法就是只将现代权利法案

496

中规定的那些权利指定为宪法权利。作为正式的宣言,权利法案为各国政府必须尊重的个人权利搭建了一个得以展示的基本平台。当然,这样的定义方式也不是没有困难,尤其是这些法案都是特定时间、地点和环境的产物,很多时候它们并没有完整地把握政府宪法在处理权利问题上的所有要素和智慧。但是,不管怎么样,正式的权利宣言应该成为我们试图展开对宪法权利本质探索的最为明确的起点。

在直接转向权利宣言这一现代宪法极具创造性的产物之前,可能需要将卢梭和潘恩的分析进行一下对比,这样会更有益,尤其是考虑到卢梭的观点影响了很多法国革命者的思想。与潘恩的观点不同,卢梭认为,伴随着现代世俗国家的出现,将自然权利转化为公民权这个过程不是一个简单的转化或者权利聚集的过程,而是一个根本性的变革。对卢梭来说,自然状态下的自然权利是由欲望和自我保护的必要性驱动的能力,而向世俗国家、世俗公民状态的过渡,"通过在人的行为中用正义代替本能,并赋予人的行为以前所缺乏的道德,使人身上产生了显著的变化"。在这个转变过程中,失去的是"对一切诱惑他的东西和他对能获取的东西拥有的无限权利;而他得到的是公民自由和他所拥有的一切的财产权"。自然权利受到一个人的能力的限制,公民权利受到"公意"的限制。[10]

在卢梭看来,当从自然状态进入世俗国家之后,这就意味着自然权利的彻底消亡,这是主权得以建立的基础。但是,在卢梭的方案中,由于主权者就是人民,主权建立的过程就是一个创造了统治者,但是没有臣民的过程。卢梭的主权概念是由通过政治契约获

10　Jean-Jacques Rousseau, 'The Social Contract' in his *The Social Contract and other later political writings* Victor Gourevitch（ed）（Cambridge：Cambridge University Press, 1997）, Bk Ⅰ, ch 8, 53-54. 相关讨论参见本书第四章,第163—171页。

公法的基础

得平等地位的个体构成的,作为平等的公民,他们享有平等的权利,这些权利构成法律界定和保护的公民权利的基础。"公意"负责决定这些公民权利的界限,所以这个界限并不是基于自上而下的命令而产生的,而是横向地由平等主体相互决定的:公民权利行使的限度取决于,如果想要赋予全体公民平等的自由,需要在多大程度上限制个体自由。

卢梭的观点与潘恩的观点在很多重要的方面存在差异。比如,卢梭不承认任何前政治性权利在世俗国家中(或者说文明状态之下)依旧存在:因为政治契约的签订,所有有关自然权利的主张都变得无效了。公民权利是基于基础契约构建的政治秩序的产物。事实上,卢梭在《社会契约论》中将政治秩序作为法律秩序来对待,认为它是一系列主观公民权利的集合的产物。卢梭著作中一个非常明确的特征就在于,不承认存在任何不可剥夺的权利。所有权利的存在都有这样一个条件:特定权利的保有是否与确保全体人民平等地享有权利的目标相冲突。主权意味着对"公意"的行使,因此,主权并不受规范政府机构的宪法性法律的制约,在严格意义上讲,并不存在基本的宪法权利。在宪法方案中存在的基本权利也许可以对特定的政府构成要素构成约束,但是对"公意"则毫无约束力。

在卢梭的理论框架中,宪法权利不等于那些可以保留在市民社会中的固有的自然权利,基于非常明显的原因,这些权利都不再保留。宪法权利可以被视为宪法解决方案的一个部分,并且对宪定性权力构成一定的限制。但是,卢梭的主张非常明确,主权机构有权制定政府宪法,宪法却不能对主权者构成任何限制,人民依旧可以自由变革政府宪法。在这个意义上,任何有关宪法权利的宣言都是基于惯例而产生的,完全可以被人民所拥有的制宪权修改。

潘恩和卢梭在表述上的这些差异,有助于我们理解宪法权利主张的模糊性。当被问到这样一个问题时,他们两位在表述上的

498

差异就毫不掩饰地以最直白的形式呈现了出来：这些权利主张构成什么？当然，它们可能是政府机构的构成性要素，潘恩的论点就证明了这一点，特别是那些保留在世俗文明秩序中的自然权利。但是，如果这些权利所构成的一般性公民权利，可以被其他竞争性的权利主张限制时，这些权利似乎就是一种规范性条件，而不是构成性条件，尤其是这些限制可以由通过宪法所创立的权力机构来决定时。这就引出一个最具争议性的问题：这些自然权利或者说公民权利在多大程度上，可以被认为是公共领域本身的构成性要素？

第二节　市民社会

在进一步地探讨宪法权利概念的具体内涵之前，首先需要考虑一个在卢梭和潘恩观点中存在分歧的问题：应该如何描述公共领域的特征？卢梭基本还是延续了主权话语来讨论这个问题，很显然，潘恩已经试图超越主权概念来展开讨论了。尽管在为法国大革命的原则进行辩护的过程中，潘恩偶尔会用"主权"来指代整个国家或者整个民族，[11]但是他还是相信，这场普遍改革将导致现代政治话语的本质发生根本性的改变，主权概念已经不足以涵盖对整个公共领域的表述。

这场普遍改革是由社会发展的自然规律所驱动的。在潘恩看来，自然法理念并不会因为一些革命先驱的行动就能够在政体当中发生实际的效力，自然法理念只有反映了发展的自然规律的运行机理时，才会真正地有力量。换句话说，自然法并不是因为其积极公民的意识而获得了其主观的有效性，这种有效性是客观的，是

11　例如，参见 Paine, above n 1, 140, 193。法国《人权与公民权宣言》第三条规定："所有主权本质上来源于国民。"

公法的基础

通过对社会内在的自然规律的全面呈现而获得的。[12] 建立在亚当·斯密(Adam Smith)的自然法理学基础上,潘恩认为,社会的内在自然规律导致了交易和商业的出现,在此基础上,"市民社会"得以形成。[13]

这一观点在潘恩的《人的权利》第二编第一章"论社会与文明"中得以系统地论述。潘恩指出,真正对人类构成支配的最为伟大的秩序一定不是来自政府的效应,而是源自人类的原则和自然宪法。这一秩序先于政府而存在,而且即使是政府形式被彻底地抛弃,这一秩序仍然会继续,因为人类的相互依存和互惠利益构成了一条有利的连接链,将文明社会的所有部分凝聚在一起。正是因为这些自然规律的运行——而不是政治契约——人类汇聚成为社会:共同的利益决定了他们共同的关注点,并形成了他们的法律,共同认同的法律相较于政府制定的法律而言,有更大的影响力。[14]

潘恩在这里用社会和政府之间的区分,替代了社会契约理论中对自然状态和文明状态的区分。在他看来,是社会而不是政府,使得人类本身得到提升。政府只是构成了文明生活很小的一个部分,个人及整个人类的安全和繁荣都很大程度上依赖社会和文明的基本原则,社会基本原则能带来的进步是伟大的,乃至无限超越

12　Jürgen Habermas, 'Natural Law and Revolution' in his *Theory and Practice* John Viertel (trans) (Boston: Beacon Press, 1973), 82-120, 94.

13　Adam Smith, *The Theory of Moral Sentiments* [1759] Knud Haakonssen (ed) (Cambridge: Cambridge University Press, 2002); Smith, *An Inquiry into the Nature and Causes of the Wealth of Nations* [1776] E Cannan (ed) (London: Methuen, 1904); Knud Haakonssen, *The Science of a Legislator: The Natural Jurisprudence of David Hume and Adam Smith* (Cambridge: Cambridge University Press, 1981); Haakonssen, *Natural Law and Moral Philosophy: From Grotius to the Scottish Enlightenment* (Cambridge: Cambridge University Press, 1996); Istvan Hont and Michael Ignatieff (eds), *Wealth and Virtue: The Shaping of Political Economy in the Scottish Enlightenment* (Cambridge: Cambridge University Press, 1983), esp ch 1.

14　Paine, above n 1, 214.

即使是最好的政府的表现。文明不断地演进,政府最终就会消亡,因为市民社会在那样的情况下就完全有能力自行处理相关事务,最终实现自治。[15] 潘恩在更早期的作品《常识》中更为直接地阐释了这种区分。潘恩在书中指出,社会是"由我们的需要产生的",而政府是"由我们的邪恶产生的";社会"通过团结我们的感情,凝聚我们的喜好"积极地促进幸福,而政府"通过抑制我们的恶习"消极地促进幸福;社会"在每个国家都是福,都是被祝福的",而政府"只是必要的恶"。[16]

　　基于洛克和斯密的前期研究,潘恩试图将自然法与商品交易规律之间密切联系起来。潘恩主张,所有社会最伟大的法律都是自然规律的呈现,尽管这些规律蕴含在一个完全不同的秩序当中。这些自然规律之所以被遵守,不是因为它们是有惩戒做支撑的命令,而是因为遵守它们是每一个人的利益所在:商业交往的规律代表的是相互的利益和互惠。[17] 潘恩在这里勾画出这些自然(社会)规律的发展如何重塑了社会和政府的关系,在他看来,是社会,而不是政府,代表了公共利益,政府行动只有在推动社会利益得以实现时,才是合法的。[18] 为此,潘恩认为新兴的政权——美利坚合众国树立了一个好的榜样,[19] 将促进普遍社会的发展作为促进普遍商业发展的手段。[20]

　　在《社会契约论》中,卢梭认为存在一种特殊类型的法律,其他一切成功都倚赖它的存在,它也构成了"国家真正的宪法",这就是

15　Paine, above n 1, 216.

16　Thomas Paine, *Common Sense* [1776] in Paine, above n 1, 1-59, 5.

17　Paine, above n 1, 216.

18　Ibid, 230:"每一个不按照共和国原则行事的政府,或者换句话说,每一个不把共和国作为其全部和唯一目标的政府,都不是一个好政府。共和政府正是为无论以个体利益还是集体利益呈现的公众利益而建立和运作的政府。"

19　Ibid, 231, 232-233:"完全建立在代表制基础上的美国政府,是目前唯一一个在性质和实践上都是真正的共和的政府……美国政府就是建立在基于民主构建的代表制度基础上的。"

20　Ibid, 223.

公法的基础

活的法,是人们习惯和信仰的表现。[21] 潘恩用"商业交往的规律"替代了卢梭的"习惯",卢梭将习惯置于主权的最为核心的框架内,而潘恩则试图超越"主权作为公共领域自主性的呈现"这一观念,代之以社会和政府独立领域的划分,也可以认为潘恩试图用社会的统一体替代政治的统一体。哈贝马斯在这点上讲得很清楚:"社会凝聚力和自我调节的自发力量与压制性国家权力的正式胁迫手段的对抗,预示着社会是一个充满活力的、生动的整体概念,它只赋予国家(政府)作为从整体中分离出来的一个要素的有效性,尽管这个要素具有能够使自己具有独立地位的特殊性。"[22]

潘恩的观点标志着市民社会开始作为公共领域最具主导力的、最高的力量出现。他所设想的普遍改革是与政府的有限角色紧密关联的,政府能够在这场变革中发挥什么样的有限作用,是由它的宪法来诠释的。潘恩认为,在代表制体系中,所有理性都必须公开地呈现。[23] 这就为我们理解宪法权利的本质提供了线索,潘恩方案中的宪法权利必须是那些在成文宪法中明确列举的权利,包括生命权、自由权和财产权。这些权利的存在是为了保护商业共和国的自然规律免受政府不正当的政治干预。

尽管潘恩的分析为我们提供了非常清楚的理解宪法权利的思路,但是他的观点还涉及一个非常有争议性的问题,即市民社会的本质问题,市民社会是否能够提供有关公共理性的全面表达。对这个问题,黑格尔给出了非常强有力的回答。一方面,黑格尔承认市民社会的存在及其规律所展现出来的巨大力量,包括亚当·斯密、让·巴蒂斯特·萨伊(Jean Baptiste Say)以及大卫·李嘉图(David Ricardo)系统阐述的政治经济学理论,这些规律满足了特

21　参见本书第五章,第 194—195 页。
22　Habermas, above n 12, 95.
23　Paine, above n 1, 237.

502

定的社会需求;[24] 另一方面,黑格尔指出,这些规律非但没有解决人的自然不平等问题,反而起到强化人的自然不平等的作用。

黑格尔认为,市民社会的运作"不可避免地呈现了个人资源和能力的悬殊",而且非但没有消除这种自然的不平等,反而把这种不平等上升为"技能和资源的不平等,甚至是道德和智力的不平等"。[25] 鉴于此,市民社会只是实现了一些具有特殊性的利益,导致了一个冲突和对抗的领域的出现。不同于潘恩所认为的,伴随着市民社会的崛起,政府权力会随之缩减,黑格尔则认为,这场变革反而会导致政府承担起更多的规范社会生活的责任:生产者和消费者之间不同的利益会导致他们彼此冲突,尽管他们之间的平衡最终会自动产生,但是依旧需要一个超越和凌驾于利益各方之上的、有意识采取调整行动的控制力量存在。[26] 由于市民社会自然法的运行导致了社会的失衡和无序,因此,它是尤其需要政府的管制的。

本书在第五部分就会集中讨论市民社会的出现不仅不会导致政府的解体,反而会导致政府的扩张。这里首先要讨论的是市民社会是如何将自身作为自然权利的表达方式予以呈现的,以及这种呈现是如何塑造政府和社会的关系的。黑格尔认为,市民社会主要关心财产、个人自由的安全和保护,不能和国家混同起来,国家关心的是如何实现客观自由。[27] 市民社会是一个由公共舆论构成的领域,尽管作为信仰和利益的具体表达,它应该获得必要的尊重,它不具备区别对待的基本标准,也没有能力从自身中提取实质

24　GWF Hegel, *Philosophy of Right* [1821] TM Knox (trans) (Oxford: Oxford University Press, 1952), §189. 关于这一逻辑,黑格尔认为:"市民社会的这种内在辩证法对市民社会自身构成一种驱动力,使一个特定的市民社会能够超越自身的界限,在其他土地上寻求市场,从而维持自身生存。之所以在这些土地上寻求市场,要么就是这些土地对特定市民社会生产过剩的产品有需求,要么就是这些土地能够对其工业发展提供有效支持。"(at §246)

25　Ibid, §200.

26　Ibid, §236.

27　Ibid, §258.

公法的基础

性要素并将其上升为精确知识。[28] 所以,一旦让市民社会按照自己的规律运作,或者像黑格尔所说的那样,"它越是盲目地陷入追求自我的目标",那么它客观上就越迫切地需要公共控制,"因为,唯有这样才能减少因利益冲突而引起动乱的危险"。[29]

在哈贝马斯的评价里,黑格尔的论述导致市民社会公共领域理论基本没有什么说服力和影响力,具有无政府主义倾向和对抗性的市民社会根本无法从权力支配中解放出来,并免受权力干扰,无法构成一个使自主的私人个体能够实现相互联系的领域。[30] 黑格尔给出了完全不同于潘恩所提出的市民社会宪法化视角的分析,如果我们将宪法权利理解为保护主观自由的一类特殊权利,那么,黑格尔其实想要说明,宪法权利构成了对客观自由的实现最主要的障碍。

第三节　权　利　法　案

发展中呈现出来的自然规律,对我们理解公共领域的本质所造成的充满各种矛盾的影响,一直延伸到我们依据革命原则重组政府机构的方式当中。这种影响非常明确地在作为宪法组成部分的公民权利宪章的法律地位中展现了出来,公民权利宪章的出现

28　Hegel, above n 24, §318.

29　Ibid, §236. 也可参见马克思的分析:Karl Marx, 'On The Jewish Question' [1844]:⟨http://www.marxists.org/archive/marx/works/1844/jewish-question/⟩。

30　Jürgen Habermas, *The Structural Transformation of the Public Sphere: An Inquiry into a Category of Bourgeois Society* Thomas Burger (trans) (Cambridge, MA: MIT Press, 1989), 123. 也可参见 Reinhart Koselleck, *Critique and Crisis: Enlightenment and the Pathogenesis of Modern Society* (Cambridge, MA: MIT Press, 1988)(该书作者认为,有这样一种启蒙思想——"社会"构成了一个非政治空间,从而开启了全人类乌托邦式未来的可能性——不仅标志着反政治思想的开始,而且为现代极权主义奠定了基础)。

第十二章　宪法性权利

是现代宪制国家共同拥有的特征。通过这一宪章，自然权利原则就转化成了宪法基本原则：权利宪章也将自然权利转化为宪法权利。但是，由于这是一个新的创造物，所以这一系列权利法案的内涵、法律地位和影响都尚未确定，这种不确定性能够通过对比美国和法国的经验而被窥见。

这里最让我们震惊的事实可能是权利法案在出现之初，并没有被认为具有任何宪法意义上的重要性。在 18 世纪后半叶，它们主要还是被视作一般性的政治宣言，一个政府权力机构需要知晓和尊重的根本性的政治原则的集合。现代意义上对权利法案的理解，即认为权利法案是具有法律效力的、具有重要的宪法价值的、应该由司法机构负责实施的重要法律文件，是后来经验逐渐发展的产物。[31] 这一发展历程其实影响了我们对权利法案的制定方式。

在美国独立战争过程中，13 个州中的 2 个州起草了新宪法，在剩下的 11 个州中，8 个州签署了特定形式的权利宣言。每个州的制度实践并不是系统的，这并不奇怪，因为这些制度文件的主要功能并不是用来规范政府运行的，更多的是提醒美国人民和政府公职人员在处理相关事务时应该遵守的基本原则。[32] 弗吉尼亚州的情况很有启发性："州议会在通过宪法前两个多星期批准了《权利宣言》；两份文件均未提及彼此；甚至不清楚同时代的人是否将《权利宣言》视为州宪法的一部分。"[33] 需要注意的是：1787 年的联邦宪法也没有包括任何权利宪章，两年之后，权利宪章才以十条修正案的方式加入了宪法。

1791 年的美国《权利法案》(the American Bill of Rights) 更多的

31　参见本书第十章，第 416—429 页。

32　Jack N Rakove, *Declaring Rights: A Brief History with Documents* (Boston: Bedford Books, 1998), 37.

33　Ibid, 36.

公法的基础

是出于政治需要,而不是为了更好地完善宪法安排而制定的。这是大家基本上都认可的。《权利法案》是确保反联邦党人能够签署宪法所必须付出的代价。在这个过程中,最关键的人物就是麦迪逊。麦迪逊在初始的时候表达了大量对"寄望于通过羊皮纸屏障来抵御权力精神的侵蚀"的怀疑,强调应该通过建立"平衡制约"为核心的机制来实现这一目的。[34] 因为他"几乎没有看到任何证据表明,州的权利宣言在确保其公开宣称的目标方面有任何实际效力",它们未能对国家立法机构的行动构成任何有效约束,也"没有采取任何措施来遏制在广大人民中盘旋的分裂激情"。[35] 而且他还担心,如果权利清单在起草过程中被列举得不够完整,那些在立法过程中被遗忘的权利将彻底地被忽视。[36] 尽管麦迪逊后来的转化很大程度上是出于政治需要,但他确实认识到,一部权利法案还是可能具有某种潜力,可以遏制暂时多数派的暴政,并通过其象征性的影响,协助形成知情的公众,这是共和政府得以构建的一个重要前提。[37]

　　与很多州的权利法案相比,联邦宪法的十条修正案所使用的语言是非常平实的,既没有诉诸任何固有的自然权利,也没有一般性的对原则和目标的宣誓,更多的是"一系列似乎显得有些多余的命令,因为在起草的过程中已经预设了人民对自身权利的道德目

---

[34] James Madison, Alexander Hamilton, and John Jay, *The Federalist Papers* [1788] Isaac Kramnick (ed) (London: Penguin, 1987), No 48 (at 309), No 10 (at 119).

[35] Jack N Rakove, *Original Meanings: Politics and Ideas in the Making of the Constitution* (New York: Vintage Books, 1997), 316.

[36] Rakove, above n 32, 144.

[37] Wilfrid E Rumble, 'James Madison and the Value of Bills of Rights' in J Roland Pennock and John W Chapman (eds), *Constitutionalism: Nomos XX* (New York: New York University Press, 1979), 122-162; Stuart Leibiger, 'James Madison and Amendments to the Constitution, 1787-1989, "Parchment Barriers"' (1993) 59 *Journal of Southern History*, 441-468.

标和最终来源是非常清楚的"。[38] 美国《权利法案》远不是一个将席卷全球的宪制政府所做的基本权利的宣言,它只不过是把普通法中英国公民所拥有的基本自由确认下来而已。最后两个修正案,由于没有明显的目的,似乎证明了麦迪逊对起草者们是否有能力穷尽对基本权利的列举的担忧。[39]

　　修正案是以命令式而不是以规范式的方式表述的(用 shall 而不是 ought),这其实奠定了它们未来可裁判性的前景。[40] 但是,正如杰克·雷可夫(Jack Rakove)注意到的,在一个半世纪的大部分时间里,《权利法案》几乎对美国法律和政治话语没有任何影响力,一直到 20 世纪,《权利法案》(伴随着第十四修正案的出现)才开始逐渐成为美国宪法重要的构成要素。[41]

　　美国《权利法案》是作为早期已经颁布的宪法的修正案而制定的,法国的经验完全不同,法国的 1789 年《人权与公民权宣言》(简称"《人权宣言》")是早于新的法国宪法起草的独立宣言,为新宪法的制定构建了基本权利基础。尽管在表述上与美国《独立宣言》和一些州的权利法案有很多相似性,但是在立法目的和影响上,法国完全不同于美国。[42] 尽管潘恩在《人的权利》中将美国革命和法国革命等同起来,认为它们都是基于对自然权利主张的共同演绎所

38　Rakove, above n 32, 192.

39　第九条修正案规定:"本宪法对某些权利的列举,不得被解释为否定或忽视由人民保留的其他权利。"第十条修正案规定:"本宪法未授予合众国、也未禁止各州行使的权力,保留给各州行使,或保留给人民行使。"

40　麦迪逊在 1789 年 6 月 8 日的一次演讲中首次承认这一点,他说,如果一项权利宣言被纳入宪法,独立的司法法庭将以自己独特的方式履行自己作为这些权利的监护人的职责;司法法庭将是一个不可逾越的堡垒,与立法或行政部门的每一项权力相对抗。参见 Rakove, above n 35, 335。

41　Rakove, above n 32, 194.

42　参见耶利内克的经典论述,Georg Jellinek, *The Declaration of the Rights of Man and of Citizens: A Contribution to Modern Constitutional History* Max Farrand (trans) (New York: Henry Holt & Co, 1901); Duncan Kelly, 'Revisiting the Rights of Man: Georg Jellinek and the State' (2004) 22 *Law and History Review Issue* 3: ⟨http://www.historycooperative.org⟩。

507

公法的基础

呈现的共同运动,但是严格意义上讲,两者并不一样。美国革命的主要目标是摆脱英国的王权,建立其区别于前殖民地的独立政权;法国则是想要借助于自然权利的主张破坏旧政权的整个大厦,同时进行社会和政治革命,并将这些主张的力量扩展到整个欧洲大陆。所以,罗伯斯比尔会毫不意外地宣称:"法国革命是首先基于人权主义和正义原则发动的革命。"[43]

《人权与公民权宣言》借鉴了大量美国范本的表达,但是所发挥的宪法功能是完全不同的。《人权宣言》以规范的方式列举了一系列个人权利,包括法定自由(第 7 条)、无罪推定(第 9 条)、表达自由(第 10、11 条)和财产权(第 17 条)。但是,《人权宣言》不仅仅局限于对个体权利的列举,它还试图确立社会和政府得以建立的基本原则,以下列条款为例。

第 1 条　人生来就是而且始终是自由的,在权利方面一律平等。社会差别只能建立在公用事业(public utility)基础之上。

第 2 条　一切政治联合均旨在维护人类自然的和不受时效约束的权利。这些权利是自由、财产、安全与反抗压迫。

第 3 条　整个主权的本源根本上乃存在于人民。任何团体或任何个人皆不得行使国民未明白授予的权力。

第 4 条　政治意义上的自由是指能从事一切无害于他人的行为;因此,每一个人行使其自然权利,只以保证社会上其他成员能享有相同的权利为限制。此等限制只能以法律决定。

第 5 条　法律仅有权禁止有害于社会的行为。凡未经法律禁止的行为即不得受到妨碍,而且任何人都不得被强制去从事法律所未要求的行为。

第 6 条　法律是公意的表达。每一个公民皆有权亲自或由其代表去参与法律的制定。法律对所有的人,无论施行保护还是惩

43　转引自 Habermas, above n 12, 291 (n 9)。

第十二章 宪法性权利

罚都是一样的。在法律的眼里一律平等的所有公民皆能按照他们的能力平等地担任一切公共官职、职位与职务,除他们的德行和才能以外不接受任何其他差别。

第15条　社会有权要求一切公务人员报告其行政工作。

第16条　一切社会,凡权利无保障或分权未确立,均无丝毫宪法可言。

美国人在《权利法案》中,不过是确认了普通法的遗产,法国《人权宣言》则在权利和法律之间进行了明确的区分。在《人权宣言》中,法律就是指实证法,是由宪定的立法机构制定的、用来规范社会的规则,不包括习惯或者其他文化遗产。《人权宣言》宣布,国家有能力通过法律手段并按照一套旨在最大限度地实现所有人自由和平等的原则来管理自己。

由于法国大革命的发展,《人权宣言》所确认的原则上升到了社会和政府发展的基本原则的地位。鉴于此,我们可以认为,这些原则体现了试图规定国家宪法的指导原则的尝试,与此同时,《人权宣言》应该被解读为自由的大宪章。黑格尔在评论法国大革命时认识到了这一重要性,他指出:一部与正义观念保持和谐一致的宪法得以创立,这构成了所有未来立法的基础所在。《人权宣言》的独特性也获得了黑格尔的承认:"就像行星都围绕太阳转,但是并没有意识到它的存在一样,《人权宣言》也有这种独特性。"[44]亚历山大·科耶夫(Alexandre Kojève)也解释过黑格尔的观点,阿兰·布鲁姆(Allan Bloom)对此总结道:"在黑格尔看来,在法国大革命中对人权所做的普遍的、理性的原则宣誓,标志着历史终结的开端。"[45]这里的主张非常的明确,《人权宣言》所确定的原则是未

44　GWF Hegel, *Philosophy of History* J Sibree (trans) (New York: Dover, 1956), 447.

45　Allan Bloom, 'Introduction' to Alexandre Kojève, *Introduction to the Reading of Hegel* James R Nichols (trans) (Ithaca: Cornell University Press, 1969), vii-xii, xi.

公法的基础

来政治世界唯一可行的原则,未来全世界的主要任务在这里也非常明晰了——建立一个能够确保这些原则都可以完整地得以实施的国家。

但是,这是一项不太容易的任务。在《精神现象学》中,黑格尔在"绝对自由和恐惧"这一标题之下论述了这一重要的问题。[46] 当我们努力去理解他晦涩的哲学时发现,他的主张在于,那些对法国革命构成驱动力的思想源自卢梭的哲学,这一哲学是建立在(传统)共同体丧失基础上的,由于共同体丧失,只能代之以孤立的个体,在这些个体看来,国家不过是一个想象的心理建构物。黑格尔认为,恰恰是从这种内部的革命开始,出现了现实世界的真实革命,产生了新形式的良知,即绝对的自由。[47] 在这个绝对自由的世界中,所有的社会团体和阶层都被废除了,因为公意的实现需要抛开所有限制,它的目的就是一般目的,它的语言就是普遍法则,它的工作就是普遍工作。[48] 对黑格尔而言,恰恰是这个绝对自由世界的普遍原则的抽象特征标志着它的消亡。因为当提出绝对自由的主张时,无论是在原则之间,在原则表达之间,还是在政府和人民之间,都不可能存在任何有效的可以斡旋的权威。这个过程不能带来任何积极的东西:"留给它的只有消极的行动,这就是毁灭的狂怒。"[49]

在《法哲学原理》中,黑格尔进一步论述了这一论点,他认为,基于《人权宣言》的抽象原则所产生的诉求,是一种虚无的自由,因为一旦这些自由在现实政治中彰显自我,它们就形成了"破坏的狂热,破坏整个现存秩序,消灭任何对现存社会秩序而言可疑的对

---

46 GWF Hegel, *Phenomenology of Spirit* AV Miller (trans) (Oxford: Oxford University Press, 1977), 355–363.

47 Ibid, 356.

48 Ibid, 357.

49 Ibid, 359.

第十二章 宪法性权利

象,消灭任何试图从废墟中重新崛起的组织"。[50] 黑格尔进一步阐述,在法国大革命的恐怖时期,所有有才华的人和当局之间的分歧都被彻底压制和取代了,那是一段对所有特别的存在都怀有不可调和的憎恶的时期。[51] 我们看到,一旦任何机制,哪怕这些机制是由革命者自己创造的,与抽象的平等的自我意识相对立,革命者就毫不犹豫地摧毁了那些机制。[52] 所以,当国家被认为是一般性的、普遍性的原则的表达时,它是很难保存自身的。

黑格尔认识到,由于法国大革命的影响,作为欧洲世界历史构成部分的"自由"已经成为所有政治和法律秩序所要遵循的原则。他非常清楚,不再可能从这些原则往回退,而且这一新胜出的作为所有法律需要遵循的普遍原则是不可以被随便限制的。[53] 在这方面,他与伯克不同,伯克虽然同样批判抽象理性,但他试图捍卫一个立基于君主或贵族戒律的国家。[54] 黑格尔与边沁也不同,边沁将《人权宣言》的规范性主张转化为经验性的陈述,目的是驳斥宣言的荒谬性。[55] 与边沁不同的是,黑格尔认识到正义与法律之间的辩证关系;而与伯克不同的是,黑格尔不是将历史与理性对立起来,而是试图在历史中确定理性。黑格尔承认法国大革命在试图

50　Hegel, above n 24, §5R.

51　Ibid, §5A.

52　Ibid.

53　Joachim Ritter, *Hegel and the French Revolution* Richard Dien Winfield (trans) (Cambridge, MA: MIT Press, 1982), 52-53.

54　Edmund Burke, *Reflections on the Revolution in France* [1790] Conor Cruise O'Brien (ed) (London: Penguin, 1986). 参见 J-F Suter, 'Burke, Hegel, and the French Revolution' in ZA Pelczynski (ed), *Hegel's Political Philosophy: Problems and Perspectives* (Cambridge: Cambridge University Press, 1971), 52-72。

55　Jeremy Bentham, *Anarchical Fallacies; being an examination of the Declaration of Rights issued during the French Revolution* [c1795] in Jeremy Waldron (ed), *Nonsense on Stilts: Bentham, Burke and Marx on the Rights of Man* (London: Methuen, 1987), 46-76. 例如,边沁指出,"人生而自由吗? 人依旧自由吗? 不是的,没有一个人曾经、现在或者未来是自由的。相反,每个人都是生而需要服从的,这种服从甚至是绝对的,是一个每时每刻都依赖父母存活的无助的孩子的那种服从"(at 49)。

511

公法的基础

基于理性原则重新构建国家秩序上所取得的举世瞩目的成就,[56]
但同时也认为,国家不是抽象构成原则的奴隶,他的哲学既拥抱革
命的可能性与必要性,又认识到保存国家的必要性。

法国《人权宣言》和美国《权利法案》构成了围绕宪法权利问题
所展开的思考的两极。宪法权利到底是用来规范已经建立的政府
机构的一系列原则(美国《权利法案》的基础)还是用来表述政府得
以建立的合法性基础的一系列原则(法国《人权宣言》的主张)?阿
伦特给出了非常好的答案,她提出,整个问题是如此容易和频繁地
被混淆,因为在法国大革命的过程中,《人权宣言》起到非常重要的
作用,这些权利确实被假定为不是对所有合法政府的限制,恰恰相
反,是合法政府得以建立的基础。[57] 美国的经验则不同,正是在
《独立宣言》之后,紧接着席卷全国的"立宪热潮"阻碍了"权力真空
的发展",并使政府的权威得以建立在其他基础之上,而不是建立
在"本质上对权力而言,是一种消极力量的权利法案之上"。[58]

阿伦特指出,不同于在一个社会和政治组织仍处于封建状态的
国家当中喊出"人人生而平等"的宏伟宣言所具有的革命意义,[59]事
实上,美国的权利主张无论在内容上还是在范围上,都更为温和。
尽管它寻求将"英国人所享有的权利"法典化,但是,同时在权利主
张中也非常明确地指出,这些权利应该为所有公民所享有,不考虑
其祖先是谁:在宪制政府之下,所有公民都有自由生活的权利。与

56　黑格尔的最后一篇文章关于英国宪法在《改革法案》颁布时的状况,他指出,
"'确实性'(positivity)特征在英国法律制度中占主导地位,无论是公法还是私法",这意
味着"每项权利及其相应的法律都是以某种实证的形式规定的,由国家最高权力机构制
定,必须被服从,因为这是一项法令"。但是,他继续说,"这种固有的、不连贯的实证规
定的集合尚未经历在欧洲大陆文明国家中所进行的发展和重塑",英国因此"缺乏构成
这些光荣且幸运的进步的主要部分的特征",众多特征中最主要的就是"法律的科学重
塑"。详见 GWF Hegel, 'The English Reform Bill' [1831] in his *Political Writings*
TM Knox (trans) (Oxford: Clarendon Press, 1964), 295–330, 299–300.

57　Hannah Arendt, *On Revolution* (Harmondsworth: Penguin, 1973), 148.

58　Ibid.

59　Ibid.

第十二章 宪法性权利

美国权利主张中所要求的所有人都应该生活在尊重个人权利的宪制政府之下不同,法国革命主张,权利是独立于、外在于有机政治体而存在的,在此基础上,将人生之为人所享有的人权等同于公民权。[60] 阿伦特更具体的关注点是,"人权概念本身所固有的困惑",以及"如果没有立即将所有围绕人权所发表的宣言、公告或列举纳入实证法所可能导致的(这些宣言的)无效性"。[61] 各国不断增加的制定权利法案,进而将权利法案作为宪法组成部分的实践,不仅彰显了权利和法律关系中的紧张,而且也在后续的变革中发挥了关键作用。

第四节 宪法司法化

如果卢梭被认为是法国大革命最有影响力的理论家,那么如阿伦特所言,孟德斯鸠则被认为在美国革命的进程中发挥了最大的影响力。在向孟德斯鸠寻求构建政治自由的宪法的指导过程中,美国殖民地人民获得了两条非常重要的经验。首先,在思考自由的宪法时,"宪法"一词失去了"作为权力的对立面、限制和否定权力"的任何内涵;相反,它意味着"联邦自由的大庙宇"必须建立在一定基础之上,注意对权力的正确分配。[62] 其次,涉及对政治权力本质的理解。孟德斯鸠不仅相信权力只有依靠权力才能获得有效的制约,他还认识到,如果适用得当,平衡和制约权力的技术不仅仅是对权力的限制,同时也是更多权力得以产生的源泉。[63] 阿伦特认为,正是因为这点,法国革命经验和美国经验之间有了更为一般性的区别:

60　Arendt, above n 57, 149.

61　Ibid. 相关讨论参见 Hannah Arendt, *The Origins of Totalitarianism* (San Diego, CA: Harcourt Brace Jovanovich, 2nd edn, 1968), 290-302。

62　Ibid, 150.

63　参见本书第六章,第 245—249 页。

513

公法的基础

　　法国大革命中的人们不知道如何区分暴力和权力，相信所有的权力都来自人民，从而将整个政治领域向前政治的大众的自然力量开放，结果，他们自己被革命给卷走了，就像国王和旧势力被冲走一样。而美国革命中的人民则刚好相反，在他们眼里，权力是作为前政治状态的自然暴力的对立物存在的，对他们来说，只有当人们聚集在一起，通过承诺、契约和相互发誓来约束和连接彼此时，权力才会产生；只有这种建立在互惠互利基础上的权力才是真正的权力。[64]

　　简而言之，革命需要宪法，权力需要制度支撑。当阿伦特主张"被制约的权力其实是被增强的权力"时，她所指的是一种经过制度化引导和规范的权力，这种权力最终其实转化为了权威。宪法并不是构建了权力，而是权威，就像宪法修正案增强了美国的建国根基一样。[65] 从这个角度，阿伦特也发现了"宪法"这个概念的模棱两可性。宪法在这里可以指代一个构成性行为，通过这个行为，人民将自身整合进一个政治体中。同时，它也可以指代这个行为的结果；即作为书面文件呈现的成文宪法。[66] 所以，美国人民对宪法所秉持的敬畏本身也是非常模糊的，这个敬畏的对象有可能是那个构成性行为，也可能是针对成文宪法本身。[67]

　　阿伦特的论述能够帮助我们更好地理解当代美国宪制主义一个最为明显的特征，即它将极端的法律主义与权利基本论联系了起来。在美国的体系中，几乎所有重要的政治问题都总是倾向于最终转化为宪法问题，所有的宪法问题最终可能都要借助于司法的力量得到解决，而所有的宪法司法化（constitutional adjudication）的问题

64　Arendt, above n 57, 181.
65　Ibid, 202.
66　Ibid, 203.
67　Ibid, 204.

514

第十二章　宪法性权利

最终都变成了宪法权利问题。[68] 美国的体系也许具有其特殊性，却几乎没有理由让我们怀疑，尽管存在程度上的差异，但是几乎所有其他宪制国家都在追寻美国的轨迹。因此，通过研究大量围绕美国宪法司法化的本质、作用和局限的丰富文献，能够帮助我们把握宪法权利的显著特征。

值得重视的地方在于，美国的权利革命事实上是非常晚近才出现的现象。一战之后，最高法院才开始断断续续地使用《权利法案》中的相关条款来与州进行对抗。1938 年"新政"实施之后，产生了一系列争议，最高法院也发生了非常大的转型，它一方面表示尊重与经济规制有关的立法，另外一方面则对明显对人身自由构成限制的立法行动实施更为严苛的审查。[69] 但是，真正的权利革命其实是发生在二战之后。最为重要的发展体现在以下事项中：种族隔离[70]，投票权[71]，将《权利法案》保护范围创新性地扩展到对被告或犯罪嫌疑人的保护[72]，阐述对个人自主的权利保护[73]，以及与言论自由、宗教信仰自由、出版自由和表达自由相关的宪法保护

68　可参看 Alexis de Tocqueville, *Democracy in America* [1835] Henry Reeve (trans) Daniel J Boorstin (intro) (New York: Vintage Books, 1990), vol 1, ch 16, 280:"很少有什么样的政治问题在美国无法通过司法得以解决，只是或早或晚罢了。"

69　*US v Carolene Products Co* 304 US 144, 152 (n 4) (1938).

70　*Brown v Board of Education* 349 US 294 (1954).

71　*Baker v Carr* 369 US 186 (1962); *Reynolds v Sims* 377 US 533 (1964)[根据平等保护条款，确保在所在地区能够依据人口比例获得代表的个人权利的实现]。可能需要指出的是，贝克案(*Baker case*)也标志着法院对待"政治问题"教义的重大转变，按照这一教义，某些宪法问题在本质上是不可审理的，因为它们涉及其他政府部门甚至选民应该拥有最终发言权的事项。最高法院驳回了在 *Cosgrove v Green* 328 US 549 (1946)一案中的做法，最高法院在这些案件中只询问所援引的宪法条款(平等保护条款)是否能够转化为司法上可执行的权利。

72　*Mapp v Ohio* 367 US 643 (1961)[将有关排除不当获取证据的联邦规则扩展到州刑事诉讼程序中];*Gideon v Wainwright* 372 US 335 (1963)[确立了刑事诉讼中的辩护权]; *Miranda v Arizona* 377 US 201 (1966)[排除从未被告知有权保持沉默和接受律师协助的嫌疑人处获得的供词]。

73　*Griswold v Connecticut* 381 US 479 (1965)[宣布禁止销售避孕药具的州法律违宪]; *Roe v Wade* 410 US 113 (1973)[宣布限制女性行使堕胎权的州法律违宪]。

515

公法的基础

行动。[74]

战后的这些发展导致围绕宪法权利的诉求变成现代美国宪法中最重要却最充满争议的发展内容。这同时也带来了最高法院角色的重大变化：在 20 世纪 30 年代中期之前，不超过 10％的案件是与个人非财产性权利相关的，但是，到了 20 世纪 60 年代后期，70％左右的案件都是与个体权利相关的。[75] 最高法院将自身定位为"宪法法院"，最主要的能力就是承担对公民宪法权利的护卫功能。

从权利发展的角度来看，阿克曼将建国时期和重建时期视作"宪法时刻"是对的，但是，如果将"新政"时期视为"宪法时刻"可能就有问题。从权利的视角，理查德·普里默斯（Richard Primus）认为，对过去两代人产生重大影响的权利原则的重写，与其说是新政的产物，不如说是二战及其后续那些年的产物。尽管"新政"对美国政治和政府的结构有明显的意义，但那些使 20 世纪五六十年代民权运动取得成功的思想，最好被理解为是对二战及其后几年的敌对力量的回击，即它们是在与纳粹和苏联的极权主义的对抗过程中产生的。[76]

74　更多的案例参见：*New York Times Sullivan* 376 US 254 (1964)（所有针对政府官员的诽谤指控都必须受到严格审查，以确保言论自由权不受官方审查的侵犯）；*Stanley v Georgia* 394 US 557 (1969)（国家禁止淫秽物品交易的权力不能扩大到限制私人拥有淫秽物品的权利）；*Cohen v California* 403 US 15 (1970)[因穿着印有"该死的征兵"(Fuck the Draft)字样的夹克进入法庭扰乱治安而被判有罪，这被裁定为干扰了言论自由]；*Wisconsin v Yoder* 406 US 205 (1972)（该州试图对阿米什社区实施义务教育法，但遭到了驳斥，认为这是对自由行使宗教权利的干涉）；*Lawrence v Texas* 539 US 558 (2003)（禁止成年人同意同性鸡奸的州法律因侵犯隐私权而被视为违宪）。值得注意的是，最后一个案件的判决明确推翻了最高法院在 *Bowers v Hardwick* 478 US 186 (1986)一案中的决定。

75　Charles R Epp, *The Rights Revolution: Lawyers, Activists, and Supreme Courts in Comparative Perspective* (Chicago: University of Chicago Press, 1998), 2.

76　Richard A Primus, *The American Language of Rights* (Cambridge: Cambridge University Press, 1999), 71. 阿克曼对这一问题的相关讨论，参见本书第十章，第 435—441 页。

第十二章　宪法性权利

　　战后美国宪法权利的发展需要被放置到一个全球化的运动背景下去理解，这个运动旨在促进人权发展，以及特别提倡将人权融入民族国家的宪法框架中。[77] 这就使得美国法学家围绕宪法权利的起源、本质和地位的讨论显得非常重要。构成美国围绕司法审查的讨论的基础的是对一种方法的寻求，这个方法针对如何使两种对现代宪法秩序构成合法性论证的观点能够相互调和共存，即大众主权主张和对公民权利应该予以尊重的主张。

　　对这个方法的探索让我们看到，围绕宪法司法审查的辩论有其独特性。比如，在主导美国法学家辩论的相关问题当中，"宪法理论"这个概念的内涵是恒定的，指称的就是对一种能够对法官解释《权利法案》构成指导的理论的探索。[78] 尽管围绕这一主题产生了大量文献，但是所有讨论参与者似乎都共享一个理论前提，正如理查德·波斯纳（Richard Posner）指出的，所有的宪法理论家都是规范主义者，他们理论构建的主要目标就是影响法官决定疑难宪法案件的方法。不仅大多数的宪法理论家相信通过司法行动可以带来社会变革，更重要的是，他们的理论化发展受到了道德理论的深刻影响。[79] 波斯纳将这个趋势形成的理论派别称为"学院道德派"（academic moralism）。[80] 或者正如博克所言："法学院的小树

———————

　　[77]　例如，可参见 C Neal Tate and Torbjörn Vallinder（eds），*The Global Expansion of Judicial Power*（New York：New York University Press，1995）；Ran Hirschl，'The Judicialization of Mega-Politics and the Rise of Political Courts'（2008）11 *Annual Review of Political Science*，93–118。

　　[78]　进一步讨论可参见以下争论：Richard H Fallon Jr，'How to choose a constitutional theory'（1999）87 *California Law Review*，535–579；David A Strauss，'What Is Constitutional Theory?'（1999）87 *California Law Review*，581–592；Michael C Dorf，'Create Your Own Constitutional Theory'（1999）87 *California Law Review*，593–612。

　　[79]　Richard A Posner，'Against Constitutional Theory'（1998）73 *New York University Law Review*，1–22，2.

　　[80]　Richard A Posner，*The Problematics of Moral and Legal Theory*（Cambridge，MA：Belknap Press，1999），ch 1，5："学院道德派在改善人类行为方面没有任何前景。知道要做的有道德的事情，并不会为真正去做这件事提供动　（转下页）

公法的基础

林里有许多年轻的哲学家,他们提出了法官必须用来创造新的宪法权利的各种道德体系。"[81]

对这一运动最早的描述见于亚历山大·比克尔(Alexander Bickel)在1962年出版的著作《最小危险部门:政治法庭上的最高法院》。比克尔指出,作为美国政府组成当中最不危险的部门,最高院却是世界上从未有过的、最为强大、最有影响力的法院,比克尔为最高法院所享有的广泛的司法审查权提供了雄辩的理由。[82] 比克尔延续了汉密尔顿式的分析,认为最高法院作为宪法的护卫者,今天其实已经成为社会中的合法化力量,这很大程度上是因为美国的国家地位、延续性、统一性和共同目标的象征都是宪法。[83] 但是,他也认识到,由于法院的权力几乎可以触及个体生活的每一个方面,而且其行使不受制于一般的政治限制,因此,这一权力应该受到特定的制约。最重要的制约因素是"司法审查所呈现的是政府运行过程所要遵守的原则"。这里的"原则"指的是"一般命题"或"在给定的文化和场域所构建的宇宙中具有普遍有效性的组织思想,这些思想通常基于特定的伦理和道德预设得以建立"。[84] 法官既没有武力也没有公共意志作为正当性支撑,既没有

(接上页)机,也不会创造动机;动机和动机化来自外部道德。即使这是错误的,学院道德派使用的分析工具——无论是道德偶然性,还是道德哲学经典文本中的推理,或仔细分析,或反思性平衡,或这些工具的某些组合——都太弱,无法超越狭隘的私利或道德直觉。学院道德派的主张者既没有修辞技巧,也没有事实性知识,如果没有好的调查或分析方法,他们就无法说服他人。由于其分析、修辞和事实上的缺陷,学院道德派在与直觉冲突或遭遇个人自利所提出的反对时就会无能为力,而在这些外部要素与道德主义相一致时,这个理论则毫无用处。此外,幸运的是,学术道德家没有希望实现其隐含的、将统一的道德强加给社会的目标,这并不涉及他们围绕道德应该是什么形成的共识,而是每一种道德理论都隐含着统一主义,就像我们这样的社会所需要的是道德多样性,这与仅仅容忍不同的道德信仰是两码事。"

81　Robert H Bork, 'Styles in Constitutional Theory' (1985) 26 *South Texas Law Journal* 383–395, 387.

82　Alexander Bickel, *The Least Dangerous Branch: The Supreme Court at the Bar of Politics* [1962] (New Haven, CT: Yale University Press, 2nd edn, 1986), 1.

83　Ibid, 31.

84　Ibid, 199.

518

宝剑也没有钱袋,他们"只有社会对原则之治的追求"。[85] 因此,他总结道,最高法院是"一个被赋予了对社会基本原则进行变革和承担对其应用责任的机构"。[86]

比克尔并没有回避那个关键问题:九位终身任职的大法官如何决定那些无法追溯到民主社会,却要适用于整个国家的原则?[87] 当然,宪法文本、历史、之前的判例都是这些原则的渊源,但是,作为"经验的沉淀"或"经验的助手",比克尔认为,这些渊源仅仅是"灵感的来源,反思的推动者,情绪的生产者",它们不过是提供了"审判的外部环境、前提条件,在一定程度上对判决构成了一定的条件限制,但它们并不是那些原则的源泉"。[88] 在此基础上,比克尔提供了答案:

> 法官的职能就是使自己沉浸在我们社会的传统和过去的同类社会的传统中,沉浸在作为规律的历史和历史的沉淀中,沉淀在哲学家和诗人的思想和视野中。法官将从他们最深的自我中提取"基本的预设",但事实上是从我们传统中产生的不断演变的道德中提取。[89]

比克尔对这个问题的坦率回答,使我们回到了现代宪制主义的起源。他指出,宪法不能简单地被视为一个文本,一个人民签订的、构建了政府机构并列举了其享有权力的契约,宪法是与民族生活紧密相关的文化手工艺术品。如果从这个视角定义宪法,国家宪法和政府宪法之间的区别就被消解了。事实上,比克尔的回答

85　Bickel, above n 82, 204.
86　Ibid, 109.
87　Ibid, 235.
88　Ibid, 236.
89　Ibid.

公法的基础

会导致他被定义到与伯克对宪法传统理念的捍卫更为接近的位置,而不是与潘恩或其他现代宪法学家更相似。[90] 但比克尔的观点与保守主义之间仍然存在一个重要的区别:在传统的理解中,表达和捍卫基本法是国家所有机构和官员的共同责任,但今天,是司法部门宣称具备了对基本法含义进行解释的知识和能力,并对其执行负有特殊的责任。这一转变所引发的相关后果是由宪法权利这个概念来承担的。似乎这个时候无法再将宪法权利视为一张对政府权力进行限制的清单,它们应该是一系列民族道德生活的原则性表达——伦理。尽管宪法权利现在被一座规范主义的大厦所掩盖,但事实上,宪法权利现在必须参照(审慎的)政治法的规则来进行解释。

由于出现在美国宪法"权利革命"的高潮时期,比克尔把宪法权利描绘成一个国家政治道德基本原则的表达,有效地确立了自己观点的权威性。比克尔的观点尽管经过了一般修饰,但本质是自由主义法学家信仰的表达。[91] 即使是那些对构成自由主义理念基石的观点持反对意见的人,尤其是对潘恩所提出的社会和政府的关系提出挑战的人,也仍然需要在比克尔的框架中展开讨论。以从公民共和主义(civic republicanism)视角对自由主义的权利观进行反对的思想家为例,凯斯·桑斯坦(Cass Sunstein)在《偏颇的宪法》一书中,引用麦迪逊的著作来论证"宪法是建立在协商性民主原则基础上"的观点。他的基本观点在于,宪法的产生并不仅仅是用来确保政府对社会所承担的责任,同时也是为了促进建立在

---

[90] 参见本书第十章,第 400—401、404—405 页。可参见 Alexander Bickel, *The Morality of Consent* (New Haven, CT: Yale University Press, 1975)。

[91] 进一步介绍可参见 Ronald Dworkin, *Freedom's Law: The Moral Reading of the American Constitution* (Cambridge, MA: Harvard University Press, 1996); Michael Perry, *The Constitution in the Courts: Law or Politics* (New York: Oxford University Press, 1994)。

公共精神基础上的政治协商的。[92] 然而,尽管桑斯坦以有趣和重要的方式挑战了"因现状而中立"(status quo neutrality)这一自由主义原则,[93]他以文本、结构、历史和解释原则为基础所展开的对宪法方法的思考,[94]事实上在重要方面并没有偏离比克尔的考量。虽然提供了一个不同于正统自由主义的有关国家基本价值观的理解视角,这一共和主义的分析还是接受了对宪法地位的惯例性理解,以及司法机构作为宪法捍卫者和权威解释者的传统观点。

比克尔主张的"最高法院最主要的职责就是为国家所要遵循的基本价值提供一个理性的表达"的观点,受到的最新挑战来自约翰·哈特·伊利(John Hart Ely)。伊利认为,这一诉诸理性的说法是非常空洞的,他指出,理性就是一个空洞渊源,"中立性原则"本身也属于这种空洞的渊源,即使不是空洞的,它们也是不民主的和非正义精英主义的,应该被彻底地忽略。[95] 伊利认为,那些从比克尔的前提出发的人,最终就会认识到,终其一生寻找一个去个人化的渊源,最终必然是一场空。每一个人都是通过强加自己的价值观来做所谓"正确的事",[96]这也恰恰就是这些具有引领性的宪法法学家在做的事情。

伊利试图通过倡导一种纯粹以程序为导向的宪法权利保护来

92　Cass R Sunstein, *The Partial Constitution* (Cambridge, MA: Harvard University Press, 1993), esp ch 1.

93　例如,桑斯坦认为,受第一修正案保护的言论自由主张不是为了促进市场自由选择,而是为了维护协商民主制度。这一论点从另一个角度引发了最近的权利争议,比如,宪法保护是否可以延伸到商业广告、竞选活动的巨额支出以及各种色情言论。桑斯坦认为,市场上的言论自由可能导致言论的缩减,正如政府对言论的监管可以被视为促进言论自由一样。详见 Ibid, chs 7-10。

94　Ibid, chs 4 and 5.

95　John Hart Ely, *Democracy and Distrust: A Theory of Judicial Review* (Cambridge, MA: Harvard University Press, 1980), 59. 这里映射的内容参见 Herbert Wechsler, 'Toward Neutral Principles in Constitutional Law' (1959) 73 *Harvard Law Review*, 1-35。

96　Ely, above n 95, 72.

公法的基础

解决这一困境。他认为,宪法主要的目的是建立一种政府运行的程序,而不是一种治理的意识形态。[97] 所以,宪法司法化的主要目标就应该是支持这一程序,司法要做到这一点,主要就是通过监督体制中可能出现的故障来实现。他声称,这一较为狭窄的职权范围定位最符合制宪者的意图,制宪者曾试图建立一种共和政体,在这种政体中,代表们基于全体人民的利益而执政,每个公民都有权得到平等的尊重。[98] 因此,法官通过清理政治对话的渠道(通过保护言论自由、选举权、政治结社权等)和促进少数群体的代表性(通过严格审查可疑的分类)来保护公民的宪法权利。[99] 这一以增强代表性为导向的解决方案为美国诉卡罗琳产品公司案(*United States v Carolene Products Co*)中最高法院所做的脚注四提供了更为精辟、敏锐的解读,[100]司法在这里的角色并不是要强加某种基本价值观,而是要全面支持美国的代议制民主体系。[101]

伊利雄心勃勃地想要调和司法审查和民主之间的矛盾,这种努力也许是具有启发性的,但是从其根基上就注定了是要失败的,因为想要在实体和程序之间去做泾渭分明的区分,这几乎是不可能的。伊利无法避免的一个现实就在于,他所倚赖的"代议制民主"这个概念本身就需要获得实体性的捍卫,也就是说,必须基于他努力想要避免的特定的基本价值观的解读,才能捍卫代议制。正如桑斯坦所注意到的,民主不是一个可以自我界定的概念,伊利从来没有试图对此下过自己较为特别的定义,他只是简单地阐述为"对普遍理想的必然解读"。[102] 尤其是当伊利假定司法是克服多

---

    97   Ely, above n 95, 101.

    98   Ibid, 79. 伊利的观点(Ibid, 80, 87)主要依靠《联邦党人文集》(above n 34)得以证成,详见 Nos 51 and 57。

    99   Ibid, chs 5 and 6.

    100   Above n 69. 还可见本书第十章、第 438 页,注 136。

    101   Ely, above n 95, 101–102.

    102   Sunstein, above n 92, 143–144.

第十二章　宪法性权利

数人偏见的工具时,这个问题就变得尖锐起来。桑斯坦解释,当我们认为某人被施予了偏见时,我们其实对相关人员的观点做了一个道德判断。这里我们就会发现,伊利试图用"偏见"这个术语作为道德理论的替代品,因为这个道德理论本身也没有获得完整的定义和论证。[103]

美国法学家并没有提供一套被广泛接受的、有关司法在界定和实现宪法权利中的角色和作用的理论,这就使得一些法学家选择退到过去。这种趋势在对历史分析的兴趣被重新点燃的现象中得以彰显,很多法学家试图确认,当代的宪法解释在多大程度上是与当年《权利法案》的起草者们的意图相互匹配的。这一流派的典型就是博克。他从原旨主义角度对立法意图的探索不仅试图驳斥大多数当代对宪法权利的解释,而且还试图恢复宪法作为约束政府手段的理念。宪法主要是通过设定一系列对政府权力施加限制的、根深蒂固的、不可随意侵犯的权利来实现这一功能的。他的方法要诉诸对文本、历史、结构和先例的分析,但是唯独不需要诉诸道德哲学。[104]

为了落实这一任务,博克从很多 19 世纪法学家那里寻求支持,这些法学家将宪法等同于文本,文本属于法律的一种,在此基础上,司法所承担的宪法功能就是运用一般的法律解释原则,识别

103　Sunstein, above n 92, 144. 进一步可参见 Laurence H Tribe, 'The Puzzling Persistence of Process-Based Constitutional Theories' (1980) 89 *Yale Law Journal*, 1063 - 1080; Jürgen Habermas, *Between Facts and Norms* William Rehg (trans) (Cambridge: Polity Press, 1996),哈贝马斯认为,伊利需要"澄清政治过程特有的特质——理性",并且他的"政治观点和意志形成的程序正义的核心概念需要对民主理论进行澄清,但是,伊利将其放在背景中来处理了"。(at 266)

104　Bork, above n 81; Robert H Bork, *The Tempting of America: The Political Seduction of the Law* (London: Sinclair-Stevenson, 1990). 最高法院中对原旨主义最为著名的倡导者就是斯卡利亚大法官,参见 Antonin Scalia, 'Originalism: The Lesser Evil' (1989) 57 *Cincinnati Law Review*, 849 - 865; Antonin Scalia, *A Matter of Interpretation: Federal Courts and the Law* (Princeton, NJ: Princeton University Press, 1997)。

公法的基础

文本的内涵。因此,博克借鉴了约瑟夫·斯托里(Joseph Story)、詹姆斯·肯特(James Kent)、托马斯·麦金太尔·库利(Thomas McIntyre Cooley)和塞耶等权威人士的经验,证明在美国宪法审查的传统中,法官只宣布那些明显违反宪法条文的立法行为是违宪的。[105] 最具启发性的观点就是,他极富赞许性地援引了斯托里关于在宪法解释过程中的司法角色的观点:解释所有文书的第一条也是最基本的规则是,根据术语的含义和当事人的意图来解释这些文书。[106] 无论是对斯托里,还是对博克,这一解释方法的关键要素就在于要将宪法视为一份契约,一部普通的法律,从而就能够将宪法解释的方法等同于法律解释的一般方法。

作为一种宪法解释的方法,原旨主义是在试图寻求具有共识性的基本价值的探索失败后出现的,在其代表人物博克看来,寻求基本价值观的任务最终会终结于"宪法虚无主义",陷入司法机构对自身价值观的影射和对机会主义的司法独裁的鼓吹中。[107] 但是,原旨主义试图将文本解释简化为事实问题,似乎也没有更有说服力。[108] 尤其是在美国,原旨主义背后也有一个特定的政治议程,即通过寻求缩小宪法权利的范围,以加强社会和政府之间更为保守的安排。正如博克所说的:"所有值得尊敬的宪法理论模式都会导向大致相同的地方,而这个地方是一个比大多数美国人所希望的更平等的、更具社会自主性的空间。"[109] 在当代美国,抽象的普

---

105 塞耶的论述可参见本书第十章,第 424—426 页。

106 Joseph Story, *Commentaries on the Constitution of the United States* (Boston: Hilliard, Gray & Co, 1833), §400. 转引自 Bork, above n 81, 385。

107 Bork, ibid, 388. 原旨主义有时被称为解释主义,因为它试图解释文本,从而与其他类型的价值促进理论构成对比,后者旨在将发现文本中可能找不到的基本价值的任务交给司法机关。后一类不是解释主义者,或者说,他们试图解释的东西(尽管他们自己声称为解释主义者)不是宪法。

108 参见 Bickel, above n 82, ch 2; Ely, above n 95, chs 1-2; Sunstein, above n 92, ch 4; Ronald Dworkin, 'The Arduous Virtue of Fidelity: Originalism, Scalia, Tribe, and Nerve' (1997) 65 *Fordham Law Review*, 1249-1293。

109 Bork, above n 81, 394.

524

第十二章　宪法性权利

遍性原则打着宪法权利的旗号进行宣传,但是由于缺乏促成共识的权威,许多人认为它只能导致"虚无的自由"。如果把哈佛大学和耶鲁大学的宪法学教授定位为雅各宾派,似乎显得过度强调对立的紧张,这场对立、分歧和冲突可能还没有达到"绝对自由和恐惧"的高度,尽管如此,黑格尔的警告仍然是中肯的。

　　经过以上分析,我们发现,没有一个有关宪法司法化本质的理论能够具有完整的说服力、能够被普遍接受。这一点导致了一些更现实的方法的产生,这些方法尽管程度上有差异,但是都强调当对基本原则存在巨大分歧时,对处理结果本身应该形成一致意见的重要性。这里面的典型包括查尔斯·泰勒的"窄轨发现"(narrow gauge discoveries)理论,[110] 罗尔斯的"重叠共识"(overlapping consensus)理论,[111] 桑斯坦的"未完全理论化合意"(incompletely theorized agreements)理论,[112] 以及波斯纳所持的非常明确的实用主义的立场,在他看来,法官"最想要得出的裁判结

---

[110]　Charles Taylor, 'Neutrality in Political Science' in his *Philosophical Papers*, *vol. 2* (Cambridge: Cambridge University Press, 1985), 58-90, 90: "在进行政治科学研究时,避免这种(价值冲突)的唯一方法是坚持'窄轨发现',因为这些发现可以与大量政治框架相兼容,因此就可以沐浴在价值中立的氛围中。"

[111]　John Rawls, 'The Idea of an Overlapping Consensus' in his *Political Liberalism* (New York: Columbia University Press, 1993), 133-172. 罗尔斯认为,在一个秩序良好的多元社会中,"唯一一个合理且全面的教义既不能保证社会统一的基础,也不能提供关于基本政治问题的公共理性的内容";这些目标只能在"合理且全面的教义所形成的重叠共识"的基础上实现,这使得正义的"政治理念"得以出现。(at 134)

[112]　Cass R Sunstein, *Legal Reasoning and Political Conflict* (New York: Oxford University Press, 1996), 36-37: "未完全确定的协议……允许人们在存在大规模分歧的情况下制定决策和判断框架。让我们转向第二种现象。有时人们同意一个居中性原则,但对一般理论和特殊情况表示反对。我在这里特别感兴趣的是第三种现象,这种现象彰显了对法律的特别兴趣:这是关于特定结果的未完全理论化合意,同时伴随着关于解释这些合意的狭义或低限度原则的共识。"相似的论点可以参见桑斯坦关于"司法极简主义"(judicial minimalism)的论述,Cass R Sunstein, *One Case at a Time: Judicial Minimalism on the Supreme Court* (Cambridge, MA: Harvard University Press, 1999)。值得注意的是,桑斯坦这里受到了伯克和哈利法克斯的影响,参见 Cass Sunstein, 'Burkean Minimalism' (2006) 105 *Michigan Law Review*, 353-408; Cass Sunstein, 'Trimming' (2009) 122 *Harvard Law Review*, 1049-1094。

公法的基础

果就是能够最好回应当下和未来需要的结果"[113]。正是通过对这一系列有关方法的观察,在他们试图调和宪法秩序的理想和现实需求之间紧张关系的实践中,我们越来越清晰地看到政治法在现实中运作的方式。

尽管这里描述的特定立场在一定程度上都是美国的特殊经验,是由宪法、法学家和法学学派共同在国家的公共生活中所发挥的非比寻常的作用构建的特殊产物,但是,这些立场还是可以被视为普遍宪制民主国家所呈现的状态,几乎所有这些国家都越来越关注宪法司法化的合法性问题。与此同时,也有比较法学家指出,有一项宪法司法化的基本原则还没有完全出现在美国的体系中,尽管这一原则被认为为司法处理宪法权利诉求提供了理性化处理方法:这就是比例原则。[114] 戴维·贝蒂(David Beatty)声称,这条原则很了不起,尽管理论家们对彼此的观点大肆抨击,但全世界的法官最终都会趋向于选择一个分析框架,这使得他们能够从一个共同的角度来评估政府各政治部门的工作,而不考虑他们自己的政治和道德哲学。[115] 也许现实确实是如此,但同样必须承认的

---

113 Posner, above n 80, 242:"因此,实用主义法官将先例、法规和宪法文本视为可能导出本案最佳结果的潜在的、有价值的信息来源,并将它们视为路标,他必须小心,不要无端抹杀或模糊这些作为来源的观点,因为人们可能最终要依赖它们。但是,由于他认为这些'权威'仅仅是信息来源,对其决策自由只有有限的限制性,因此他并不依赖它们为真正新颖的案件提供决策规则。他寻找那些包含在规则中的智慧,但是这些智慧只是渊源所在,他有权决定直接适用还是经由他修改后适用。"波斯纳关于这一问题的详细陈述,参见 Richard Posner, *Law, Pragmatism, and Democracy* (Cambridge, MA: Harvard University Press, 2003), 59-85。

114 比例原则学说最早出现于德国体系,后来被采纳用于审议根据《欧洲人权公约》提出的权利主张,此后在许多司法管辖区的宪法权利问题解决中被广泛采用,参见 David Beatty, *The Ultimate Rule of Law* (Oxford: Oxford University Press, 2004), 162-163。比例原则包含三个主要的检验标准,要求公共权力限制权利行使的行动: (1) 必须能够实现预期目的(目的的合理性要求);(2) 必须采用在实现该目的方面同样有效但为最低限制的方法(最低限制手段要求);(3) 必须通过参考基于侵扰所带来的权利来证明其正当性(狭义比例性要求)。

115 Beatty, ibid, 159.

526

是,虽然比例原则为确定司法在解决宪法权利问题中的作用提供了一个有效的准则,但它并不像其最严格的倡导者所认为的那样,消除了平衡(相关价值)的必要性。[116] 在现实中,比例原则概念对解决宪法权利问题的现实主义的司法方法,确实是施加了一种结构性基准。它的存在正是因为认识到,权利在宪法秩序中并非占据绝对不可侵犯的地位,它们虽然是值得尊重的主张,但是,当政府以符合比例原则的方式追求合法目的时,它们也有可能会被限制和剥夺。

第五节　主观权利和客观法

基于宪法权利现象所提出的基本问题,可以通过一组从欧洲大陆法理学发展出来的对比概念更加清楚地予以阐释:这就是主观权利和客观法之间的区分。尽管这一区分也带来了一些错综复杂的问题,但是从我们所关注的问题角度,这两个概念还是很容易区分的。主观权利就是指人生之为人就应该拥有的个人权利,这主要是一个伦理问题。与此构成对比,客观法则涉及这些主观权利是否可以,以及在多大程度上可以转化为现存法律秩序的规范。

正如我们看到的,宪法权利话语是伴随着 18 世纪晚期权利宣言、权利宪章的出现而逐步形成的。尽管可以将它们视为时代精神的表达,但是关于它们准确的法律地位依旧是一个非常模糊的问题。鉴于成文宪法本身的法律地位也尚未确定,这也就不足为奇了。相较于宪法本身,权利宪章在法律上地位的模糊性只增不减,由于宪章在起草时经常是独立于成文宪法的,所以它们之间的

116　参见 Robert Alexy, *A Theory of Constitutional Rights* Julian Rivers (trans) (Oxford: Oxford University Press, 2002), 394-425。

公法的基础

关系也是不清楚的。这些权利宪章仅仅是一种劝诫性宣言,还是它们本身构成了宪法的一个部分? 如果它们是作为宪法的一个组成部分,它们的法律地位是什么?

但是无论这里存在什么模糊之处,有一件事是非常清楚的:所有这些权利宪章的逻辑中都是承认权利和法律的区分的。这在法国《人权宣言》第 4 条中被表述得非常清楚,它规定,作为政治自由的"自然权利"只有在为了保护其他人同样平等的权利,而且依据法律规定时,才能够被限制。如果潘恩对社会和政府的区分被接受,法律和权利的区分就可以被纳入一个连贯的概念框架当中,在这一框架中,社会主张的权利(公民权利)主要是为了保护个人免受政府行使的(法律规定的)权力的不当侵害。

这其实是自由主义框架中的权利表达,在自由主义的视野中,权利是依靠资产阶级的法治国(the bourgeois *Rechtsstaat*)来保护的。在这个框架中,权利定义了一个个体自由的空间,由于权利不是前社会状态的产物(是从自然权利向公民权利的转变),但是,正如潘恩所认识到的,尽管权利不是前社会状态的产物,却是先于政府而存在的,所以从技术的角度,它们是前政治性的。[117] 正如施米特非常精确地描述道,这些基本权利不是法律赋权的,而是一个自由领域,所有的权利(更为准确的表述应该是防御性权利)都是从这里生发出来的。[118]

这些基本权利在严格意义上就是宪法权利,这些宪法权利清楚地阐释了那些归属于社会领域的权利,从而为政府权力的行使

117　Paine, above n 1, 122:"宪法是先于政府而存在的,政府则只是宪法的创造物。"

118　Carl Schmitt, *Constitutional Theory* [1928] Jeffrey Seitzer (trans) (Durham, NC: Duke University Press, 2008), 202.

设定了界限。[119] 政府需要为这些权利的行使决定法律界限,但是这些权利不是源自实证法的规定,因此政府能够为它们设定界限的条件仅限于为了确保所有人都平等地享有自由的情形,即只有个体权利行使对他人权利行使构成不当影响时,才能对其进行限制。需要强调的一点在于,政府无权决定这些权利的本质或者内容,鉴于这一有限的政府责任常常是由法院来承担的,所以在古典自由主义的框架中,司法系统一般被视为社会的组成部分,而不是政府的组成部分。[120]

在实际运行过程中,这些基本权利与公民的政治权利总是交错结合在一起,但是政治权利在结构上与基本权利是完全不一样的,原则上,政治权利不是无限的,因此,本质上它不属于"自由"。[121] 政治权利的存在不是用来界定一个私人自主的领域,从而划定与公共领域的界限,相反,它的存在恰恰是用来确保对公共领域的参与的。伯肯弗尔德认为,由于"个人基本权利旨在设定公私界限的特征","根据这些权利保障的自由是纯粹和简单的自由,而不是出于特定目标和目的(如促进民主政治进程、落实价值观、融入政治社会等)的自由"。[122] 从确定政府运行的条件这个角度,政

119　有时也有人认为,在这样一个体系中,"基本权利中所体现的自由不是由国家建构的,从法律上讲,它先于国家而存在",参见 Ernst-Wolfgang Böckenförde, 'The Basic Rights: Theory and Interpretation' in his *State*, *Society and Liberty: Studies in Political Theory and Constitutional Law* JA Underwood (trans) (New York: Berg, 1991), 175-203, 179。也可参见 Schmitt, above n 118, 202。但是,这混淆了政府和国家的司法概念。可以更准确地说,古典自由主义是一种政治理论,其目的是摧毁作为政治/公共领域自主表达的、有关国家和主权的司法理念。

120　这种说法提出了一个问题:在英国传统中,例如,这种说法让我们回到了由古代宪法的神话所产生的那些运用,参见 JGA Pocock, *The Ancient Constitution and the Feudal Law: A Study of English Historical Thought in the Seventeenth Century* (Cambridge: Cambridge University Press, rev edn, 1987);也可参见 Michel Foucault, *Society Must Be Defended: Lectures at the Collège de France*, *1975-76* David Macey (trans) (London: Penguin, 2003), 99-111。

121　Schmitt, above n 118, 207.

122　Böckenförde, above n 119, 180.

529

公法的基础

治权利可以被视为宪法权利,但是根本上,这些权利是要受制于政府程序的,是会被政府程序修订和修正的。基本权利的行使则不同,基本权利基本上不涉及政府,因此,一个必然的结果就是,这些自由的真实实现也同样是超越政府的职权范围的。

在古典自由主义的范式中,对基本权利的认知属于"法治国"模式,认为基本权利是赋予个体用来对抗政府的权利,即主观权利。但是问题在于,有关社会和政府关系的理解从来都不稳定,其中的原因部分地由黑格尔做了陈述,除此之外的其他观点在本书第十一章也有介绍,这些观点总体上将资产阶级的法治国理解为一种联合。这样的宪法权利是为一个有限政府的世界所构想的,但事实上,这不是我们现实的现代世界。[123] 随着现代政府统治形式的出现,严格意义上的主观权利已经基本被取代了。

在现代的宪制安排中,权利理论的基础发生了巨大的变化。权利不再被认为是服务于界定不受政府利益干涉的个人自主领域的。权利现在被认为是已建立的宪法秩序的客观组织原则的一部分。宪法权利不是被视为明确规定政府界限的前政治性权利,而是通过授权政府的宪法秩序产生和实现的。这是可能的,伯肯弗尔德注意到,"这样的理解要建立在一个特定的解读基础上,在这个解读中,法律自由本身可以被视为一套'体系',一个客观的基准,这一基准的发展和实现(只能)依赖于更详细的关于秩序和客观现实的阐述和修正"[124]。无论过去是如何将自由理解为对法律所强加的限制的,现在自由是一种只能通过法律的运行才能实现的状态。自由也不再被视为一种自然状态,一种基于前政治的社会程序的产物,而被视为政治性的产物,是基于制度建构和塑造的,是基于规范安排和组织的。

---

[123] 人们可能会猜测,美国宪法裁决中的原旨主义主张在多大程度上从政治世界的这一形象中获得了支撑。

[124] Böckenförde, above n 119, 184.

第十二章　宪法性权利

　　这一转变带来的法律影响是非常重大的。首先,法律和权利关系的本质被改变了。法律曾经被视为一种对前政治性自由施加限制的命令,而现在它本身会逐渐被视为一种权利。法律不再被视为意志行为,而是更多地被认为是对理性的彰显。法律不再被纯粹地视为规则构建的秩序,而是被视为原则的组合。但是影响不仅仅局限于此,宪法权利也不再被视为是对那些"纯粹和简单"的自由的保障,因此,也就不存在所谓"绝对的权利":所有的宪法权利都被认定为要服务于促进特定的目标,只有在有助于这些目标实现的前提下,权利才存在。[125] 所有的宪法权利都变成了有条件的存在,取决于它们在确保实现政治国家公共愿望方面的效用(当然,这些愿望的确定本身也必须保持高度的争议性)。需要强调的是,也只有在这样的情况之下,比例原则的适用(我们试图去建立一种决定权利的可交换性的判断标准的尝试)本身才是合理的、可以被理解的。[126]

　　宪法权利本身不仅仅成为有条件的存在,甚至变得充满了争议性,它们的存在和行使也越来越多地依赖政府的积极行动。在古典自由主义的范式中,宪法权利作为"去限制化"的权利,尽管是一些正式的法律规则,但是它们被行使的准确方式其实基本不涉及政府。然而,在现代的统治秩序中,政府被视为这些权利的护卫者,因此,整个权利演变的逻辑从"消极权利"向"积极权利"转变。

125　Böckenförde, above n 119, 192, 这里引用了德国联邦行政法院的一项裁决,该裁决指出:"公民的基本权利并没有赋予他随心所欲行使权利的能力,这些基本权利之所以被赋予他,主要是确保他能够尽到共同体成员的责任,确保公共利益的实现。"

126　但是在解释这些条件的存在如何导致基本权利在德国宪法学中被视为一个价值体系时,伯肯弗尔德指出:"目前还没有迹象表明论证价值观合理性的正当理由的存在,就更不用说一个大家都接受的价值排序的存在了,或者一个合理的、可识别的、但有争议的价值衡量和排序偏好体系的存在。因此,诉诸一个价值衡量和排序偏好体系,并不能为这一体系所声称的合理性提供正当性支持。相反,通过这么做,从而使这些决定看起来合理,不仅模糊了关于价值的相对衡量和排序的决定的实际依据,而且也使相关决定不再需要提供适当的正当化理由。实际上,它不过是逐案解释和裁决用来伪装自己的外衣。"详见 Böckenförde, ibid, 191。

531

公法的基础

这些基本权利越来越多地被作为"促进和保障民主政治进程的一种方式"得到保障,这意味着"自由实际已经被功能化了"。[127] 依据宪法的规定,政府有责任为基本权利所珍视的自由创造和保障其得以实现的必要的社会条件。[128] 在这种情况下,"社会权利"既不是主观权利,也不是客观法,而是一种法律地位不明确的纲领性表述。

本书第五部分将主要讨论这些问题,但是首先要注意到,这种紧张——在德国体制中主要就是法治国和社会国之间的紧张——构成了哈贝马斯创作《在事实与规范之间》的主要背景,这一著作主要就是要寻求民主和权利的相互调和。哈贝马斯认为,现代社会主要建立在双向整合机制的基础上,一方面通过价值观、规范和相互理解实现社会整合,另一方面通过市场和组织要求实现系统整合。他认为,在这个意义上,法律仍然是"社会整合的一个极其模糊的媒介"。[129] 法律的运行是介于事实与规范之间的,[130]即介于宪法性法律所构建的理想主义与通过行政法落实的现实主义之间。正是因为如此,哈贝马斯并不认同德沃金所代表的美国法学家的主张,坚持主张"法律不能被视作道德"。[131] 但他也认识到,法律不能简化为命令,尤其是因为法律如果要有效,就不能被视为简单地强加,它的合法性必须获得承认。由于我们今天生活在一个"后形而上的"时代,合法性的渊源不能再建立在神圣来源(由古典自然法主张的)或者习惯来源(尤其是在德国语境下,强调源自民

---

127   Böckenförde, above n 119, 193.

128   Ibid, 202.

129   Habermas, above n 103, 40.

130   Habermas, ibid, 90:"事实性和有效性之间的紧张关系已被纳入法律本身。"

131   Ibid, 63:"德沃金不仅希望理论能够承担起为悬在半空中的抽象原则辩护的责任,他还提出了为这些原则提供伦理基础的任务。"参见 Dworkin, above n 91; Ronald Dworkin, *Taking Rights Seriously* (Cambridge, MA: Harvard University Press, 1977); Ronald Dworkin, *A Matter of Principle* (Cambridge, MA: Harvard University Press, 1985).

族生活方式)的基础上。在哈贝马斯看来,今天合法性的基础只有民主。[132]

哈贝马斯通过采用植根于一种话语理论形式的民主概念,避免了这一论点中的自相矛盾的因素。在这一概念中,一套构成公民身份的基本要素的基本权利(言论、表达、结社、政治参与和基本社会生活条件)确立了民主得以建立的先决条件。这是哈贝马斯的同源共生性(co-originality)论点。与那些主张权利优先于民主的理论家、主张权利优先权倒挂的理论家以及主张这两者之间的关系本质是内在对立的理论家不同,哈贝马斯主张权利与民主的同源共生性关系,两者的这种关系是公私自主的必要条件。[133] 主观权利和客观法之间具有同源共生性。

如果将哈贝马斯的观点视为现代社会对"政治法"的一种特殊表述,也许能够获得更好的理解。这在他的"法律的重构进路"理论中得以展现,他通过建立一种主观权利和客观法之间的共生关系,发展了法律和政治权力的内在关系。[134] 当哈贝马斯认为,政治权力"不是外在地与法律并列,而是由法律预设的,并且是以法律的形式确立的"时,这里的"法律"不能被仅仅理解为实证法,而且包括了作为"政治法"呈现的公法。[135] 当他宣称"政治权力只能借助于法典得以发展"时,[136]这里的"法典"不是实证法意义上的,而是公法意义上的。当他声称法律"既不是通过其法律形式本身(实证法),也不是通过一种先验的道德内容(法律作为一种道德),而是通过一种能够产生合法性的立法程序"获得其规范性时,他正在

---

132 Habermas, above n 103, 60:"在一个多元化的社会中,正义理论只有在严格意义上局限于一个后形而上的概念,也就是说,只有在避免在生活形式和世界观的竞争中偏袒任何一方时,才能被公民接受。"

133 Ibid, 118-131.

134 Ibid, chs 3 and 4.

135 Ibid, 134.

136 Ibid.

公法的基础

试图为公法的产生创造条件。[137]

哈贝马斯对后形而上学时代"政治法"得以实现的条件的具体讨论,也许是调和宪法权利与民主主张之间紧张关系的最有说服力的努力。它是反身性的宪制主义的一个版本,被称为"一项传统建设工程",其中"后人的任务是进一步激活和实现在原始的宪法文件中未获得充分阐释的规范内容"。[138] 然而,无论是从理论的构建还是从实证的角度来看,它仍然是一个有争议的理论。[139]

137　Habermas, above n 103, 135.

138　Jürgen Habermas, 'Constitutional Democracy: A Paradoxical Union of Contradictory Principles?' (2001) 29 *Political Theory*, 766–781, 774.

139　参见 Alessandro Ferrara, 'Of Boats and Principles: Reflections on Habermas's "Constitutional Democracy"' (2001) 29 *Political Theory*, 782 – 791; Bonnie Honig, 'Dead Rights, Live Futures: A Reply to Habermas's "Constitutional Democracy"' (2001) 29 *Political Theory*, 792–805。

第五部分

政　　府

第十三章
政府的特权

本书第三部分研究了"国家"这个概念,国家是 16—17 世纪伴随着技术的创新、军事能力的增强和中央集权的出现而出现的产物。在第四部分,本书将关注点转移到了宪法架构当中,宪法基本架构是在 17—18 世纪的资产阶级革命中形成的。如果说国家得以形成的前提条件是绝对主权的建立,那么宪制主义得以形成的前提就是要摧毁君主形象。但是,后来我们也发现,宪制主义的理想,或者说"法治"的完全实现也是一个不可及的梦想,这是因为国家内部始终存在到底是作为合伙组织还是作为法人组织存在的难以调和的紧张关系,除非国家完全以合伙组织的形象出现,否则宪制主义是不可能实现它的目标的。这一紧张关系的存在意味着,统治关系不能简单地被视为一种建立在有限的、准确授权的权力基础上的关系。这些权力的行使者需要在必要的时候,以某种方式从公民的控制中解放出来,同时被赋予所需的自由裁量权和强制权。[1] 这也就意味着,之前我们试图摧毁的、有着至高无上权力的君主形象(或者统治者形象)依旧存在于公法的现代建筑当中,只是这个形象的特征待定。

本书第五部分的主要研究对象是现代国家中的主权行使者形

---

[1] John Dunn, ' Trust and Political Agency ' in his *Interpreting Political Responsibility: Essays 1981-1989* (Cambridge: Polity Press, 1990), 26-44, 36.

公法的基础

象,即政府。在构建现代共和政府时,麦迪逊指出,"首先要使政府能够控制被统治者,其次就是要确保政府能够控制自身"[2]。本书第十章考察了政府如何通过宪法框架实现自我控制,但是没有展开研究和论述麦迪逊论述的前一部分——政府如何控制被统治者。本书第五部分就要围绕这个主题展开研究。

现代宪制安排最重要的影响力就是增强了统治权,促成了一种正义的统治权力的出现:通过制度化和分权,从而有效增强了政府权力行使的有效性和权威性。但是,正如前面解释过的,通过现代国家行使的权力由两个部分构成:统治权;与统治权同在的治理权,一种从政府实际处理问题、控制资源的能力中产生的权力。[3] 第五部分专注于考察政府如何运用这一增强了政府行动的自由裁量性的治理权。

这种治理权到底是如何运作的,将留在下一章进一步讨论。在此之前,我们首先有必要研究这一权力是如何产生的,以及它是如何通过现代的宪法框架得以运行的。本章的基本观点是,治理权最初是通过发掘和利用现代统治理念中所包含的君权思想的残余来运作的。国王的传统头衔——多米努斯·雷克斯(*Dominus rex*)所蕴含的君权神授的最高性内涵,使国王融合了封建主和帝王的权利,这些共同构成了统治者的特权。在现代化的发展过程中,这些国王所享有的特权逐渐受到宪法方案的限制。但是,即使是在现代宪法的框架内,对特权的限制也不是无所不及的,而且伴随着现代政府责任的扩展,这些特权本身所存在的模糊之处越来越适应现实的需求,被应景地利用。通过分析这些特权的本质以及其对现代政府的持续影响,内在于现代宪法框架内模糊的权力关系本质将进一步被揭示。

2　James Madison, Alexander Hamilton, and John Jay, *The Federalist Papers* [1788] Isaac Kramnick (ed) (London: Penguin, 1987), No 51 (Madison), 320.

3　参见本书第六章,第 241—151 页。

第十三章 政府的特权

第一节 特　　权

伴随着现代国家的出现,国王的地位成为一个充满争议的问题,国王到底是国家的化身还是只是本质上和其他公务员一样,是第一公仆? 很多争议都是围绕国王特权的本质和范围产生的。在中世纪的宪制框架中,国王被认为高于封建领主。但是,正如本书第一部分解释的,伴随着向主权领土国家的过渡,要求进一步提升国王这个职位的地位,自此,教会从属于国王,国王不仅被认为是元首,而且被认为是首席代表,甚至是国家的化身。向主权领土国家转型的路径是多元的,但是在现代化发展的早期,很多欧洲大陆国家都选择了绝对主义的路径。[4] 因此,无论采取什么样的确切路线,这一转变都建立在了同样的法律理论的复兴和现代化发展基础之上,这些法律理论都将国王作为一个主权机构来对待,同时所有理论的发展都以这个职位为中心。这个机构的权威主要通过国王的特权行使予以展现。

在这种情况下,我们就一点也不惊讶,博丹在其具有突破性的著作《国家六论》中,对主权行使者"真正的标志"进行了非常细致的分析。[5] 这些标志——臣民没有的、主权行使者享有的特殊属性——构成了主权行使者的特权。首要也是最重要的特权就是:"有权向所有人,特别是每一个人颁布法律和命令。"[6]博丹认为,在一定程度上,所有其他特权都可以在这一立法特权的框

4　参见 John Miller (ed), *Absolutism in Seventeenth-Century Europe* (London: Macmillan, 1990)。

5　Jean Bodin, *The Six Bookes of a Commonweale* [1576] Richard Knolles (trans, 1606) Kenneth Douglas McRae (ed) (Cambridge, MA: Harvard University Press, 1962), Bk I, ch 10.

6　Ibid, 162.

539

公法的基础

架中获得理解。[7] 其他主要权力包括宣战和停战的权力、终审权、任命和罢免国家官员的权力,征收、免除赋税和补助权,对法律的严格性给予赦免和豁免权,确定重量、度量和铸币的权力,要求臣民效忠的权力等。[8] 这些关于主要特权的描述在欧洲的法理学中是被普遍接受的。例如,当马修·黑尔爵士(Sir Matthew Hale)对 17 世纪 50 年代英国国王的特权进行全面分析时,他以列表形式展示的丰富目录可以毫无障碍地直接对应博丹的描述。[9]

一般认为,在现代早期,无论各国的政府宪法存在什么样的差异,国王依旧是政权的基石所在,同时保有一些核心的特权式权力。在这个关键时刻,"王国的公法实际上等同于国王的特权和法定权力的总和,在很大程度上,臣民的权利和自由是由这些权力的界限和限度来界定的"[10]。这些权力确保了政府的永续和安全,对黑尔爵士而言,这种"持久的政府框架"凌驾于王朝革命和篡权之上,不受其影响。[11]

这里最为重要的地方在于,这些特权式的权力,即最高主权性权力(the *jura summi imperii*),被视为是由国王绝对性地拥有的。君主不仅"不依赖任何外国或外部权力",而且"也不受制于人

7　值得注意的是,霍布斯在这一点上的观点是追随博丹的,将所有其他特权视为发布命令的权力这一主权性权力的衍生权利。参见 Thomas Hobbes, *Leviathan* [1651] Richard Tuck (ed) (Cambridge: Cambridge University Press, 1996), ch 18。

8　Bodin, above n 5, 163.

9　Sir Matthew Hale, *The Prerogatives of the King* DEC Yale (ed) (London: Selden Society, 1976), *Tabulae Prerogativa Regis*, xii-xx. 约翰·考埃尔(John Cowell)博士在 1607 年的《法律释义词典》(*Law Interpreter*)专作中的"*Regalia*"标题下对此进行了进一步的说明:"对平民而言,国王所享有的皇权主要有六项:(1)司法权;(2)决定生死的权力;(3)宣战和决定和平的权力;(4)决定无主物的归属,例如,拾得物、无主牲畜等;(5)评估的权力;(6)铸币的权力。"转引自 Francis D Wormuth, *The Royal Prerogative*, 1603-1649: *A Study in English Political and Constitutional Ideas* (Ithaca: Cornell University Press, 1939), 34。

10　Yale, above n 9, xi.

11　Ibid.

540

民的权力,无论是分配性的、集体性的还是代表性的"。[12] 在欧洲
大陆很多政体的发展过程中,这一主张就奠定了绝对主义统治的
基础,这也成为 17 世纪英国宪制冲突的核心问题。[13] 那个时候,
英国的关键问题在于,当议会权力与国王的特权性权力成为对立
面之后,议会的立法是否可以对国王特权的行使构成约束,这是具
有高度争议性的问题。[14] 这个时期的冲突再次凸显了公法话语
中的一系列紧张关系,包括现代观念与中世纪观念之间、罗马式
意识形态与哥特式意识形态之间、理性主张与历史实践之间的
张力。[15]

为了更好地理解特权式权力在现代政府秩序中的重要性,我
们需要检视 17 世纪英国宪制冲突中的这个概念的本质。为此,不
同类型的特权之间的区别必须要得到澄清。最为重要的就是要在
国王的王权(regal power)和法定权力(legal power)之间进行区
分,另外的表达就是绝对权力与日常权力之间的区分。[16] 首席大
法官托马斯·弗莱明(Thomas Fleming)在 1606 年的贝特案
(*Bate's Case*)中将这一区分作为核心问题进行论述。弗莱明认
为,"国王的权力包含两种——日常权力和绝对权力,它们为了实

---

12   Hale, above n 9, 13:"之所以如此,原因在于人民根据正当性的要求,通过明
示的同意或默许,将主权移交给了国王。"

13   参见 Glenn Burgess, *Absolute Monarchy and the Stuart Constitution* (New
Haven, CT: Yale University Press, 1996); Steve Pincus, *1688: The First Modern
Revolution* (New Haven, CT: Yale University Press, 2009)。

14   *The Case of Ship-money* (1637) 3 St Tr 825, 1235(per Finch CJ),该案的判
词是:"任何议会的立法都不能损害国王的威严。"同时可参看比照 1689 年的《权利法
案》,该法案宣布,"未经议会同意,皇室当局擅自暂停法律或执行法律的权力行使,是非
法的;擅自免除法律效力或执行法律,是非法的;未经议会批准,以特权为借口为皇室征
税,是非法的"。

15   例如,参见 JGA Pocock, *The Ancient Constitution and the Feudal Law: A
Study of English Historical Thought in the Seventeenth Century* (Cambridge:
Cambridge University Press, rev edn, 1987)。

16   *The Case of Ship-money* (1637) 3 St Tr 825, 1083(per Crawley J),判词是:
"国王拥有两种特权,即王权和法定权力。"

现不同的目的"。日常权力是为了个别臣民的利益,是对民事领域正义的实现,用于对所有权的确定。这一宣布法律和解决法律纠纷的一般性权力,通过普通法庭的司法来实现,一般被认为是私法或者普通法,最重要的是,没有议会同意,这些法律就不能被改变。而国王的绝对权力则与私人事务无关,只针对人民的普遍利益,是人民的福利,不受普通法的约束,一般被认为是政策或者是统治。就像政治体的宪法伴随着时间在不断变化一样,这一绝对权力也在变化,为公益而变,具体的变化取决于国王的智慧。[17]

弗莱明所做的这种区分在那个时候获得了广泛的接受。立法和司法的日常权力是受到限制而且是基于授权而存的:尽管国王被认为是正义的源泉,但是立法权只能通过议会来行使,司法权则被授予了法官。这样的制度安排为财产权的保护提供了基础。同样获得普遍认同的是,王权或者说绝对权力,即那些位于政府功能核心部分的权力,则排他地属于国王。[18] 基于这一区分,17世纪的宪制冲突其实就可以理解为主要就是围绕这些日常权力和绝对权力的性质,尤其是其边界展开的,其中很多问题在过去从来没有准确地表述过。

只有随着现代化历程的到来,特权问题才被提升到更高的抽象层次。也就是说,只有在现代化的情况下,才面临是否存在(不同于具体列举若干特定权力)特权权力的一般概念问题。[19] 这里

17　*Bate's Case* (1606) 2 St Tr 371, 389.

18　例如,参见 Sir Edward Coke, Commons Debates, 1621,柯克大法官指出:"我不会审查国王的特权。有一种特权是可争议的,有一种特权则是具有无可争辩性的,例如宣战与宣布和平的权力;另一种是关于所有权,这两种特权都受法律约束。"转引自 Wormuth, above n 9, 56。

19　David S Berkowitz, 'Reason of State in England and the Petition of Right, 1603–1629' in Roman Schnur (ed), *Staatsräson: Studien zur Geschichte eines Politischen Begriffs* (Berlin: Duncker & Humblot, 1975), 165–212, 178: "无论王室及其追随者在促进欧洲大陆模式皇室权力理论的现代化方面取得了何种进展,很明显,普通法反对党仍然将特权视为一种特殊的皇室权力,而不是一般、抽象和无限的权威。"进一步参见 Wormuth, above n 9, 54。

的问题不是绝对权力的行使是否可以超越法律的问题,如 W. S. 霍兹沃斯(WS Holdsworth)所注意到的,"绝对"这个术语"赞成这样一种观点,即国王有一类庞大而无限的保留权力,必要时,他可以用来服务于国家利益"。[20] 但这并不是问题的关键,人们普遍认同必须维持法律与特权之间的界限。关键的一点涉及一个更狭窄和更微妙的问题:国王行使这些绝对特权的方式是否仍然与法律无关?[21] 这里真正的问题在于,这些绝对特权的性质和范围以前从未被精确地界定过。

1616 年,詹姆士一世在对星座法庭的法官的演讲中,最直接地提出了自治权的主张。他宣称:"不要侵犯皇室的特权,因为它们是超然的事情,决不能轻率地或肆意地过于鲁莽地行事。"如果问题涉及"我的特权或国家的奥秘",不要随意处理它,直到你咨询国王或他的御前会议"。因为"关于国王权力的奥秘,是不可争辩的,争辩是不合法的"。简而言之,国王的绝对特权不是法学家、法官可以谈论的对象。[22] 詹姆士一世其实就是在这里宣布,法官无权对国王绝对特权的行使方式进行任何审查。

17 世纪早期主要的冲突和矛盾事实上就涉及国王绝对特权的权力界限问题。[23] 但是细节的界限问题不是本书讨论的核心,

---

20   WS Holdsworth, *A History of English Law* (London: Methuen, 1924), vol 5, 206-207.

21   例如在贝特一案(above n 17)中,弗莱明认为,由于贡金涉及对外贸易,因此属于国王的绝对特权。为了规范贸易(而不是增加政府一般收入),国王可以征收任何他喜欢的关税。但是,法院不能支持国王的"贡金是为了管制贸易而设计的"这一主张。

22   James VI and I, 'Speech to Star Chamber of 20 June 1616' in his *Political Writings* Johann P Somerville (ed) (Cambridge: Cambridge University Press, 1994), 204-228, 212-214.

23   除了贝特一案的判决(above n 21),还涉及以下案例:the *Five Knight's Case* (1627) 3 St Tr 1[国王可以不基于任何特定的原因,仅仅以国家理性为由实施其逮捕的权利];*Hampden's Case* (1637) 3 St Tr 825[国王可以以必要性作为辩护理由,在未经议会同意的前提下行使征税的权利]。鉴于法官任命的特殊性,这些决定其实都是由支持国王的司法机构做出的,因此,这样的决定并不意外。参见 Adam Tomkins, *Our Republican Constitution* (Oxford: Hart Publishing, 2005), 74-87。

公法的基础

我们主要关心的是理解这一权力的特征,鉴于此,三个主要观点要首先提出来。第一,绝对特权这一概念是从中世纪的神学理论中发展而来的,那时候的神学家在上帝所享有的权力上,区分了绝对权力和一般权力,[24]但是并没有将相关权力界定为不受限制的权力。[25]绝对特权指称的是国王统治过程中所享有的一种自治性权力,不是一种可以对现有法律秩序构成不当损害的专断的权力。这是一种依据基本法赋予国王的权力,所以这个权力的行使必须依据"国家理性"。第二,正是基于这一政府功能的特殊性,它的行使应该是秘密进行的,不受公众的注视。[26] 第三,这些"国家的奥秘"其实是与法律秩序紧密关联的,同时也会对法律秩序构成一定限制。[27]

关键的问题在于,这些特权所具有的特征在多大程度上为现代的宪法安排所接受和继承。伴随着 17 世纪冲突的发展(内战导致了共和国的建立,随后王室复辟,最终 1689 年革命爆发),"国王

24　Francis Oakley, 'Jacobean Political Theology: The Absolute and Ordinary Powers of the King' (1968) 29 *Journal of the History of Ideas*, 323-346, 334.

25　Francis Oakley, 'The Absolute and Ordained Power of God and King in the Sixteenth and Seventeenth Centuries: Philosophy, Science, Politics, and Law' (1998) 59 *Journal of the History of Ideas*, 669-690, 669:"根据最初的理解,在阿尔伯特·马格纳斯(Albertus Magnus)、托马斯·阿奎那、奥康的威廉和许多其他后来的思想家对这一区别的经典表述中,'绝对权力'这个词被简单地用来表示上帝本身的力量,指代一种以抽象的方式予以表达的权力,这种权力并没有考虑可以依靠在现实中可能落实的权能构建的自然和恩赐的秩序。毫无疑问,绝对权力被理解为一种基于当下情境被激活的权力,上帝通过这种权力干预世界,使之脱离或以此推翻由神圣的权力建构的秩序。"

26　Francis Bacon, *The Advancement of Learning* [c1605] Arthur Johnson (ed) (Oxford: Clarendon Press, 1974), Bk 2, para 47:"关于政府,它是秘密知识的一部分,它在以下两个方面都被认为是秘密的:有些事情是秘密的,因为它们很难被了解和知道;还有些事情是秘密的,因为它们不适合被说出来。我们看到所有的政府都存在一些模糊和隐秘之处,即使是政策和政府的一般规则和论述,也应有一种虔诚和具有保留性的处理方式。"关于类似主张在议会的适用,参见 Geoff Baldwin, 'Reason of State and English Parliaments, 1610-42' (2004) 25 *History of Political Thought*, 620-641。

27　Ernst H Kantorowicz, 'Mysteries of State: An Absolutist Concept and Its Late Mediaeval Origins' (1955) 48 *Harvard Theological Review*, 65-91, esp 76:"'国家的奥秘'在实践中总是与法律领域相关联。"

的特权在原则上是接受法律的约束的"在英国体系中逐渐被普遍接受。[28] 在实践中,宪法法律保留了这些权力中的绝大多数,而且国王在行使这些权力时享有很大的自由。威廉·布莱克斯通爵士(Sir William Blackstone)在18世纪中期出版的著作中指出,在早期,关于国王特权的讨论被认为是"太微妙和神圣了,不能随意被一个臣民的笔所亵渎"。这个"被列为统治的密术"(ranked among the *arcana imperii*)的主题,不应该被那些不是"为之服务的人"探究,尤其是因为他们可能"经受不住是否理性和清醒的检验"。[29]尽管布莱克斯通暗示,情况已经发生了变化,但在分析特权时,他承认,就其定义而言,这些权力还是具有某种特殊性的。他说,通过"特权"一词,我们通常理解这是一种国王依仗其尊严和权威所拥有的特殊优越性,这种优越性高于所有其他人,是超越普通法的一般规定的。[30]

18世纪中期,布莱克斯通对国王特权的研究是具有很高的权威的,这在一定程度上进一步凸显了这种特权的绝对特征。他认为,法律基于国王崇高的政治品格,赋予了国王一种伟大而超然的本性。法律"赋予国王主权或至高无上的属性",这意味着"不能对国王提起诉讼或者采取任何行动,即使在民事事务中也不例外,因为任何法院都不能对此行使管辖权"。此外,"根据法律,国王是神圣的,即使他在统治期间采取的措施是完全专制的和专横的","从

---

28 可参看 William Blackstone, *Commentaries on the Laws of England* (Oxford: Clarendon Press, 1765), vol 1, 231:"对君权的限制是在欧洲建立的所有哥特式政府体系的首要和基本原则;尽管在欧洲大陆的大多数王国中,暴力和诡计逐渐将这一原则废除或者完全地驯服。"

29 Ibid, 230-231.

30 Ibid, 232. 约翰·考埃尔博士将特权定义为"国王在任何形式上拥有的特殊权力、卓越地位和特殊待遇,超越普通法的常规程序,是一种属于王冠的权利"。转引自WS Holdsworth, *A History of English Law* (London: Methuen, 1924), vol 5, 22:"布莱克斯通抄袭了考埃尔对特权的定义,只是做了轻微的(尽管是非常关键的)用词上的修改。"

公法的基础

政治能力的角度,国王被视为是绝对完美的"。[31] 国王不仅是国家
的首领,而且是国家的唯一裁判官;所有其他受其委托行事的人,
都应该服从国王,"在行使合法特权时,国王就是并且应该是绝对
的"。因此,国王可以拒绝任何法案,可以签订任意条约,可以铸造
任何货币,可以任命任何贵族,可以赦免任何犯罪,除非宪法明确
地规定了某些例外或者界限。[32]

　　在 1689 年革命之后,国王的特权开始受到议会立法权的限
制,但是,依据英国宪法,形式上,国王依旧保留了一个举足轻重的
地位。正如布莱克斯通认识到的,宪法确实给国王特权的行使方
式施加了实际的限制,并且为其滥用提供了救济的可能。[33] 但是,
这种限制如果想要得到更好的理解,我们需要超越布莱克斯通采
用的形式主义的法律方法,这就要求我们采取一个更为广泛的视
野,即"政治法"的视野。这一路径在一部对布莱克斯通产生重要
影响的著作中得到了突出的体现,这就是孟德斯鸠的著作——《论
法的精神》。

　　孟德斯鸠注意到,在君主政体当中,尽管国王是所有政治和世
俗权力的渊源,但是,特定政权的"基本法"仍然作为一个媒介渠道
引导着权力的行使。他认为,如果在这个国家里"只有一个人的短
暂和反复无常的意志",那么"没有什么是可以固定的、确定的,因
此,就没有基本法";这不是君主制而是独裁。[34] 这种区分最终导
致:在独裁国家,国王是可以凭借一己之力进行裁断;在君主制国

31　Blackstone, above n 28, 234, 235, 238.

32　Ibid, 243.

33　Ibid. 这里谈的主要的救济措施是对以国王名义行使特权的大臣提出申诉请
求或诉讼(Ibid, 236-237)。但在涉及詹姆士二世颠覆宪法的企图时,他提到了"基本
法",他说,"我现在不提那些在社会契约面临解体危险时,所必需的首要原则所依赖的
特殊资源,事实证明,法律在面对欺诈或压迫的暴力时太弱了"。(Ibid, 243)

34　Montesquieu, *The Spirit of the Laws* [1748] Anne M Cohler, Basia Carolyn
Miller, and Harold Samuel Stone (trans and eds) (Cambridge: Cambridge University
Press, 1989), Bk 2, ch 4, 17-18.

家,这种情况就不太可能发生。[35] 孟德斯鸠在这里就引入了国王的日常特权和绝对特权的区分。他非常认同,由于政体性质的差异,这种对国王权力行使施加的限制会有所不同。例如,在君主制国家,权力恰恰是受到产生它的渊源的限制,孟德斯鸠指出,他所指的就是荣誉感,它像君主一样统治着国王和人民。[36] 孟德斯鸠毫不怀疑,这种限制本身构成了基本法的一个方面,体现了公共领域一种必要的联系。[37]

孟德斯鸠认识到,在君主制中,国王必须作为法律和正义的象征而存在,与此同时,国王也有必要保有统治所必须的特权。[38] 在君主制国家,宪法(基本法)是斡旋妥协的结果,是一种媒介形式。公民权利或者民事权利,如财产权,不能依据政治法的原则被决定。[39] 同样,政治法问题也不能依据公民权利或者民事权利规则被决定。[40] 孟德斯鸠在这里详细说明了英国宪法现代化的逻辑:英国宪法通过保有共和国的外表保持了君主制的形式。国王保持他的绝对特权权力,同时因为一种"居中性的调和权力"的运行,其特权权力受到了限制和指导。英国宪法通过在其核心部分维持了罗马式宪法性法律和哥特式实践之间的紧张关系得以

35　Montesquieu, above n 34, Bk 6, ch 5, 78.

36　Ibid, Bk 3, ch 10, 30. 当布莱克斯通谈到对大臣的申诉或者诉讼时,经常引用荣誉原则。

37　Ibid, Bk 1, ch 1, 3. 进一步参见 Martin Loughlin, *The Idea of Public Law* (Oxford: Oxford University Press, 2003), 141—142。

38　Blackstone, above n 28, Bk 11, ch 6:"如果行政机关无权对立法机关的企图进行制约,立法机关就是专制的,因为它将消灭所有其他权力,它将能够把它能想象到的所有权力都交给自己。立法权不应具有制约行政权的对等能力,这是因为:行政机关有其自身性质的限制,限制行政权是无用的;行政权总是需要应对紧急情况,因此立法权也无法有效限制行政权。"

39　Ibid, Bk 26, ch 15.

40　Ibid, Bk 26, ch 16:"用在个人之间决定关于排水管的权利的同样法律格言来决定王国、国家和宇宙的正义秩序是荒谬的。"

547

公法的基础

有效运行。[41] 通过维持这种实证法与其制约因素之间的紧张关系,英国宪法维护了"法律精神"。

第二节 洛克论特权

现代宪法秩序在多大程度上保留了这些政府特权,在直接回应这个问题之前,首先考察洛克是如何界定法律执行权和宪法之间的关系的,这对进一步回答相关问题是有帮助的。尽管洛克被认为是基于法治和分权构建现代宪法秩序的先驱之一,但是,他对待法律执行权的立场相较于标准的自由主义考量,还是有一些细微的差异的。在接受"立法权至上"原则的同时,洛克同时也赞同法律执行权应该保有必要的、广泛的行政特权。由于意识到法律的局限所在,洛克主张,对社会的善的满足,需要我们将大量的自由裁量权留给它,即法律执行权。[42] 洛克的相关政治分析表明,现代宪法和现代法律执行权之间尽管是具有对立性的,但是也是相互依存的。[43] 通过展现这些要素之间的相互需要和对立关系,洛克的分析展现了那些驱动现代宪法秩序得以发展的政治动力所在。

洛克倡导一种有限政府理论,他认为,所有共和国首要的、基

41　Blackstone, above n 28, Bk 11, ch 6, 166:"英国人从德国人那里继承了他们的政治政府理念。这种优良的系统是在森林中发现的。"为了解释根植于这种区别的特权,参见 John Allen, *An Inquiry into the Rise and Growth of the Royal Prerogative in England* (London: Longmans, new edn, 1849)。

42　John Locke, *Two Treatises of Government* [1680] Peter Laslett (ed) (Cambridge: Cambridge University Press, 1988), vol 2, §159.

43　Harvey C Mansfield, Jr, *Taming the Prince: The Ambivalence of Modern Executive Power* (Baltimore: Johns Hopkins University Press, 1993), 181. 虽然洛克是最早试图解决行政权力问题的思想家之一,但是,相关思考确实带有教会法的根源,参见 JH Burns, 'Regimen Medium: Executive Power in Early-Modern Political Thought' (2008) 29 *History of Political Thought*, 213—229。

548

本的实体法就是要建立立法权,而对立法权本身构成约束的首要的、基本的自然法就是要保存社会,以及(只要与公共善一致)社会中的每一个个体。[44] 尽管立法权是共和国中的最高权力,但是除了"保存社会及其包含的个体",它没有其他目的可言,因此,立法权不得损害、奴役及故意导致其臣民的贫困。[45] 立法机关"不能自行通过临时、任意的法令赋予自身统治的权力,必须伸张正义,并通过颁布标准法律和经授权的法官来决定臣民的权利"[46]。对洛克而言,"法治"主要就是指社会是由立法机关制定,并由独立的司法机构负责实施的"标准规则"所统治的。这些规则是用来保护财产权和促进人民福祉的。

这一法治原则(主要是强调实证法的统治)会受到立法权和法律执行权划分的可欲性的影响。执行权的行使不是机械性的,实体法必须依靠执行者的行动才能得到实施,无论这个执行者是行政人员还是司法人员,这里就必然需要这些执行人员运用判断的能力。洛克认为,这种执行权与他所称的"联盟权"(federative power)紧密关联,包括宣战和停战的权力、签订合约和结盟的权力。尽管这两种权力——确保在国内执行法律的执行权和关注"公众安全和利益"的联盟权——本身是不同的,但它们"总是几乎是统一的"。[47] 如果要建立一个谦逊温和以及有限的政府,在洛克看来,最好的保障就是将立法权和执行-联盟权分别赋予不同的机构。[48]

这一论述揭示了洛克作为宪制政府奠基人的声誉基础,但当我们更仔细地研究执行-联盟权的性质时,我们发现这种说法并不像其表面看起来的立场那么直截了当。洛克认为,联盟权的本质

44　Locke, above n 42, §134.

45　Ibid, §135.

46　Ibid, §136.

47　Ibid, §147.

48　Ibid, §159.

公法的基础

是："与执行权不同，它的行使无法直接受到事先制定的、标准的实体法的指导，所以它必须交由拥有智慧而且谨慎的人，基于公共善来处理。"[49] 当我们试图去理解洛克对特权的处理时，这一观点的重要性就彰显出来了。

"特权"是保留给统治者的权力蓄水池。这是保留在国王手中的、为公共善服务的权力，它能够被行使是基于这样的情况，这是一种未经预料的、不确定的情况，确定且不可变更的法律是无法对这种情况做出有效的回应和指导的。它的行使必须依循"人民的福祉就是最高的法律"这一原则，它才能获得合法性。洛克认为，这一原则是正义且根本性的，只要国王真挚地服从、遵守这一原则，应该不会导致任何危险，因此，"无论做什么事都要明确地为人民谋利益，把政府建立在真正的基础上，这是而且永远是公正的特权"。[50]

洛克认为，当立法权和法律执行权分离之后，"社会的善"本身要求，很多事情应该留给掌握执行权的人自由裁量。[51] 允许这一裁量权存在的原因在于，立法机构对未来的把握是有限的，无法通过制定对共同体而言普遍有效的规则来彻底地应对未来可能的情况。在这样的情况之下，法律的执行者手中掌握着权力，基于自然法，有权基于对社会的善的满足，在没有国内法指导的情况下处理这些情况，这让执行权的行使者享有了一定的裁量权。但是，需要行使这种判断权的情况不仅仅限于法律没有对相关问题做出规定的情形，还包括法律需要向执行权（或者说基本法）让位的情形。很多时候会发生这种情况：如果严格地遵循法律，反而会导致一系列损害发生，这个时候，正确的做法就是允

49　Locke, above n 42, §147.

50　Ibid, §158.

51　Ibid, §159.

第十三章　政府的特权

许统治者有权减缓法律的严苛度。[52] 这种没有法律规定作为依据,甚至和法律规定相冲突,但为了公共善而行使的自由裁量权,就是"特权"。[53]

现在我们就可以来重建洛克的政府架构。洛克认为,鉴于曾几何时"政府几乎行使的都是特权",[54]因此,确立立法权的最高性标志着一种进步,但是与此同时,还是需要承认存在一种原始的治理权力,即所谓的特权权力。在此基础上,遵循从英国宪法史中得出的正统分析路线,洛克认为,标志着日常(或法律)特权的制度化和正规化发展的,主要是两个事项:代表性立法机构及其立法的至高无上地位的确立;依靠"经授权"取得独立的法律实施权的法官严格执行立法机构制定的法律。通过制度化确认这些立法权和司法权,"法治"得以实现,但是对洛克而言,"法治"真正意味着的是"立法权力"的统治,而不仅仅是在形式上确定特定法律的支配地位或者不可侵犯性。[55] 正如哈维·曼斯菲尔德(Harvey Mansfield)指出的,否则的话,如果是后者的话,这其实是"制定法律的人"的统治,[56]所以,如果要彻底忠实于洛克的理想,还必须加上,这些人的统治权仅仅限于颁布普遍标准规则的范围。

尽管对日常特权进行了制度化处理,但是绝对特权或者说王权特权依旧获得了完整的保留。这些特权赋予了统治者非常广泛的裁量权,从而使得统治者可以行使三项既有关联又有明显区别的功能:执行权,即确保法律实施和维护法律和秩序的权力;联盟权,与外交关系相关的行为;超越乃至抗拒法律规定的

52　Locke, above n 42, §159.

53　Ibid, §160.

54　Ibid, §162.

55　Mansfield, above n 43, 200.

56　Ibid.

公法的基础

自由裁量权。这三个方面的功能都涉及特权的形式,尤其是后两者,它们是需要绝对特权的支持的。绝对特权是合法地不受一般规范约束的权力,然而"不受约束"主要是指,这一权力应该以什么样的方式被行使,而不是指,其权力的限度应该完全由政府确定和保留。

约翰·邓恩认为,对洛克的设想而言,最重要的问题就是:"由于特权在某种程度上是无法从法律上去识别的,那么应该如何将这种具有约束力的,却充满了不确定性的特权的功能必要性与对这种权力的社会和法律控制联系起来。"[57]这个问题并不容易解决:因为这类一般规则无法穷尽规定的政治行为,从其特征的角度来看,通常是在政治社会的目的面临危机时,或者是在需要动用武力时,一种特殊的权力就产生了。[58] 恰恰是因为这种权力被运用的基础与"政治社会的目的"相关,所以这种权力是建立在国家理性基础上的,因此不能完全按照标准规则来行使。

洛克的政府结构设想主要建立在规范和例外的逻辑基础上。首先存在一种"日常"的主权权力,即立法机构,由它掌握了法律制定的最高权。但是由于生活并不能完全由一般性规则来控制,所以国王还是必须要出场,以应对以下情况:当严格遵守法律反而会导致不正义时,国王必须避免这种不正义的出现;当法律规则与现实之间存在差距,而缺乏对有关现实的规定,或者适用的规则很难被确认时,国王必须为社会提供正义的答案。由于这些权力的行使,完全是基于社会学上的需要,无法借助于明确的规则进行规

---

57 John Dunn, *The Political Thought of John Locke: An Historical Account of the Argument of the Two Treatises of Government* (Cambridge: Cambridge University Press, 1969), 150.

58 Ibid.

划，[59]因此，其实我们是需要一位非常杰出的主权行使者的。[60] 在实证法的规范体系中，也许我们可以认为立法机构享有主权权力，并且被赋予了最终的权威，但是在政治现实的框架中，事实上是国王（或者首相，或者总统）的命令在实施统治。

曼斯菲尔德认为，洛克的构想包含了无法被包括到理论中的现实考量，它预测了那些无法被预测的变化，在宪法中融入了超宪法的内容。[61] 从这个角度，它彰显了现代宪法的一个一般性特征：现代宪法都是将理性和对抗理性的必要性结合起来的产物。[62] 帕斯夸里·帕斯奎诺（Pasquale Pasquino）也得出了相似的结论，他注意到，对洛克而言，依据法律统治的政府不是唯一的合法政府的类型。[63] 也就是说，合法性不能被简单地化约为合法律性："法治原则并不排斥一种在例外情况下出现的政府模式，这种政府模式遵循的是'人民的福祉就是最高的法律'的原则。"[64]这些观点毫无疑问都是正确的，但是也必须认识到，如果我们在实证法和政治法之间做区分，主权性权力的这两方面——宪法性与超宪法性、法律与特权——是可以获得某种形式的和解的。[65]

59　洛克甚至宣称"对特权的信任"（这是一种留给国王做好事，而不是伤害人民的，在某些事情上可以专横的权力），详见 Locke, above n 42, §210。

60　可参看 Carl Schmitt, *Political Theology: Four Chapters on the Concept of Sovereignty* [1922] George Schwab (trans) (Chicago: University of Chicago Press, 2005)。施米特认为，"主权者是决定例外情况的人"(at 5)，以及"这个例外与约翰·洛克的宪制国家学说和 18 世纪的理性主义者所思考的问题大相径庭。17 世纪自然法学说中所反映的对例外含义的生动认识，在 18 世纪很快就消失了，因为那时已经建立了一个相对持久的秩序"(at 13-14)。

61　Mansfield, above n 43, 204.

62　Ibid.

63　Pasquale Pasquino, 'Locke on King's Prerogative' (1998) 26 *Political Theory* 198-208, 201.

64　Ibid, 201-202.

65　新近研究也未能就这个问题展开充分的讨论，参见 Clement Fatovic, 'Constitutionalism and Contingency: Locke's Theory of Prerogative' (2004) 25 *History of Political Thought*, 276-297。这篇文章的结论是：每一个致力于法治的政府体系有时都必须屈服于无法抑制的政治紧迫现实。

公法的基础

洛克认为,主权者权力的两个方面都受到他所称的"基础性自然法"(fundamental natural law)的规范,也就是说,国王享有的特权——和立法的最高权力一样——不能被用来"损害、奴役臣民或者故意导致臣民的贫困"。[66] 两个方面的权力都应该用来促进公共善。尽管绝对特权的行使是不受实证法的约束的,但是依旧受到"人民的利益"这一标准以及国家理性的约束。其实洛克在这里的表述,与弗莱明大法官在贝特案中的表述差不多,尽管两者的宪法环境发生了变化。政府的特权性权力是一种统治者固有的权力,其行使的方式是不能简单地受制于一般性的规则的。它们的行使方式必然还是一个(合法性关涉的)信任问题,[67] 它们必须由统治者依据审慎理性的规则,也就是依据政治法的戒律来行使。

第三节　现代共和政府中的行政权

洛克的《政府论》对美国宪法的起草者们产生了深刻的影响,但是,他关于行政权性质的论点——一种宪法性法律之外的特权——不太可能被那些旨在反抗滥用英国王室特权行为的人所接受。宪法起草者们认同需要将政府权力做立法、行政和司法的划分,但是,他们中有一些接受了自由主义宪制的戒律,认为没有必要在宪法中设计任何特殊的行政权力。按照罗杰·谢尔曼(Roger Sherman)的说法,行政机构不过就是一个将立法机构的意志付诸实践的机构。[68] 行政权不是一种原生性权力,不过就是实践三段

66　Locke, above n 42, §135.

67　洛克注意到,"一旦立法机构或者国王,任何一方违背了对他们的信任,政府就会解体"(ibid, §221)。关于"谁有权判断国王或者立法机构违背信任"的问题,洛克的回答是,"人民有权判断"(ibid, §240)。

68　Roger Sherman, 1 June 1787, in *Records of the Federal Convention of 1787*;转引自 Jack Rakove, *Original Meanings: Politics and Ideas in the Making of the Constitution* (New York: Vintage Books, 1996), 256。

554

第十三章 政府的特权

论中的小前提而已。[69] 雷可夫则是这样评论的："如果美国人没有很好地了解漫长议会的历史和孟德斯鸠的格言,他们很可能会完全在宪法中取消行政机构的组织设置,让立法机构根据自己的意愿授权行政任务的实施。"[70] 但是好在起草者们确实意识到,一个在行政能力上有缺陷的政府,无论理论上如何合理,在实践中,它都是一个坏政府。[71] 所以,他们的挑战就演变为,如何将行政这一政府权力很好地融入宪法框架。

这个目标还是达成了,尽管解决方案并没有做到有效地克服了相关模糊性。曼斯菲尔德认为,美国宪法最为伟大的成就之一就是建立了一个与共和主义保持一致的,但是同时拥有强大的行政权的共和国。[72] 宪法宣布:"行政权被赋予美利坚合众国的总统。"[73] 尽管宪法也列举了一些总统享有的具体权力——从武装力量的总司令到任命政府官员,但是宪法并没有精确定义行政权包含的内容。总统这个职位的本质很大程度上是实践的产物,不是正式制度设计的结果。

宪法起草者们承认,在整个宪法系统中,几乎没有任何一个组成部分比政府的行政部门更难处理。[74] 由于承认"人民对君主制的厌恶",制宪者们不得不以某种方式设计出一个与"共和政府的天才们"能够达成一致的,但是又不失政府的"强有力的执行能力"

---

69 也可参见 Immanuel Kant, *Metaphysical Elements of Justice* [1797] (Part I of the *Metaphysics of Morals*; known as the *Rechtslehre*) John Ladd (trans) (Indianapolis: Hackett, 1999), §45: "主权权力属于立法者本人;行政权力属于统治者本人(依照法律),司法权力(根据法律赋予每个人属于自己的权利)属于法官本人。这三个部分类似于实践三段论中的三个命题:主权意志法则类似于大前提;依法行事的命令就像一个小前提,即它是意志下的涵摄原则;而为审理中的案件确立实际法律的判决(司法判决)与结论类似。"

70 Rakove, above n 68, 252.

71 *The Federalist Papers*, above n 2, No 70 (Hamilton), 402.

72 Mansfield, above n 43, 247.

73 US Constitution, Art 2(1).

74 *The Federalist Papers*, above n 2, No 67 (Hamilton), 389.

555

公法的基础

的方案。[75] 汉密尔顿主张，一个好政府非常需要行政的能量，这样才能保护共同体免受他国的侵犯，确保法律的有效执行，并最终保护自由免受野心、派系和无政府主义的攻击；而行政要拥有能量，前提条件就是赋予行政必要的权力，并且确保统一、持续和充分的支持和权力供给。[76] 所以，世袭王权所享有的特权似乎要被保留，但是，要对它们进行共和化处理。

对行政权所做的共和化处理的最明显的方法就是将总统变成民选的。这个方法在很多方面其实加剧了相关困难。尽管总统被放到了宪法框架中，但是如果强有力的行政权是被期待的，而总统这个职位是民选的，那么这将和宪法起草者们的意图相悖，因为这会不可避免地导致政党的发展和政府的政治化。[77] 这其实会导致洛克在宪法框架中设定的立法机构和行政机构之间的紧张关系。这个紧张关系引发的困境在于：如果立法机构和行政机构都是民选的，那么谁才是人民意志的最权威的代表？难道不是总统所代表的统一性能够更清楚地表达民主，而议会更多地被视为一种自由主义的表达（作为一种对相互竞争的关于公共善的观点进行民主协商的工具）吗？[78] 无论答案是什么，如果从自由主义宪制理论的角度考量，现代政府当中立法机构和行政机构的关系确实是一

75　*The Federalist Papers*, above n 2, Nos 67 (389), 70 (402).

76　Ibid, No 70.

77　Rakove, above n 68, 268："宪法中最能促进政党组织出现的特征莫过于承认对国家政府的控制取决于对总统的控制。这几乎不是制宪者们想要的结果，甚至也不是他们能够合理想象的结果。"

78　这几乎成为现代政府体系最为重要的问题，无论这个政府体系是建立在总统制基础上的还是建立在议会制政府基础上的。例如，参见 Max Weber, 'Parliament and Government in Germany under a New Political Order' [1918] in his *Political Writings* Peter Lassman and Ronald Spiers (eds) (Cambridge: Cambridge University Press, 1994), 130－271; Carl Schmitt, *The Crisis of Parliamentary Democracy* [1923] Ellen Kennedy (trans) (Cambridge, MA: MIT Press, 1988); Bill Scheuerman, 'Is Parliamentarism in Crisis? A Reply to Carl Schmitt' (1995) 24 *Theory and Society*, 135–158。

个非常复杂和困难的问题。

联邦党人已经注意到了这一问题,他们认识到,一个强大的联盟对维护"国家的和平与自由"以及作为"反对国内派系和叛乱的屏障"至关重要。[79] 但为了实现这一点,他们接受了区分民主国家和共和国家的必要性,他们的目的是向人民展示现代共和国家是如何与强大的行政权力相兼容的,第一个问题,即如何区分现代共和国家和纯粹民主制的问题,在前面已经讨论过了。[80] 联邦党人采用的技巧是,通过将古老的共和国描述为遭受派系主义消极影响的纯粹民主国家,从而证成共和主义更适合现代性。只有证明了纯粹民主的失败,他们才能提供补救办法——代表性原则,通过这一原则,人类的激情可以转化为理性的思考。

正是在这一讨论背景之下,麦迪逊主张,必须要确保政府能够控制被统治者。[81] 为了做到这一点,一个强有力的行政权是必需的。[82] 这是另一个与传统共和主义理念构成鲜明对比的、现代共和政府的重要特征。[83] 共和政府确实需要在立法、行政和司法部门之间确保制度性的平衡和制约,从而确保它能自我控制,但是这一机制是以存在一个强有力的行政权为前提的。

平衡和制约的制度性解决方案存在的主要问题在于,这一方案整体上是建立在一个假设基础上,即政府应该在社会生活中发

79　*The Federalist Papers*, above n 2, No 9 (Hamilton), 118.

80　参见本书第十章,第410—411页。

81　*The Federalist Papers*, above n 2.

82　例如,Ibid, No 71 (Hamilton), 409-410:"有些人倾向于将行政机关对社会主流或立法机关主流的顺从视为行政机关的最佳建议。但是,这些人对建立政府的目的,以及促进公众幸福的真正手段,持有非常粗俗的观念。当出现真正的人民利益与大众倾向不一致的情况时,他们所任命的,作为这些利益的守护人的人有责任抵制这些暂时的谬误观点,以便给他们(大众)时间和机会进行更冷静和严肃的思考。"

83　Mansfield, above n 43, 257:"通过在政府本身的框架内为政府的必要性找到一个位置,宪法纠正了共和主义的较为愚昧的乐观主义。这种乐观主义认为,本质上,人们可以按照他们选择的法律生活,永远不必屈从于他们没有选择的必要性,也不必从这些必要性的经验中学习。"

公法的基础

挥非常有限的作用。宪法的目的是平息激情、缓和派系斗争和平
衡利益,以便在这些不同和分离的权力之间实现某种形式的平衡。
孟德斯鸠非常清楚这一点,他认为,这三种权力应该是相对消极
的,一般不随便启动。由于它们被要求在事物的必要性驱动下展
开行动,所以它们应该是统一行动的。[84] 这也许是可能的,但是,
如果任由宪法凭借自身来促成这种统一行动,宪法似乎更有可能
在运行中带来某种僵局,而不是行动中的统一性。现代宪法的挑
战主要是因为意识到,选民其实是期待政府为社会问题提供解决
方案的。如果要求政府"为公众利益承担广泛而艰巨的规划和落
实责任",而这些责任需要"相当长的时间来成熟和完善",[85]那么,
除非建立一个强有力的、永久性的行政机构,否则政府就不可能承
担这一职务。

在这样的情况下,如果无法准确地定义行政权并确保对其
有效的限制,这就会成为一个严重的问题。这个问题首次在
1793 年呈现,那一年华盛顿总统宣布,美国在英国和法国的战争
中保持中立。汉密尔顿认为,鉴于这一宣告责任既不属于立法
行为也不属于司法行为,那么它必然属于行政行为。因为政府
必须对一切做出回应,如果其中两个部门没有类似的职权,那么
必然是第三个部门承担相关责任。[86] 从这一分析中,曼斯菲尔德
产生了一个一般性结论:行政权有一个特别之处,单独描述时,它
可以被事实性地呈现,但是无法被列举,因为它是无法穷尽的。[87]
尤其是伴随着现代社会的发展,政府责任急速地扩展,这一观点变
得非常重要。

84　Montesquieu, above n 34, Bk 11, ch 6, 164.

85　*The Federalist Papers*, above n 2, No 72 (Hamilton), 414.

86　Mansfield, above n 43, 276.

87　Ibid.

558

第十三章　政府的特权

第四节　政府扩张、行政权力和现代宪法

我们已经就政府职能扩张对美国宪法的一般功能的影响进行了简要的考察。[88] 本节有必要聚焦于政府职能扩张对行政权功能的影响。这一部分的论述建立在三个基本命题基础上：首先，强调三权分立的现代宪法是建立在有限政府的假设前提基础上的，这一假设并没有被现代政治生活所证实；其次，政府在社会生活中作用的增强，主要是通过行政机构获得更为广泛的权力体现的；最后，作为一个纯粹概要性的框架，宪法存在很多空白和模糊之处，通常是由行政机构，特殊情况是由总统，用自身的行动来弥补宪法的沉默的。[89] 因此，在现代世界，共和宪法呈现越来越政府化的（governmentalized）趋势。[90]

---

[88]　参见本书第十章，第429—441页。

[89]　Richard M Pious, *The American Presidency* (New York: Basic Books, 1979), 333. 这一观点与俾斯麦的"空隙理论"（*Lückentheorie*）非常相似。19世纪60年代，当王室和议会就预算问题发生冲突，在宪法没有提供明显救济措施的情况下，俾斯麦辩称，法院无法解决这一争端，因为如果由法院来解决这一争端，司法部门随后会要求立法权。俾斯麦声称，宪法中的"空隙"必须由政府填补。参见 Otto Pflanze, 'Juridical and Political Responsibility in Nineteenth-Century Germany' in Leonard Krieger and Fritz Stern (eds), *The Responsibility of Power: Historical Essays in Honor of Hajo Holborn* (London: Macmillan, 1968), 162-182, esp 179-180。

[90]　参见卢梭的相关论述，详见本书第四章，第171—174页。这是后革命时期行政权地位更普遍变化的一个方面。例如，1791年，法国宪法的主要缔造者之一雅克-纪尧姆·图雷(Jacques-Guillaume Thouret)评论道："当一个国家在长期的专制统治之后觉醒并为自己制定新宪法时，它的主要敌人是行政权，因为腐败的是行政机关，行政机关是压迫的代理人。但当革命结束、建立真正的政府时，宪法不仅仅是一套书面条款，而是政治组织的生存机制。这个时候，我们认为，继续将行政部门视为共和国和民族自由的敌人，就是一个严重错误。难道行政权力不是国家的权力吗？不是像立法权力一样产生的权力吗？"转引自 Pasquale Pasquino, 'The constitutional republicanism of Emmanuel Sieyès' in Biancamaria Fontana (ed), *The Invention of the Modern Republic* (Cambridge: Cambridge University Press, 1994), 107-117, 109。

559

公法的基础

　　现代化历程的影响之一是,人们越来越相信,政府的主要任务就是促进"社会的进步",这一观念与另外一个观念的出现,即民主构成了现代政府的合法性原则,紧密关联在一起。这一观念在一系列政治运动中得以彰显,这些运动主要发生在 19 世纪末、20 世纪初,在一些发达的工业国家以"社会民主""进步主义""新自由主义""社会团结"等为口号展开。[91] 这些运动的共同的目标是将政府体系与大众所需的服务紧密对接起来。[92] 而蕴含在美国政府体系中的进步主义精神主要展现在伍德罗·威尔逊(Woodrow Wilson)的著作中。

　　威尔逊认为,美国宪法几乎是按照牛顿式的机理设计的,从而通过一系列平衡制约机制防止政府权力的压迫性使用。但是,这些设计并不足以穷尽现代国家政府所可能面对的所有挑战,因此,当年起草者决定的这部初始宪法已经成了进步的障碍。威尔逊的野心在于,他想要通过发展一种进步时代的新的政府科学,重新构建美国政体。为此,必须用达尔文式的隐喻来替代牛顿式的想象,只有这样,政府才能不断地进化和发展,以有效回应它的新责任。[93]

　　威尔逊在 1885 年出版的第一本著作中指出,自己这一代人是

---

　　[91] 参见 James T Kloppenberg, *Uncertain Victory: Social Democracy and Progressivism in European and American Thought*, *1870-1920* (New York: Oxford University Press, 1986); Cécile Laborde, *Political Thought and the State in Britain and France*, *1900 - 1925* (Houndsmills: Macmillan, 2000); Marc Stears, *Progressives*, *Pluralists*, *and the Problems of the State: Ideologies of Reform in the United States and Britain*, *1909-1926* (Oxford: Oxford University Press, 2002)。

　　[92] Woodrow Wilson, *The New Freedom: A Call for the Emancipation of the Generous Energies of a People* (New York: Tauchnitz, 1913), 109:"我内心最深的信念和激情是,普通人,我指的是我们所有人,是绝对值得信任的。"

　　[93] Woodrow Wilson, *Constitutional Government in the United States* (New York: Columbia University Press, 1908), 54-55:"美国政府建立在辉格党政治动力学理论的基础上,这是一种对牛顿宇宙理论的无意识复制。在我们自己的时代,每当我们讨论任何事物的结构或发展时,无论是针对自然界还是人类社会,我们都自觉或不自觉地遵循达尔文先生的观点。"

560

第十三章　政府的特权

首次对宪法是否依旧有效服务于其当初设立的目标提出质疑的，因为事实上政府运行的现实环境已经发生了巨大的变化，这就导致宪法中所设立的平衡和制约机制已经很难再发挥效力。尽管我们一直将当初的宪法作为我们所特有的、无与伦比的财富进行膜拜，但是我们其实已经生活在一个完全不同于当初的宪法框架当中了。1787 年的宪法文件依旧是我们的宪法，但是它所彰显的只是名义上的政府形式，而不是现实中真正在运作的政府；当初的宪法形式是一种经过良好调整的、旨在实现理想的平衡的宪法，但是我们现在政府的实际形式事实上是一种国会至上的框架。[94]

也是在同一时期，威尔逊提出，国会是"联邦体系中不可抗拒的力量"，它的权力——制宪者无法想象的、作为政党政府的产物——已经使得宪法的一些主要平衡机制被贬低到微不足道的"书面理论"。[95] 在威尔逊的方案中，总统的角色并不重要，[96]这个时期他最主要的贡献可能就是认识到，宪法的发展已经使得初始的宪法面目全非。立法和行政实践不断地拓展，联邦事务管理方面的先例不断增加，这些都"扩大并改变了政府职能的范围和内容，但这些实践上的显著变化都没有明显地影响我们宪法语言的词汇发展"。他总结道，在实践层面，美国宪法一点也不亚于英国宪法，是一个充满生机的、不断推陈出新的系统。[97]

威尔逊在后来的写作中坚持了进化的基本论点，他认为，现代政府的发展基本上都是围绕"总统"这个角色展开的。之前所倡导的国会型政府的论点，即现代政府需要立法和行政职能的融合的观点，被"应该由强大的行政权取代立法权"的观点所超越和取代

94　Woodrow Wilson, *Congressional Government: A Study in American Politics* (Boston: Houghton, Mifflin & Co, 1885), 5–6. 威尔逊的论题受到了白芝浩作品的很大影响(参见本书第三章，第 145—147 页)。

95　Wilson, above n 94, 23.

96　Ibid, 204: "总统职位不像一个首相职位，更多地像一个监管者的角色。"

97　Ibid, 7.

公法的基础

了。这标志着一个发展的重要阶段,即从对形式的强调转向对行动的强调,即从对宪法、协商民主和立法的关注转向对管理和执行的关注。[98] 威尔逊认为,政府实际所承担的目标已经远远超越了它的宪法形式。行政权力应该从分权原则的限制中被解放出来。现代政府必须具备有效回应人民意愿的能力,而实现这一增强能力的最佳途径是通过纪律严明的政党、有效的内阁政府和专业的行政管理,即行政部门成了将人民意志转变为有效的政府行动的最为重要的关节点。

相较于汉密尔顿的"需要建立一个精力充沛的行政权,构建有效的国家管理"的观点,威尔逊的主张显得更为激进。由于受到孟德斯鸠的影响,汉密尔顿认为,对限制立法机构那些更具野心、更大众化的计划而言,强有力的行政权是必要的;但是,与将行政权视为对代表民主的立法权的制约不同,威尔逊将强有力的行政机构视为服务于民主的当务之急的机构。这就需要宪法所设想的行政权角色的变革,这个变化在威尔逊的写作中彰显出来。在之前有关议会政府的著作中,他是用"行政权"这个题目作为章节标题的,但是在他后来有关美国宪制政府的写作中,他所使用的对应的标题是"美国总统"。

威尔逊认识到,总统这个职位是可以超越建立在分权原则基础上的权力限制的,这个职位不仅仅是一个行政职位。过去我们称为"政府"的存在,现在我们只把它称为"行政机关",很多时候,

---

98 Woodrow Wilson, 'The Study of Administration' (1887) 2 *Political Science Quarterly* 197–222. 威尔逊指出,"行政是政府最明显的部分,这是真正在发挥作用的政府,它是政府作为执行者、运行者最明显的一面。当然,它和政府本身一样古老。这是真正在运转的政府,人们很自然地会发现,在系统思想史的早期,政府的这个部分就吸引了人们的注意,并引起了政治作家的仔细审视。但事实并非如此,直到本世纪度过了它的第一个青年期,并开始展示其特有的系统知识成果,才有人系统地将行政作为政府科学的一个分支来撰写"(at 198)。威尔逊持续地关注这门科学,他指出,"它(这一政治科学)只使用外国语言……它只说出了我们心目中的外来思想。它是由法国和德国的教授开发的,因此在所有方面都适应了契约国家的需要,并使之适应高度集中的政府管理形式"(at 202)。

我们只不过把它看作实施我们的议会所制定的法律的工具。[99] 然而，在人民的想象中，总统已经成为政府的代表："他不是选民的代表，而是全体人民的代表"，"如果他正确地解释了国家理念并大胆地坚持它，那么这个时候的他就是无法阻挡、坚不可摧的"。[100] 由于宪法规定并没有列举总统的相关正式权力，所以，总统只能依靠超宪法的程序和行动去充分地履行其职能。威尔逊认为，宪法起草者制定的初始宪法之所以现在还在运作，是因为政党机制依旧在正常运行，但是如果要确保政党体系负责地运行，必须要依靠一位强有力的总统的存在。[101] 为此，他认为，国家的立法者需要接受总统在法律政策形成过程中的领导角色。[102] 在这个意义上，总统越来越偏向一个政治角色，而不仅仅是一个行政官员。[103] 威尔逊的意思是说，总统的行政权力现在依旧很重要，[104]但政治权力则越来越多地集中在他身上，并且在本质上是个人的，是不可被剥夺的。[105] 所以，总统这个职位更多地需要从舆论领袖的角度来理解。

在杰弗里·图利斯(Jeffrey Tulis)对总统这个职位的研究中，他认为，在 20 世纪，其实出现了一部"第二宪法"(second constitution)，在这个宪法的支持之下，总统寻求广泛的统治权。第二宪法的核心部分存在一种有关国家治理术的观点，这个观点与初始宪法对政治体系的理解是存在紧张关系的，事实上，是与建国之父的观点存在

99　Wilson, above n 93, 15.

100　Ibid, 68.

101　Ibid, 214–216.

102　Ibid, 84.

103　Ibid, 66–67.

104　Ibid, 66："就其职位的严格职责而言，可以说总统与内阁成员一起履行总统职责，在这个过程中，他就像委员会主席一样。"

105　Ibid, 67.

公法的基础

某种对立性的。[106] 第二宪法非常认同总统在大众舆论中所发挥的积极的和持续的领导力,同时获得了很多超宪法要素的支持,比如,大众媒体、总统选举中的初选制度的发展等。[107] 伍德罗·威尔逊是这一论点的主要支持者,在相关杰出研究者的支持之下,这一论点的核心主张可以表述为"当下已经出现帝国总统制(imperial presidency)了"[108]。

威尔逊的观点彰显了一种有关现代政府本质的进步主义倾向。[109] 宪法被视为特定时空语境下的产物,而不是一个已经完成的系统,宪法事实上不过是开启了共同体建构的第一步(确立基本原则),如果之后它偏离了那些基本规则,它将彻底丧失自己的弹性和适应性。如果一部宪法不能调试自身,以适应不断发展的社会条件,国家的发展和政府体系随之发生的变化,很有可能会彻底摧毁这部宪法。[110] 因此,相较于宪法的形式而言,政府系统的实际运行状况变得越来越重要。由于政府本质上是一个社会的机构,是社会唯一有力和普遍被使用的工具,所以政府的目标其实就是社会的目标,这里的社会是个体基于互利和个人发展而构建的一

106　Jeffrey K Tulis, *The Rhetorical Presidency* (Princeton, NJ: Princeton University Press, 1987), 14.

107　Ibid.

108　Ibid, 117 - 144. 也可参见 Richard E Neustadt, *Presidential Power: The Politics of Leadership* (New York: Wiley, 1960); Arthur M Schlesinger, *The Imperial Presidency* (Boston: Houghton Mifflin, 1973)。对此的早期论点,参见 Henry Jones Ford, *The Rise and Growth of American Politics: A Sketch of Constitutional Development* (New York: Macmillan, 1898), 293: "事实上,对自杰克逊时代以来重组的总统职位而言,美国民主已经恢复了族群中最古老的政治制度,即基于选举产生的王权。"

109　具有代表性的出版物包括: (美) Herbert Croly, *The Promise of American Life* (New York: Macmillan, 1909); (法) Léon Bourgeois, *Solidarité* (Paris: Colin, 1896); (德) Eduard Bernstein, *Die Voraussetzungen des Sozialismus und die Aufgaben der Sozialdemokratie* (Stuttgart: Dietz, 1899) [Eng trans *Evolutionary Socialism* 1909]; (英) Beatrice Webb and Sidney Webb, *A Constitution for the Socialist Commonwealth of Great Britain* (London: Longmans, 1920)。

110　Wilson, above n 94, 8-9.

个有机联合体。[111] 在威尔逊最后的总结中,彰显了他思想中的黑格尔式倾向,他认为,个体的自我发展只有借助于总统的领导才能得到最好的实现,公共善是通过总统行使行政权得以表达的,因为总统是人民精神的代表。

威尔逊为以下问题提供了非常强有力的解释:为什么在现代宪法背景下被认为是有限权力的行政权,反而在现代政府体系中转变为一种占据主导的权力?这主要是因为现代宪法的革命理想不再将自身局限于狭义的公共领域,伴随着民主的发展,这些革命理想将对自由和平等的主张拓展到了社会领域。[112] 此时,主要的政治任务就转变为确保政府机构能够匹配和满足这些目标的实现。有人认为,如果不在更大范围内采取大规模的集体行动,"真正的"自由就不可能实现,真正的自由不能通过列举和阐明权利得以实现,而是需要实施改革。[113] 所以,真正的挑战不再是宪法性的,而是行政性的,只有借助于强大的、集中的和统一的行政执行行动才能满足这些目标,实现自由。18—19世纪形成的进步、革命和宪法之间的相互关系在这样的语境下就彻底崩塌了,19世纪和20世纪的社会进步主要依靠的是改革和政府行动。

第五节　变革后的特权

自19世纪后期开始,政府的功能开始大规模地扩张,这主要

---

[111]　Woodrow Wilson, *The State: Elements of Historical and Practical Politics* (London: DC Heath, 1899), 633.

[112]　例如,1919年《魏玛宪法》的序言中写道:"德国人民团结一致,受复兴和增强德意志帝国的自由和正义的鼓舞,服务于促进国内外的和平与安宁,促进社会进步,制定和通过本宪法。"

[113]　参见 Martin Loughlin, 'The Functionalist Style in Public Law' (2005) 55 *University of Toronto Law Journal*, 361-403。

公法的基础

是由政府承担了通过调控经济和提供公共服务来改善社会生存环境的责任导致的。政府权力之间的平衡发生了巨大的改变,这就出现了新的解释政府本质的方式。很多新近出现的进步政治运动都认为,现行的宪法性保护主要是保护有产阶级的利益的,如果想要进一步地取得社会进步,这样的资产阶级的宪法应该被废除。[114]由此引发的新的学术发展的主要特征在于,放弃了传统对宪法形式的哲学分析,更偏好对政府实际行使权力方式的社会学调查,现实主义的分析彻底颠覆了概念法学的方法。[115]

由于威尔逊及其进步主义的影响,这一趋势不仅仅出现在美国,同时也横跨整个欧洲大陆。在欧洲,这一趋势是以更丰富的政治形态展现出来的,包括社会主义、工团主义、多元主义、威权主义和法西斯主义。尽管它们存在意识形态上的差异,作为高度现代化的表达,这些运动都认同建立在古典自由主义基础上的宪法模式是有其局限性的。从法理上对此做出一般性分析的代表人物就是科斯坦蒂诺·莫尔塔蒂,他在形式和实质宪法之间做了区分。[116]莫尔塔蒂反对规范主义和法律实证主义,因为这些理论都无法在实质意义上提供一种统一的解释。同时他也反对施米特的决断主

114　例如参见 Karl Marx, *A Contribution to the Critique of Hegel's Philosophy of Right* (1844):〈http://www.marxists.org/archive/marx/works/1843/critique-hpr/index.htm〉。还可参见拉萨尔的观点,详见本书第七章,第 279—280 页;第八章,第 313—314 页。

115　关于美国宪法的这一发展趋势,参见 Morton White, *Social Thought in America: The Revolt Against Formalism* (London: Oxford University Press, 1976); Edward Purcell, Jr, *The Crisis of Democratic Theory: Scientific Naturalism and the Problem of Value* (Lexington: University of Kentucky Press, 1973); Neil Duxbury, *Patterns of American Jurisprudence* (Oxford: Clarendon Press, 1995), chs 1-2。

116　Costantino Mortati, *La Costituzione in Senso Materiale* (Milan: Giuff rè, 1940). 英文文献可参见 Massimo La Torre, 'The German Impact on Fascist Public Law Doctrine — Costantino Mortati's Material Constitution' and Giacinto della Cananea, 'Mortati and the Science of Public Law: A Comment on La Torre' in Christian Joerges and Navraj Singh Ghaleigh (eds), *Darker Legacies of Law in Europe: The Shadow of National Socialism and Fascism over Europe and its Legal Traditions* (Oxford: Hart Publishing, 2003), 305-320, 321-335。

义理论（decisionist theory）和斯门德提出的社群主义理论（communitarian theory），因为在他看来，这些理论都无法确保稳定：前者是因为它强调了在没有制度约束的情况下做出决断的必要性；后者是因为"人民"作为一个存在实体不断地被冲突撕裂，永远没有能力形成一个同质群体。[117] 对莫尔塔蒂而言，能够将实质统一性与制度目的的稳定性结合起来、处于实质性宪法核心的实体其实是政党。[118]

尽管莫尔塔蒂可能不知道，但是他的论述和安东尼奥·葛兰西（Antonio Gramsci）对"现代君主"的出现的分析非常地相似。[119] 在类似的分析当中，博丹"主权的标志"或者洛克定义的"掌握在国王手中的、服务于公共善的特权权力"都被视为是由控制政府机器的政党意志操控的，而且这些权力的行使最终导向了进步的原因。在这样的思想当中，自由主义的宪法框架依旧获得了保留，但是它们逐渐只是在发挥象征性的功能。现代政府的真正运作是依赖政党网络推进的，最终导致了一个权力更为集中的、依靠强有力的行政权领导支撑的政府模式的出现。总统或者首相是人民的代言人，政府权力正是通过这些政治任务的领导权最终促进了社会进步，而这种领导权主要是通过对政党的控制实现的。

这种高度现代化的政府模式从一个完全不同的角度诠释了特权和法律之间的关系。保护公民的私人权利依旧是政府安全责任

117　Mortati, above n 116, ch 1.

118　Ibid, ch 2.

119　Antonio Gramsci, 'The Modern Prince' in his *Selections from the Prison Notebooks* Quinton Hoare and Geoffrey Nowell Smith（trans and eds）（New York：International Publishers，1971），123–205，esp 129："现代君主，神话中的君主，不可能是一个真实的人，一个具体的个体。它只能是一个有机体，一个社会的复杂元素，在这个有机体中，一个集体意志已经被承认并在某种程度上已付诸行动，以具体形式得以呈现。历史已经提供了这一有机体，而政党就是这个有机体的第一个细胞，借助于这个细胞，那些趋向于向普遍性和全面性发展的集体意志得以萌芽。"

非常重要的一方面,但是这些"不可任意侵犯"的权利并不能否定政府志在促进共同善的实现的权力行使行为,这里的共同善不是指对个体利益的特殊保护,而是旨在推进全体人民平等的利益实现。[120] 如果说"权利"主要是借助于法律来表达和呈现的,那么政府实现共同善的能力主要是通过特权性权力来呈现的,尽管可能这些特权性权力很多都已经通过立法形式予以确定了。

现代语境之下的政府特权性权力的转变,引发了有关私权和公共权力之间冲突的大量争论。在这些争论中,主要涉及两个核心议题:为了社会福利的提升而对自由裁量权的运用;为处理国家安全面临的威胁所设定的紧急权力。

前一个议题主要涉及这样一种方式,即现代政府通过利用基于政党制度所实现的对立法机构的控制,实施一系列立法,从而赋予行政机构以广泛的权力对社会和经济行动进行调控,以期实现公共利益。从宪制主义的视角理解,这是一系列会带来麻烦的权力,不仅仅因为通过这种方式产生的立法总是将广泛的立法权赋予行政机关,同时设立行政法庭专门处理与这些调控规制相关的纠纷。相关的反对意见同时还指出,将立法和司法权都同时赋予行政机构,这样的立法违反了权力分立的原则,损害了法治原则。这里想要突出的核心观点在于,那些宣称相关的实践导致了"新的专制"的出现的人们并没有认识到,衡量现代政府行为的合法性条

120　有代表性的观点,参见 RH Tawney, *The Acquisitive Society* (London: Bell, 1921), 53-54:"国家没有绝对的权利,它们受到自身使命的限制。个人没有绝对的权利,权利的范围与他们作为共同体中的一员履行成员责任有关,因为除非他们受到共同体的相关约束,否则后果必然是要面对某种私人战争性质的东西。简而言之,所有权利都是有条件的和派生的,因为所有权力都应该是有条件的和派生的。这些权利和权力源自它们所在社会的目标或目的。它们存在的条件是被用来促进实现这一目标,而不是阻挠这一目标。这意味着,如果社会要健康,人们就不应该把自己看作权利的拥有者,而应该把自己看作履行职能的受托人和实现社会目的的工具。"

件在很大程度上已经改变了。[121] 政府的自由裁量权和对私权的保护之间的紧张关系确实是 20 世纪争论的核心议题,[122]但是,在当下的西欧政权中,(这种扩张的)行政权都已经一般性地受到了法律程序和司法监督的规范。[123]

后一个议题,政府紧急权力的存在和使用会引起间歇性的担忧,尤其是宪制国家面临危机和压力的时候。在"9·11"事件之后,很多政府都开始不同程度地采取反恐策略,这个问题获得了很多关注。这个议题引发了更为广泛和复杂的问题,细节不在这里展开讨论。但是有两个与紧急情况相关的基本问题需要被了解:首先,作为实证法的宪法和政治法之间的紧张关系;其次,在压力情况下,行政权倾向于全面承担政府的一切权力,这也是与即将讨论的问题更直接相关的议题。这两个基本问题之间是相互关联的,但是首先要对它们进行区分。

与紧急权力相关的关键问题最近是这样被陈述的:当面对暴力紧急情况时,国家是否可以在采取镇压紧急情况的必要措施的同时,依旧能够忠实于合法律性的要求?[124] 很多法学家采取的立

---

[121]　可参看 Lord Hewart, *The New Despotism* (London: Benn, 1929); Stafford Cripps, 'Can Socialism come by Constitutional Methods?' in Christopher Addison (ed), *Problems of a Socialist Government* (London: Gollancz, 1933), 35-66。休厄特法官(Lord Hewart)的言辞引发了詹姆士一世主张所导致的危险(参见本书第 545—546 页);但斯塔福·克里普斯(Stafford Cripps)的论点是,政府权力现在正在针对特权堡垒而行使,是真正有利于大多数"普通人"的。

[122]　最为极端的讨论,参见 Ernst Fraenkel, *The Dual State: A Contribution to the Theory of Dictatorship* (New York: Oxford University Press, 1941)。弗伦克尔的观点是,在民族社会主义的德国,其实存在两个国家,特权国家和规范国家。这两个部分对德意志帝国而言,"是相互竞争的部分,而不是互补的部分"(at 46),其中"正常生活"仍受法律规范的调整,但这一领域仅在特权国家允许的范围内存在,并且这些限制"不是来自外部的,它们是由特权国家本身强加的"(at 58)。

[123]　进一步讨论可参见本书第十五章。

[124]　Victor V Ramraj, 'No doctrine more pernicious? Emergencies and the limits of legality' in Ramraj (ed), *Emergencies and the Limits of Legality* (Cambridge: Cambridge University Press, 2008), 3-29, 4.

公法的基础

场是,政府必须在应对压力的整个时期都严格遵守法律,否则就会破坏法律秩序的完整性。[125] 还有其他一些法学家采取了更为实用主义的立场。通过引用"人民福祉就是最高的法律""必要性不知何为法律"等法律格言以及延续罗马使命性专政的实践,这些学者认识到有必要悬置宪法规定,以便采取行动消除对国家的威胁,并迅速恢复宪法秩序。[126] 比如杰斐逊就秉持这样的立场:

> 严格遵守成文法毫无疑问是一个好公民应该严格遵守的义务,但是,这不是最高的义务。基于必要性、自我保存和为了挽救危难中的国家所设定的义务,才是具有最高性的。如果因为严格遵守成文法而失去了我们的国家,那就在失去了生命、自由、财产和所有与我们一起享受这些权利的人的同时,也失去了法律本身,这是一种本末倒置的、不区分目的和手段的荒谬的行为。[127]

125　例如,参见 David Cole, 'The Priority of Morality: The Emergency Constitution's Blind Spot' (2004) 113 *Yale Law Journal*, 1753 – 1800; David Dyzenhaus, *The Constitution of Law: Legality in a Time of Emergency* (Cambridge: Cambridge University Press, 2006); Terry Nardin, 'Emergency logic: prudence, morality and the rule of law' in Ramraj (ed), above n 124, 97-117。法学家的这一立场由来已久,例如可参见 *Ex parte Milligan* 71 US 2 (1866), 120 一案的判词:"无论是战争还是和平时期,在任何情况下,美国宪法都是统治者和人民必须遵循的法律。人类的智慧从未发明过比'政府在遭遇任何重大紧急情况下,可以中止其任何规定'更有害的学说。这种学说直接导致无政府主义或专制。"

126　参见 Clinton L Rossiter, *Constitutional Dictatorship: Crisis Government in the Modern Democracies* (Princeton, NJ: Princeton University Press, 1948); John Ferejohn and Pasquale Pasquino, 'The Law of the Exception: A Typology of Emergency Powers' (2004) 2 *International Journal of Constitutional Law*, 210-239。

127　Thomas Jefferson (1810),转引自 Wilfrid E Rumble, 'James Madison on the Value of Bills of Right' in J Roland Pennock and John W Chapman (eds), *Constitutionalism: Nomos XX* (New York: New York University Press, 1979), 122-162, 126。也可参见 AV Dicey, *Introduction to the Study of the Law of the Constitution* (London: Macmillan, 8th edn, 1915), 408:"在动乱或侵略时期,为了合法律性本身,必须打破法律规则。政府即时必须采取的方针必须是明确的。大臣必须违反法律和获得特赦保护。(允许以上情况发生的)立法是议会主权的最后和(**转下页**)

第十三章　政府的特权

　　很多现代宪制国家都已经制定了在面对紧急情况时,允许悬置宪法性保障的正式条文,尽管这里存在一种风险,即统治者会滥用这一规则,从而将"宪法性独裁"转化为"主权行使者的独裁"。[128]但是,如果在感知到威胁的时候,依旧决定不进行宪法调整,也有其自身的危险。这不仅意味着政府将以可能带来更大伤害的秘密手段或者诡计应对威胁,这些秘密手段或诡计会扩大宪法规范和政府行动之间的差距、破坏对宪法秩序本身的尊重。

　　我们在这里关注的不是政治决断的情境问题,而是做出这些决断的法律框架。当谈到这个问题时,我们就会看到,法学家划分为两个阵营:一部分坚信对实体法的严格忠诚;另外一部分则承认,即使是隐秘地承认,政治法的运行。很多法学家都加入了第一个阵营,比如维克托·拉姆拉伊(Victor Ramraj)就是其中之一,他认为,纳粹的桂冠法学家卡尔·施米特最臭名昭著的主张就在于宣称,国家无法一直忠诚于合法律性的要求。[129] 从严格意义上讲,这个理解是不正确的,施米特的主张应该是,一种只涉及日常问题的法理学其实在实践中是与主权概念无关的,这种类型的法理学

(接上页) 最高的行使,它使非法行为获得合法化。它实际解决了困扰 16 和 17 世纪政治家的问题,即如何将维护法律和议会的权威与自由行使某种形式的自由裁量权或特权结合起来,这种特权是每一个文明国家的行政政府都必须在关键时刻行使的权力。"

128　在这些条款中,最为著名的就是《魏玛宪法》第 48 条,参见 Peter C Caldwell, *Popular Sovereignty and the Crisis of German Constitutional Law: The Theory and Practice of Weimar Constitutionalism* (Durham, NC: Duke University Press, 1997), ch 6。当代围绕这个问题的讨论,参见 Carl J Friedrich, 'The Development of the Executive Power in Germay' (1933) 27 *American Political Science Review*, 185-203, 196-203。卡尔·弗里德里希(Carl Friedrich)在 1933 年 4 月发表的文章中有些遗憾地得出结论:"我们可以说第 48 条确保了在压力和紧张时期的行政领导,但 1919 年德国宪法建立的复杂的分权和复杂的制衡体系仍然有效。目前无法预测德国是否会坚定地转向美国的总统共和制,是否会在好的时候肆意推行目前的议会制,在坏的时候实行总统专政,还是会投票支持君主立宪制。无论如何,德国仍将是一个宪政民主国家,具有强烈的社会化倾向,其骨干力量将继续是专业的公务员队伍。"(at 203)1933 年 2 月 28 日,紧急法令(国会大厦消防法令)的颁布成为当时希特勒巩固权力最有效的途径,参见 Fraenkel, above n 122, esp 3-8。

129　Ramraj, above n 124, 4.

571

公法的基础

只理解法律日常的正常工作机理。事实上,还存在其他例外的情形,即骚乱,在这样的例外形势之下,公法学者不能仅仅单纯地做合法／不合法的区分。施米特认为,在这样的情形之下,国家依旧存在,法律却退却了。所以他的观点并不是"国家不能保持对合法律性要求的忠诚",施米特认识到,因为例外状态"不同于无政府状态和混乱,所以,法律意义上的秩序仍然盛行,即使它不是普通的日常秩序"。[130]

施米特在这里表达的不过是杰斐逊曾经的观点,当勒恩德·汉德(Learned Hand)质疑"我们是否可以不把所有的希望放在宪法、放在法律和法庭上"时,他也保持了几乎同样的观点,他认为这是一种"错误的希望",因为自由"深植于男人和女人的内心"。[131]这也是马克·图什内特(Mark Tushnet)探索的结论,他指出:当涉及紧急状态措施的采纳时,这个法的黑洞可能是一个没有实证法的区域,但是一定不是一个法治真空,因为这个区域部分地会由道德化的政治所创造和保存。[132]当施米特主张"例外状态之下,国家依旧存在,法律却退却了"的时候,他其实指的是,紧急状态是这样一个时刻,在这个时刻公法(政治法)的运行要求悬置实证法的规则,将实证法规则进行修改或者是中止适用。实证法退却了,但是,政治法依旧存在。

公法法理这一部分的内容似乎在今天已经逐渐消失了。吉奥乔·阿甘本(Giorgio Agamben)的观点很重要,他发现:"公法中还没有关于例外状态的理论,法学家或者相关的理论家似乎更多地

---

130 Carl Schmitt, *Political Theology: Four Chapters on the Concept of Sovereignty* [1922] George Schwab (trans) (Chicago: University of Chicago Press, 2005), 12.

131 Learned Hand, *The Spirit of Liberty* (New York: Knopf, 2nd edn, 1953), 189–190.

132 Mark Tushnet, 'The political constitution of emergency powers: some conceptual issues' in Ramraj (ed), above n 124, 145–155, 155.

将这个问题作为事实问题来对待,而不是真正的法理问题。"[133]但是,当涉及"例外状态是否应该被认为是一个存在于公法和政治事实之间、存在于司法秩序和生活之间的无人地带中"[134]这个问题时,他发现法学家就划分为了两个阵营:一部分法学家认为,这个例外状态依旧在法律秩序之内;另外一部分法学家则认为,例外状态是一种外在的,或者说本质是政治的、法外的现象。[135] 阿甘本认为,例外状态既不是内在也不是外在于法律秩序的,它其实构成了法的门槛、一个无差异地带,在这里,内在和外在之间并不是相互排斥的,而是彼此之间的界限非常地模糊。[136] 但是,难道不是把这种区别表述为实证法和政治法之间、形式宪法和实质宪法之间、成文的政府宪法和国家宪法之间的区别更清楚、更准确吗?紧急状态的问题其实远没有占据一个"无差异地带",而是一个完全属于所谓的公法领域的问题。

这可能可以回应第一个问题(实证法和政治法之间的关系),但是第二个问题,即在压力情况下,行政权倾向于承担政府所有的权力这个问题,还是没有解决,而恰恰是这个问题更直接地与政府特权的现代转型相关。人们可能会问,"政治法"到底是如何彰显自身的?施米特给出了一个看似简单的回答:谁在例外状态中做决断,谁就是主权行使者。[137] 和很多现代宪法一样,魏玛共和国依据宪法第 48 条,将这一决策权赋予了总统。[138] 但是,这种正式的

133　Giorgio Agamben, *State of Exception* Kevin Attell (trans) (Chicago: University of Chicago Press, 2005), 1.

134　Ibid.

135　Ibid, 22-23. 阿甘本认为,奥里乌和莫尔塔蒂都将例外状态视为法律秩序的一个部分,但是,雷蒙・卡雷・德・马尔贝格则属于后一阵营。

136　Ibid, 23. 对比参看 Hans Lindahl, ' A-legality: Postnationalism and the Question of Legal Boundaries' (2010) 73 MLR, 30-56。

137　Schmitt, above n 130, 1.

138　1958 年《法兰西第五共和国宪法》第 16 条:"当共和国的机构、国家独立、领土完整或履行其国际承诺受到严重和直接的威胁,宪法性公共权威的正常运作受到损害时,共和国总统应在与总理、两院议长和宪法委员会正式协商后,根据情况采取必要措施。"

573

公法的基础

权力授权并不能涵盖所有现实的情况。正如汉密尔顿指出的,"危及国家安全的情况是无限的、层出不穷的,因此,将宪法的枷锁强加给那些承诺守护国家的权力是不明智的"[139],行政机构还是需要保持政府的其他机构、整个民族知晓相关情况,有能力承担必要的责任。[140] 当行政权宣称自己是现代政府发展的主要驱动力时,行政、立法和司法之间的权力分立也许变得模糊了,但是,这并不能最终免除"政治法"在这个同时充满了绝对权力和有条件的权力的公共领域中,持续地运作和发挥作用。[141]

第六节　被摒弃的特权

在现代政府设计的语境之下,这种现代社会学方法对公法的一般意义,可以通过考察这一时期中从这个视角研究公法最具系统性的法学家的著作来阐明。莱昂·狄骥于1892—1928年在波尔多大学担任公法教授,在由一系列新出现的"社会问题"导致法国国家危机的那段岁月中,他有大量著述。[142] 这些危机引发了一种新的概念性的问题意识的出现,这一问题意识受到社会学、政治经济学、社会心理学和法理学的相关观点的启发,关注社会结构和政治权威之间的关系。[143]

自诩为"法学先驱"的狄骥对公法的基础采取了非常激进的重

139　*The Federalist Papers*, above n 2, No 23 (Hamilton), 184-185.

140　因此,《法国宪法》第16条规定,除与总理、两院议长和宪法委员会协商外,还应向全国通报情况,议会应按规定召开会议,国民议会不得被解散。

141　参见本书第八章,第333—347页。

142　参见 HS Jones, *The French State in Question: Public Law and Political Argument in the Third Republic* (Cambridge: Cambridge University Press, 1993), 78-84。

143　Cécile Laborde, 'Pluralism, Syndicalism and Corporatism: Léon Duguit and the Crisis of the State (1900-1925)' (1996) 22 *History of European Ideas*, 227-244, 227.

574

建工作,他拒绝了所有之前无论是源自神学理论还是源自形而上理论的概念,想要建构一种纯粹基于经验基础的全新的公法科学。

在狄骥于 1917 年出版的《法律与国家》一书中,他在一篇引人瞩目的文章中对现代公法的发展进行了综合性的批判性评估。[144] 他的基本论点是非常激进的:通过展现他是如何受惠于奥古斯特·孔德(Auguste Comte)的,他认为所有之前有关政治法的理论都是有缺陷的,因为它们完全建立在形而上的基础之上。[145] 以(受到卢梭哲学影响的)法国大革命为起点,狄骥分析了那些最具影响力的现代理论,特别是康德、黑格尔及其后继者(如格伯、拉邦和耶利内克)发展出来的理论,是如何完全建立在形而上基础上的。尽管他们的具体表达各不相同,但都被认为是建立在国家作为一个实体的概念上的,这个实体具有不同于构成社会群体的个人的人格,并且都认为国家这个实体拥有高于其他意志的意志(主权意志)。狄骥这篇 185 页的文章的大部分都在论述早期的理论是如何建立在形而上的基础上的,他通过这一部分的论述证明了他的基本论点的真实性,这其实为他展开"现实主义理论"的论述扫清了障碍、奠定了基础。狄骥"现实主义理论"抛弃了所有形而上学的结论,拒绝了所有以国家法律人格为假设前提的教义。

狄骥的现实主义理论是建立在一些必要假设前提基础上的,其中最基础的观点在于:国家由于缺乏人格,是没有意志可言的,所谓的民族精神、国家人格、民族人格其实不过是那些掌握统治权的个体的意志而已。这些都是纯粹的修辞表达,不是基于现实观

---

144 Léon Duguit, 'The Law and the State' (1917) 31 *Harvard Law Review*, 1-185.

145 参见 Auguste Comte, *Cours de philosophie positive* (Paris: Ballière, 1864)。孔德认为,人类的思想经历了三个阶段:与军国主义相关的神学阶段;与法律思想有关的形而上学阶段;与工业化有关的实证主义阶段。

公法的基础

察,对现实的科学表述。[146] 基于此,政治权力应该就仅仅被视为一个事实,权力被赋予了这些执政者,但是,由于这种权力永远不可能在其起源上就是合法的,因此它不能产生任何意义上的统治的权利。然而,狄骥还是承认,尽管行使这一权力的人不拥有任何天生的治理权利,但是他们的治理依旧具有合法性。之所以如此,是因为统治者通过遵循他所谓的"法律原则"(*la règle de droit*)进行统治,从而实现合法性的论证。[147] 公民的服从义务并不是源自统治者自身有权威,而是源自统治者所采取的每一个行动都是遵守法律的。统治者的决定不是因为决定自身具有约束力,它的约束力源自对法律原则的服从。[148]

那么,什么是"法律原则"? 简单的回答就是,这里的法律原则其实就是社会连带原则。这相当于对孔德和涂尔干的社会学的阐释。[149] 在狄骥看来,这一原则意味着:"不要做任何有可能损害社会相互依存,即社会连带的事……然后,运用你的权力,在所给定的情境中,用你所有的能力确保和增加社会之间的相互关联。"[150] 在狄骥看来,这是一个排他地建立在社会连带这一事实上的客观法,是通过科学观察形成的一个事实。这一客观法,同时适用于统治者和被统治者,没有授予任何人以权利,它建立的是一个以义务为核心的政体。统治者在这里没有命令的权利,个体不拥有对财产或者自由的权利,所有人都必须服从建立在社会连带基础上的法律原则。

狄骥的目标就是要否定整个建立在主观权利结构基础上的现

---

146   Duguit, above n 144, 162.

147   Ibid, 163.

148   Ibid, 164.

149   参见 Comte, above n 145; Emile Durkheim, *The Division of Labour in Society* [1893] WD Halls (trans) (Basingstoke: Macmillan, 1984)。值得注意的是,1887—1902 年,涂尔干是狄骥在波尔多大学的同事。

150   Duguit, above n 144, 178.

代有关政治法的科学,代之以一种建立在客观法基础上的、新的公法科学。[151] 这在他 1913 年出版的著作《公法的变迁》[152]中得到了更多的体现。在该书中,狄骥认为现代公法的继承和发展处于"错位"的状态,需要一种全新的体系来替代。[153]

狄骥首先对目前公法的发展逻辑进行了描述。他指出,法国的公法体系建立在两个核心原则基础上:建立在国家的法律人格基础上的国家主权;个体自然的、不可侵犯的权利。在这个体系中,集体人格高于个体,因此国家意志高于个体意志,而这个集体意志主要通过代表国家的政府来表达。作为国家构成成员的个体既是公民又是臣民:作为公民,他们构成了一个集体的组成部分,这个集体享有最终的主权权力;作为臣民,他们需要服从那个真正在行使这一主权权力的政府。这是一个主观的体系,这里存在两个法律主体:发布命令的法律人格主体和服从命令的主体。在这里,政府享有的发布命令的主观权利和个体实现自由的主观权利是对立的。这些个人的主观权利被认为是先于国家权利而存在的,同时也是高于国家权利而存在的,因为国家被创造出来的目的就是保护个体权利。所以,国家必须以有利于最大限度地保护个体权利的方式被组织和建构:国家必须要服从客观法,但是这些客观法是建立在个体的主观权利基础上的。[154]

狄骥认为,基于国家主权和个体的自然权利给出的革命性的解决方案和制度安排已经彻底死亡了。这不仅仅是因为国家意志不过是一个纯粹的虚构物,还因为人在本质上是社会性的存在,个

151　参见 Léon Duguit, *L'État, le droit objectif et la loi positive* (Paris: Fontemoing, 1901)。

152　Léon Duguit, *Les transformations du droit public* (Paris: Armand Colin, 1913);英译版书名为 *Law in the Modern State* Frida and Harold Laski (trans) (London: Allen & Unwin, 1921),下文中涉及本书的内容主要参考了英译版。

153　Ibid, xxxv.

154　Ibid, xxxix.

公法的基础

体所拥有的自然权利理念本身也应该是社会性的。之前的这些解决方案无法为法律体系的形成提供科学的基础,所有的意志都是个体意志,所有政府机构的意志都不是从它的权利中产生的,而是从其义务中产生的。用来衡量意志差异的标准必须要由追求的目标来决定。因此,政府意志源自它的功能,而它最主要、最本质的功能就是促进社会连带。这就使得"公共服务"的理念替代主权概念,成为现代公法的基础所在。政府不再是依据主权者权力的命令发布者,政府没有任何特权,政府只是由个体组成的集合,这个集合将运用自己拥有的全部力量提供公共服务,满足公共需求。[155]

狄骥的观点在一个积极政府占据主导的世界里是有特殊影响力的。现代政府越来越多地介入公共服务的提供,如教育、社会保障、交通和公用事业的供应等。尽管这一政府体系依旧"必须由公法体系加以规范和强制",但它不能再以主权理念为基础,尤其是因为它"适用于那些没有任何命令痕迹的权力行使行为"。[156] 政府权力行使的真正基础就是"社会之间的相互关联性",权力的保有和提供特定服务的义务之间存在紧密的关联。[157] 公法在这里发生了变革:从一个主观权利构成的体系转变为构建一个客观法的王国。狄骥认为:"公法的基础不再是命令,而是组织。"[158]

伴随着这一变革,所有关于政府特权的主张都彻底地被否定了。政府"不再是将主权意志强加给臣民的主人"或"发布命

155　Duguit, above n 152, xliv.

156　Ibid, 31. 狄骥认为,像奥里乌和贝泰勒米(Berthélemy)这样的公法学家接受(主权的)基本观点,但他们并没有真正遵循这些基本观点,而是将主权作为遮羞布。例如,狄骥引用了奥里乌在《行政法与公法精要》中的话:"政府行为并不意味着存在以其名义实施特定行为的法人的存在。人才有权利,使用权力绝不是行使权利。发出命令的公务员并不行使主权性权利。他所做的就是履行他的职责,然后,这些职能的集合可以说构成了主权权力。"他接着评论道:"但重要的是要记住,这两位思想家都坚持认为主权权力是一种功能,而不是一种发布命令的主观权利。"(at 38, 39)

157　Ibid, 43, 44.

158　Ibid, 49.

令的法人机构",政府工作人员只是国家事务的管理者。[159] 狄骥认为,国家行动范围的扩展和数量的增多并不必然带来国家权力的同步增长,因为行动的增加意味着义务的拓展。[160] 公法建立在公共服务的基础上,公共服务是一种"严格客观的秩序,这种秩序由平等地附加给政府及其臣民的原则所控制"。[161] 公法体系之所以得以建立,主要是为了确保公民获得其有权期待的服务。[162] 无论是政府的主观权利——政府的特权性权力,还是个体的主观权利——天赋的自然权利,都在法律思想中黯然失色了,这两种主观权利被由法律保障的、政府在提供公共服务方面的客观义务替代了。[163]

1976 年,福柯在演讲中评论道,主权、法律和禁令形成了一个权力得以呈现的体系,并在此基础上通过"权利理论"加以扩展,现代政治理论从未停止过对作为主权行使者的个人的痴迷。福柯认为,我们需要的是一种不围绕主权和特权问题的政治理论,他指出:"我们需要砍掉国王的头。在政治理论中,这一点仍有待完成。"[164] 但其实早在 60 年前,他的同胞就已经在公法中完成了这一任务。狄骥否定了由特权性权力、法律的不负责任和作为合法性原则的民主神话支撑的整个帝国主权权利体系。[165] 他用一个客观的、可以确保社会生活全面地被规范的法律原则,替代了这些被他否定的东西,这个法律原则就"促进社会连带"。

---

159 Duguit, above n 152, 51.

160 Ibid.

161 Ibid, 54.

162 Ibid, 55.

163 Ibid, 65.

164 Michel Foucault, 'Truth and Power' in his *Power: Essential Works of Foucault*, *1954-1984* (London: Penguin, 2001), vol 3, 111-133, 122.

165 Duguit, above n 152, 83. 狄骥还指出,"我们今天不能满足于过于简单的主权概念,它以选举多数表达自己。这不再是公法的基本原则,多数派统治不再是现代民主的基本原则。与之密切相关的国家主权理念已不再是国家理论的基础"(at 34)。

第十四章
治理权

现代欧洲的国家形态内部都存在一种不可调和的紧张关系,这源自国家的两面性:一方面,国家类似于一个合伙,其权威源自成员对一种规则秩序的效忠;另一方面,国家类似于一个法人,其权威源自成员对一系列共同目标的忠诚。这种两面性也是现代政府行动的合法性和合法律性之间存在诸多歧义的原因。这一紧张关系无法被彻底地消除,只能达到一定程度的调和,这就解释了为什么公法依旧本质上是一种处在不断理性思考和发展过程中的话语体系。[1] 但是,这里还有另一个层面上的难题需要被认真考虑。如果公法被视为一种旨在保存和促进公共领域权力的政治理性,[2]那么两种不同的权力概念的存在还需要被承认:统治权,指代一种合法的、正当的统治的权力;治理权,这种权力来源于政府控制事物的处置的实际能力。[3] 在本书第十章中,当我们考察宪法安排时,我们主要关注的是统治权,但是,一旦人们认识到政府权力不是简单地被授予的,以及现代政府的存在也是为了控制被统治者,治理权的运作就被放到这个框架更为核心的位置当中了。

---

[1] 参见本书第六章,尤其是第 232—241 页。

[2] 参见本书第二章,第 124—127 页。

[3] 参见本书第三章,第 148—154 页。这种联系是复杂的,因为在国家作为合伙组织的形象中,统治权是唯一相关的概念。当国家被理解为法人组织时,治理权成为相关的权力模式,甚至可能是主导模式,尽管统治权并没有因此丧失其重要性。

第十四章　治理权

在本书第十三章中,我们梳理了作为政府固有权力的特权性权力是如何首先被控制,然后(作为行政国家崛起的结果)转型变革,并最终(由于政府承担了无处不在地调解社会生活的各个方面的责任)被否定、被取代的。这些有关特权式权力的本质、范围和行使方式的变化塑造了我们现代对政府的理解。这些变化都直接地与治理权的出现和发展相关联,治理权的起源在于王权中包含的领主特权的残余,治理权的现代运行方式其实潜在地利用了宗教意义上的王权的基本理念。从这个角度来看,治理权主要是作为政府统治的秘术,借助于其较为幽暗的一面,在政府当中找到了自己的位置。

尽管治理权的起源可以追溯到国王特权的行使,但是它的现代意义事实上已经彻底地被改变了。这主要是由塑造公法的第三次革命导致的。这个第三次革命发生在促成国家形成的技术(特别是军事层面的)革命和塑造了宪法理解的资产阶级革命之后,这一规训革命(the disciplinary revolution)紧随着新教改革而出现。它对公法最主要的影响就是将"建立良好秩序的共和国"这一目标置于公法的中心。

第三次革命是对其他两次革命的补充,赋予了公法丰富而复杂的特征。当时,在"促进良好秩序的共和国"这一公法的主要目标在被不断推进的过程中,它同时也损毁了一些在资产阶级革命中形成的宪法志向和图景。这一规训革命可以被视为是从基础设施(infrastructure)角度关注政府的,在一定程度上构成了对资产阶级革命的补充,因为资产阶级革命更注重从结构(structure)的角度关注政府。"建立一个良好秩序的共和国"这一目标使得政府需要在规范社会生活方面发挥更为广泛的作用。这就导致对政府的初始评估从输入合法性(注重正义的秩序)转向输出合法性(通过服务提供的有效性衡量),也就是从关注统治权转向关注治理权。

581

公法的基础

本章旨在分析这一规训革命的起源和本质,并评估它对现代政府运行产生的影响。这一研究会让我们将关注点从"公民权利"转向"政府功能",它要求我们更为审慎地思考政府的行政功能。行政角色的核心部分可以在"治安"(police)这个概念中被找到,这是一种赋予政府的监管权,这种监管权以促进人民的一般福利为由,论证了对个人权利施加限制的正当性。治安权(the police power)凸显了行政功能的重要性,它行使的方式展现了现代政府的治理权的运行机理。

第一节　规　训　革　命

在《论公民》一书中,霍布斯质疑,人是否天生就适合社会生活?[4] 这个提问是非常新颖和具有突破性的:因为在他之前关注公共议题的学者都假设,人是天生的社会动物,在这个基础上,一个基于文明教义的结构得以建立,似乎在保护和平和确保对整个人类的有效治理的问题上,除了人们构建一个契约、认同一些合作的条件之外,已经不需要其他必要条件了,那些被认同的合作条件在没有进行更为深入的思考的前提下,被这些学者称为"法律"。[5]霍布斯认为,这一公理是错误的,这纯粹是对人类本性一种过度表面和肤浅的解读。社会的存在要么是为了利益,要么是为了荣耀,也就是说,它是自爱的产物,而不是爱他人、爱朋友的产物。[6] 人类不是天然就适合于社会生活的,而是通过训练本身被塑造得适合社会的。[7]

　　4　Thomas Hobbes, *On the Citizen* [1647] Richard Tuck and Michael Silverthorne (eds) (Cambridge: Cambridge University Press, 1998), 21.

　　5　Ibid, 22.

　　6　Ibid, 24.

　　7　Ibid, 25.

582

认识到霍布斯这一观点的重要性,理查德·塔克认为,霍布斯的政治理论建立在这样的信仰基础上:人类是通过否决自身的个人判断才最终获得和平和安全的,之所以要求自身的意志、欲望和信仰臣服于统治者,并不是因为他们的统治者懂得更多,而是因为对一个人的幸福而言,对个体自我的心理规训是必要的。[8] 对霍布斯而言,国家就成了这个自我规训的工具。

"将国家作为具有规训功能的机构"这一理念成为 17 世纪政治思想的中心主题。整个 17 世纪,统治者们,特别是法国和中欧的统治者,试图"通过法令来塑造国民经济的、教育的、精神的和物质的健康和福祉,这里当然有增强权力这一利益所在,但更多是为了提高国民的素质"。[9] 所有这些动议的目的都不仅仅是在社会之上强加某种(强制)规范,更重要的是推动人的自我规训。这一创新使得"高尚"(nobility)的理念,即过一种节制和经过规训的生活,延伸到整个社会,[10] 社会处于文明的规训当中。

从公法的角度来看,这一革命最为激进的方面在于,这种规训不仅仅是中央权力以自上而下的方式推动的,它同时借助于对社会规范的强制遵守以自下而上的方式推动。这一规训革命的后一方面主要是与在地方社区中广泛传播的新斯多葛主义和加尔文主义思想的出现联系在一起的。这些地方社区在规训实践的传播方面发挥了非常关键的作用。与中世纪政府的权威主要建构在一个拥有签发命令权的超凡人物(作为主权行使者的君王)的基础上不

---

8 Richard Tuck, *Philosophy and Government*, *1572 - 1651* (Cambridge: Cambridge University Press, 1993), 346.

9 Charles Taylor, *A Secular Age* (Cambridge, MA: Belknap Press, 2007), 111.

10 José Ortega y Gasset, *The Revolt of the Masses* (New York: WW Norton, 1932), 63:"这就是作为一种纪律而生活的高尚生活。'高尚'的内涵是通过它对我们提出的要求(义务)而不是权利来定义的。正如歌德所言,显贵者应有高尚品质。随心所欲地生活是平民的选择,而高尚的人渴望秩序和法律。贵族的特权并非源自他们的承认或喜好,相反,是源自他们被要求的义务。"

公法的基础

同,这些现代早期的规训议程强调逐步培养自治能力的必要性。从新教改革开始,社会规训对政府实践的影响,在加尔文派主导的政权中表现得最为明显。

菲利普·戈尔斯基(Philip Gorski)对比了规训革命对现代国家的影响和工业革命对社会的影响。他指出,就像工业革命一样,规训革命彻底改变了生产的物质和技术基础,它创造了一种生产社会和政治秩序的全新机制;就像工业革命一样,规训革命本身也是在一项关键技术的驱动下发生的,这项技术就是审视和反省,其中包括自我审视和自我反省、相互间的审视和反省,以及建立在等级制基础上的审视和反省。戈尔斯基认为,规训对现代政体的影响,不亚于蒸汽对现代经济的影响,它通过减少胁迫和暴力,创造出更多的服从和勤勉的臣民,规训本身不仅极大地提高了国家的管理权力,也极大地提高了国家提取公共资源和强制的能力。[11]

一旦我们承认以上这些观点,就需要对我们关于国家形成过程的理解进行一系列调整。[12] 当我们将理解的视角从自上而下的视角转变为自下而上的视角之后,那种国家形成与创造一个更为自律的社会的目标联系起来的方式,就变得更突出了。通过聚焦于对抗绝对权力的斗争在多大程度上是与宗教问题联系在一起的,我们会从一个完全不同的角度理解国家的宗教角色。这不仅因为在这一过程中的许多关键人物其实都是来自地方,而不是来自中央,而且因为他们——包括新教的神职人员和立志改革的治安法官——往往都既是宗教领袖,也是政治领袖。通过将国家的形成与宗教改革联系起来,通过将宗教改革与规训实践联系起来,一个关于现代国家特征的完全不同的观点就被揭示出来了。

11　Philip S Gorski, *The Disciplinary Revolution: Calvinism and the Rise of the State in Early Modern Europe* (Chicago: University of Chicago Press, 2003), xvi.

12　参见本书第九章,第350—355页。

584

这一点有助于我们理解，为什么世界上两个集权和君主制特色都最不明显的国家，荷兰和英国，最终会发展成为历史最悠久、最强大的国家之一。[13] 这同时也解释了勃兰登堡-普鲁士如何迅速从"欧洲最分裂、最落后的君主国"转变为"最统一、最先进的大国之一"。[14] 在众多原因中，最核心的在于这样一个事实，与欧洲的许多国家不同，这些政权都经历了加尔文主义的规训革命。这就更为突显了宗教角色在国家形成过程中的重要作用。

格哈德·厄斯特赖希(Gerhard Oestreich)在其关于绝对主义国家结构的论文中非常清楚地阐释了这一规训革命的背景。厄斯特赖希认为，从博丹"国王不受法律约束"的主张中产生的绝对主义国家不能被理解为可以对一切的公共和私人生活进行监管。[15] "所有政治权力都来自中央"的说法纯粹是理论上的："事实上，君主权力对所谓的省级政府只有部分影响，而在地方政府中几乎没有或根本没有影响。"[16] 对厄斯特赖希而言，政治权力的集中化和制度化只能部分地解释那些与绝对主义、专制主义联系在一起的变化，更主要的原因需要在一个更广阔的范围中去理解，这是一种从根本上改变了国家、社会和民族的力量。[17] 这就是他称为"社会规训"的力量，"社会规训"是一个促使社会形成自律能力的过程。

厄斯特赖希认为，近代早期发生的最为重要的变化就是社会规训带来的个体在精神、道德和心理上的变化，无论个体是否参与政治、军事生活或者商业贸易。[18] 相较于以政府形式带来的变化，这种变化更根本，绝对主义带来的最为重要的成就就是将社会规

13　Gorski, above n 11, xvii, ch 2.

14　Ibid, ch 3.

15　Gerhard Oestreich, 'The structure of the absolute state' in his *Neostoicism and the Early Modern State* David McLintock（trans）（Cambridge：Cambridge University Press, 1982），258-273, 259.

16　Ibid, 263.

17　Ibid, 265.

18　Ibid.

公法的基础

训实现了制度化发展。这些变化很大程度上是 16 世纪末、17 世纪初发生的宗教战争和内战的结果。在当时的情况下,这些宗教战争的残酷和纠纷只能通过一种战略来结束,这一战略就是实现公共生活的非神学化,即需要建立一个能够控制宗教派别的强大世俗国家,这个国家可以通过规训手段加强自身的军事和行政权力。

这样一种策略与对罗马斯多葛主义价值观的兴趣的复兴相吻合,这些价值观包括:权威(*auctoritas*)、节制(*temperantia*)、坚定(*constantia*)和纪律(*disciplina*)。毫无疑问,这一对斯多葛主义兴趣的复兴与试图通过命令和服从机制加强政府权威的目标相关,但是这种复兴本身没有局限于政治领域,而是蔓延到了社会领域。其结果就是,所有社交活动都要遵守规则:礼仪规则、行业规则和行为规则。虽然其结果是形成了一个严格的政体,但这"并不应该被等同于奴隶制",相反,应该被认为是一种"防止堕落的道德坚持"。[19] 正如厄斯特赖希评价的,当想到 17 世纪人的画像——从宗教层面是罪恶的牺牲品,从哲学的角度是激情的牺牲品,人们就越来越能够理解为什么需要尽可能地受到规训。[20]

因此,现代早期的主要特征可以被描述为社会规训的制度化,它导致了无数规则、法典和规定的颁布,不仅管理人们在公共生活中的行动,也管理人们在私人生活中的行动。这些规则不仅仅由中央集权颁布,也可能由教会、城市或者市镇颁布,它们的目标不仅仅是提供一个集体性存在的基本框架,更是意图规范日常生活中的大量实践。[21] 在现代化发展的早期,我们不仅看到了国家的

19　Oestreich, above n 15, 269. 还可参见卢梭的讨论,详见本书第四章,第 167—168 页。

20　Oestreich, above n 15, 259.

21　参见 Norbert Elias, *The Civilizing Process: The History of Manners and State Formation and Civilization* (Oxford: Blackwell, 1994), esp 457 - 460; Hajo Höpfl, *The Christian Polity of John Calvin* (Cambridge: Cambridge University Press, 1982); Robert Kingdon, 'Was the Protestant Reformation a Revolution? The Case of Geneva' in Derek Baker (ed), *Church, Society, and Politics* (Oxford: Blackwell, 1975), 203-222。

形成,而且看到人类开始屈从于广泛的纪律制度。见证现代国家诞生的时期也是见证人类服从自我控制的规训时期。

在众多强调规训在公共生活中核心重要性的著作中,比较有代表性的是尤斯图斯·利普秀斯(Justus Lipsius)于 1589 年出版的《政治六书》。[22] 利普秀斯是莱顿大学的教授,提倡以谨慎和美德为基础的斯多葛派政治伦理。[23] 利普秀斯认为,统治的首要目标是维护公民和平,所有其他原则都要为实现这一目标而让路。塔克认为,这就导致利普秀斯所倡导的政策既是残酷的,又是温和的:政策是残酷的,因为它们不考虑传统的正义原则,也会强制不情愿的公民接受宗教式的审视和反省;政策也是温和的,因为要保障和平,很明显,它们必须要求统治者放弃一些他自己非常珍视的目标,这些目标就包括至少实现原则上的宗教统一。[24] 为了推进这一目标的实现,利普秀斯倡导在公共和私人生活中实施更为严苛的纪律。[25] 比如,他倡导的军事改革奠定了纪律严明的军事体系,从而使得军队自此成为国家一个永久性的组成部分。他同时也非常重视监督道德行为的必要性,要求设定和维护审查规则,制定禁止通奸、酗酒、打架和咒骂等行为的规则。规训成为压倒一切的目标,它不仅提高了政府的效率,它还促进了更有序的私人生活,从而使得政府可以更有效地控制社会生活。[26]

利普秀斯的《政治六书》获得持续的流行和普及,从而在 17 世

22　Justus Lipsius, *Sixe Bookes of Politickes or Civil Doctrine* William Jones (trans) (London: William Ponsonby, 1594).

23　Lipsius, ibid, 39:"因为如果不谨慎,它(政府)就不仅仅是软弱无能的,我完全可以说,它是一无是处的,甚至根本不存在。"

24　Tuck, above n 8, 56—57.

25　参见 Halvard Leira, 'Justus Lipsius, political humanism and the disciplining of 17th century statecraft' (2008) 34 *Review of International Studies*, 669—692。

26　参见 Oestreich, 'The main political work of Lipsius' in Oestreich, above n 15, 39。

587

公法的基础

纪的政治思想中发挥了非常强大的影响力。[27] 厄斯特赖希因此认为,那些在现代基础之上重构自然法的杰出法学家,特别是格劳秀斯、霍布斯和普芬道夫,都深受利普秀斯的影响,所以,"现代自然法的思想基础⋯⋯与其说是在经院哲学中寻找,不如说是在希腊的斯多葛派的直接复兴中寻找"。[28] 他总结说,"政治新斯多葛主义的教义和格劳秀斯的法律和国家思想","决定了那些我们必须在全新的禁欲主义和规训的社会意识形态中融入的变化"。[29]

厄斯特赖希指出了这一点之后进一步解释,尽管韦伯发现了宗教与经济生活之间的联系,但他并没有将其与国家联系起来。[30] 事实上,是奥托·欣策开始强调宗教改革,特别是加尔文主义与现代国家之间的密切关系的。[31] 欣策认为,宗教改革过程的共同点在于,宗教和政治生活的强度和理性程度都在提高。对厄斯特赖

---

27 Oestreich, above n 15, 57-58:"就在它出版之前,博丹的作品在 1576 年就出版了,不久之后,在 1603 年,阿尔图修斯的作品出版。然而,这两个人的影响力只达到了利普秀斯作品的一小部分。1589—1599 年,即利普秀斯作品出版的前十年,他的作品的拉丁语原版共有 15 个版本。在同一时期,它被译成荷兰语、法语、英语、波兰语和德语。1604 年,西班牙和意大利分别引进和翻译了他的著作,1641 年匈牙利翻译了他的著作。直到三十年战争开始,几乎每年都有新版出版。"

28 Oestreich, ibid, 38. 参见本书第二章,第 105—120 页。

29 Oestreich above n 15, 69.

30 参见 Max Weber, *The Protestant Ethic and the Spirit of Capitalism* [1904-1905] Talcott Parsons (trans) (New York: Schribner, 1958)。

31 Otto Hintze, 'Calvinism and Raison d'Etat in Early Seventeenth-Century Brandenburg' [1931] in Felix Gilbert (ed), *The Historical Essays of Otto Hintze* (New York: Oxford University Press, 1975), 88-154, esp 91-92:"加尔文主义和现代'国家理性'之间的密切关系⋯⋯通过最近的社会学研究,获得了更广泛和更深刻层面的解读。在这方面,我特别想到大约二十年前海德堡社会学家学院对加尔文主义作为建立现代政治和社会秩序的助产士所做的评估。格奥尔格·耶利内克选择将'清教徒独立人士要求宗教和良心自由得到国家保障'的要求视为发展所谓人权的基础,这是现代宪法中个人权利的法律基础。马克斯·韦伯展示了资本主义、现代经济企业形式是如何从清教徒加尔文主义的伦理和经济信念中得到强大推动的,特别是在英格兰和苏格兰。恩斯特·特勒尔奇(Ernst Troelsch)概括了这一论点,并评价了新教伦理对现代职业概念及其应用的普遍意义。那么,我们是否可能不在加尔文主义和更严格、更禁欲主义的新教对 17 世纪现代国家理性的影响方面建立类似的观点?"

希而言,只有同时考虑政治上的新斯多葛主义(本质上是非宗教的)和自然法哲学,我们才能找到一个棘手问题(源自加尔文主义的荷兰的宪制思想如何在路德教和天主教国家发挥如此大的影响)的答案。[32] 尽管这些论点都非常地有影响力,但是厄斯特赖希是从自上而下的过程视角来理解这些变化的,戈尔斯基又对这一视角和假设表示质疑,并重新思考和发展了厄斯特赖希的观点。

戈尔斯基认为,韦伯把握住了宗教与规训之间的关系,福柯则理论分析了规训与国家之间的关联,但是,他们都没有试图将宗教、规训和国家这三者关联为一体。[33] 因此,戈尔斯基想要做一个融合,以这样的方式展示,现代国家的出现是以什么样的方式与宗教改革联系起来,并最终通过他所称的"规训革命"完成这个过程的。由于认识到"在欧洲历史上,几乎没有任何时候,宗教和政治的联系像宗教改革后的两个世纪那么紧密",他试图"将宗教改革的动力与社会和政治发展的动力联系起来"。[34]

戈尔斯基首先通过借鉴那些强调国家建设和教会建设相辅相成的学者的著作来展开研究。[35] 教会权威需要国家的支持,因为只有借助于国家的力量才可以对大众实施一系列统一的宗教信仰和行动,世俗政权也相信,宗教的统一能够为政治稳定提供最好的根基。[36] 总体而言,一个全国性的领土性教会的建立有助于增强国家权力。在路德教国家,教会直接服从统治者的权威;即使在加尔文教国家,虽然教会享有很大的独立性,但是统治者的候选人也

32　Oestreich, above n 15, 69.

33　Gorski, above n 11, 3.

34　Ibid, 3, 17.

35　尤其可参见 Heinz Schilling, *Konfessionskonflikt und Staatsbildung* (Gütersloh: Gütersloher Verlagsanstalt, 1981); Heinz Schilling (ed), *Kirchenzucht und Sozialdisziplinierung im frühneuzeitlichen Europa* (Berlin: Duncker & Humblot, 1994)。

36　Gorski, above n 11, 17-18.

公法的基础

常常任职于枢机主教会议。教会也常常会以一些间接的方式增强国家权力,主要通过实施新的道德实践和社会规范来实现。在这点上,戈尔斯基借助于海茵茨·希林（Heinz Schilling）的观点来论证,在希林看来,新教的牧师成为一个由道德-伦理规则和政治-法律规则共同构成的新体系的非常重要的协调者。正如希林注意到的,通过家访、教会规训和教会法庭,他们(资深的新教牧师)有效监控和约束了日常生活行为,他们的力量渗入了最孤立、最隔绝的小村庄的每一所房子。[37]

从 16 世纪开始,北欧城镇出现了这些改革变化,特别是通过引入更有效和区别对待的(应得和不应得的)社会支持方法,以及对穷人的救济安排进行改革。伴随着新的针对贫困人员的法律法规的颁布,教育改革被引入、性行为和婚姻规则得到合理化发展,最终"国家垄断了对新的权力基础设施的控制,包括监狱、济贫院、学校、大学、法律和法院等新基础设施"。[38] 所有宗教都在这个时候试图推行大规模的规训控制,但是加尔文教在这里走得最远,尤其是在倡导自律的伦理方面。在这里,受到加尔文教影响的荷兰为戈尔斯基提供了最好的模板。

戈尔斯基认为,尽管荷兰共和国既不是高度中央集权化的,也没有非常发达的官僚体系,但是这个国家似乎是最安全、最稳定且统治最为昌明的欧洲国家之一,[39]它虽然领土范围不大,人口也有限,却保有大规模的军事力量,尤其是海军,作为一个帝国,在与其

37　Heinz Schilling, *Aufbruch und Krise: Deutschland*, *1517 – 1648* (Berlin: Siedler, 1988), 369. 转引自 Gorski, above n 11, 18 (Gorski's translation)。

38　Gorski, ibid, 19. 需要了解英国在这些方面的改革,参见 Lawrence Stone, 'The Educational Revolution in England, 1560–1640' (1964) 67 *Past and Present*, 41–81; Michael Ignatieff, *A Just Measure of Pain: The Penitentiary in the Industrial Revolution*, *1750–1850* (Harmondsworth: Penguin, 1989); Michael J Braddick, *State Formation in Early Modern England*, *c.1550–1700* (Cambridge: Cambridge University Press, 2001), chs 3 (poor law) and 4 (law and courts)。

39　Gorski, above n 11, 40.

他国家竞争的过程中,优势尽显。当然,这其中最重要的因素之一就是它的经济力量,但是考虑到国家强有力的、建立在高税收基础上的公共资源的汲取能力,戈尔斯基认为,我们必须将归因的视野从政治领域拓展到社会领域,从中央拓展到地方。在这些地方,宗教规训在确保社会秩序方面发挥的作用是举足轻重的。

戈尔斯基得出的结论在于,荷兰这个国家是非常强大的,但是它的力量更多地源于"国家的基础设施",而不是"国家结构"。他所指的"国家基础设施"很大程度上是加尔文主义的规训革命的结果。[40] 荷兰的中央政府是"非常弱小的",但是它的各种地方机构和组织是"异常强大的",[41] 这一现象可以归功于荷兰一些宗教和政治上的精英所付出的努力,他们鼓励经济自给自足,反对道德堕落,并努力维护社会稳定。[42] 通过这一研究,我们可以认识到,当试图研究国家形成过程时,学者应该更少地强调国家与社会的区分,而应该更多地关注公共和私人的各种机构和组织是如何合作以推进大众治理的。在戈尔斯基看来,国家治理权不仅仅是一种强制功能,或者是资源汲取功能,而是也包括监管能力和规范化的能力。[43]

戈尔斯基想以荷兰为例,说明一套更为普遍的关于国家形成的观点。他认为,现代早期欧洲宗教规训的强化在四个相关方面极大地增强了国家的权力:

> 首先,它有助于安抚所有的社会阶层,使日常生活文明化,从而使统治目标的实现变得更容易,减少了强迫的需要。其次,它产生了新形式的、非国家化的治理机制、社会控制机

40　Gorski, above n 11, 75.

41　Ibid, 67.

42　Ibid, 61.

43　Ibid, 77.

591

制和道德监管机制,这些机制一方面与政治精英的目标相契合,但又不直接和/或正式受制于他们的权威(例如,教会纪律、基于教会的社会规范等)。另外,它通过将精神得救的理想利益与社会规训和自我控制的相关项目相结合,为社会和政治改革调动了精英力量。最后,它产生了新的社会监管和政治管理模式,这些模式可以而且确实可以作为理想且可行的世俗模式或者灵感来被推进(例如,对穷人的监管或国家行政的官僚化建设)。[44]

戈尔斯基对规训机理的研究同时表明,国家不仅仅承担了行政上和政策上的功能,国家同时承担了教育、矫正和意识形态的工作。在现代早期,各国投入大量资源建立如学校、孤儿院、监狱和济贫院等机构,这些机构的主要职能不是强制,而是社会化。

这里想要说明的是,国家权力不能仅仅从命令的角度去理解,而且还应该从合作和规范化的角度去理解。规范化也就是对服从且具有创造力的公民的塑造,是国家实现对资源的实际掌控能力的前提条件。国家权力不仅仅依赖国家(政府)结构的运作,同时也依赖其基础设施的运作。这使情况复杂化,特别是从法律角度来看:我们有义务思考一种更为复杂的治理安排,以取代对一个明确、对称、基于规则的宪法结构的关注,在这个复杂的政府安排中,地方和非公共机构在其中发挥重要作用,知识和权力的流动不再是线性的,而是循环式的。治理活动不是以立法、行政和司法三方结构的形式呈现的,而是一个由个人、机构制度、实践和程序组成的、精细的公共行政网络,其中的公共角色的承担者是多元的、

---

44 Gorski, above n 11, 158–159. 戈尔斯基还认为,在荷兰这样的情况中,规训革命是自下而上发生的,因此,前两个因素更为重要。但是,在勃兰登堡–普鲁士这样的情况中,革命是自上而下地策划的,后两个因素往往是最重要的。在 17 世纪中叶的英国内战中,这四个因素都存在,"这一发现很可能为这个岛国在随后的一个世纪超出预期地崛起为全球霸主的地位提供了一些线索"(ibid, 159)。

相互交融的。

戈尔斯基想要提供这样一个一般性命题,国家的能力其实是一种功能,这种功能不仅仅是指行政的理性化过程,同时还包括了社会基础设施的力量,以及社会-政治伦理的理性化。[45] 这个命题已融入了作为治理权的权力概念中,在很多学者(比如,福柯、曼)的著作中都有所体现。[46] 戈尔斯基认为:韦伯忽略了国家和规训之间的关系;福柯压制了宗教和规训之间的联系;厄斯特赖希把握住了规训和国家建设的问题,却采取了一种过度的自上而下的处理方式,[47]他试图去填补这些理论之间的空白和分歧。

戈尔斯基认为,尽管福柯将治理权[福柯称为治理术(*gouvernmentalité*)][48]的出现追溯到封建主义的衰落和宗教改革的开始,但是他几乎没有对这个过程提供什么细节描述,只是对王权和神职人员的权力进行了不恰当的尖锐区分,并提出了一个不太站得住脚的主张,即规训式的政体只在18世纪中叶专制主义的法国才得以形成。[49] 戈尔斯基认为,福柯识别出来的很多规训的策略(包括相互的监控、空间的划分、书面法典的运用等),以及福柯讨论的很多规训机构(如监狱、济贫院、学校和军营),都已经在17世纪晚期或多或少地获得了全面的发展,已经非常接近当下的水平了。[50] 这就意味着,规训的历史确实是重要的,它确实是围绕

45　Gorski, above n 11, 37-38.

46　参见本书第六章,第241—251页。

47　Gorski, above n 11, 23.

48　Michel Foucault, 'Security, Territory, and Population' in his *Essential Works*, *Vol. 1 Ethics* Robert Hurley (trans) (London: Penguin, 2000), 67-71, 68: "政治'治理术'的形成,即关切个体行为方式的引导和规范,在主权权力的行使中越来越明显。"

49　Gorski, above n 11, 25. 福柯这一论点的提出,参见 Michel Foucault, *Discipline and Punish: The Birth of the Prison* Allan Sheridan (trans) (London: Penguin, 1977), esp ch 1.

50　Gorski, above n 11, 25.

公法的基础

一个主题展开的,这个主题牵涉的就是"服从"的问题。[51] 现在,我们就要转向那段历史,尤其是行政理性化的那段历史。

第二节 官 房 学 派

在德国的土地上,宗教改革在政治上最主要的体现就是国王对神圣罗马帝国权力结构的反抗。这一国王主张主权的现代化运动导致了内部和外部的危机。由于德国各公国在规模和结构上差异很大,许多公国只不过是父权制的领地,旧帝国体系的分裂带来了外部威胁,这些国家可能陷入冲突和战争状态。内部危机的产生主要是因为:罗马教会的权威在所有信仰新教的土地上都被剥夺了,世俗政权感到有义务,尤其是为了维护国内和平,就公共和私人生活的各个方面提供道德指引。[52] 这两个包括了宗教层面的和国家建设层面的、相伴生的运动就成为作为统治政策的官房学派(Cameralism)出现的现实背景。[53]

官房学派代表了官房学者所持的哲学观念,官房学者是一组在君主国库(the Kammer)实践中涌现出来的学者和专家。"Kammer"这个术语最早用来在技术层面上代表"国王的国库",但是它的内涵逐渐地扩展到包含了所有政府部门在内。官房学者主要关注的问题是:一个政府如何变得强大到足以抵御外敌,有

---

51 Gorski, above n 11, 26.

52 参见 Marc Raeff, *The Well-Ordered Police State: Social and Institutional Change through Law in the Germanies and Russia*, 1600 – 1800 (New Haven, CT: Yale University Press, 1983), 16–17:"至关重要的是教会自愿或被迫退出社会和文化生活的重要领域,如教育、对穷人的照顾……现在所有这些职能都必须移交给临时当局。"

53 Thomas Simon, '*Gute Policey*': *Ordnungsleitbilder und Zielvorstellungen politischen Handelns in der Frühen Neuzeit* (Frankfurt am Main: Klostermann, 2004), Parts B and C.

594

第十四章　治理权

效维持国内秩序?[54] 他们给出的一般性答案就是,统治者必须确保拥有足够的财富,以满足其必要的花销。但是官房学派作出的最大贡献在于,他们提供了另外一个更有针对性问题的答案,即国家如何能够保证必要的供给。在 20 世纪初期一份具有先锋性的分析写作中,阿尔比恩·斯莫尔(Albion Small)的主要目的就是要指出,官房学派不应该主要被视为一种早期的经济教义的呈现,而是代表了"一种行政管理的技术"。[55] 他认为,官房学者其实是政治科学家,不是经济学家,官房学派应该被理解为是第一次将"统治"理解为"与资源管理有关的事务"的运动。因此,在官房学派中,我们看到了现代想要发展一种公共行政管理科学的尝试的起源。[56]

　　这一运动可以追溯到更为准确的时间线:运动起源于梅尔基奥·冯·奥塞(Melchior von Osse)在 1555 年出版的《政治遗述》,该书试图描绘 16 世纪中期德国主要国家的统治和监管安排。[57] 在 1648 年《威斯特伐利亚和约》(the Peace of Westphalia)签订之后,官房学派获得了一些另外的发展动力,这一时期标志着由内战带来的残酷和惨烈状况的结束,很多学者都试图"以纪律、服从取代内战,并通过命令和服从恢复秩序"。[58] 这一运动一般被认为是在 18 世纪晚期结束的,这主要是因为亚当·斯密 1776 年出版的

54　Albion W Small, 'Some Contributions to the History of Sociology: Section Ⅷ. Approaches to Objective Economic and Political Science in Germany: Cameralism' (1923) 29 *American Journal of Sociology* 158-165, 159.

55　Albion W Small, *The Cameralists: The Pioneers of German Social Policy* (Chicago: University of Chicago Press, 1909), 591.

56　Simon, above n 53, Part D.

57　Mechior von Osse *Politisches Testament* [1555] in Oswald Artur Hecker (ed), *Schriften Melchiors von Osse* (Leipzig: Schriften der Sächsischen Kommission für Geschichte, 1922), 269-475. 该书最早被克里斯蒂安·托马修斯发现,1717 年首次印刷。

58　Oestreich, above n 15, 267.

595

公法的基础

《国富论》作为非常具有创新性的分析,彻底取代了官房学派的思想。[59] 官房学派建立在一个简单的前提之上,即国家福利是最高的法律。但是这里比较模糊的问题是,国家福利是由谁通过什么样的方法决定的。[60]

官房学派最初主要是倡导一些对增加国王收入而言有效的方法,无论是通过家族领地的管理,还是通过行使一些作为特权性权利的王权(*Regalia*),这些都是保留给王室的、为了公共利益而行使的权利。[61] 伴随着对官房学派研究的发展,教科书倾向于采用八种标准的王室特权类别:采矿、铸币、关税和通行费、封地和授予头衔、狩猎和捕鱼特权、皇家森林采伐特权、水道控制,以及邮政服务。[62] 这对官房学派的诠释是非常直截了当的:它表现为一种识别、规范和增强政府控制范围内资源的方法。[63] 但随着这门科

59 参见 Keith Tribe, 'Cameralism and the sciences of the state' in Mark Goldie and Robert Wokler (eds), *The Cambridge History of Eighteenth-Century Political Thought* (Cambridge: Cambridge University Press, 2006), 525-546, 546: "当变革真的在国家科学中开始发生时,尤其是伴随着 18 世纪 90 年代对斯密观点的接受和 19 世纪初对让·巴蒂斯特·萨伊(Jean Baptiste Say)观点的接受,变革涉及对国家和社会秩序问题的彻底重新认识,这种秩序的重组剥夺了官房主义的内在逻辑。市民社会从与国家的表面一致中崛起,从而使我们认识到社会中主体所具有的自主性动力,以及由此产生的对国家行动的限制。"

60 参见 Diethelm Klippel, 'Reasonable Aims of Civil Society: Concerns of the State in German Political Theory in the Eighteenth and Early Nineteenth Centuries' in John Brewer and Eckhart Helmuth (eds), *Rethinking Leviathan: The Eighteenth Century State in Britain and Germany* (Oxford: Oxford University Press, 1999), 71-98, 77-87。

61 王室特权最初分为低级和高级两类,前者是国王为维持自己家事而行使的权利,后者是为公共利益而行使的权利。

62 David F Lindenfeld, *The Practical Imagination: The German Sciences of State in the Nineteenth Century* (Chicago: University of Chicago Press, 1997), 15.

63 例如,参见 James C Scott, *Seeing Like a State: How Certain Schemes to Improve the Human Condition Have Failed* (New Haven, CT: Yale University Press, 1998), 14: "科学林业最初是在 1765—1800 年发展起来的,主要在普鲁士和萨克森。最终,它成为法国、英国、美国和整个第三世界林业管理技术的基础。对它的出现的理解不能脱离当时创造集权化现代国家的动机。事实上,新林业科学是一门被称为官房科学的分支学科,旨在将王国的财政管理简化为科学原则,从而能够实现科学规划。"

596

学的发展,官房学者将其可能触及的范围进一步扩大。他们想要处理"由君主统治的社会的运作方式和每个人的生产活动的总体关系"。[64] 在这个更为广泛的视野中,官房学派很显然将国家作为一个法人组织来对待,他们甚至将国家视为一种父权制的组织,在这里,国王被视为一个大家庭的家长和首领,这个大家庭就是"共和国"。[65]

正如一些杰出的权威学者,如"官房学派之父"——维特·路德维希·冯·塞肯多夫(Veit Ludwig von Seckendor)表达的,官房学派就是现代化运动的一个组成部分,国王在这里要主张自身的绝对权威,以对抗在封建主义政权安排之下,自己只是所辖领土之内最高的荣誉代表的地位。塞肯多夫是这样定义"主权"的,(主权)是"合法统治的国王对公国的财产和臣民以及土地本身拥有的最高和最强大的权力"。他认为,国王拥有控制和规范公国中所有方面的实体性存在的完整权力。[66] 由此可见,他的分析中的父权制因素并非旨在恢复传统的权威结构,它们被部署为打造现代国家议程的一部分。

这就是说,塞肯多夫的大部分研究手册实际上都致力于讨论管理国王自己的家庭和财产的最佳方法,以及国王"应以何种方式发布一般指示,设立官员理事会或董事会,以监督各级行政工作"。[67] 马克·雷夫(Marc Raeff)对此有特殊的评论,他指出,也许在我们的眼中,那些在当时的很多政策和官房学者非常具有学术含量的文章中发现的,关于办公室及办公室职员应该如何运作的

64　Mack Walker, 'Rights and Functions: The Social Categories of Eighteenth-Century German Jurists and Cameralists' (1978) 50 *Journal of Modern History*, 234-251, 236.

65　参见本书第六章,第232—241页。

66　Veit Ludwig von Seckendorff, *Teutscher Fürstenstaat* [1656] (Glashütten: Auvermann, 1976). 转引自 Hubert C Johnson, 'The Concept of Bureaucracy in Cameralism' (1964) 79 *Political Science Quarterly*, 378-402, 382。

67　Johnson, ibid, 382-383.

公法的基础

细微规定,似乎是有些幼稚,甚至是有些可笑的,但是它们展示了一种全新的有关政府的关切,这一关切就是要推动所有公共行动的合理化组织。[68]

正是从这些官房学派学者的著作中,关于政府资源的财会问题的基础科学才得以产生。在这些著作中,我们看到了如下管理的基本技艺:行政和税收程序规则的标准化;获取有关领土、经济和国家资源的基本经验数据的基本技术规定[政治地理学(*Statenkunde*),后称统计学(*Statistik*)];以及构建指导预算编制业务的报告和表格的适当方法等。

官房学派运动获得的最强有力的官方支持就是普鲁士国王弗里德里希·威廉一世(Friedrich Wilhelm Ⅰ,1713—1740 年在位)的改革。在登基后的几年内,这个军人式的国王"改变了勃兰登堡-普鲁士的行政格局",将所有税收部门集中起来,然后将其合并为"一个全能的超级部门",其目标是"从多个独立的专业知识中打造一个有机的、泛领土的专业机构"。[69] 然后,他试图通过促进对公务员进行适当的专业培训来巩固这些成就。他认为,法学专业的学生在经济和财务方面的训练是不够的,所以,他于 1717 年在哈勒大学和奥得河畔法兰克福大学设立了第一个政治经济学(*Kameralwissenschaften*)的教席。[70] 设计这些学习项目的目的主要是让学生为在将来的公共事务中能够发挥积极的作用做准

68　Marc Raeff, ' The Well-Ordered Police State and the Development of Modernity in Seventeenth-and Eighteenth-Century Europe: An Attempt at a Comparative Approach' (1975) 80 *American Historical Review*, 1221-1243, 1230.

69　Christopher Clark, *Iron Kingdom: The Rise and Downfall of Prussia, 1600-1947* (London: Penguin, 2007), 85-94.

70　关于哈勒大学这一教席的相关介绍及其所取得的成就,参见 Axel Rüdiger, *Staatslehre und Staatsbildung: Die Staatswissenschaft an der Universität Halle im 18. Jahrhundert* (Tübingen: Max Niemeyer Verlag, 2005)。值得注意的是,1710—1728 年,克里斯蒂安·托马修斯,这位一直遵循格劳秀斯和普芬道夫学术传统(参见本书第二章,第 107—120 页)进行研究的人,一直担任哈勒大学的校长。

备,同时教导他们接受虔诚主义(Pietism)的伦理和精神价值,[71]以此来增强大学培育的公职人员的工作能力。

在官房学派发展的后期,最有影响力、最多产的学者就是约翰·冯·尤斯蒂(Johann von Justi),他18世纪50年代在维也纳大学担任官房科学的教授,后来在丹麦和普鲁士的政府都工作过。[72]在发展的后期,官房学派的学科边界——尤其是行政管理安排和其他更广泛的社会控制之间——变得越来越模糊,这其实也进一步导致了官房学派、经济学和以管制为核心的治安之间的关系变得越来越复杂。基思·特赖布(Keith Tribe)指出,在传统的定义中,官房学派主要涉及国家的行政管理,经济学涉及的行政管理行动主要与从物质层面实现幸福的目标相关,治安则主要与目前国家通行的秩序情况相关。[73]但是,尤斯蒂采取了一种扩展的方法,他试图将官房学派纳入更具普遍意义的国家科学(*Staatswissenschaften*)当中。

在尤斯蒂于1755年出版的《国民经济》一书中,他认为,最高权力在于利用国家的全部财富和权力来实现其最终目标,即实现共同的幸福。[74]实现这一目标的关键以及被他认为构成了真正官房科学的基础就是他称为"治安学"(*Polizeiwissenschaft*)的科学。[75]治安学主要有四个组成部分:通过农业改良和改善城市健康生活条件,培育土地和人民;改善经济表现和贸易的措施;通过

71　Raeff, above n 68, 1232.

72　参见 Ulrich Adam, *The Political Economy of J. H. G. Justi* (Oxford: Peter Lang, 2006); Tribe, above n 59, 537–541。

73　Keith Tribe, 'Cameralism and the Science of Government' (1984) 56 *Journal of Modern History*, 263–284, 266.

74　Johann HG von Justi, *Staatswirtschaft* [1755] (Aalen: Scientia, 1963), vol 1, 48. 转引自 Lindenfeld, above n 62, 25。

75　Johann HG von Justi, *Grundsätze der Policeywissenschaft* [3rd edn, 1782] (Frankfurt am Main: Sauer & Auverman, 1969), Foreword. 转引自 Lindenfeld, above n 62, 26。

公法的基础

对宗教、教育和工作的监督,提升人民的道德状况;确保法律和秩序的维系。

尤斯蒂的观点在后来的一些著作中被广泛地采纳,但是在官房学派试图通过扩展范围,从而能够将所有政府规范社会生活的行动都囊括其中的同时,这一运动所立基的基本原则在这个时候也受到了挑战和侵蚀。[76] 伴随着亚当·斯密《国富论》的出版,官房学派的关键前提——社会生活的每一个方面都是良好秩序的共和国的产物——受到了质疑和损耗。在斯密看来,社会自有一套自我规范的机制,当这一套机制不受制于特定政府试图强加的特定控制时,能够更为有效地运行。[77] 这就使得官房科学的潜在的理论前提受到了那些对政治经济学新近出现的原则持支持态度的学者的挑战和质疑。[78] 这些批判使得重新思考官房主义成为必

---

76 在考察官房主义思想的发展时,不应假设这一思想体系实际上对王室财政的行政实践产生了强大的影响。参见 Keith Tribe, *Governing Economy: The Reformation of German Economic Discourse 1750 - 1840* (Cambridge, Cambridge University Press, 1988), 10-17;安德鲁·韦克菲尔德(Andre Wakefield)以一种更激进的形式提出了这一论点:"官房主义者……描绘了秩序井然的治安国家的美丽画面,包括繁荣的人口,有用的科学,繁荣的制造业,勤劳的农民,以及拥有知识和正直、纪律严明的国家官员。他们这样做是因为他们的生活取决于这些条件。尤斯蒂从一个国家漂泊到另一个国家,一个接一个地推销他的项目,并试图以他的作品为生。官房主义是秘密事物的公共形象,官房主义者是王室财政的宣传员。官房主义不仅只是反映了纪律严明的德国公国的行政实践,也不是与财政管理完全毫不相干。官房主义者通过他们的法令、书籍和论文创建了秩序井然的治安国家。但在这些井然有序的愿景背后,隐藏着一个充满恐惧和沮丧的无序世界。尽管尤斯蒂掌握了深刻的管理理念和化学原理,但他未能控制人类和自然世界,最终在劣质铁矿石和令人困惑的账簿的重压下沉没。塞肯多夫歌颂虔诚的恩斯特和他的模范公国,但是,他被哥达的国库的混乱和不诚实所困扰。官房主义者是财政宣传者。他们认为一个组织良好的人文和自然科学结构……会带来繁荣。他们自称为社会福利的仆人。然而,在国库的秘密空间里,这些官房主义者坚定地关注国王及其财富的利益,开发出新的技术来欺骗人民。作为秘密事务的公共陈述,官房主义者使用的术语从根本上讲是具有欺骗性的。"详见 Andre Wakefield, *The Disordered Police State: German Cameralism as Science and Practice* (Chicago: University of Chicago Press, 2009), 141-142。

77 参见本书第十二章,第 500—505 页。

78 相关讨论参见 Tribe, above n 73, 277-284。

600

然，[79]正是通过这些重新思考，现代行政管理科学的基础得以出现。

第三节　治　安　权

官房学派最初是试图发展一种有关公共行政的科学，由于没有清楚地区分政府和国家，官房学者倾向于认为，统治者对整个社会实体的运行都要承担责任。当官房主义的原则从对国王财政的有效管理拓展到对社会实体运行的有效管理之后，政府的权力就获得了极大的扩展，政府权力显然涵盖了社会生活的所有方面。官房科学的内容也就随之扩展，涵盖了法律、政治、统计和历史这些学科，在这个过程中，国家科学得以建立。[80]

国家科学的核心概念就是"治安/警察"（*Policey* or *Polizei*），这个概念由冈瑟·海因里希·冯·伯格（Günther Heinrich von Berg）提出，他在于 1802 年出版的《德国治安法手册》中，以一个拟人化的定义对"警察"进行了详细说明：

> "警察"就像一个善意的天才，他小心地致力于为那些他关心的人铺平道路；清洁他们呼吸的空气；保护他们居住的村庄和领地，以及他们行走的街道；保护他们耕种的土地，保护他们的家园免遭火灾和洪水，保护他们免受疾病、贫困、无知、迷信和不道德行为的侵害；即使不能预防所有事故，他也设法减少和减轻事故的后果，并在需要时向每一个穷人、伤亡者或

79　Tribe, above n 73, 284："然而，'警察'这个概念在面对无法穷尽的监管对象时，遇到了它的局限性，如新自由主义[基于斯密的政治经济学原则]对国家的永久入侵的排斥，或者更准确地说是，在面对社会的自我调节秩序和国家的立法对象的区分时，'警察'这个概念遇到了局限。"

80　参见 Lindenfeld, above n 62, esp 33。

公法的基础

有需要的人提供庇护。警察的警惕的眼睛无处不在；警察的援助之手时刻准备着，我们无形中总是受到警察的时时刻刻、无处不在的关怀的包围和保护。[81]

这里的"警察"主要是指治安权，指代的就是为了推动和平、秩序和好政府的目标，赋予统治者包罗万象的监管权力。这些治安权构成了统治者特权的一个部分，在官房学者看来，这是一种非司法化的监管，一种不依赖法律得以建构的秩序。[82] 这一概念表达了这样一种观念：治安权的存在与其说是为了执行基于规则的秩序，不如说是基于对有序共和国未来可能面临的风险的计算，逐步地培养公民对社会纪律的接受和服从。

在建构现代政府权力框架的过程中，治安权和法律之间的关系最后成了最关键的问题，在"合法性"（justice）和"治安"（police）之间所做的区分，体现了"司法管辖权"（*jurisdictio*）和"治理权"（*gubernatio*）之间的区分，这背后其实呈现的是更深层次的区分，即作为合伙组织的国家和作为法人组织的国家之间的区分。在德国的背景下，这一区分在《威斯特伐利亚和约》签订之后彰显了其特殊的重要性，因为这个时候出现了被称为"国家法"的规则。国家法的出现主要受像赫尔曼·康林这样的法学家的影响，他们运用更加现实的、以经验为导向的阐释方法来解释帝国皇帝与领地君主之间的法律关系。[83] 这些新出现的法律教义，与官房科学之间不是对立关系，更多的是对官房科学的补充，这也就不难理解，

81　Günther Heinrich von Berg, *Handbuch des Teutschen Policeyrechts* (Hannover: Gebrüder Hahn, 2nd edn, 1802), vol 1, 1–2. 转引自 Tribe, above n 73, 274。还可参看类似主张：Sidney Webb, *Socialism in England* (London: Swan Sonnenschein, 1890), 116–117。

82　Tribe, above n 73, 266.

83　值得注意的是，康林在荷兰求学期间是利普秀斯的追随者，参见 Oestreich, above n 15, 99。关于康林的研究，参见本书第二章，第 115 页，注 160。

602

第十四章　治理权

为什么当时很多公法学家一般都会在合法性与治安、日常特权与绝对特权之间进行区分。合法性层面的问题主要涉及需要受制于帝国法院管辖的公共权力的行使，而治安权问题则涉及那些绝对地授予君主的公共权力。

这一区分并不是德国法理中独有的，法国从 15 世纪晚期就开始使用"治安"这个概念（这个概念本身最早也起源于法国）。[84] 1714 年，这个术语第一次在英国官方层面得以适用，安妮女王在苏格兰任命了 10 个治安局长"负责国家的普遍内部管理"。[85] 整个 18 世纪，这个术语都被用来指代被赋予统治权威的监管权力，这在 18 世纪 60 年代达到了高潮。以亚当·斯密在格拉斯哥大学的法理学讲授为例，它是围绕合法性与治安的关键区别而组织起来的。斯密认为，法理就是"有关制度规范的理论，这些制度规范给世俗政府以引导"，所有政府系统设置的主要目标都是确保法律的执行，但是，一旦这个基本目标（内部的和平）获得了保障，政府的下一个目标就是促进国家的繁荣，[86] 后一个任务就是"治安"，所

84　例如，参见 Jeremy Bentham, *Principles of Morals and Legislation* in his *A Fragment of Government and An Introduction to the Principles of Morals and Legislation* Wilfrid Harrison（ed）（Oxford：Blackwell, 1948）, 113-435, 323（n 2）："至于'警察'一词，虽然源自希腊语，但似乎在法国获得了充分的发展：至少它是从法国传播到英国的，在英国，这一概念仍然保留着它的舶来痕迹。在德国的情况则是，如果它不是起源于那里，它至少已经被归化了。"也可参见 Raeff, above n 52, 5："'警察'在最广泛的意义上具有行政含义，即确保该国（领土）人民和平有序生存所必需的制度手段和程序。这种意义上的警察，显然是直接源自 *polis*，显然在 15 世纪末首次在勃艮第使用（因此，最初的德语拼写为 *policie* 和 *policiy*），从那里传到了哈布斯堡的大臣们那里。"进一步参见 Gerhard Sälter, *Polizei und soziale Ordnung in Paris: Zur Entstehung und Durchsetzung von Normen im städtischen Alltage des Ancien Regime*（*1697-1715*）（Frankfurt am Main：Klostermann, 2004）。

85　'Police', OED.《牛津英语词典》中记录着，1763 年，《英国杂志》的一位作家认为，"由于对法国和苏格兰已经建立的以警察为名的东西的厌恶，英国人对'警察'这个词汇的偏见不会很快得到调和"。

86　Adam Smith, *Lectures on Jurisprudence*［1760s］RL Meek, DD Raphael, and PG Stein（eds）（Oxford：Clarendon Press, 1978）, 5.

603

公法的基础

有与贸易、商业、农业和制造业有关的监管都被视为是治安的范畴。[87] 他认为，这些监管主要包括基础设施（道路、卫生设施等）、安全和贸易三个分支，伴随着工业化和城市化的发展，治安权变得越来越重要。在这个过程中，政府面临的挑战越来越大，特别是因为"那些行使最大治安权的城市并不是那些享有最大安全的城市"。[88]

尽管对借用法国概念有所保留，布莱克斯通在《英国法释义》中确实讨论了国王对"公共治安和经济"所应该承担的责任，这个责任就是"确保必要的监管和王国的内部秩序，这意味着国家中的个体，应该像治理良好的家庭成员一样，必须确保其一般行为符合礼仪、确保邻里关系和睦和行事得体。除此之外，还应该在各自的岗位上表现得体、勤劳、不对他人构成伤害"。[89] 与此同时，这个概念被切萨雷·贝卡里亚（Cesare Beccaria）[90]和边沁[91]所使用，当他

---

87 Smith, above n 86, 5.

88 Ibid, 332："伦敦是欧洲最大的城市，至少比巴黎大三分之一，因此应该更需要此类监管。但我们发现，在巴黎，人们在适用类似方式的时候非常小心。尼古拉斯·德拉马尔（Nicolas De La Marre）针对这个问题的法令集有四个大对开本。因此，那里的治安权行使是法律调整的最具负担的部分。"德拉马尔的主张可参考 Nicolas De La Marre, *Traité de la Police, où l'on trouvera l'histoire de son établissement, les fonctions et les prerogatives de ses magistrats, toutes les loix et tous les règlements qui la concernent* (Paris, 1705–1738)。

89 William Blackstone, *Commentaries on the Laws of England* (Oxford: Clarendon Press, 1769), vol 4, 162.

90 贝卡里亚认为，"治安"代表公共经济的目标，将其综合理解为包含"科学、教育、良好秩序、安全和公共安宁"等内容。详见 Cesare Beccaria, *Elementi di economica pubblica* (1804)，转引自 Pasquale Pasquino, 'Theatrum Politicum: The Genealogy of Capital — Police and the State of Prosperity' in Graham Burchell, Colin Gordon, and Peter Miller (eds), *The Foucault Effect: Studies in Governmentality* (Hemel Hempstead: Harvester Wheatsheaf, 1991), 105–118, 109。

91 Bentham, above n 84, ch 16, 在这里边沁列举了各种与"治安"相抵触和违背的行为。边沁认为，治安的概念"似乎过于繁杂，不可能有任何单一的定义。由于缺乏恰当的词汇，我不得不把这里的两个分支缩减为一个。在这个地方，谁会愿意看到这两个词作为'治安'这个概念的分支，即犯罪预防（*phthano-paranomic*）和灾难预防（*phthano-symphoric*）？然而，将两个分支机构合并所带来的不便其实并不明（**转下页**）

们试图对犯罪进行系统化和分类时,治安权被认为是一种预防性权力,是一种可以事先应用的权宜之计,以防止内部敌对分子的犯罪行为或者物理灾难可能导致的损毁。[92]当托马斯·杰斐逊作为弗吉尼亚的州长,在1779年对威廉与玛丽学院实施改革时,他建立了一个法律与治安的教席,目的主要就是为国家官员提供与治安科学有关的教育,这一教席的设立基本上采取了与欧洲大陆已经建成的治安学相类似的理念。[93]

"治安"这个概念在欧洲18世纪的法理学发展过程中获得广泛的关注,而且伴随着现代政府责任的剧增,越来越成为一个重要的概念,但是,这个概念的本质和范围还是非常模糊的。鉴于"治安"主要是指保持共同体的公共秩序,那么研究者就需要针对这个秩序得以生成的条件进行必要的分析,也就是对国家的目的进行分析,此外,还需要对实现这些条件的方法和手段进行分析。[94] 正如弗朗茨-路德维格·克内耶默(Franz-Ludwig Kneyemer)所认识到的,尽管存在很多有关治安权范围的主张,就像关于国家的本质和目的的讨论也非常多一样,治安权与国家及其公民的秩序、安全和福利有关,这是不言而喻的,但除了这一概括性的认知之外,还有许多问题仍未解决。

(接上页)显,因为在许多情况下,为这两个目的所需的操作是相同的。警察局长所应该承担的职能通常也可以被认为是以积极方式促进国家幸福的权力机构的负责人的职能,也可以认为是致力于管理公共财富的权力机构的负责人的职能"(at 323, n 2)。还可参看 Markus Dirk Dubber, *The Police Power: Patriarchy and the Foundations of American Government* (New York: Columbia University Press, 2005), 69:"鉴于边沁对精确性的坚持,导致其作品中散布着极其详细的分类法,这是一个非同寻常的承认。如果边沁不能定义它,人们可能会想,那么没有人可以。然而,边沁并不像人们所期望的那样,认为这一概念毫无用处。众所周知,他对其他范围不确定的概念,如'自然权利'的概念并不那么友好。"

   92   Bentham, above n 84, 326.

   93   Dubber, above n 91, 89-90.

   94   Franz-Ludwig Knemeyer, 'Polizei' (1980) 9 *Economy and Society* 172-196, 180. 关于克内耶默就这一问题的探讨,可见基思·特赖布的翻译,详见 *The Geschichtliche Grundbegriffe*, vol 4, 875-897。

公法的基础

　　这种模糊性与治安权在多大程度上可以受到司法的控制和影响的不确定性相关。在德国,曾经认为治安权是一种不受司法审查的行政化行动。[95] 这种司法监督豁免权是 19 世纪将福利职能从治安权力范围中移除的一种压力来源,这种压力促使"治安"的含义向现代意义上的"以维持秩序和安全为目标的机构权力"转变。但是,如果把合法性和治安之间的关系暂时放在一边,可以看出,治安权———一种源于政府对资源的控制的治理权———正在获得非常广泛的适用范围。关于这一现代治理权的范围,我们可以通过简单考察一些美国的主要作品的分析,获得更好的理解。

　　恩斯特·佛罗因德(Ernst Freund)在 1904 年出版了有关美国公法中的治安权的相关研究,旨在为治安权在政府权力安排中找到位置。[96] 佛罗因德认为,对政府权力的法律分析通常是根据组织因素进行的,特别是通过划分为立法权、行政权和司法权的视角进行分析,很少有人根据目标对政府权力进行实质性审查。但是,他也认同,只有通过"目标"视角的分析,才能充分把握治安权的范围和性质。因此,在他看来,治安权的本质主要是通过两个主要目标进行识别的:首先,治安权最直接的目标就是保证和促进普遍福利;其次,为了达到这个目标,它主要是通过限制和强制这两种手段。[97] 为此,治安权的定义就被锁定了,它特指一种"通过对自由和财产的限制,来促进公共福利的权力"[98]。

　　95　例如,1735 年的普鲁士法律规定:"我们希望对我们土地上的治安权进行根本性的修改,因此,为了我们土地的福利,我们建议制定并公布条例,该条例将完全重新规定治安权和法院调查之间的区别。经过这种区分,当将来有人违反我们的治安政策时,对这种离经叛道者的调查、惩罚和制裁,无论是谁,都将是治安官而不是其他人的责任,治安官应该尽快进行调查,而这一权力随后将在不上诉的情况下确定适当的判决,然后全面执行上述判决。因此,我们命令我们的司法机构今后不要考虑'治安权限'。"转引自 Knemeyer, ibid, 178-179。

　　96　Ernst Freund, *The Police Power: Public Policy and Constitutional Rigths* (Chicago: Callaghan & Co, 1904).

　　97　Ibid, 3.

　　98　Ibid, iii.

佛罗因德著作的核心部分主要细致、综合地考察了治安权的分类,这些分类主要是基于社会利益和经济利益的差异而划定的。保护社会利益的权力包括确保不受犯罪侵犯的和平与安全权(涉及暴乱、流浪和移民问题),确保公共安全和健康权(涉及危险物质、危险活动和劳动工作条件,以及出生、死亡和婚姻的监管问题),确保公共秩序和舒适权(涉及对商业、公路、建筑和发展的控制),引导公共道德的权力(如对赌博、酗酒、淫秽、卖淫和虐待动物的限制),以及附属权力(包括对有关精神问题、教育问题和贫困问题的监管)。区别于保护社会利益的权力,保护经济利益的权力包括防止欺诈的权力(涉及度量衡、食品安全和贸易标准),保护债务人的权力(涉及高利贷问题的处理和破产安排),劳动保护权(涉及就业条件、工资监管和工会认证),以及公司控制权(涉及公司注册程序、反垄断、定价和垄断实践等)。

这些权力彰显了现代政府监管责任的拓展,此外,不同于那种源自遥远的中央集权、基于法律规则所发布的命令,这些权力是为了维持规训秩序而存在的。它们本质上不过是作为特定时空语境下的特殊权力形态。正是由于后一种性质,佛罗因德认识到,治安权力"不是作为一个固定的种类的权力,而是作为特定社会、经济和政治条件的表达"。他解释说,只要这些条件不断变化,"治安权就必须继续保持弹性、灵活可变性,并能够不断地发展"。[99]

佛罗因德的著作为我们提供了存在于西方世界现代政府中的治安权的概况。尽管佛罗因德梳理了治安权的范围,但是和很多法学家的分析一样,他也没有揭示这个权力得以产生的本质原因。对治安权的根基的最为透彻的分析当数卢梭,主要体现在他于1756 年出版的《政治经济学》中。

在《政治经济学》中,卢梭认为,经济起源于初始的家庭管

99　Freund, above n 96, 3.

公法的基础

理——家政,后来体现为对王室财富的明智和合法的管理,但是他认为,国家的政府不同于家庭的管理,因为它们得以构建的基础是完全不同的。[100] 卢梭在私人经济和公共经济之间进行了明确的区分,并将公共经济等同于政府治理,治理的权力就是行政权。行政权不同于国家主权,主权是可以对整个民族、整个国家都构成约束的立法权,行政权则主要约束个体。他认为,政府压倒一切的义务就是服从公意,公意始终同时着眼于整体和部分的保存和福祉。为此,卢梭得出了他有关公共经济的第一规则:在行使行政权的过程中,行政管理必须服从法律。[101]

从表面来看,卢梭在这里并没有在合法性和治安之间,在主权和政府治理之间进行明确的区分,卢梭似乎认为,政府的任务就仅仅在于确保一般性法律的实现。这样的理解具有误导性。卢梭指出,尽管政府不是法律的主人,但是作为法律的护卫者,它还是非常重要的。[102] 虽然“将秩序规则与和平带到共和国的所有地区是一项相当大的成就”,但他指出,“如果只做到了这一点,那么一切都将是表面的,而不是现实的”。[103] 想要让我们的理想变成现实,一个强有力的政府必须存在。政府的一项关键任务必须是使每一个人“成为社会所需要的人”。因此,政府不能局限于发布规则:“最绝对的权威是渗透到人的内心最深处,它可以影响人的意志,而且这种影响丝毫不亚于对人的行为的影响。”[104]政府不仅仅要有能力制定法律,更要有能力塑造人,如果想要最终能够有效地命令人,统治者首先要塑造人。

100　Jean-Jacques Rousseau, *Discourse on Political Economy* [1756] in his *The Social Contract and other later political writing*s Victor Gourevitch (ed) (Cambridge: Cambridge University Press, 1997), vol 2, 3-38, 3.

101　Ibid, 9, 6, 11.

102　Ibid, 11.

103　Ibid, 12.

104　Ibid, 12-13.

第十四章 治理权

公共经济的第二条规则就是要确保特殊意志能够与公意保持一致。卢梭认为,不仅要告诉公民做个好人,同时还应该教导他们如何做到这一点。[105] 古人们非常清楚这一点,这就是为什么我们当时有"许多禁止奢侈的法律,许多关于道德的规定,许多被审慎选择的公共格言"[106]。这依旧应该成为现代社会一项非常重要的任务,政府应该承担更为广泛的责任,以确保法律理想(如政治正义)的实现和发展。这些重要任务包括防止"财富分配的极端不平等",确保人口在领土上的均匀分布,以及维持农业、工业和商业之间的平衡。这些都需要政府履行积极监督的任务,因为这些"邪恶"如果一直被忽视,拖到被人们感知到,这就意味着它们已经很难治愈了,明智的政府必须预防和阻止它们,从而维护对法律的尊重,对祖国的热爱,以及公意的力量。[107] 在这里,卢梭提供了有关于治安权的现代解释,这就意味着政府必须拥有监管、指导和控制的广泛权力,这样才能确保公意的实现。

这一论点引出了公共经济的第三条基本规则:仅仅保护公民是不够的,政府必须承担教育人民的任务,必须在人民的生存手段问题上有一些更为积极的考量,必须满足公众的需要。[108] 这些任务的重要性促使卢梭试图勾勒公共收入的组织原则的基本框架。在提供这一行政管理的具体思路时,他煞费苦心地强调,政府的职责不是"填满个人的粮仓,免除他们的工作";相反,应该是创造更多的财富资源,从而能够确保"在人民的能力范围内获取足够的资源,为此,工作总是必要的,永远不会是无用的"。[109]

卢梭为我们提供了非常重要的有关治安权的思考。尽管他将治安权与父权制政府形式联系在一起,但他也强调这种权力所具

105　Rousseau, above n 100, 19.
106　Ibid, 13.
107　Ibid, 19-20.
108　Ibid, 22, 23.
109　Ibid, 23.

609

公法的基础

有的现代性,如他将治安权的行使与正义的要求联系在一起,将行政权与立法权联系在一起,以及将政府治理与主权联系在一起。但是,在他以自由为名的共和主义视角的监管理论中,危险也是显而易见的。卢梭注意到,国家如果没有自由就无法持续,自由没有美德也无法存在,美德则倚赖公民的存在。只有培育出合格的公民,才能拥有一切,如果失败了,那么这个国家从其元首开始,只会有丑陋的奴隶。[110] 卢梭在阐述治安权的驱动原则时,强调了伴随着治安权的出现,在社会解放和官僚压迫之间出现的紧张关系,这种紧张关系形成了一道深刻的裂痕,这一裂痕贯穿了整个现代关于这一监管权力的争论。

正如卢梭所表明的,治安权就是现代治理权的一种表达,因此,马克·雷夫的以下主张是正确的,他认为,秩序井然的治安国家的目标和实践不仅预示着启蒙的发生,而且是对与启蒙运动有关的理念的全力践行。[111] 在推进治安权这个概念发展的过程中,官房学派及其继承者不仅有效地奠定了制度基础,而且确定了相关的原则和特定目标,这些原则和目标被后来的哲学家宣布为现代社会的道德基础。[112]

第四节　合法性和治安

卢梭通过强调治安权的出现所带来的理想状态和危机,从而揭示出启蒙的理性主义核心部分存在的模糊性。治理权的出现主要服务于自由的思想和促进福利,但是它所特有的广泛的监管和规训权力同时带来了官僚化的威胁,后者也会导致奴役。几乎所

---

[110]　Rousseau, above n 100, 20.

[111]　Raeff, above n 52, 252.

[112]　Ibid.

第十四章　治理权

有的统治政权都经历过这样的两难境地,然而,由于这些风险在普鲁士威权的福利国家当中被放大了,[113]在德国文献中,有关合法性和治安之间的关系的争论显得尤为突出,也就不奇怪了。

伴随着德国治安权的不断扩张,这一权力的行使方式越来越正式。通过与绝对特权的类比,人们认识到,这种权力的行使是不能不受任何限制的,必须要为其设定界限。伴随着行使治安权的经验的积累,权力行使的程序也逐渐标准化,一旦权力界限被设定,行使程序被建立,治安和合法性之间的关系就成了问题。

官房学派处理治安和合法性关系的立场主要是由尤斯蒂来阐释的。尤斯蒂认为,尽管合法性提供了一种确保社会运行的内部稳定,但是对合法性问题的处理(management of justice)和法律科学(the science of laws)是不一样的。他解释道,法理学"是一门专业学科,其核心是了解一个国家现行的有效法律,相应地,它和另外一门更为复杂、被称为'治安学'的科学是没有关系的"[114]。尤斯蒂想要强调的是,每一个国家都应该是有序的,不同的社会阶层之间、统治者和被统治者之间都应该彼此保持一种正义的(gerecht)关系。[115] 但是这一善的秩序本身应该是政治学的问题,是治安问题,而不是法学问题。法理学只是与有效性相关的科学,而只有"治安学"才能产生一种有关正义秩序的科学。这里需要注意到,尤斯蒂的分析其实提供了一种有关政治法理学问题的解决方案,[116]尽管这一方案特别适合由公务员负责统筹和监督整个功能系统的官僚制国家。

113　例如,参见 Hermann Beck, *The Origins of the Authoritarian Welfare State in Prussia: Conservatives, Bureaucracy, and the Social Question, 1815–1870* (Ann Arbor: University of Michigan Press, 1995)。

114　Justi, above n 74, vol 1, 132-133. 转引自 Walker, above n 64, 240。

115　Justi, above n 75, 3. 转引自 Walker, above n 64。

116　可参看本书第六章。

公法的基础

从尤斯蒂的分析中非常明显地可以看出,从治安权的视角,是以权利导向为进路还是以政策功能为进路,最终会形成非常明显的差异。这其实不过是在政治法科学中已经大体呈现的紧张关系的重复表述,这一紧张关系分别在康德和黑格尔的写作中得到证实。[117] 对康德而言,国家仅仅是一个建立在权利基础上的个人自由领域,因此,由治安学促进的福利和幸福目标不属于国家科学的一部分。康德确实认识到,为了公共安全、便利和体面,政府行使特定治安职权的实践必要性。但是,这些任务只有在维护和平,从而促进维护法律的任务的基础上才是合理的。[118] 康德将治安的范围缩小到维护法律或提供安全所需的任务,呈现了一种特殊的法律理性风格,许多跟随他的人,在试图将政府的许多常规任务(如教育提供)融入这个非常狭窄的治安定义中时,经历了极大的困难。[119] 相反,在黑格尔看来,抽象权利的主张只会导致市民社会中的不平等,而这种不平等只有通过行使治安权才能得到缓解。只有运用政府的监管权力,才能使政府的功能目标和权利目标达成一致。[120]

关于合法性和治安权之间关系的争论,其实让我们对德国围绕法治国的争论的重要性有了更为特别的理解。[121] 康德主义者试图将所有福利方面从政府的管辖领域中完全移除,他们提出了一个关于法治国的解释,认为这是一种与治安国相对立的统治秩序,

---

117　参见本书第四章和第五章。

118　Immanuel Kant, *Metaphysical Elements of Justice* [1797] (Part I of the *Metaphysics* of Morals; known as the *Rechtslehre*) John Ladd (trans) (Indianapolis: Hackett, 1999), 131-132.

119　参见 Lindenfeld, above n 62, 82:"这一困境在这一时期最雄心勃勃的著作《德国治安法手册》(1802—1808)中表现得很明显,该手册共有七卷,作者是冈瑟·海因里希·冯·伯格……这是编纂法典的一次伟大尝试。伯格从《安全标准》开始,但到第四卷时,他改变了主意,意识到不能排除福利和幸福。"

120　GWF Hegel, *Philosophy of Right* [1821] TM Knox (trans) (Oxford: Oxford University Press, 1952), §§230-249.

121　参见本书第十一章,第457—463页。

612

第十四章 治理权

在治安国当中,治安监管行动是如此广泛,以至于它们能够干预个人行为的几乎所有方面,因此,这是对(消极)自由的腐蚀。这种康德主义的视角贯穿了自由主义法学家的著作,如卡尔·冯·罗特克就主张:

> 对自由而言,没有什么政府权力能比治安权构成对自由的最大威胁了,这不仅仅是指那种至高的或者秘密的治安权,这里尤其指代的是所谓的福利治安。国家的主要职能就只能是确保法律的统治。依据基本的宪法原则,治安权只在一个地方有容身之处,那就是确保国家的安全和秩序。被认为是福利治安权(尤其是监控和福利治安权)的权力除了是对公民自由的公开侵犯,什么也不是。[122]

这个时期最有影响力的学者就是罗伯特·冯·莫尔,他在 19 世纪振兴了国家科学,同时也认识到不断增长的"社会问题"在公法发展中的重要性,因此,他试图去调和法治国和治安国这两个相互竞争的理念之间的矛盾。这种努力在他的《法治国原则基础上的治安学》一书中得以呈现。[123] 在这一著作中,他恢复了治安权的福利方面,并试图将法律分析的视角扩展到严格的消极自由的框架之外。莫尔的基本论点是,政府使用治安权的主要目的是消除个人潜力实现过程中的障碍。

莫尔的观点在施泰因那里被做了一个非常明显的黑格尔式的调整。1855—1888 年,施泰因在维也纳大学担任政治经济学教授,在他有关法国社会发展的非常有影响力的研究中,我们可以窥

---

122 JCAM von Aretin and K von Rotteck, *Staatsrecht der constitutionellen Monarchie* (Leipzig: 2nd edn, 1839). 转引自 Knemeyer, above n 94, 188。

123 Robert von Mohl, *Die Polizeiwissenschaft nach den Grundsätzen des Rechtsstaates* [1832] (Tübingen: Laupp, 3rd edn, 1866).

公法的基础

见他的理论核心。施泰因认为，"支配国家的原则要求我们把所有个人提升到能够获得完全的自由，并能够实现个人的充分发展的程度"，相比之下，由于社会"存在一些人被另外一些人征服的现象"，只有通过国家才能克服这种由于征服所导致的依赖。[124] 所以，尽管社会和国家彼此站在对立面，但是有着不可分割的联系。因此，只有"理解这两个要素的性质和力量"并认识到"它们的行为虽然相互矛盾，但仍受共同的更高原则的制约"，才能理解社会生活。在施泰因的分析当中，法律规则秩序和治安监管秩序是相互联系的，他声称，当"它们之间的斗争产生了一场受明确的和可理解的法律所规范的运动"[125] 时，很明显，他是在寻找政治法的概念。[126]

很明显，合法性和治安权之间应该需要某种调和，19 世纪后半叶，行政法（*Verwaltungsrecht*）这个概念的出现开始在一定程度上解决这个问题。[127] 对施泰因而言，问题在于，法治国的概念似乎没有为法律应该如何对待行政管理留下任何空间，他认为，对"治安权"最好的理解就是"为保护公众利益而采取的所有行政措施的总和"。[128] "这一行政管理活动如何与法律管辖权要求之间相协调"成为新兴行政法学科的主题，但是，这一领域的重新设计对

124　Lorenz von Stein, *The History of the Social Movement in France*, *1789 - 1850* [1850] Kaethe Mengelberg (trans) (Totowa, NJ: Bedminster Press, 1964), 56.

125　Ibid.

126　施泰因进一步发展了这一观点，详见 Stein, *System der Staatswissenschaften* (Tübingen: Cotta, 2 vols, 1852-1856)。尽管这一雄心勃勃的著作"基于辩证法的原则承诺要回答很多问题，但是施泰因能够回应的其实是有限的"，详见 Lindenfeld, above n 62, 169。

127　参见 Johann Christian Pauly, *Die Entstehung des Polizeirechts als wissenschaftliche Disziplin: Ein Beitrag zur Wissenschaftsgeschichte des öffentlichen Rechts* (Frankfurt am Main: Klostermann, 2000)。

128　Lorenz von Stein, *Verwaltungslehre* (8 vols, 1869-1884), vol 2, 73. 转引自 Lindenfeld, above n 62, 199。

第十四章 治理权

解决概念问题几乎没有什么作用。[129] 从一开始,行政法就受到权利取向和功能取向之间的紧张关系的困扰:行政法这个学科是应该被理解为对行政行为进行司法控制的手段(康德的遗产),还是应该被理解为用来组织治安权监管安排的法律框架(黑格尔的进路)?但是这一分析传递出来的重要信息在于:现代福利国家所面临的法律挑战可以通过"秩序井然的治安国家"的视角被清楚地观测和理解。[130]

第五节 行政权的扩张

在本书第六章中,我们阐述过迈克尔·曼的观点,他指出,现代国家的发展伴随着专制性权力的衰落和基础性权力的崛起。[131]之所以专制性权力在衰落,主要是因为我们对其施加了各种制度性约束,与此同时,政府增强了组织和监管社会关系的能力,这是基础性权力得以发展的原因。我们在第十三章的论述中看到了曼的论点的发展轨迹,即现代政府的发展导致了特权权力从占据主导,到转型发展,再到最后被部分扬弃。本章要聚焦于行政权,即治理权的发展。行政权的行使需要有能力对实质性物质资源进行控制,从而确保教育、规训和监管目标的实现。它的首要目标是

129　这是 19 世纪末国家科学进行一般性重组的一部分,它涉及的相关议题是根据行政法而不是治安法来处理的,国家经济作为国家科学的一个要素,与治安权不再有任何联系,详见 Knemeyer, above n 94, 186。这一重组部分是方法变革的结果,其中,奥地利经济学家学派挑战了 19 世纪占主导地位的历史学派的方法,参见:Lindenfeld, above n 62, 252-256;Keith Tribe, *Strategies of Economic Order: German Economic Discourse, 1750-1950* (Cambridge:Cambridge University Press, 1995), ch 4。正是在这种重组中,我们还看到了国家法实证主义学派的出现,详见本书第七章,第 277—287 页。

130　Raeff, above n 52, 254:"现代福利国家向我们展示了有序警察国家这一基本观念的更新版本。"

131　参见本书第六章,第 242—245 页。

615

（用尤斯蒂的话说）"增强国家的内部权力和力量"[132]，尽管应该强调的是，治理权所指向的主要是实现社会化而不是强迫。

行政权的出现是与现代化的过程紧密关联在一起的，在这个过程中，国家权力逐渐超越对传统上的王室财政的管理，开始拓展到疆土和对其人民的全面统治，致力于共同善的实现。这是理性化过程的一个组成部分，它使得政府权力，无论是度量衡的设置还是土地登记，都向标准化和简约化方向发展。[133] 这一理性化进程似乎同时具有解放性和压制性，也就是说，尽管行政监管措施是以促进自由和平等原则的名义实施的，但它们只能通过将统一性强加在多样性基础上才能实现。[134] 在运用行政权力实现国家现代化的过程中，国家权力不仅仅是描述、监测和绘制蓝图，它们努力塑造人和疆土，以确保它们的监控技术是可行的。[135]

行政权，即治理权，揭示了现代国家一个完全不同的面向，国家在这里既不是一个强制性机构，也不是仅仅旨在保护权利的机

132　Justi, above n 75. 转引自 Knemeyer, above n 84, 181。

133　Scott, above n 63, 2："国家是如何逐渐掌握自己的臣民和环境的？突然之间，各种不同的过程，如永久姓氏的创建、度量衡的标准化、地籍调查和人口登记的建立、自由保有权的发明、语言和法律话语的标准化、城市设计、交通组织，似乎都可以理解为对清晰性和简化的尝试。在每一个案例中，官员都采取了异常复杂、难以辨认的当地社会实践，如土地保有权习惯或命名习惯，并创建了一个标准网格，以便集中记录和监控这些习惯。"

134　这正是贡斯当写作的主题，参见 Benjamin Constant, 'The Spirit of Conquest and Usurpation and their Relation to European Civilization' [1814] in his *Political Writings* Biancamaria Fontana (trans) (Cambridge: Cambridge University Press, 1988), 43–169. 贡斯当指出："值得注意的是，在一场以人类权利和自由为名的革命中，统一性从来没有得到过比这更大的支持。系统的精神首先被对称性所吸引。对权力的热爱很快发现了对称性能为权力带来的巨大优势。虽然爱国主义只存在于对某些地方的利益、生活方式和习俗的生动依恋中，但我们所谓的爱国者已经向所有这些宣战。他们已经抽干了爱国主义的自然源泉，并试图用对抽象存在的人为激情来取代自然源泉，而抽象存在是一种被剥夺了所有能够激发想象力和表达记忆的观念。为了建造他们的大厦，他们首先将要使用的材料磨成粉末。他们显然害怕一种道德观念会被附加于他们的机制，他们几乎用数字来表示他们的城镇和省份，就像他们用数字来表示他们军队中的军团。"(at 73–74)

135　Scott, above n 63, 82.

构,而是非常像一个宗教组织,国家在这里宣称享有为了在特定领土范围内实现社会化而采取一切合法手段的明确特权(如果不是完全垄断性的权力)。[136] 这一发展受到了非常激烈的批判,其中最为著名的就是皮埃尔-约瑟夫·普鲁东(Pierre-Joseph Proudhon)的批判,他的这种批判使这一发展的破坏性和对权利的剥夺等方面的消极影响得到了缓解。[137] 但这里还有更复杂的问题有待讨论。很显然,基础性权力的增长必然会导致行政权力的增长,如果行政权不是一种纯粹的武断力量,那么这种行政权——治安权——也需要理性化的处理,这就是为什么治安权的发展同步引起了 18 世纪末的法典化运动。法典化的出现"是为了提供一个和谐、规范、统一和稳定的法律框架,在这个框架内,由治安国所推动形成的现代化的动力可以得到充分的发挥和表达"[138]。行政的发展伴随着法律现代化和简约化的发展,这个过程最终使现代行政法得以出现。

---

136 Gorski, above n 11, xvi.

137 Pierre-Joseph Proudhon, *General Idea of the Revolution in the Nineteenth Century* John Beverly Robinson (trans) (London: Pluto Press, 1989), 294: "被统治就是被那些没有权利,没有智慧,也没有美德的人监视、检查、指挥、编号、登记、灌输、布道、控制、评估、评价、谴责和命令,受由他们制定的法律的驱动。被统治是指在每项操作、每项交易中都有可能被记录、登记、征税、盖章、计量、编号、评估、许可、授权、警告、预防、禁止、纠正和处罚。它以公用事业为借口,以公共利益的名义,要求每一个人作贡献、被训练、被勒索、被剥削、被垄断、被挤压、被迷惑和抢劫;然后,在最轻微的抵抗下,任何第一个发出抱怨和抵抗的人,都被压制、罚款、蔑视、骚扰、跟踪、虐待、棍棒回击、解除武装、窒息、监禁、审判、谴责、枪杀、驱逐、牺牲、出售、背叛,并为所有人嘲弄、嘲笑、引发众怒,并被羞辱。这就是政府所为,这就是它所谓的正义和道德。"普鲁东有他的当代法国追随者,例如,参见 Jacques Rancière, *Disagreement: Politics and Philosophy* Julie Rose (trans) (Minneapolis: University of Minnesota Press, 1999), 28-29: "政治通常被视为一系列程序,通过这些程序和系统实现了集体的聚集和同意,权力的组织,位置和角色的分配,以及这种分配的合法化。我建议给这种分配和合法化的制度取另一个名字,我建议叫'治安'。因此,治安首先是一个有机体的秩序,它定义了行为方式、存在方式和观察方式。我现在建议保留'政治'一词,用以形容一种与治安对立的极端坚决的活动:任何一方但凡从事了与有形结构相违背的行为,就没有在该结构中的恰当位置。"

138 Raeff, above n 68, 1240.

617

第十五章
公法新架构

　　鉴于现代国家的民主根基建立在为人民服务的基础上,现代国家被认为是人民的代表。由于国家非常关注应该采取什么样的具体方式将人类聚集起来形成一个集体性联合,所以它的统治机制变得高度复杂。现代国家理念是伴随着市民社会的出现而发展的,市民社会代表了一个每个个体在其中能够自主,并且由个体能量汇集而成的领域。尽管政府和社会的关系是一个塑造国家的重要因素,但是,市民社会的崛起并没有同步导致政府的衰落。鉴于市场和个体行动在具有创造力的同时也拥有破坏力,政府的监管就变得非常有必要。为了确保政府实现这些责任,一个广泛的行政系统的存在就成为必要:现代国家就转变为行政国家。

　　以促进安全、自由和繁荣为名,现代政府极大地拓展了自己的行动范围,它们现在不仅仅承担了供给秩序和安全的责任,同时也要管理经济、促进经济和社会的发展、为公民提供福利。这一功能上的拓展导致政府获得了大量且精细的行政工具和手段,因此伴随着行政权力的增长,传统宪法的制约效用开始成为问题。在这种情况下,普鲁士的传统格言"自由更多地取决于行政而不是宪法"获得了新的力量。[1] 但是,行政权的拓展到底对宪法安排有什

　　1　BG Niebuhr (1815),转引自 Leonard Krieger, *The German Idea of Freedom* (Chicago: University of Chicago Press, 1957), 217。

么样的影响呢？本章主要专注于考察伴随着政府的行政管理体制的建立，法律和相关机制有什么样的变化和发展，同时考虑这些变化对现代公法的概念化发展有什么影响。

第一节　行政法的出现

政府行政权力的增长伴随着一个新的法律分类的出现，这就是行政法。从一开始，行政法就是一个模棱两可且充满争议的概念。其中一个原因就在于，行政法在欧洲大陆（特别是在普鲁士、奥地利和后来的法国）的建立最初都是由威权主义的政权引领的。[2] 这一特殊的起源给了欧洲大陆视角中的行政法一个特别的身份。这一特征的共同性使我们能够将欧洲大陆行政法视为一个具有共通性的独特体系，尽管它伴随着每个国家的现实差异，会呈现不同的变体。

欧洲大陆的行政法体系主要有两大突出的特征需要被关注。首先，在威权国家的建设过程中，司法权丧失了其独特性，被纳入了一般性的政府体系，法官与其他公务员无异，司法机构不过就是在一个单一体制的政府体系中负责纠纷解决的部门。[3] 其次，在这个单一体制中，确保与行政行为相关的规则和规范实施的任务

2　这不仅仅是与特定国家相关联的现象，而是具有一般性的现象，正如休谟所指出的："所有绝对主义的政府都必然在很大程度上依赖于行政，这是伴随这种形式的政府的最大麻烦之一。"参见 David Hume, 'That politics may be reduced to a science' in his *Political Essays* Knud Haakonssen (ed) (Cambridge: Cambridge University Press, 1994), 4-15, 5。

3　在普鲁士，比较有影响力的人物是塞缪尔·冯·科切吉(Samuel von Cockeji, 1679—1755)，他在腓特烈·威廉一世和腓特烈二世时期，将法院纳入集权化的行政系统当中，参见 Carl J Friedrich, *Constitutional Government and Politics*, *Nature and Development* (New York: Harper, 1937), 88-90。

619

公法的基础

不在普通法院的职权范围之内。[4] 这一决定反映了官房学派的基本立场,即对治安权的行使是一种非法律化的监管,治安权更多的目的是规训,而不是法律秩序。[5] 尽管在后来的发展过程中,相关行政程序也越来越标准化,官房主义的原则也受到法律价值的影响,然而,到了这一阶段,一个独特的行政管辖权已经形成,并最终形成了一个独立的行政法体系,与普通法院平行运行。

这种独立的行政法体系的出现与现代化、理性化和中央集权的进程息息相关。由于司法机关的权威传统上与(封建的)财产秩序联系在一起,因此,将行政问题从法院的管辖权中排除,而将其置于特别行政机构的控制之下的政策,成为经启蒙的绝对主义现代化运动的中心纲领。弗里德里希指出:"国王面对传统的财产秩序取得的胜利,行政权力面对封建司法权所取得的胜利,同时构成了中央集权对地方权力的胜利。"[6] 但是,必须强调的是,这场中央集权化和现代化运动不是为武断的权力的产生和运用服务的。这场运动一旦取得了胜利,就开始寻找和设计对政府行为进行规范的新的法律方法。在 18 世纪后半叶,这些方法就逐渐到位了,一旦这些改革得以有效推行,"法律就可以对中央行政力量及其主张发挥影响力"。[7] 这一过程的结果就是创造了一种新型的法律,一种行政法体系,因此,行政法是政府现代化的产物。

通过对政府工作人员的专业训练的强调,行政法体系得以进一步增强。这一进程的第一阶段是通过推进对有效资源管理的官房主义相关原则的培训而实现的。一旦行政程序向规范化的方向

4　特别参见腓特烈二世 1748 年颁布的法令,该法令规定:公法问题不应提交普通法院审理,参见 Friedrich, ibid, 90。

5　参见本书第十四章,第 604—613 页。

6　可参看 Carl J Friedrich, 'The Continental Tradition of Training Administrators in Law and Jurisprudence' (1939) *Journal of Modern History*, 129-148, 142。

7　Ibid.

发展,法律知识显然成了有效的行政管理必备的知识。[8] 正是因为如此,我们看到了公务律师(the lawyer-civil servant)这一公职的起源,这是一种在欧洲大陆政权的官方服务中占据主导地位的官僚类型。律师型的管理者是经启蒙的绝对主义的产物,尤其是通过建构集中化和理性化的行政管理体系以推动现代化实现的政策的产物。在这样的体制中,统治者是通过法律来表达自身意志的,而法律官僚则成为高效地、公正地实现和执行这一意愿的中介。[9] 官僚制度作为政府理性化和现代化的关键要素得以出现,它不仅成为政府新架构的根本要素,也构成公法新架构的基础。

现代政府中官僚制的日渐重要的影响是韦伯研究的主题。[10]韦伯认为,政府的官僚化几乎每一个方面都是历史发展晚近的产物,官僚制充满了理性化的特征,强调规则、成本-收益计算、以事实为主导,所以它的出现、发展和扩张带来了一系列革命化的结果。[11] 为此,韦伯识别出现代官僚制的六个关键特征:

(1)官方任务按规则(法律或行政法规)排序,分配到功

8　改革中的普鲁士君主是第一个要求官方培训的,但他们厌恶法学家,认为他们是"令人讨厌和恼火的形式主义者,他们倾向在常识清楚地表明什么是实体正义的地方吹毛求疵"(Friedrich, ibid, 143)。因此,首先要求法律培训的是奥地利人:"奥地利为了使行政合法化,很快就对所有重要的工作采取了书面记录的做法。这些所谓的'协议'给受过法律培训的官员带来了明显的优势,并很快引发了对高级官员进行'法律'教育的要求。由于任何人都可以根据政府行为与成文法的冲突对政府行为提出申诉,了解这些行为准则显然成为有效管理的必要条件。因此,我们发现,1774 年后,大学开设了新课程。"(Friedrich, ibid, 144)

9　正是在这个意义上,在 1848 年后的德国出现的"法治国"概念,其实是作为自由主义和君主专制主义之间模棱两可的妥协物而出现的。参见本书第十一章,第459—460 页。

10　Max Weber, *Economy and Society: An Outline of Interpretive Sociology* Guenther Roth and Claus Wittich (eds) (Berkeley: University of California Press, 1978), vol 2, ch 11.

11　Ibid, 1002.

公法的基础

能不同的领域,并被定期、连续地执行。

(2)政府机构通过一个明确建立的上级和下级协调制度进行层级式安排,下级接受上级的监督。

(3)机构以明确的公私区分为基础,通过制作书面文件和档案维持工作纪律。

(4)行政管理的胜任以接受过专业训练为前提。

(5)行政管理需要工作人员长期、全职的工作能力。

(6)行政工作遵循一般性、稳定性和综合性的规则,这些法律和行政管理的规则是可以经由学习获得的。对这些规则的了解是官员们拥有的一种特殊技术和专长。[12]

这些官僚制的特征同时可以用来描述行政法体系的必要因素。行政法之所以得以出现,首先是因为将政府任务分配给了永久任职的员工[对应特征(5)],这些任务被整合进功能区分的领域当中[对应特征(1)],这些任务的展开必须要遵循一般性的、稳定的和综合性的规则[对应特征(6)]。这一行政法体系是通过将下级行政裁判所(administrative tribunals)纳入高级行政法院的监督管辖范围中[对应特征(2)]这一媒介演变而来的,这一变化依赖专业司法机构的特定技能才能实现,这些专业的司法机构需要直接了解行政程序[对应特征(4)]。这一行政法体系通常通过审查文件记录[对应特征(3)]来运作。正如韦伯指出的:"精确性、速度、明确性、对文件的了解、连续性、谨慎性、统一性、严格服从性、减少摩擦以及材料和人力成本——这些品质和目标在严格的官僚制行政管理中被提升到了最佳点。"[13]同样,这些品质也是行政法体系致力于促进和提升的。

德国这些18世纪的发展实践建立在法国体制的基础上,这里

12　Weber, above n 10, 956–958.

13　Ibid, 973.

第十五章 公法新架构

主要是指法国大革命之后的政府体制。在大革命之前的旧制度中，由于行政部门和司法部门之间没有任何配合和协调，尤其是后者工作效率偏低，运行成本高昂，从而导致了严重的分歧。[14] 但是在大革命之后，一个全新的体系得以产生。遵循孟德斯鸠的理论，认为一个自由的政府主要依赖立法、行政和司法权力的划分，大革命的领导阶层建立了一个新的体系，在这个体系中，行政权可以在没有太多限制的前提下，有效实现赋予它的任务和责任，这个体制安排禁止司法机构对行政管理行为实施任意干涉。[15] 后革命时期的行政权被视为一个独立运行的机器，完全独立于立法机构和"普通"司法机构。[16] 这就导致面对行政权，除了一个申诉程序外，公民没有任何可以寻求对该行为进行独立审查的途径。这一缺陷一直到 19 世纪国家参事院（the *Conseil d'Etat*）逐渐发展成为一个独立的行政法院后才得以解决。[17]

行政法院体系一经建立，就被认为拥有非常独特的优势：它的层级结构提供了一种相对容易获得和并不昂贵的行政救济手段；其司法体系发展出了普通司法机构无法企及的技术能力；不受法典化约束的性质(在一般成文法体系中不常见)意味着这一行政管辖权能够根据经验逐步演变；它在行政管理体系中的地位有助于在行政程序中更安全地安置法律价值，并更有效地塑造行政管理的普遍特征。[18]

一经发明，这一行政法体系就被很多欧洲政体采用。受益于

14　L Neville Brown and John S Bell, *French Administrative Law* (Oxford: Oxford University Press, 4th edn, 1993), 22-23。

15　1790 年 8 月 16—24 日颁布的法律，第 13 条规定："司法职能是不同的，应该始终与行政职能分开。普通法院的法官以任何方式干预行政当局的运作，即属刑事罪行，亦不得要求行政当局就行使公务向普通法院的法官交代。"转引自 Neville Brown and Bell, ibid, 43。

16　Ibid, 23.

17　Ibid, 42-47.

18　彰显后者的一个例子是法国行政法院发展比例原则的方式，参见 ibid, 218-220。

623

公法的基础

对法国行政法体系方法论的研究,奥托·迈耶(Otto Mayer)在 19 世纪 90 年代出版了他的经典著作《德国行政法》,这一著作迅速获得了和拉邦有关宪法性法律的著作一样的地位,受到高度推崇。[19] 该书确立了现代德国体系的"行政法方法"(legal-administrative method)。[20] 随后,欧洲其他政体也进行了类似改革,伴随着学术重建,19 世纪后半叶,一个相对统一的行政法体系出现了。[21] 这一发展使法律人在现代政府的行政体系中发挥了核心作用,尽管我们可能会注意到,这个时候这些法律人在公法方面的培训(包括政治学、经济学和公共财政方面的知识)涉及的司法考量要远远超越普通法传统的范围。对这一法律-行政方法的采纳,反过来又有助于塑造现代政府的新架构。

第二节　英国围绕行政法的争论

18 世纪和 19 世纪出现在欧洲大陆的行政法体系与英国的治理方式完全不相容,甚至是背道而驰的。新出现的体系的每一个方面都与普通法传统相对立:法官是政府部门的一部分,而不是作为一个政府和社会之间沟通和斡旋的独立机构;法律是一套需

19　Otto Mayer, *Theorie des französischen Verwaltungsrecht* (Strassbourg: Trübner, 1886); Otto Mayer, *Deutsches Verwaltungsrecht* (Munich: Duncker & Humblot, 3rd edn, 1924). 关于迈耶取得的成就,参见 Michael Stolleis, *Public Law in Germany*, *1800-1914* (New York: Berghahn Books, 2001), 392-394。

20　Ernst Forsthoff, *Lehrbuch des Verwaltungsrechts* (Munich: Beck, 9th edn, 1966), 49:"这是奥托·迈耶的作品,他是现代德国行政法方法的唯一创造者和经典作者。"

21　关于意大利的发展,参见 Vittorio Emanuele Orlando, *Principi di diritto amministrativo* [1890] (Florence: Barbèra, 1952)。关于维托里奥·埃曼努尔·奥兰多(Vittorio Emanuele Orlando)的影响,即主要将拉邦的实证主义方法带到意大利,参见 Sabino Cassese, *Culture et politique du droit administratif* (Paris: Dalloz, 2008), 23-30。

624

要教授和学习的规则,而不是一套自身自发的、不断进化和发展的实践,在普通法传统中,知识是通过经验获得的;法律是立法机关的意志,而不是司法机关人为理性的产物;"法律"一词适用于官方机构发布的法规和指令,而不是一套通用的行为规则;是特别官方机构(行政法院)而不是一般司法机构拥有对行政规则和条例的最终解释权,虽然这些行政规则和条例会影响公民主体的权利。所有这些行政法体系的组成部分都构成了对普通法传统的冒犯。

这种普通法传统在很大程度上源于这样一种说法,即英国政府的制度框架可以追溯到遥远的过去。这一说法引发了一个奇特的修辞:古代宪法的神话。这一神话源于一种说法:存在一部建立在自由和民主原则基础上的古代盎格鲁-撒克逊宪法,它是基本法的渊源所在。[22] 这一神话构成了英国拒绝行政法的核心原因,在 17 世纪的宪法冲突期间,它首先发挥了重要作用:当时,鉴于它的主张,议会和普通法法院的特权得以维护,从而使王室的特权主张遭到反对。与此同时,这一神话也贯穿了 19 世纪宪法史学派的著作,其中最主要的学派就是辉格史学派,其理论一般被称为"辉格党式的历史阐释"(the "Whig interpretation of history"),该学派积极宣扬这样一种主张,即英国宪法的历史就是一个自由得以揭示的故事。[23] 有人认为,古代宪法的发展建立在两个平台的基础上:一个是,地方自治的实践;另一个是,由地方的代表组成的议会是政府的中心机构,并形成了能够平衡权力和自由的轴心。在这一思想框架下,英国宪法史是一部保护传统地方自由——基

22　JGA Pocock, *The Ancient Constitution and the Feudal Law* (Cambridge: Cambridge University Press, 1957), esp ch 2; JW Gough, *Fundamental Law in English Constitutional History* (Oxford: Clarendon Press, 1955).

23　参见 JW Burrow, *A Liberal Descent. Victorian Historians and the English Past* (Cambridge: Cambridge University Press, 1981); Herbert Butterfield, *The Whig Interpretation of History* (London: Bell, 1931); Butterfield, *The Englishman and His History* (Cambridge: Cambridge University Press, 1944).

公法的基础

本法不被国王制定法律或征税的特权所篡夺的斗争史,尤其是这些特权是在未经议会同意的基础上行使时,因为这个时候的议会其实是整个民族聚集的象征,未经议会同意,也就意味着国王特权的行使未征得全体国民同意。

这些地方政府和议会代表制实践的存在,确保了英国从来没有出现过层级式的和一体化的行政概念。地方机构不是作为中央权力机构的产物而发展起来的,而是作为国家法律体系中历史性社区的代表而一直存在的,国家法律体系对国家和地方都具有同等的约束力。中央政府对地方机构没有固有的上级管辖权,从这个意义上说,英国的传统是地方政府传统,而不是地方行政体系传统。这一传统还与议会主权和法治原则相联系。普通法作为一个不可分割的国家法律体系,不能仅凭国王意志修改;国王只有在得到议会所表达的人民同意的情况下才能采取行动。在国内事务这个领域内,几乎没有什么重大的特权,所以作为最高立法机构的君临议会对国内的行政管理行使绝对的权力。议会的立法不仅仅是所有新的法律得以构建的基本载体,也是所有监管行政行为的条例的载体。行政机构不仅要对中央当局负责,还要对法院和议会负责。由于中央和地方行政机构之间的关系不是呈现为自上而下的单向层级样态,而是呈现为一种地方政府、中央政府、议会和法院之间的错综复杂的网络关系,因此无法建立正式的行政法体系。

对这一历史遗产在宪法方面的体现最为权威的梳理就是戴雪于 1885 年出版的《英宪精义》。戴雪在最初的版本中用一节篇幅对英国的"法治"和法国的"行政法"进行比较,在后来的版本中用一章篇幅来做比较。[24] 戴雪认为,"行政法"这一法语表达没有恰当的英语对应词,因为英国法官和律师完全不知道该词,而且这个概念建

---

[24] AV Dicey, *Introduction to the Study of the Law of the Constitution* (London: Macmillan, 8th edn, 1915), ch 12 (at 324-325). 也可参见本书第十一章,第 454—457 页。

626

立在"与我们英国普通法基本假设完全无关的思想基础之上"。[25]
他认为,现代行政法得以产生,主要是源自波拿巴(Bonaparte,即拿破仑三世),波拿巴"将君主制专制传统中最强大的东西(旧制度)与雅各宾主义(Jacobinism)当中同样属于专制纲领中的最强大的东西融合在一起",并从那个时候,一直沿着类似的路线发展。[26] 法国体系的中心是国家参事院,其职能"就其司法行为而言(因为它们履行了许多非司法的职责),主要就是决定相关的行政法问题"。[27] 戴雪声称,这一体制使普通法院不再考虑任何行政法问题,而且总是导致毫无结果的管辖权纠纷、护佑政府官员免受法律挑战,以及具有都铎王朝和斯图亚特王朝那些令人厌恶的特权主张的特征,而那些特权主张早在 17 世纪中叶的英国革命中就彻底被击败了。

尽管戴雪的宪法理论表面上带有分析实证主义的色彩,但它仍然建立在前现代的条件和假设基础之上。一直到 19 世纪,内部行政管理本质上还是地方机构的保留事务,它们完全自主地处理行政管理责任,在行政管理方式上基本没有什么限制。[28] 但是,伴随着工业化和城市化的发展,这样的机制安排已经无法满足现实的需求:这些现实需求需要新的行政权力和新的行政机构行使日渐重要的、负责监管的治安权。当很多欧洲大陆国家通过构建一个行政法体系、由中央权力机构在这个体系中承担相关管辖权时,英国则将类似的管辖权交给议会借助于制定私法的方式去承担。[29] 但是英国很快就发现,这样的处理方式是行不通的,需要进行根本

25　Dicey, above n 24, 326, 325.

26　Ibid, 331–332.

27　Ibid, 336.

28　参见 WS Holdsworth, *History of English Law* (London: Methuen, 1938), vol 10, 160-162,这里列举了一份治安法官的权力和责任清单。

29　参见 OC Williams, *The Historical Development of Private Bill Procedure and Standing Orders in the House of Commons* (London, HMSO, 1948); Sheila Lambert, *Bills and Acts: Legislative Procedure in Eighteenth Century England* (Cambridge: Cambridge University Press, 1971)。

公法的基础

的行政改革,而且要确保这些改革能够处于中央更为积极的监督之下,这个时候相关改革和立法的初始动议权就从议会转移到了政府。

由于边沁功利主义的影响日渐广泛,因此推动了一系列治安权改革的计划,尤其涉及教育、贫困人群相关法律制度改革、监狱和城市基础设施等。这些改革计划按照当时较为普遍的行政管理模式展开,即日渐集中的中央权力、持续的政府监督、确保公共行政对市场规则的尊重等。[30] 按照边沁功利主义的设想,广泛的行政监管权应该由中央政府全面控制。[31] 这些改革使得行政权不断地增长,而伴随着对行政权的正式制约和控制的发展,一个不是那么正式的行政法结构也就初具雏形了。

一些法学家公开承认这一事实,并主张有必要进行相应的宪法调整。[32] 但戴雪强烈地反对"这些(治安)权力的存在可能改变英国法律的特征或宪法本质"这样的论点。他为古典自由主义的信条进行辩护,他坚信这些信条已经牢牢地嵌入了英国宪法之中。他极力反对"集体主义"(collectivism)的出现,他认为这是政府得

---

30 参见 Nancy L Rosenblum, *Bentham's Theory of the Modern State* (Cambridge, MA: Harvard University Press, 1978), ch 6; David Roberts, 'Jeremy Bentham and the Victorian Administrative State' (1959) 11 *Victorian Studies* 193-210。

31 参见 Elie Halévy, *The Growth of Philosophic Radicalism* M Morris (trans) (London: Faber & Gwyer, 1928), 432: "边沁所设想的国家是一台结构良好的机器,在这个机器中,每一个单独的个体在任何情况下都无法摆脱作为集体的所有个体的控制。"

32 例如,参见 FW Maitland, *The Constitutional History of England* [1887-1888] (Cambridge, Cambridge University Press, 1908), 505-506: "不要想象英国法律仅仅包括这些你(在大学里)可以学习到的部门法——刑法、财产法、侵权法和合同法,以及与国王和议会有关的宪法性法律。不,在这之外有大量的法律部门;它们有的属于宪法性法律,有的可能被称为行政法。它们很多都是最近过去五十年的创造物,虽然以制定法的形式呈现,但它们的重要性非常大,所以,在你对英国法律的一般概念理解中,不要忽视它们的存在。如果你这样做了,你将形成一个关于我们宪法的错误和过时的概念。政府权力……已经成为最重要的因素,如果将它们排除在(法律)版图之外,那就只是一个仅仅呈现了局部片面图景的过时草图。"

628

以扩张的意识形态基础,也是行政法存在威胁的根源。[33] 对戴雪而言,行政法的兴起意味着宪法的衰落。[34]

在于 1915 年出版的最后一版《英宪精义》中,戴雪抱怨法治最近遭受了极其显著的衰落,之所以如此,是因为英格兰的法律经历了一个非常严重的"官方化"的发展过程,在这个过程中受到社会主义理念影响的法律占据了主导性作用。[35] 这主要是由于当下整个立法思潮都偏好拓展国家权力的范围。[36] 尽管戴雪在这里忽略了早在 19 世纪中期英国行政管辖权的扩展,他也误解了法国国家参事院在 19 世纪后半叶作为一个行政法院所具有的独立性,但是,他的这一观点还是获得了他的追随者的追捧。在 20 世纪初的几十年里,戴西的信徒主导了法律界,构成了最为主流的声音,他们宣称行政职能的增长正在迅速导致一种"新专制",其特征是"行政无法无天"和"官僚主义的胜利"。[37]

这一占主导地位的(规范主义)论点受到了一小群自封的"现代"公法学者的挑战,他们提倡功能主义的方法。[38] 由于受到新自由主义、进步主义或者社会民主等各种各样的政治运动的

---

[33] AV Dicey, *Lectures on the Relation between Law and Public Opinion in England during the Nineteenth Century* (London: Macmillan, 1905). 可能需要注意的是,戴雪对边沁的判断和理解,太过决断了,戴雪指出,"边沁主义除了是……对英国普通法一向珍视的个人自由进行的具有逻辑性和系统性发展之外,别无其他。边沁主义深受柯克大法官的影响,功利主义从清教主义那里继承了一些最有价值的思想"(ibid, 175)。

[34] 可参看 Mayer, *Deutsches Verwaltungsrecht*, above n 19, vol 1, Foreword: "宪法消逝,行政法长存。不久前,人们在其他地方也观测到了这一点。"

[35] Dicey, above n 24, xxxviii, xliv.

[36] Ibid, xxxix.

[37] 参见 Lord Hewart of Bury, *The New Despotism* (London: Benn, 1929); CK Allen, *Bureaucracy Triumphant* (London: Oxford University Press, 1931)。

[38] 参见 Martin Loughlin, *Public Law and Political Theory* (Oxford: Clarendon Press, 1992), esp chs 6 and 7; Martin Loughlin, 'The Functionalist Style in Public Law' (2005) 55 *University of Toronto Law Journal*, 361-403。

影响，[39]这些学者反对受到很多宪法学者拥护的古典自由主义，他们认为，"真正"的自由是需要一些集体行动的支撑的，他们试图通过构建一个综合的行政法体系，来促进行政型政府良好行政。但是面对这个雄心勃勃的目标，他们彻底失败了，[40]这使得他们要么就转向为某些法定计划的改革提出建设性的建议，要么就开始对普通法司法机构进行一种具有批判性的评估，在他们看来，普通法法院一直未能以有利于良好行政的方式展开司法审查。[41]

一直到了20世纪最后几十年，更为系统的建设性的工作才得以开展，其实贯穿整个20世纪的问题就是，是否应该允许行政机关获得立法和司法权力。[42] 最后的解决方案就包含了具体的改革方法，通过这些改革方法确保政府获得的行政权力能够最终接受

39　参见 John A Hobson, *The Crisis of Liberalism: New Issues of Democracy* (London: PS King, 1909); James T Kloppenberg, *Uncertain Victory: Social Democracy and Progressivism in European and American Thought 1870-1920* (New York: Oxford University Press, 1986); Marc Stears, *Progressives*, *Pluralists*, *and the Problems of the State: Ideologies of Reform in the United States and Britain*, *1909-1926* (Oxford: Oxford University Press, 2002)。

40　例如，参见 William A Robson, *Justice and Administrative Law* (London: Stevens, 3rd edn, 1951), ch 6; J Willis, *The Parliamentary Powers of English Government Departments* (Cambridge, MA: Harvard University Press, 1933), 171-172; JDB Mitchell, 'The Causes and Effects of the Absence of a System of Public Law in the United Kingdom' (1965) PL, 95-118。

41　参见 Loughlin, *Public Law and Political Theory*, above n 38, 165-181; 191-206。关于美国学者对这个问题的看法，参见 Fritz Morstein Marx, 'Comparative Administrative Law: The Continental Alternative' (1942) 91 *University of Pennsylvania Law Review*, 118-136, 123："(英国)法院有时会以更大的热情而非理解力向前迈进，其结果偶尔会让人想起俗话所说的'瓷器店里的公牛'。然而，更常见的情况是，他们的行动是基于这样一种假设——不理会行政决定会显得更为合理。人们有理由怀疑，这种犹疑是由一种完全自然的不安导致的，这种不安是当法庭面对任何缺乏专业知识的头脑都难以理解的问题时，都必然会出现的。"

42　参见 MJ Taggart, 'From "Parliamentary Powers" to Privatization: the chequered history of delegated legislation in the twentieth century' (2005) 55 *University of Toronto Law Journal*, 575-627。

普通法法院的监督。[43] 只有经过司法审查程序的改革，[44] 只有在司法部门在制定一套更加连贯的公法原则方面取得明显进步之后，[45]行政裁判所那种杂乱无章、无序的安排才能获得改进，转化为一种有序的系统。[46] 借助于一种缓慢、渐进和典型务实的方式，政府组成机构的行政管辖权最终置于高等法院的监督之下，一直到 21 世纪，如何建立更合理的行政法体系的道路才逐渐清晰。

第三节　行政机构与权力分立

面对政府权力的扩张，应该如何进行机制调整以做出回应，每个国家的反馈是不一样的，主要是取决于各国对"权力分立"这一原则的不同理解。例如，英国的回应是由如下信念塑造的：一旦行政机关获得立法和司法的权力，那么一条通向专制主义的道路

43　例如，参见 *Report of the Committee on Ministers' Powers* Cmd 4060（London：HMSO, 1932），报告称，现有的司法控制程序都"过于昂贵，在某些方面过于陈旧、繁琐和缺乏弹性"（at 99）；Alfred Denning，*Freedom under the Law*（London：Stevens, 1949）："没有人能认为行政部门永远不会犯下我们所有人共同的罪行。但是，如果我们中的任何人因此遭受了类似的错误，那么补救办法是什么呢？我们保障个人自由的程序是有效的，但是，我们防止权力滥用的程序则不尽然。正如镐和铲不再适用于发掘煤炭一样，在新时代，过去的履行义务、调取证据和对案件采取行动的程序也不再适用于获取自由。它们必须被最新的机制取代。在［法院］面临的所有重大任务中，这是最艰巨的。新的行政权力的恰当行使，使得福利国家得以产生，但如果权力被滥用，则会导致极权主义国家。"（at 126）

44　参见 Harry Woolf，*Protection of the Public—A New Challenge*（London：Stevens, 1990），38-56。20 世纪 70 年代末的程序改革确立了司法审查的适用，随后在 80 年代，王座法庭分区法院转变为行政法院，由特别任命的高等法院法官组成专门法庭，审理所有公法诉讼，并对行政管理的所有方面行使监督管辖权。

45　参见 *Council of Civil Service Unions v Minister for the Civil Service* [1985] AC 374 一案的判决。迪普洛克法官（Lord Diplock）在该案的判词中表明，*R v IRC, ex p National Federation of Self Employed* [1982]一案代表着司法审查原则的现代化和程序改革的成功，他指出："这标志着建立一个综合的行政法体系所取得的进步……在我的法律生涯中，我将此视为英国法院系统取得的最高的成就。"

46　Tribunals, Courts and Enforcement Act 2007.

公法的基础

就被无情地开启了。对英国人来说,法国意义上既作为一种特殊的权力管理体制又作为一种上诉制度的"行政法",是一种非常矛盾的修辞法。但是,法国建立行政法体系的动机则完全是因为他们对权力分立原则的坚持。法国法学家认为,由于国王不受法律约束,并且在自己的领域内享有自治权,因此有必要制定一套与一般民法不同的特别法律——行政法,以确保治理权能够服务于公共目的,并能够受到必要的制约和审查。因此,最终采纳什么样的行政法概念,取决于统治政权如何理解和把握权力分立的内涵。

这些不同的反馈方式证明了思想塑造实践的力量,但也同时证明,参与到国家建设任务中的法学家也要防止受到抽象概念的过度影响。这是英国政治实践中反复出现的一个主题。基于英国的实践,我们会发现,任何对一般原则的主张都必须受到多重例外的冲击和重塑。例如,英国议会的历史就是如此,我们不能简单地将其只是作为一个立法机构来对待,事实上在历史当中,议会签发了很多行政性的规则和指导意见,在整个国家治理中发挥了非常重要的作用。[47] 同样的立场适用于我们对行政功能和司法功能之间相互关系的观测。梅特兰注意到,一些政治理论家竟然看到了他们最偏好的图景,即在英国实现了行政与司法的完全分离,这是

---

[47] 例如,参见 Maitland, above n 32, 382:"长期以来,政治理论家一直坚持立法与政府其他职能的区分,当然,这一区别很重要,尽管要准确划清界限并不容易。但是,似乎很有必要注意到,法令的效力决不局限于法学家或政治哲学家如何考虑立法的范围。大量法令被法学家或者政治哲学家归类为优先权或者特权,而不是一般的法律;或者他们认为制定法并没有规定一般性规则,而只是在处理特定案件。"梅特兰指出,只有在 1832 年之后,议会才"以惊人的活力开始立法……但大约在同一时间,它放弃了治理国家的尝试,什么样的公地应该被封闭,什么样的道路应该被拓宽,什么样的行政区应该支付警员工资,等等,都不再是议会回答和解决的问题"(at 384)。柯特内·伊尔伯特爵士(Sir Courtenay Ilbert)的评论反映了现代的做法,在他看来,制定法中的十分之九仍然与行政有关,而不是与法律原则有关,详见 Sir Courtenay Ilbert, *Legislative Methods and Forms* (Oxford: Oxford University Press, 1901), 6。也可参看 CK Allen, *Law in the Making* (Oxford: Oxford University Press, 6th edn, 1958), 296:"大部分立法与公法有关。它在很大程度上体现了一种社会或行政性质,定义了国家和个人的互惠义务,而不仅仅是规定个人之间的义务。"

632

非常奇怪的,事实上,在英格兰所有涉及行政和司法的领域,这两个部分的职能多年来一直密不可分地融合在一起。[48] 这个错误"仅仅是因为这些政治理论家只看到宪法的表面和华而不实的部分"[49]。

鉴于 20 世纪享有广泛权力的行政型政府的出现,这类批评获得了新的影响力。今天的政府似乎无处不在,主要是通过行政方式发挥作用。政府行使权力的确切的形式应该也确实发生了一些变化:公共部门的规模随着时间的推移而变化(主要是因为特定活动演变为公共职能,或此类职能被私人部门承担),监管模式也可能发生变化(例如,命令和控制方法被合同安排取代)。在这个变化的过程中,唯一没有改变的是"所有组织中的实际工作越来越多地由受薪员工和各类公职人员完成"。对此,韦伯认为,一切都变成了粉饰,[50]唯一无法逃避的权力就是官僚制的权力。

韦伯的观点挑战了现代宪制主义的许多假设,尤其是宪制性的概念往往建立在 18 世纪有限政府的假设基础之上。爱德华·鲁宾(Edward Rubin)指出,(如果如韦伯所言,那么)我们在政治和法律理论中使用的几乎所有术语和概念都是探索式的,或者不过是一种隐喻,而不是真实世界可观测到的特征。[51] 此时,形式上的制定法典也许是真实的,但法律本质上不过是一种隐喻;选举是真实的,但民主不过是一种精神上产生的印象;总统、国会和联邦司法机构当然是可以被观察到的实体,但政府的这三个分支其实只存在于我们的头脑中。[52] 鲁宾认为,这里真正的问题在于,我们已经在这些分类中思考和争论了很久,以至于它们已经具体化了:

48　FW Maitland, '*The Shallows and Silences of Real Life*' in his *Collected Papers* HAL Fisher (ed) (Cambridge: Cambridge University Press, 1911), vol 1, 467-479, 478.

49　Ibid. 也可参见 Robson, above n 40, ch 1。

50　Weber, above n 10, vol 2, 1400.

51　Edward L Rubin, *Beyond Camelot: Rethinking Politics and Law for the Modern State* (Princeton, NJ: Princeton University Press, 2005), 15.

52　Ibid.

公法的基础

我们将它们视为自然实体,而不仅仅是观察到的正在发生的事情,我们通过积极地寻求对数据的塑造,以适应我们一直以来习惯的类别划分。

伴随着现代政府在规模和复杂性上的不断增长,这个问题变得更为尖锐。在现代社会,所有有序的社会秩序所依赖的要素,包括防卫、安全、健康、教育、社会福利、能源、交通和收入支持等都是通过行政来提供的。政府的权力甚至延伸到了更为广泛的领域:我们呼吸空气的质量,我们的饮用水、饮食、商品,以及其他所需的专业服务,全部都处于行政机构的监管之下。在这个发展过程当中,面对政府管辖范围的拓展,不同国家主要通过建立由首相、部长们领导的大型中央政府部门来满足有关的宪法要求。这些中央官僚机构主要是为监督公共服务的提供和把控各种监管机构的行动而设立的,由于这些机构主要由从民选代表中选出的部长领导,因此,它们本质上是向议会机构负责的,并最终向公民负责,所以保持了自身运行的政治责任。但是,这样的行政安排也显示出明显的缺陷,其中包括官僚行动模式固有的局限性(包括行动迟缓、拘泥于形式、缺乏迅速反应能力等),部长们缺乏有效落实人民意愿的能力,以及议会问责机制的遥不可及,等等。到 20 世纪最后几十年,这些缺陷与既有的财政限制和不断上升的公众预期之间发生了明显的冲突,最终引发了非常激烈的批评,从而导致了对行政运行模式的根本改革。[53]

---

53 例如,参见 Mancur Olson, *The Rise and Decline of Nations. Economic Growth*, *Stagflation and Social Rigidities* (New Haven, CT: Yale University Press, 1982); Claus Offe, *Contradictions of the Welfare State* (London: Hutchinson, 1984), ch 2; Christopher D Foster and Francis Plowden, *The State Under Stress: Can the Hollow State be Good Government?* (Buckingham: Open University Press, 1996); Christopher Hood et al, *Regulation Inside Government: Waste-Watchers*, *Quality Police*, *and Sleaze-Busters* (Oxford: Oxford University Press, 1999); Michael Moran, *The British Regulatory State: High Modernism and Hyper-Innovation* (Oxford: Oxford University Press, 2003); Ezra Suleiman, *Dismantling Democratic States* (Princeton, NJ: Princeton University Press, 2003)。

第十五章　公法新架构

目前已经实施的改革包括私有化、放松管制、促进公共服务供给的竞争性以及更广泛地使用规制技术,对大多数西方政府的体制安排产生了重大影响。在这个过程中,公私边界不仅发生了变化(通过私有化计划和政策与服务提供责任之间的区别),而且变得更加模糊了(通过各种公私伙伴关系计划)。与此同时,"核心的行政任务"也出现了空洞化的趋势:通过分解大的行政部门,建立独立于部长们的行政执行机构,这些改革实现了很大程度的部门分化。这些激进的转变最终导致了所谓的"新公共管理"思潮的出现。[54]

这些最近的行政改革一方面引发了一系列与政府效能相关的问题,但同时也引发了一些公法议题。这一切都使我们怀疑,我们是否还可以继续沿着启蒙的分权理想往下走,但是,问题不止于此。具有一定开放性的治理新阶段使得我们的关注超越了政府架构的问题,它们还迫使我们追问,是否正在出现一个新的公法架构。

第四节　委员会的崛起

政府机构分化的一个后果是,许多政府任务现在越来越多地由那些与具备民主合法化的主要机构相距甚远的机构承担。传统的科层式安排(由部长领导的中央部门所引领的自上而下的系统)正在被更具机构差异性的安排取代。这些更具机构差异性的安排包括精心设计的政策和服务网络,基于这一安排,大量公共机构在其中运行,但是这种运行在某种程度上是脱离经选举授权的权力来源的。那些由独立中央银行、能源部门监管机构、各种检查机构

54　Christopher Pollitt and Geert Bouckaert, *Public Management Reform: A Comparative Analysis* (Oxford: Oxford University Press, 2nd edn, 2004).

635

公法的基础

(涉及学校、健康和安全、污染、养老金、警察和监狱等领域)以及各种各样的机构所做出的决定,如英国的国家卫生与临床优化研究所(the National Institute for Health and Clinical Excellence, NICE)或信息专员(the Information Commissioner),对公共政策制定的影响往往大于部长和其他选举产生的政治家的决定。

但是,这里最为核心的问题不是这些公共机构与传统中央机构的距离,而是这些机构的工作很难用传统的委托-代理的区分来解释。这些机构——政治学家称它们为非多数派机构,或者是更简单的非民选机构[55]——并没有将自身的权威和合法性归于立法机构的公共权力授权,而是其他来源。这一特殊性,加上越来越多人的认可,这些机构构成了一种完全不同的政府分支,给我们的概念认知带来了重大的挑战。这种新出现的部门也许可以成为一种新的委员会(ephorate)。[56]

在英国,这种新的委员会主要由650个左右的公共机构构成,它们中有一些承担行政职能,尽管很多承担的是监管或者咨询的责任。它们承担的职能主要可以分为如下五大功能:

(1)服务提供主体。比如,英格兰银行(the Bank of England)对货币政策承担的责任;英国广播公司(the BBC)作为一个独立建立的公共公司,它的主要职责就是负责广播

---

[55] Mark Thatcher and Alec Stone Sweet, 'Theory and Practice of Non-Majoritarian Institutions' (2002) 25 *West European Politics*, 1–22; Frank Vibert, *The Rise of the Unelected: Democracy and the New Separation of Powers* (Cambridge: Cambridge University Press, 2007).

[56] 参见 Johannes Althusius, *Politica: Politics Methodically Set Forth and Illustrated with Sacred and Profane Examples* [1603] Frederick S Carney (trans and ed) (Indianapolis: Liberty Fund, 1995), ch 18。参见本书第三章,第137页。还可参见 JG Fichte, *Foundations of Natural Rights According to the Principles of the Wissenschaftslehre* [1796] Michael Baur (trans) Frederick Neuhouser (ed) (Cambridge: Cambridge University Press, 2000), 141–144, 151–162。参见本书第五章,第212页。

服务。

（2）风险评估主体。这些机构组成了一系列专家机构，通过收集科学和技术证据，评估各种可能性，为食品安全、药品、体育、核废物、环境污染、工作健康和安全等广泛主题的公共政策决策提供依据。

（3）边界看护主体。这些机构负责监督公共和私人之间的界限，以确保对公共利益有充分恰当的考量。一个突出的类型是确保垄断地位不被滥用的公用事业监管机构。其他类型的机构包括确保个人信息的保密性和隐私性的机构，这些个人信息是相关机构在履行公共职能时获取的。

（4）审计主体。审计员和检查员的传统职能是确保公共机构合法有效地使用分配给指定公共目的的资金。在新的安排中，这一职能已大大扩大，这些审计主体将针对一切与公共目标相违背的行为，即不仅仅局限于财务问题，发挥主要的审计作用。

（5）裁判主体。这些机构包括行政裁判所、上诉机构、行政监察专员、审查机构等，它们的职能是：通过提供传统法律或政治救济方法之外的替代方案，以有效解决行政争端。[57]

18世纪后期，费希特认为，为了对国家不可分割的主权权力进行有效的制约，有必要由人民任命一个委员会。费希特想象中的这个委员会应该是由一群聪明且有学识的专家构成的，当他们负责监督政府时，他们是保持独立的，他们与行使行政权的人之间没有任何联系、关系或者友谊之类的关联。[58] 在费希特看来，委员会成员负责监测和监督公共权力的行使，特别是要确保国家管理机构的行动始终指向权利和法律的实现。他们没有被设计成比行

57　参见 Vibert, above n 55, 20-30。

58　Fichte, above n 56, 158-159.

公法的基础

政机关更高的权力机构,行政部门只对"聚集的民众负责",不直接向他们负责。[59] 但是,尽管委员会成员不能对掌握公共权力的人进行审判,但是他们必须不断负责观察国家事务是如何运作的,他们"有权在任何可能的地方进行调查"。[60] 对费希特来说,他们的权威并不在于他们有能力推翻某些具体决定,而是以"政府的行为违背了正义的诸多基本原则"为由,解散整个政府。

现在出现的一般被我们称为"新委员会"的这一非民选机构,尽管类别上基本上是一样的,但是具体的作用略有不同。尽管这一新委员会一般不直接行使政府权力,但是,它的行动对政治决策的影响是举足轻重的。新委员会的决定往往会对民选当局的自主权构成一定的限制,使得政客对公共政策过程的影响更加边缘化。在这方面,它可能会被描述为对民主的一种威胁,或者代表了费希特所谓的"亚里士多德式民主"的出现。[61] 但是,现实的现象其实更为复杂。

这类委员会的出现代表了政府发展的一个全新的阶段。在过去的 150 年间,有组织性政治行动主要用来解决如何在不同的社会阶级之间实现公平的物资分配的问题,特别是在资产阶级和无产阶级之间的分配问题。但最近,这类(之前靠民主程序决策的)分配问题(似乎已经不再依赖政治活动,而是)已在各种各样的官方记录中得到解决:这些政治问题越来越多地用公平的语言来处理,特别是在涉及风险分配或权利分配的公平性方面。[62] 这一转变的一个后果是改变了传统民主表达机构的权力与委员会的权力之间的平衡:风险的公平分配问题现在直接引入了如食品标准委员会(the Food Standards Agency)或环境委员会(the Environment

---

[59] Fichte, above n 56, 151.

[60] Ibid.

[61] Ibid, 143.

[62] Ulrich Beck, *The Risk Society: Towards a New Modernity* Mark Ritter (trans) (London: Sage, 1992); Colin Crouch, *Coping with Post-Democracy* (Cambridge: Polity Press, 2004).

Agency)等机构的关注,正如平等和人权委员会有可能在人权审议中发挥的关键作用一样。

因此,相关委员会构成了一个新的政府部门,该部门由拥有相关专长和专业知识的工作人员组成,这些专业知识对有效的政府决策而言是必需的。在这个依旧保持了开放性的新的治理阶段,委员会的工作可能会被认为构成了对政治性决策的约束和引领,但是,这并不一定构成对民主表达的限制。事实上,有人认为,它甚至可能具有增强民主表达机制的潜能。但是,非常明确的一点在于,委员会对政策制定程序和民主程序本身构成了严格的规训。

当我们将政府行动更多地理解为解决现实中的问题时,委员会的作用就可以得到非常清楚的揭示。如果治理被视为一种借助于需要呈现理由和证据的程序来解决集体行动中存在的问题的过程,而政治被视为一种理性协调各种差异的艺术,那么委员会的作用就非常清楚了。公共决策需要两个基本条件:第一阶段,提供与争议点相关的知识和证据;第二阶段,基于相关证据做出价值判断。委员会最主要的功能就是在这个过程的第一个阶段发挥核心作用。正是委员会成员的独立性和非民选性,使得委员会具备了发挥这一功能的独特优势,因为这样他们就能够为相关政策问题的解答提供更为客观的知识和判断。

弗兰克·维伯特(Frank Vibert)认为,这一新的政府部门"加强了民主,因为它为人们提供了一个更安全的环境,让他们从专业知识和最新知识中受益,从而能够收集可靠的、与自己相关的信息,进而信任这些信息,并最终产生自己的结论指导自己的行动"[63]。委员会的兴起"有助于帮助公民区分公共政策的不同组成部分和公共政策的不同制定者的不同责任",在民主过程中,这些拥有更为充分的信息的公民使得当选政客更难玩弄事实,也更难

63　Vibert, above n 55, 3.

公法的基础

声称自己有获得信息知识的特权和优势。[64] 委员会的出现是持续的机构分化过程的一个组成部分,这就使得公共决策在信息收集和政策判断方面有更为正式的区分,委员会这些机构更多的是在生产信息、分析证据方面发挥作用。当然,通过纠正机制,还提供了使政策决定受到审查,从而防止其违反合理性和比例原则的程序。

委员会的出现非常清楚地表明,一个全新的治理阶段开启了,这是一个非常复杂的过程,因为无论是在规训还是在具体判断层面,很多新的挑战都出现了,尽管这个发展本身对相关批判是持开放态度的。这些批判认为,委员会的出现导致了对政治决策的狭窄化处理,将政治判断本身引向了通过技术官僚解决实际问题的狭隘方向,与此同时,它们事实上有助于帮助代表机构澄清其责任、阐明其做出政治决策的基本价值和原则。这些委员会之所以受到重视的原因是:这些委员会通过形成跨越公共和私人边界的认知社区,以及其独特的专业任务,能够对一个问题提供最好的信息和证据。此外,作为独立的专家机构,这些机构在作为传播可靠知识的渠道方面可能会获得更大的信任。一方面,它们既可以协助解决立法设计问题,也可以帮助行政机构确保所采用的监管标准是基于最佳可用证据而选择的。另一方面,这一发展是治安国的规训机制延伸到政府核心问题的表征——监管网络中制定的财政规则对部长构成了规训,央行制定的货币政策开始约束政府,以及审计规则最终影响着公共机构的方案建构,经由这些安排确定的政府绩效目标构成了公共机构承担责任的方式。通过对决策过程施加严格的纪律要求,委员会帮助澄清了政治判断本身,但是,在这样做的过程中,政治判断的性质事实上发生了变化。有效的政治决策当然需要新信息的稳定提供,但在这一领域中,信息的收集方式以及什么算新信息必须不断受到质疑。政治决策本质上是"一个竞技场",

---

64　Vibert, above n 55, 3.

640

"在这个竞技场上,用来评估什么是'成功'、什么是好主意、什么是理想结果的标准本身总是处在变化之中,并且在原则上总是需要被重新协商谈判的"。[65] 因此,(由于会对这个不断变化的竞技场构成限制)这里所施加的纪律也有侵蚀政治决策性质的危险。

第五节　全新的权力分立

委员会的出现证明了公法发展过程中一个主要的论点:对权力的限制本身会增强权力、提升权威。这一论点可以追溯到博丹的经典分析,在博丹看来,最好的共和国应该是这样的:君主掌握着只与国王陛下有关的东西,元老院维护着它的权威,政务官行使着他们的权力,而正义有着她通常的航线。但如果国王或人民错误地行使了本属于元老院的权力,或者试图发布越权的命令、侵占政务官的管辖权,这是非常可怕的,这会毁掉他们至高无上的权威。[66] 博丹想要说明,一个有序的国家应该是政府各个机构能够各司其职,不去侵占其他部门的职能。尽管现代政府在范围上拓展了,行政的复杂性也增加了,但是博丹的这一原则,即权力只有通过机制分化才能够得以增强,依旧是行得通的。

尽管博丹的原则提出的动机是希望能够建立一个制度框架以增强王室的统治,但是伴随着民主的出现,整个原则不断地发展,而且依旧具有不可替代的重要性,今天,在宪法思想中,这一原则一般被表述为权力分立原则。这一原则认为,政府的权力如果想要与个人的自由相协调、良性促进自由的发展,那么政府的三项核

---

[65]　Raymond Guess, 'What is political judgement?' in Richard Bourke and Raymond Geuss (eds), *Political Judgement: Essays for John Dunn* (Cambridge: Cambridge University Press, 2009), 29-46, 42.

[66]　Jean Bodin, *The Six Bookes of a Commonweale* Richard Knolles (trans) [1606] Kenneth Douglas McRae (ed) (Cambridge, MA: Harvard University Press, 1962), 518.

心功能——立法、执法、司法——就应该被分别分配给不同的机构，并且这三个机构应该能够有效制约彼此的行动。然而，正如我们所看到的，行政权的增长不仅威胁到这一原则的运作，导致了权力的不平衡发展，同时也似乎让这一原则显得有些不合时宜。大量围绕行政法本质和范围的争论其实都是彰显了一种试图通过司法解决方案来应对这一威胁的可能性，但是，当这些新的委员会出现之后，它们将如何影响这些相关的争论？

有一种观点和解释认为，委员会的出现事实上加剧了行政权的增长所带来的威胁。这样的观点认为，委员会的出现标志着非民选的精英一方面享受着不受任意侵犯的影响政府的权力，另外一方面又将自己隔绝在民主问责程序之外。但是这一分析很快就受到了挑战：以上观点并没有准确地理解委员会，实际上，委员会不仅代表了政府第四部门的出现，还以一种与博丹的原则相一致的方式运行。这种新的政府部门的出现，不仅在一定程度上强化了当代政治家当中普遍流行的"咎责回避"（blame-avoidance）的文化，它们同时增强了政府获得各种专业知识的能力，而这些专业知识对高效的政府而言，是其运行的必要前提条件。委员会的出现不仅没有对民主本身造成损害，相反，它们增强了民主。通过建立这样的一个机制框架，建立在专业知识基础上的专业判断与建立在原则和价值基础上的政治判断之间的区分就更清楚了。从这个角度理解，委员会的出现并没有腐蚀权力分立，而是明确了政府主要机构核心任务之间的界限。

明确地持有这样观点的就是维伯特，他认为，我们应该将这些新出现的委员会视为加强民主的机构。维伯特的所有论点都建立在一个前提基础上，即代议制民主本身就是一种高度精英化的民主观念。[67] 他认为，这些新的委员会的出现，推翻了代议制民主一

67　参见 Bernard Manin, *The Principles of Representative Government* (Cambridge: Cambridge University Press, 1997)。伯纳德·曼宁（Bernard Manin）指出，"今天我们所称的代议制民主，起源于一个制度体系（建立于英国、美国和法国革命），但是，这一制度体系在一开始绝不被认为是民主政府或民治政府形式"（at 1）。

个关键的假设,即人们最好将判断权和决定权委托给他们的当选代表,理由是当选代表更了解情况,掌握更多的知识。[68] 这种新出现的分权机制导致的一个必然结果就是,民选代表不能主张他们自己在信息获取上有特权、有优势。作为对"公民不再信任政府提供的信息"这一事实的回应,这种新的权力分立"使人们能够依赖不受政府机制污染的信息来源"。[69]

委员会的出现在很大程度上是选民革命的结果,顺从恭敬的选民不断地减少。据称,只要这一新的政府机构将其作用局限于收集和传播信息以及分析证据,它就可以在加强民主政府方面发挥重要作用。如果这些新的委员会想要实现这些潜质,它们必须主张一种原生的而非来自授权的权威,而不是像很多论证委员会的宪法地位的思考所强调的,委员会的权威源自代表机构,这样的考量在实践层面是不合理的,在理论上也会造成误解。[70] 委员会是从它自身独特的工作方式中获取合法性的。就像司法权的合法性源自其既不掌握钱袋子也不掌握刀剑的无权状态所带来的独立性,[71] 这些新的委员会也是一样的道理,就像司法权的权威并不是源自人民授权,而是源自其自身程序的完整性和正当性,委员会也必须这样实现自我的权威。

委员会的权威只能是基于它在确保一个良好有序的共和国运

---

68   Vibert, above n 55, 13.

69   Ibid.

70   Ibid, 15.

71   参见 James Madison, Alexander Hamilton, and John Jay, *The Federalist Papers* [1788] Isaac Kramnick (ed) (London: Penguin, 1987), No 87 (Hamilton), 437:"行政机关不仅授勋,而且握有社会的宝剑。立法机关不仅掌管财政,而且制定了规范每个公民义务和权利的规则。相反,司法机关对剑和钱包都没有影响力,对社会的力量和财富都没有主导力,也不能采取任何积极的解决办法。它确实可以说既没有力量也没有意志,只有判断。即使是其判断的有效性,最终也必须依赖于执行机构的帮助。"汉密尔顿这里其实是跟随了孟德斯鸠的观点,参见 Montesquieu, *The Spirit of the Laws* [1748] Anne M Cohler, Basia Carolyn Miller, and Harold Samuel Stone (trans and eds) (Cambridge: Cambridge University Press, 1989), 160:"在我们谈论的三种权力中,在一定程度上,司法权是最没有影响力的。"

公法的基础

作中所发挥的作用,而它主要是通过一种旨在促进政府机构回应性的信息生产来发挥这一作用的,它将科学地获取的证据提供给政府程序,从而为政府决策的问责提供了新的路径。委员会作为政府组成部分的独特之处就体现为,它有自己决定事实的程序,而这个程序本身是与议会程序、官僚方法和司法过程完全不一样的,委员会的权威源自它有能力将协作和规训融入现代政府的运行过程。委员会的兴起标志着需要对行政法体系做一种新类型的机制秩序的补充,这一秩序是明确从治安逻辑、从规训逻辑中获得的,与法律逻辑是不同的。委员会作为政府的第四部门,它与治安权之间的关系,就像司法系统与现代宪法之间的关系。

一些学者提出了更为激进的分析,并声称最近的政府变革是如此深刻,以至于整个现代宪制大厦都过时了。其中,鲁宾是先锋,他认为,我们应该将政府被分为三个完全不同的权力分支的隐喻用括号括起来,将该隐喻作为一种例外状态来表述,换用将政府形象理解为一个合作网络的理解来代替它。[72] 通过利用这一合作网络的形象(指代一系列在特定节点之间的相互连接点,这些连接点主要用于传输能量或信息),鲁宾彻底抛弃了现代宪法概念,因为在他看来,它们现在成了理解政府的障碍。他始终坚持,合作网络的分析视角能够让我们更为直接地面对现代政府的机制挑战。

鲁宾认为,将政府权力划分为三个部门的隐喻,构成了三权分立原则的基础,但是这一隐喻建立在过时的有限政府模式基础上,对理解现代政府的运行过程而言,这一隐喻提供的概念框架是非常有限的。他声称,行政管理工具的发展已经完全超出了依靠立法、行政和司法三方机制捕捉当代政府复杂动态的能力,今天的问题是:"政府将变得低效或具有压迫性,核心的原因在于其庞大而稳定的结构导致它过于自给自足,从而无法致力于满足人民的需

72　Rubin, above n 51, 48.

要,它要么无视人民,要么就会对人民构成压迫。"[73]正是由于这些威胁,"我们建立了管理社会进程的行政机构,并指派了民选的政策制定者和以原则和教义为一切归旨的法官来监督这些机构"[74]。但是,以三权分立的这一概念固化的术语来思考政府,无助于完成这项任务。最好将行政长官、立法机关和司法机关视为参与一项共同事业,即共同控制一切行政组织。他声称,合作网络的隐喻"更有可能对我们的政府进行微观分析,从而使我们能够接受它的现实存在,理解它的复杂运作,并为它的改进和进步提供切实可行的想法"[75]。

鲁宾这一有些激进的分析使我们超越了对三权分立原则的思考——我们认识到基于现代发展对相关公法理论做出调整的必要性,这一切预示着我们有必要重新考量今天的公法的本质特征。鲁宾本人也注意到了这一挑战,他认识到,随着"政府从一个具有神圣性的概念向一个工具性政府概念转变,尤其是合作网络的政府模式彰显了这一点,我们的道德中心和轨迹就从过去转向了未来"[76]。在一篇将我们带回现代性的变革悖论的讨论的文章中,[77]他指出,政治"不再表现为对某些初始前提、神圣启示或前政治协议的阐述",现在必须将其视为"能够不断产生新含义和承诺的持续的过程"。[78] 政治不再是人类固有的、不可改变的本质的产物,而是一场有关自我探索和政治变革的探险。[79] 政府现在必须被视

73　Rubin, above n 51, 73.

74　Ibid.

75　Ibid.

76　Ibid, 188.

77　参见本书第一章,第 66—70 页;第二章,第 120—128 页。

78　Rubin, above n 51, 188.

79　Ibid. 可参看 Marcel Gauchet, *The Disenchantment of the World: A Political History of Religion* Oscar Burge (trans) (Princeton, NJ: Princeton University Press, 1997), 184-185:"意识形态的崩溃意味着宗教残余形式的同时崩溃,这也意味着从外部秩序视角来看,最后重建世俗社会秩序形象的可能也因此消失殆尽。换句（**转下页**）

公法的基础

为"一种工具,通过它,我们不仅可以实现我们当前的价值观,而且可以通过这些价值观的呈现方式来改变我们自己"[80]。为了正确理解鲁宾的论点,我们必须重新考虑现代公法中的功能主义主张。

第六节 公法的变迁

鲁宾认为,合作网络模式标志着理解上的进步,主要是因为它使我们能够避免"通过代表授权机制那充满灰尘和扭曲的镜头"分析政府机构。[81] 议会立法应被视为"从立法机关向其他政府单位发出的前馈信号",尽管它们偶尔以命令的形式出现,但它们往往构成一种更概括和模糊的原语表达。[82] 因此,立法构成了"一个复杂的信号,其设计取决于立法者试图实现的特定目标,以及关于信号接收者的广泛经验信息"[83]。同样,我们对司法机构也需要做祛魅化理解,"独立性"是一种政治资源,可以基于规范性的考量或者经验性的考量证明其正当性并加以利用,但这并不是任何特定政府单位的固有特征。[84] 法院其实承担了很多任务,包括政策制定,[85]那种认为"法院是法律最主要的解释者"的观念是具有误导

(接上页) 话说,随着未来变得不可再现,历史的世俗化已经完成。未知的未来不受任何神秘决定论的约束和影响,是纯粹的未来,从隐藏了它两个世纪的神学束缚中得以解脱。从现在起,不再有占卜者、中介和献祭者。因为这里存在着未来的主要悖论:看不见的秩序呈现得越清楚,它变得越世俗;它变得越可预测,它的必然性就因此而减弱;它使我们越能够对它进行说明,它就越教给我们如何创造它……我们越是承认自己是历史的创造者,就越会发现,剩下的唯一谜团就是我们自己。"

80　　Rubin, above n 51.

81　　Ibid, 61.

82　　Ibid.

83　　Ibid, 62-63.

84　　Ibid, 65.

85　　例如,参见 Abram Chayes, 'The Role of the Judge in Public Law Litigation' (1976) 89 *Harvard Law Review*, 1281-1316; Malcolm Feeley and Edward Rubin, *Judicial Policy Making and the Modern State: How the Courts Reformed America's Prisons* (Cambridge: Cambridge University Press, 1998)。

性的。事实上,在现代社会中,行政机构才普遍成为议会立法的主要诠释者,而且这些解释很多都从来没有接受过司法机构的审查。[86]

这一合作网络模式表征了一种建立在相互关系基础上的权力概念,[87]它拒绝像法学家一样在法律和政治之间做明确的区分。通过使政府结构与其运作保持一致,合作网络模式能够将法律和政治制度纳入一个统一的框架中。在法律现实主义的遗产基础上,合作网络模式以任务为导向,提供了一种法律形象——法律是一系列技术的总和,这一形象是通过旨在实现某些实际目标的议会立法、规则和执行性政策呈现的。合作网络模式的倡导者认为,"政府行动中唯一可能与政治不同的类别是裁决性的决策,而不是一般性的法律",因此,"任何依赖于法律的独立身份(这个独立身份主要是相较于政治而言的)的法律概念……都必须被理解为一种裁决理论或者司法理论,而不是立法或行政执行理论"。[88] 法律作为一种实用监管工具的形象对社会学导向的公法学者产生了相当大的影响,其中许多人现在巧妙地区分了宪法和行政法,并声称监管和规制法构成了一个独立的学科领域。[89]

尽管新近的学术兴趣都集中在公法的规制观念,但是在众多法学家中,把受到这一运动影响而产生的公法变迁描述得最清楚的还是莱昂·狄骥。[90] 狄骥认为,现在支配公法的理念还是,真正的保障只能在选举和代表体系中找到。但是,关于这个体系能够

---

86 Rubin, above n 51, 64. 同样地,大部分的裁决也由行政机构,而非普通的司法机构做出,参见 Jerry Mashaw, *Bureaucratic Justice: Managing Social Security Disability Claims* (New Haven, CT: Yale University Press, 1983)。

87 Rubin, above n 51, 76-84.

88 Ibid.

89 例如,参见 Julia Black, 'Decentring Regulation: Understanding the Role of Regulation and Self Regulation in a "Post-Regulatory World"' (2001) 54 *Current Legal Problems*, 103-147; Black, 'Proceduralising Regulation' (2000) 20 OJLS, 597-614 (Pt I) and (2001) 21 OJLS, 33-59 (Pt II)。

90 参见本书第十三章,第576—582页。

647

公法的基础

带来的真正益处及其能够提供的保障,事实上很多非常奇怪的幻象和误读仍在被不断地传播。[91] 在狄骥关于主权丧失的论述中,一个非常重要的方面在于,他认为,今天我们不能满足于通过选举的多数决这一过于简单的主权理念,尤其是因为多数决已经不再是现代民主的基本原则。[92] 狄骥有关现代公法演变方式的观点,即现代公法是如何伴随着建立在公共服务基础上的客观法的出现而变迁的,解释了鲁宾的合作网络模式的法理基础。

对狄骥而言,公法(政治法)不是在命令(主权行使者的主观意志)中呈现的,而是建立在客观法(主要是服务于公共需求和确保现代集体生活的合作与协调)的基础上的。[93] 这对我们对相关法律文件进行概念化处理的方式有具体的影响。这个时候,宪法性法律之所以是根本的,不是因为它们的渊源,而是因为它们的目标是给国家服务社会需求提供最好的手段。[94] 这一最为基本的功能性原则构成了我们理解一般法律文件效力的关键。

在一个建立在主权行使者的意志基础上的系统中,法律只能由那些表达了该意志的机构制定;在一个行政国家中,除了正式的立法之外,我们还有一些在特征上是真正执行性的立法,但是它们对公民、行政管理者和法院而言,具有和正式法律同样的强制力。[95] 这一表达似乎显得让人感到非常迷惑,狄骥进一步解释,授权理论已经无法充分解释当下发生在行政国家中的变化了,这些变化的本质意味着,立法在实践中已经不再必然与主权行使者的意志相关联,与其试着寻找一个法律文件的权威渊源,不如更多地理解它的目标。对每一个法律行为(legal act,狄骥用其来指称所

---

[91]　Léon Duguit, *Law in the Modern State* Frida and Harold Laski (trans) (London: Allen & Unwin, 1921), 55.

[92]　Ibid, 34, 35.

[93]　Ibid, 118.

[94]　Ibid, 76.

[95]　Ibid, 81.

有行政机构的行为)而言,它们的本质要素就是它们试图实现的那个目标。[96]

一旦"目标"本身成为那个首要的评价标准,那么所有的法律行为都可以依据这一"客观法"进行审查。法律的效力取决于它在多大程度上可以为满足社会需求提供必要的手段,因此也就不再存在"不受审查的自由裁量权"这一观念。[97] 同样,法院的任务不再是简单地适用正式法律,和其他政府部门一样,法院有义务审查所有的法律文件,当然也包括审查议会的正式立法,审查的依据就是它们压倒一切的目标——是否促进了客观法的实现。这不是赋予法院的特殊义务,所有的政府机构和工作人员都有义务监督和对抗有关障碍,从而保护和确保社会团结能够得以实现。[98] 这些被授予了治理任务的政府工作人员和机构并不享有任何针对公共权力的主观权利,他们更多是承担了一种义务,即通过使用权力来组织公共服务,同时确保和控制权力的发展。[99] 鲁宾认为,政府体制构成了一个复杂的合作网络,它的具体安排主要服务于一个整体性目标,即将治理机构引导到满足社会需求的方向。此时,鲁宾其实不过是对狄骥首先倡导的法律图景的继承。

在狄骥分析那些构成了行政国家的统一逻辑的规则和条例时,他的观点的本质彰显得最为清楚,这里不仅包括由行政机构制定的、用来进一步实现其目标的规则,还包括大量规定这些行政机构的运行方式的制度。对一些人来说,这些规则具有规训法的性质。规训法是一种法律类型,调整对象一般是那些不同于国家的

96　Duguit, above n 91, 142-143.

97　Ibid, 78, 185.

98　Léon Duguit, 'The Law and the State' (1917) 31 *Harvard Law Review*, 1-185, 184.

99　Ibid.

公法的基础

群体。[100] 狄骥承认,规训法本质上是特定群体的惩戒法,这些群体本身是有基本法的,但是,这些群体"也有一部惩戒法,其基础与所有压制性法律的基础相同,都是出于一种立法需求,这个需求就是有必要惩罚每一种可能内在地危及群体存续的行为,而这里群体的存续主要表现为对公共服务的供给"。[101] 国家层面的刑法的最终目标就是保护全体人民的安全,而特定群体、特定组织或者机构的惩戒法,其核心目标就是确保这个组织体能够按照与其基本目标一致的方式运行。[102] 狄骥解释道,这一纪律"只是组织任何特定公共服务的客观法的一部分",因此,"它本身可以以(司法)管辖权的形式被组织起来"。[103]

狄骥将这一"规训式的压制"视为一个伴随着行政国家的发展而出现的新现象,对一些政府官员而言,真正规训的权力是由一般法院来行使的,但是也有一些情况,惩戒体系就明确地建立在所有机构内部。[104] 但总的观点是:"事实上,规训演变的步骤与公共服务走向自治的道路是几乎一样的。"[105]狄骥最后指出,现代社会是由各种各样的团体构成的,包括联合协会、工会和公司等,与此相匹配,现代国家理论核心要解决的问题就是,如何处理自身和这些新出现的权力团体之间的相互关系,确保彼此能够和谐相处。[106]

100　Duguit, above n 91, 107. 可参看耶利内克的相关论述。耶利内克作为公法的主体性基础(国家作为法人)的倡导者,认为规训权是一种与刑法不同类型的控制,因为只有后者源于国家的命令权,详见 Georg Jellinek, *System der subjektiven öff entichen Rechte* (Tübingen: Mohr, 2nd edn, 1905) 214:"国家对官员的规训权不完全属于公法。由于规训权力不属于统治权,这不是一种绝对统治权的行使,尽管它本身是由绝对统治权所建立的。"

101　Duguit, above n 91, 108.

102　Ibid.

103　Ibid, 109.

104　Ibid. 狄骥用议会的条例进行举例说明,这些条例是由每个议院的决议制定的,不是正式的制定法:"它们规定了惩罚,其中一项——谴责和暂时性的驱逐——在众议院实际上可能导致监禁。"(ibid, 110)他认为,这是一部刑法,"是显然类似于法院宣判的处罚",但是,"将这一切与作为主权意志命令的法律概念相调和是困难的"。(ibid)

105　Ibid, 109.

106　Ibid, 117.

650

特别是，国家必须"找到它们之间能够协调互助的方法"和"解决它们与行使公共权力的政府的关系"。[107] 集体主义的解决方案是，由国家吸收所有这些团体，而这只是"帝国主义理论的一种极端形式"[108]。但狄骥的论点是，国家应该将其模式从命令转变为协调合作。这些团体应该由一个受客观法约束的政府监管，这一客观法"主要是政府之法，服务于公共需求，并且确保现代共同生活的相互配合"[109]。

当狄骥分析公法如何在行政国家中建立在协调合作机制（社会团结或者公共服务）而非命令机制之上时，他其实是想表达，治理权的崛起和统治权的衰落。用曼的术语表达就是：基础性权力的崛起和专制性权力的衰落。公法系统呈现出不同的组织机制之间负责的合作网络关系，这些组织有公共的，也有私人的，但是共同合作提供公共服务（狄骥之后的涂尔干称为社会团结）。公法所赖以实现的法典并非源于个人的主观权利与人格化国家的主观权利之间的紧张关系；相反，它是由为了维持这一社会协调网络涉及的紧张关系和相互协调关系产生的，这一点有非常重要的法理内涵。这就意味着之前讨论并做区分的合法性与治安、正义与治安权之间没有明确的分界：尤其是考虑到规训逻辑试图取而代之、将要成为行政政府的核心问题时，合法/非法的法律逻辑事实上融入了合比例/不合比例的规训逻辑。[110]

鉴于此，行政国家的基本法就是一种规训法，所有的政府行动都可以被审查，审查的依据就是工具-目的理性，如何具体理解这

107　Duguit, above n 91 ,117.

108　Ibid, 118.

109　Ibid.

110　可参看柯克大法官对詹姆士一世的观点，柯克大法官断言："正义不是由自然理性决定的，而是由人为理性和法律判断决定的，法律是一种需要长期学习和经验的积累才能被认识的艺术。"详见 *Prohibitions del Roy* (1607) 12 Co Rep 63。

651

公法的基础

一工具-目的理性由特定机构的机构职权范围和权限决定。实际上,所有行政机构现在都按照(源自财政的)物有所值原则指导的绩效评估接受各种形式的业绩审查,这一过程由于那些新委员会的兴起而得到加强和系统化发展。[111] 所有公共机构,包括财政部,都受到严格的财政规则的约束,甚至司法机构现在也将自己视为一个监督机构,其目的是监督下级争端解决机构的工作。[112] 当法院行使其公法管辖权、审查那些承担促进和协调公共利益的公共机构的决策时,它一般依据的都是合理性,以及是否符合理性原则和比例原则。

因此,鲁宾倡导的合作网络模式的法律基础几乎在他之前的100多年前就由狄骥奠定了,但是,如果要追溯其根源,其实更为深远。卢梭曾经就问道:"他们[人民]怎么会在没有人发布命令的情况下表示服从,怎么会自愿参与社会服务却没有主人;如何能够确保所有的自由人事实上并没有受到任何明显的压制,除非对他

---

111 绩效评估根据"投入产出影响"的框架运作:将服务成本(投入)转化为资源,然后将资源转化为产出,这些产出通过参考总体服务目标作为结果(影响)进行衡量。成本和创造的资源之间的关系产生了经济的衡量标准,资源和产出之间的关系产生了效率,产出和结果之间的关系产生了效益。这种框架已成为评价公共服务的极具影响力的方法,它们产生的绩效指标已成为推动公共服务改革的关键变量。参见 Michael Power, *The Audit Society: Rituals of Verification* (Oxford: Clarendon Press, 1997)。

112 例如,参见 Secretary of State for Constitutional Affairs, *Transforming Public Services: Complaints, Redress and Tribunals* Cm 6243 (London: HMSO, 2004), 6:"这份白皮书中提出的建议是我们正在制定的更广泛战略的一个重要早期步骤,该战略旨在转变民事和行政司法以及人们处理法律问题和纠纷的方式。我们的策略是扭转部门将重点首先放在法院、法官和法院程序上的传统方式,从人们面临的现实世界问题开始,旨在制定一系列政策和服务,尽可能帮助人们从一开始就避免问题和法律纠纷。在人们无法避免这些问题和纠纷发生的情况下,为他们提供量身定制的解决方案,以尽可能快速、经济高效地解决争端。它可以概括为'按比例解决争端'。"也可参见 *Anufrijeva v Southwark London Borough Council* [2003] EWCA 1406 at [79]-[81]一案的判决,依照伍尔夫首席大法官的观点,绩效规则也非常重要:"在这些上诉的审理过程中,法院要求双方表明他们在下级法院承担的费用……我们担心,即使诉讼尽可能经济地进行,诉讼费用也与可能被判决的损害赔偿完全不成比例。事实证明,确实如此……各方的初审费用与所涉金额完全不成比例。当考虑到包括上诉费在内的双方的总成本时,这些数字确实令人震惊,而所有各方的资金都来自公共资金这一事实使情况更加令人担忧。如何避免这种情况在今后的诉讼中重演?"

人构成不当的损害,否则不会丧失任何自由?"[113]在此基础上,卢梭解释,这一奇迹是由于采用了公意原则,并通过政治法的运作确保法律制度能够发挥作用,使这一原则切实生效。

在现代语境之下,卢梭的"公意"概念被转化为很多替代式的表达,比如,边沁的"最大多数人的最大快乐"、狄骥的"促进社会连带"、恩斯特·福斯多夫(Ernst Forsthoff)的"生存照顾"[114],等等,或者更为普通的表达,一种合作网络得以构建的关键点。无论后来术语如何表达,这个观点首先是由卢梭明确地提出的,卢梭认为,政治联合体的目标不仅仅是其成员的保存和繁荣,同时还要发现能够对这个联合体进行评价的指标。在卢梭看来,在所有其他条件相同的情况下,能够确保人口的增加和繁衍的政府,无疑是最好的,与此相反,一个导致人口减少和人力资源浪费的政府是最糟糕的。[115] 在确定了这一原则之后,卢梭能够宣称:"评估计算者,现在需要你完成下列工作:统计、衡量、比较。"[116]旨在促进公意的"政治法"的基本原则,在现代社会转变为社会团结原则,而在后现代时期,这一原则吸收了规训的逻辑,可能再次被转化为政府行政合作网络得以构建的关键点。

113　Jean-Jacques Rousseau, *Discourse on Political Economy* [1756] in his *The Social Contract and other later political writings* Victor Gourevitch (ed) (Cambridge: Cambridge University Press, 1997), 3–38, 10.

114　战后德国主要行政法教材的作者福斯多夫认为,最好通过注重功能而不是形式来解释行政法,而行政法的基本功能是提供人类生存的基本手段,即生存照顾(*Daseinvorsorge*)。参见 Ernst Forsthoff, *Lehrbuch des Verwaltungsrecht* (Munich: Beck, 9th edn, 1966), 9–10。进一步可参见 Jens Kersten, 'Die Entwicklung des Konzepts der Daseinvorsorge im Werk von Ernst Forsthoff' (2005) 44 *Der Staat*, 547–569; Florian Meinel, 'Ernst Forsthoff and the Intellectual History of German Administrative Law' (2007) 8 *German Law Journal*, 785–799; Peter Caldwell, 'Ernst Forsthoff and the Legacy of Radical Conservative State Theory in the Federal Republic of Germany' (1994) 15 *History of Political Thought*, 615–641。

115　Rousseau, 'The Social Contract' [1762], above n 113, 39–152, 105.

116　Ibid.

第七节　社会性的胜利？

由狄骥及其追随者倡导的公法改革充满了高度的争议性，这不仅是因为客观法实现所需的观念转变导致了公法概念所依据的许多传统区别被模糊了，更重要的是，客观法试图以社会的名义掩盖公众和公共的存在。

一旦我们将客观法作为核心，主体之间的相互授权链（人民—主权行使者—政府工作人员—公民）就彻底断裂了，宪法事务（主要涉及对政府机构管辖权的授权）和行政事务（关于执行治理任务的模式）之间的区分就变得完全多余、没有必要。所有治理机构现在并不是从它们获得了原始授权的角度主张权威，而是从它们能够有效地执行公共／社会任务的能力角度主张自己的权威，这就从根本上损害了公私划分：如果政府被视为一个为了实现社会目标而形成的精心设计的合作网络，那么一旦这些目标被具体化，实现的方式由效率和效能的衡量标准决定，这很可能就会导致私人和公共机构的混合，这个时候公共／私人的区别就不再是一种明确的机构划分。现在由"社会性"这个概念来决定监管、规制目标，同时塑造各种各样的监管技术（一些是公共的，另一些是私人的）。一旦我们接受了"合作网络"这一隐喻，我们就需要重新思考公法的基本要素。客观的社会性法律的胜利将标志着治理权和统治权之间紧张关系的克服，同时也标志着现代公法大厦的毁灭。

一旦我们认识到公与私的区分边界的模糊会伴随着另外一个构成性边界被侵蚀，这一挑战的影响就非常突出了，这一边界就是国内与国际的边界。如果政府不被认为是对主权性权力的行使，而是通过不同机构之间形成的合作网络对社会目标的实现，那么，这不仅仅是公与私的界分被模糊了,同时还包括传统上的内与外的界分也没有意义了。就像公共组织与私人组织融合在一起加入集体目标的服务当中那样,一系列本土组织和国际组织也可以共同参与公共服务。在过去的50年间,跨国、超国家和国际机构行使的管理权的数量稳步增加。这一增长导致国际法体系化面临诸多困难,因为国际组织、跨国公司和国际非政府组织等与国家一起成为国际法律领域的行动者。[117] 这样的发展加剧了混乱,在公共／私人领域分界模糊的基础上增加了内部／外部的模糊。

治理权力的全球化趋势可以从很多维度被观察到:联合国的影响力在不断地拓展(尤其是涉及人道主义干预和国际司法管辖权);一些部门性组织,如世界贸易组织(在执行机制方面非常引人注目);一些区域性组织,如欧盟,欧盟与我们的研究具有更显著的关联度,因为尽管每个成员国依旧是相关合作协议的签订主体,但是转移给欧盟的权力包括立法、行政和司法的相关功能,此外欧盟制定的法律文件可以对成员国的法律秩序产生直接影响,而且优先于国内法的规定。特别需要指出的是,鉴于欧盟享有的广泛权力引发了相当大的政治争议,我们需要将其放置到恰当的背景中去理解这些争议。

这个背景主要由三个要素构成:治安权的扩展、委员会的出现,以及新的权力分立理念。首先,事实上所有由欧盟承担的任务本质上都是治安问题,涉及治安权的行使。欧盟的创始目标和发展动力都主要集中在经济监管和促进西欧经济的理性化和一体化

---

[117] 参见 Martti Koskenniemi and Päivi Leino, 'Fragmentation of International Law? Postmodern Anxieties' (2002) 15 *Leiden Journal of International Law*, 553-579; Koskenniemi, 'Formalism, Fragmentation, Freedom: Kantian Themes in Today's International Law' (2007) 4 *No Foundations: Journal of Extreme Legal Positivism*, 7-28; Koskenniemi, 'The Fate of Public International Law: Between Technique and Politics' (2007) 70 MLR, 1-30.

公法的基础

发展。[118] 欧盟的立法工作也基本上涉及政府监管非常技术化的领域,比如贸易、货币政策和规制标准等。[119] 而在其他一些重要的政府服务提供领域,欧盟基本上不涉及,比如,健康、教育、社会福利的供给,养老金和家庭政策、法律和秩序,以及物质、社会和文化的基础设施的提供等,这些依旧还是民族国家的责任范畴。其次,欧盟的发展可以基于对委员会的理解获得更好的把握,很多欧盟的功能都与监管领域的技术知识的获取有关,同时协助政府间组织(如部长理事会)做出政策决定。最后,当我们谈到三权分立议题时,这些问题才得到一定程度的缓解。特别是,正如维伯特指出的:"在国家层面上分离出来的职能在欧盟内部和国际层面上混合在了一起。"[120] 国际化带来的威胁之所以出现是因为:这些机构权力的扩大根本无法用"技术背景下对政治决策的支持"来解释;很多这些(国际层面上的)专家组织常常直接承担了政治决策的责任,而它们承担责任的方式完全无法依据现代宪制主义的理念被论证,进而获得正当性支持。[121]

　　针对这种明显的国家/国际边界模糊现象提出的法律解决办法,都倾向于以客观社会法的兴起为主题,差异不过是这一主题的不同变体、不同表达而已。一些法学家推动了强行法(*jus cogens*)

118　参见 Alan S Milward, *The Reconstruction of Western Europe*, *1945 – 1951* (London: Methuen, 1984); Milward, *The European Rescue of the Nation-State* (London: Routledge, 1992)。

119　Giandomenico Majone, *Regulating Europe* (London: Routledge, 1996), esp Pt Ⅰ.

120　Vibert, above n 55, 16. 这一问题在欧盟委员会这样的机构中最为明显,欧盟委员会虽然未经选举产生,但在决策、立法、法律制定等方面拥有许多权力,并且拥有很强的执法能力。这不仅违反了传统的分权观念,而且也违反了因委员会的发展而产生的新的分权观念。

121　因此,安德鲁·莫拉夫西克(Andrew Moravcsik)关于在这些情况下不存在"民主赤字"的论点只有部分正确。他强调了这些机构的技术/监管作用,在这一点上,正确地说明了这些机构承担的政策职能,但他低估了支持决策的专家机构自身成为决策者的程度。参见 Andrew Moravcsik, 'The Myth of Europe's "Democratic Deficit"' (2008) *Intereconomics*, 331-340。

656

概念的创立和扩展,将其作为一套构成整个国际领域的更高位阶的价值观和原则。[122] 还有一些法学家进一步地拓展了这一观点,倡导跨国和国际组织的宪法化发展,[123]他们甚至主张全球化的"多层次宪制主义",建构从本土到全球的政府决策基本框架。[124] 其他人主张"人道主义"是公法的基本原则(无论是国内法还是国际法),[125]或主张整个公法大厦的发展变革必须支持"社会宪制主义"(societal constitutionalism)。[126] 尽管在具体表达上存在各种差异和变体,有的宣称新的自然法,也有的宣称要采纳后现代系统理论,但是所有观点都可以被理解为对狄骥的基本论点的具体阐释,即整个过程就是一个将客观法融入狄骥所称的"社会间"(intersocial)的竞技场的发展过程。

狄骥认为,一旦社会团体(包括民族国家)根据客观法的规训被组织起来,属于不同群体的个人之间就形成了团结的纽带,这些纽带最终演变成"社会间法",这就是现代国际法的雏形。[127] 随着不同社会群体成员之间的相互依赖日益加深,一种社会间正义感

---

122 例如,参见 Jonathan I Charney, 'Universal International Law' (1993) 87 *American Journal of International Law*, 529–551。

123 例如,参见 Jan Klabbers, Anne Peters, and Geir Ulfstein, *The Constitutionalization of International Law* (Oxford: Oxford University Press, 2009);可对比 Martin Loughlin, 'What is constitutionalization?' in Petra Dobner and Martin Loughlin (eds), *The Twilight of Constitutionalism?* (Oxford: Oxford University Press, 2010), ch 3。

124 例如,参见 Ingolf Pernice, 'Multilevel Constitutionalism and the Treaty of Amsterdam: European Constitution Making Revisited?' (1999) 36 CML Rev, 703–750; Thomas Cottier and Maya Hertig, 'The Prospects of 21st Century Constitutionalism' (2003) 7 *Max Planck Yearbook of United Nations Law*, 261–328。

125 参见 Anne Peters, 'Humanity as the A and Ω of Sovereignty' (2009) 20 *European Journal of International Law*, 513–544。

126 例如,参见 Gunther Teubner, 'Fragmented Foundations: Societal Constitutionalism beyond the Nation State' in Dobner and Loughlin (eds), above n 123, ch 16。

127 Léon Duguit, 'Objective Law' (1920) 20 *Columbia Law Review*, 817–831 (Pt I); 21 *Columbia Law Review*, 17–34 (Pt II), 126–143 (Pt III), 242–256 (Pt IV), at 250.

公法的基础

出现了,这种社会间正义感在狄骥看来,就是指"分配正义和交换正义在用来处理不同群体的成员之间的关系时,应该获得如在处理同一群体的成员之间的关系时一样的尊重"[128]。通过"社会间的社会关联性和社会间的正义感这一双重情感",这种情感只有在"人类历史的相当高级阶段"才能存在,从而创造了一种国际法律规范。当然,这一规范并不倚赖上级意志来颁布:它取决于"在这一规范所适用的人当中存在这样一种意识,即这些规则本身是具有强制制裁性的"[129]。自此,国际法确立了所有民族国家政府都有义务遵守的客观(社会)规范。

"社会性"的崛起标志着"宗教性"的回归,尽管形式不同,这就标志着对正义和真理的重要诉求的回归,这相当于对此处阐述的公法概念的直接和根本性挑战。公法不仅建立在对政治性和社会性的区分上,而且建立在对公共理性和宗教真理话语的区分的基础上。正如公法的早期现代创始者充分认识到的那样,公法实践的最基本目的是,在真理的竞争背景下(这种竞争通常是暴力的)维持国内和平。[130] 公法本身就诞生于无法击败彼此的对手之间的妥协的基础上,从这个意义上讲,公法成为"法律上支离破碎的公共空间的组织模式,从而确保这种无法解决的对抗得以缓解"[131]。那些今天试图以某些更高的普遍真理的名义,寻求彻底克服和解答这种审慎的公共理性的人不太可能实现他们的明确目标。但是,鉴于他们的想法目前正在公共事务中发挥重大影响,唯一能确定的就是,这很可能会导致未来充满混乱、失望,以及产生各种新形式的冲突。

128　Duguit, above n 127, 251.

129　Ibid, 253.

130　参见本书第二章,第 105—120 页。也可参见 Gary Wickham, 'The Social Must Be Limited: Some Problems with Foucault's Approach to Modern Positive Power' (2008) 30 *Journal of Sociology*, 29-44。

131　Gauchet, above n 79, 192.

图书在版编目(CIP)数据

公法的基础/(英)马丁·洛克林著;张晓燕译. —上海:复旦大学出版社,2023.3
(公法与政治理论译丛)
书名原文:Foundations of Public Law
ISBN 978-7-309-16373-5

Ⅰ.①公… Ⅱ.①马… ②张… Ⅲ.①公法-研究 Ⅳ.①D90

中国版本图书馆 CIP 数据核字(2022)第 153187 号

Copyright © Martin Loughlin, 2010
FOUNDATIONS OF PUBLIC LAW, FIRST EDITION was originally published in English in
2010. This translation is published by arrangement with Oxford University Press. Fudan
University Press Co., Ltd. is solely responsible for this translation from the original work and
Oxford University Press shall have no liability for any errors, omissions or inaccuracies or
ambiguities in such translation or for any losses caused by reliance thereon.
本书原版由牛津大学出版社出版。中文简体字翻译版由牛津大学出版社授权复旦大学
出版社有限公司独家出版发行。版权所有,盗版必究。

Chinese simplified translation rights © 2023 by Fudan University Press Co., Ltd.
上海市版权局著作权合同登记号:图字 09-2019-784 号

公法的基础
GONGFA DE JICHU
[英] 马丁·洛克林 著
张晓燕 译
责任编辑/孙程姣

复旦大学出版社有限公司出版发行
上海市国权路 579 号 邮编:200433
网址:fupnet@ fudanpress.com http://www.fudanpress.com
门市零售:86-21-65102580 团体订购:86-21-65104505
出版部电话:86-21-65642845
上海盛通时代印刷有限公司

开本 890×1240 1/32 印张 21.625 字数 542 千
2023 年 3 月第 1 版
2023 年 3 月第 1 版第 1 次印刷

ISBN 978-7-309-16373-5/D·1131
定价:99.00 元

如有印装质量问题,请向复旦大学出版社有限公司出版部调换。
版权所有 侵权必究